教师资格考试通关教材

综合素质（幼儿园）

本书编写组

中国教育出版传媒集团
高等教育出版社 · 北京

图书在版编目（C I P）数据

教师资格考试通关教材．综合素质．幼儿园 /《教师资格考试通关教材 综合素质（幼儿园）》编写组编．--北京：高等教育出版社，2023.9
ISBN 978-7-04-060865-6

Ⅰ．①教… Ⅱ．①教… Ⅲ．①教师素质－幼教人员－资格考试－自学参考资料 Ⅳ．①G451.1

中国国家版本馆CIP数据核字(2023)第137936号

教师资格考试通关教材 综合素质(幼儿园)
JIAOSHI ZIGE KAOSHI TONGGUAN JIAOCAI ZONGHE SUZHI(YOU'ER YUAN)

策划编辑 王江媛　责任编辑 王江媛　封面设计 张雨微　版式设计 杜微言
责任校对 高 歌　责任印制 赵 振

出版发行 高等教育出版社
社 址 北京市西城区德外大街 4 号
邮政编码 100120
印 刷 河北鹏盛贤印刷有限公司
开 本 850 mm× 1168 mm 1/16
印 张 25.75
字 数 700 千字
购书热线 010-58581118
咨询电话 400-810-0598
网 址 http://www.hep.edu.cn
http://www.hep.com.cn
网上订购 http://www.hepmall.com.cn
http://www.hepmall.com
http://www.hepmall.cn
版 次 2023 年 9 月第 1 版
印 次 2023 年 9 月第 1 次印刷
定 价 80.00 元

物 料 号 60865-00

前　言

为帮助考生高效、科学备考教师资格考试，在反复研究考试大纲和近年真题的基础上，我们编写了本书。编写组成员长期在一线培训和教学，有丰富的授课辅导经验，帮助无数考生快速提分，圆其教师梦。本书具有如下特色：

1. 紧扣考纲、考点全面、解析透彻、阐述权威

本书紧扣教育部颁布的《中小学和幼儿园教师资格考试标准（试行）》和教育部教育考试院颁布的各科目《考试大纲》，根据近年教师资格考试最新真题，精准解读考试内容，解析详尽，易学易懂。

2. 重难点、常考点突出，讲解精练，省时高效

本书对核心考点进行提炼，准确找出命题点，用最精练的语言讲解重点和常考点，最大限度减少考生的记忆量。

3. 配套经典例题、真题和过关训练题，检测学习效果，巩固记忆

实用性、针对性和有效性是本书的显著特点。配套经典例题、真题和过关训练题可帮助考生迅速应用所学内容解决教学实践中的问题，强化实践，从而增强考生的应试能力和信心，获取高分。

4. 汇集专家教研和辅导成果，制订复习计划和教学进度安排

本书为复习时间有限的在职考生制订了15天突击计划；还为相关培训机构和学校的培训教师提供了教学进度安排和建议，以便保证辅导效果。

敬请广大读者对本书多提宝贵意见，以便我们不断修订和完善。

本书编写组

使用说明及复习策略

为帮助广大考生深入理解教师资格考试的内容，准确把握学习重点难点，掌握教师资格考试命题特点及趋势，顺利通过教师资格考试，我们根据教师资格考试标准和考试大纲，在认真分析幼儿园教师资格考试历年考题的内容、考查形式以及命题特点的基础上，编写了本书，供广大考生复习和各类学校考前辅导培训使用。

一、编写说明和辅导建议

1. 编写说明

全书依据《中小学和幼儿园教师资格考试标准(试行)》《中小学和幼儿园教师资格〈综合素质〉(幼儿园)考试大纲》，设置了职业理念、教育法律法规、教师职业道德规范、文化素养和基本能力五个模块。每一模块包含逻辑结构图与考试权重、考纲要求与复习策略、考试内容和强化过关训练四个部分。"逻辑结构图与考试权重"可以快速引领考生一览考纲全貌，洞察考试趋势；"考纲要求与复习策略"直击核心考点和复习方法，使考生有的放矢，学会学习；"强化过关训练"帮助考生夯实基础，查漏补缺。

考试内容部分每一章都设置了知识体系及思维脉络图、核心考点及学习提示，旨在帮助考生梳理考纲范围内的知识点、核心考点及命题趋势。考试内容以考试标准和大纲为依据，按章、节、知识点的内在逻辑建构知识体系，并在重要内容或高频考点处用彩色字体进行提示，设置"典型真题""典型例题"，并总结解题思路、方法、技巧。这样既可以帮助考生了解重要知识点的出题题型，巩固知识，又可以让考生遇到类似题型时能很快确立思路，提高考生解题能力，从容应考。

2. 辅导建议

由于篇幅所限，本教材主要梳理了知识点，考前辅导时教师还需要充实相关内容和案例分析。对非师范类专业的考生，授课教师要注意控制讲课的难度和深度，关键问题要细化，难点问题要深入浅出地进行讲解，必考知识点要反复强调，要注意授课的技巧性与方法的实用性。

辅导教学的时间安排如下：

模块一 "职业理念"课时安排(1 天 2 次课，计 8 课时)

课时	学习内容	说明	备注
2 课时	第一章	教育观	知识讲解与应用指导相结合
3 课时	第二章	儿童观	
3 课时	第三章	教师观	

模块二 "教育法律法规"课时安排(1 天 2 次课，计 8 课时)

课时	学习内容	说明	备注
4 课时	第一章	我国的教育法律法规	知识讲解与应用指导相结合
4 课时	第二章	教师的权利和义务	
	第三章	幼儿权利保护	

模块三 “教师职业道德规范”课时安排(0.5 天 1 次课,计 4 课时)

课时	学习内容	说明	备注
4 课时	第一章	教师职业道德	知识讲解与应用指导相结合
	第二章	教师职业行为	

模块四 “文化素养”课时安排(1.5 天 3 次课,计 12 课时)

课时	学习内容	说明	备注
2 课时	第一章	历史素养	方法导学、解题思路
4 课时	第二章	科学素养	方法思路
6 课时	第三章	文学素养	方法思路
	第四章	艺术素养	

模块五 “基本能力”课时安排(2.5 天 5 次课,计 20 课时)

课时	学习内容	说明	备注
6 课时	第一章	阅读理解能力	知识讲解与应用指导相结合
6 课时	第二章	逻辑思维能力	突出重点,突破难点
2 课时	第三章	信息处理能力	理论讲解与上机操作结合
6 课时	第四章	写作能力	知识讲解与应用指导相结合

二、本书使用方法和考生复习建议

1. 本书使用方法

本书每个模块都有逻辑结构图,编者根据考试权重和历年考题分析了命题重点及复习策略;每章都设置了知识体系、核心考点以及学习提示。正文中的重点内容则用彩色字体加以凸显,因此,考生务必在阅读正文前关注模块和各章的提示,以明确重点。

正文在高频考点和重要考点处编配了典型真题和典型例题,考生可边复习边做题,以检验自己的学习效果,巩固知识,同时了解考试重点、命题特点,提高解题能力。

2. 考生复习建议

综合素质(幼儿园)科目涉及五个模块内容,建议考生根据自己的实际以及模块内容的特点确定复习的重点,采用按阶段、分散复习和整体复习相结合的方式进行学习。五个模块考试内容不同,复习方法有别:对“职业理念”“教育法律法规”和“教师职业道德规范”,考生既需要识记,又要理解,注重运用知识分析问题,解决问题;“文化素养”重在识记;“基本能力”关键在于运用。若复习时间有限,建议用 15 天时间,采用整体复习和分散复习的方式复习三轮,计划如下:

第一轮为基础复习阶段(复习时间 7.5 天)。这一阶段的主要任务是夯实基础,拓宽知识面。对照考纲,用本书来全面复习,熟悉内容。

第二轮为基础提高阶段(复习时间 4.5 天)。在第一阶段全面复习、初步了解及尝试记忆的基础上,进行复习巩固,将各章知识点进行串联,最终形成自己的知识框架或体系。能够达到在看到考试大纲或目录的某一章节时,就能联想到该章节知识点的逻辑顺序,然后根据逻辑顺序进行记忆或复习。

第三轮为冲刺模拟阶段(复习时间 3 天)。在这一阶段,建议一定要做模拟题,不要再进行专项训练。做模拟题的目的是尽快进入考试状态,同时也是进行再一轮的查漏补缺,找出自己的不足,进行改进。做试卷的时候要严格按照考试时间的规定进行。

在这一轮的复习中除了做模拟题之外还要对本书快速复习。由于在第二阶段大部分知识点都背过了,并形成了自己的知识框架体系,因此这阶段考生复习主要是以浏览、保持记忆为主,同时对知识点进行查漏补缺。

模块一　职业理念

模块二　教育法律法规

模块三　教师职业道德规范

模块四　文 化 素 养

模块五　基 本 能 力

模块一　职业理念

逻辑结构图与考试权重

逻辑结构图

- 职业理念
  - 教育观
    - 素质教育概述
    - 国家实施素质教育的基本要求
    - 幼儿园素质教育
  - 儿童观
    - 人的全面发展思想
    - "育人为本"的儿童观
    - 运用"育人为本"儿童观的基本要求
  - 教师观
    - 教师职业概述
    - 教师专业发展

考试权重

模块	分值比例	分值(分)	题型	重点提示
职业理念	约 15%	约 22	单项选择题、材料分析题	本模块是考查的重点。其中,材料分析题是必考题型

考纲要求与复习策略

考纲要求

1. 教育观

(1) 理解国家实施素质教育的基本要求。

(2) 掌握在幼儿教育中实施素质教育的途径和方法。

(3) 理解幼儿教育作为人生发展的奠基教育的重要性及其特点,能够以正确的教育价值观分析和评判教育现象。

2. 儿童观

(1) 理解人的全面发展的思想。

(2) 理解"育人为本"的含义,爱幼儿,尊重幼儿,相信每个幼儿都具有发展潜力,维护每个幼儿的人格与权利。

(3) 运用"育人为本"的幼儿观,在保教实践中公正地对待每一个幼儿,不因性别、民族、地域、经济状况、家庭背景和身心缺陷等歧视幼儿。

(4) 设计或选择丰富多样、适当的保教活动方式,因材施教,以促进幼儿的个性发展。

3. 教师观

(1) 了解教师专业发展的要求。

(2) 具备终身学习的意识。

（3）理解教师职业的责任与价值，具有从事幼儿教育工作的热情与决心。

笔记栏

复习策略

1. 命题剖析

从历年考题看，本模块知识点都是以“单项选择题”和“材料分析题”的形式呈现的。而“材料分析题”是历年必考点，全国统考试卷中“材料分析题一”一般都是考本模块知识点。命题重点是要求考生从职业理念（教育观、儿童观、教师观）的角度，评析所给材料中某幼儿园的做法或某教师的教育行为。

2. 备考策略

本模块旨在考查考生是否具有先进的教育理念、是否具有良好的法律意识和职业道德。考纲对本模块知识的要求重点在于考查考生对知识的理解与运用。因此，考生必须系统学习，深刻理解每个知识点，明确科学的教育观、儿童观和教师观的主要观点，厘清三者之间的内在联系，能够综合运用先进教育理念分析和评判教育现实问题。

第一章

教育观

知识体系及思维脉络图

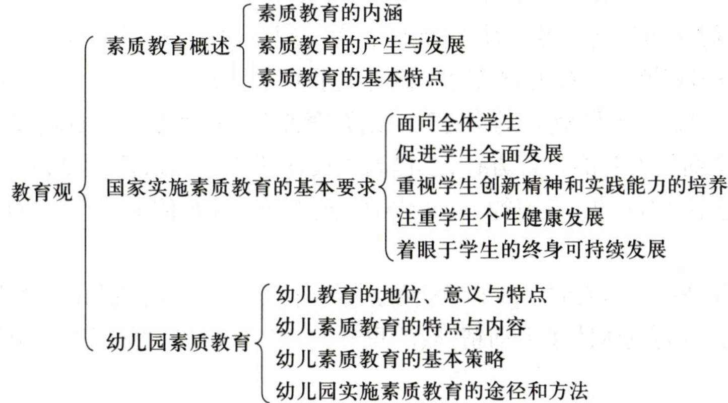

笔记栏

核心考点及学习提示

【核心考点】

1. 素质教育的含义、特点。
2. 实施素质教育的基本要求。
3. 幼儿教育的地位、意义、特点。
4. 幼儿园素质教育的途径、策略与方法。

【学习提示】

考试重点：对素质教育内涵的理解，幼儿园实施素质教育的途径与方法，素质教育观在幼儿园保教活动中的实际运用。

考试难点：运用素质教育理念评析幼儿园保教活动中的实际问题。

教育观就是教师的教育观念，是指教师在教育教学实践活动中形成的，对教育的根本看法和态度。教育观是教育行为的先导。

科学的教育观坚持以人为本，全面实施素质教育，即素质教育观。

所谓素质教育观是指把教育活动的目的指向人的全面素质的一种教育观。素质教育观的“素质”是指人的全面素质。素质教育观认为，教育活动应当指向人的整体的、全面的素质发展，使人的整体品质、全面素质得到提升。

第一节 素质教育概述

全面推进素质教育是我国教育事业的一场深刻革命，是教育观念和人才培养模式的创新和进

笔记栏

步。幼儿园是素质教育的奠基阶段,幼儿园要真正实施素质教育,首先必须明晰什么是素质教育。

一、素质教育的内涵

(一) 素质教育的概念

1997 年 10 月 29 日,原国家教委(教育部)颁布的《关于当前积极推进中小学实施素质教育的若干意见》指出:"素质教育是以提高国民素质为宗旨的教育。它是依据《中华人民共和国教育法》(以下简称《教育法》)规定的国家教育方针,着眼于受教育者及社会长远发展的要求,以面向全体学生、全面提高学生的基本素质为根本宗旨,以注重培养受教育者的态度、能力,促进他们在德智体等方面生动、活泼、主动地发展为基本特征的教育。素质教育要使学生学会做人、学会求知、学会劳动、学会生活、学会健体和学会审美,为培养他们成为有理想、有道德、有文化、有纪律的社会主义公民奠定基础。" 这是国家第一次对素质教育的概念做了明确的界定。

1999 年,中共中央、国务院颁发的《关于深化教育改革,全面推进素质教育的决定》指出:"实施素质教育,就是全面贯彻党的教育方针,以提高国民素质为根本宗旨,以培养学生的创新精神和实践能力为重点,造就'有理想、有道德、有文化、有纪律'的、德智体美等全面发展的社会主义事业建设者和接班人。"

综上,素质教育是指依据人的发展和社会发展的实际需要,以全面提高全体学生的基本素质为根本目的,以尊重学生的主体性和主动精神、注重开发学生的智慧潜能、注重形成人的健全个性为根本特征的教育。

(二) 素质教育的含义

素质教育具体包含以下几层含义:

1. 素质教育是以提高国民素质为根本宗旨的教育

当前,我国正处在一个由人口大国向人力资源强国转变的特殊时期。要实现中华民族伟大复兴的中国梦,就必须提高我国国民的整体素质,也就是要提高整个中华民族的思想道德素质、科学文化素质、身心素质、审美素质和劳动素质等。其核心是培育民族精神、民族凝聚力和创造力。素质教育是以整个中华民族素质的提高为出发点和归宿的教育。提高国民素质是实施素质教育的总目标和根本宗旨。

2. 素质教育是面向全体学生的教育

素质教育倡导人人都有受教育的机会,强调在教育中使全体学生都得到发展,而不是只注重一部分学生的发展,更不是只关注少数学生的发展。每位学生都得到发展,不仅是民主的基本理念,也是每个个体的基本权利。依法保障适龄儿童和青少年学习的基本权利,尊重学生身心发展特点和教育规律,使学生生动活泼、积极主动地得到发展,是素质教育区别于应试教育的主要表征。

3. 素质教育是促进学生全面发展的教育

新时期我国的社会主义现代化建设需要全面发展的现代人。实施素质教育,就是通过德育、智育、体育、美育、劳动技术教育的有机结合来实现学生在德智体美劳等方面的全面发展。这就要求学校教育不仅要抓好智育,更要重视德育,还要加强体育、美育、劳动技术教育和心理健康教育,并且要使诸方面教育相互渗透、协调发展,以保证学生的全面发展和健康成长。

4. 素质教育是充分发挥个体潜能,促进学生个性发展的教育

个性化的人离不开个性化的教育。素质教育要求教育者以人为本,尊重、关心、理解和信任每一个学生,要善于发现和开发每位学生潜在素质的闪光点,因材施教,给学生创造一个自主的发展空间,使他们的个性得到充分的、自由的发展。

5. 素质教育是以培养学生的创新精神和实践能力为重点的教育

素质教育强调培养学生的创新意识和创造能力,及时开发有潜能、有才华的学生,使他们具备

不断创新、不断发展的竞争能力。创新精神和实践能力的培养是素质教育的核心。

对素质教育内涵的上述理解，可以被简括为："一个宗旨、两个重点、三大要义"。

（1）"一个宗旨"：提高国民素质。

（2）"两个重点"：培养学生的创新精神和实践能力。

（3）"三大要义"：一是要面向全体学生；二是要促进学生全面发展；三是要让学生生动活泼地主动发展。"三大要义"从根本上明确了素质教育的内涵，为学校实施素质教育明确了目标和任务。

笔记栏

【典型真题1】周老师在组织"太阳当空照"教学活动时，阳阳举起手，大声地问："老师，哪里有太阳，根本看不见啊！"周老师说："看不见太阳？那太阳到哪里去了呢？"阳阳眨着眼睛，想了一会儿说："我妈妈说了，太阳让乌云遮住了。"

问题：请结合材料，从教育观的角度，评析周老师的教育行为。

【答案要点】周老师的教育行为符合教师职业理念，践行了素质教育观。

（1）素质教育是面向全体学生的教育。材料中，周老师组织的"太阳当空照"教学活动是面向全班幼儿的，旨在让全班幼儿参与讨论。

（2）素质教育是促进学生个性发展的教育。材料中，周老师对阳阳的提问与新奇想法给予充分尊重与引导，激发了幼儿参与活动的兴趣和积极性，并通过启发提问使幼儿学会学习，获得知识，促使幼儿生动活泼地主动发展。

（3）素质教育是以培养学生的创新精神和实践能力为重点的教育。材料中，周老师面对幼儿充满想象力的天马行空的回答予以尊重与理解，有助于激发幼儿的创新精神。

【典型真题2】下列对实施素质教育的理解不正确的是（　　）。

A. 更加重视学生的全面发展　　B. 针对基础教育提出

C. 更加重视德育工作　　D. 针对提高国民素质提出

【解析】素质教育是以提高国民素质为宗旨的教育。促进学生全面发展。提高民族素质即提高整个中华民族的思想道德素质、科学文化素质、健康素质、审美素质和劳动素质等。素质教育是面向全体社会成员的，不仅适用于基础教育，而且适用于高等教育，同时适用于社会教育和终身教育。故B项不正确。

【答案】B

二、素质教育的产生与发展

素质教育最早提出于20世纪80年代中后期。素质教育的产生既有直接的原因，又有深层的社会背景。首先，素质教育的提出是基于人们对"应试教育"的弊端的认识与批判；其次，素质教育提出与发展的深层原因在于主动适应时代的发展，不断提高全民族素质。

1985年，《中共中央关于教育体制改革的决定》提出："教育体制改革的根本目的是提高民族素质，多出人才，出好人才。"

1993年，中共中央、国务院颁布的《中国教育改革和发展纲要》强调："基础教育是提高民族素质的奠基工程，必须大力加强；""中小学要由'应试教育'转向全面提高国民素质的轨道，面向全体学生，全面提高学生的思想道德、文化科学、劳动技能和身体心理素质，促进学生生动活泼地发展。"

1999年，教育部出台的《面向21世纪教育振兴行动计划》把素质教育列为第一项跨世纪工程予以重点实施，并强调了进行素质教育的必要性。

1999年，中共中央、国务院颁发了《关于深化教育改革全面推进素质教育的决定》，提出要"全面推进素质教育，培养适应21世纪现代化建设需要的社会主义新人"。这标志着素质教育观已经

笔记栏

形成了系统的思想并成为国家推进素质教育的主导思想。

2006年重新修订的《中华人民共和国义务教育法》(以下简称《义务教育法》)明确提出,"义务教育必须贯彻国家的教育方针,实施素质教育",表明"素质教育"成为国家意志。

2010年的《国家中长期教育改革和发展规划纲要(2010—2020年)》提出,"坚持以人为本、全面实施素质教育是教育改革发展的战略主题。"

三、素质教育的基本特点

1. 全体性

素质教育面向全体儿童、青少年,而不是面向少数精英或尖子生,是重在"普及",能促使每个学生发展的"通才教育"。

2. 基础性

素质教育向全体儿童、青少年提供的是"基本素质",让他们拥有"一般学识"。

3. 发展性

素质教育着眼于培养学生的发展潜力与后劲,是为了促进每一个学生的全方位发展。

4. 全面性

素质教育是为了学生的全面发展,是使学生学会做人、学会求知、学会劳动、学会生活、学会健体和学会审美的全面发展教育。

5. 未来性

素质教育立足于未来社会的需要,使年轻一代具备终身学习的能力,特别是整体素质,以适应未来发展的需要。

6. 主体性

素质教育要求尊重学生的自觉性、自主性和能动性,尊重学生身心发展的一般特点和个性发展的需求。

7. 开放性

素质教育既要拓宽原有的教育教学空间,建立起学校教育、家庭教育、社会教育相结合的教育网络,形成教育合力,又要拓宽原有的教育教学途径,建立起学科课程、活动课程和隐性课程相结合的课程体系。

第二节 国家实施素质教育的基本要求

坚持以人为本、全面实施素质教育是教育改革发展的战略主题,是贯彻党的教育方针的时代要求,其核心是解决好培养什么人、怎样培养人的重大问题,重点是面向全体学生、促进学生全面发展,着力提高学生服务国家、服务人民的社会责任感、勇于探索的创新精神和善于解决问题的实践能力。国家实施素质教育要做到"三个坚持",一是"坚持德育为先",立德树人;二是"坚持能力为重",优化知识结构,丰富社会实践,强化能力培养;三是"坚持全面发展",全面加强和改进德育、智育、体育、美育。

具体而言,实施素质教育必须遵循如下要求:

一、面向全体学生

基础教育既要为知识经济需要的高素质尖端人才的培养打下坚实的基础,又要为社会主义现代化建设培养合格的建设者。因此,实施素质教育,必须面向全体学生,认清每个学生的优势,开发其潜能,培养其特长,使每位学生都具备一技之长,使全体学生各自走上不同的成才之路,成长为不同层次、不同规格的有用人才。

笔记栏

【典型真题】中班的小林喜欢表现自己,组织能力比较强,王老师每次在开展表演游戏活动时总让小林扮演主角。王老师的做法违背的素质教育要求是(　　)

A. 促进学生全面发展　　B. 面向全体学生

C. 促进学生个性发展　　D. 培养创新精神

【解析】素质教育是以提高国民素质为宗旨的教育。它面向全体学生,促进学生全面发展和个性发展;以培养学生的创新精神和实践能力为重点。素质教育倡导人人有受教育的权利,强调在教育中每个人都得到发展,而不是只注重一部分人,更不是只注重少数人的发展。王老师每次在开展表演游戏活动时总让组织能力强的小林扮演主角,则王老师没有做到面向全体学生,公平对待每一个学生。

【答案】B

二、促进学生全面发展

长期以来,应试教育把升学考试作为唯一目的,从而扼杀了学生其他方面的才能和特长。而素质教育是"在教育方针指导下,从学生身心发展不同特点出发,因地因校制宜,着眼于教育教学全过程与各个环节,运用多种方式着力培养学生学习的主动性和创造精神,德、智、体、美、劳五育并举,促进学生生动活泼地全面成长"。素质教育着眼于发展,认为只有着眼于现代人才规格的要求,培养学生全面发展,提高他们的整体素质,才能适应未来的需求。

三、重视学生创新精神和实践能力的培养

创新是素质教育的灵魂。1985 年,《中共中央关于教育体制改革的决定》指出,我国教育要培养的合格人才"都应该有理想、有道德、有文化、有纪律,热爱社会主义祖国和社会主义事业,具有为国家富强和人民富裕而艰苦奋斗的献身精神,都应该不断追求新知,具有实事求是、独立思考、勇于创造的科学精神。"要运用多种方式激发学生的创造热情,优化创新人格,着力培养学生的创新意识、创新思维和创新技能。

四、注重学生个性健康发展

由于个体的先天素质、后天环境和教育影响的不同,学生的素质结构不可能是千篇一律的。主动发展,允许学生在发展程度和素质结构上存在差别,这既是对"人"的尊重,也是现代社会对人才素质的要求。因此,实施素质教育把发展学生个性列为重要培养目标,提倡"让学生主动发展",尊重学生的主体地位,调动学生的积极性,全面观察分析每个学生,善于发现和开发学生潜在素质的闪光点,因材施教,给学生创造一个自主的发展空间,使他们的个性得到充分的、自由的发展。

五、着眼于学生的终身可持续发展

素质教育要着眼于学生的终身可持续发展,教是为了不教,不仅要让学生"学会",还要让学生"会学",不仅要让学生习得知识,更要给其打开知识宝库的钥匙,培养学生具有发现真理的智慧与本领,促进学生学会自我发展。

笔记栏

第三节　幼儿园素质教育

一、幼儿教育的地位、意义与特点

（一）幼儿教育的地位

《幼儿园教育指导纲要（试行）》总则中明确指出：幼儿园教育是基础教育的重要组成部分，是我国学校教育和终身教育的奠基阶段。

1. 幼儿时期是智力开发的最佳期

大量研究表明，幼儿时期是大脑发育最快的时期。一般来说，成年人脑重量约为 1 400 克，3 岁儿童的脑重量大约为 1 000 克，而 7 岁儿童的脑重量约 1 280 克。大脑的发育与智力的发展密切相关。因此，在儿童智力迅速发展的时期，早期教育的作用特别大。若能在这一时期对儿童施以适当的早期教育，其智力开发可以达到事半功倍之效。

2. 幼儿时期是人格形成的关键期

幼儿时期，儿童的个性品质开始萌芽并逐渐形成。这时他们的可塑性强，自我评价尚未建立，往往以他人的评价来评价自己。若在这一时期对儿童给予正确的教育、合理的引导，使其养成良好的个性品质，将会对其一生都产生重要影响。

3. 幼儿时期是性教育的关键期

3 岁左右的儿童正处于特殊的性心理发育阶段，心理学上称之为“性蕾期”。如果对这一时期的儿童教育、引导不当，极易导致其性角色畸形，进而影响他们成年以后的恋爱或婚姻。

（二）幼儿教育的意义

1. 促进生长发育，提高身体素质

一方面，幼儿的身体正在迅速发育，且不断感受到自己身体的力量，也在活动中显现这种力量；但另一方面，幼儿的身体还极不成熟，动作发展还不协调，自我保护能力差，易受疾病、事故的伤害。对幼儿科学、合理的教育有助于增强幼儿的体质，促进其身体的正常发育和机体的增强。

2. 开发大脑潜力，促进智力发展

幼儿期是智力开发的关键期，尤其是幼儿语言、智力、形状知觉、音感等发展的敏感期。对这一时期的幼儿给予适当的教育，其效果是人生其他任何阶段的教育都无法替代的。

3. 培养美感，促进创造力和想象力的发展

由于幼儿思维、情感的特点，他们喜欢用形象、声音、色彩、身体动作等来思考和表达。基于此，幼儿教育以美熏陶、感染幼儿，不仅能满足其爱美的天性，而且能萌发其美感和审美情趣，激发他们体现美、创造美的欲望，发展他们的艺术想象力、创造力，进而促进健全人格的形成。

4. 发展个性，促进人格的健康发展

人的个性、性格、思想道德和行为习惯都是在一定的教育影响下逐渐形成和发展起来的。在幼儿时期受到的教育和影响，往往会在其一生中留下印记。不少成年人之所以有某种心理、行为问题，其成因往往可以追溯到其幼儿期。

（三）幼儿教育的特点

1. 生活化

幼儿的年龄特点和身心发展需要，决定了幼儿教育目标和内容的广泛性，也决定了保教合一的教育教学原则。幼儿除了要认识周围世界、启迪其心智外，还要培养他们生活和做人所需的基本态度和能力。这样广泛的学习内容不可能仅仅依靠教师的教育教学来完成，还必须在生活和交往中

学习。因此，幼儿园课程具有浓厚的生活化特征，即课程的内容来自幼儿的生活，课程实施贯穿于幼儿的一日生活。

笔记栏

【典型真题】在组织教学活动、帮助幼儿认识图形时，李老师说："请小朋友找出活动室里圆形和正方形的物品。"李老师的做法体现的幼儿教育的特点是（　　）。

A. 基础性　　B. 整体性　　C. 浅显性　　D. 生活性

【解析】生活性是指幼儿园教学活动要从帮助幼儿积累生活的感性经验出发，其内容和途径必须贴近幼儿的实际生活，教学活动的设计及方式、方法等必须符合幼儿的实际需要，以促进幼儿适应生活为重要目标。

【答案】D

2. 游戏化

游戏符合幼儿的年龄特点，能够满足幼儿的各种身心需要，是幼儿园的基本活动，也是幼儿教育的基本原则之一。游戏是幼儿的一种自主自发的主体性活动，对幼儿的发展有着多方面的价值。游戏是幼儿的基本活动形式，也是幼儿基本的学习方式。因此，幼儿教育具有游戏化的特点。

3. 活动性和直接经验性

幼儿主要通过各种感官来认识世界。只有基于丰富的感性经验，幼儿才能理解事物，才能对事物形成比较抽象的、概括的认识。幼儿的这种具有行动性和形象性的认知方式和特点，使得幼儿园课程必须以幼儿主动参与的教育性活动为其基本的存在形式和构成成分。对幼儿来说，只有在活动中的学习才是有意义的学习，只有在直接经验基础上的学习才是可理解性的学习。

4. 潜在性

从本质上讲，幼儿园课程目标和基本学习领域的实现，不是体现在课程表、教材、课堂中，而是体现在生活、游戏和其他幼儿喜闻乐见的活动形式中。也就是说，幼儿园课程蕴含在环境、材料、活动和教师的行为中，潜移默化地对幼儿起作用。

5. 启蒙性

幼儿教育是为3~6岁的幼儿提供学习的经验，为其一生的成长奠定根基。

二、幼儿素质教育的特点与内容

（一）幼儿素质教育的特点

1. 基础性

幼儿阶段是为人的一生打基础的关键时期，是基础教育的有机组成部分，是基础教育的奠基阶段。

2. 发展性

素质教育的内容和任务是促使每一个教育对象在原有的基础上得到发展。

3. 自主性

幼儿素质教育是受教育者主动发展，教育者进行引导。

（二）幼儿素质教育的内容

1. 思想道德素质的教育

培养幼儿品德的活动，即是教幼儿如何做人，将来做一个什么样的人。

2. 科学文化素质的教育

培养幼儿在科学文化方面所具有的较为稳定的、内在的基本品质的教育，使幼儿掌握相应的知识，发展与其相适应的能力和情感等。

笔记栏

3. 身心素质教育

培养幼儿身体和心理方面的活动，促进幼儿身体素质的不断提高和心理的健康发展。

4. 审美素质教育

培养幼儿审美感知能力、审美想象力和审美创造力的活动。

三、幼儿素质教育的基本策略

一是从小事抓起，培养幼儿积极成功的心理情绪；二是以导为主，以教为辅；三是贯彻素质教育，提高幼儿综合能力，即：(1)注重幼儿兴趣的培养；(2)强化幼儿习惯的养成；(3)重视幼儿智力的开发。

四、幼儿园实施素质教育的途径和方法

《关于深化教育改革全面推进素质教育的决定》指出：实施素质教育应当贯穿于幼儿教育、中小学教育、职业教育、成人教育、高等教育等各级各类教育，应当贯穿于学校教育、家庭教育和社会教育等各个方面。在不同阶段和不同方面应当有不同的内容和重点，相互配合，全面推进。因此，素质教育的途径具体包括如下几方面：

(一)幼儿园保教活动

幼儿园保教活动是学校实施素质教育的基本途径。

具体方法如下：

1. 树立正确的教育理念与办园目标

树立正确的办园目标，首先就是要遵守国家实施素质教育的基本要求。而转变传统观念，树立正确的教育观、儿童观和人才观，则是推动幼儿园实施素质教育，促进幼儿体、德、智、美全面和谐发展目标的前提。这就要求教师在保教活动中，要面向全体幼儿，促进幼儿全面发展；要树立幼儿是“人”的观念，切实认识到幼儿是教育的主体，学会认识儿童、尊重幼儿，做幼儿的朋友；要从传统的传授知识、培养能力为重转向教育幼儿做人、做文明人。

2. 改革课程设置，优化课程结构

课程改革是完善素质教育体系的核心环节。实施素质教育，要求学校大力调整、改革和优化课程体系、结构、内容，建立新的课程体系，要树立科学的幼儿课程观，不能单一地认为幼儿园课程只局限于语言、科学、社会、艺术等内容，要把幼儿园一日生活的各个环节、周围环境、社会资源等都作为幼儿园丰富的课程，充分利用这些课程资源，营造良好的教学情境。为此，要关注课程的全面性、基础性、启蒙性；要更新教学内容，加强课程的综合性和实践性，注重幼儿周围的自然和社会生活的事物和现象，把幼儿引向生活，使保教活动和生活实际紧密联系。

3. 改革教学方法与教学模式

实施素质教育，要求积极推进教学方法改革，创新教学模式，提高教学质量。要改进教学方式，重视幼儿的个体体验，强化实践教学和生活化教学，培养幼儿的实际操作能力。要激发幼儿兴趣，调动幼儿的主动性。这就要求教师在保教活动中，采用灵活多变的教学方式、方法，激发幼儿的学习兴趣，激活幼儿的思维，引导幼儿乐于学习、善于学习，培养幼儿学会学习，切实提高幼儿分析问题和解决问题的能力。要在组织形式上突破室内全班上课这种单一的学科教学模式，强化形式多样的各种有效活动的开展，寓教于活动之中。使不同层次的学生都在原有的基础上有所提高，真正使素质教育落到实处。

【典型真题】在幼儿园，超超属于大(2)班里少数不会跳绳的孩子。户外活动时，梅老师对超超说：“今天，老师看到你用尽全力在跳，相信你还可以做得更好！”这表明梅老师(　　)。

A. 未能把握教育的契机　　B. 善于创设学习环境

C. 未能提供针对性指导　　D. 善于改进教学策略

【解析】教学策略是指教师在教学过程中为达到一定的教学目标而采取的一系列教学方式和行为。教师可根据学科特点、题材及儿童的年龄阶段选择不同的教学策略,促进幼儿取得进步。题干中,虽然超超还未掌握跳绳的技能,但是梅老师并没有责备,而是通过不断改进教学策略使幼儿掌握跳绳技能。

【答案】D

笔记栏

4. 保护和发展幼儿的想象力、创造力,培养幼儿良好的心理素质

新颖、独特、奇特是创造性想象的本质特征。因此,教师应注意培养幼儿的创造性思维,善待幼儿的创造力和质疑。这就要求幼儿园教师要给幼儿营造一个和谐、宽松的学习环境,激发幼儿的主观能动性,促进幼儿创造力、想象力的发展;要保护幼儿与生俱来的好奇本能,为其好奇心和创造意识营造宽松的发展环境和条件,这是发展幼儿独立思考能力和创造能力的基础。培养幼儿敢想、敢说、敢干的精神和坚持主见、喜欢争论等独特的个性。良好的心理素质是形成创造能力不可缺少的因素。

(二) 家园合作共育,发挥社区作用

家园合作共育是幼儿园实施素质教育的一条重要途径。《关于深化教育改革全面推进素质教育的决定》指出:"家庭、学校和社会要互相沟通,积极配合,共同开创素质教育的新局面。"教育力量不是单一的,社区、幼儿园、家庭的通力合作是实施素质教育的重要立足点。素质教育不是把幼儿的受教育环境局限于幼儿园的活动室,而是把幼儿园生活的一切空间都当作幼儿受教育的环境,同时,要让幼儿知道,生活的一切空间都是他们学习的课堂。因此,可采用如下具体方法:

1. 要树立"大教育观"

应最大限度地挖掘、利用蕴藏在生活环境中的教学资源来影响、教育幼儿。

2. 要全面优化教育环境

充分调动幼儿园、家庭、社会三方面力量,形成教育合力,同步调、同方向地对幼儿进行教育,促进幼儿健康成长。

3. 举办家长学校

通过家长学校提高幼儿家长对家庭教育重要性的认识,引导家长研究家庭教育方法,提高家庭教育能力,科学开展家庭教育,使素质教育在家庭中得以认真践行。

4. 建立幼儿园与家长联系制度

幼儿园与家长联系的重要方式是定期召开幼儿家长会。家长会通过座谈、答问、交流介绍、讲座等方式,实现双向交流,起到协调幼儿园与家庭教育关系,合作共育的目的。

(三) 提高幼儿园教师的素质

教育大计,教师为本。有好的教师,才有好的教育。建设一支师德高尚、业务精湛、结构合理、充满活力的高素质专业化教师队伍是实施素质教育的关键,也是根本保障。幼儿园教师是幼儿学习活动的支持者、合作者、引导者。教师能够敏锐发现保教活动中存在的问题,并能够及时反思、改进与完善。

方法如下:

1. 转变教育观念

要坚信每一个幼儿都有发展潜能,承认幼儿的能力及其发展的差异性,注重幼儿的个性发展。

2. 引导幼儿主动学习

要让幼儿生动、活泼、主动地学习,让幼儿成为学习活动的主人。

笔记栏

3. 面向全体,因材施教

素质教育不是对某个人或某些人提出的,而是要面向全体,使每个幼儿都获得与其发展相适宜的教育,促使幼儿能在各自的基础上获得提高。因此,教师必须在保教过程中,注重了解幼儿,善于发现他们的长处或闪光点,给不同发展水平和个性特点的幼儿以不同的发展机会和条件,特别要善于接纳某些发展水平相对低下、发展速度相对缓慢,或有特殊缺陷的幼儿,真正做到因材施教。

(四)课外教育活动

课外教育活动是实施幼儿素质教育的重要方法。要让幼儿积极参与课外教育活动,尤其要将设计创新作为幼儿基本活动形式的游戏活动,并将游戏真正还给幼儿。通过角色游戏、表演游戏、结构游戏等培养幼儿想象力,激发创新思维。

主要方法有:

1. 开展课外兴趣活动、户外活动

这些活动都是提高幼儿认知,让幼儿掌握社会行为规则、养成良好行为习惯、培养美感的重要途径。

2. 开展各种课外分组、分区活动、庆祝活动

让幼儿根据自己的兴趣选择自己喜欢的小组参加活动,更好地培养幼儿的集体意识。

第二章

儿童观

知识体系及思维脉络图

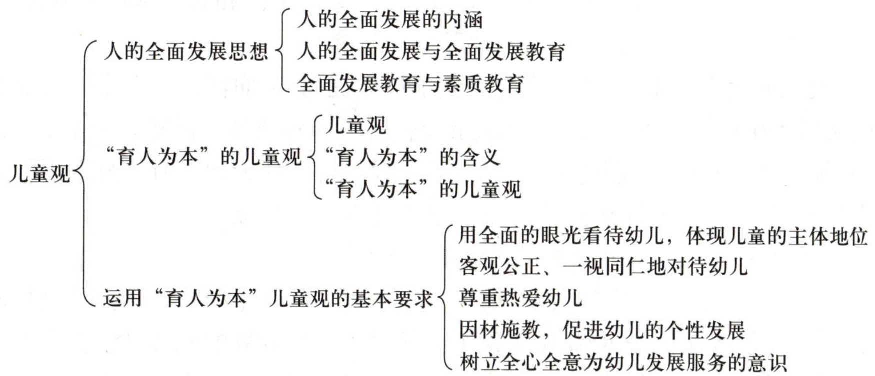

笔记栏

核心考点及学习提示

【核心考点】

1. 幼儿全面发展教育的内容。
2. “育人为本”儿童观的含义及主要内容。
3. 保教实践中运用“育人为本”儿童观的基本要求。

【学习提示】

考试重点：“育人为本”儿童观的含义及其主要内容，幼儿园保教实践中运用“育人为本”儿童观的基本要求，从儿童观的角度评析幼儿园教师的保教行为。

考试难点：如何将“育人为本”的儿童观运用于幼儿园的保教活动实践中，并据此科学评析幼儿园教师的保教行为。

第一节　人的全面发展思想

人的全面发展思想，主要源于马克思主义关于人的全面发展学说。马克思主义关于人的全面发展学说是我国确立教育目的的理论依据，也是确立科学学生观的理论基础。

一、人的全面发展的内涵

（一）人的全面发展的概念

按照马克思主义关于人的全面发展学说，所谓人的全面发展是指人的劳动能力，即人的智力和体力的全面、和谐、充分的发展，此外，还包括人的才能、志趣和道德品质的充分发展。

笔记栏

(二)马克思主义关于人的全面发展学说的内容

1. 人的发展是与其所处的社会生活条件相联系的

马克思和恩格斯认为,人的发展不决定于意识,而决定于存在;不决定于思维,而决定于生活,决定于个人生活的经验发展和表现。

2. 旧式分工造成了人的片面发展

马克思和恩格斯指出,在第一次社会大分工后,城市和农村的分离,脑力劳动和体力劳动的分离,造成了人的片面发展。旧的社会生产分工和不合理的生产关系是人的片面发展的原因。人的片面发展的基本特征是脑力劳动和体力劳动的分离和对立。在资本主义社会初期的工场手工业里,人的身心发展更加片面化、畸形化,脑力劳动和体力劳动的分离和对立达到了顶点。

3. 机器大工业生产提供了人的全面发展的基础和可能

首先,机器大工业生产的出现,使生产力得到了极大提高,从而使人的全面发展成了社会的客观需要;其次,机器大工业生产也为人的全面发展提供了可能和条件。机器大工业生产的发展提高了劳动生产率,缩短了劳动时间,创造了丰富的物质生活条件,使劳动者有充分的闲暇时间去学技术、学文化,发展自己的兴趣、爱好和特长,以适应大工业生产的需要。

4. 社会主义制度是实现人的全面发展的社会条件

社会主义制度是实现人的全面发展的社会条件。这是因为,生产资料的公有制性质决定了每个人都必须参加生产劳动,而生产劳动又为每个人提供了全面发展的机会;同时,生产资料公有制的实现,为全体劳动者提供了物质和精神条件,从而进一步促进了人的全面发展。

5. 教育与生产劳动相结合是造就全面发展的人的唯一途径

马克思说:"教育与生产劳动相结合,它不仅是提高社会生产的一种方法,而且是造就全面发展的人的唯一方法。"

二、人的全面发展与全面发展教育

(一)人的全面发展与全面发展教育

人的全面发展首先是指人的完整发展,即培养受教育者在德育、智育、体育、美育、劳动技术教育等方面的完整发展。人的全面发展是全面发展教育的目的,全面发展教育是为了实现人的全面发展而进行的教育,它是实现人的全面发展的教育保障和教育内涵。

(二)幼儿全面发展教育的基本内涵

幼儿全面发展教育是指以幼儿身心发展的现实与可能为前提,以促进幼儿在德智体美诸方面全面和谐发展为宗旨,以适合幼儿身心发展特点的方式、方法、手段加以实施的,着眼于培养幼儿基本素质的教育。全面发展并不意味着个体在各方面齐头并进地、平均地发展,而是允许幼儿个体在某方面较为突出。

幼儿体育,是指向幼儿传授身体运动及其保健知识,增强幼儿体质、发展期身体素质和运动能力的教育,在幼儿全面发展教育中占首要地位。其基本任务是促进幼儿身体正常发育和机能协调发展,增强体质,增进健康,培养良好的生活、卫生习惯和参加体育活动的兴趣。

幼儿智育,是指有目的、有计划地让幼儿获得粗浅的知识技能,发展智力,增进对周围事物的求知兴趣,学习"如何学习",养成良好学习习惯的教育过程。幼儿智育的任务是培养幼儿的学习兴趣和求知欲望,发展幼儿智力,培养正确运用多种感官和运用语言的基本技能,以及初步的动手能力。

幼儿德育,即品德教育的简称。幼儿品德教育主要包括发展幼儿的社会性与个性两个方面。发展幼儿的社会性主要包括:(1)培养爱的情感;(2)形成必要的社会行为规范;(3)学习人际交往的技能和能力。发展幼儿的个性就是要培养幼儿的良好品质,如良好的性格,有自信心、主动性、独

立性，诚实、勇敢、意志坚强等。幼儿德育的途径包括：(1) 日常生活，这是实施幼儿德育最基本的途径；(2) 专门的德育活动，这是实施幼儿德育的有效手段；(3) 利用游戏、劳动与教学活动培养幼儿良好的道德行为。

幼儿美育，即培养幼儿正确的审美观，也叫审美教育。其基本任务：一是培养幼儿对美的兴趣和爱好，培养美感和初步的审美能力；二是培养幼儿艺术活动的技能，发展艺术创造力；三是培养幼儿美好的心灵和行为，使他们在生活中体现内在美与外在美的统一。

幼儿劳动教育，是指指导幼儿在亲历实践和动手操作的过程中有目的、有意识地运用体力和智力改造外部世界，从而获得劳动知识、劳动技能、劳动习惯、劳动意识和劳动情感等方面发展的教育活动。幼儿劳动教育旨在培养幼儿热爱劳动，尊重劳动人民，端正劳动态度，珍惜劳动成果，养成劳动习惯。幼儿劳动教育主要内容：组织幼儿参加自我服务、为集体服务、种植、饲养等简单劳动，以及观察、认识成人劳动等。

三、全面发展教育与素质教育

(一) 全面发展教育思想是素质教育的理论基础

素质教育是以人的全面发展思想为指导，以全面发展教育为基础，两者在本质上是一致的。

(二) 素质教育是全面发展教育在我国新时期的具体落实与深化

我国在进行全面发展教育的实践过程中，存在着一些片面追求升学率，过于注重学生的智育而忽视其他方面教育的情况。为了改变或纠正传统的应试教育倾向，促进学生的全面发展，素质教育应运而生。素质教育正是为了纠正教育实践对教育目的的背离，是全面发展的教育目的对教育活动进行调控的结果。它是对我国社会主义教育目的的具体落实与深化。

综上，个性自由和全面发展是马克思主义关于人的全面发展学说的灵魂。20 世纪末在中国开始的“素质教育”运动实质上是马克思主义人的全面发展学说的具体实践。

第二节 “育人为本”的儿童观

一、儿童观

儿童观是指人们对儿童的基本认识和根本态度，它直接影响教育活动的目的、方式和效果。儿童观是教育观的基础，也是影响教师观的重要因素。在人类社会漫长的发展过程中，人们对幼儿的认识各异，把幼儿看作“小大人”“白板”“花草树木”“私有财产”“未来的资源”“有能力的主体”等。历史上的这些儿童观既有科学、合理的因素，也有非理性、不科学的一面。因此，我们有必要实事求是地进行分析，批判地加以继承与借鉴，科学、正确地认识幼儿。

二、“育人为本”的含义

育人为本是教育的生命和灵魂，是教育的本质要求和价值诉求。育人为本就是主张把人放在第一位，以幼儿作为教育教学的出发点，顺应幼儿的禀赋，提升幼儿的潜能，促进幼儿的全面发展。育人为本是以人为本思想在幼儿园保教工作中的具体体现，也是幼儿园保教工作的根本要求。在幼儿保教活动中，育人为本思想的内涵体现在以下几方面：

1. 坚持以人为本，全面实施素质教育

这是教育改革和发展的战略主题，是贯彻党的教育方针的时代要求，其核心是解决好培养什么人、怎样培养人的重大问题。因此，要德育为先，把立德树人作为教育的根本任务；要面向全体幼

笔记栏

儿,促进幼儿全面发展;要以幼儿为主体,充分发挥幼儿的独立性。坚持以人为本,在教育工作中的重要着眼点是全面提高国民素质,这就需要全面实施素质教育。概言之,就是要坚持德育为先,坚持能力为重,坚持全面发展。

2. 关注人人接受教育机会的公平性

所谓教育机会均等是指人人在教育活动和过程中都享有同等的受教育机会。让所有人都能够享有公平的受教育机会是教育最崇高的理想。教育公平是社会主义教育的本质要求。保障人人享有公平的受教育权利和机会,使全体人民学有所教,是教育工作义不容辞的责任。

3. 满足每个人接受教育的个性需要和期望

“育人为本”要求以每一个儿童的个性发展潜能为本。所以,教育的最高境界是满足每个人的个性需要和期望。1994 年,联合国教科文组织通过的《萨拉曼卡宣言》首次提出了全纳教育的概念,就是为每个人提供一个他所需求的有效的学习机会。“育人为本”教育思想,要求我们的教育,既要了解社会和文化的多样性,也要了解每个人、每个儿童都有着不同的个性,使教育能够满足每一个儿童的需求及期望。

三、“育人为本”的儿童观

“育人为本”的儿童观就是以幼儿的发展为核心,承认幼儿是学习的主体,每个幼儿都有潜力,幼儿是完整的个体,充分尊重、关心、理解每个幼儿,根据幼儿的不同特点,教育和引导他们学习、生活,帮助他们健康成长,为他们一生的发展奠定坚实的基础。

(一) 幼儿是发展中的人

1. 幼儿的身心发展是有规律的

幼儿身体和心理的发展与变化存在着以下几方面的规律和特点:

(1) 幼儿身心发展具有方向性和顺序性。幼儿身心发展是由低级到高级、由简单到复杂、由量变到质变的连续发展过程。例如,个体动作的发展就遵循自上而下、由躯体中心向外围的规律。这被称为中心四周律和头尾律。幼儿发展的这种顺序性具有方向性和不可逆性,是不以人的意志为转移的客观存在。因此,教育要循序渐进,不能超越,也不能滞后,要由浅入深、由易到难。

(2) 幼儿身心发展具有不平衡性。人的发展不是匀速的,学前期和青春期是发展的两个加速期。在学前期的不同时间内,儿童的发展速度也不同。儿童年龄越小,其发展速度就越快。关键期和危机期就是发展不平衡的典型表现。关键期也叫敏感期或临界期,指的是儿童各种机能的发展有一个最佳年龄段。例如,幼儿时期就是个体智力开发以及人格和性别意识养成的关键期。若能在这一时期对儿童提供适当的条件,施以适当的教育,就会取得事半功倍之效。如果错过了这个关键期,教育的效果就会降低,甚至永远无法补偿。危机期是指在某些特定的年龄阶段,儿童心理常常发生紊乱,表现出各种否定和抗拒的行为。有研究者认为,3 岁、7 岁、11—12 岁是发展的危机年龄。此外,学前儿童心理活动各个方面的发展也不平衡,如感知觉在出生后发展迅速,而思维的发展则要经过相当长的孕育过程。

(3) 幼儿身心发展具有连续性和阶段性。儿童发展的“连续性”表现在:先前的较低级的发展是后来较高级发展的基础。儿童的身心时刻都在发生量的变化,随着量变的积累,到了一定程度,就会发生质变,从而使儿童身心发展呈现出“阶段性”。同时,各个年龄阶段又是相互联系、相互衔接的,所以,在教育工作中也要考虑这种衔接性。

【典型真题】某幼儿园为给幼儿今后的学习发展打下坚实的基础,在大班教授小学语文和小学数学的内容,该幼儿园的做法(　　)。

A. 符合幼儿关键期的教育要求　　B. 彰显了关爱幼儿的教育理念

C. 不符合全面发展的教育理念　　D. 违背了幼儿的身心发展规律

【解析】儿童身心发展的阶段性要求教育必须根据不同年龄段儿童的特点，提出不同要求，采用不同的内容和方法，切忌搞“一刀切”。题干中某幼儿园教授小学语文和小学数学的内容，是不符合幼儿当前年龄阶段发展特点的，违背了身心发展规律中阶段性的要求。故D项正确。

【答案】D

(4) 幼儿身心发展具有个别差异性。在儿童发展具有整体共同特征的前提下，每个个体的身心发展，在表现形式、内容和水平方面，各具独特之处，从而呈现出个体间的差异性。它主要表现在：不同儿童的同一方面发展速度和水平的不同；不同方面发展的相互关系不同；不同的学生具有不同的个性心理特征。教育者要充分重视学生的个别差异，切实做到因材施教，使他们获得最大限度的发展。

总之，幼儿的生理成熟先于其心理成熟，每一年龄阶段儿童发展水平、特点的充分实现，将有助于其后续的发展，儿童的身心发展归根结底是儿童个体的发展，尊重和顺应个体发展的差异性，是促进儿童整体发展水平及其丰富性的有效策略。

【典型真题1】在建构区，中班幼儿东东一直搭不好拱形桥，不停地把积木推倒重来。对此，李老师恰当的说法是(　　)。

A. “宝贝，我来帮助你！”　　B. “试试不同的积木，你一定行！”

C. “注意拱形桥的对称与平衡！”　　D. “不搭拱形桥了，搭其他的吧！”

【解析】处于幼儿阶段的孩子身心发展不成熟，教师在进行教学时，需要考虑到幼儿的接受能力，幼儿如果不能很好地完成相关的活动，可以尝试让他们换个方式去完成。题干中“中班幼儿东东一直搭不好拱形桥，不停地把积木推倒重来”，教师可以让幼儿尝试用其他的方式来完成活动任务，符合幼儿的接受能力。故B项正确。

【答案】B

【典型真题2】幼儿自行收拾餐具时，赵老师发现晓晓把饭粒掉在桌上，让晓晓把饭粒捡回餐碗里。回家后，晓晓告诉爸爸，赵老师要她把掉在桌子上的饭粒吃掉，晓晓爸爸当即打电话询问此事，赵老师详细说明了情况。对此，下列选项正确的是(　　)。

A. 赵老师没有注意教育对象的针对性　　B. 赵老师没有把握教育内容的适宜性

C. 赵老师没有做到教育要求的明确性　　D. 赵老师没有注意教育主体的协同性

【解析】教育对象的针对性强调要针对不同的教育对象采取不同的教育内容和教育手段。幼儿的想象具有夸张性，会出现将假象与现实混淆的情况。题干中的晓晓就是如此，错将老师让她捡起饭粒说成老师让她吃掉。A项正确。

【答案】A

【典型真题3】在户外做游戏时，小时在草地上发现了几只瓢虫，他开心极了，旁边的小朋友围了过来，一起数瓢虫背上有多少个点，还把瓢虫放在手心让它慢慢爬。这时，教师走过来对他们说：“脏死了，快扔掉！”小时立即扔掉了瓢虫。该教师的做法违背的是(　　)规律。

A. 幼儿发展的渐进性　　B. 幼儿发展的阶段性

C. 幼儿发展的差异性　　D. 幼儿发展的可塑性

【解析】个体的身心发展是一个分阶段的连续过程，个体在不同的年龄阶段表现出不同的身心发展总体特征及主要矛盾，面临着不同的发展任务。处于幼儿园阶段儿童的任务就是感受大自然，他们的思维处于具体形象思维阶段，因此需要通过观察实物来学习。该教师的行为违背了幼儿发展的阶段性规律。

【答案】B

笔记栏

笔记栏

2. 幼儿具有巨大的发展潜能

幼儿的发展潜能巨大。在0—6岁期间，儿童基本上能掌握本民族的口头语言，具有时间和空间的辨别能力，其知觉、思维、想象、记忆和注意力的有意性开始萌芽，并初步学会了基本的生活自理能力和社交能力。因此，我们应该坚信每个儿童都是可以积极成长的，是有培养前途的，是可以获得成功的，因而对教育好每一位幼儿应充满信心。

3. 幼儿是处于发展初期的幼稚的人

幼儿的身心发展速度极快，变化很大，具有未定型性。幼儿身心的各方面都是可以改变的。幼儿教师不能用静止的观点看待幼儿现有的身心特点和水平，而要以发展的眼光看待孩子。

幼儿的身心发展尽管很快，但他们毕竟还处在人生发展的初期，具有幼稚性。幼儿身心的各个方面都非常不完善，极易受到伤害。因此，幼儿教师必须努力地呵护、照料和关心他们。

4. 幼儿以生活和游戏为主要活动

幼儿最主要的学习任务就是"人"的基本生活经验和技能。因此，他们学习的重要内容就是正常人的生活。此外，由于受其身心水平的限制，幼儿只能从事简单的生活活动和游戏活动。

【典型真题】在教学活动中，幼儿洋洋趁老师不注意时溜出了教室。当邓老师试图伸手抓住他时，他故意让老师追自己，就像在玩追逐游戏。对此，邓老师应(　　)。

A. 让家长领洋洋回家教育　　B. 让洋洋在户外自由活动

C. 牵着洋洋的手回到教室　　D. 关闭房门不让洋洋进入

【解析】"育人为本"的儿童观认为儿童是发展的人，幼儿还是一个不成熟的人，是一个正在成长的人。在实践中，教师不能忽视幼儿正在成长的特点而要求幼儿十全十美，对幼儿求全责备。看到幼儿洋洋在教学活动中溜出教室，扰乱教学秩序，教师应该把他作为一个发展中的人来对待，要理解他身上存在的不足，要允许幼儿犯错误。

【答案】C

(二)幼儿是独特的人

1. 幼儿是完整的人

幼儿机体的各个部分互相联系、不可分割，幼儿心理的各个方面也相互影响、相互制约，幼儿的生理和心理是完整和谐地发展的整体。幼儿不是单纯的抽象的学习者，而是有着丰富个性的人。在保教活动中，幼儿不仅具备全部的智慧力量和人格力量，而且体验着全部的教育生活，要给幼儿完整的生活世界，丰富幼儿的精神生活，给幼儿全面展现个性力量的时间和空间。因此，幼儿教师必须高度重视其在身体、认知、品德、情感、个性等方面的整体发展。

2. 每个幼儿都是独一无二的

由于遗传、环境、教育等方面的影响，每个幼儿身心发展的速度都各不相同，其身心素质的组合特征也不同。每个幼儿与外界相互作用的方式、风格等都不同。都有其优势和劣势领域，智力特点受到文化和家庭的影响。因此，教师应当珍视每个幼儿的独特性，因材施教，培养具有独特个性的个体，促进幼儿的全面发展。

【典型真题1】米切尔·兰德曼说："人较动物而言，在本质上是非决定的。此即人的生命并没有遵循事先决定的路线，事实上自然只是使人走完一半，另外的一半尚待人自身去完成。"对此，正确的解释是(　　)。

A. 人的发展是定向的　　B. 人的发展是多向的

C. 人的发展是全面的　　D. 人的发展是平衡的

【解析】人的全面发展是指人的体力与智力充分发展，包括人的思想道德、文化素养、情感

意志、个性才能等多方面的充分发展。同时,人的发展也受到遗传、环境、主观能动性等多方面的影响。题干中“自然只是使人走完一半,另外的一半需要人自己去完成”,体现了人的发展需要发挥主观能动性的观点。因此人的发展是多向的。

【答案】B

【典型真题2】一所幼儿园基于“数字化育人”办学理念,建立起“过程性数据”与“关键事件”相结合的幼儿发展评价信息系统,用以跟踪幼儿个体的成长过程。该做法体现的幼儿发展特点是(　　)。

A. 顺序性　　B. 独特性　　C. 自主性　　D. 创造性

【解析】儿童是独特的人,每个儿童都有自身的独特性。每个人的遗传素质,所处的社会环境、家庭条件,以及生活经历的不同,形成了个人独特的“心理世界”。他们在兴趣、爱好、动机、需要、气质、性格、智能和特长等方面各不相同、各有侧重。儿童的独特性要求教师正视儿童的个体差异,克服按照统一标准和尺度去衡量儿童,追求完全趋同、整齐划一的弊端,根据儿童各方面的情况因材施教。“数字化育人”能够关注幼儿在发展过程中的关键性事件,能够有针对性地了解幼儿。因此,体现了独特性。

【答案】B

【典型真题3】幼儿园里有的孩子活泼,有的孩子沉默;有的喜欢画画,有的喜欢唱歌。下列关于形成个体差异的原因,不正确的是(　　)。

A. 家庭教育和幼儿园教育决定了幼儿发展的个体差异

B. 遗传素质的差异性对人的发展有一定的影响

C. 个体通过能动的活动选择建构自我发展

D. 环境的给定性与主体的选择性相互作用

【解析】影响个体发展的因素主要有遗传、环境、教育和个体的主观能动性。其中,遗传因素为个体发展提供了生理前提,奠定了儿童身心发展个体差异的生理基础,因此遗传素质的差异性对人的发展有一定的影响,故B项正确。幼儿是具有能动性的教育对象,因此能够通过能动的活动选择建构自我发展,故C项正确。环境的给定性是指自然、社会、前人、他人为儿童所创设的环境,对儿童来说是先在的、给定的、客观的、儿童生来不能选择的,但是这并不意味着人的发展、人的命运就注定了,相反,由于人具有能动性,可以选择环境,并能动地作用于环境,因此环境的给定性离不开主体的选择性,故D项正确。个体的主观能动性是通过人的活动,特别是社会实践活动表现出来的,离开人的活动,遗传素质和环境所赋予的一切发展条件都不可能成为人的发展的现实。因此从个体发展的各种可能变为现实这一意义上来说,人的活动才对个体发展起决定性作用,故A项不正确。

【答案】A

(三)幼儿是学习的主体,是具有能动性的教育对象

幼儿是受教育的对象,但幼儿不会机械、盲目、消极被动地接受教育,而是具有在教育活动中的主观能动性和自我教育的可能性。幼儿是学习的主体,因为他们是有知识、有思想、有个性、有血有肉的人,幼儿是用自己的器官吸收精神营养,这是别人所不能代替或者改变的。

幼儿的主观能动性具体表现为:

1. 独立性

每个幼儿都是一个具有主观意志的自主建构的个体,是不以教师的意志为转移的具有独立性的个体。承认幼儿的独立性是发挥幼儿主体性的前提条件,承认独立性也就承认了幼儿发展过程的多途性、发展方式的多样性和发展结果的差异性。

笔记栏

2. 选择性

指幼儿在教育过程中可以在多种目标、多种活动中进行选择的特点。幼儿对教学的影响不是无条件接受的,也不是盲目的模仿,而是根据自身的愿望、态度、能力等来进行选择。

3. 调控性

幼儿可以对自己的学习活动进行有目的的调整和控制。如学习困难时,激励自己;学习目标不恰当时,及时调整修正;对学习过程进行自我监控等。

4. 创造性

这是主体性的最高层次,是指幼儿在教育活动中可以超越教师的认识,超越时代的认识与实践局限,科学地提出不同的观点、看法,并创造具有成效的学习方法。

5. 自我意识性

即幼儿作为主体对自己的状态及在教育中的地位、作用、情感、态度、行为等的自我认知。主体认识自己越全面越客观,主体性就可能越强;反之,自我认知的水平低,自我调控能力就可能越差,自我创造和自我实现的可能性也就越小。

【典型真题】活动区活动该结束了,可晨晨的“游乐园”还没有搭完,他跑到老师面前,说:“老师,我还差一点就完成了,再给我5分钟,行吗?”“行,我等你。”老师一边说,一边指导其他幼儿收拾、整理……该教师的做法体现的幼儿主体性表现特征是(　　)。

A. 创造性　　B. 独立性　　C. 自主性　　D. 随机性

【解析】幼儿的主体性包括独立性、主动性、创造性三个基本特征。主动性也称为自主性,指幼儿对外界事物或活动有积极的反应,不是被动地等待外界的刺激,而是主动地去探索和发现。活动快结束时,晨晨由于“游乐园”还没有搭完,他主动跑到老师面前请求多留一点时间,而不是被动地等着老师来催,体现了幼儿主体性特征中的主动性,即自主性。

【答案】C

(四)幼儿是权利的主体

1. 幼儿和成人一样,彼此平等,具有相同的价值

幼儿是权利主体,意味着要把幼儿看作与成人人格平等、具有相同的社会地位、享有基本人权的积极主动的人格独立的人,是拥有权利并能行使自己权利的自由主体。

2. 幼儿作为权利主体拥有法定的权利

按照联合国《儿童权利公约》的规定,幼儿享有生存权、受保护权、参与权和发展权等基本权利。

3. 幼儿作为权利主体的特殊性

幼儿和成人一样平等地拥有法律保护的权利。但是,幼儿毕竟是发展中的人,身心处于发育成熟的过程中,与成人相比,在体力、心理上都处于弱势,这就决定了幼儿作为权利主体的特殊性:一是幼儿权利的行使需要社会的教育和保护;二是幼儿作为权利主体拥有权利,但不连带与成人一样的责任和义务。

【典型真题1】在中班绘画活动中,李老师将自己画好的“小汽车”贴在墙上,要求孩子们照着画。李老师看了小明的画后,严厉地说:“小汽车怎么可能有翅膀?去前面看我画的,照着画!”关于李老师的做法,下列评价不恰当的是(　　)。

A. 忽视了幼儿的天性　　B. 忽视了对幼儿权利的尊重

C. 忽视了对幼儿的正确引导　　D. 忽视了对幼儿特长的培养

【解析】李老师将自己画好的“小汽车”贴在墙上,要求孩子们照着画,

并严厉地批评小明画有小翅膀的汽车，题干中并没有提到画画是小明的特长，因此并没有体现李老师忽略了对幼儿特长的培养。

【答案】D

【典型真题2】材料：下面是某幼儿园大班李老师的教学片段。

师：小嘴巴？

幼：不说话。

师：小朋友们看着黑板，黑板上是什么呢？

幼：数字9的分解。

师：很好，我们上节课学了数字9的分解，小朋友们会了吗？

幼：会了。

师：真棒！那你们一起读一遍，9可以分成1和8，预备，起！

幼：9可以分为1和8，9可以分为2和7，9可以分为3和6，9可以分为4和5，9可以分为5和4……

师：停！停！停！9可以分为4和5后面该怎么背了，涛涛，就是你领着大家乱背，声音又大，你给我小声点，其他小朋友别跟着他背！重新来一遍！9可以分为1和8，预备，起！

涛涛在李老师的责备及小朋友们的讥笑声中低下了头。其他的小朋友则附和着，一起背诵起来。

问题：请结合材料，从儿童观的角度，评析李老师的教育行为。

【答案要点】材料中李老师的做法是错误的，违背了"育人为本"的儿童观，不利于儿童的健康成长。

（1）儿童是发展的人，具有巨大的发展潜能。儿童的发展具有不稳定性和可塑性，教师应该用发展的眼光看待儿童，坚信每一个儿童都是可以积极成长的。材料中，李老师因为涛涛与大家背得不一致而责备涛涛，没能够耐心地引导涛涛，不利于激发学生的潜能。

（2）儿童是独特的人，每个儿童具有自身的独特性。教师要尊重儿童的个性差异，做到因材施教。材料中的涛涛有自己的特点，他积极参与课堂，却受到李老师的批评和小朋友们的讥笑，这挫伤了涛涛的积极性，不利于促进涛涛个性的发展。

（3）儿童是具有独立意义的人，是学习的主体。教师要充分调动儿童的主观能动性，因势利导，推动儿童健康成长。材料中，李老师要求儿童必须按照自己的想法刻板地学习，没有考虑到学生学习的积极性和主动性，不利于学生的成长。

【典型真题3】材料：刚入园的小班幼儿平平是一个性格内向的孩子，总是哭着要妈妈，其他小朋友都不愿意和他玩。程老师经常温柔地拥抱他，牵着他的小手，介绍其他的小朋友和他认识。一天，自由活动时间到了，只见平平又一个人呆呆地坐在椅子上，脸上毫无表情，一言不发。程老师见此情景心想，此时不宜和平平进行交谈，而是应该鼓励他和小朋友一起玩。于是程老师叫来活泼开朗的小娜和平平一起玩玩具。小娜见平平不会玩，便教平平，两人很快玩到了一起。为了增强平平的自信心，程老师有意让平平当值日生协助老师一起发放和收拾餐具，并不断地表扬平平很能干，平平很开心，越来越自信了。在日常学习活动中，程老师经常表扬平平，平平的笑容也越来越多了。

问题：请结合材料，从儿童观的角度，评析程老师的教育行为。

【答案要点】程老师的教育行为是正确的，遵循了"育人为本"的儿童观。

（1）儿童是发展的人，有巨大的发展潜能，正处在发展过程中。材料中，幼儿平平是个性格内向的孩子，但是程老师并没有放弃他，而是相信他可以变好，想方设法引导他融入集体，并无

时无刻不关心他。

（2）儿童是独特的人，每个儿童都有自身的独特性。材料中，在自由活动时间平平一个人呆呆地坐着，程老师并没有直接去找他沟通，而是根据他的表现叫来活泼开朗的小娜和他一起玩，体现了程老师能够因材施教，关注到了平平的独特性。

（3）儿童是独立意义的人，是不以教师的意志为转移的客观存在，同时也是学习的主体。材料中，程老师为了增强平平的自信心，让平平协助老师一起发放餐具，把主动权交给了平平。体现了教师尊重学生，发挥了幼儿的主体性，遵循了幼儿是独立意义的人的特点。

第三节　运用“育人为本”儿童观的基本要求

在幼儿园保教活动中，运用“育人为本”的儿童观必须做到如下几方面的要求。

一、用全面的眼光看待幼儿，体现儿童的主体地位

用全面的眼光看待幼儿的发展，就不能孤立地、片面地强调某一方面的发展，而忽视幼儿的整体和谐发展。为此，要遵循以下原则：

一是要体现幼儿的主体地位，善于发现每个幼儿的特点；

二是要在保教实践中杜绝只重智力而忽视体育、德育的片面做法；

三是充分尊重幼儿的主体地位，开展保教活动要尊重幼儿的感受，调动幼儿学习的积极性和能动性，鼓励幼儿的创造性。

二、客观公正、一视同仁地对待幼儿

坚持教育公正，是“育人为本”对儿童教育的本质要求。就是说要客观公正、一视同仁地对待所有的幼儿，促进所有幼儿的共同发展，让每一个幼儿都能在发展自己潜能的基础上，个性得到充分发展。在幼儿教育活动中，不因性别、民族、地域、家庭背景和幼儿个人身心发展情况而歧视一些儿童，要给所有儿童提供同样的教育机会，这是教育公正的要求。因此，必须坚持“教育公正”原则，使所有幼儿都能够获得均等的教育机会。

所谓教育机会均等，包括两个方面：一个是入学机会均等；另一个是教育过程中的机会均等。教育机会均等原则的提出，是因为受教育者之间存在着差异。这些差异包括性别、民族、地域、经济状况、家庭背景和身心发展状况等。教育机会均等就是要求公正地对待儿童，不因上述差异而受到不同的对待。换句话说，无论儿童有怎样的差异，给予他们的受教育机会都应当是均等的。

但需要特别注意的是，人的发展可能性是多种多样的，人的天赋也有所不同，而社会所需要的人才也是多种多样的。如果将教育公正单纯理解为给予所有儿童同样的东西，让所有儿童以一种模式成长，就会造成牺牲儿童个性发展潜能的所谓“齐步”发展，这并不是教育公正。教育公正也包括儿童不同个性发展潜能得到充分开发。因此，教育公正与儿童个性发展是辩证统一的。

此外，还要重视构建良好的师幼关系。教师是幼儿学习的“支持者和促进者”，是幼儿游戏活动的“探索者和合作者”，更是幼儿的“学习者和分享者”。师幼之间具有互动性、民主性和分享性等基本特征。为此，可通过如下四点策略构建良好的师幼关系：一是树立正确的教育观和教师观，实现师幼间的有效互动；二是积极主动地与幼儿交往；三是理解、体谅与宽容地对待幼儿的错误；四是关注幼儿及其活动，并对其产生积极的情感。

【典型真题】因为小三轮车数量有限，中班幼儿常为“谁骑车”而争论不休。小雯跑到李老师面前说：“小莉不让我骑三轮车。”以下李老师的回复中，不恰当的是(　　)。

A. “小雯，我们玩别的玩具吧。”

B. “小莉，让小雯骑，等会儿我让你发点心。”

C. “小雯，可以怎样对小莉表达你的想法？”

D. “小莉，我知道你是懂得谦让的好孩子。”

【解析】发生矛盾和冲突是幼儿交往过程中常见的现象，教师应该公平地对待每位幼儿，不偏袒，用积极的情绪引导幼儿，化解幼儿间的交往问题。B选项中，李老师在面对幼儿争抢三轮车的行为时，直接让骑车的小莉停止游戏，让给小雯，这样的方式过于简单直接，不利于幼儿社会性发展。

【答案】B

三、尊重热爱幼儿

教师应关心爱护全体幼儿，尊重幼儿人格，尊重幼儿的身心规律和年龄特点，平等公正地对待幼儿；对幼儿严慈相济，做幼儿的良师益友；保护幼儿安全，关心幼儿健康，维护幼儿权益；在保教活动中不讽刺、挖苦、歧视幼儿，不体罚和变相体罚幼儿。

【典型真题】在一次续编故事活动中，小朋友们积极举手发言，一向胆小的圆圆也举起了小手，戴老师有意请圆圆回答，可圆圆的声音非常小，小朋友们嚷嚷：“他的声音太小了，我们什么也听不见！”“老师让我替他说吧！”对此，戴老师恰当的回应是(　　)。

A. “欣欣，你来替圆圆讲！圆圆请先坐下休息一会儿。”

B. “圆圆真勇敢，请你大声地再讲一遍，好吗？”

C. “你们管好自己的小嘴巴，我们要尊重圆圆。”

D. “圆圆，你应该大声讲故事。”

【解析】“育人为本”的儿童观强调儿童是发展的人，儿童具有巨大的发展潜能，教师应当把儿童看作发展过程中的客观存在，用发展的眼光去看待儿童。教师应当避免只关注儿童的现实情况，要挖掘儿童可能出现的各种情况，实现对儿童成长的全局性把握，坚信每个儿童都是可以积极成长的，是可以获得成功的，对教育好每一位儿童充满信心。同时，教师应尊重儿童的理性思维能力，尊重儿童的自由意志。戴老师让胆小的圆圆回答问题，是为了锻炼和鼓励圆圆，在其他同学起哄的情况下，戴老师应该在鼓励圆圆的同时，保护圆圆的自尊心，给圆圆信心克服胆小的问题，大声回答，故B项正确。

【答案】B

四、因材施教，促进幼儿的个性发展

幼儿教师要深入了解幼儿的个性特点和内心世界，并根据幼儿的个体特点和年龄特征有的放矢地进行教育教学，真正使每个幼儿都能扬长避短，获得最充分的发展。

一要设计丰富多样的保教活动。幼儿园的教育内容是全面的、启蒙性的，分健康、语言、社会、科学、艺术五个领域，各领域的内容相互渗透，从不同的角度促进幼儿情感、态度、能力、知识、技能等方面的发展。活动形式可以分集体活动、小组活动、个别活动；活动方式方法有练习生活能力的活动、讲故事活动、观察活动、小实验活动、音乐舞蹈活动、绘画活动、手工制作活动、种植饲养活动等。

笔记栏

笔记栏

二要实行多元评价。教师要以促进幼儿发展为宗旨,从多元的视角(多维度横向评价、多维度纵向评价),利用各种资源对幼儿的发展水平做出评价。也就是说,横向评价要运用灵活多样的指标、园内园外的多种活动,幼儿园和家庭、社区的各种资源去评估幼儿;纵向评价重点是不同阶段的表现,如一日生活中,幼儿在前后环节活动中的表现是否更积极、主动或进步。

五、树立全心全意为幼儿发展服务的意识

"育人为本"强调教育要服务于幼儿,为每位幼儿的全面发展服务,为发掘每个幼儿的潜力和创造力服务。一句话,就是为幼儿终身成长提供最好、最优的条件。为此,要做到"四个服务":服务于幼儿的身心;服务于幼儿的学习;服务于幼儿的生活;服务于幼儿的终身发展。

第三章

教师观

知识体系及思维脉络图

- 教师观
  - 教师职业概述
    - 教师的含义
    - 教师的职业责任
    - 教师的职业价值
    - 教师的劳动特点
    - 幼儿教师的职责与职业角色
  - 教师专业发展
    - 教师职业的发展历史
    - 教师专业发展的内涵
    - 教师专业发展的不同阶段
    - 幼儿教师专业发展的内容
    - 幼儿教师专业发展的途径和方法
    - 终身学习观

笔记栏

核心考点及学习提示

【核心考点】

1. 教师的含义、职业责任和劳动特点。
2. 幼儿教师专业发展的内容、发展阶段、途径与方法。
3. 终身学习的理念。
4. 幼儿教师的职责与职业角色。

【学习提示】

考试重点：教师的含义、劳动特点，幼儿教师专业发展的内容、途径与方法，幼儿教师的主要职责，从教师观的角度分析与评价幼儿园保教活动。

考试难点：幼儿教师如何在具体的保教实践中体现科学的教师观。

教师观就是对教师职业的特点、责任、教师的角色以及科学履行职责所必须具备的基本素质等方面的认识。教师观直接影响着教师的价值判断，进而影响其教学行为。因此，教师应树立科学的教师观，实现教师角色的准确定位，以便全面履行教师的职责，做一位现代优秀教师。科学教师观主张教师职业是一种专业，教师是专业人员，教师的根本职责是教书育人，必须要树立终身学习意识，促进自身持续地专业成长。

第一节　教师职业概述

一、教师的含义

《中华人民共和国教师法》(以下简称《教师法》)指出："教师是履行教育教学职责的专业人

笔记栏

员，承担着教书育人、培养社会主义事业的建设者和接班人、提高民族素质的使命。”这个概念包含三层含义：

1. 身份特征：专业人员

教师是一种从事专门职业活动的专业人员，必须具备专门的资格，符合特定的要求。

2. 职业特征：教育教学

只有直接承担教育教学工作职责的人，才具备教师的最基本条件。

3. 职业使命：教书育人

教师的根本任务是教书育人，培养社会主义事业的建设者和接班人，提高民族素质。这是就教师的工作目的而言的，教师所有的教育教学活动都必须服从于这个目的，并认真履行自己的职责。

二、教师的职业责任

教师的职业责任是指教师这一职业必须承担的职责和任务，是教师职业产生的根本缘由和存在基础。教师职业的一个重要特点就在于职业责任的多样化。教师的职业责任是随着社会的发展而不断变化更新的。但概括而言，教师有两方面的职业责任：一是促进学生个体发展的责任。促进学生全面发展，不仅是教师的首要责任，也是衡量教师有效履行职业责任的根本标准。一名合格的教师必须平等地对待学生，让他们都能够在潜能充分开发的条件下，获得最大限度的发展。二是促进社会进步的责任。学生不仅是自然人，也是社会人，教师的责任在于通过培养人，进而推动社会发展与进步。

1. 教师的根本职责

教师的根本职责，即教师的根本任务，就是教书育人，全面实现教育目的。教师要通过教书育人来体现自己的劳动价值，创造精神财富，把学生培养成为全面发展的社会有用之才。

2. 教师的具体任务

（1）做好教学工作。教学是学校的中心工作，也是进行全面发展教育，实现教育目的的基本途径。为此，学校工作要以教学为主。体现在教师的工作上首先就要完成教学任务，尽心尽责地把书教好。一名教师如果做了许多其他工作，而教学任务完成得不好，教学质量很差，则不能认为他是合格的教师。教师搞好教学应是通过教学使学生在德、智、体等多方面都得到发展，同时促进其个性的发展。

（2）做好教育工作。通过班主任工作、课外和校外教育活动等多种渠道对学生进行思想品德教育，提高学生的思想觉悟，养成良好的品德和行为习惯。

（3）关心学生的生活及身心健康。教师要关心学生的身心健康，引导学生合理地安排学习和文体活动，保护学生身体正常发育，促进体质的增强，并培养其高尚的审美情趣，健康的心理素质，使学生在全面发展的基础上形成良好的个性。

（4）提高自身职业素养。教师要自觉提高师德修养，不断钻研学科专业知识，不断学习教育理论，不断反思自身教育教学，持续提高自己的教育教学能力，减少工作中的盲目性，提高自觉性，勇于探索，敢于创新，切实提高教育教学质量。

三、教师的职业价值

要成为一名优秀的教师，就必须持有正确的教师职业价值观。教师职业的根本价值在于挖掘学生的发展潜能和推动社会进步，即个人价值和社会价值的统一。

一是个人价值。学生具有无限的发展可能性，每个人身上都蕴藏着发展潜能。教师要以“学生为本”，充分尊重学生个体差异，正确引导学生，促进学生个体充分发展。

二是社会价值。教师所培养的人，是生活在社会中的人，是社会群体的一部分。作为社会中的一代新人,学生的精神面貌将决定社会的面貌,决定社会的未来,从这个意义上说,教师的职业就是决定社会未来面貌的工作。

笔记栏

具体而言,教师的职业价值表现为:

(1)教师是人类文化的传承者和传播者,对人类社会的延续和发展起着桥梁和纽带作用。

(2)教师是社会文明发展的促进者。

(3)教师是人类智慧的开启者。

(4)教师是人类崇高道德品质的塑造者,是人类心灵的工程师,对青年一代的成长起着关键作用。

(5)教师是教育工作的组织者、领导者,在教育过程中起着主导作用。

基于教师职业价值的崇高与伟大,人们纷纷不吝给予教师崇高的赞誉。例如,夸美纽斯称"教师是太阳底下最光辉的职业",加里宁认为"教师是塑造人类灵魂的工程师",还有人认为教师是辛勤的"园丁"、燃烧的"蜡烛"等。

【典型真题】李老师暑假参加同学聚会时,发现一些同学收入高于他,他很沮丧,一度想跳槽,可一开学,当活泼可爱的小朋友围着他分享暑假趣闻时,他顿时心情舒畅,跳槽念头全无。这表明了教师职业幸福具有(　　)。

A. 自在性　　B. 主观性　　C. 精神性　　D. 无限性

【解析】教师职业幸福具有精神性、关系性、集体性、无限性的特点。教师幸福的精神性首先表现为劳动及其报酬的精神性,即在物质待遇既定的情况下,教师生活有恬淡、超脱、潇洒的一面。教师的报酬除了物质方面,学生的道德成长、学业进步,及对社会作出的贡献,都是教师职业幸福精神性的表征。师生之间的课业授受、精神交流和情感融通都是其他职业少有的。题干中李老师虽然收入不高,但在和同学们的互动中获得了幸福感,获得了精神上的享受,体现了教师职业幸福的精神性。故C项正确。

【答案】C

四、教师的劳动特点

(一)复杂性

首先表现在教师劳动目的的全面性(全面发展的人才)和劳动任务的多样性(教书育人)方面;其次还表现在劳动对象的千差万别上。教师的劳动对象是活生生的人,都具有一定的自觉意识和情感,具有不同的性格、爱好和特长。教师既要根据教学大纲的统一要求,又要从学生实际出发,发挥他们的个性,这更是一种复杂的劳动。

【典型真题】班级里有的幼儿活泼,有的幼儿内向,有的幼儿喜欢画画,有的幼儿喜欢唱歌,有的幼儿家来自农村,有的幼儿来自城市,这给刘老师的工作带来较大的挑战。这表明刘老师的劳动具有(　　)

A. 多样性　　B. 示范性　　C. 个体性　　D. 复杂性

【解析】题干中强调幼儿性格、兴趣爱好等特点各不相同,体现了劳动对象的特殊性,也就是说,每个学生都有自己的个性和特点,教师要面对具有个体差异的学生,开展教育教学活动,复杂程度可想而知,因此体现了教师劳动的复杂性。

【答案】D

(二)创造性

教师劳动的创造性是指创造性地运用教育、教学规律,在复杂多变的教育情境中塑造发展中的

笔记栏

人。教师劳动的创造性主要是由教育对象的特殊性和教育情境的复杂性所决定的。

教师劳动的创造性表现在：① 对不同学生区别对待，因材施教上；② 对教育、教学的原则、方法，特别是教学内容的选择和处理上（变换和创新）；③ 教师的教育机智上。所谓教育机智是指在教育教学过程中，教师针对课前未曾预料到的偶发事件，能够快速、敏捷地做出恰当的应对与处理。

【典型真题 1】在一次教学活动中，黄老师问小朋友："图上的月亮是什么形状的呀？"大多数幼儿回答："是圆的。"只有昊昊说："月亮是弯弯的。"黄老师对昊昊说："不对，图上的月亮明明就是圆的，这哪里是弯的？"这表明黄老师（　　）。

A. 缺乏批评教育的艺术　　B. 没有活用素材的能力

C. 没有关爱幼儿的情感　　D. 缺乏纪律管理的方法

【解析】黄老师对于"月亮是什么形状"这一问题，认定答案只能是圆形，面对昊昊的不同答案，直接给予否定。这说明黄老师对素材应用不够灵活，生硬死板，缺乏教育机智，没有体现出创造性。B 项正确。

【答案】B

【典型真题 2】自由活动时，幼儿三五成群地在沙坑里玩耍，只有杰杰孤零零地站在旁边，一动不动。对此，教师恰当的做法是（　　）

A. 询问杰杰不与大家玩的原因　　B. 只关注其他孩子，不理会杰杰

C. 告诉杰杰可以自己一个人玩　　D. 要求杰杰过去与大家一起玩

【解析】在日常的教育活动中经常会发生各种突发问题，需要教师运用教育机智，能根据学生新的特别是意外的情况，迅速而正确地做出判断，随机应变地采取及时、恰当而有效的教育措施。面对杰杰的行为，教师应该耐心地询问原因，不能不顾杰杰的意愿强制杰杰参与到活动中。要根据每个幼儿的特点来进行教育，因材施教，只有这样才能够充分调动学生学习的主动性。A 项正是体现了教师的教育机智。

【答案】A

【典型真题 3】在每次教学活动前，伍老师都会组织小朋友们做"请你跟我这样做"的游戏，每次动作都一样，小朋友们感觉有些乏味。这天伍老师又做这个游戏，她热情地说："请你跟我这样做。"小英突然冒出一声："不想跟你这样做。"全班孩子哄堂大笑。对此，伍老师恰当的做法是（　　）。

A. 停止游戏，直接进入教学活动环节

B. 停止游戏，批评该小朋友扰乱秩序

C. 继续游戏，对小朋友的捣乱声音不予理睬

D. 继续游戏，依据小朋友兴趣调整游戏动作

【解析】本题考查幼儿教师劳动的创造性。在日常的教育活动中经常会发生各种突发问题，需要教师运用教育机智，能根据学生新的特别是意外的情况，迅速而正确地做出判断，随机应变地采取及时、恰当而有效的教育措施。伍老师带领小朋友做游戏时，小朋友感觉有些乏味，并有小朋友直接表达"不想跟你这样做"。教师应该做到以幼儿为中心，在保证游戏继续开展的同时，根据小朋友的兴趣做相应的调整。

【答案】D

（三）长期性

教师劳动的成果是培养合格的人才，而人才培养的周期较长，"十年树木，百年树人"。教师要把一个幼儿培养成具有科学文化知识、具有一定思想品德和健全体魄的社会需要的合格的人才，绝不是一蹴而就的。教师的劳动价值具有滞后性，他们今天的劳动，要到若干年后才能见到成效。

（四）示范性

教育是培养人的活动。教育活动的这一本质特点决定了教师的劳动必然带有强烈的示范性。“学高为师，身正为范。”教师劳动与其他劳动的一个显著不同点，就在于教师主要是用自己的思想、学识和言行，通过示范的方式去直接影响劳动对象，即教师劳动的手段是教师自身，是凝结在自身的知识、智慧、才能、思想品德等。教师劳动示范性的特点是由学生的“向师性”和模仿性的心理特征所决定的。教师的示范是学生最直接、最经常的表率，是引导和规范学生成长所不可缺少的手段。

五、幼儿教师的职责与职业角色

（一）幼儿教师的概念

幼儿教师是履行幼儿园教育工作职责，对幼儿进行启蒙教育，帮助幼儿获得有益的学习经验，促进幼儿身心全面和谐发展的专业教育工作者。简言之，幼儿教师是履行幼儿园教育工作职责，促进幼儿身心全面发展的专业人员。

（二）幼儿教师的职责

《幼儿园工作规程》规定，幼儿园教师对本班工作全面负责，其主要职责如下：

第一，观察了解幼儿，依据《幼儿园教育指导纲要（试行）》和《3—6岁儿童学习与发展指南》，结合本班幼儿的发展水平和兴趣需要，制订和执行教育工作计划，合理安排幼儿一日生活；

第二，创设良好的教育环境，合理组织教育内容，提供丰富的玩具和游戏材料，开展适宜的教育活动；

第三，严格执行幼儿园安全、卫生保健制度，指导并配合保育员管理本班幼儿生活，做好卫生保健工作；

第四，与家长保持经常联系，了解幼儿家庭的教育环境，商讨符合幼儿特点的教育措施，相互配合共同完成教育任务；

第五，参加业务学习和保育教育研究活动；

第六，定期总结评估保教工作实效，接受园长的指导和检查。

（三）幼儿教师的职业角色

幼儿教师的职责还有其特殊性，这些特殊性具体体现在以下几种职业角色上。

1. 幼儿生活的照顾者

幼儿的身心发展速度快，变化很大，具有未定型性。但是，他们毕竟还处在人生发展的初期，具有幼稚性。而且他们身心的各个方面都非常不完善，极易受到伤害。因此，幼儿教师必须努力地呵护、照料和关心他们。

2. 班级的管理者

幼儿的身心发展特点决定了教师要全面负责并管理幼儿在园中的生活、活动及其安全，促使其体、智、德、美全面发展。要建立必要、合理的生活常规，科学安排幼儿一日生活，将教育灵活地渗透于幼儿一日生活的各个环节，注重培养幼儿初步的生活自理能力和良好的行为习惯。教师要认真做好班级的日常管理工作，维护班级良好秩序，培养幼儿的规则意识、责任意识和集体荣誉感，营造民主和谐、团结互助、健康向上的集体氛围。总之，幼儿教师要从班级的组织、制度、教学和活动等方面进行全方位管理。

3. 学习活动的引导者

教师要为幼儿的发展打好进一步学习或终身学习的基础，使他们进入社会以后能够不断地获取知识。教师要引导幼儿主动参与教育环境，激发幼儿的学习积极性，培养幼儿掌握和运用知识的态度和能力，使每个幼儿都得到充分的发展。教师在教学过程中应与幼儿积极互动、共同发展，要

笔记栏

处理好传授知识与培养能力的关系，注重培养幼儿的独立性和自主性，引导幼儿质疑、调查、探究，在实践中学习，促进幼儿在教师指导下主动地、富有个性地学习。

【典型真题 1】刘老师根据《小蚂蚁搬豆》的故事，把小蚂蚁画下来，一个挨着一个地贴在厕所的墙面上，幼儿看到排着队的小蚂蚁就会按顺序等待如厕。刘老师的做法体现的教师角色是(　　)。

A. 支持者　　B. 合作者　　C. 示范者　　D. 引导者

【解析】幼儿教师是幼儿学习活动的支持者、合作者和引导者。在生活中，幼儿的生活习惯、卫生习惯正在发展中，需要教师的帮助和引导，题中教师通过环境创设巧妙地将正确的行为规则融入进去，隐性引导幼儿建立良好的行为规范，体现了教师引导者的角色。

【答案】D

【典型真题 2】在进行“拼图”游戏时，王老师见东东反复地拿起这块放下那块，不知该用哪块拼板，急得满脸通红、满头大汗。对此，王老师恰当的说法是(　　)。

A. “不要着急，我们再试试吧！”　　B. “你看看晓红是怎么拼的。”

C. “试试红色正方形的拼板吧！”　　D. “仔细看一下颜色和形状吧！”

【解析】教师是幼儿学习活动的支持者、引导者，在幼儿园的一日活动中，幼儿可能随时都会产生许多问题。但由于年龄小、经验少，他们往往不会归纳事物的特点，这就需要教师及时介入和引导，使其学会自主探索，从而促进幼儿主动学习。题干中，东东在进行拼图游戏遇到困难时，王老师需要引导东东拼出拼图。因此，王老师的正确做法是引导东东观察拼图的颜色和形状。

【答案】D

【典型真题 3】班里养的金鱼死了，孩子们纷纷围了过来，你一言我一语地谈论起来：“怎么就死了呢？”“不对呀，它还睁着眼呢！”对此，教师恰当的做法是(　　)。

A. 埋怨孩子们投喂了过多食饵　　B. 对孩子们提出的问题不予回应

C. 让孩子们回家后问爸爸妈妈　　D. 引导孩子们讨论金鱼死亡原因

【解析】在幼儿的一日生活中，幼儿可能随时会产生许多问题，但由于年龄的特点和经验有限，他们往往不会归纳事物的特点，这时就需要教师及时介入和引导，使探索更深入，从而促进幼儿主动学习。教师应树立正确的教师观，成为幼儿学习活动的支持者、引导者。题干中，面对孩子们的行为，教师应引导孩子们讨论金鱼死亡的原因。

【答案】D

【典型真题 4】午点后，幼儿正在看动画片。突然，欣欣哭了起来。原来是玲玲咬了她。张老师刚想问明原因，玲玲不满地说：“她故意挡住我看电视。”从教师指导者作用的角度来看，张老师恰当的做法是(　　)。

A. 帮助幼儿解决问题　　B. 公平对待每个幼儿

C. 倾听幼儿内心想法　　D. 关注幼儿个体差异

【解析】发现玲玲咬人，张老师应该耐心对待幼儿，帮助玲玲分析原因，采取适宜的教育方法，以免幼儿向不良的行为习惯转化。可以让玲玲向被咬的小朋友道歉，创造一个直观的氛围让玲玲了解咬人带来的后果，同时根据不同的原因指导玲玲学习一些交往技巧。从教师指导者作用的角度来看，张老师应该帮助幼儿解决问题。故 A 选项正确，其他选项与题意不符。

【答案】A

【典型真题 5】李老师与大班幼儿面对面，自由地坐在塑胶地上。李老师对幼儿说，请你们想一个办法到老师面前来。乐乐想到了前滚翻，但动作不怎么标准，翻到了一边。对此，李老师

恰当的说法是(　　)。

A. “动作不标准,重新做一遍。”

B. “乐乐的想法真奇妙,要注意安全。”

C. “这样不好,会踢到旁边的小朋友。”

D. “乐乐真勇敢,大家要向他学习。”

【解析】教师应成为幼儿活动的支持者、引导者和合作者。面对幼儿的行为,教师应对幼儿进行积极正面的评价,既要保证幼儿活动的兴趣,又要引导幼儿注意活动安全,保证活动的顺利进行。

【答案】B

4. 园本课程的开发者

教师成为园本课程的开发者,既是社会对教师新角色形象的时代诉求,也是教师作为学生学习活动引导者和促进者的前提条件。教师不仅要成为教学的主体,而且要成为教学研究的主体。教师要主动反思、研究自己的教学实践、教学观念,不断探究和解决教学问题,不断更新教学观念、知识,改善教学行为,提升教学水平。教师要了解幼儿园的保教活动实际,广泛参与社会实践,要指导幼儿接触社会、了解社会,指导幼儿接受和选择各种信息。

5. 和谐师幼关系的构建者

和谐、民主、平等的师生关系是教师做好工作的基本保证。教师不仅要尊重儿童,而且要赢得儿童的信任与热爱。教师在长期与幼儿平等的交往中,要尊重、信任、主动关心幼儿,满足幼儿求知的需要,才能真正成为幼儿可亲、可近、可敬、可信任的知心人,才能真正建立民主平等的师生关系,使教育达到预期的目的。

6. 儿童健康心理的培育者

培育学生健康的心理素质是教师的重要职责。因为只有具有健全心理的人,才是真正健康的人。教师必须重视幼儿的心理健康,重视幼儿良好心理素质的培养。通过有针对性地进行心理咨询和心理健康指导,帮助幼儿客观地认识自己,鼓励幼儿进行自我教育、自我提高、自我控制,培养幼儿健康的心理。

【典型真题 1】在自由区域活动的时间,凡凡和瑶瑶选择了去做手工——做项链。金老师为他们提供了材料,并且教给了他们制作的步骤。凡凡是按照制作步骤制作的,但是瑶瑶却不是按照步骤制作的。凡凡跟老师说:“老师,你看她跟我做的不一样,她做的是不对的。”老师听见之后过来找瑶瑶说:“哦,你做得不一样吗?那一会儿等你做完,我们看看你做得什么样。”瑶瑶特别自信地说:“等着看吧你们。”瑶瑶做完后向金老师展示了她的项链,原来她是按照她妈妈戴的项链做的。金老师表扬她观察得很仔细,并在班上展示了她的作品,小朋友们也纷纷夸赞她。后来,金老师还让其他幼儿展示了自己的作品并进行了点评。课后金老师积极地总结了这次的经验,反思不足并进行了改进,用于以后撰写论文和做课程研究。

问题:请用教师观的要求评价该教师的教育行为。

【答案要点】金老师的教育行为是正确的,符合教师观的相关要求。

(1) 教师是幼儿的倾听者与观察者。教师要倾听和观察,向幼儿传达出对他们的关注、重视、尊重和欣赏。材料中,金老师认真倾听凡凡的想法并且能够观察到瑶瑶的行为,对瑶瑶制作的不一样的项链给予了尊重与欣赏。

(2) 教师是幼儿学习活动的支持者和引导者。在幼儿园的一日活动中,幼儿随时可能会产生问题,需要教师及时参与和引导。材料中,当瑶瑶没有按照制作步骤操作的时候,金老师鼓励

瑶瑶继续她的创作，并且在完成后表扬瑶瑶善于观察的特点，体现了支持者和引导者的角色。

（3）教师是教育教学的研究者和反思者。教师在教学活动中要以研究者的心态置身于教学情境之中，以研究者的眼光审视和分析教学理论与教学实践中的各种问题，对自身的行为进行反思，对出现的问题进行探究，对积累的经验进行总结，使其形成规律性的认识。材料中，金老师在课后总结经验，反思不足并进行了改进，用于以后撰写论文和做课程研究，就体现了这一点。

（4）在对待师生关系上，教师应尊重、赞赏学生。教师应当尊重每一位学生尊严和价值，不伤害学生的自尊心，要学会发现学生的闪光点，学会欣赏每一位学生。材料中，金老师尊重瑶瑶不一样的制作方法并表扬了她，对于其他幼儿的作品也一一进行了点评，这样做有利于引导学生健康成长。

【典型真题 2】杨老师带班不久就遇到了一件麻烦事。午餐时，强强被小斌打了，杨老师立刻打电话通知双方家长。没想到双方家长来后都认为自己的孩子没有错，吵得不可开交，最后竟然动起手来……幼儿冲突的问题并没有得到解决。类似这样的事杨老师又遇到过几次，很是头疼。

为有效处理幼儿冲突问题，杨老师主动向有经验的教师请教，还查阅了许多幼儿心理发展方面的书籍，咨询幼儿教育专家，了解幼儿心理发展知识，探寻幼儿冲突行为的诱因，寻求破解良策。经过长期理论和实践的积淀。杨老师逐渐成为处理幼儿冲突方面的专家，并出版了《杨老师教你应对幼儿冲突 50 招》。

为妥善处理幼儿之间的冲突，杨老师定期在幼儿园为家长做专题讲座。还经常与家长沟通幼儿的情况，其所在幼儿园孩子之间冲突逐渐减少，家长之间因孩子冲突而产生的矛盾也逐渐消失了。

问题：请结合材料，从教师观的角度评价杨老师的教育行为。

【答案要点】材料中杨老师的教育行为符合教师观的要求。

（1）教师是幼儿学习活动的合作者。材料中，为妥善处理孩子之间的冲突，杨老师定期在幼儿园为家长做专题讲座，还经常与家长沟通幼儿的情况，说明杨老师能够加强与家长的联系和合作，促进幼儿的健康成长。

（2）教师应成为研究者、学习者、创造者。材料中，为了有效处理幼儿冲突问题，杨老师向有经验的教师请教，查阅专业书籍，了解幼儿心理发展知识。

（3）教师是幼儿学习活动的支持者、引导者。材料中，在看到幼儿之间不断发生冲突之后，杨老师在不断地学习、探寻与实践之后，通过有效的帮助与引导，最终使孩子们之间的冲突逐渐减少。

【典型真题 3】在幼儿园晨间锻炼时，李老师为孩子们准备了球、轮胎、跳绳、滑板车等器械，又安放了六条平衡木，其中三条矮而宽，三条高而窄，让孩子们自主选择不同的器械进行练习。李老师还提供了很多辅助材料，孩子们可以自己选择搬运一件物品经过小桥（平衡木）回到河对面的新家。

几分钟后，鹏鹏开始在矮平衡木上慢跑，轩轩看到了，叫道："看我的！"说完就在矮平衡木上做跳跃动作，但没站稳，差点摔下来。他们的行为引来了周围小朋友的喝彩，李老师见状大声说："小心点儿，快下来！"他们只好下来了。鹏鹏和轩轩把一条高平衡木架到矮平衡木上，摇摇晃晃地在架起的平衡木上走来走去，李老师看见后，跑过去把他们从平衡木上抱下来，并担心地说："这样很容易摔跤的。"

晶晶站在最右边的平衡木上。把小枕头顶在头上,小心翼翼地走过平衡木,喊着:"老师,看我。"李老师赶忙跑过去陪着她一起走。操场边还有五个孩子,不停地东张西望,每次快要轮到时,马上又排到队伍的最后面,但老师一直都没有发现。

问题:请结合材料,从教师观的角度,评析李老师的教育行为。

【答案要点】从教师观的角度,材料中李老师的行为需要辩证看待,对于正确的做法应予以充分肯定,而对于错误及不充分的做法应引以为戒。

(1)李老师的行为体现了教师是课程的建设者和开发者。材料中,李老师在晨间锻炼时给孩子们准备了丰富的器械活动,优化了课程资源,体现了建设者和开发者的角色。

(2)李老师的行为违背了教师是幼儿学习活动的支持者和引导者。材料中,李老师看到幼儿进行有危险性的活动时,并未对幼儿进行正确的引导,违背了支持者和引导者的角色。

(3)李老师的行为没有充分做到教师是幼儿的倾听者、观察者。材料中,对于一些幼儿的危险性行为,教师能够及时给予制止。但是对操场上没有参与活动的五个孩子,李老师一直没有发现,说明教师并未成为倾听者、观察者的角色。

第二节 教师专业发展

教师专业发展是伴随着人们对教师职业及其专业化认识的不断深入而逐渐提出的。

一、教师职业的发展历史

(一)非职业化阶段

最初并没有教师这个职业,所谓"长者为师""能者为师""智者为师",即教师是由长者、能者、智者兼任的。

(二)职业化阶段

所谓职业化是指有独立的教师行业的出现,但教师职业不具备专门化水平,教师也不具备从教的专业技能。在我国,这个阶段主要是伴随着春秋时期私学的产生而出现的。

(三)专门化阶段

以专门培养教师的教育机构出现为标志。世界上最早的培养教师的专门机构是法国神父拉萨尔于1681年在兰斯创立的师资训练学校。我国最早的师范学校则是由盛宣怀于1897年在上海开办的"南洋公学"。其中,内设的"师范院"即是我国最早的师范教育。

(四)专业化阶段

1. 教师专业化的产生与发展

所谓教师专业化是指,教师职业具有自己独特的职业要求和职业条件,有专门的培养制度和管理制度。

1966年,国际劳工组织和联合国教科文组织在其《关于教师地位的建议》中指出,"教学应被视为一种专业"。同时认为,"在提高教师地位的整体策略中,专业化是最有前途的中长期策略"。职业是指社会分工条件下个人所从事的作为其主要生活来源的工作。我们日常生活中所说的"各行各业",就是指的职业。教师是社会职业的一种。与职业相关的"专业"概念,是指社会职业种类中那些有特别从业要求的"专门性"的职业。可见,教师工作作为一种专门职业,具有专业的基本特性。这表现在:第一,教师职业具有一定的职业声望;第二,教师需要经过严格的职前专业训练;第三,教师具有专业自主性;第四,教师职业有自己的专业标准;第五,教师实践是现代教育科学重

笔记栏

要的专业研究领域。

因此，教师工作既是一门职业，又是一门专业。

我国的《教师法》明确规定："教师是履行教育教学职责的专业人员。"这是我国教育史上第一次从法律上确认了教师的专业地位和专业性要求。1995年，国务院颁布了《中华人民共和国教师资格条例》；2000年，教育部颁布《〈教师资格条例〉实施办法》，教师资格制度开始在全国全面实施。2000年，我国出版的第一部对职业进行科学分类的权威性文件《中华人民共和国职业分类大典》，首次将我国职业归并为八个大类，教师属于"专业技术人员"一类。2001年4月1日起，我国首次开展全面实施教师资格认定工作，教师资格制度进入实际操作阶段。

2. 教师专业化的含义

如何界定教师专业化的概念，会在一定程度上影响对其含义的认识。当前，对教师专业化主要有两种理解。

第一，教师专业化是指教师职业具有自己独特的职业要求和职业条件，有专门的培养制度和管理制度。它包含下述几层意思：

① 教师专业既包括学科专业性，也包括教育专业性，国家对教师任职既有规定的学历标准，也有必要的教育知识、教育能力和职业道德的要求；

② 国家有教师教育的专门机构、专门教育内容和措施；

③ 国家有对教师资格和教师教育机构的认定制度和管理制度；

④ 教师专业发展是一个持续不断的过程，教师专业化也是一个发展的概念，它既是一种状态，又是一个不断深化的过程。

第二，也有人认为，所谓教师专业化是教师按照职业岗位需要，实现学科专业发展和教育专业发展的过程。教师专业化包括两个方面的内容：一是学科知识的专业化；二是教育科学素养的专业化。教师专业化包括两种行为：一种是教师行为；另一种是国家行为。教师专业化是各级各类职业教师的专业化。

3. 教师专业化的具体内容

教师专业化的内容包括六个方面：

（1）教师具有法定的专业地位；（2）教师具有双学科的专业要求；（3）教师具有专业标准；（4）教师具有明确的职业道德规范；（5）教师培养培训有专门机构；（6）教师具有专门的认定制度和聘任制度。

二、教师专业发展的内涵

（一）教师专业发展的概念

教师专业发展是指教师在其整个职业生涯中，依托专业组织，通过终身专业训练，形成专业道德，建构专业人格，习得专业知识，提升专业能力，实现专业自主，成为合格专业人员的过程。

（二）教师专业发展的内容与要求

1. 主要内容

（1）专业知识。它包括：① 科学文化知识；② 学科专业知识；③ 教育理论知识。

（2）专业能力。它包括：① 设计教学能力；② 课堂教学能力；③ 应用教学媒体能力；④ 组织管理能力；⑤ 教学研究能力等。

（3）专业情意。它包括：① 专业理想，如职业认同感、职业投入感；② 专业情操，其核心是师德，即关爱学生、爱岗敬业、为人师表、爱国守法、教书育人、终身学习；③ 专业性向，如乐观向上、热情开朗、有亲和力，善于自我调节情绪，保持平和心态；诚实正直、善良宽容、公正严格；④ 专业自我，如自我意象、自我尊重、工作动机、工作满意度、任务知觉和未来前景。

2. 基本要求

教师要想提升自身专业发展水平，就必须在专业知识、专业能力、专业情意三方面遵循如下要求：

（1）形成专业道德，具备高尚的师德素养。这就要求教师具备如下品质：① 关爱学生；② 爱岗敬业；③ 为人师表；④ 爱国守法；⑤ 教书育人；⑥ 终身学习。

（2）拓展专业知识，具备广博而精深的知识素养。教师的专业知识是教师职业区别于其他职业的理论体系和经验系统。这就要求教师具备：① 广博的科学文化知识；② 精深的学科专业知识（精通所教学科的基础性知识与技能、了解所教学科相关的知识、了解学科的发展脉络、了解学科领域里的思维方式和方法论）；③ 扎实的教育学科知识（作为幼儿园教师，主要应该掌握教育学、心理学、幼儿教学法知识）。

（3）提升专业能力，具备良好的教育教学能力素养。专业能力是教师专业素质最突出的外在表现，也是评价教师个体专业化水平的核心因素。这就要求教师具备：① 了解学生的能力；② 语言表达能力；③ 教学设计能力；④ 课堂教学能力；⑤ 应用教学媒体能力；⑥ 组织管理能力；⑦ 教育研究能力。

（4）构建专业人格，具备健康的心理素质。专业人格是教师专业发展的心理基础。教师的人格形象是学生亲近或疏远教师的首要因素。理想的教师人格包括：善于理解学生、和蔼可亲、真诚质朴、公平正直、富有耐心、善解人意、兴趣广泛、开朗乐观、意志力强、诙谐幽默、宽容大度等。这就要求教师具备三方面的人格特征：① 良好的情感特征；② 积极稳定的情绪特征；③ 良好的性格特征。

【典型真题】月月说话时有口吃现象，如“老……师好，我爷……爷送我来的。”王老师不仅帮助、鼓励月月，还加强家园配合，该老师的做法体现的教师职业道德特征是（　　）。

A. 多样性　　B. 双向性　　C. 专业性　　D. 复杂性

【解析】教师属于一种专业技术人员，教师要经过较长时间的专业训练来掌握专业知识、技能及职业道德规范。这种专业性体现在教师处理工作问题的技艺性、经验性上，即教师能够合理地处理教学问题，做到尊重学生，积极引导学生，促进每个学生的发展。题干中，面对说话口吃的月月，教师能够及时鼓励，并加强家园配合，展现了教师的专业素养，体现了教师职业道德的专业性。

【答案】C

（5）完善专业自我，形成专业思想。专业自我是教师在专业生活中创造并体现符合自己志趣、能力与个性的独特的教育教学生活方式，以及个体在专业生活中形成的知识、职业理念、价值观与教学风格的总和。

三、教师专业发展的不同阶段

福勒的教师教学关注四阶段理论。

（一）前关注阶段

就是职前准备阶段。师范生和非师范出身却渴望担任教师的人一般比较关注职前需要做好哪些准备。例如，做教师需要哪些职业知识与技能；通过什么途径才能获得教师资格等。

（二）生存关注阶段

一般是刚入职新教师所处的阶段。一些新教师会花大量的时间用于如何与学生搞好个人关系上。他们非常关注自己的生存适应性，比较担心诸如“我的课学生喜欢吗？”“同事们如何看我？”“领导觉得我干得怎么样？”“在教师岗位上我能站得住脚吗？”等问题。

笔记栏

【典型真题】幼儿园陈老师经常在心里琢磨:“小朋友们喜欢我吗?”“同事们如何看我?”“园长是否觉得我干得还不错?”陈老师所处的教师行业发展阶段是(　　)

A. 关注生存阶段　　B. 关注情境阶段　　C. 关注学生阶段　　D. 关注自我阶段

【解析】根据福勒对教师成长阶段的划分,新入职的教师处于关注生存阶段,他们非常关注自己的生存适应性,注重自己在学生、同事以及领导心目中的地位。出于这种生存忧虑,教师会把大量的时间用于处理人际关系或者管理学生。题中陈老师很在意小朋友和同事对自己的看法,处于关注生存阶段。

【答案】A

(三) 情境关注阶段

经过一段时间的逐渐适应,教师感到自己已经完全能够适应学校的生活,便把关注点投向提高学生的成绩上,即进入情境关注阶段。他们比较关心的是如何教好每一堂课的内容、教学时间是否够用、备课材料是否充分等与教学情境有关的问题。诸如“内容是否充分得当”“如何呈现教学信息”“如何掌握教学时间”等。传统教学评价集中关注这一阶段。一般来说,老教师比新教师更关注这一阶段。

【典型真题】磨课时,方老师语重心长地对姜老师说:“现阶段你要开始琢磨如何提升自己所拥有的教学经验,形成自己善于驾驭且易于幼儿理解的教学表现方式。”这表明姜老师目前所处的专业发展阶段是(　　)。

A. 自我更新关注阶段　　B. 生存关注阶段

C. 关注教学情境阶段　　D. 关注学生阶段

【解析】处在关注教学情境阶段的教师关心的是如何教好每一堂课的内容,以及班级大小、时间压力和备课材料是否充分等与教学情境有关的问题,如“内容是否充分得当?”“如何呈现教学信息?”“如何掌握教学时间?”等。传统教学评价集中关注这一阶段,一般来说,老教师比新教师更关注此阶段。

【答案】C

(四) 学生关注阶段

教师顺利地适应了前几个阶段后,下一个成长目标便是关注学生。教师将考虑学生的个别差异,认识到不同发展水平的学生有不同的需要,根据学生的差异采取适当的教学,促进学生发展。能否自觉关注学生是衡量教师专业发展成熟度的标志。

此外,在教师专业发展阶段问题上,国内外很多学者还提出过比较精辟的、有影响的理论,如:

凯兹的教师发展阶段论(生存阶段1—2年;巩固阶段持续3年;更新阶段持续4年;成熟阶段3—5年);

伯顿的教师生涯发展论(生存阶段第一年;适应阶段2—4年;成熟阶段从教5年或5年以上);

叶澜的“自我更新”取向教师专业发展五阶段说(非关注阶段;虚拟关注阶段;生存关注阶段;任务关注阶段;自我更新关注阶段);

刘捷的三阶段说(职前奠基——师范生阶段的专业化;上岗适应——入职阶段的教师专业化;实践反思——在职阶段的教师专业化)。

【典型真题】在幼儿园任教多年的窦老师有意识地自我规划,以谋求最大程度的自我发展,关注学生整体发展,积累了比较科学的个人实践知识。窦老师所处的教师专业发展阶段是(　　)。

A. 生存关注阶段　　B. 虚拟关注阶段

C. 任务关注阶段　　　　　　　　D. 自我更新关注阶段

【解析】著名学者叶澜提出了"自我更新"取向教师专业发展五阶段说。其中,第五阶段是自我更新关注阶段,即教师有意识地自我规划,以谋求最大限度的自我发展。窦老师所处的专业发展特点符合自我更新关注阶段。

【答案】D

四、幼儿教师专业发展的内容

《幼儿园教师专业发展标准(试行)》具体规定了幼儿园教师专业发展的基本内容。

(一)对职业的理解与认识

主要包括:① 对幼儿的态度与行为;② 对幼儿保育和教育的态度与行为;③ 个人修养与行为。

(二)专业知识

主要包括:① 幼儿发展知识;② 幼儿保育和教育知识;③ 一定的自然科学和人文社会科学知识等通识性知识。

(三)专业能力

主要包括:① 环境的创设与利用;② 一日生活的组织与保育;③ 游戏活动的支持与引导;④ 教育活动的计划与实施;⑤ 激励与评价;⑥ 沟通与合作;⑦ 反思与发展。

五、幼儿教师专业发展的途径和方法

(一)专业学习

教师,作为履行教育教学职责的专业人员,必须具备良好的专业素养,这就需要持续加强专业学习。教师的专业发展,尤其离不开专业知识学习。无论是在专门的教师教育机构中系统地接受专业教育,还是以非正规的方式接受专业教育,或是通过校本训练获得专业发展,教师都应当重视专业知识的学习。教师的专业知识体系丰富而庞大,教师专业知识体系还在不断发展,要求教师在专业发展中不断地学习和丰富自己的专业知识。教师只有经过系统的专业知识训练,才能保障其作为专业人员的条件。为此,教师要树立终身学习的理念。终身学习有助于提升教师自己的学习能力,有助于促使教师加强教育学、心理学领域的理论学习与探索,以保证教师自身的持续发展。

1. 职前培养

它主要指职前师范教育。师范教育阶段是师范生进行专业准备与学习,初步形成教师职业所需要的知识与能力的关键时期,是教师专业发展的起始和奠基阶段。师范教育的质量直接决定着新入职教师的水平,并最终影响教师今后的发展。

2. 职后培训

职后培训包括入职培训、在职培训和自我教育等。

入职培训,即新教师培训,主要是为了让新入职教师尽快转变角色、环境适应。

在职培训是为在职教师提供继续教育,目的是为了适应教育改革与发展的需要。采取理论学习与实践反思相结合、专家引领与学员互动相结合、典型示范与案例分析相结合的培训形式,积极引领教师在学习中反思,在参与中成长,在实践中提升。

自我教育是教师专业发展最直接最普遍的途径,也是教师专业理想确立、专业情感积淀、专业技能提高、专业风格形成的关键。主要方式有:自我反思、主动收集教改信息、研究教育教学中的各种关键事件、自学现代教育教学理论等。

(二)教育反思

教育反思就是教师将自己已有的教育实践作为思考的对象,对自己的行为、决策及其相应结果

笔记栏

进行审视和分析的活动，旨在促进教育观念转变、教育行为改进和教育效果提升的过程。教育反思是促进教师专业成长的必要途径。美国学者波斯纳曾提出过一条教师成长的公式，即成长=经验+反思。教师的反思有助于提升教师的专业理念，有助于优化教师的专业知识结构，有助于提高教师的专业能力，有助于强化教师的自我专业发展意识。教育反思作为一种专业发展的方法，其条件是：第一，以专业知识作为基础。第二，以教育活动成败原因的探求为方向。第三，以获得教育实际问题的解决为目的。

教育反思的策略分为两大类：内省反思和交流反思。

1. 内省反思

内省反思是指教师主动地对自己的教学实践进行反思的方法。它具体包括：

（1）反思总结。它主要是指通过自己记忆，对自己的教学实践予以总结、反思的方法，从而进一步使教学实践中的“灵感”内化，也使教学实践中出现的问题得到考虑。

（2）录像反思。它是通过录像再现自己的教学实践，教师以旁观者的身份反思自己的教学过程的方法。

（3）档案袋反思。它是以专题的形式为反思线索对教学实践进行反思的方法，包括课堂提问的形式是否多样，课堂提问的内容是否是课堂的重点、难点，对某学生的提问的形式、难度是否符合该学生的实际能力，等等。

【典型真题】马老师在活动反思中写道：“使用档案袋对幼儿的表现进行评价，经常需要花费些额外的时间，与其在这些花样上花时间，不如把精力多用在孩子身上。”这表明马老师（　　）。

A. 缺少幼儿学情分析意识　　B. 缺少经验提炼的能力

C. 缺少幼儿发展评价能力　　D. 缺少教学决策意识

【解析】使用档案袋对幼儿的表现进行评价能够更好地了解幼儿身心发展状况，马老师觉得用档案袋对幼儿进行分析浪费时间，表明马老师不重视对幼儿的学情分析。因此，马老师缺少幼儿学情分析意识。

【答案】A

2. 交流反思

交流反思可以就某一问题与其他教师进行交流，也可以是在听完某教师的一堂课以后，针对这堂课而进行交流。这样可以反观自己的意识与行为，加深对自己的了解，并了解其他与自己不同的观念，进而取他人之长，补自己之短。

（三）校本教研

校本教研就是教师通过建立教育教学共同体，运用多种方式方法追踪或汲取他人的经验，以解决自身的问题、改进教学，从而促进教师个体专业成长的活动。校本教研以教师所面对的各种具体问题为对象，以教师为研究的主体，理论和专业人员共同参与。它强调理论指导下的实践性研究，既注重解决实际问题，又注重经验的总结、理论的提升、规律的探索、教师的专业发展和提升教学质量的有效策略。

校本教研的具体方法包括：

1. 同伴互助

同伴互助是促进教师专业发展的有效方法。具体可通过磨课、沙龙研讨、专业能力的展示、教师的网上备课平台、互动平台，新老教师结对、教研组活动、备课组活动、问题交流中心等，从而实现教育教学的共同体。

2. 专业引领

专业引领是促进教师专业发展的重要条件。由教育专家、教研人员、一线骨干教师通过阐释教育教学理念、共拟教育教学方案、指导教育教学实践尝试、引导反思教育教学行为，从而实现促进教师专业发展的目的。

3. 教育研究

教育研究作为教师专业发展的方法，是指教师将自己在教育实践中遇到的重要问题，作为研究课题，并运用相关教育理论开展系统的研究，从而寻找到解决问题的方法，这种研究被称为行动研究。行动研究注重教师对自己教育实践活动的反思，旨在改进与完善自身的教育教学行为，以教师变化促进教学的变化，有效地促进教师的教学能力和教学水平的提高。

教育研究的基本特点是：一方面具有科学研究的特征，即理论性；另一方面又具有实践性，即所研究的问题是教师实践中遭遇的问题。教育研究的一般程序为：问题的提出、问题的归因、措施与行动、评估与反思。

教育研究的具体路径是：教师个人教育实践中产生问题——以教师专业理念对问题进行研究使之上升为课题——设计解决问题的行动方案——实施解决问题的行动方案——根据实施行动方案所获得的结果分析成败得失——得出相应的研究结论。

【典型真题 1】新入职的王老师在工作中一遇到问题就去请教李老师。这一次，李老师提出建议后，笑容可掬地说：“你这是想走捷径啊，哪有那么容易的事。慢慢摸索吧，时间长了就知道了，我们都是这么过来的。”该情境中体现的教师发展途径不包括（　　）。

A. 自主与协作的结合　　B. 借鉴与摸索的结合

C. 学习与反思的结合　　D. 理想与现实的结合

【解析】促进教师专业发展的途径主要包括：专业学习、教育反思、教育研究、同伴互助、专业引领等。题中王老师一遇到棘手的问题就去请教李老师，李老师建议其也要慢慢摸索，这体现了“自主与协作相结合”“借鉴与探索相结合”“学习与反思相结合”的途径，但是没有体现“理想与现实相结合”的途径，D 项与题意相符。

【答案】D

【典型真题 2】小万毕业后来到幼儿园工作，觉得自己专业基础好，很少参加教研，头两年还不错，后来的教学效果越来越差。对该教师的评价不正确的是（　　）。

A. 职业认知偏误　　B. 职业定位偏差

C. 职业目标过高　　D. 职业态度不正

【解析】本题考查教师专业发展。题干中的教师自认为专业基础好，因此极少参加教研活动，说明不重视专业学习和校本教研，体现的是职业目标过低的问题。

【答案】C

六、终身学习观

（一）终身学习及其重要性

终身学习是指个体为适应社会发展和实现自身发展的需要，贯穿于一生的、持续的接受教育与培养的过程。终身教育具有两个基本特征：一是贯穿人生始终，具有时间的延展性；二是包容了所有现存的教育形态在内的教育过程，并非单一或纯粹的教育形态。1929 年，英国成人教育家耶克斯利最早提出了终身学习的理念。但是，真正将终身教育概念化和体系化的是法国教育家保罗·朗格朗，他于 1965 年在联合国教科文组织主持召开的国际成人教育促进会议上提出了“终身教育”的概念，并在于 1970 年出版的《终身教育引论》一书中系统阐述了他的终身教育思想。终身教育最终形成的标志是 1996 年联合国教科文组织发表的报告《教育——财富蕴藏其中》。该报告提出了终身学习社会教育的核心与关键是：（1）学会求知；（2）学会做事；（3）学会共处；（4）学会发展。

这“四个学会”也被认为是现代教育的四大支柱。

终身学习是我国教师职业道德的重要内容，也是教师专业发展的不竭动力。它要求教师崇尚科学精神，树立终身学习理念；拓宽知识视野，更新知识结构；潜心钻研业务，勇于探索创新，不断提高专业素养和教育教学水平。

（二）终身学习的途径

1. 在工作实践中践行终身学习

教师首先要树立终身学习的意识，然后通过教育影响学生的终身学习理念。理念的形成不能靠外在的灌输，教师应当真正认识到终身学习不仅是知识经济时代社会发展的客观要求，也是教师职业生涯发展的要求，更是不断提升生命质量的一种途径。这就要求教师必须在工作实践中贯彻落实终身学习。

2. 在教学反思中促进终身学习

终身学习和持续反思是个体自我发展、优化生命的两种重要途径。在学习中反思，反思促进学习，二者相互依存，不可或缺。教师面对的教育实践情境是千变万化的，只有不断研究新情况、新环境、新问题，并不断反思自己的教育教学行为，才能不断适应、促进教育教学工作，使其得到有效的开展。教师全面反思自己的教育教学行为，会使自己变得更加成熟，形成独特的教育智慧。反过来，充分利用自己的教育智慧在反思的过程中又不断发现并解决新问题。

强化过关训练

一、单项选择题

笔记栏

1. 学生在课堂上向你提出一个意想不到又很有价值的问题，你不能马上做出正确的解答。这时，正确的做法是（　　）。
   A. 肯定学生提出的问题，鼓励学生在课余与老师讨论
   B. 指责学生胡思乱想，责令其坐好听课
   C. 告诉学生不能提与本节课无关的问题
   D. 不理会学生的提问
2. 素质教育的实施对象是（　　）。
   A. 中小学教育
   B. 幼儿教育、中小学教育
   C. 幼儿教育、中小学教育、高等教育
   D. 幼儿教育、中小学教育、职业教育、成人教育、高等教育
3. 随着时代的进步，新型的、民主的家庭气氛和父母子女关系还在形成，但随着孩子的自我意识逐渐增强，很多孩子对父母的教诲听不进去或当作“耳边风”，家长感到家庭教育力不从心。教师应该（　　）。
   A. 放弃对家长配合自己工作的期望
   B. 督促家长，让家长成为自己的“助教”
   C. 尊重家长，树立家长的威信，从而一起做好教育工作
   D. 在孩子面前嘲笑这些家长
4. 范老师很少留意那些考试成绩一般的学生，而把主要精力用于培养学习成绩优秀的学生，范老师的做法（　　）。
   A. 有助于学生的个性发展　　B. 有助于教学任务完成
   C. 违背了公正施教的要求　　D. 违背了严慈相济的要求
5. 对教师来说，承认学生间的差异，因材施教，发展学生的强势智能，这就是（　　）的表现。
   A. 热爱学生　　B. 全面发展　　C. 大众教育　　D. 个性化教学
6. 在幼儿保教活动中以人为本就是指（　　）。
   A. 以幼儿的兴趣为本　　B. 以幼儿的学习需要为本
   C. 以幼儿的全面发展为本　　D. 以幼儿的能力发展为本
7. （　　）是教师职业的特殊性。
   A. 示范性　　B. 内省性　　C. 利他性　　D. 实践性
8. 下列不属于良好师生关系特征的是（　　）
   A. 民主平等　　B. 尊师爱生　　C. 教学相长　　D. 尊师重教
9. 尊重学生的学习主体地位，正确的是（　　）。
   A. 学生喜欢什么，教师就教什么　　B. 调动学生的积极性，促进其能动学习
   C. 对学生多表扬，不能批评学生　　D. 以学生为中心，教师跟着学生走

10. 终身教育的积极倡导者和最终奠基人是教育家(　　)。

A. 保罗·朗格朗　B. 耶克利斯　C. 瓦根舍因　D. 布鲁纳

二、材料分析题

1. 作为一名幼儿教师,我热爱我的工作。但是,我真的感觉学生有的时候实在是太吵闹了。在讲课的过程中,有的幼儿会在下面说话或插话进来,有的幼儿会很自由地在教室内打闹,有的幼儿在课堂上抢东西……

问题:如果你是这位老师,对于这种现象,你的基本态度和常规做法是什么?

2. 在一次关于实施素质教育的讨论会上,老师们积极发言,王老师说:"素质教育就是多开展文体活动,多上文体课。"李老师说:"素质教育就是不要考试,特别是不要百分制考试。"

问题:请你评价两位老师对素质教育的观点。

3. 在儿童节前夕,曙光幼儿园受到其他学校的邀请,准备排练节目。华华是曙光幼儿园中班的学生,由于爱好跳舞,向老师申请了参加《我们的祖国是花园》的舞蹈表演。但由于华华害羞,在训练过程中因为放不开经常跳错,不是跟不上其他小朋友的节拍,就是动作不到位。负责训练的教师总是当场严厉指责华华跳得不对,并斥责说:"怎么有你这么笨的孩子呢,不会跳还报名干什么呢?"最后华华申请退出了舞蹈表演,并告诉家长说不会跳舞也不喜欢跳舞了。

问题:根据上述材料,分析在教学中应如何对待幼儿的错误以及怎样培养幼儿的自信心。

4. 晚饭后,小朋友都到活动区玩玩具,等待家长的到来。只有媛媛小朋友躲在厕所里哭着不肯出来。我(老师)走过去,轻声问她:"你怎么了,可以告诉我吗?"她说:"刚才上厕所时,我的裤带太紧,脱不下来,所以……"听了孩子的一番话,我向她笑了笑,说:"没关系,别的小朋友不知道,老师替你保密,咱们不跟别人说。"她听我这么一说,马上点了点头。为让她放心,我还跟她拉钩,发誓保密。

我把她带到寝室,帮她把裤子换下来,盖上被子,等她家长来接她。

我看她表情很不自然,便问她:"你在家帮妈妈干活儿吗?"她马上兴奋地说:"我有时帮妈妈干活儿,妈妈夸我是好孩子。"我说:"老师也觉得你很能干,是个好孩子。不小心尿一次裤子算不了什么,以后有尿要早点尿,不要穿裤带太紧的裤子,万一解不开裤带要及时告诉老师,告诉你一个小秘密,老师小时候也尿过床呢,每个大人小时候都尿过床,也都尿过裤子!"她听了先是一脸的惊讶,随后露出了轻松的笑容,笑得那么真诚。

问题:试从儿童观的角度评析该案例中教师的做法。

5. 东东有一双系鞋带的鞋子,他非常喜欢,但是他自己不会系。午睡起床时,他怎么也系不好鞋带,又急又难过。华老师安慰他:"别着急!老师教你,你一定能学会的。"华老师边讲解,边示范,教了几遍,但是东东还是没学会。华老师知道这是因为东东性子急,观察不仔细。为了让东东掌握系鞋带的步骤,于是华老师自编儿歌,将系鞋带的动作进行了分解。第一步让把鞋带的两个头拉得一样齐,边念儿歌边做动作:"两根线儿一样长,两个线头儿交个叉,后面的线头儿往下钻";第二步按照"一个圈,两个圈,换一换,钻一钻,一只蝴蝶飞起来"打活结。这种具体形象的方法,让东东很快就学会了系鞋带。怕东东忘记,华老师还将这些步骤用图画出来。

问题:请从教育观的角度,评析华老师的教育行为。

参考答案

一、单项选择题

1. A；2. D；3. C；4. C；5. D；6. C；7. A；8. D；9. B；10. A

二、材料分析题

笔记栏

1.（1）基本态度：课堂确实需要纪律，但课堂气氛更加重要。课堂纪律要有助于营造一个良好的课堂气氛，符合儿童的生理和心理发展特点，容纳他们的不同个性。动作和语言是儿童情绪、情感的展现，可以表达他们内心的喜悦、愤怒、遗憾和沮丧。教师要与学生分享这种情感，允许学生比较自由地参与教师的教学过程。

（2）常规做法：不追求课堂的绝对安静，保持生动活泼的气氛。改变课堂的主体定位，即由教师作为权威的主体向以儿童为学习的主体、师幼民主平等的权利结构转变，注意发挥教师的主导作用，适时对儿童进行必要的帮助和引导。

2.（1）材料中两位教师的看法是在实施素质教育中出现的认识误区。

（2）王老师的认识是对素质教育形式化的误解。素质教育一方面体现了时代对教育的要求，另一方面也符合教育的本质要求。教育的基本途径是教学，学生的基本任务是在接受人类知识的过程中获得发展。这就决定了素质教育主渠道是教学，主阵地是课堂。

（3）李老师的看法是对考试的误解。考试本身并没有错，错误在于，人们习惯于将考试作为学习的目的。素质教育并不一味否定必要的考试。考试作为评价手段，是衡量学生发展的尺度之一，也是辅助学生发展的手段之一。

3.（1）材料中舞蹈教师的言行是极其错误的，违背了素质教育观。

（2）素质教育观要求教师在保教活动中，要转变教育观念，切实认识到幼儿是教育的主体，学会认识幼儿、尊重幼儿，做幼儿的朋友；要采用灵活多变的教学方法，激发幼儿的学习兴趣，激活幼儿的思维，提高幼儿的自信心，引导幼儿乐于学习、善于学习，使不同层次的幼儿都在原有的基础上有所提高。

（3）帮助幼儿树立自信心是幼儿园实施素质教育的一项重要内容，而自信心的培养主要取决于教师及时有效地鼓励及教师对待幼儿所犯错误的应对方法。幼儿正处于身心发展过程中，需要教师、家长等的关心和爱护。教师对幼儿的鼓励是幼儿成长的动力基础，同样，教师不恰当的批评和指责，会挫伤幼儿的自信心，使幼儿产生自卑心理，造成幼儿对教育信心的丧失。

（4）从上述材料中可以看出，华华对舞蹈很有兴趣，但由于舞蹈老师不恰当的批评，使原本就害羞的华华更加没有了自信，以至于对舞蹈“失去”了兴趣。针对华华比较害羞的实际情况，该舞蹈教师完全可以给予适当的鼓励，一个关爱的眼神、一句鼓励的话，都有可能让华华克服自己的害羞心理，从而快乐地学习舞蹈。

4.（1）该案例中教师的做法是正确的，遵循了“育人为本”的儿童观。

（2）“育人为本”的儿童观要求教师在保教活动中要关心爱护全体幼儿，尊重幼儿的人格，尊重幼儿的身心规律和年龄特点，杜绝冷嘲热讽、挪揄挖苦等伤害幼儿感情的做法。

（3）案例中的老师在幼儿尿裤子之后，既没有责备她，也没有置之不理，而是在稳定幼儿焦急

的情绪以后，又帮助幼儿换掉裤子，并真诚地与幼儿交流小时候的经验，体现了对幼儿的爱与尊重，同时，要求幼儿以后要注意避免该问题再次出现，体现了该老师能够充分尊重儿童的独立性，真正把幼儿看成是具有独立人格的人和权利的主体。

5. 华教师的教育行为是正确的，具体体现在：

（1）针对幼儿学习的直观形象性特点，对幼儿进行指导。

（2）善于发现幼儿生活中的问题，进行个别化教育。

（3）善于总结生活经验，不断创新教育方法。

模块二　教育法律法规

逻辑结构图与考试权重

逻辑结构图

- 教育法律法规
  - 我国的教育法律法规
    - 教育法律法规基础知识
    - 我国现行的主要教育法律法规与政策解读
  - 教师的权利和义务
    - 教师的权利和义务概述
    - 依法执教
  - 幼儿权利保护
    - 幼儿的法定权利
    - 幼儿的权利保护

考试权重

模块	分值比例	分值(分)	题型	重点提示
教育法律法规	约 10%	约 16	单项选择题、材料分析题	本模块是考查的重点。从历年考试情况看,题型以单项选择题居多

考纲要求与复习策略

考纲要求

1. 有关教育的法律法规

(1)了解国家主要的教育法律法规,如《教育法》《义务教育法》《教师法》《中华人民共和国未成年人保护法》(以下简称《未成年人保护法》)《幼儿园工作规程》等。

(2)了解联合国《儿童权利公约》的相关内容。

2. 教师的权利和义务

(1)熟悉教师的权利和义务,熟悉国家有关教育法律法规所规范的教师教育行为,依法从教。

(2)依据国家教育法律法规,分析评价幼儿教学实践中的实际问题。

3. 幼儿权利保护

(1)熟悉幼儿权利保护的相关教育法规,保护幼儿的合法权利。

(2)依据国家教育法律法规,分析评价幼儿教育工作中幼儿权利保护等实际问题。

复习策略

1. 命题剖析

从历年考题看,本模块知识在题型上以单项选择题居多,内容上与《中华人民共和国宪法》(以下简称《宪法》)《教育法》《义务教育法》《教师法》《幼儿园工作规程》《学生伤害事故处理办法》《儿童权利公约》等的相关知识是历年考查的重点。命题重点是要求考生从我国教育法律法规的

角度，分析评价教师在幼儿教学实践中的教育行为和幼儿园保教工作中幼儿权利保护等实际问题，尤其是教师作为专业人员享有的权利和义务、幼儿的权利以及在现有法律法规体系下如何对幼儿进行保护等。

2. 备考策略

本模块旨在考查考生是否具有良好的法律意识、法制观念，能够知法、懂法、守法，依法执教。考纲对本模块知识的要求重点在于考查考生对法律知识的理解与运用。因此，要求考生必须系统学习，熟悉并理解我国现行的有关教育法律法规，并依据这些法律法规，分析评价教师在幼儿教学实践中的实际问题，分析评价幼儿园保教工作中的幼儿权利保护等实际问题。

具体而言，考生要了解我国主要教育法律法规相关概念，重点掌握教育活动中的教育权利和义务；要能够准确地识记，并辩证地理解教师享有的权利与义务。要重点了解《宪法》《教育法》《义务教育法》《教师法》《幼儿园工作规程》《未成年人保护法》《学生伤害事故处理办法》《儿童权利公约》的相关内容。要能够识记幼儿享受的基本权利，正确理解对幼儿权利保护的意义，并在保教实践活动中能够正确地实施幼儿权利的保护。

第一章 我国的教育法律法规

知识体系及思维脉络图

我国的教育法律法规
- 教育法律法规基础知识
  - 教育法律法规的含义
  - 教育法律关系
  - 教育法律规范
  - 教育法律责任
  - 教育法律救济
  - 学校事故
- 我国现行的主要教育法律法规与政策解读

核心考点及学习提示

【核心考点】

1. 教育法规基础知识:教育法规体系结构,教育法律关系,法律责任的类型及其含义,教师申诉制度、学生申诉制度。
2. 我国现行教育法律法规的主要内容:《教育法》《义务教育法》《教师法》《未成年人保护法》《幼儿园工作规程》。
3. 《宪法》和联合国《儿童权利公约》的相关内容。

【学习提示】

考试重点:《教育法》《义务教育法》《教师法》《未成年人保护法》《学生伤害事故处理办法》《幼儿园工作规程》《宪法》和《儿童权利公约》的主要知识点。

考试难点:运用相关教育法律法规,分析评价幼儿园保教工作中的各种实际问题。

第一节 教育法律法规基础知识

一、教育法律法规的含义

(一) 教育法律

法律有广义和狭义之分。广义的法律即各种法律规范的总和,包括法律、有法律效力的解释及其行政机关为执行法律而制定的规范性文件等;狭义的法律是指由国家最高权力机关及其常设机构所制定的规范性文件。在我国,依据法律制定机关和调整对象的不同,法律又可分为基本法律和基本法律以外的法律(即单行法律)两种。

因此,教育法律也有广义和狭义之分。广义的教育法律泛指一切国家权力机关制定、发布的对教育活动进行规范的文件;狭义的教育法律,则是指国家立法机构根据宪法制定的对教育活动进行规范的文件。本书的教育法律概念就是指狭义上的教育法律。

（二）教育法规

1. 概念

教育法规也有广义和狭义之分。广义的教育法规是指国家权力机关和国家行政机关为调整教育与经济、社会、政治的关系，以及教育内部各个环节的关系而制定和发布的法律、法令、条例、规程、制度等规范文件的总称。

狭义的教育法规是指国家立法机构之外，由国家行政机关和地方权力机关制定、发布的对教育活动进行规范的文件。本书的教育法规概念，是指由国务院和地方权力机关制定的教育行政法规和地方教育法规，同时把国家教育行政部门制定的规范性文件也纳入教育法规范围内。

2. 教育法规体系

教育法规体系一般分为横向结构和纵向结构。

所谓横向结构是指教育法规划分出若干处于同一层次的部门教育法，形成法规调整的横向覆盖面。有义务教育法、职业技术教育法、高等教育法、社会教育法、成人教育法、特殊教育法、教师法、教育经费法等。

所谓纵向结构是指由不同层次的教育法规构成立法权限和法律效力上等级有序的法规纵向体系。

根据效力等级的高低，教育法规的纵向结构可分为以下五个层次：

① 教育基本法律。基本法律是由全国人民代表大会制定和发布的，通常规定和调整某一方面带根本性、普遍性的法律。其立法主体是国家最高权力机关，即全国人民代表大会。

② 教育单行法律。单行法律是由全国人民代表大会常务委员会制定和发布的，通常规定和调整的对象较窄、内容较具体的一类法律。其立法主体是国家最高权力机关常设机构，即全国人民代表大会常务委员会。

③ 教育行政法规。行政法规是指由国家行政机关制定和发布的规范性文件。其立法主体是国家最高行政机关，即国务院。

④ 地方性教育法规。地方性法规是指由省、自治区、直辖市的人民代表大会，设区的市的人民代表大会所制定的规范性文件的法律形式。地方性法规的名称，通常有条例、办法、规定、规则、实施细则等。地方性法规只在本行政区域内有效。

⑤ 教育规章（政府规章）。这类法规主要是就国家有关教育的法律、行政法规的实施问题制定相应的实施办法、条例和细则等规范性文件，以保证有关法律、法规的实施。其立法主体是国务院各部委和省、自治区、直辖市以及设区的市的人民政府。

以上这五个层次也可理解为教育法规的具体表现形式。

3. 教育法规的制定与执行

（1）教育立法，就是国家机关依据法定权限和程序，制定、修改和废止教育法律和法规的活动。其程序为：教育法规议案的提出、教育法规草案的审议、教育法规的通过、教育法规的公布。

（2）教育立法的实施。

教育立法的目的在于实施。教育立法的实施有两种方式：

一是教育法律适用。法律适用是将法律运用于具体的人或组织的专门活动。教育法律适用则是指国家司法机关及其工作人员依照法定职权和法定程序，具体运用教育法律、法规处理案件的诉讼活动。适用法律的专门的国家机关有公安机关、检察机关和审判机关。

二是教育立法的遵守。教育立法遵守是指公民、社会团体和国家机关按照法律规定的要求去行为，他们的活动都是合法的行为而非违法的行为。

（三）教育政策

教育政策是指一个政党和国家为实现一定历史时期的教育目标、任务而制定的教育行动准则，是教育路线、方针、政策的统称。其表现形式有决议、决定、纲领、通知、报告、声明、号召、口号等政策性文件。其中,教育路线是核心教育政策。

笔记栏

(四)教育政策与教育法规的关系

教育政策与教育法规之间既有联系又有区别。

1. 教育政策与教育法规的联系

第一,教育政策是制定教育法规的指导思想和依据,教育法规是教育政策的具体化、条文化和定型化;

第二,教育政策决定教育法规的性质,教育法规的内容体现教育政策;

第三,教育政策是实施教育法规的指导,教育法规是实现教育政策的保证。

2. 教育政策与教育法规的区别

第一,制定主体和约束力不同。

第二,基本属性和表现形式不同。法规具有国家意志的属性,教育政策定得比较原则、概括、简单,教育法规则定得比较明确、具体。

第三,制定程序和实施方式不同。法规的制定一定要国家权力机关经过一定立法程序才能制定通过;而政策制定的程序相对简单,它是根据党的民主集中制的原则讨论通过;教育政策是运用号召、宣传、教育、解释、鼓动等方式去贯彻执行,而教育法规则靠国家强制力来实施,具有普遍约束力,要求人人遵守,不得违反。

第四,调整范围不同和稳定程度不同。政策调整的社会关系范围相对较宽,法规调整的范围相对较窄;法规一经制定,在适用范围和时间上比政策更广泛、更稳定,具有较强的稳定性和连续性,灵活幅度小。

二、教育法律关系

法律关系就是由法律所确认和调整的人与人之间的权利和义务的关系。教育法律关系是指教育法律规范在调整教育社会关系中所形成的人们之间的权利与义务关系。我国的基本教育法律关系主要包括:学校与政府的关系,学校与社会的关系,学校与教师、学生的关系。

(一)教育权利

法律关系中的权利,就是法律所许可的行为。法律关系中主体所被许可的行为,有两个方面,即作为与不作为,通俗地讲就是可以做什么和可以不做什么。教育法律关系中的"权利",是教育法律所许可的行为,也是在教育法律关系中法律对主体作为与不作为的许可。

(二)教育义务

义务是与权利相对的概念。义务就是"法律关于权利主体负有某种作为或不作为的约束"。这种法律约束是具有强制性。教育法律关系中的"义务",是教育法律对权利主体所约束的行为。不履行义务将受法律追究的约束,接受法律制裁的约束。

在法律关系上,权利和义务是对应的,二者统一,不可分割。权利和义务相互依存。在教育活动中,教师依法享有教育的权利,但前提是教育义务的履行,即要保证教育对象得到平等教育机会的义务。教师不能随便剥夺学生受教育的权利。

三、教育法律规范

教育法律规范是指通过国家的立法机关制定的或者认可的,用以指导、约束人们教育行为的规范,即法律的主要内容。由假定(法定条件,即法律规范适用的条件和范围)、处理(行为准则,即法律规范要求的作为和不作为,分为:义务性规范、授权性规范与禁止性规范)和奖惩(行为后果)三个要素构成。

四、教育法律责任

（一）教育法律责任的概念

教育法律责任是指行为人违反教育法律规范的行为所引起的，应当由其依法承担的惩罚性的法律后果。

（二）教育法律责任的类型

教育法律责任分行政法律责任、民事法律责任、刑事法律责任三种。

1. 行政法律责任

行政法律责任是指行政法律关系主体因实施行政违法行为而应承担的法律责任，简称行政责任。根据我国教育法律、法规的相关规定，承担违反教育法的行政法律责任的方式主要有两类：行政处分和行政处罚。

行政处分是由国家机关或企事业单位对其所属人员予以的惩戒措施，包括警告、严重警告、记过、记大过、降级、降职、撤职等。行政处分有时也叫纪律处分。

行政处罚是指由国家行政机关依法对违反行政法律规范的组织或个人进行的行政制裁。根据1998年原国家教委教育部发布的《教育行政处罚暂行实施办法》（国家教育委员会第27号令）规定，教育行政处罚的种类主要有：（1）警告；（2）罚款；（3）没收违法所得，没收违法颁发、印制的学历证书、学位证书及其他学业证书；（4）撤销违法举办的学校和其他教育机构；（5）取消颁发学历、学位和其他学业证书的资格；（6）撤销教师资格；（7）停考，停止申请认定资格；（8）责令停止招生；（9）吊销办学许可证；（10）法律、法规规定的其他教育行政处罚。

2. 民事法律责任

民事法律责任是指行为人由于实施民事违法行为所导致的赔偿或补偿的法律责任，简称民事责任。教育法规定的民事法律责任是教育法律关系主体因违反教育法律、法规，破坏平等主体之间的财产关系或人身关系，依照法律规定应当承担的民事法律责任，是一种以财产为主要内容的责任。

根据《中华人民共和国民法总则》第179条的规定，承担民事责任的方式主要有：（1）停止侵害；（2）排除妨碍；（3）消除危险；（4）返还财产；（5）恢复原状；（6）修理、重作、更换；（7）继续履行；（8）赔偿损失；（9）支付违约金；（10）消除影响、恢复名誉；（11）赔礼道歉等。以上承担民事责任的方式，可以单独适用，也可以合并适用。

自然人的民事行为能力。《民法总则》“第二章　自然人”中，对自然人的“民事权利能力和民事行为能力”作出了具体规定。自然人从出生时起到死亡时止，具有民事权利能力，依法享有民事权利，承担民事义务。自然人的民事行为能力，可以分为以下三种：

① 完全民事行为能力人。《民法总则》第十七条规定：十八周岁以上的自然人为成年人，不满十八周岁的自然人为未成年人。《民法总则》第十八条规定：成年人为完全民事行为能力人，可以独立实施民事法律行为。十六周岁以上的未成年人，以自己的劳动收入为主要生活来源的，视为完全民事行为能力人。

② 限制民事行为能力人。《民法总则》第十九条规定：八周岁以上的未成年人为限制民事行为能力人，实施民事法律行为由其法定代理人代理或者经其法定代理人同意、追认，但是可以独立实施纯获利益的民事法律行为或者与其年龄、智力相适应的民事法律行为。《民法总则》第二十二条：不能完全辨认自己行为的成年人为限制民事行为能力人，实施民事法律行为由其法定代理人代理或者经其法定代理人同意、追认，但是可以独立实施纯获利益的民事法律行为或者与其智力、精神健康状况相适应的民事法律行为。

③ 无民事行为能力人。《民法总则》第二十条规定：不满八周岁的未成年人为无民事行为能力

人，由其法定代理人实施民事法律行为。《民法总则》第二十一条：不能辨认自己行为的成年人为无民事行为能力人，由其法定代理人代理实施民事法律行为。八周岁以上的未成年人不能辨认自己行为的，适用前款规定。

3. 刑事法律责任

刑事法律责任是指由于实施刑事违法行为所导致的受刑罚处罚的法律责任，简称刑事责任。

新修订的《中华人民共和国刑法》（以下简称《刑法》）第十七条规定：

已满十六周岁的人犯罪，应当负刑事责任。

已满十四周岁不满十六周岁的人，犯故意杀人、故意伤害致人重伤或者死亡、强奸、抢劫、贩卖毒品、放火、爆炸、投放危险物质罪的，应当负刑事责任。

已满十二周岁不满十四周岁的人，犯故意杀人、故意伤害罪，致人死亡或者以特别残忍手段致人重伤造成严重残疾，情节恶劣，经最高人民检察院核准追诉的，应当负刑事责任。

对依照前三款规定追究刑事责任的不满十八周岁的人，应当从轻或者减轻处罚。

因不满十六周岁不予刑事处罚的，责令其父母或者其他监护人加以管教；在必要的时候，依法进行专门矫治教育。

（三）教育法律责任归责要件

1. 有损害事实

指行为人有侵害从事教育教学活动的公民、法人和其他组织合法权益的客观事实存在。这是构成教育法律责任的前提条件。

2. 损害的行为必须违法

即行为人实施了违反法律、法规的行为。它包括两方面含义：一是指行为的违法性；二是指违法必须是一种行为（社会主义法制原则不承认思想违法）。

3. 行为人有过错

指行为人在实施行为时，具有主观上的过意或过失的心理状态。

4. 违法行为与损害事实之间有因果关系

即违法行为是导致损害事实发生的原因，损害事实是违法行为造成的必然结果，两者之间存在着内在的必然联系。

（四）归责原则

法律责任的归责原则是指确认和承担法律责任时必须依照的标准和准则。一般适用于过错责任原则、过错推定原则、公平责任原则和无过错原则四项。

五、教育法律救济

（一）教育法律救济的概念

教育法律救济是指教育法律关系的主体的合法权益受到侵害，通过一定程序和途径获得法律上的补救。

（二）教育法律救济的特征

第一，纠纷的存在是教育法律救济的基础；第二，损害的发生是教育法律救济的前提；第三，补救受害者的合法权益是教育法律救济的根本目的。

（三）教育法律救济方式

教育法律救济方式有：教师申诉制度、学生申诉制度、行政复议、行政诉讼、行政赔偿、民事诉讼。在教育领域中，最重要的法律救济方式有教师申诉制度和学生申诉制度。

1. 教师申诉制度

教师申诉制度是指教师在其合法权益受到侵犯时，依照法律、法规的规定，向主管的行政机关

笔记栏

申诉理由，请求处理的制度。教师申诉制度具有法律性、特定性和非诉讼性的特征。

对学校或其他教育机构提出的申诉，主管部门应在收到申诉书次日的 30 天内进行处理。对处理不服的，申诉人可以依法提出行政复议或行政诉讼。

2. 学生申诉制度

学生申诉制度是指学生在其合法权益受到侵犯时，依法向主管的行政机关申诉理由，请求处理的制度。学生申诉制度具有法律性、特定性和非诉讼性的特征。

提起学生申诉需要符合一定的条件，即

（1）提起申诉的人必须是不服学校处分或认为学校侵犯了其合法权益的学生本人，如果学生年龄较小，可由其监护人代为提出。

（2）必须针对特定的被申诉人，包括做出不利处分的学校或侵犯了其合法权益的学校或教师。

（3）提出申诉的事项必须在教育法律、法规等规定的受理范围之内。学生申诉的范围有以下几种：

一是学生对学校做出的各种违纪处分不服，如警告、严重警告、记过、留校察看，勒令退学、开除学籍等纪律处分及其他处分；

二是学校或教师侵犯学生人身权，如在教育管理中体罚或变相体罚学生，侵犯学生身体健康权，侮辱学生，侵犯学生人身自由权，随意剥夺学生荣誉称号、侵犯学生荣誉权等行为；

三是学校或教师侵犯学生财产权，如违法乱收费、乱摊派，没收学生财物、罚款，强迫学生购买非必需的教学物品或与教学无关的物品等；

四是学校或教师侵犯了学生通信自由与通信秘密权，对学生进行不公正评价，以及侵害学生受教育权等行为；

五是以上未列及的有关学生人身权、财产权受到侵害的其他行为，学生均可提出申诉。

（4）提出申诉必须遵循一定的程序。

3. 教育行政复议

教育行政复议是指行政相对人（如学校、教师）认为教育行政机关做出的具体行政行为侵犯其合法权益，向做出该行为的机关的上一级教育行政机关或该机关所属的本级人民政府提出申请，受理申请的行政机关对发生争议的具体行政行为进行复查并做出决定的活动。

在我国的教育管理实践中，学校对教师的行政处分决定以及学校对学生的处分决定，作为教师或学生如有不服，只能依法通过教育申诉的途径获得救济，而无法通过教育行政复议的途径获得救济。

4. 教育行政诉讼

教育行政诉讼是指教育行政管理相对人认为教育行政机关的具体行政行为侵犯其合法权益，依法向人民法院起诉，请求给予法律救济，并由人民法院对行政行为进行审查和裁判的诉讼救济获得。

六、学校事故

（一）学校事故的概念

学校事故，就其产生而言可以分为两大类：一类是意外事故，这类事故发生的原因不是由于当事人的故意或过失，也不是由于不可抗力。在这类事故中，由于当事人对意外事件的发生并无过错，根据过错责任原则，就不具备法律责任的负责条件。另一类是过错事故。这类事故通常是指由于一方当事人（学校、教师）的违法行为而导致另一方当事人（学生）人身伤害后果的事件。与意外事故不同，违法行为是过错事故的必要条件。本书探讨的是过错事故。

所谓学校事故是指在学校内以及虽在学校之外，却是在学校组织的活动中发生的，由于学校、教师的疏忽没有预见或者已经预见但轻信能够避免而导致学生人身伤害的事故。

笔记栏

（二）学校事故与侵权行为

学校事故作为一种侵权行为应具有如下特征：

第一，学校或教师侵害了学生的合法权益。无实施的行为，或者只有行为而无损害都不构成侵权行为。

第二，侵害行为的侵害对象是学生的人身权。因为侵权行为侵害的不是一般的权利，而是绝对权利。

第三，必须是学校或教师基于过错而实施的行为。过错是侵权行为的必备要件，违法和过错这两个概念在这里是等同的。

（三）侵权民事责任的归责原则

我国侵权法的归责原则是由过错责任原则、过错推定原则、无过错原则和公平原则所组成的体系。在上述归责原则体系中，过错责任原则是适用于一般侵权行为的一般原则；过错推定原则适用于各种特殊侵权行为的原则；无过错原则是在法律规定的某些特殊范围里（主要是具有高度危险性的领域）适用的一项归责原则；公平原则是为弥补过错责任原则的不足，补救当事人的损害而存在的一项归责原则。

学校事故就其性质而言，主要适用过错责任原则。

学校事故的侵权责任一般应具有如下特征：

（1）一般适用过错责任原则，但我国民法规定，在当事人都没有过错的情况下，可以根据实际情况，由当事人分担民事责任，这就是说，学校事故的归责中也存在着公平原则和无过错原则。

（2）实行“谁主张谁举证”的举证责任原则，也就是说，在学校事故的归责中，主要由受害人就加害人的过错问题举证。

（3）受害人对于损害的发生也有过错的，可以减轻侵害人的民事责任，但受害人的轻微过失一般并不影响加害人的责任。

（4）加害人的主观过错程度对其赔偿的范围有一定的影响。

（5）行为人只对自己的行为过错负责，而不对第三人过错所致的损害负责。

（四）学校事故的免责条件

免责条件是指法律责任免除的合法条件。在我国民法中规定的民事责任的免责条件一般有：依法执行公务；正当防卫；紧急避险；受害人的同意；自助，以及受害人有故意；第三人的过错；不可抗力和意外事件等。其中，与学校事故有关的，主要是第三人的过错、不可抗力和意外事件。

1. 第三人的过错

第三人的过错是指除原告和被告之外的第三人对原告损害的发生或扩大具有过错，这种过错包括故意和过失。例如，学校由于管理不善导致学生在玩耍时被打伤，作为打架一方的肇事学生就是第三人。在这类案件中，第三人的过错是减轻或者免除被告责任的依据，因为第三人的过错或者与被告共同引起损害的发生，或者单独构成侵权，因此第三人也应当作为被告向原告负赔偿责任。第三人虽有过错，但原告可能并没有向其提出请求或者对其提起诉讼，而仅对学校提起诉讼，并要求其承担责任。被告应就第三人对损害的发生有过错提出举证，以求免责或者减轻责任。

2. 不可抗力

不可抗力是指独立于人的行为之外，并且不受当事人的意志支配的力量，它包括某些自然现象（如地震、台风、洪水、海啸等）和某些社会现象（如战争等）。不可抗力作为免责条件的依据是，让人们承担与其行为无关而又无法控制的事故的后果，不仅对责任的承担者来说是不公平的，也不能起

笔记栏

到教育和约束人们行为的积极后果。但是,不可抗力作为免责条件,必须是不可抗力构成了损害结果发生的原因。只有在损害完全是由不可抗力引起的情况下,才表明被告的行为与损害结果之间无因果关系,同时表明被告没有过错,因此应被免除责任。

3. 意外事件

意外事件是指非当事人的故意或者过失而偶然发生的事故。意外事件具有不可预见性、偶然性和不可避免性三个基本特征。

第二节　我国现行的主要教育法律法规与政策解读

一、《中华人民共和国教育法》及解读

(一) 中华人民共和国教育法

第一章　总　　则

第一条　【立法宗旨】为了发展教育事业,提高全民族的素质,促进社会主义物质文明和精神文明建设,根据宪法,制定本法。

第二条　【适用范围】在中华人民共和国境内的各级各类教育,适用本法。

第三条　【指导思想】国家坚持中国共产党的领导,坚持以马克思列宁主义、毛泽东思想、邓小平理论、"三个代表"重要思想、科学发展观、习近平新时代中国特色社会主义思想为指导,遵循宪法确定的基本原则,发展社会主义的教育事业。

第四条　【教育的地位】教育是社会主义现代化建设的基础,对提高人民综合素质、促进人的全面发展、增强中华民族创新创造活力、实现中华民族伟大复兴具有决定性意义,国家保障教育事业优先发展。

全社会应当关心和支持教育事业的发展。

全社会应当尊重教师。

第五条　【教育方针】教育必须为社会主义现代化建设服务、为人民服务,必须与生产劳动和社会实践相结合,培养德、智、体、美、劳全面发展的社会主义建设者和接班人。

第六条　【教育的基本内容】教育应当坚持立德树人,对受教育者加强社会主义核心价值观教育,增强受教育者的社会责任感、创新精神和实践能力。

国家在受教育者中进行爱国主义、集体主义、中国特色社会主义的教育,进行理想、道德、纪律、法治、国防和民族团结的教育。

第七条　教育应当继承和弘扬中华优秀传统文化、革命文化、社会主义先进文化,吸收人类文明发展的一切优秀成果。

第八条　【教育与国家利益】教育活动必须符合国家和社会公共利益。

国家实行教育与宗教相分离。任何组织和个人不得利用宗教进行妨碍国家教育制度的活动。

第九条　【公民的教育权利和义务】中华人民共和国公民有受教育的权利和义务。

公民不分民族、种族、性别、职业、财产状况、宗教信仰等,依法享有平等的受教育机会。

第十条　【特殊地区与人群帮扶教育】国家根据各少数民族的特点和需要,帮助各少数民族地区发展教育事业。

国家扶持边远贫困地区发展教育事业。

国家扶持和发展残疾人教育事业。

【典型真题】《教育法》第十条规定:国家根据各少数民族的特点和需要,帮助各少数民族地区发展教育事业。国家扶持边远贫困地区发展教育事业。国家扶持和发展残疾人教育事业。这体现的教育法的基本原则是(　　)。

A. 公益性　　B. 方向性　　C. 强制性　　D. 公平性

【解析】教育的平等性原则又称公平性原则,包含两方面内容:受教育机会平等原则,扶持特殊地区和人群教育原则。公平性原则在实践中的体现并不是绝对的,而是相对的。《教育法》第十条规定:国家根据各少数民族的特点和需要,帮助各少数民族地区发展教育事业。国家扶持边远贫困地区发展教育事业。国家扶持和发展残疾人教育事业。这些规定有利于保障教育的公平性原则的实施。

【答案】D

第十一条　国家适应社会主义市场经济发展和社会进步的需要,推进教育改革,推动各级各类教育协调发展、衔接融通,完善现代国民教育体系,健全终身教育体系,提高教育现代化水平。

国家采取措施促进教育公平,推动教育均衡发展。

国家支持、鼓励和组织教育科学研究,推广教育科学研究成果,促进教育质量提高。

第十二条　【语言文字】国家通用语言文字为学校及其他教育机构的基本教育教学语言文字,学校及其他教育机构应当使用国家通用语言文字进行教育教学。

民族自治地方以少数民族学生为主的学校及其他教育机构,从实际出发,使用国家通用语言文字和本民族或者当地民族通用的语言文字实施双语教育。

国家采取措施,为少数民族学生为主的学校及其他教育机构实施双语教育提供条件和支持。

第十三条　【奖励制度】国家对发展教育事业做出突出贡献的组织和个人,给予奖励。

第十四条　【教育管理体制】国务院和地方各级人民政府根据分级管理、分工负责的原则,领导和管理教育工作。

中等及中等以下教育在国务院领导下,由地方人民政府管理。

高等教育由国务院和省、自治区、直辖市人民政府管理。

第十五条　【教育行政部门】国务院教育行政部门主管全国教育工作,统筹规划、协调管理全国的教育事业。

县级以上地方各级人民政府教育行政部门主管本行政区域内的教育工作。

县级以上各级人民政府其他有关部门在各自的职责范围内,负责有关的教育工作。

第十六条　【教育监督】国务院和县级以上地方各级人民政府应当向本级人民代表大会或者其常务委员会报告教育工作和教育经费预算、决算情况,接受监督。

第二章　教育基本制度

第十七条　【学校教育制度】国家实行学前教育、初等教育、中等教育、高等教育的学校教育制度。

国家建立科学的学制系统。学制系统内的学校和其他教育机构的设置、教育形式、修业年限、招生对象、培养目标等,由国务院或者由国务院授权教育行政部门规定。

第十八条　国家制定学前教育标准,加快普及学前教育,构建覆盖城乡,特别是农村的学前教育公共服务体系。

各级人民政府应当采取措施,为适龄儿童接受学前教育提供条件和支持。

第十九条　【义务教育】国家实行九年制义务教育制度。

各级人民政府采取各种措施保障适龄儿童、少年就学。

适龄儿童、少年的父母或者其他监护人以及有关社会组织和个人有义务使适龄儿童、少年接受

笔记栏

并完成规定年限的义务教育。

第二十条 【职业教育和继续教育】国家实行职业教育制度和继续教育制度。

各级人民政府、有关行政部门和行业组织以及企业事业组织应当采取措施,发展并保障公民接受职业学校教育或者各种形式的职业培训。

国家鼓励发展多种形式的继续教育,使公民接受适当形式的政治、经济、文化、科学、技术、业务等方面的教育,促进不同类型学习成果的互认和衔接,推动全民终身学习。

第二十一条 【教育考试制度】国家实行国家教育考试制度。

国家教育考试由国务院教育行政部门确定种类,并由国家批准的实施教育考试的机构承办。

第二十二条 【学业证书制度】国家实行学业证书制度。

经国家批准设立或者认可的学校及其他教育机构按照国家有关规定,颁发学历证书或者其他学业证书。

第二十三条 【学位制度】国家实行学位制度。

学位授予单位依法对达到一定学术水平或者专业技术水平的人员授予相应的学位,颁发学位证书。

第二十四条 各级人民政府、基层群众性自治组织和企业事业组织应当采取各种措施,开展扫除文盲的教育工作。

按照国家规定具有接受扫除文盲教育能力的公民,应当接受扫除文盲的教育。

第二十五条 【教育督导和评估制度】国家实行教育督导制度和学校及其他教育机构教育评估制度。

第三章 学校及其他教育机构

第二十六条 【鼓励举办教育机构】国家制定教育发展规划,并举办学校及其他教育机构。

国家鼓励企业事业组织、社会团体、其他社会组织及公民个人依法举办学校及其他教育机构。

国家举办学校及其他教育机构,应当坚持勤俭节约的原则。

以财政性经费、捐赠资产举办或者参与举办的学校及其他教育机构不得设立为营利性组织。

第二十七条 【办学条件】设立学校及其他教育机构,必须具备下列基本条件:

(一)有组织机构和章程;

(二)有合格的教师;

(三)有符合规定标准的教学场所及设施、设备等;

(四)有必备的办学资金和稳定的经费来源。

第二十八条 【办学程序】学校及其他教育机构的设立、变更和终止,应当按照国家有关规定办理审核、批准、注册或者备案手续。

第二十九条 【学校及其他教育机构的权利】学校及其他教育机构行使下列权利:

(一)按照章程自主管理;

(二)组织实施教育教学活动;

(三)招收学生或者其他受教育者;

(四)对受教育者进行学籍管理,实施奖励或者处分;

(五)对受教育者颁发相应的学业证书;

(六)聘任教师及其他职工,实施奖励或者处分;

(七)管理、使用本单位的设施和经费;

(八)拒绝任何组织和个人对教育教学活动的非法干涉;

(九)法律、法规规定的其他权利。

国家保护学校及其他教育机构的合法权益不受侵犯。

笔记栏

第三十条 【学校及其他教育机构的义务】学校及其他教育机构应当履行下列义务:

(一)遵守法律、法规;

(二)贯彻国家的教育方针,执行国家教育教学标准,保证教育教学质量;

(三)维护受教育者、教师及其他职工的合法权益;

(四)以适当方式为受教育者及其监护人了解受教育者的学业成绩及其他有关情况提供便利;

(五)遵照国家有关规定收取费用并公开收费项目;

(六)依法接受监督。

第三十一条 【教育机构管理体制】学校及其他教育机构的举办者按照国家有关规定,确定其所举办的学校或者其他教育机构的管理体制。

学校及其他教育机构的校长或者主要行政负责人必须由具有中华人民共和国国籍、在中国境内定居、并具备国家规定任职条件的公民担任,其任免按照国家有关规定办理。学校的教学及其他行政管理,由校长负责。

学校及其他教育机构应当按照国家有关规定,通过以教师为主体的教职工代表大会等组织形式,保障教职工参与民主管理和监督。

第三十二条 【教育机构的法人条件】学校及其他教育机构具备法人条件的,自批准设立或者登记注册之日起取得法人资格。

学校及其他教育机构在民事活动中依法享有民事权利,承担民事责任。

学校及其他教育机构中的国有资产属于国家所有。

学校及其他教育机构兴办的校办产业独立承担民事责任。

第四章　教师和其他教育工作者

第三十三条 【教师权利和义务】教师享有法律规定的权利,履行法律规定的义务,忠诚于人民的教育事业。

第三十四条 【教师待遇】国家保护教师的合法权益,改善教师的工作条件和生活条件,提高教师的社会地位。

教师的工资报酬、福利待遇,依照法律、法规的规定办理。

第三十五条 【教师队伍建设】国家实行教师资格、职务、聘任制度,通过考核、奖励、培养和培训,提高教师素质,加强教师队伍建设。

第三十六条 【员工制度】学校及其他教育机构中的管理人员,实行教育职员制度。

学校及其他教育机构中的教学辅助人员和其他专业技术人员,实行专业技术职务聘任制度。

【典型真题】依据《教育法》,幼儿园管理人员实行(　　)。

A. 专业技术制度　　B. 管理职员制度

C. 教师资格制度　　D. 教育职员制度

【解析】《教育法》第三十六条规定:学校及其他教育机构中的管理人员,实行教育职员制度。

【答案】D

第五章　受 教 育 者

第三十七条 【受教育者的平等权】受教育者在入学、升学、就业等方面依法享有平等权利。

学校和有关行政部门应当按照国家有关规定,保障女子在入学、升学、就业、授予学位、派出留学等方面享有同男子平等的权利。

第三十八条 【教育经济资助】国家、社会对符合入学条件、家庭经济困难的儿童、少年、青年,提供各种形式的资助。

第三十九条 国家、社会、学校及其他教育机构应当根据残疾人身心特性和需要实施教育，并为其提供帮助和便利。

第四十条 【违法犯罪的未成年人】国家、社会、家庭、学校及其他教育机构应当为有违法犯罪行为的未成年人接受教育创造条件。

第四十一条 【继续教育】从业人员有依法接受职业培训和继续教育的权利和义务。

国家机关、企业事业组织和其他社会组织，应当为本单位职工的学习和培训提供条件和便利。

第四十二条 【终身教育】国家鼓励学校及其他教育机构、社会组织采取措施，为公民接受终身教育创造条件。

第四十三条 【受教育者的权利】受教育者享有下列权利：

（一）参加教育教学计划安排的各种活动，使用教育教学设施、设备、图书资料；

（二）按照国家有关规定获得奖学金、贷学金、助学金；

（三）在学业成绩和品行上获得公正评价，完成规定的学业后获得相应的学业证书、学位证书；

（四）对学校给予的处分不服向有关部门提出申诉，对学校、教师侵犯其人身权、财产权等合法权益，提出申诉或者依法提起诉讼；

（五）法律、法规规定的其他权利。

【典型真题】区角活动时，军军故意撞坏玩具，黄老师批评他，他还做鬼脸，并顶撞黄老师，黄老师怎么做都无济于事，只好把他带出教室，并交给园长处理。黄老师的做法（　　）

A. 不正确，推卸了教师的责任　　B. 正确，教师有公平评价幼儿的义务

C. 不正确，侵犯了幼儿的受教育权　　D. 正确，教师有批评教育幼儿的权利

【解析】受教育权是作为受教育者享有的最基本的法定权利。《教育法》第四十三条第一项规定，受教育者享有“参加教育教学计划安排的各种活动，使用教育教学设施、设备、图书资料”的权利。题干中教师因为幼儿不听管教，将幼儿带出教室的做法，侵犯了幼儿的受教育权。

【答案】C

第四十四条 【受教育者的义务】受教育者应当履行下列义务：

（一）遵守法律、法规；

（二）遵守学生行为规范，尊敬师长，养成良好的思想品德和行为习惯；

（三）努力学习，完成规定的学习任务；

（四）遵守所在学校或者其他教育机构的管理制度。

第四十五条 教育、体育、卫生行政部门和学校及其他教育机构应当完善体育、卫生保健设施，保护学生的身心健康。

第六章　教育与社会

第四十六条 国家机关、军队、企业事业组织、社会团体及其他社会组织和个人，应当依法为儿童、少年、青年学生的身心健康成长创造良好的社会环境。

第四十七条 国家鼓励企业事业组织、社会团体及其他社会组织同高等学校、中等职业学校在教学、科研、技术开发和推广等方面进行多种形式的合作。

企业事业组织、社会团体及其他社会组织和个人，可以通过适当形式，支持学校的建设，参与学校管理。

第四十八条 国家机关、军队、企业事业组织及其他社会组织应当为学校组织的学生实习、社会实践活动提供帮助和便利。

第四十九条 【社会公益活动】学校及其他教育机构在不影响正常教育教学活动的前提下，应当积极参加当地的社会公益活动。

第五十条 【家庭教育】未成年人的父母或者其他监护人应当为其未成年子女或者其他被监护人受教育提供必要条件。

未成年人的父母或者其他监护人应当配合学校及其他教育机构，对其未成年子女或者其他被监护人进行教育。

学校、教师可以对学生家长提供家庭教育指导。

第五十一条 【文化机构的教育】图书馆、博物馆、科技馆、文化馆、美术馆、体育馆（场）等社会公共文化体育设施，以及历史文化古迹和革命纪念馆（地），应当对教师、学生实行优待，为受教育者接受教育提供便利。

广播、电视台（站）应当开设教育节目，促进受教育者思想品德、文化和科学技术素质的提高。

【典型真题】依据《教育法》，相关社会公共文化体育设施和场所应当对教师、学生实行优待。下列场所不属于按规定优待开放的是(　　)。

A. 图书馆　　B. 博物馆　　C. 电影院　　D. 文化馆

【解析】《教育法》第五十一条规定：图书馆、博物馆、科技馆、文化馆、美术馆、体育馆（场）等社会公共文化体育设施，以及历史文化古迹和革命纪念馆（地），应当对教师、学生实行优待，为受教育者接受教育提供便利。

【答案】C

第五十二条 【校外教育】国家、社会建立和发展对未成年人进行校外教育的设施。

学校及其他教育机构应当同基层群众性自治组织、企业事业组织、社会团体相互配合，加强对未成年人的校外教育工作。

第五十三条 国家鼓励社会团体、社会文化机构及其他社会组织和个人开展有益于受教育者身心健康的社会文化教育活动。

第七章　教育投入与条件保障

第五十四条 【教育经费体制】国家建立以财政拨款为主、其他多种渠道筹措教育经费为辅的体制，逐步增加对教育的投入，保证国家举办的学校教育经费的稳定来源。

企业事业组织、社会团体及其他社会组织和个人依法举办的学校及其他教育机构，办学经费由举办者负责筹措，各级人民政府可以给予适当支持。

第五十五条 【教育经费所占比例】国家财政性教育经费支出占国民生产总值的比例应当随着国民经济的发展和财政收入的增长逐步提高。具体比例和实施步骤由国务院规定。

全国各级财政支出总额中教育经费所占比例应当随着国民经济的发展逐步提高。

第五十六条 各级人民政府的教育经费支出，按照事权和财权相统一的原则，在财政预算中单独列项。

各级人民政府教育财政拨款的增长应当高于财政经常性收入的增长，并使按在校学生人数平均的教育费用逐步增长，保证教师工资和学生人均公用经费逐步增长。

第五十七条 【专项资金】国务院及县级以上地方各级人民政府应当设立教育专项资金，重点扶持边远贫困地区、少数民族地区实施义务教育。

第五十八条 税务机关依法足额征收教育费附加，由教育行政部门统筹管理，主要用于实施义务教育。

省、自治区、直辖市人民政府根据国务院的有关规定，可以决定开征用于教育的地方附加费，专款专用。

第五十九条 国家采取优惠措施，鼓励和扶持学校在不影响正常教育教学的前提下开展勤工俭学和社会服务，兴办校办产业。

笔记栏

第六十条 国家鼓励境内、境外社会组织和个人捐资助学。

第六十一条 【经费使用】国家财政性教育经费、社会组织和个人对教育的捐赠，必须用于教育，不得挪用、克扣。

【典型真题】高先生把自己收藏的书画捐给某幼儿园。园长在整理书画时发现其中一张山水画意境很美，仔细观赏后拿回家挂在书房里。关于园长的做法，下列说法正确的是(　　)。

A. 园长有权处理教育捐赠　　B. 园长不得挪用教育捐赠

C. 园长侵犯了高先生的财产权　　D. 园长拿回家前应征得高先生的同意

【解析】《教育法》第六十一条规定，国家财政性教育经费、社会组织和个人对教育的捐赠，必须用于教育，不得挪用、克扣。

【答案】B

第六十二条 国家鼓励运用金融、信贷手段，支持教育事业的发展。

第六十三条 各级人民政府及其教育行政部门应当加强对学校及其他教育机构教育经费的监督管理，提高教育投资效益。

第六十四条 地方各级人民政府及其有关行政部门必须把学校的基本建设纳入城乡建设规划，统筹安排学校的基本建设用地及所需物资，按照国家有关规定实行优先、优惠政策。

第六十五条 各级人民政府对教科书及教学用图书资料的出版发行，对教学仪器、设备的生产和供应，对用于学校教育教学和科学研究的图书资料、教学仪器、设备的进口，按照国家有关规定实行优先、优惠政策。

第六十六条 国家推进教育信息化，加快教育信息基础设施建设，利用信息技术促进优质教育资源普及共享，提高教育教学水平和教育管理水平。

县级以上人民政府及其有关部门应当发展教育信息技术和其他现代化教学方式，有关行政部门应当优先安排，给予扶持。

国家鼓励学校及其他教育机构推广运用现代化教学方式。

第八章　教育对外交流与合作

第六十七条 【教育合作原则】国家鼓励开展教育对外交流与合作，支持学校及其他教育机构引进优质教育资源，依法开展中外合作办学，发展国际教育服务，培养国际化人才。

教育对外交流与合作坚持独立自主、平等互利、相互尊重的原则，不得违反中国法律，不得损害国家主权、安全和社会公共利益。

第六十八条 中国境内公民出国留学、研究、进行学术交流或者任教，依照国家有关规定办理。

第六十九条 中国境外个人符合国家规定的条件并办理有关手续后，可以进入中国境内学校及其他教育机构学习、研究、进行学术交流或者任教，其合法权益受国家保护。

第七十条 中国对境外教育机构颁发的学位证书、学历证书及其他学业证书的承认，依照中华人民共和国缔结或者加入的国际条约办理，或者按照国家有关规定办理。

第九章　法 律 责 任

第七十一条 【经费的法律责任】违反国家有关规定，不按照预算核拨教育经费的，由同级人民政府限期核拨；情节严重的，对直接负责的主管人员和其他直接责任人员，依法给予处分。

违反国家财政制度、财务制度，挪用、克扣教育经费的，由上级机关责令限期归还被挪用、克扣的经费，并对直接负责的主管人员和其他直接责任人员，依法给予处分；构成犯罪的，依法追究刑事责任。

第七十二条 【刑事、民事责任】结伙斗殴、寻衅滋事，扰乱学校及其他教育机构教育教学秩序或者破坏校舍、场地及其他财产的，由公安机关给予治安管理处罚；构成犯罪的，依法追究刑事责任。

侵占学校及其他教育机构的校舍、场地及其他财产的，依法承担民事责任。

【典型真题 1】区域活动时，毛毛把安安打哭了，田老师把毛毛关进卫生间反省。毛毛的父母知道后，来幼儿园把教室里的东西砸得稀烂，下列说法正确的是（　　）。

A. 毛毛父母应该承担刑事附带民事法律责任

B. 毛毛父母应承担行政附带民事法律责任

C. 田老师和毛毛父母应承担刑事附带民事法律责任

D. 田老师和毛毛父母应承担行政附带民事法律责任

【解析】《教育法》第七十二条规定：结伙斗殴、寻衅滋事，扰乱学校及其他教育机构教育教学秩序或者破坏校舍、场地及其他财产的，由公安机关给予治安管理处罚；构成犯罪的，依法追究刑事责任。侵占学校及其他教育机构的校舍、场地及其他财产的，依法承担民事责任。毛毛的父母把教室里的东西砸得稀烂，扰乱了幼儿园的秩序，要由公安机关给予相应的治安管理处罚，治安管理处罚属于行政处罚，所以毛毛的父母应该承担相应的行政责任。《教育法》第八十三条规定：违反本法规定，侵犯教师、受教育者、学校或者其他教育机构的合法权益，造成损失、损害的，应当依法承担民事责任。毛毛父母侵犯了学校的合法权益，应该承担相应的民事责任。因此，毛毛的父母不仅要承担行政责任，也要承担民事责任，即行政附带民事法律责任。

【答案】B

【典型真题 2】某幼儿园职工家属刘某侵占幼儿园一间园舍，用于从事快递经营。根据《教育法》，刘某应该承担（　　）。

A. 刑事责任　　B. 违宪责任　　C. 民事责任　　D. 行政责任

【解析】《教育法》第七十二条规定：结伙斗殴、寻衅滋事，扰乱学校及其他教育机构教育教学秩序或者破坏校舍、场地及其他财产的，由公安机关给予治安管理处罚；构成犯罪的，依法追究刑事责任。侵占学校及其他教育机构的校舍、场地及其他财产的，依法承担民事责任。根据题意，刘某侵占了幼儿园的园舍，属于侵占学校校舍行为，依法应当承担民事责任。

【答案】C

第七十三条　【刑事责任】明知校舍或者教育教学设施有危险，而不采取措施，造成人员伤亡或者重大财产损失的，对直接负责的主管人员和其他直接责任人员，依法追究刑事责任。

第七十四条　【行政责任】违反国家有关规定，向学校或者其他教育机构收取费用的，由政府责令退还所收费用；对直接负责的主管人员和其他直接责任人员，依法给予处分。

第七十五条　【行政责任】违反国家有关规定，举办学校或者其他教育机构的，由教育行政部门或者其他有关行政部门予以撤销；有违法所得的，没收违法所得；对直接负责的主管人员和其他直接责任人员，依法给予处分。

第七十六条　【行政责任】学校或者其他教育机构违反国家有关规定招收学生的，由教育行政部门或者其他有关行政部门责令退回招收的学生，退还所收费用；对学校、其他教育机构给予警告，可以处违法所得五倍以下罚款；情节严重的，责令停止相关招生资格一年以上三年以下，直至撤销招生资格、吊销办学许可证；对直接负责的主管人员和其他直接责任人员，依法给予处分；构成犯罪的，依法追究刑事责任。

第七十七条　【行政、刑事责任】在招收学生工作中徇私舞弊的，由教育行政部门或者其他有关行政部门责令退回招收的人员；对直接负责的主管人员和其他直接责任人员，依法给予处分；构成犯罪的，依法追究刑事责任。

笔记栏

【典型真题】某公办幼儿园园长在招生工作中徇私舞弊，尚未构成犯罪，依据《教育法》的相关规定，对于园长，(　　)。

A. 应依法给予行政处分　　B. 应依法给予行政处罚

C. 应依法追究民事责任　　D. 可免于追究法律责任

【解析】《教育法》第七十七条规定：在招收学生工作中滥用职权、玩忽职守、徇私舞弊的，由教育行政部门或者其他有关行政部门责令退回招收的不符合入学条件的人员；对直接负责的主管人员和其他直接责任人，依法给予处分；构成犯罪的，依法追究刑事责任。

【答案】A

第七十八条　【行政责任】学校及其他教育机构违反国家有关规定向受教育者收取费用的，由教育行政部门或者其他有关行政部门责令退还所收费用；对直接负责的主管人员和其他直接责任人员，依法给予处分。

第七十九条　考生在国家教育考试中有下列行为之一的，由组织考试的教育考试机构工作人员在考试现场采取必要措施予以制止并终止其继续参加考试；组织考试的教育考试机构可以取消其相关考试资格或者考试成绩；情节严重的，由教育行政部门责令停止参加相关国家教育考试一年以上三年以下；构成违反治安管理行为的，由公安机关依法给予治安管理处罚；构成犯罪的，依法追究刑事责任：

(一) 非法获取考试试题或者答案的；

(二) 携带或者使用考试作弊器材、资料的；

(三) 抄袭他人答案的；

(四) 让他人代替自己参加考试的；

(五) 其他以不正当手段获得考试成绩的作弊行为。

第八十条　任何组织或者个人在国家教育考试中有下列行为之一，有违法所得的，由公安机关没收违法所得，并处违法所得一倍以上五倍以下罚款；情节严重的，处五日以上十五日以下拘留；构成犯罪的，依法追究刑事责任；属于国家机关工作人员的，还应当依法给予处分：

(一) 组织作弊的；

(二) 通过提供考试作弊器材等方式为作弊提供帮助或者便利的；

(三) 代替他人参加考试的；

(四) 在考试结束前泄露、传播考试试题或者答案的；

(五) 其他扰乱考试秩序的行为。

第八十一条　举办国家教育考试，教育行政部门、教育考试机构疏于管理，造成考场秩序混乱、作弊情况严重的，对直接负责的主管人员和其他直接责任人员，依法给予处分；构成犯罪的，依法追究刑事责任。

第八十二条　学校或者其他教育机构违反本法规定，颁发学位证书、学历证书或者其他学业证书的，由教育行政部门或者其他有关行政部门宣布证书无效，责令收回或者予以没收；有违法所得的，没收违法所得；情节严重的，责令停止相关招生资格一年以上三年以下，直至撤销招生资格、颁发证书资格；对直接负责的主管人员和其他直接责任人员，依法给予处分。

前款规定以外的任何组织或者个人制造、销售、颁发假冒学位证书、学历证书或者其他学业证书，构成违反治安管理行为的，由公安机关依法给予治安管理处罚；构成犯罪的，依法追究刑事责任。

以作弊、剽窃、抄袭等欺诈行为或者其他不正当手段获得学位证书、学历证书或者其他学业证书的，由颁发机构撤销相关证书。购买、使用假冒学位证书、学历证书或者其他学业证书，构成违反治安管理行为的，由公安机关依法给予治安管理处罚。

第八十三条　【民事责任】违反本法规定，侵犯教师、受教育者、学校或者其他教育机构的合法权益，造成损失、损害的，应当依法承担民事责任。

第十章 附 则

第八十四条 军事学校教育由中央军事委员会根据本法的原则规定。

宗教学校教育由国务院另行规定。

第八十五条 境外的组织和个人在中国境内办学和合作办学的办法，由国务院规定。

第八十六条 本法自1995年9月1日起施行。

（二）《教育法》解读

《教育法》于1995年3月18日第八届全国人民代表大会第三次会议通过，并于同年9月1日起正式实施。根据2009年8月27日第十一届全国人民代表大会常务委员会第十次会议《关于修改部分法律的决定》第一次修正；根据2015年12月27日第十二届全国人民代表大会常务委员会第十八次会议《关于修改〈中华人民共和国教育法〉的决定》第二次修正；根据2021年4月29日第十三届全国人民代表大会常务委员会第二十八次会议《关于修改〈中华人民共和国教育法〉的决定》第三次修正。

1.《教育法》的性质与地位

《教育法》是依据《宪法》制定的调整教育内外部关系的基本法律准则，是我国教育法律法规体系中的基本法，在教育法体系中具有最高法律效力。它规定了我国教育的基本方针、基本任务、基本制度以及教育活动中各主体的权利义务。

《教育法》是我国教育的基本法律，教育法制建设的里程碑，为我国教育法律法规体系的整体建设奠定了基础，标志着我国正式步入了依法执教的轨道。《教育法》在教育法律法规纵向层次中处于顶层，是我国教育法律法规体系中的母法。

2.《教育法》的基本结构

《教育法》分总则、分则、附则三个部分，共十章八十六条。其中，总则是对我国教育活动的总体规定，包括：立法目的、适用范围、指导思想、教育的地位、教育的任务等内容；分则是对我国教育活动各个领域的分别规定，对教育基本制度、学校及其他教育机构、教师和其他教育工作者、受教育者、教育与社会、教育投入与条件保障、教育对外交流与合作、法律责任作了规定；附则是未尽表达事项的补充规定和说明。

3.《教育法》的主要内容

（1）立法宗旨

总则第一条明确规定了其立法宗旨。它包含三方面的含义，即发展教育事业、提高全民族素质、促进社会主义现代化建设。

（2）适用范围

总则第二条指出了其适用范围：在中华人民共和国境内的各级各类教育，适用本法。考虑到军事学校教育和宗教教育的特殊性，《教育法》在附则第八十四条中分别进行了界定：军事学校教育由中央军事委员会根据本法的原则规定。宗教学校教育由国务院另行规定。

（3）教育性质与方针

总则第三条规定了我国教育性质：国家坚持中国共产党的领导，坚持以马克思列宁主义、毛泽东思想、邓小平理论、“三个代表”重要思想、科学发展观、习近平新时代中国特色社会主义理论为指导，遵循宪法确定的基本原则，发展社会主义的教育事业。第五条则明确规定了我国的教育方针：教育必须为社会主义现代化建设服务、为人民服务，必须与生产劳动和社会实践相结合，培养德智体美劳全面发展的社会主义事业建设者和接班人。

（4）教育管理体制

《教育法》总则第十四条规定了我国分级管理、分工负责的教育管理体制：国务院和地方各级

笔记栏

人民政府根据分级管理、分工负责的原则,领导和管理教育工作。中等及中等以下教育在国务院领导下,由地方人民政府管理。高等教育由国务院和省、自治区、直辖市人民政府管理。

(5) 教育基本制度

《教育法》第二章明确了我国教育制度的基本框架,具体包括:学校教育制度;义务教育制度;职业教育制度和继续教育制度;国家教育考试制度;学业证书制度和学位制度;扫除文盲教育制度;教育督导制度和教育评估制度。这些教育基本制度,涵盖了各级各类学校及其他教育机构的教育(从学前到成人乃至终身,从普通教育到职业教育和成人教育),也涵盖了教育过程的重要环节(考试制度、学业证书制度、学位制度、教育督导和教育评估制度)。

(6) 学校及其他教育机构

《教育法》第三章"学校及其他教育机构"确立了我国的办学体制,明确了学校和其他教育机构的办学条件,设立、变更、终止的程序和应当办理的手续。规定了学校和其他教育机构享有的基本权利及应当履行的基本义务。同时确立了学校及其他教育机构的内部管理体制,并对学校及其他教育机构的法人资格、财产权归属及其同其校办产业的关系作了规定。

(7) 教育者与受教育者

《教育法》第四章对教育者的权利、义务作了原则性的规定,为深入规范教育者的权利义务提供了教育的依据。在这些规定里包括教师的地位、待遇,建立国家教师资格制度,以及教师职务聘任、考核、奖励培养和培训制度等。

第五章对于受教育者享有的基本权利及应履行的义务作了具体的规定。在受教育者权利与义务规定方面,特别强调了国家要保证受教育者在入学、升学、就业等方面依法享有平等的权利。

(8) 教育与社会

《教育法》第六章对社会各方面参与、支持教育的责任和形式,作了法律规定。具体包括:教育与社会之间的关系;创造良好的社会环境;社会对教育的参与和支持。

(9) 教育投入和条件保障

《教育法》第七章对于教育投入与条件保障主要作了三方面的规定。

① 教育经费筹措的体制。第五十四条规定:国家建立以财政拨款为主,其他多种渠道筹措教育经费为辅的体制。

第一,国家财政性教育经费支出。《教育法》第五十五条规定:国家财政性教育经费支出占国民生产总值的比例应当随着国民经济的发展和财政收入的增长逐步提高。全国各级财政支出总额中教育经费所占比例应当随着国民经济的发展逐步提高。为此,必须遵循以下原则:各级人民政府教育财政拨款的增长应当高于财政经常性收入的增长,并使按在校学生人数平均的教育费用逐步增长,保证教师工资和学生人均公用经费逐步增长。(保障教育投入的三个增长)

第二,发展校办产业。《教育法》第五十九条规定:国家采取优惠措施,鼓励和支持学校在不影响正常教育教学的前提下开展勤工俭学和社会服务,兴办校办产业。

第三,实行教育捐资。《教育法》第六十条规定:国家鼓励境内、境外社会组织和个人捐资助学。

第四,运用金融信贷手段。《教育法》第六十二条规定:国家鼓励运用金融、信贷手段,支持教育事业的发展。

第五,设立教育专项资金。《教育法》第五十七条规定:国务院及县级以上地方各级人民政府应当设立教育专项资金,重点扶持边远贫困地区、少数民族地区实施义务教育。

第六,学杂费的收取。实施非义务教育的学校可以适当收取学费,但其收费项目和标准必须符合国家收费的一系列政策、法规的规定。

② 教育经费的管理与监督。第五十六条第一款规定:各级人民政府的教育经费支出,按照事

权和财权相统一的原则，在财政预算中单独列项。第六十一条规定：国家财政性教育经费，社会组织和个人对教育的捐赠，必须用于教育，不得挪用、克扣。第七十一条规定：违反国家有关规定，不按照预算核拨教育经费的，由同级人民政府限期核拨；情节严重的，对直接负责的主管人员和其他直接责任人员，依法给予处分。违反国家财政制度、财务制度，挪用、克扣教育经费的，由上级机关责令限期归还被挪用、克扣的经费，并对直接负责的主管人员和其他直接责任人员，依法给予处分；构成犯罪的，依法追究刑事责任。

③ 教育条件保障。《教育法》第六十四条规定：地方各级人民政府及其有关行政部门必须把学校的基本建设纳入城乡建设规划，统筹安排学校的基本建设用地及所需物资，按照国家有关规定实行优先、优惠政策。第六十五条规定：各级人民政府对教科书及教学用图书资料的出版发行，对教学仪器、设备的生产和供应，对用于学校教育教学和科学研究的图书资料、教学仪器、设备的进口，按照国家有关规定实行优先、优惠政策。第六十六条规定：国家推进教育信息化，加快教育信息基础设施建设，利用信息技术促进优质教育资源普及共享，提高教育教学水平和教育管理水平。县级以上人民政府及其有关部门应当发展教育信息技术和其他现代化教学方式，有关行政部门应当优先安排，给予扶持。国家鼓励学校及其他教育机构推广运用现代化教学方式。

（10）有关法律责任

《教育法》第九章明确了主体义务相关的三大方面的法律责任：行政责任、刑事责任和民事责任。具体包括违反教育经费管理规定；扰乱教育秩序，破坏、侵占学校财产；使用危险教育设施造成人员或重大财产损失；违反国家规定向学校收费；违法办学；学校违反国家规定向受教育者收费；招生考试中的舞弊；违反规定颁发各类证书等方面的法律责任。

二、《中华人民共和国义务教育法》及解读

（一）中华人民共和国义务教育法

（1986年4月12日第六届全国人民代表大会第四次会议通过　2006年6月29日第十届全国人民代表大会常务委员会第二十二次会议修订　根据2015年4月24日第十二届全国人民代表大会常务委员会第十四次会议《关于修改〈中华人民共和国义务教育法〉第五部法律的决定》第一次修正　根据2018年12月29日第十三届全国人民代表大会常务委员会第七次会议《关于修改〈中华人民共和国产品质量法〉第五部法律的决定》第二次修正）

第一章　总　　则

第一条　【立法宗旨】为了保障适龄儿童、少年接受义务教育的权利，保证义务教育的实施，提高全民族素质，根据宪法和教育法，制定本法。

第二条　【制度概况】国家实行九年义务教育制度。

义务教育是国家统一实施的所有适龄儿童、少年必须接受的教育，是国家必须予以保障的公益性事业。

实施义务教育，不收学费、杂费。

国家建立义务教育经费保障机制，保证义务教育制度实施。

第三条　【实施目标】义务教育必须贯彻国家的教育方针，实施素质教育，提高教育质量，使适龄儿童、少年在品德、智力、体质等方面全面发展，为培养有理想、有道德、有文化、有纪律的社会主义建设者和接班人奠定基础。

第四条　【适用对象】凡具有中华人民共和国国籍的适龄儿童、少年，不分性别、民族、种族、家庭财产状况、宗教信仰等，依法享有平等接受义务教育的权利，并履行接受义务教育的义务。

第五条　【政府、家长、学校、社会的义务】各级人民政府及其有关部门应当履行本法规定的各项职责，保障适龄儿童、少年接受义务教育的权利。

适龄儿童、少年的父母或者其他法定监护人应当依法保证其按时入学接受并完成义务教育。

依法实施义务教育的学校应当按照规定标准完成教育教学任务，保证教育教学质量。

社会组织和个人应当为适龄儿童、少年接受义务教育创造良好的环境。

第六条 【保障措施】国务院和县级以上地方人民政府应当合理配置教育资源，促进义务教育均衡发展，改善薄弱学校的办学条件，并采取措施，保障农村地区、民族地区实施义务教育，保障家庭经济困难的和残疾的适龄儿童、少年接受义务教育。

国家组织和鼓励经济发达地区支援经济欠发达地区实施义务教育。

第七条 【管理体制】义务教育实行国务院领导，省、自治区、直辖市人民政府统筹规划实施，县级人民政府为主管理的体制。

县级以上人民政府教育行政部门具体负责义务教育实施工作；县级以上人民政府其他有关部门在各自的职责范围内负责义务教育实施工作。

第八条 人民政府教育督导机构对义务教育工作执行法律法规情况、教育教学质量以及义务教育均衡发展状况等进行督导，督导报告向社会公布。

第九条 【问责制度】任何社会组织或者个人有权对违反本法的行为向有关国家机关提出检举或者控告。

发生违反本法的重大事件，妨碍义务教育实施，造成重大社会影响的，负有领导责任的人民政府或者人民政府教育行政部门负责人应当引咎辞职。

第十条 对在义务教育实施工作中做出突出贡献的社会组织和个人，各级人民政府及其有关部门按照有关规定给予表彰、奖励。

第二章 学 生

第十一条 【入学年龄】凡年满六周岁的儿童，其父母或者其他法定监护人应当送其入学接受并完成义务教育；条件不具备的地区的儿童，可以推迟到七周岁。

适龄儿童、少年因身体状况需要延缓入学或者休学的，其父母或者其他法定监护人应当提出申请，由当地乡镇人民政府或者县级人民政府教育行政部门批准。

第十二条 【免试入学】适龄儿童、少年免试入学。地方各级人民政府应当保障适龄儿童、少年在户籍所在地学校就近入学。

父母或者其他法定监护人在非户籍所在地工作或者居住的适龄儿童、少年，在其父母或者其他法定监护人工作或者居住地接受义务教育的，当地人民政府应当为其提供平等接受义务教育的条件。具体办法由省、自治区、直辖市规定。

县级人民政府教育行政部门对本行政区域内的军人子女接受义务教育予以保障。

第十三条 【保障入学】县级人民政府教育行政部门和乡镇人民政府组织和督促适龄儿童、少年入学，帮助解决适龄儿童、少年接受义务教育的困难，采取措施防止适龄儿童、少年辍学。

居民委员会和村民委员会协助政府做好工作，督促适龄儿童、少年入学。

第十四条 【社会的义务】禁止用人单位招用应当接受义务教育的适龄儿童、少年。

根据国家有关规定经批准招收适龄儿童、少年进行文艺、体育等专业训练的社会组织，应当保证所招收的适龄儿童、少年接受义务教育；自行实施义务教育的，应当经县级人民政府教育行政部门批准。

第三章 学 校

第十五条 【学校规划】县级以上地方人民政府根据本行政区域内居住的适龄儿童、少年的数量和分布状况等因素，按照国家有关规定，制定、调整学校设置规划。新建居民区需要设置学校的，应当与居民区的建设同步进行。

第十六条 学校建设，应当符合国家规定的办学标准，适应教育教学需要；应当符合国家规定的选址要求和建设标准，确保学生和教职工安全。

第十七条 县级人民政府根据需要设置寄宿制学校，保障居住分散的适龄儿童、少年入学接受义务教育。

第十八条 国务院教育行政部门和省、自治区、直辖市人民政府根据需要，在经济发达地区设置接收少数民族适龄儿童、少年的学校（班）。

第十九条 【特殊教育】县级以上地方人民政府根据需要设置相应的实施特殊教育的学校（班），对视力残疾、听力语言残疾和智力残疾的适龄儿童、少年实施义务教育。特殊教育学校（班）应当具备适应残疾儿童、少年学习、康复、生活特点的场所和设施。

普通学校应当接收具有接受普通教育能力的残疾适龄儿童、少年随班就读，并为其学习、康复提供帮助。

第二十条 【未成年犯的义务教育及其保障】县级以上地方人民政府根据需要，为具有《中华人民共和国预防未成年人犯罪法》（以下简称《预防未成年人犯罪法》）规定的严重不良行为的适龄少年设置专门的学校实施义务教育。

第二十一条 对未完成义务教育的未成年犯和被采取强制性教育措施的未成年人应当进行义务教育，所需经费由人民政府予以保障。

第二十二条 【均衡发展】县级以上人民政府及其教育行政部门应当促进学校均衡发展，缩小学校之间办学条件的差距，不得将学校分为重点学校和非重点学校。学校不得分设重点班和非重点班。

县级以上人民政府及其教育行政部门不得以任何名义改变或者变相改变公办学校的性质。

【典型真题】某地政府为提升教育质量，促进教育高质量发展，拟将一所公立初中改为与企业合建，该地的做法（　　）。

A. 错误。政府不得以任何名义改变或者变相改变公办学校的性质

B. 错误。政府不能通过与企业合作的方式提升学校教育教学质量

C. 正确。政府可以结合实际采取多种形式提升学校教育教学质量

D. 正确。政府应因地制宜地为义务教育阶段学校的发展提供帮助

【解析】《教育法》第二十二条第二款规定，县级以上人民政府及其教育行政部门不得以任何名义改变或者变相改变公办学校的性质。故选A项。

【答案】A

第二十三条 【校园安全】各级人民政府及其有关部门依法维护学校周边秩序，保护学生、教师、学校的合法权益，为学校提供安全保障。

第二十四条 【安全措施】学校应当建立、健全安全制度和应急机制，对学生进行安全教育，加强管理，及时消除隐患，预防发生事故。

县级以上地方人民政府定期对学校校舍安全进行检查；对需要维修、改造的，及时予以维修、改造。

学校不得聘用曾经因故意犯罪被依法剥夺政治权利或者其他不适合从事义务教育工作的人担任工作人员。

第二十五条 【违法获利】学校不得违反国家规定收取费用，不得以向学生推销或者变相推销商品、服务等方式谋取利益。

第二十六条 学校实行校长负责制。校长应当符合国家规定的任职条件。校长由县级人民政府教育行政部门依法聘任。

第二十七条 【批评教育】对违反学校管理制度的学生，学校应当予以批评教育，不得开除。

第四章 教 师

第二十八条 【教师的权利与义务】教师享有法律规定的权利，履行法律规定的义务，应当为人师表，忠诚于人民的教育事业。

全社会应当尊重教师。

第二十九条 【教师行为】教师在教育教学中应当平等对待学生，关注学生的个体差异，因材施教，促进学生的充分发展。

教师应当尊重学生的人格，不得歧视学生，不得对学生实施体罚、变相体罚或者其他侮辱人格尊严的行为，不得侵犯学生合法权益。

第三十条 【教师资格及职称】教师应当取得国家规定的教师资格。

国家建立统一的义务教育教师职务制度。教师职务分为初级职务、中级职务和高级职务。

第三十一条 【教师待遇】各级人民政府保障教师工资福利和社会保险待遇，改善教师工作和生活条件；完善农村教师工资经费保障机制。

教师的平均工资水平应当不低于当地公务员的平均工资水平。

特殊教育教师享有特殊岗位补助津贴。在民族地区和边远贫困地区工作的教师享有艰苦贫困地区补助津贴。

第三十二条 县级以上人民政府应当加强教师培养工作，采取措施发展教师教育。

县级人民政府教育行政部门应当均衡配置本行政区域内学校师资力量，组织校长、教师的培训和流动，加强对薄弱学校的建设。

第三十三条 【支教工作】国务院和地方各级人民政府鼓励和支持城市学校教师和高等学校毕业生到农村地区、民族地区从事义务教育工作。

国家鼓励高等学校毕业生以志愿者的方式到农村地区、民族地区缺乏教师的学校任教。县级人民政府教育行政部门依法认定其教师资格，其任教时间计入工龄。

第五章 教育教学

第三十四条 【教育目标】教育教学工作应当符合教育规律和学生身心发展特点，面向全体学生，教书育人，将德育、智育、体育、美育等有机统一在教育教学活动中，注重培养学生独立思考能力、创新能力和实践能力，促进学生全面发展。

第三十五条 【素质教育】国务院教育行政部门根据适龄儿童、少年身心发展的状况和实际情况，确定教学制度、教育教学内容和课程设置，改革考试制度，并改进高级中等学校招生办法，推进实施素质教育。

学校和教师按照确定的教育教学内容和课程设置开展教育教学活动，保证达到国家规定的基本质量要求。

国家鼓励学校和教师采用启发式教育等教育教学方法，提高教育教学质量。

第三十六条 【德育为先】学校应当把德育放在首位，寓德育于教育教学之中，开展与学生年龄相适应的社会实践活动，形成学校、家庭、社会相互配合的思想道德教育体系，促进学生养成良好的思想品德和行为习惯。

第三十七条 【课外活动】学校应当保证学生的课外活动时间，组织开展文化娱乐等课外活动。社会公共文化体育设施应当为学校开展课外活动提供便利。

第三十八条 【教科书】教科书根据国家教育方针和课程标准编写，内容力求精简，精选必备的基础知识、基本技能，经济实用，保证质量。

国家机关工作人员和教科书审查人员，不得参与或者变相参与教科书的编写工作。

第三十九条 国家实行教科书审定制度。教科书的审定办法由国务院教育行政部门规定。未经审定的教科书，不得出版、选用。

第四十条 教科书价格由省、自治区、直辖市人民政府价格行政部门会同同级出版主管部门按照微利原则确定。

第四十一条 国家鼓励教科书循环使用。

第六章 经费保障

第四十二条 【经费的行政保障】国家将义务教育全面纳入财政保障范围，义务教育经费由国务院和地方各级人民政府依照本法规定予以保障。

国务院和地方各级人民政府将义务教育经费纳入财政预算，按照教职工编制标准、工资标准和学校建设标准、学生人均公用经费标准等，及时足额拨付义务教育经费，确保学校的正常运转和校舍安全，确保教职工工资按照规定发放。

国务院和地方各级人民政府用于实施义务教育财政拨款的增长比例应当高于财政经常性收入的增长比例，保证按照在校学生人数平均的义务教育费用逐步增长，保证教职工工资和学生人均公用经费逐步增长。

第四十三条 学校的学生人均公用经费基本标准由国务院财政部门会同教育行政部门制定，并根据经济和社会发展状况适时调整。制定、调整学生人均公用经费基本标准，应当满足教育教学基本需要。

省、自治区、直辖市人民政府可以根据本行政区域的实际情况，制定不低于国家标准的学校学生人均公用经费标准。

特殊教育学校（班）学生人均公用经费标准应当高于普通学校学生人均公用经费标准。

第四十四条 【经费的责任主体】义务教育经费投入实行国务院和地方各级人民政府根据职责共同负担，省、自治区、直辖市人民政府负责统筹落实的体制。农村义务教育所需经费，由各级人民政府根据国务院的规定分项目、按比例分担。

各级人民政府对家庭经济困难的适龄儿童、少年免费提供教科书并补助寄宿生生活费。

义务教育经费保障的具体办法由国务院规定。

第四十五条 地方各级人民政府在财政预算中将义务教育经费单列。

县级人民政府编制预算，除向农村地区学校和薄弱学校倾斜外，应当均衡安排义务教育经费。

第四十六条 国务院和省、自治区、直辖市人民政府规范财政转移支付制度，加大一般性转移支付规模和规范义务教育专项转移支付，支持和引导地方各级人民政府增加对义务教育的投入。地方各级人民政府确保将上级人民政府的义务教育转移支付资金按照规定用于义务教育。

第四十七条 国务院和县级以上地方人民政府根据实际需要，设立专项资金，扶持农村地区、民族地区实施义务教育。

第四十八条 国家鼓励社会组织和个人向义务教育捐赠，鼓励按照国家有关基金会管理的规定设立义务教育基金。

第四十九条 【经费的使用】义务教育经费严格按照预算规定用于义务教育；任何组织和个人不得侵占、挪用义务教育经费，不得向学校非法收取或者摊派费用。

第五十条 县级以上人民政府建立健全义务教育经费的审计监督和统计公告制度。

第七章 法律责任

第五十一条 【未履行经费保障职责的法律责任】国务院有关部门和地方各级人民政府违反本法第六章的规定，未履行对义务教育经费保障职责的，由国务院或者上级地方人民政府责令限期改正；情节严重的，对直接负责的主管人员和其他直接责任人员依法给予行政处分。

第五十二条 【地方政府的法律责任】县级以上地方人民政府有下列情形之一的，由上级人民政府责令限期改正；情节严重的，对直接负责的主管人员和其他直接责任人员依法给予行政处分：

（一）未按照国家有关规定制定、调整学校的设置规划的；

笔记栏

（二）学校建设不符合国家规定的办学标准、选址要求和建设标准的；

（三）未定期对学校校舍安全进行检查，并及时维修、改造的；

（四）未依照本法规定均衡安排义务教育经费的。

第五十三条 【教育行政部门的法律责任】县级以上人民政府或者其教育行政部门有下列情形之一的，由上级人民政府或者其教育行政部门责令限期改正、通报批评；情节严重的，对直接负责的主管人员和其他直接责任人员依法给予行政处分：

（一）将学校分为重点学校和非重点学校的；

（二）改变或者变相改变公办学校性质的。

县级人民政府教育行政部门或者乡镇人民政府未采取措施组织适龄儿童、少年入学或者防止辍学的，依照前款规定追究法律责任。

第五十四条 【侵占、挪用义务教育经费等行为的法律责任】有下列情形之一的，由上级人民政府或者上级人民政府教育行政部门、财政部门、价格行政部门和审计机关根据职责分工责令限期改正；情节严重的，对直接负责的主管人员和其他直接责任人员依法给予处分：

（一）侵占、挪用义务教育经费的；

（二）向学校非法收取或者摊派费用的。

第五十五条 【学校教师的法律责任】学校或者教师在义务教育工作中违反教育法、教师法规定的，依照教育法、教师法的有关规定处罚。

第五十六条 【非法获利的法律责任】学校违反国家规定收取费用的，由县级人民政府教育行政部门责令退还所收费用；对直接负责的主管人员和其他直接责任人员依法给予处分。

学校以向学生推销或者变相推销商品、服务等方式谋取利益的，由县级人民政府教育行政部门给予通报批评；有违法所得的，没收违法所得；对直接负责的主管人员和其他直接责任人员依法给予处分。

国家机关工作人员和教科书审查人员参与或者变相参与教科书编写的，由县级以上人民政府或者其教育行政部门根据职责权限责令限期改正，依法给予行政处分；有违法所得的，没收违法所得。

第五十七条 【行政法律责任】学校有下列情形之一的，由县级人民政府教育行政部门责令限期改正；情节严重的，对直接负责的主管人员和其他直接责任人员依法给予处分：

（一）拒绝接收具有接受普通教育能力的残疾适龄儿童、少年随班就读的；

（二）分设重点班和非重点班的；

（三）违反本法规定开除学生的；

（四）选用未经审定的教科书的。

第五十八条 【家长的法律责任】适龄儿童、少年的父母或者其他法定监护人无正当理由未依照本法规定送适龄儿童、少年入学接受义务教育的，由当地乡镇人民政府或者县级人民政府教育行政部门给予批评教育，责令限期改正。

第五十九条 【行政法律责任】有下列情形之一的，依照有关法律、行政法规的规定予以处罚：

（一）胁迫或者诱骗应当接受义务教育的适龄儿童、少年失学、辍学的；

（二）非法招用应当接受义务教育的适龄儿童、少年的；

（三）出版未经依法审定的教科书的。

【典型真题】 依据相关法律和行政法规，下列情形应当予以行政处罚的是（　　）。

A. 出版未经依法审定的教科书的　　B. 学校分设重点班和非重点班的

C. 学校非法收取或者摊派费用的　　D. 改变或者变相改变公办学校性质的

【解析】《义务教育法》第五十九条规定:有下列情形之一的,依照有关法律、行政法规的规定予以处罚:(一)胁迫或者诱骗应当接受义务教育的适龄儿童、少年失学、辍学的;(二)非法招用应当接受义务教育的适龄儿童、少年的;(三)出版未经依法审定的教科书的。

【答案】A

第六十条 【刑事责任】违反本法规定,构成犯罪的,依法追究刑事责任。

第八章 附 则

第六十一条 【不收杂费】对接受义务教育的适龄儿童、少年不收杂费的实施步骤,由国务院规定。

第六十二条 【民办学校的补充说明】社会组织或者个人依法举办的民办学校实施义务教育的,依照民办教育促进法有关规定执行;民办教育促进法未作规定的,适用本法。

第六十三条 【实施日期】本法自2006年9月1日起施行。

(二)《义务教育法》解读

1.《义务教育法》的性质、地位与意义

《义务教育法》是教育单行法律,依据《宪法》和《中华人民共和国教育法》制定。它对《中华人民共和国教育法》第十八条规定的"国家实行九年义务教育制度"中的义务教育制度进行了具体的法律规范。

2006年修订的《义务教育法》指明了义务教育均衡发展这个根本方向,明确了义务教育承担实施素质教育的重大使命,回归了义务教育免费的本质,进一步完善了义务教育的管理体制,强化了省级的统筹实施,确立了义务教育经费保障机制,保障了接受义务教育的平等权利,规范了义务教育的办学行为,增强了《义务教育法》执法的可操作性。从教育法制建设角度讲,《义务教育法》的出台也是我国教育法制建设一个新的重要的标志。义务教育发展关乎整个民族素质的提高和民族的复兴,对当前教育的发展具有奠基性意义和深远的历史作用。修订的《义务教育法》总结了《义务教育法》实施20年来的历史经验和教训,是我国义务教育的一个新里程碑。

2.《义务教育法》的基本结构

《义务教育法》分总则、分则、附则三部分,共八章六十三条。其中,总则是对义务教育活动的总体规定,分则是对义务教育活动各个方面的分别规定,附则是未尽表达事项的补充规定和说明。

3.《义务教育法》的主要内容

(1)总则

总则对于《义务教育法》的贯彻实施和涉及的各种教育关系的调整,具有根本性的指导作用和规范作用。总则规定了我国义务教育的立法宗旨、立法依据;高度概括了我国义务教育的基本内涵和特点;明确了适龄儿童和少年接受义务教育的权利,以及政府及其有关部门、适龄儿童少年的父母或者其他法定监护人、依法实施义务教育的学校、其他社会组织和个人的义务。

(2)分则

《义务教育法》分则对义务教育阶段的学生、学校、教师、教育教学、经费保障及法律责任进行了规定。

第二章对适龄儿童的入学年龄、入学资格进行了规定,并对地方各级人民政府在保障适龄儿童、少年接受义务教育的权利方面的义务进行了规定。

第三章对政府调整设置学校规划,学校保障特殊儿童接受义务教育、保障校园安全的义务进行了规定。《义务教育法》强调了促进义务教育学校均衡发展,不得分重点校,学校不得分重点班,不得改变、变相改变公办学校性质。在义务教育学校管理行为方面也作了相关规定,包括学校要建立、健全安全制度和应急机制;不得违规收费等;实行校长负责制;对违反学校管理制度的学生,应当予以批评教育,但不得开除。

第四章强调了义务教育教师的权利和义务。在教师义务方面，规定了教师在教育教学中应当平等对待学生、尊重学生人格等；教师从教必须取得教师资格。在教师的权利方面，规定了教师职务制度方面权利；教师享有工资福利和社会、保险待遇，教师的平均工资水平应当不低于当地公务员的平均工资水平；特殊教育教师享有特殊岗位补贴，特殊地区教师享有特别补贴。同时，也规定了政府在教师培养、培训方面的责任和义务。

义务教育教学活动中的主体包括国务院教育行政部门、学校、教师。第五章规定所有施教主体必须在教育教学活动中实施素质教育。在义务教育课程教材方面，对国家教育行政部门及地方政府在教材编写、审查、出版、发行和使用上所承担的义务进行了规定。

第六章对义务教育经费的行政保障、经费的责任主体及经费的使用等进行了规定。

第七章详细规定了地方(县、乡)人民政府、县级教育行政部门、学校、家长、社会等主体未履行本法所规定的义务应承担的行政、民事、刑事等法律责任。

三、《教师法》及解读

(一) 教师法

(1993 年 10 月 31 日第八届全国人民代表大会常务委员会第四次会议通过，1993 年 10 月 31 日中华人民共和国主席令第十五号公布，自 1994 年 1 月 1 日起施行)

第一章　总　　则

第一条　【立法宗旨】为了保障教师的合法权益，建设具有良好思想品德修养和业务素质的教师队伍，促进社会主义教育事业的发展，制定本法。

第二条　【适用范围】本法适用于在各级各类学校和其他教育机构中专门从事教育教学工作的教师。

第三条　【教师职责】教师是履行教育教学职责的专业人员，承担教书育人，培养社会主义事业建设者和接班人、提高民族素质的使命。教师应当忠诚于人民的教育事业。

第四条　【政府职责】各级人民政府应当采取措施，加强教师的思想政治教育和业务培训，改善教师的工作条件和生活条件，保障教师的合法权益，提高教师的社会地位。

全社会都应当尊重教师。

第五条　【管理体制】国务院教育行政部门主管全国的教师工作。

国务院有关部门在各自职权范围内负责有关的教师工作。

学校和其他教育机构根据国家规定，自主进行教师管理工作。

第六条　每年九月十日为教师节。

第二章　权利和义务

第七条　【教师权利】教师享有下列权利：

(一) 进行教育教学活动，开展教育教学改革和实验；

(二) 从事科学研究、学术交流，参加专业的学术团体，在学术活动中充分发表意见；

(三) 指导学生的学习和发展，评定学生的品行和学业成绩；

(四) 按时获取工资报酬，享受国家规定的福利待遇以及寒暑假期的带薪休假；

(五) 对学校教育教学、管理工作和教育行政部门的工作提出意见和建议，通过教职工代表大会或者其他形式，参与学校的民主管理；

(六) 参加进修或者其他方式的培训。

第八条　【教师义务】教师应当履行下列义务：

(一) 遵守宪法、法律和职业道德，为人师表；

(二) 贯彻国家的教育方针，遵守规章制度，执行学校的教学计划，履行教师聘约，完成教育教

学工作任务;

(三)对学生进行宪法所确定的基本原则的教育和爱国主义、民族团结的教育,法制教育以及思想品德、文化、科学技术教育,组织、带领学生开展有益的社会活动;

(四)关心、爱护全体学生,尊重学生人格,促进学生在品德、智力、体质等方面全面发展;

(五)制止有害于学生的行为或者其他侵犯学生合法权益的行为,批评和抵制有害于学生健康成长的现象;

(六)不断提高思想政治觉悟和教育教学业务水平。

第九条 【保障机制】为保障教师完成教育教学任务,各级人民政府、教育行政部门、有关部门、学校和其他教育机构应当履行下列职责:

(一)提供符合国家安全标准的教育教学设施和设备;

(二)提供必需的图书、资料及其他教育教学用品;

(三)对教师在教育教学、科学研究中的创造性工作给以鼓励和帮助;

(四)支持教师制止有害于学生的行为或者其他侵犯学生合法权益的行为。

第三章 资格和任用

第十条 【教师资格制度】国家实行教师资格制度。

中国公民凡遵守宪法和法律,热爱教育事业,具有良好的思想品德,具备本法规定的学历或者经国家教师资格考试合格,有教育教学能力,经认定合格的,可以取得教师资格。

第十一条 【学历要求】取得教师资格应当具备的相应学历是:

(一)取得幼儿园教师资格,应当具备幼儿师范学校毕业及其以上学历;

(二)取得小学教师资格,应当具备中等师范学校毕业及其以上学历;

(三)取得初级中学教师、初级职业学校文化、专业课教师资格,应当具备高等师范专科学校或者其他大学专科毕业及其以上学历;

(四)取得高级中学教师资格和中等专业学校、技工学校、职业高中文化课、专业课教师资格,应当具备高等师范院校本科或者其他大学本科毕业及其以上学历;取得中等专业学校、技工学校和职业高中学生实习指导教师资格应当具备的学历,由国务院教育行政部门规定;

(五)取得高等学校教师资格,应当具备研究生或者大学本科毕业学历;

(六)取得成人教育教师资格,应当按照成人教育的层次、类别,分别具备高等、中等学校毕业及其以上学历。

不具备本法规定的教师资格学历的公民,申请获取教师资格,必须通过国家教师资格考试。国家教师资格考试制度由国务院规定。

第十二条 本法实施前已经在学校或者其他教育机构中任教的教师,未具备本法规定学历的,由国务院教育行政部门规定教师资格过渡办法。

第十三条 【资格认定】中小学教师资格由县级以上地方人民政府教育行政部门认定。中等专业学校、技工学校的教师资格由县级以上地方人民政府教育行政部门组织有关主管部门认定。普通高等学校的教师资格由国务院或者省、自治区、直辖市教育行政部门或者由其委托的学校认定。

具备本法规定的学历或者经国家教师资格考试合格的公民,要求有关部门认定其教师资格的,有关部门应当依照本法规定的条件予以认定。

取得教师资格的人员首次任教时,应当有试用期。

【典型真题】刚从师范大学毕业的小王取得了教师资格证书,到幼儿园报到后才知道还有试用期。小王认为自己已经获得了教师资格证书,又毕业于师范大学,不应该有试用期。对于小王的做法,下列说法正确的是(　　)。

A. 师范大学毕业生经过了教育教学实习，入职后不需要试用期

B. 教师资格考试包括对教师技能的考查，入职后不需要试用期

C. 取得教师资格的人员首次任教时，应有试用期

D. 无论什么身份，从事教师职业，都需要有试用期

【解析】《教师法》第十三条规定：取得教师资格的人员首次任教时，应当有试用期。小王认为自己不应该有试用期，不符合《教师法》的相关规定。

【答案】C

第十四条 【资格限制】受到剥夺政治权利或者故意犯罪受到有期徒刑以上刑事处罚的，不能取得教师资格；已经取得教师资格的，丧失教师资格。

第十五条 各级师范学校毕业生，应当按照国家有关规定从事教育教学工作。

国家鼓励非师范高等学校毕业生到中小学或者职业学校任教。

第十六条 国家实行教师职务制度，具体办法由国务院规定。

【典型真题】我国实行教师职务制度，我国教师职务制度的具体办法由(　　)。

A. 国务院规定　　B. 教育部规定

C. 省级教育行政部门规定　　D. 县级教育行政部门规定

【解析】《教师法》第十六条规定：国家实行教师职务制度，具体办法由国务院规定。

【答案】A

第十七条 【教师聘任】学校和其他教育机构应当逐步实行教师聘任制。教师的聘任应当遵循双方地位平等的原则，由学校和教师签订聘任合同，明确规定双方的权利、义务和责任。

实施教师聘任制的步骤、办法由国务院教育行政部门规定。

第四章 培养和培训

第十八条 【教师培养】各级人民政府和有关部门应当办好师范教育，并采取措施，鼓励优秀青年进入各级师范学校学习。各级教师进修学校承担培训中小学教师的任务。

非师范学校应当承担培养和培训中小学教师的任务。

各级师范学校学生享受专业奖学金。

第十九条 【教师培训】各级人民政府教育行政部门、学校主管部门和学校应当制定教师培训规划，对教师进行多种形式的思想政治、业务培训。

第二十条 国家机关、企业事业单位和其他社会组织应当为教师的社会调查和社会实践提供方便，给予协助。

第二十一条 各级人民政府应当采取措施，为少数民族地区和边远贫困地区培养、培训教师。

第五章 考　　核

第二十二条 【考核内容】学校或者其他教育机构应当对教师的政治思想、业务水平、工作态度和工作成绩进行考核。

教育行政部门对教师的考核工作进行指导、监督。

【典型真题】某学校年终对全体教师进行考核，根据《教师法》的规定，下列说法正确的是(　　)。

A. 考核内容包括教师的师德师风、业务水平、育人业绩和管理水平

B. 考核结果是教师受聘任教、晋升工资、实施奖惩的唯一依据

C. 考核应当充分听取教师本人、其他教师以及学生家长的意见

D. 上级教育行政部门可以对该校教师考核工作进行指导与监督

【解析】《教师法》第二十二条规定：教育行政部门对教师的考核工作进行指导、监督。因此，上级教育行政部门可以对该校教师考核工作进行指导和监督。故正确答案为D项。

【答案】D

第二十三条 【考核要求】考核应当客观、公正、准确，充分听取教师本人、其他教师以及学生的意见。

第二十四条 【考核效用】教师考核结果是受聘任教、晋升工资、实施奖惩的依据。

第六章 待　遇

第二十五条 【教师工资】教师的平均工资水平应当不低于或者高于国家公务员的平均工资水平，并逐步提高。建立正常晋级增薪制度，具体办法由国务院规定。

第二十六条 中小学教师和职业学校教师享受教龄津贴和其他津贴，具体办法由国务院教育行政部门会同有关部门制定。

第二十七条 地方各级人民政府对教师以及具有中专以上学历的毕业生到少数民族地区和边远贫困地区从事教育教学工作的，应当予以补贴。

第二十八条 【教师住房】地方各级人民政府和国务院有关部门，对城市教师住房的建设、租赁、出售实行优先、优惠。

县、乡两级人民政府应当为农村中小学教师解决住房提供方便。

第二十九条 【医疗保险】教师的医疗同当地国家公务员享受同等的待遇；定期对教师进行身体健康检查，并因地制宜安排教师进行休养。

医疗机构应当对当地教师的医疗提供方便。

第三十条 教师退休或者退职后，享受国家规定的退休或者退职待遇。

县级以上地方人民政府可以适当提高长期从事教育教学工作的中小学退休教师的退休金比例。

第三十一条 【非国家教师待遇】各级人民政府应当采取措施，改善国家补助、集体支付工资的中小学教师的待遇，逐步做到在工资收入上与国家支付工资的教师同工同酬，具体办法由地方各级人民政府根据本地区的实际情况规定。

第三十二条 社会力量所办学校的教师的待遇，由举办者自行确定并予以保障。

第七章 奖　励

第三十三条 【奖励机制】教师在教育教学、培养人才、科学研究、教学改革、学校建设、社会服务、勤工俭学等方面成绩优异的，由所在学校予以表彰、奖励。

国务院和地方各级人民政府及其有关部门对有突出贡献的教师，应当予以表彰、奖励。

对有重大贡献的教师，依照国家有关规定授予荣誉称号。

第三十四条 【其他奖励方式】国家支持和鼓励社会组织或者个人向依法成立的奖励教师的基金组织捐助资金，对教师进行奖励。

第八章 法律责任

第三十五条 【侮辱殴打教师行为的法律责任】侮辱、殴打教师的，根据不同情况，分别给予行政处分或者行政处罚；造成损害的，责令赔偿损失；情节严重，构成犯罪的，依法追究刑事责任。

第三十六条 【打击报复教师行为的法律责任】对依法提出申诉、控告、检举的教师进行打击报复的，由其所在单位或者上级机关责令改正；情节严重的，可以根据具体情况给予行政处分。

国家工作人员对教师打击报复构成犯罪的，依照刑法第一百四十六条的规定追究刑事责任。

第三十七条 【教师不当行为的处理】教师有下列情形之一的，由所在学校、其他教育机构或者教育行政部门给予行政处分或者解聘：

（一）故意不完成教育教学任务给教育教学工作造成损失的；

（二）体罚学生，经教育不改的；

（三）品行不良、侮辱学生，影响恶劣的。

教师有前款第（二）项、第（三）项所列情形之一，情节严重，构成犯罪的，依法追究刑事责任。

【典型真题】公办幼儿园教师黄某曾有轻微体罚幼儿的行为，园长对其进行了批评教育。没过多久，黄某又再次体罚幼儿。对于黄某，可由所在教育行政部门依法给予（　　）。

A. 行政处罚　　B. 行政处分　　C. 撤销教师资格　　D. 刑事处罚

【解析】《教师法》第三十七条规定：教师有下列情形之一的，由所在学校、其他教育机构或者教育行政部门给予行政处分或者解聘。（一）故意不完成教育教学任务给教育教学工作造成损失的；（二）体罚学生，经教育不改的；（三）品行不良、侮辱学生，影响恶劣的。

【答案】B

第三十八条　【拖欠工资的法律责任】地方人民政府对违反本法规定，拖欠教师工资或者侵犯教师其他合法权益的，应当责令其限期改正。

违反国家财政制度、财务制度，挪用国家财政用于教育的经费，严重妨碍教育教学工作，拖欠教师工资，损害教师合法权益的，由上级机关责令限期归还被挪用的经费，并对直接责任人员给予行政处分；情节严重，构成犯罪的，依法追究刑事责任。

第三十九条　【教师申诉】教师对学校或者其他教育机构侵犯其合法权益的，或者对学校或者其他教育机构作出的处理不服的，可以向教育行政部门提出申诉，教育行政部门应当在接到申诉的三十日内，作出处理。

教师认为当地人民政府有关行政部门侵犯其根据本法规定享有的权利的，可以向同级人民政府或者上一级人民政府有关部门提出申诉，同级人民政府或者上一级人民政府有关部门应当作出处理。

【典型真题1】幼儿园教师崔某认为幼儿园侵犯他参加进修培训的权利而提出申诉，依法受理申诉的是（　　）。

A. 当地人民政府　　B. 教育行政部门

C. 上级人民政府　　D. 当地纪检部门

【解析】《教师法》第三十九条规定：教师对学校或者其他教育机构侵犯其合法权益的，或者对学校或者其他教育机构作出的处理不服的，可以向教育行政部门提出申诉，教育行政部门应当在接到申诉的三十日内，作出处理。

【答案】B

【典型真题2】教师张某在某民办幼儿园上班，因工作严重失误，张某被幼儿园解聘。张某不服，她可以采取的救济途径是（　　）。

A. 提出申诉和依法诉讼　　B. 劳动仲裁和行政复议

C. 依法检举和行政复议　　D. 诉讼赔偿和行政管制

【解析】教师申诉制度是我国教育法律救济的一种重要方式，指的是教师认为学校或其他教育机构侵犯其合法权益，或对学校或其他教育机构做出的处理决定有异议时，依照有关教育法律法规的规定向法定的主管部门申请重新审议处理的制度。《教师法》第三十九条规定：教师对学校或者其他教育机构侵犯其合法权益的，或者对学校或者其他教育机构作出的处理不服的，可以向教育行政部门提出申诉，教育行政部门应当在接到申诉的三十日内，作出处理。张某因工作严重失误，被幼儿园解聘，对幼儿园的处理不认可，可以向当地教育行政部门提出申诉。

【答案】A

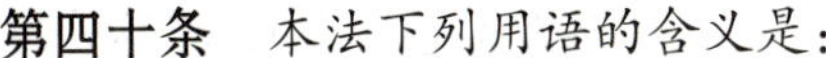

笔记栏

第九章　附　　则

第四十条　本法下列用语的含义是：

（一）各级各类学校，是指实施学前教育、普通初等教育、普通中等教育、职业教育、普通高等教育以及特殊教育、成人教育的学校。

（二）其他教育机构，是指少年宫以及地方教研室、电化教育机构等。

（三）中小学教师，是指幼儿园、特殊教育机构、普通中小学、成人初等中等教育机构、职业中学以及其他教育机构的教师。

第四十一条　学校和其他教育机构中的教育教学辅助人员，其他类型的学校的教师和教育教学辅助人员，可以根据实际情况参照本法的有关规定执行。

军队所属院校的教师和教育教学辅助人员，由中央军事委员会依照本法制定有关规定。

第四十二条　外籍教师的聘任办法由国务院教育行政部门规定。

第四十三条　本法自 1994 年 1 月 1 日起施行。

（二）《教师法》解读

1.《教师法》的性质、地位和意义

《教师法》是我国教育史上第一部关于教师的教育单行法律，它对教师培养、教师职业活动和教师管理等方面的法律关系进行了规范，是集合教师的行业管理和教师的权益保护为一体的综合性的专门法律。《教师法》的制定与颁布体现了党和国家对人民教师的重视，有利于从根本上提高教师的社会地位，保障教师的合法权益，使教师成为受人尊重的职业，推动全社会形成尊师重教的良好风尚；有利于加强教师队伍建设，使教师队伍建设走上规范化、法制化的轨道，造就一批高素质的教师队伍，促进社会主义教育事业的发展。《教师法》是在教师队伍建设上贯彻《中国教育改革和发展纲要》的重大法律举措，标志着我国的教育法制建设开始进入一个重要的发展时期。

2.《教师法》的基本结构

《教师法》分总则、分则、附则三部分，共九章四十三条。其中，总则对立法目的、适用对象等作了总体规定，分则是对教师权利和义务、教师队伍建设等方面的规定，附则是对未尽表达事项的补充规定和说明。

3.《教师法》的主要内容

（1）总则

规定了《教师法》的立法宗旨（① 保障教师的合法权益；② 提高教师队伍素质；③ 促进社会主义教育事业的发展）和适用范围（“适用于在各级各类学校和其他教育机构中专门从事教育教学工作的教师”）；明确了教师是“履行教育教学职责的专业人员”及“承担教书育人，培养社会主义事业建设者和接班人、提高民族素质的使命”的专业职责；规定了各级人民政府及整个社会对保障教师合法权益和社会地位的义务。

（2）分则

① 权利和义务。《教师法》第二章主要规定了教师享有的六大权利（教育教学权、科学研究权、管理学生权、获取报酬待遇权、民主管理权、进修培训权）和六大义务（遵纪守法义务、教育教学义务、思想教育义务、尊重学生人格义务、保护学生权益义务、提高自身水平义务）。教师的权利和义务既有教师作为公民的一般权利和义务，也有教师作为专业人员所享有的权利和承担的义务。

② 资格和任用。《教师法》第三章的核心是教师资格制度。它明确规定了教师资格应当具备的条件、资格认定、资格丧失，以及教师职务制度、教师聘任制度等内容。

③ 培养和培训。《教师法》第四章主要规范了教师职前培养和职后培训工作。在教师的职前职后培养培训方面，对各级人民政府和有关部门应承担的培训任务作了明确规定。

④ 考核。《教师法》第五章是对教师专业工作质量保障环节——考核的规定。它规定了考核

笔记栏

主体、考核内容及考核结果对教师管理和教师本人权益的影响。

⑤ 待遇。《教师法》第六章主要对教师权益待遇作了规定。这些权益包括"工资待遇""教龄津贴和其他津贴""少数民族地区和边远贫困地区从事教育教学工作的补贴""住房""医疗"及"工资支付"等。对教师权益承担义务的主体是中央及地方各级人民政府。

⑥ 奖励。《教师法》第七章把表扬、奖励教师的贡献纳入法律规范，一方面对教师教育教学贡献的价值认定，另一方面也把表扬、奖励作为进行教师队伍建设的重要举措。把对教师的奖励纳入法律规范，既是教师的法律认定的权利，也是政府的一项义务。

⑦ 法律责任。《教师法》第八章包含有两个方面的内容：一是对教师权利的保护，规定了侵犯教师权利的行为必须追究的刑事责任、行政责任；二是教师违反法律规定应负的相应的法律责任，包括行政责任和刑事责任。

（3）附则

《教师法》第九章第四十条对本法中有关用语的含义进行了补充规定和说明："各级各类学校"是指实施学前教育、普通初等教育、普通中等教育、职业教育、普通高等教育以及特殊教育、成人教育的学校；"其他教育机构"是指少年宫以及地方教研室、电化教育机构等；"中小学教师"是指幼儿园、特殊教育机构、普通中小学、成人初等中等教育机构、职业中学以及其他教育机构的教师。

四、教师资格条例

（1995 年 12 月 12 日　国务院第 188 号令发布）

第一章　总　　则

第一条　【制定目的】为了提高教师素质，加强教师队伍建设，依据《中华人民共和国教师法》（以下简称《教师法》），制定本条例。

第二条　中国公民在各级各类学校和其他教育机构中专门从事教育教学工作，应当依法取得教师资格。

第三条　【主管机关】国务院教育行政部门主管全国教师资格工作。

第二章　教师资格分类与适用

第四条　【资格类型】教师资格分为：

（一）幼儿园教师资格；

（二）小学教师资格；

（三）初级中学教师和初级职业学校文化课、专业课教师资格（以下统称初级中学教师资格）；

（四）高级中学教师资格；

（五）中等专业学校、技工学校、职业高级中学文化课、专业课教师资格（以下统称中等职业学校教师资格）；

（六）中等专业学校、技工学校、职业高级中学实习指导教师资格（以下统称中等职业学校实习指导教师资格）；

（七）高等学校教师资格。

成人教育的教师资格，按照成人教育的层次，依照上款规定确定类别。

第五条　取得教师资格的公民，可以在本级及其以下等级的各类学校和其他教育机构担任教师；但是，取得中等职业学校实习指导教师资格的公民只能在中等专业学校、技工学校、职业高级中学或者初级职业学校担任实习指导教师。

高级中学教师资格与中等职业学校教师资格相互通用。

第三章　教师资格条件

第六条　教师资格条件依照教师法第十条第二款的规定执行，其中"有教育教学能力"应当包

括符合国家规定的从事教育教学工作的身体条件。

第七条 取得教师资格应当具备的相应学历，依照教师法第十一条的规定执行。

取得中等职业学校实习指导教师资格，应当具备国务院教育行政部门规定的学历，并应当具有相当助理工程师以上专业技术职务或者中级以上工人技术等级。

第四章 教师资格考试

第八条 不具备教师法规定的教师资格学历的公民，申请获得教师资格，应当通过国家举办的或者认可的教师资格考试。

第九条 教师资格考试科目、标准和考试大纲由国务院教育行政部门审定。

教师资格考试试卷的编制、考务工作和考试成绩证明的发放，属于幼儿园、小学、初级中学、高级中学、中等职业学校教师资格考试和中等职业学校实习指导教师资格考试的，由县级以上人民政府教育行政部门组织实施；属于高等学校教师资格考试的，由国务院教育行政部门或者省、自治区、直辖市人民政府教育行政部门委托的高等学校组织实施。

第十条 幼儿园、小学、初级中学、高级中学、中等职业学校的教师资格考试和中等职业学校实习指导教师资格考试，每年进行一次。

参加前款所列教师资格考试，考试科目全部及格的，发给教师资格考试合格证明；当年考试不及格的科目，可以在下一年度补考；经补考仍有一门或者一门以上科目不及格的，应当重新参加全部考试科目的考试。

第十一条 高等学校教师资格考试根据需要举行。

申请参加高等学校教师资格考试的，应当学有专长，并有两名相关专业的教授或者副教授推荐。

第五章 教师资格认定

第十二条 具备教师法规定的学历或者经教师资格考试合格的公民，可以依照本条例的规定申请认定其教师资格。

第十三条 【资格认定机构】幼儿园、小学和初级中学教师资格，由申请人户籍所在地或者申请人任教学校所在地的县级人民政府教育行政部门认定。高级中学教师资格，由申请人户籍所在地或者申请人任教学校所在地的县级人民政府教育行政部门审查后，报上一级教育行政部门认定。中等职业学校教师资格和中等职业学校实习指导教师资格，由申请人户籍所在地或者申请人任教学校所在地的县级人民政府教育行政部门审查后，报上一级教育行政部门认定或者组织有关部门认定。

受国务院教育行政部门或者省、自治区、直辖市人民政府教育行政部门委托的高等学校，负责认定在本校任职的人员和拟聘人员的高等学校教师资格。

在未受国务院教育行政部门或者省、自治区、直辖市人民政府教育行政部门委托的高等学校任职的人员和拟聘人员的高等学校教师资格，按照学校行政隶属关系，由国务院教育行政部门认定或者由学校所在地的省、自治区、直辖市人民政府教育行政部门认定。

第十四条 【认定申请】认定教师资格，应当由本人提出申请。

教育行政部门和受委托的高等学校每年春季、秋季各受理一次教师资格认定申请。具体受理期限由教育行政部门或者受委托的高等学校规定，并以适当形式公布。申请人应当在规定的受理期限内提出申请。

第十五条 【申请材料】申请认定教师资格，应当提交教师资格认定申请表和下列证明或者材料：

（一）身份证明；

（二）学历证书或者教师资格考试合格证明；

笔记栏

（三）教育行政部门或者受委托的高等学校指定的医院出具的体格检查证明；

（四）户籍所在地的街道办事处、乡人民政府或者工作单位、所毕业的学校对其思想品德、有无犯罪记录等方面情况的鉴定及证明材料。

申请人提交的证明或者材料不全的，教育行政部门或者受委托的高等学校应当及时通知申请人于受理期限终止前补齐。

教师资格认定申请表由国务院教育行政部门统一格式。

第十六条 【受理期限】教育行政部门或者受委托的高等学校在接到公民的教师资格认定申请后，应当对申请人的条件进行审查；对符合认定条件的，应当在受理期限终止之日起30日内颁发相应的教师资格证书；对不符合认定条件的，应当在受理期限终止之日起30日内将认定结论通知本人。

非师范院校毕业或者教师资格考试合格的公民申请认定幼儿园、小学或者其他教师资格的，应当进行面试和试讲，考察其教育教学能力；根据实际情况和需要，教育行政部门或者受委托的高等学校可以要求申请人补修教育学、心理学等课程。

教师资格证书在全国范围内适用。教师资格证书由国务院教育行政部门统一印制。

第十七条 已取得教师资格的公民拟取得更高等级学校或者其他教育机构教师资格的，应当通过相应的教师资格考试或者取得教师法规定的相应学历，并依照本章规定，经认定合格后，由教育行政部门或者受委托的高等学校颁发相应的教师资格证书。

第六章 罚 则

第十八条 【资格丧失】依照教师法第十四条的规定丧失教师资格的，不能重新取得教师资格，其教师资格证书由县级以上人民政府教育行政部门收缴。

第十九条 【资格撤销】有下列情形之一的，由县级以上人民政府教育行政部门撤销其教师资格：

（一）弄虚作假、骗取教师资格的；

（二）品行不良、侮辱学生，影响恶劣的。

被撤销教师资格的，自撤销之日起5年内不得重新申请认定教师资格，其教师资格证书由县级以上人民政府教育行政部门收缴。

第二十条 【资格考试】参加教师资格考试有作弊行为的，其考试成绩作废，3年内不得再次参加教师资格考试。

第二十一条 教师资格考试命题人员和其他有关人员违反保密规定，造成试题、参考答案及评分标准泄露的，依法追究法律责任。

第二十二条 【资格认定法律责任】在教师资格认定工作中玩忽职守、徇私舞弊，对教师资格认定工作造成损失的，由教育行政部门依法给予行政处分；构成犯罪的，依法追究刑事责任。

第七章 附 则

第二十三条 本条例自发布之日起施行。

五、中华人民共和国未成年人保护法

（1991年9月4日第七届全国人民代表大会常务委员会第二十一次会议通过；2006年12月29日第十届全国人民代表大会常务委员会第二十五次会议第一次修订；根据2012年10月26日第十一届全国人民代表大会常务委员会第二十九次会议《关于修改〈中华人民共和国未成年人保护法〉的决定》修正；2020年10月17日第十三届全国人民代表大会常务委员会第二十二次会议第二次修订）

第一章 总 则

第一条 为了保护未成年人身心健康，保障未成年人合法权益，促进未成年人德智体美劳全面发展，培养有理想、有道德、有文化、有纪律的社会主义建设者和接班人，培养担当民族复兴大任的时代新人，根据宪法，制定本法。

第二条 本法所称未成年人是指未满十八周岁的公民。

第三条 国家保障未成年人的生存权、发展权、受保护权、参与权等权利。

未成年人依法平等地享有各项权利，不因本人及其父母或者其他监护人的民族、种族、性别、户籍、职业、宗教信仰、教育程度、家庭状况、身心健康状况等受到歧视。

第四条 保护未成年人，应当坚持最有利于未成年人的原则。处理涉及未成年人事项，应当符合下列要求：

（一）给予未成年人特殊、优先保护；

（二）尊重未成年人人格尊严；

（三）保护未成年人隐私权和个人信息；

（四）适应未成年人身心健康发展的规律和特点；

（五）听取未成年人的意见；

（六）保护与教育相结合。

第五条 国家、社会、学校和家庭应当对未成年人进行理想教育、道德教育、科学教育、文化教育、法治教育、国家安全教育、健康教育、劳动教育，加强爱国主义、集体主义和中国特色社会主义的教育，培养爱祖国、爱人民、爱劳动、爱科学、爱社会主义的公德，抵制资本主义、封建主义和其他腐朽思想的侵蚀，引导未成年人树立和践行社会主义核心价值观。

第六条 保护未成年人，是国家机关、武装力量、政党、人民团体、企业事业单位、社会组织、城乡基层群众性自治组织、未成年人的监护人以及其他成年人的共同责任。

国家、社会、学校和家庭应当教育和帮助未成年人维护自身合法权益，增强自我保护的意识和能力。

第七条 未成年人的父母或者其他监护人依法对未成年人承担监护职责。

国家采取措施指导、支持、帮助和监督未成年人的父母或者其他监护人履行监护职责。

第八条 县级以上人民政府应当将未成年人保护工作纳入国民经济和社会发展规划，相关经费纳入本级政府预算。

第九条 县级以上人民政府应当建立未成年人保护工作协调机制，统筹、协调、督促和指导有关部门在各自职责范围内做好未成年人保护工作。协调机制具体工作由县级以上人民政府民政部门承担，省级人民政府也可以根据本地实际情况确定由其他有关部门承担。

第十条 共产主义青年团、妇女联合会、工会、残疾人联合会、关心下一代工作委员会、青年联合会、学生联合会、少年先锋队以及其他人民团体、有关社会组织，应当协助各级人民政府及其有关部门、人民检察院、人民法院做好未成年人保护工作，维护未成年人合法权益。

第十一条 任何组织或者个人发现不利于未成年人身心健康或者侵犯未成年人合法权益的情形，都有权劝阻、制止或者向公安、民政、教育等有关部门提出检举、控告。

国家机关、居民委员会、村民委员会、密切接触未成年人的单位及其工作人员，在工作中发现未成年人身心健康受到侵害、疑似受到侵害或者面临其他危险情形的，应当立即向公安、民政、教育等有关部门报告。

有关部门接到涉及未成年人的检举、控告或者报告，应当依法及时受理、处置，并以适当方式将处理结果告知相关单位和人员。

第十二条 国家鼓励和支持未成年人保护方面的科学研究，建设相关学科、设置相关专业，加强人才培养。

第十三条 国家建立健全未成年人统计调查制度，开展未成年人健康、受教育等状况的统计、调查和分析，发布未成年人保护的有关信息。

笔记栏

笔记栏

第十四条 国家对保护未成年人有显著成绩的组织和个人给予表彰和奖励。

第二章 家庭保护

第十五条 未成年人的父母或者其他监护人应当学习家庭教育知识，接受家庭教育指导，创造良好、和睦、文明的家庭环境。

共同生活的其他成年家庭成员应当协助未成年人的父母或者其他监护人抚养、教育和保护未成年人。

第十六条 未成年人的父母或者其他监护人应当履行下列监护职责：

（一）为未成年人提供生活、健康、安全等方面的保障；

（二）关注未成年人的生理、心理状况和情感需求；

（三）教育和引导未成年人遵纪守法、勤俭节约，养成良好的思想品德和行为习惯；

（四）对未成年人进行安全教育，提高未成年人的自我保护意识和能力；

（五）尊重未成年人受教育的权利，保障适龄未成年人依法接受并完成义务教育；

（六）保障未成年人休息、娱乐和体育锻炼的时间，引导未成年人进行有益身心健康的活动；

（七）妥善管理和保护未成年人的财产；

（八）依法代理未成年人实施民事法律行为；

（九）预防和制止未成年人的不良行为和违法犯罪行为，并进行合理管教；

（十）其他应当履行的监护职责。

第十七条 未成年人的父母或者其他监护人不得实施下列行为：

（一）虐待、遗弃、非法送养未成年人或者对未成年人实施家庭暴力；

（二）放任、教唆或者利用未成年人实施违法犯罪行为；

（三）放任、唆使未成年人参与邪教、迷信活动或者接受恐怖主义、分裂主义、极端主义等侵害；

（四）放任、唆使未成年人吸烟（含电子烟，下同）、饮酒、赌博、流浪乞讨或者欺凌他人；

（五）放任或者迫使应当接受义务教育的未成年人失学、辍学；

（六）放任未成年人沉迷网络，接触危害或者可能影响其身心健康的图书、报刊、电影、广播电视节目、音像制品、电子出版物和网络信息等；

（七）放任未成年人进入营业性娱乐场所、酒吧、互联网上网服务营业场所等不适宜未成年人活动的场所；

（八）允许或者迫使未成年人从事国家规定以外的劳动；

（九）允许、迫使未成年人结婚或者为未成年人订立婚约；

（十）违法处分、侵吞未成年人的财产或者利用未成年人牟取不正当利益；

（十一）其他侵犯未成年人身心健康、财产权益或者不依法履行未成年人保护义务的行为。

【典型真题】爸爸把自己抽的电子烟给小学生乒乒吸了一口，乒乒呛得直咳。妈妈责怪爸爸，爸爸说，电子烟对身体没有危害。对此，下列说法中正确的是（ ）。

A. 电子烟不是烟，未成年人吸也没有问题

B. 任何人不得唆使未成年人吸烟（含电子烟）

C. 未成年人偶尔吸口烟（含电子烟）没关系

D. 学生上了初中以后才可以吸烟（含电子烟）

【解析】《未成年人保护法》第十七条第四项规定，未成年人的父母或者其他监护人不得放任、唆使未成年人吸烟（含电子烟，下同）、饮酒、赌博、流浪乞讨或者欺凌他人。题干中，爸爸让小学生乒乒吸电子烟的做法是错误的。

【答案】B

笔记栏

第十八条 未成年人的父母或者其他监护人应当为未成年人提供安全的家庭生活环境，及时排除引发触电、烫伤、跌落等伤害的安全隐患；采取配备儿童安全座椅、教育未成年人遵守交通规则等措施，防止未成年人受到交通事故的伤害；提高户外安全保护意识，避免未成年人发生溺水、动物伤害等事故。

第十九条 未成年人的父母或者其他监护人应当根据未成年人的年龄和智力发展状况，在作出与未成年人权益有关的决定前，听取未成年人的意见，充分考虑其真实意愿。

第二十条 未成年人的父母或者其他监护人发现未成年人身心健康受到侵害、疑似受到侵害或者其他合法权益受到侵犯的，应当及时了解情况并采取保护措施；情况严重的，应当立即向公安、民政、教育等部门报告。

第二十一条 未成年人的父母或者其他监护人不得使未满八周岁或者由于身体、心理原因需要特别照顾的未成年人处于无人看护状态，或者将其交由无民事行为能力、限制民事行为能力、患有严重传染性疾病或者其他不适宜的人员临时照护。

未成年人的父母或者其他监护人不得使未满十六周岁的未成年人脱离监护单独生活。

【典型真题】 三岁的明明因不听话被母亲置于超市不管，好心人发现后，报告公安机关，公安机关应对明明的母亲（　　）。

A. 予以行政处罚　　B. 予以行为处分

C. 予以刑事处罚　　D. 予以民事处罚

【解析】《未成年人保护法》第二十一条第一款规定，未成年人的父母或者其他监护人不得使未满八周岁或者由于身体、心理原因需要特别照顾的未成年人处于无人看护状态。《未成年人保护法》第一百二十九条第二款规定，违反本法规定，构成违反治安管理行为的，依法给予治安管理处罚。因此，题干中明明的母亲应被公安机关予以行政处罚。

【答案】 A

第二十二条 未成年人的父母或者其他监护人因外出务工等原因在一定期限内不能完全履行监护职责的，应当委托具有照护能力的完全民事行为能力人代为照护；无正当理由的，不得委托他人代为照护。

未成年人的父母或者其他监护人在确定被委托人时，应当综合考虑其道德品质、家庭状况、身心健康状况、与未成年人生活情感上的联系等情况，并听取有表达意愿能力未成年人的意见。

具有下列情形之一的，不得作为被委托人：

（一）曾实施性侵害、虐待、遗弃、拐卖、暴力伤害等违法犯罪行为；

（二）有吸毒、酗酒、赌博等恶习；

（三）曾拒不履行或者长期怠于履行监护、照护职责；

（四）其他不适宜担任被委托人的情形。

第二十三条 未成年人的父母或者其他监护人应当及时将委托照护情况书面告知未成年人所在学校、幼儿园和实际居住地的居民委员会、村民委员会，加强和未成年人所在学校、幼儿园的沟通；与未成年人、被委托人至少每周联系和交流一次，了解未成年人的生活、学习、心理等情况，并给予未成年人亲情关爱。

未成年人的父母或者其他监护人接到被委托人、居民委员会、村民委员会、学校、幼儿园等关于未成年人心理、行为异常的通知后，应当及时采取干预措施。

第二十四条 未成年人的父母离婚时，应当妥善处理未成年子女的抚养、教育、探望、财产等事宜，听取有表达意愿能力未成年人的意见。不得以抢夺、藏匿未成年子女等方式争夺抚养权。

未成年人的父母离婚后，不直接抚养未成年子女的一方应当依照协议、人民法院判决或者调解

笔记栏

确定的时间和方式，在不影响未成年人学习、生活的情况下探望未成年子女，直接抚养的一方应当配合，但被人民法院依法中止探望权的除外。

第三章 学校保护

第二十五条 学校应当全面贯彻国家教育方针，坚持立德树人，实施素质教育，提高教育质量，注重培养未成年学生认知能力、合作能力、创新能力和实践能力，促进未成年学生全面发展。

学校应当建立未成年学生保护工作制度，健全学生行为规范，培养未成年学生遵纪守法的良好行为习惯。

第二十六条 幼儿园应当做好保育、教育工作，遵循幼儿身心发展规律，实施启蒙教育，促进幼儿在体质、智力、品德等方面和谐发展。

第二十七条 学校、幼儿园的教职员工应当尊重未成年人人格尊严，不得对未成年人实施体罚、变相体罚或者其他侮辱人格尊严的行为。

第二十八条 学校应当保障未成年学生受教育的权利，不得违反国家规定开除、变相开除未成年学生。

学校应当对尚未完成义务教育的辍学未成年学生进行登记并劝返复学；劝返无效的，应当及时向教育行政部门书面报告。

第二十九条 学校应当关心、爱护未成年学生，不得因家庭、身体、心理、学习能力等情况歧视学生。对家庭困难、身心有障碍的学生，应当提供关爱；对行为异常、学习有困难的学生，应当耐心帮助。

学校应当配合政府有关部门建立留守未成年学生、困境未成年学生的信息档案，开展关爱帮扶工作。

第三十条 学校应当根据未成年学生身心发展特点，进行社会生活指导、心理健康辅导、青春期教育和生命教育。

第三十一条 学校应当组织未成年学生参加与其年龄相适应的日常生活劳动、生产劳动和服务性劳动，帮助未成年学生掌握必要的劳动知识和技能，养成良好的劳动习惯。

第三十二条 学校、幼儿园应当开展勤俭节约、反对浪费、珍惜粮食、文明饮食等宣传教育活动，帮助未成年人树立浪费可耻、节约为荣的意识，养成文明健康、绿色环保的生活习惯。

第三十三条 学校应当与未成年学生的父母或者其他监护人互相配合，合理安排未成年学生的学习时间，保障其休息、娱乐和体育锻炼的时间。

学校不得占用国家法定节假日、休息日及寒暑假期，组织义务教育阶段的未成年学生集体补课，加重其学习负担。

幼儿园、校外培训机构不得对学龄前未成年人进行小学课程教育。

第三十四条 学校、幼儿园应当提供必要的卫生保健条件，协助卫生健康部门做好在校、在园未成年人的卫生保健工作。

第三十五条 学校、幼儿园应当建立安全管理制度，对未成年人进行安全教育，完善安保设施、配备安保人员，保障未成年人在校、在园期间的人身和财产安全。

学校、幼儿园不得在危及未成年人人身安全、身心健康的校舍和其他设施、场所中进行教育教学活动。

学校、幼儿园安排未成年人参加文化娱乐、社会实践等集体活动，应当保护未成年人的身心健康，防止发生人身伤害事故。

第三十六条 使用校车的学校、幼儿园应当建立健全校车安全管理制度，配备安全管理人员，定期对校车进行安全检查，对校车驾驶人进行安全教育，并向未成年人讲解校车安全乘坐知识，培养未成年人校车安全事故应急处理技能。

第三十七条 学校、幼儿园应当根据需要，制定应对自然灾害、事故灾难、公共卫生事件等突发事件和意外伤害的预案，配备相应设施并定期进行必要的演练。

未成年人在校内、园内或者本校、本园组织的校外、园外活动中发生人身伤害事故的，学校、幼儿园应当立即救护，妥善处理，及时通知未成年人的父母或者其他监护人，并向有关部门报告。

第三十八条 学校、幼儿园不得安排未成年人参加商业性活动，不得向未成年人及其父母或者其他监护人推销或者要求其购买指定的商品和服务。

学校、幼儿园不得与校外培训机构合作为未成年人提供有偿课程辅导。

第三十九条 学校应当建立学生欺凌防控工作制度，对教职员工、学生等开展防治学生欺凌的教育和培训。

学校对学生欺凌行为应当立即制止，通知实施欺凌和被欺凌未成年学生的父母或者其他监护人参与欺凌行为的认定和处理；对相关未成年学生及时给予心理辅导、教育和引导；对相关未成年学生的父母或者其他监护人给予必要的家庭教育指导。

对实施欺凌的未成年学生，学校应当根据欺凌行为的性质和程度，依法加强管教。对严重的欺凌行为，学校不得隐瞒，应当及时向公安机关、教育行政部门报告，并配合相关部门依法处理。

第四十条 学校、幼儿园应当建立预防性侵害、性骚扰未成年人工作制度。对性侵害、性骚扰未成年人等违法犯罪行为，学校、幼儿园不得隐瞒，应当及时向公安机关、教育行政部门报告，并配合相关部门依法处理。

学校、幼儿园应当对未成年人开展适合其年龄的性教育，提高未成年人防范性侵害、性骚扰的自我保护意识和能力。对遭受性侵害、性骚扰的未成年人，学校、幼儿园应当及时采取相关的保护措施。

第四十一条 婴幼儿照护服务机构、早期教育服务机构、校外培训机构、校外托管机构等应当参照本章有关规定，根据不同年龄阶段未成年人的成长特点和规律，做好未成年人保护工作。

第四章　社 会 保 护

第四十二条 全社会应当树立关心、爱护未成年人的良好风尚。

国家鼓励、支持和引导人民团体、企业事业单位、社会组织以及其他组织和个人，开展有利于未成年人健康成长的社会活动和服务。

第四十三条 居民委员会、村民委员会应当设置专人专岗负责未成年人保护工作，协助政府有关部门宣传未成年人保护方面的法律法规，指导、帮助和监督未成年人的父母或者其他监护人依法履行监护职责，建立留守未成年人、困境未成年人的信息档案并给予关爱帮扶。

居民委员会、村民委员会应当协助政府有关部门监督未成年人委托照护情况，发现被委托人缺乏照护能力、怠于履行照护职责等情况，应当及时向政府有关部门报告，并告知未成年人的父母或者其他监护人，帮助、督促被委托人履行照护职责。

第四十四条 爱国主义教育基地、图书馆、青少年宫、儿童活动中心、儿童之家应当对未成年人免费开放；博物馆、纪念馆、科技馆、展览馆、美术馆、文化馆、社区公益性互联网上网服务场所以及影剧院、体育场馆、动物园、植物园、公园等场所，应当按照有关规定对未成年人免费或者优惠开放。

国家鼓励爱国主义教育基地、博物馆、科技馆、美术馆等公共场馆开设未成年人专场，为未成年人提供有针对性的服务。

国家鼓励国家机关、企业事业单位、部队等开发自身教育资源，设立未成年人开放日，为未成年人主题教育、社会实践、职业体验等提供支持。

国家鼓励科研机构和科技类社会组织对未成年人开展科学普及活动。

第四十五条 城市公共交通以及公路、铁路、水路、航空客运等应当按照有关规定对未成年人实施免费或者优惠票价。

笔记栏

笔记栏

第四十六条 国家鼓励大型公共场所、公共交通工具、旅游景区景点等设置母婴室、婴儿护理台以及方便幼儿使用的坐便器、洗手台等卫生设施,为未成年人提供便利。

第四十七条 任何组织或者个人不得违反有关规定,限制未成年人应当享有的照顾或者优惠。

第四十八条 国家鼓励创作、出版、制作和传播有利于未成年人健康成长的图书、报刊、电影、广播电视节目、舞台艺术作品、音像制品、电子出版物和网络信息等。

第四十九条 新闻媒体应当加强未成年人保护方面的宣传,对侵犯未成年人合法权益的行为进行舆论监督。新闻媒体采访报道涉及未成年人事件应当客观、审慎和适度,不得侵犯未成年人的名誉、隐私和其他合法权益。

【典型真题】某报社为抢独家新闻,报道了一名未成年犯罪嫌疑人的姓名、住址和犯罪过程,并且配发了照片,该报社的做法(　　)。

A. 合法,有利于实施法治教育　　B. 合法,体现了新闻报道自由

C. 不合法,侵犯了未成年人的隐私权　　D. 不合法,侵犯了未成年人的荣誉权

【解析】《未成年人保护法》第四十九条规定,新闻媒体应当加强未成年人保护方面的宣传,对侵犯未成年人合法权益的行为进行舆论监督。新闻媒体采访报道涉及未成年人事件应当客观、审慎和适度,不得侵犯未成年人的名誉、隐私和其他合法权益。题干中报社的做法侵犯了该未成年犯罪嫌疑人的隐私权。

【答案】C

第五十条 禁止制作、复制、出版、发布、传播含有宣扬淫秽、色情、暴力、邪教、迷信、赌博、引诱自杀、恐怖主义、分裂主义、极端主义等危害未成年人身心健康内容的图书、报刊、电影、广播电视节目、舞台艺术作品、音像制品、电子出版物和网络信息等。

第五十一条 任何组织或者个人出版、发布、传播的图书、报刊、电影、广播电视节目、舞台艺术作品、音像制品、电子出版物或者网络信息,包含可能影响未成年人身心健康内容的,应当以显著方式作出提示。

第五十二条 禁止制作、复制、发布、传播或者持有有关未成年人的淫秽色情物品和网络信息。

第五十三条 任何组织或者个人不得刊登、播放、张贴或者散发含有危害未成年人身心健康内容的广告;不得在学校、幼儿园播放、张贴或者散发商业广告;不得利用校服、教材等发布或者变相发布商业广告。

第五十四条 禁止拐卖、绑架、虐待、非法收养未成年人,禁止对未成年人实施性侵害、性骚扰。

禁止胁迫、引诱、教唆未成年人参加黑社会性质组织或者从事违法犯罪活动。

禁止胁迫、诱骗、利用未成年人乞讨。

第五十五条 生产、销售用于未成年人的食品、药品、玩具、用具和游戏游艺设备、游乐设施等,应当符合国家或者行业标准,不得危害未成年人的人身安全和身心健康。上述产品的生产者应当在显著位置标明注意事项,未标明注意事项的不得销售。

第五十六条 未成年人集中活动的公共场所应当符合国家或者行业安全标准,并采取相应安全保护措施。对可能存在安全风险的设施,应当定期进行维护,在显著位置设置安全警示标志并标明适龄范围和注意事项;必要时应当安排专门人员看管。

大型的商场、超市、医院、图书馆、博物馆、科技馆、游乐场、车站、码头、机场、旅游景区景点等场所运营单位应当设置搜寻走失未成年人的安全警报系统。场所运营单位接到求助后,应当立即启动安全警报系统,组织人员进行搜寻并向公安机关报告。

公共场所发生突发事件时,应当优先救护未成年人。

第五十七条 旅馆、宾馆、酒店等住宿经营者接待未成年人入住,或者接待未成年人和成年人

共同入住时，应当询问父母或者其他监护人的联系方式、入住人员的身份关系等有关情况；发现有违法犯罪嫌疑的，应当立即向公安机关报告，并及时联系未成年人的父母或者其他监护人。

笔记栏

第五十八条 学校、幼儿园周边不得设置营业性娱乐场所、酒吧、互联网上网服务营业场所等不适宜未成年人活动的场所。营业性歌舞娱乐场所、酒吧、互联网上网服务营业场所等不适宜未成年人活动场所的经营者，不得允许未成年人进入；游艺娱乐场所设置的电子游戏设备，除国家法定节假日外，不得向未成年人提供。经营者应当在显著位置设置未成年人禁入、限入标志；对难以判明是否是未成年人的，应当要求其出示身份证件。

第五十九条 学校、幼儿园周边不得设置烟、酒、彩票销售网点。禁止向未成年人销售烟、酒、彩票或者兑付彩票奖金。烟、酒和彩票经营者应当在显著位置设置不向未成年人销售烟、酒或者彩票的标志；对难以判明是否是未成年人的，应当要求其出示身份证件。

任何人不得在学校、幼儿园和其他未成年人集中活动的公共场所吸烟、饮酒。

第六十条 禁止向未成年人提供、销售管制刀具或者其他可能致人严重伤害的器具等物品。经营者难以判明购买者是否是未成年人的，应当要求其出示身份证件。

第六十一条 任何组织或者个人不得招用未满十六周岁未成年人，国家另有规定的除外。

营业性娱乐场所、酒吧、互联网上网服务营业场所等不适宜未成年人活动的场所不得招用已满十六周岁的未成年人。

招用已满十六周岁未成年人的单位和个人应当执行国家在工种、劳动时间、劳动强度和保护措施等方面的规定，不得安排其从事过重、有毒、有害等危害未成年人身心健康的劳动或者危险作业。

任何组织或者个人不得组织未成年人进行危害其身心健康的表演等活动。经未成年人的父母或者其他监护人同意，未成年人参与演出、节目制作等活动，活动组织方应当根据国家有关规定，保障未成年人合法权益。

第六十二条 密切接触未成年人的单位招聘工作人员时，应当向公安机关、人民检察院查询应聘者是否具有性侵害、虐待、拐卖、暴力伤害等违法犯罪记录；发现其具有前述行为记录的，不得录用。

密切接触未成年人的单位应当每年定期对工作人员是否具有上述违法犯罪记录进行查询。通过查询或者其他方式发现其工作人员具有上述行为的，应当及时解聘。

第六十三条 任何组织或者个人不得隐匿、毁弃、非法删除未成年人的信件、日记、电子邮件或者其他网络通讯内容。

除下列情形外，任何组织或者个人不得开拆、查阅未成年人的信件、日记、电子邮件或者其他网络通讯内容：

（一）无民事行为能力未成年人的父母或者其他监护人代未成年人开拆、查阅；

（二）因国家安全或者追查刑事犯罪依法进行检查；

（三）紧急情况下为了保护未成年人本人的人身安全。

【典型真题】良好的社会环境有利于促进未成年人的健康成长，下列选项属于社会保护的是（　　）。

A. 学生王某在学校突发疾病，学校及时通知家长并积极救护王某

B. 解除羁押、服刑期满的未成年人的复学、升学、就业不受歧视

C. 父母或者其他监护人不得使接受义务教育的未成年人辍学

D. 任何组织或者个人不得披露未成年人的个人隐私

【解析】《未成年人保护法》第六十三条规定，任何组织或者个人不得隐匿、毁弃、非法删除未成年人的信件、日记、电子邮件或者其他网络通讯内容。除下列情形外，任何组织或者个人不

得开拆、查阅未成年人的信件、日记、电子邮件或者其他网络通讯内容:(一)无民事行为能力未成年人的父母或者其他监护人代未成年人开拆、查阅;(二)因国家安全或者追查刑事犯罪依法进行检查;(三)紧急情况下为了保护未成年人本人的人身安全。由于第六十三条属于社会保护的法律规范,因而,“任何组织或者个人不得披露未成年人的个人隐私”属于社会保护的内容。

【答案】D

第五章　网络保护

第六十四条　国家、社会、学校和家庭应当加强未成年人网络素养宣传教育,培养和提高未成年人的网络素养,增强未成年人科学、文明、安全、合理使用网络的意识和能力,保障未成年人在网络空间的合法权益。

第六十五条　国家鼓励和支持有利于未成年人健康成长的网络内容的创作与传播,鼓励和支持专门以未成年人为服务对象、适合未成年人身心健康特点的网络技术、产品、服务的研发、生产和使用。

第六十六条　网信部门及其他有关部门应当加强对未成年人网络保护工作的监督检查,依法惩处利用网络从事危害未成年人身心健康的活动,为未成年人提供安全、健康的网络环境。

第六十七条　网信部门会同公安、文化和旅游、新闻出版、电影、广播电视等部门根据保护不同年龄阶段未成年人的需要,确定可能影响未成年人身心健康网络信息的种类、范围和判断标准。

第六十八条　新闻出版、教育、卫生健康、文化和旅游、网信等部门应当定期开展预防未成年人沉迷网络的宣传教育,监督网络产品和服务提供者履行预防未成年人沉迷网络的义务,指导家庭、学校、社会组织互相配合,采取科学、合理的方式对未成年人沉迷网络进行预防和干预。

任何组织或者个人不得以侵害未成年人身心健康的方式对未成年人沉迷网络进行干预。

第六十九条　学校、社区、图书馆、文化馆、青少年宫等场所为未成年人提供的互联网上网服务设施,应当安装未成年人网络保护软件或者采取其他安全保护技术措施。

智能终端产品的制造者、销售者应当在产品上安装未成年人网络保护软件,或者以显著方式告知用户未成年人网络保护软件的安装渠道和方法。

第七十条　学校应当合理使用网络开展教学活动。未经学校允许,未成年学生不得将手机等智能终端产品带入课堂,带入学校的应当统一管理。

学校发现未成年学生沉迷网络的,应当及时告知其父母或者其他监护人,共同对未成年学生进行教育和引导,帮助其恢复正常的学习生活。

第七十一条　未成年人的父母或者其他监护人应当提高网络素养,规范自身使用网络的行为,加强对未成年人使用网络行为的引导和监督。

未成年人的父母或者其他监护人应当通过在智能终端产品上安装未成年人网络保护软件、选择适合未成年人的服务模式和管理功能等方式,避免未成年人接触危害或者可能影响其身心健康的网络信息,合理安排未成年人使用网络的时间,有效预防未成年人沉迷网络。

第七十二条　信息处理者通过网络处理未成年人个人信息的,应当遵循合法、正当和必要的原则。处理不满十四周岁未成年人个人信息的,应当征得未成年人的父母或者其他监护人同意,但法律、行政法规另有规定的除外。

未成年人、父母或者其他监护人要求信息处理者更正、删除未成年人个人信息的,信息处理者应当及时采取措施予以更正、删除,但法律、行政法规另有规定的除外。

第七十三条　网络服务提供者发现未成年人通过网络发布私密信息的,应当及时提示,并采取必要的保护措施。

第七十四条　网络产品和服务提供者不得向未成年人提供诱导其沉迷的产品和服务。

网络游戏、网络直播、网络音视频、网络社交等网络服务提供者应当针对未成年人使用其服务设置相应的时间管理、权限管理、消费管理等功能。

以未成年人为服务对象的在线教育网络产品和服务，不得插入网络游戏链接，不得推送广告等与教学无关的信息。

第七十五条 网络游戏经依法审批后方可运营。

国家建立统一的未成年人网络游戏电子身份认证系统。网络游戏服务提供者应当要求未成年人以真实身份信息注册并登录网络游戏。

网络游戏服务提供者应当按照国家有关规定和标准，对游戏产品进行分类，作出适龄提示，并采取技术措施，不得让未成年人接触不适宜的游戏或者游戏功能。

网络游戏服务提供者不得在每日二十二时至次日八时向未成年人提供网络游戏服务。

第七十六条 网络直播服务提供者不得为未满十六周岁的未成年人提供网络直播发布者账号注册服务；为年满十六周岁的未成年人提供网络直播发布者账号注册服务时，应当对其身份信息进行认证，并征得其父母或者其他监护人同意。

第七十七条 任何组织或者个人不得通过网络以文字、图片、音视频等形式，对未成年人实施侮辱、诽谤、威胁或者恶意损害形象等网络欺凌行为。

遭受网络欺凌的未成年人及其父母或者其他监护人有权通知网络服务提供者采取删除、屏蔽、断开链接等措施。网络服务提供者接到通知后，应当及时采取必要的措施制止网络欺凌行为，防止信息扩散。

第七十八条 网络产品和服务提供者应当建立便捷、合理、有效的投诉和举报渠道，公开投诉、举报方式等信息，及时受理并处理涉及未成年人的投诉、举报。

第七十九条 任何组织或者个人发现网络产品、服务含有危害未成年人身心健康的信息，有权向网络产品和服务提供者或者网信、公安等部门投诉、举报。

第八十条 网络服务提供者发现用户发布、传播可能影响未成年人身心健康的信息且未作显著提示的，应当作出提示或者通知用户予以提示；未作出提示的，不得传输相关信息。

网络服务提供者发现用户发布、传播含有危害未成年人身心健康内容的信息的，应当立即停止传输相关信息，采取删除、屏蔽、断开链接等处置措施，保存有关记录，并向网信、公安等部门报告。

网络服务提供者发现用户利用其网络服务对未成年人实施违法犯罪行为的，应当立即停止向该用户提供网络服务，保存有关记录，并向公安机关报告。

第六章 政府保护

第八十一条 县级以上人民政府承担未成年人保护协调机制具体工作的职能部门应当明确相关内设机构或者专门人员，负责承担未成年人保护工作。

乡镇人民政府和街道办事处应当设立未成年人保护工作站或者指定专门人员，及时办理未成年人相关事务；支持、指导居民委员会、村民委员会设立专人专岗，做好未成年人保护工作。

第八十二条 各级人民政府应当将家庭教育指导服务纳入城乡公共服务体系，开展家庭教育知识宣传，鼓励和支持有关人民团体、企业事业单位、社会组织开展家庭教育指导服务。

第八十三条 各级人民政府应当保障未成年人受教育的权利，并采取措施保障留守未成年人、困境未成年人、残疾未成年人接受义务教育。

对尚未完成义务教育的辍学未成年学生，教育行政部门应当责令父母或者其他监护人将其送入学校接受义务教育。

第八十四条 各级人民政府应当发展托育、学前教育事业，办好婴幼儿照护服务机构、幼儿园，支持社会力量依法兴办母婴室、婴幼儿照护服务机构、幼儿园。

县级以上地方人民政府及其有关部门应当培养和培训婴幼儿照护服务机构、幼儿园的保教人

笔记栏

笔记栏

员，提高其职业道德素质和业务能力。

第八十五条 各级人民政府应当发展职业教育，保障未成年人接受职业教育或者职业技能培训，鼓励和支持人民团体、企业事业单位、社会组织为未成年人提供职业技能培训服务。

第八十六条 各级人民政府应当保障具有接受普通教育能力、能适应校园生活的残疾未成年人就近在普通学校、幼儿园接受教育；保障不具有接受普通教育能力的残疾未成年人在特殊教育学校、幼儿园接受学前教育、义务教育和职业教育。

各级人民政府应当保障特殊教育学校、幼儿园的办学、办园条件，鼓励和支持社会力量举办特殊教育学校、幼儿园。

第八十七条 地方人民政府及其有关部门应当保障校园安全，监督、指导学校、幼儿园等单位落实校园安全责任，建立突发事件的报告、处置和协调机制。

第八十八条 公安机关和其他有关部门应当依法维护校园周边的治安和交通秩序，设置监控设备和交通安全设施，预防和制止侵害未成年人的违法犯罪行为。

第八十九条 地方人民政府应当建立和改善适合未成年人的活动场所和设施，支持公益性未成年人活动场所和设施的建设和运行，鼓励社会力量兴办适合未成年人的活动场所和设施，并加强管理。

地方人民政府应当采取措施，鼓励和支持学校在国家法定节假日、休息日及寒暑假期将文化体育设施对未成年人免费或者优惠开放。

地方人民政府应当采取措施，防止任何组织或者个人侵占、破坏学校、幼儿园、婴幼儿照护服务机构等未成年人活动场所的场地、房屋和设施。

第九十条 各级人民政府及其有关部门应当对未成年人进行卫生保健和营养指导，提供卫生保健服务。

卫生健康部门应当依法对未成年人的疫苗预防接种进行规范，防治未成年人常见病、多发病，加强传染病防治和监督管理，做好伤害预防和干预，指导和监督学校、幼儿园、婴幼儿照护服务机构开展卫生保健工作。

教育行政部门应当加强未成年人的心理健康教育，建立未成年人心理问题的早期发现和及时干预机制。卫生健康部门应当做好未成年人心理治疗、心理危机干预以及精神障碍早期识别和诊断治疗等工作。

第九十一条 各级人民政府及其有关部门对困境未成年人实施分类保障，采取措施满足其生活、教育、安全、医疗康复、住房等方面的基本需要。

第九十二条 具有下列情形之一的，民政部门应当依法对未成年人进行临时监护：

（一）未成年人流浪乞讨或者身份不明，暂时查找不到父母或者其他监护人；

（二）监护人下落不明且无其他人可以担任监护人；

（三）监护人因自身客观原因或者因发生自然灾害、事故灾难、公共卫生事件等突发事件不能履行监护职责，导致未成年人监护缺失；

（四）监护人拒绝或者怠于履行监护职责，导致未成年人处于无人照料的状态；

（五）监护人教唆、利用未成年人实施违法犯罪行为，未成年人需要被带离安置；

（六）未成年人遭受监护人严重伤害或者面临人身安全威胁，需要被紧急安置；

（七）法律规定的其他情形。

【典型真题】明明的父母怠于履行监护者义务，让明明长期处于无人照顾的状态。根据《未成年人保护法》，当地民政部门应当采取的措施是（　　）。

A. 对明明进行临时监护　　B. 对明明进行长期监护

C. 撤销明明父母的监护资格　　D. 追究明明父母的刑事责任

【解析】《未成年人保护法》第九十二条第四项规定，在“监护人拒绝或者怠于履行监护职责，导致未成年人处于无人照料的状态”的情形下，民政部门应当依法对未成年人进行临时监护。

【答案】A

第九十三条 对临时监护的未成年人，民政部门可以采取委托亲属抚养、家庭寄养等方式进行安置，也可以交由未成年人救助保护机构或者儿童福利机构进行收留、抚养。

临时监护期间，经民政部门评估，监护人重新具备履行监护职责条件的，民政部门可以将未成年人送回监护人抚养。

第九十四条 具有下列情形之一的，民政部门应当依法对未成年人进行长期监护：

（一）查找不到未成年人的父母或者其他监护人；

（二）监护人死亡或者被宣告死亡且无其他人可以担任监护人；

（三）监护人丧失监护能力且无其他人可以担任监护人；

（四）人民法院判决撤销监护人资格并指定由民政部门担任监护人；

（五）法律规定的其他情形。

【典型真题】小孙是个流浪儿童，相关部门一直没有找到小孙的父母或其他监护人。对于小孙的监护问题，下列说法中正确的是（　　）。

A. 应当由民政部门对小孙进行长期监护

B. 应当由教育部门对小孙进行长期监护

C. 应当由福利机构对小孙进行长期监护

D. 应当由公安机关对小孙进行长期监护

【解析】《未成年人保护法》第九十四条第一项规定，在“查找不到未成年人的父母或者其他监护人”的情形下，民政部门应当依法对未成年人进行长期监护。题干中“相关部门一直没有找到小孙的父母或其他监护人”符合第九十四条第一项的法定情形，所以应当由民政部门对小孙进行长期监护。

【答案】A

第九十五条 民政部门进行收养评估后，可以依法将其长期监护的未成年人交由符合条件的申请人收养。收养关系成立后，民政部门与未成年人的监护关系终止。

第九十六条 民政部门承担临时监护或者长期监护职责的，财政、教育、卫生健康、公安等部门应当根据各自职责予以配合。

县级以上人民政府及其民政部门应当根据需要设立未成年人救助保护机构、儿童福利机构，负责收留、抚养由民政部门监护的未成年人。

第九十七条 县级以上人民政府应当开通全国统一的未成年人保护热线，及时受理、转介侵犯未成年人合法权益的投诉、举报；鼓励和支持人民团体、企业事业单位、社会组织参与建设未成年人保护服务平台、服务热线、服务站点，提供未成年人保护方面的咨询、帮助。

第九十八条 国家建立性侵害、虐待、拐卖、暴力伤害等违法犯罪人员信息查询系统，向密切接触未成年人的单位提供免费查询服务。

第九十九条 地方人民政府应当培育、引导和规范有关社会组织、社会工作者参与未成年人保护工作，开展家庭教育指导服务，为未成年人的心理辅导、康复救助、监护及收养评估等提供专业服务。

第七章　司法保护

第一百条 公安机关、人民检察院、人民法院和司法行政部门应当依法履行职责，保障未成年

人合法权益。

第一百零一条 公安机关、人民检察院、人民法院和司法行政部门应当确定专门机构或者指定专门人员，负责办理涉及未成年人案件。办理涉及未成年人案件的人员应当经过专门培训，熟悉未成年人身心特点。专门机构或者专门人员中，应当有女性工作人员。

公安机关、人民检察院、人民法院和司法行政部门应当对上述机构和人员实行与未成年人保护工作相适应的评价考核标准。

第一百零二条 公安机关、人民检察院、人民法院和司法行政部门办理涉及未成年人案件，应当考虑未成年人身心特点和健康成长的需要，使用未成年人能够理解的语言和表达方式，听取未成年人的意见。

第一百零三条 公安机关、人民检察院、人民法院、司法行政部门以及其他组织和个人不得披露有关案件中未成年人的姓名、影像、住所、就读学校以及其他可能识别出其身份的信息，但查找失踪、被拐卖未成年人等情形除外。

第一百零四条 对需要法律援助或者司法救助的未成年人，法律援助机构或者公安机关、人民检察院、人民法院和司法行政部门应当给予帮助，依法为其提供法律援助或者司法救助。

法律援助机构应当指派熟悉未成年人身心特点的律师为未成年人提供法律援助服务。

法律援助机构和律师协会应当对办理未成年人法律援助案件的律师进行指导和培训。

第一百零五条 人民检察院通过行使检察权，对涉及未成年人的诉讼活动等依法进行监督。

第一百零六条 未成年人合法权益受到侵犯，相关组织和个人未代为提起诉讼的，人民检察院可以督促、支持其提起诉讼；涉及公共利益的，人民检察院有权提起公益诉讼。

第一百零七条 人民法院审理继承案件，应当依法保护未成年人的继承权和受遗赠权。

人民法院审理离婚案件，涉及未成年子女抚养问题的，应当尊重已满八周岁未成年子女的真实意愿，根据双方具体情况，按照最有利于未成年子女的原则依法处理。

第一百零八条 未成年人的父母或者其他监护人不依法履行监护职责或者严重侵犯被监护的未成年人合法权益的，人民法院可以根据有关人员或者单位的申请，依法作出人身安全保护令或者撤销监护人资格。

被撤销监护人资格的父母或者其他监护人应当依法继续负担抚养费用。

第一百零九条 人民法院审理离婚、抚养、收养、监护、探望等案件涉及未成年人的，可以自行或者委托社会组织对未成年人的相关情况进行社会调查。

第一百一十条 公安机关、人民检察院、人民法院讯问未成年犯罪嫌疑人、被告人，询问未成年被害人、证人，应当依法通知其法定代理人或者其成年亲属、所在学校的代表等合适成年人到场，并采取适当方式，在适当场所进行，保障未成年人的名誉权、隐私权和其他合法权益。

人民法院开庭审理涉及未成年人案件，未成年被害人、证人一般不出庭作证；必须出庭的，应当采取保护其隐私的技术手段和心理干预等保护措施。

【典型真题】某小区发生盗窃案，警察来到小区幼儿园，希望通过询问幼儿君君获得办案线索。幼儿园园长张某得知警察并没有联系上君君的父母，拒绝了警察的询问要求，张某的做法(　　)。

A. 正确，履行保护未成年人合法权益的义务

B. 正确，任何组织或者个人不得改变教学计划

C. 不正确，公民有配合公安机关办案的义务

D. 不正确，干扰了公安机关的正常执法行为

【解析】《未成年人保护法》第一百一十条规定，公安机关讯问未成年犯罪嫌疑人、被告人，

询问未成年被害人、证人,应当依法通知其法定代理人或者其成年亲属。题干中公安机关未通知君君父母,因此园长有权拒绝他们对君君的询问,以保护君君的合法权益。

【答案】A

笔记栏

第一百一十一条 公安机关、人民检察院、人民法院应当与其他有关政府部门、人民团体、社会组织互相配合,对遭受性侵害或者暴力伤害的未成年被害人及其家庭实施必要的心理干预、经济救助、法律援助、转学安置等保护措施。

第一百一十二条 公安机关、人民检察院、人民法院办理未成年人遭受性侵害或者暴力伤害案件,在询问未成年被害人、证人时,应当采取同步录音录像等措施,尽量一次完成;未成年被害人、证人是女性的,应当由女性工作人员进行。

第一百一十三条 对违法犯罪的未成年人,实行教育、感化、挽救的方针,坚持教育为主、惩罚为辅的原则。

对违法犯罪的未成年人依法处罚后,在升学、就业等方面不得歧视。

第一百一十四条 公安机关、人民检察院、人民法院和司法行政部门发现有关单位未尽到未成年人教育、管理、救助、看护等保护职责的,应当向该单位提出建议。被建议单位应当在一个月内作出书面回复。

第一百一十五条 公安机关、人民检察院、人民法院和司法行政部门应当结合实际,根据涉及未成年人案件的特点,开展未成年人法治宣传教育工作。

第一百一十六条 国家鼓励和支持社会组织、社会工作者参与涉及未成年人案件中未成年人的心理干预、法律援助、社会调查、社会观护、教育矫治、社区矫正等工作。

第八章 法律责任

第一百一十七条 违反本法第十一条第二款规定,未履行报告义务造成严重后果的,由上级主管部门或者所在单位对直接负责的主管人员和其他直接责任人员依法给予处分。

第一百一十八条 未成年人的父母或者其他监护人不依法履行监护职责或者侵犯未成年人合法权益的,由其居住地的居民委员会、村民委员会予以劝诫、制止;情节严重的,居民委员会、村民委员会应当及时向公安机关报告。

公安机关接到报告或者公安机关、人民检察院、人民法院在办理案件过程中发现未成年人的父母或者其他监护人存在上述情形的,应当予以训诫,并可以责令其接受家庭教育指导。

第一百一十九条 学校、幼儿园、婴幼儿照护服务等机构及其教职员工违反本法第二十七条、第二十八条、第三十九条规定的,由公安、教育、卫生健康、市场监督管理等部门按照职责分工责令改正;拒不改正或者情节严重的,对直接负责的主管人员和其他直接责任人员依法给予处分。

第一百二十条 违反本法第四十四条、第四十五条、第四十七条规定,未给予未成年人免费或者优惠待遇的,由市场监督管理、文化和旅游、交通运输等部门按照职责分工责令限期改正,给予警告;拒不改正的,处一万元以上十万元以下罚款。

第一百二十一条 违反本法第五十条、第五十一条规定的,由新闻出版、广播电视、电影、网信等部门按照职责分工责令限期改正,给予警告,没收违法所得,可以并处十万元以下罚款;拒不改正或者情节严重的,责令暂停相关业务、停产停业或者吊销营业执照、吊销相关许可证,违法所得一百万元以上的,并处违法所得一倍以上十倍以下的罚款,没有违法所得或者违法所得不足一百万元的,并处十万元以上一百万元以下罚款。

第一百二十二条 场所运营单位违反本法第五十六条第二款规定、住宿经营者违反本法第五十七条规定的,由市场监督管理、应急管理、公安等部门按照职责分工责令限期改正,给予警告;拒不改正或者造成严重后果的,责令停业整顿或者吊销营业执照、吊销相关许可证,并处一万元以

笔记栏

上十万元以下罚款。

第一百二十三条 相关经营者违反本法第五十八条、第五十九条第一款、第六十条规定的，由文化和旅游、市场监督管理、烟草专卖、公安等部门按照职责分工责令限期改正，给予警告，没收违法所得，可以并处五万元以下罚款；拒不改正或者情节严重的，责令停业整顿或者吊销营业执照、吊销相关许可证，可以并处五万元以上五十万元以下罚款。

第一百二十四条 违反本法第五十九条第二款规定，在学校、幼儿园和其他未成年人集中活动的公共场所吸烟、饮酒的，由卫生健康、教育、市场监督管理等部门按照职责分工责令改正，给予警告，可以并处五百元以下罚款；场所管理者未及时制止的，由卫生健康、教育、市场监督管理等部门按照职责分工给予警告，并处一万元以下罚款。

第一百二十五条 违反本法第六十一条规定的，由文化和旅游、人力资源和社会保障、市场监督管理等部门按照职责分工责令限期改正，给予警告，没收违法所得，可以并处十万元以下罚款；拒不改正或者情节严重的，责令停产停业或者吊销营业执照、吊销相关许可证，并处十万元以上一百万元以下罚款。

第一百二十六条 密切接触未成年人的单位违反本法第六十二条规定，未履行查询义务，或者招用、继续聘用具有相关违法犯罪记录人员的，由教育、人力资源和社会保障、市场监督管理等部门按照职责分工责令限期改正，给予警告，并处五万元以下罚款；拒不改正或者造成严重后果的，责令停业整顿或者吊销营业执照、吊销相关许可证，并处五万元以上五十万元以下罚款，对直接负责的主管人员和其他直接责任人员依法给予处分。

第一百二十七条 信息处理者违反本法第七十二条规定，或者网络产品和服务提供者违反本法第七十三条、第七十四条、第七十五条、第七十六条、第七十七条、第八十条规定的，由公安、网信、电信、新闻出版、广播电视、文化和旅游等有关部门按照职责分工责令改正，给予警告，没收违法所得，违法所得一百万元以上的，并处违法所得一倍以上十倍以下罚款，没有违法所得或者违法所得不足一百万元的，并处十万元以上一百万元以下罚款，对直接负责的主管人员和其他责任人员处一万元以上十万元以下罚款；拒不改正或者情节严重的，并可以责令暂停相关业务、停业整顿、关闭网站、吊销营业执照或者吊销相关许可证。

第一百二十八条 国家机关工作人员玩忽职守、滥用职权、徇私舞弊，损害未成年人合法权益的，依法给予处分。

第一百二十九条 违反本法规定，侵犯未成年人合法权益，造成人身、财产或者其他损害的，依法承担民事责任。

违反本法规定，构成违反治安管理行为的，依法给予治安管理处罚；构成犯罪的，依法追究刑事责任。

第九章 附 则

第一百三十条 本法中下列用语的含义：

（一）密切接触未成年人的单位，是指学校、幼儿园等教育机构；校外培训机构；未成年人救助保护机构、儿童福利机构等未成年人安置、救助机构；婴幼儿照护服务机构、早期教育服务机构；校外托管、临时看护机构；家政服务机构；为未成年人提供医疗服务的医疗机构；其他对未成年人负有教育、培训、监护、救助、看护、医疗等职责的企业事业单位、社会组织等。

（二）学校，是指普通中小学、特殊教育学校、中等职业学校、专门学校。

（三）学生欺凌，是指发生在学生之间，一方蓄意或者恶意通过肢体、语言及网络等手段实施欺压、侮辱，造成另一方人身伤害、财产损失或者精神损害的行为。

第一百三十一条 对中国境内未满十八周岁的外国人、无国籍人，依照本法有关规定予以保护。

第一百三十二条 本法自2021年6月1日起施行。

笔记栏

六、《学生伤害事故处理办法》及解读

(一) 学生伤害事故处理办法

(2002年3月26日教育部令第12号公布,2002年9月1日起施行)

第一章 总 则

第一条 为积极预防、妥善处理在校学生伤害事故,保护学生、学校的合法权益,根据《中华人民共和国教育法》《中华人民共和国未成年人保护法》和其他相关法律、行政法规及有关规定,制定本办法。

第二条 在学校实施的教育教学活动或者学校组织的校外活动中,以及在学校负有管理责任的校舍、场地、其他教育教学设施、生活设施内发生的,造成在校学生人身损害后果的事故的处理,适用本办法。

第三条 学生伤害事故应当遵循依法、客观公正、合理适当的原则,及时、妥善地处理。

第四条 学校的举办者应当提供符合安全标准的校舍、场地、其他教育教学设施和生活设施。

教育行政部门应当加强学校安全工作,指导学校落实预防学生伤害事故的措施,指导、协助学校妥善处理学生伤害事故,维护学校正常的教育教学秩序。

第五条 学校应当对在校学生进行必要的安全教育和自护自救教育;应当按照规定,建立健全安全制度,采取相应的管理措施,预防和消除教育教学环境中存在的安全隐患;当发生伤害事故时,应当及时采取措施救助受伤害学生。

学校对学生进行安全教育、管理和保护,应当针对学生年龄、认知能力和法律行为能力的不同,采用相应的内容和预防措施。

【典型真题】在幼儿园户外活动时,妞妞与丁丁撞到一起。丁丁摔倒并摔伤了手肘,对于丁丁所受到的伤害,应承担赔偿责任的是( )。

A. 幼儿园　　B. 妞妞的监护人

C. 妞妞与丁丁的主班老师　　D. 妞妞的监护人与丁丁的监护人

【解析】《学生伤害事故处理办法》第五条第二款规定,学校对学生进行安全教育、管理和保护,即学校对学生的安全负有教育、管理、保护的责任。《学生伤害事故处理办法》第九条规定,因下列情形之一造成的学生伤害事故,学校应当依法承担相应的责任:……(四)学校组织学生参加教育教学活动或者校外活动,未对学生进行相应的安全教育,并未在可预见的范围内采取必要的安全措施的。因此,幼儿园应该承担赔偿责任。

【答案】A

第六条 学生应当遵守学校的规章制度和纪律;在不同的受教育阶段,应当根据自身的年龄、认知能力和法律行为能力,避免和消除相应的危险。

第七条 未成年学生的父母或者其他监护人(以下称为监护人)应当依法履行监护职责,配合学校对学生进行安全教育、管理和保护工作。

学校对未成年学生不承担监护职责,但法律有规定的或者学校依法接受委托承担相应监护职责的情形除外。

第二章 事故与责任

第八条 学生伤害事故的责任,应当根据相关当事人的行为与损害后果之间的因果关系依法确定。

因学校、学生或者其他相关当事人的过错造成的学生伤害事故,相关当事人应当根据其行为过

笔记栏

错程度的比例及其与损害后果之间的因果关系承担相应的责任。当事人的行为是损害后果发生的主要原因，应当承担主要责任；当事人的行为是损害后果发生的非主要原因，承担相应的责任。

第九条 因下列情形之一造成的学生伤害事故，学校应当依法承担相应的责任：

（一）学校的校舍、场地、其他公共设施，以及学校提供给学生使用的学具、教育教学和生活设施、设备不符合国家规定的标准，或者有明显不安全因素的；

（二）学校的安全保卫、消防、设施设备管理等安全管理制度有明显疏漏，或者管理混乱，存在重大安全隐患，而未及时采取措施的；

（三）学校向学生提供的药品、食品、饮用水等不符合国家或者行业的有关标准、要求的；

（四）学校组织学生参加教育教学活动或者校外活动，未对学生进行相应的安全教育，并未在可预见的范围内采取必要的安全措施的；

（五）学校知道教师或者其他工作人员患有不适宜担任教育教学工作的疾病，但未采取必要措施的；

（六）学校违反有关规定，组织或者安排未成年学生从事不宜未成年人参加的劳动、体育运动或者其他活动的；

（七）学生有特异体质或者特定疾病，不宜参加某种教育教学活动，学校知道或者应当知道，但未予以必要的注意的；

（八）学生在校期间突发疾病或者受到伤害，学校发现，但未根据实际情况及时采取相应措施，导致不良后果加重的；

（九）学校教师或者其他工作人员体罚或者变相体罚学生，或者在履行职责过程中违反工作要求、操作规程、职业道德或者其他有关规定的；

（十）学校教师或者其他工作人员在负有组织、管理未成年学生的职责期间，发现学生行为具有危险性，但未进行必要的管理、告诫或者制止的；

（十一）对未成年学生擅自离校等与学生人身安全直接相关的信息，学校发现或者知道，但未及时告知未成年学生的监护人，导致未成年学生因脱离监护人的保护而发生伤害的；

（十二）学校有未依法履行职责的其他情形的。

【典型真题】幼儿园放学时，萌萌的父亲临时有事，便委托其同事王某到园接萌萌。张老师在与萌萌的父亲通话确认无误后，同意王某将萌萌接走。张老师的做法（　　）。

A. 正确，家长的同事可以代替接送　　B. 正确，教师应该核对接送人的身份

C. 不正确，应该征得萌萌的同意　　D. 不正确，幼儿只能由其监护人接送

【解析】《学生伤害事故处理办法》第九条第十一项规定，对未成年学生擅自离校等与学生人身安全直接相关的信息，学校发现或者知道，但未及时告知未成年学生的监护人，导致未成年学生因脱离监护人的保护而发生伤害的，学校应当依法承担相应的法律责任。

【答案】B

第十条 学生或者未成年学生监护人由于过错，有下列情形之一，造成学生伤害事故，应当依法承担相应的责任：

（一）学生违反法律法规的规定，违反社会公共行为准则、学校的规章制度或者纪律，实施按其年龄和认知能力应当知道具有危险或者可能危及他人的行为的；

（二）学生行为具有危险性，学校、教师已经告诫、纠正，但学生不听劝阻、拒不改正的；

（三）学生或者其监护人知道学生有特异体质，或者患有特定疾病，但未告知学校的；

（四）未成年学生的身体状况、行为、情绪等有异常情况，监护人知道或者已被学校告知，但未履行相应监护职责的；

笔记栏

（五）学生或者未成年学生监护人有其他过错的。

第十一条 学校安排学生参加活动，因提供场地、设备、交通工具、食品及其他消费与服务的经营者，或者学校以外的活动组织者的过错造成的学生伤害事故，有过错的当事人应当依法承担相应的责任。

第十二条 因下列情形之一造成的学生伤害事故，学校已履行了相应职责，行为并无不当的，无法律责任：

（一）地震、雷击、台风、洪水等不可抗的自然因素造成的；

（二）来自学校外部的突发性、偶发性侵害造成的；

（三）学生有特异体质、特定疾病或者异常心理状态，学校不知道或者难于知道的；

（四）学生自杀、自伤的；

（五）在对抗性或者具有风险性的体育竞赛活动中发生意外伤害的；

（六）其他意外因素造成的。

第十三条 下列情形下发生的造成学生人身损害后果的事故，学校行为并无不当的，不承担事故责任；事故责任应当按有关法律法规或者其他有关规定认定：

（一）在学生自行上学、放学、返校、离校途中发生的；

（二）在学生自行外出或者擅自离校期间发生的；

（三）在放学后、节假日或者假期等学校工作时间以外，学生自行滞留学校或者自行到校发生的；

（四）其他在学校管理职责范围外发生的。

【典型真题 1】幼儿玲玲在放学前偷偷溜出幼儿园玩耍，不小心受伤了，对玲玲所受的伤害，应承担赔偿责任的是（　　）。

A. 玲玲的老师　　B. 玲玲的监护人

C. 幼儿园　　D. 幼儿园和玲玲的监护人

【解析】根据《学生伤害事故处理办法》第九条第十项规定，因“学校教师或者其他工作人员在负有组织、管理未成年学生的职责期间，发现学生行为具有危险性，但未进行必要的管理、告诫或者制止的”情形而造成的学生伤害事故，学校应当依法承担责任。题干中玲玲在放学前偷偷溜出幼儿园，属于幼儿园“负有组织、管理未成年学生的职责期间”，幼儿园没有做好安全防范和管理措施，导致玲玲受伤，因此幼儿园需要承担赔偿责任。故 C 项正确。

【答案】C

【典型真题 2】幼儿园放学后，大班幼儿晨晨在父亲的陪同下留在园内玩耍，不慎摔伤。在此过程中，幼儿园的行为并无不当，对此，承担事故责任的主体应是（　　）。

A. 晨晨　　B. 幼儿园

C. 幼儿园及晨晨监护人　　D. 晨晨的监护人

【解析】《学生伤害事故处理办法》第十三条规定，下列情形下发生的造成学生人身损害后果的事故，学校行为并无不当的，不承担事故责任；事故责任应当按有关法律法规或者其他有关规定认定：(一)在学生自行上学、放学、返校、离校途中发生的；(二)在学生自行外出或者擅自离校期间发生的；(三)在放学后、节假日或者假期等学校工作时间以外，学生自行滞留学校或者自行到校发生的；(四)其他在学校管理职责范围外发生的。题干情形发生在放学后，故幼儿园行为并无不当，不承担事故责任。

【答案】D

第十四条 因学校教师或者其他工作人员与其职务无关的个人行为，或者因学生、教师及其他

笔记栏

个人故意实施的违法犯罪行为，造成学生人身损害的，由致害人依法承担相应的责任。

第三章　事故处理程序

第十五条　发生学生伤害事故，学校应当及时救助受伤害学生，并应当及时告知未成年学生的监护人；有条件的，应当采取紧急救援等方式救助。

第十六条　发生学生伤害事故，情形严重的，学校应当及时向主管教育行政部门及有关部门报告；属于重大伤亡事故的，教育行政部门应当按照有关规定及时向同级人民政府和上一级教育行政部门报告。

第十七条　学校的主管教育行政部门应学校要求或者认为必要，可以指导、协助学校进行事故的处理工作，尽快恢复学校正常的教育教学秩序。

第十八条　发生学生伤害事故，学校与受伤害学生或者学生家长可以通过协商方式解决；双方自愿，可以书面请求主管教育行政部门进行调解。

成年学生或者未成年学生的监护人也可以依法直接提起诉讼。

第十九条　教育行政部门收到调解申请，认为必要的，可以指定专门人员进行调解，并应当在受理申请之日起60日内完成调解。

第二十条　经教育行政部门调解，双方就事故处理达成一致意见的，应当在调解人员的见证下签订调解协议，结束调解；在调解期限内，双方不能达成一致意见，或者调解过程中一方提起诉讼，人民法院已经受理的，应当终止调解。调解结束或者终止，教育行政部门应当书面通知当事人。

第二十一条　对经调解达成的协议，一方当事人不履行或者反悔的，双方可以依法提起诉讼。

第二十二条　事故处理结束，学校应当将事故处理结果书面报告主管的教育行政部门；重大伤亡事故的处理结果，学校主管的教育行政部门应当向同级人民政府和上一级教育行政部门报告。

第四章　事故损害的赔偿

第二十三条　对发生学生伤害事故负有责任的组织或者个人，应当按照法律法规的有关规定，承担相应的损害赔偿责任。

第二十四条　学生伤害事故赔偿的范围与标准，按照有关行政法规、地方性法规或者最高人民法院司法解释中的有关规定确定。

教育行政部门进行调解时，认为学校有责任的，可以依照有关法律法规及国家有关规定，提出相应的调解方案。

第二十五条　对受伤害学生的伤残程度存在争议的，可以委托当地具有相应鉴定资格的医院或者有关机构，依据国家规定的人体伤残标准进行鉴定。

第二十六条　学校对学生伤害事故负有责任的，根据责任大小，适当予以经济赔偿，但不承担解决户口、住房、就业等与救助受伤害学生、赔偿相应经济损失无直接关系的其他事项。

学校无责任的，如果有条件，可以根据实际情况，本着自愿和可能的原则，对受伤害学生给予适当的帮助。

第二十七条　因学校教师或者其他工作人员在履行职务中的故意或者重大过失造成的学生伤害事故，学校予以赔偿后，可以向有关责任人员追偿。

第二十八条　未成年学生对学生伤害事故负有责任的，由其监护人依法承担相应的赔偿责任。

学生的行为侵害学校教师及其他工作人员以及其他组织、个人的合法权益，造成损失的，成年学生或者未成年学生的监护人应当依法予以赔偿。

【典型真题】幼儿园教师王某带领小朋友参加户外活动，王某时不时叮嘱小朋友们注意安全，彼此保持适当距离。可是淘气的天天还是将文文推倒在地，使得文文摔伤，对文文所受伤害应该承担主要赔偿责任的是（　　）。

A. 幼儿园　　B. 天天的法定监护人　　C. 王某　　D. 文文的法定监护人

【解析】《学生伤害事故处理办法》第二十八条规定，未成年学生对学生伤害事故负有责任的，由其监护人依法承担相应的赔偿责任。同时，《中华人民共和国民法典》第一千一百九十九条规定，无民事行为能力人在幼儿园、学校或者其他教育机构学习、生活期间受到人身损害的，幼儿园、学校或者其他教育机构应当承担侵权责任；但是，能够证明尽到教育、管理职责的，不承担侵权责任。第一千一百八十八条规定，无民事行为能力人、限制民事行为能力人造成他人损害的，由监护人承担侵权责任。监护人尽到监护职责的，可以减轻其侵权责任。题干中，教师王某反复叮嘱，能证明自己已经尽到义务，无须承担责任。而天天的监护人则应该承担主要赔偿责任。

【答案】B

第二十九条　根据双方达成的协议、经调解形成的协议或者人民法院的生效判决，应当由学校负担的赔偿金，学校应当负责筹措；学校无力完全筹措的，由学校的主管部门或者举办者协助筹措。

第三十条　县级以上人民政府教育行政部门或者学校举办者有条件的，可以通过设立学生伤害赔偿准备金等多种形式，依法筹措伤害赔偿金。

第三十一条　学校有条件的，应当依据保险法的有关规定，参加学校责任保险。

教育行政部门可以根据实际情况，鼓励中小学参加学校责任保险。

提倡学生自愿参加意外伤害保险。在尊重学生意愿的前提下，学校可以为学生参加意外伤害保险创造便利条件，但不得从中收取任何费用。

第五章　事故责任者的处理

第三十二条　发生学生伤害事故，学校负有责任且情节严重的，教育行政部门应当根据有关规定，对学校的直接负责的主管人员和其他直接责任人员，分别给予相应的行政处分；有关责任人的行为触犯刑律的，应当移送司法机关依法追究刑事责任。

第三十三条　学校管理混乱，存在重大安全隐患的，主管的教育行政部门或者其他有关部门应当责令其限期整顿；对情节严重或者拒不改正的，应当依据法律法规的有关规定，给予相应的行政处罚。

第三十四条　教育行政部门未履行相应职责，对学生伤害事故的发生负有责任的，由有关部门对直接负责的主管人员和其他直接责任人员分别给予相应的行政处分；有关责任人的行为触犯刑律的，应当移送司法机关依法追究刑事责任。

第三十五条　违反学校纪律，对造成学生伤害事故负有责任的学生，学校可以给予相应的处分；触犯刑律的，由司法机关依法追究刑事责任。

第三十六条　受伤害学生的监护人、亲属或者其他有关人员，在事故处理过程中无理取闹，扰乱学校正常教育教学秩序，或者侵犯学校、学校教师或者其他工作人员的合法权益的，学校应当报告公安机关依法处理；造成损失的，可以依法要求赔偿。

【典型真题】在幼儿园事故处理中，受伤害幼儿的监护人无理取闹，扰乱教育教学秩序，幼儿园应当（　　）。

A. 报告公安机关依法处理　　B. 报告质检部门依法处理报告

C. 报告人民法院依法处理　　D. 报告人民检察院依法处理

【解析】《学生伤害事故处理办法》第三十六条规定，受伤害学生的监护人、亲属或者其他有关人员，在事故处理过程中无理取闹，扰乱学校正常教育教学秩序，或者侵犯学校、学校教师或者其他工作人员的合法权益的，学校应当报告公安机关依法处理；造成损失的，可以依法要求赔偿。所以，幼儿园应当报告公安机关依法处理。

【答案】A

笔记栏

笔记栏

第六章　附　　则

第三十七条　本办法所称学校，是指国家或者社会力量举办的全日制的中小学(含特殊教育学校)、各类中等职业学校、高等学校。本办法所称学生是指在上述学校中全日制就读的受教育者。

第三十八条　幼儿园发生的幼儿伤害事故，应当根据幼儿为完全无行为能力人的特点，参照本办法处理。

第三十九条　其他教育机构发生的学生伤害事故，参照本办法处理。

在学校注册的其他受教育者在学校管理范围内发生的伤害事故，参照本办法处理。

第四十条　本办法自 2002 年 9 月 1 日起实施，原国家教委、教育部颁布的与学生人身安全事故处理有关的规定，与本办法不符的，以本办法为准。

在本办法实施之前已处理完毕的学生伤害事故不再重新处理。

(二)《学生伤害事故处理办法》的解读

1.《学生伤害事故处理办法》的性质与地位

《学生伤害事故处理办法》是教育部制定颁发的一部教育规章。它不仅与学生的权利保护有关，也与教育活动中学校权益、学校教育教学活动秩序相关。该《办法》的制定与颁布，为实施未成年人安全保护提供了实际操作规则，也为处理教育活动中的学生伤害事故提供了法律依据。

2.《学生伤害事故处理办法》的基本结构

《学生伤害事故处理办法》分总则、分则和附则三部分，共六章四十条。总则规定了制定该规章的宗旨、依据、适用范围和事故处理原则等。分则从事故与责任、事故处理程序、事故损害的赔偿、事故责任者的处理四个方面对学生伤害事故的处理作了规定。附则明确了《办法》所涉及的责任主体等内容。

3.《学生伤害事故处理办法》的主要内容

(1) 总则

① 立法宗旨。《学生伤害事故处理办法》第一条规定了立法宗旨："为积极预防、妥善处理在校学生伤害事故，保护学生、学校的合法权益，根据《中华人民共和国教育法》《中华人民共和国未成年人保护法》和其他相关法律、行政法规及有关规定，制定本办法。"

② 适用范围。《学生伤害事故处理办法》第二条明确规定了适用的范围："在学校实施的教育教学活动或者学校组织的校外活动中，以及在学校负有管理责任的校舍、场地、其他教育教学设施、生活设施内发生的，造成在校学生人身损害后果的事故的处理，适用本办法。"

(2) 事故与责任

事故责任认定基本原则："应当根据相关当事人的行为与损害后果之间的因果关系依法确定"，并根据因果关系的主要原因和次要原因承担相应责任。

《学生伤害事故处理办法》第九条规定了学校应当依法承担相应责任的学生伤害事故的十二种情形：

第一，学校的校舍、场地、其他公共设施，以及学校提供给学生使用的学具、教育教学和生活设施、设备不符合国家规定的标准，或者有明显不安全因素的；第二，学校的安全保卫、消防、设施设备管理等安全管理制度有明显疏漏，或者管理混乱，存在重大安全隐患，而未及时采取措施的；第三，学校向学生提供的药品、食品、饮用水等不符合国家或者行业的有关标准、要求的；第四，学校组织学生参加教育教学活动或者校外活动，未对学生进行相应的安全教育，并未在可预见的范围内采取必要的安全措施的；第五，学校知道教师或者其他工作人员患有不适宜担任教育教学工作的疾病，但未采取必要措施的；第六，学校违反有关规定，组织或者安排未成年学生从事不宜未成年人参加的劳动、体育运动或者其他活动的；第七，学生有特异体质或者特定疾病，不宜参加某种教育教学活动，学校知道或者应当知道，但未予以必要的注意的；第八，学生在校期间突发疾病或

笔记栏

者受到伤害,学校发现,但未根据实际情况及时采取相应措施,导致不良后果加重的;第九,学校教师或者其他工作人员体罚或者变相体罚学生,或者在履行职责过程中违反工作要求、操作规程、职业道德或者其他有关规定的;第十,学校教师或者其他工作人员在负有组织、管理未成年学生的职责期间,发现学生行为具有危险性,但未进行必要的管理、告诫或者制止的;第十一,对未成年学生擅自离校等与学生人身安全直接相关的信息,学校发现或者知道,但未及时告知未成年学生的监护人,导致未成年学生因脱离监护人的保护而发生伤害的;第十二,学校有未依法履行职责的其他情形的。

《学生伤害事故处理办法》第十条规定了学生或者未成年学生监护人应当依法承担相应责任的学生伤害事故的五种情形:

第一,学生违反法律法规的规定,违反社会公共行为准则、学校的规章制度或者纪律,实施按其年龄和认知能力应当知道具有危险或者可能危及他人的行为的;第二,学生行为具有危险性,学校、教师已经告诫、纠正,但学生不听劝阻、拒不改正的;第三,学生或者其监护人知道学生有特异体质,或者患有特定疾病,但未告知学校的;第四,未成年学生的身体状况、行为、情绪等有异常情况,监护人知道或者已被学校告知,但未履行相应监护职责的;第五,学生或者未成年学生监护人有其他过错的。

《学生伤害事故处理办法》第十二条规定,由于下列情形造成的学生伤害事故,学校已履行了相应职责,行为并无不当的,无法律责任:第一,地震、雷击、台风、洪水等不可抗的自然因素造成的;第二,来自学校外部的突发性、偶发性侵害造成的;第三,学生有特异体质、特定疾病或者异常心理状态,学校不知道或者难于知道的;第四,学生自杀、自伤的;第五,在对抗性或者具有风险性的体育竞赛活动中发生意外伤害的;第六,其他意外因素造成的。

《学生伤害事故处理办法》第十三条规定,下列情形下发生的造成学生人身损害后果的事故,学校行为并无不当的,不承担事故责任;事故责任应当按有关法律法规或者其他有关规定认定:第一,在学生自行上学、放学、返校、离校途中发生的;第二,在学生自行外出或者擅自离校期间发生的;第三,在放学后、节假日或者假期等学校工作时间以外,学生自行滞留学校或者自行到校发生的;第四,其他在学校管理职责范围外发生的。

(3)事故处理程序

发生学生伤害事故时,学校有及时救助、告知和报告的责任;教育行政部门有指导责任;伤害事故处理争议时,有协商、调解和诉讼的方式;教育行政部门的调解受理及完成时间,调解的方法和调解不成的处理办法。

(4)事故损害赔偿

规定了伤害事故的赔偿责任、赔偿范围与标准、赔偿的调解、争议问题的鉴定、相关当事人责任划分、救助措施、办理责任保险等。

(5)事故责任者的处理

规定了事故责任者的法律责任。这些责任包括行政责任,如行政处分等;刑事责任,如追究刑事责任;民事责任等。

七、《幼儿园工作规程》及解读

(一)幼儿园工作规程

(2015年12月14日审议通过,自2016年3月1日起施行)

第一章　总　　则

第一条　为了加强幼儿园的科学管理,规范办园行为,提高保育和教育质量,促进幼儿身心健康,依据《中华人民共和国教育法》等法律法规,制定本规程。

笔记栏

第二条 幼儿园是对3周岁以上学龄前幼儿实施保育和教育的机构。幼儿园教育是基础教育的重要组成部分，是学校教育制度的基础阶段。

第三条 幼儿园的任务是：贯彻国家的教育方针，按照保育与教育相结合的原则，遵循幼儿身心发展特点和规律，实施德、智、体、美等方面全面发展的教育，促进幼儿身心和谐发展。

幼儿园同时面向幼儿家长提供科学育儿指导。

第四条 幼儿园适龄幼儿一般为3周岁至6周岁。

幼儿园一般为三年制。

第五条 幼儿园保育和教育的主要目标是：

（一）促进幼儿身体正常发育和机能的协调发展，增强体质，促进心理健康，培养良好的生活习惯、卫生习惯和参加体育活动的兴趣。

（二）发展幼儿智力，培养正确运用感官和运用语言交往的基本能力，增进对环境的认识，培养有益的兴趣和求知欲望，培养初步的动手探究能力。

（三）萌发幼儿爱祖国、爱家乡、爱集体、爱劳动、爱科学的情感，培养诚实、自信、友爱、勇敢、勤学、好问、爱护公物、克服困难、讲礼貌、守纪律等良好的品德行为和习惯，以及活泼开朗的性格。

（四）培养幼儿初步感受美和表现美的情趣和能力。

第六条 幼儿园教职工应当尊重、爱护幼儿，严禁虐待、歧视、体罚和变相体罚、侮辱幼儿人格等损害幼儿身心健康的行为。

第七条 幼儿园可分为全日制、半日制、定时制、季节制和寄宿制等。上述形式可分别设置，也可混合设置。

第二章 幼儿入园和编班

第八条 幼儿园每年秋季招生。平时如有缺额，可随时补招。

幼儿园对烈士子女、家中无人照顾的残疾人子女、孤儿、家庭经济困难幼儿、具有接受普通教育能力的残疾儿童等入园，按照国家和地方的有关规定予以照顾。

第九条 企业、事业单位和机关、团体、部队设置的幼儿园，除招收本单位工作人员的子女外，应当积极创造条件向社会开放，招收附近居民子女入园。

第十条 幼儿入园前，应当按照卫生部门制定的卫生保健制度进行健康检查，合格者方可入园。

幼儿入园除进行健康检查外，禁止任何形式的考试或测查。

【典型真题】某幼儿园对新入园的幼儿进行健康检查、简单的知识测试与智力测验，并依据测试结果录取幼儿。该幼儿园的做法（　　）。

A. 正确，幼儿园拥有自主招生的权利

B. 正确，有利于保证幼儿园生源质量

C. 不正确，幼儿园不得对幼儿进行任何形式的测试或检查

D. 不正确，幼儿园除健康检查外禁止任何形式的考试或测查

【解析】《幼儿园工作规程》第十条规定：幼儿入园前，应当按照卫生部门制定的卫生保健制度进行健康检查，合格者方可入园。幼儿入园除进行健康检查外，禁止任何形式的考试或测查。

【答案】D

第十一条 幼儿园规模应当有利于幼儿身心健康，便于管理，一般不超过360人。

幼儿园每班幼儿人数一般为：小班（3周岁至4周岁）25人，中班（4周岁至5周岁）30人，大班（5周岁至6周岁）35人，混合班30人。寄宿制幼儿园每班幼儿人数酌减。

幼儿园可以按年龄分别编班，也可以混合编班。

第三章 幼儿园的安全

第十二条 幼儿园应当严格执行国家和地方幼儿园安全管理的相关规定，建立健全门卫、房屋、设备、消防、交通、食品、药物、幼儿接送交接、活动组织和幼儿就寝值守等安全防护和检查制度，建立安全责任制和应急预案。

第十三条 幼儿园的园舍应当符合国家和地方的建设标准，以及相关安全、卫生等方面的规范，定期检查维护，保障安全。幼儿园不得设置在污染区和危险区，不得使用危房。

幼儿园的设备设施、装修装饰材料、用品用具和玩教具材料等，应当符合国家相关的安全质量标准和环保要求。

入园幼儿应当由监护人或者其委托的成年人接送。

【典型真题】幼儿园放学了，小米的父母没有时间去接她，就让读小学六年级的哥哥放学后去接她。小米父母的做法(　　)。

A. 正确，哥哥可代替父母接送小米　　B. 正确，幼儿可以由直系亲属接送

C. 不正确，父母应该亲自接送小米　　D. 不正确，幼儿应该由成年人接送

【解析】《幼儿园工作规程》第十三条第三款规定：入园幼儿应当由监护人或者其委托的成年人接送。小米的哥哥还在读小学六年级，不是成年人，小米的父母没有时间可委托其他成年人代为接送，因此小米父母的做法不正确。

【答案】D

第十四条 幼儿园应当严格执行国家有关食品药品安全的法律法规，保障饮食饮水卫生安全。

第十五条 幼儿园教职工必须具有安全意识，掌握基本急救常识和防范、避险、逃生、自救的基本方法，在紧急情况下应当优先保护幼儿的人身安全。

幼儿园应当把安全教育融入一日生活，并定期组织开展多种形式的安全教育和事故预防演练。

幼儿园应当结合幼儿年龄特点和接受能力开展反家庭暴力教育，发现幼儿遭受或者疑似遭受家庭暴力的，应当依法及时向公安机关报案。

【典型真题】李老师一直要求班上的小朋友不要手拉手上下楼梯，可是小丽和小熙经常手拉着手一起走，在上下楼梯时也不松手。对此，李老师恰当的做法是(　　)。

A. 尽量不让她俩一起上下楼梯，消除安全隐患

B. 要求她俩松手后再上下楼梯，避免发生意外

C. 允许她俩拉着手上下楼梯，提醒注意安全

D. 减少她俩当天的户外活动，强化教育效果

【解析】《幼儿园工作规程》第十五条第二款规定：幼儿园应当把安全教育融入一日生活，并定期组织开展多种形式的安全教育和事故预防演练。这样才能有利于幼儿建立良好的生活习惯。故题干中李老师应要求小丽和小熙松开手后再上下楼梯，B 项做法正确。

【答案】B

第十六条 幼儿园应当投保校方责任险。

第四章 幼儿园的卫生保健

第十七条 幼儿园必须切实做好幼儿生理和心理卫生保健工作。

幼儿园应当严格执行《托儿所幼儿园卫生保健管理办法》以及其他有关卫生保健的法规、规章和制度。

第十八条 幼儿园应当制定合理的幼儿一日生活作息制度。正餐间隔时间为 3.5–4 小时。在正常情况下，幼儿户外活动时间(包括户外体育活动时间)每天不得少于 2 小时，寄宿制幼儿园不得

笔记栏

少于3小时;高寒、高温地区可酌情增减。

第十九条 幼儿园应当建立幼儿健康检查制度和幼儿健康卡或档案。每年体检一次,每半年测身高、视力一次,每季度量体重一次;注意幼儿口腔卫生,保护幼儿视力。

幼儿园对幼儿健康发展状况定期进行分析、评价,及时向家长反馈结果。

幼儿园应当关注幼儿心理健康,注重满足幼儿的发展需要,保持幼儿积极的情绪状态,让幼儿感受到尊重和接纳。

第二十条 幼儿园应当建立卫生消毒、晨检、午检制度和病儿隔离制度,配合卫生部门做好计划免疫工作。

幼儿园应当建立传染病预防和管理制度,制定突发传染病应急预案,认真做好疾病防控工作。

幼儿园应当建立患病幼儿用药的委托交接制度,未经监护人委托或者同意,幼儿园不得给幼儿用药。幼儿园应当妥善管理药品,保证幼儿用药安全。

幼儿园内禁止吸烟、饮酒。

【典型真题】五岁的平平发烧了,赵老师从自己的手提包里找出一粒退烧药,喂平平服了半粒,平平果然好多了。赵老师的做法(　　)。

A. 不正确,幼儿只能吃儿童专用退烧药

B. 不正确,应当征得幼儿监护人的同意

C. 正确,老师拥有幼儿医护与保健知识

D. 正确,老师应当关心幼儿的身体健康

【解析】《幼儿园工作规程》第二十条规定:幼儿园应当建立卫生消毒、晨检、午检制度和病儿隔离制度,配合卫生部门做好计划免疫工作。幼儿园应当建立传染病预防和管理制度,制定突发传染病应急预案,认真做好疾病防控工作。幼儿园应当建立患病幼儿用药的委托交接制度,未经监护人委托或者同意,幼儿园不得给幼儿用药。幼儿园应当妥善管理药品,保证幼儿用药安全。幼儿园内禁止吸烟、饮酒。

【答案】B

第二十一条 供给膳食的幼儿园应当为幼儿提供安全卫生的食品,编制营养平衡的幼儿食谱,定期计算和分析幼儿的进食量和营养素摄取量,保证幼儿合理膳食。

幼儿园应当每周向家长公示幼儿食谱,并按照相关规定进行食品留样。

第二十二条 幼儿园应当配备必要的设备设施,及时为幼儿提供安全卫生的饮用水。

幼儿园应当培养幼儿良好的大小便习惯,不得限制幼儿便溺的次数、时间等。

第二十三条 幼儿园应当积极开展适合幼儿的体育活动,充分利用日光、空气、水等自然因素以及本地自然环境,有计划地锻炼幼儿肌体,增强身体的适应和抵抗能力。正常情况下,每日户外体育活动不得少于1小时。

幼儿园在开展体育活动时,应当对体弱或有残疾的幼儿予以特殊照顾。

第二十四条 幼儿园夏季要做好防暑降温工作,冬季要做好防寒保暖工作,防止中暑和冻伤。

第五章　幼儿园的教育

第二十五条 幼儿园教育应当贯彻以下原则和要求:

(一) 德、智、体、美等方面的教育应当互相渗透,有机结合。

(二) 遵循幼儿身心发展规律,符合幼儿年龄特点,注重个体差异,因人施教,引导幼儿个性健康发展。

(三) 面向全体幼儿,热爱幼儿,坚持积极鼓励、启发引导的正面教育。

(四) 综合组织健康、语言、社会、科学、艺术各领域的教育内容,渗透于幼儿一日生活的各项活动中,充分发挥各种教育手段的交互作用。

(五)以游戏为基本活动,寓教育于各项活动之中。

(六)创设与教育相适应的良好环境,为幼儿提供活动和表现能力的机会与条件。

第二十六条 幼儿一日活动的组织应当动静交替,注重幼儿的直接感知、实际操作和亲身体验,保证幼儿愉快的、有益的自由活动。

第二十七条 幼儿园日常生活组织,应当从实际出发,建立必要、合理的常规,坚持一贯性和灵活性相结合,培养幼儿的良好习惯和初步的生活自理能力。

第二十八条 幼儿园应当为幼儿提供丰富多样的教育活动。

教育活动内容应当根据教育目标、幼儿的实际水平和兴趣确定,以循序渐进为原则,有计划地选择和组织。

教育活动的组织应当灵活地运用集体、小组和个别活动等形式,为每个幼儿提供充分参与的机会,满足幼儿多方面发展的需要,促进每个幼儿在不同水平上得到发展。

教育活动的过程应注重支持幼儿的主动探索、操作实践、合作交流和表达表现,不应片面追求活动结果。

第二十九条 幼儿园应当将游戏作为对幼儿进行全面发展教育的重要形式。

幼儿园应当因地制宜创设游戏条件,提供丰富、适宜的游戏材料,保证充足的游戏时间,开展多种游戏。

幼儿园应当根据幼儿的年龄特点指导游戏,鼓励和支持幼儿根据自身兴趣、需要和经验水平,自主选择游戏内容、游戏材料和伙伴,使幼儿在游戏过程中获得积极的情绪情感,促进幼儿能力和个性的全面发展。

第三十条 幼儿园应当将环境作为重要的教育资源,合理利用室内外环境,创设开放的、多样的区域活动空间,提供适合幼儿年龄特点的丰富的玩具、操作材料和幼儿读物,支持幼儿自主选择和主动学习,激发幼儿学习的兴趣与探究的愿望。

幼儿园应当营造尊重、接纳和关爱的氛围,建立良好的同伴和师生关系。

幼儿园应当充分利用家庭和社区的有利条件,丰富和拓展幼儿园的教育资源。

第三十一条 幼儿园的品德教育应当以情感教育和培养良好行为习惯为主,注重潜移默化的影响,并贯穿于幼儿生活以及各项活动之中。

第三十二条 幼儿园应当充分尊重幼儿的个体差异,根据幼儿不同的心理发展水平,研究有效的活动形式和方法,注重培养幼儿良好的个性心理品质。

幼儿园应当为在园残疾儿童提供更多的帮助和指导。

第三十三条 幼儿园和小学应当密切联系,互相配合,注意两个阶段教育的相互衔接。

幼儿园不得提前教授小学教育内容,不得开展任何违背幼儿身心发展规律的活动。

【典型真题1】某公立幼儿园为增加收入,与某教育培训机构围绕幼小衔接联合举办了一系列线上线下相结合的辅导活动,解决了经费难题。幼儿园的做法(　　)。

A. 落实了幼小衔接的政策要求　　B. 探索出了开放办园的新路径

C. 违反了《幼儿园工作规程》的相关规定　　D. 违反了《未成年人保护法》的规定

【解析】《幼儿园工作规程》第三十三条规定:幼儿园和小学应当密切联系,互相配合,注意两个阶段教育的相互衔接。幼儿园不得提前教授小学教育内容,不得开展任何违背幼儿身心发展规律的活动。题干中幼儿园为增加收入与某教育培训机构围绕幼小衔接联合举办辅导活动,违反了《幼儿园工作规程》第三十三条的规定。

【答案】C

笔记栏

笔记栏

【典型真题 2】为了更好地满足家长们提供的幼小衔接要求，幼儿园大班教师张某在最后一个学期，以拼音和 20 以内数的加减法等作为主要教学内容开展教学活动，张某的做法（　　）。

A. 正确，张老师有决定教学内容的权利

B. 正确，张老师有效回应了家长的要求

C. 不正确，幼儿园不得教授小学教育的内容

D. 不正确，幼小衔接应在入园时开始

【解析】《幼儿园工作规程》第三十三条规定：幼儿园和小学应当密切联系，互相配合，注意两个阶段教育的相互衔接。幼儿园不得提前教授小学教育内容，不得开展任何违背幼儿身心发展规律的活动。

【答案】C

第六章　幼儿园的园舍、设备

第三十四条　幼儿园应当按照国家的相关规定设活动室、寝室、卫生间、保健室、综合活动室、厨房和办公用房等，并达到相应的建设标准。有条件的幼儿园应当优先扩大幼儿游戏和活动空间。

寄宿制幼儿园应当增设隔离室、浴室和教职工值班室等。

第三十五条　幼儿园应当有与其规模相适应的户外活动场地，配备必要的游戏和体育活动设施，创造条件开辟沙地、水池、种植园地等，并根据幼儿活动的需要绿化、美化园地。

第三十六条　幼儿园应当配备适合幼儿特点的桌椅、玩具架、盥洗卫生用具，以及必要的玩教具、图书和乐器等。

玩教具应当具有教育意义并符合安全、卫生要求。幼儿园应当因地制宜，就地取材，自制玩教具。

第三十七条　幼儿园的建筑规划面积、建筑设计和功能要求，以及设施设备、玩教具配备，按照国家和地方的相关规定执行。

第七章　幼儿园的教职工

第三十八条　幼儿园按照国家相关规定设园长、副园长、教师、保育员、卫生保健人员、炊事员和其他工作人员等岗位，配足配齐教职工。

第三十九条　幼儿园教职工应当贯彻国家教育方针，具有良好品德，热爱教育事业，尊重和爱护幼儿，具有专业知识和技能以及相应的文化和专业素养，为人师表，忠于职责，身心健康。

幼儿园教职工患传染病期间暂停在幼儿园的工作。有犯罪、吸毒记录和精神病史者不得在幼儿园工作。

第四十条　幼儿园园长应当符合本规程第三十九条规定，并应当具有《教师资格条例》规定的教师资格、具备大专以上学历、有三年以上幼儿园工作经历和一定的组织管理能力，并取得幼儿园园长岗位培训合格证书。

幼儿园园长由举办者任命或者聘任，并报当地主管的教育行政部门备案。

幼儿园园长负责幼儿园的全面工作，主要职责如下：

（一）贯彻执行国家的有关法律、法规、方针、政策和地方的相关规定，负责建立并组织执行幼儿园的各项规章制度；

（二）负责保育教育、卫生保健、安全保卫工作；

（三）负责按照有关规定聘任、调配教职工，指导、检查和评估教师以及其他工作人员的工作，并给予奖惩；

（四）负责教职工的思想工作，组织业务学习，并为他们的学习、进修、教育研究创造必要的条件；

（五）关心教职工的身心健康，维护他们的合法权益，改善他们的工作条件；

（六）组织管理园舍、设备和经费；

（七）组织和指导家长工作；

（八）负责与社区的联系和合作。

第四十一条 幼儿园教师必须具有《教师资格条例》规定的幼儿园教师资格，并符合本规程第三十九条规定。

幼儿园教师实行聘任制。

幼儿园教师对本班工作全面负责，其主要职责如下：

（一）观察了解幼儿，依据国家有关规定，结合本班幼儿的发展水平和兴趣需要，制订和执行教育工作计划，合理安排幼儿一日生活；

（二）创设良好的教育环境，合理组织教育内容，提供丰富的玩具和游戏材料，开展适宜的教育活动；

（三）严格执行幼儿园安全、卫生保健制度，指导并配合保育员管理本班幼儿生活，做好卫生保健工作；

（四）与家长保持经常联系，了解幼儿家庭的教育环境，商讨符合幼儿特点的教育措施，相互配合共同完成教育任务；

（五）参加业务学习和保育教育研究活动；

（六）定期总结评估保教工作实效，接受园长的指导和检查。

第四十二条 幼儿园保育员应当符合本规程第三十九条规定，并应当具备高中毕业以上学历，受过幼儿保育职业培训。

幼儿园保育员的主要职责如下：

（一）负责本班房舍、设备、环境的清洁卫生和消毒工作；

（二）在教师指导下，科学照料和管理幼儿生活，并配合本班教师组织教育活动；

（三）在卫生保健人员和本班教师指导下，严格执行幼儿园安全、卫生保健制度；

（四）妥善保管幼儿衣物和本班的设备、用具。

第四十三条 幼儿园卫生保健人员除符合本规程第三十九条规定外，医师应当取得卫生行政部门颁发的《医师执业证书》；护士应当取得《护士执业证书》；保健员应当具有高中毕业以上学历，并经过当地妇幼保健机构组织的卫生保健专业知识培训。

幼儿园卫生保健人员对全园幼儿身体健康负责，其主要职责如下：

（一）协助园长组织实施有关卫生保健方面的法规、规章和制度，并监督执行；

（二）负责指导调配幼儿膳食，检查食品、饮水和环境卫生；

（三）负责晨检、午检和健康观察，做好幼儿营养、生长发育的监测和评价；定期组织幼儿健康体检，做好幼儿健康档案管理；

（四）密切与当地卫生保健机构的联系，协助做好疾病防控和计划免疫工作；

（五）向幼儿园教职工和家长进行卫生保健宣传和指导。

（六）妥善管理医疗器械、消毒用具和药品。

第四十四条 幼儿园其他工作人员的资格和职责，按照国家和地方的有关规定执行。

第四十五条 对认真履行职责、成绩优良的幼儿园教职工，应当按照有关规定给予奖励。

对不履行职责的幼儿园教职工，应当视情节轻重，依法依规给予相应处分。

第八章 幼儿园的经费

第四十六条 幼儿园的经费由举办者依法筹措，保障有必备的办园资金和稳定的经费来源。

按照国家和地方相关规定接受财政扶持的提供普惠性服务的国有企事业单位办园、集体办园

笔记栏

和民办园等幼儿园，应当接受财务、审计等有关部门的监督检查。

第四十七条 幼儿园收费按照国家和地方的有关规定执行。

幼儿园实行收费公示制度，收费项目和标准向家长公示，接受社会监督，不得以任何名义收取与新生入园相挂钩的赞助费。

幼儿园不得以培养幼儿某种专项技能、组织或参与竞赛等为由，另外收取费用；不得以营利为目的组织幼儿表演、竞赛等活动。

【典型真题】某幼儿园组织幼儿进行商业表演，收取费用以作为幼儿园的经费。该幼儿园的做法(　　)。

A. 正确，有助于幼儿的社会教育

B. 正确，是缓解幼儿园经费紧张的办法

C. 不正确，幼儿园不得以幼儿表演为手段牟利

D. 不正确，幼儿园未经过家长同意

【解析】《幼儿园工作规程》第四十七条规定，幼儿园不得以培养幼儿某种技能、组织或参与竞赛等为由，另外收取费用；不得以营利为目的组织幼儿表演、竞赛等活动。商业表演是具有营利性质和目的的演出，是不正确的。

【答案】C

第四十八条 幼儿园的经费应当按照规定的使用范围合理开支，坚持专款专用，不得挪作他用。

第四十九条 幼儿园举办者筹措的经费，应当保证保育和教育的需要，有一定比例用于改善办园条件和开展教职工培训。

第五十条 幼儿膳食费应当实行民主管理制度，保证全部用于幼儿膳食，每月向家长公布账目。

第五十一条 幼儿园应当建立经费预算和决算审核制度，经费预算和决算应当提交园务委员会审议，并接受财务和审计部门的监督检查。

幼儿园应当依法建立资产配置、使用、处置、产权登记、信息管理等管理制度，严格执行有关财务制度。

第九章　幼儿园、家庭和社区

第五十二条 幼儿园应当主动与幼儿家庭沟通合作，为家长提供科学育儿宣传指导，帮助家长创设良好的家庭教育环境，共同担负教育幼儿的任务。

第五十三条 幼儿园应当建立幼儿园与家长联系的制度。幼儿园可采取多种形式，指导家长正确了解幼儿园保育和教育的内容、方法，定期召开家长会议，并接待家长的来访和咨询。

幼儿园应当认真分析、吸收家长对幼儿园教育与管理工作的意见与建议。

幼儿园应当建立家长开放日制度。

第五十四条 幼儿园应当成立家长委员会。

家长委员会的主要任务是：对幼儿园重要决策和事关幼儿切身利益的事项提出意见和建议；发挥家长的专业和资源优势，支持幼儿园保育教育工作；帮助家长了解幼儿园工作计划和要求，协助幼儿园开展家庭教育指导和交流。

家长委员会在幼儿园园长指导下工作。

第五十五条 幼儿园应当加强与社区的联系与合作，面向社区宣传科学育儿知识，开展灵活多样的公益性早期教育服务，争取社区对幼儿园的多方面支持。

第十章　幼儿园的管理

第五十六条 幼儿园实行园长负责制。

笔记栏

幼儿园应当建立园务委员会。园务委员会由园长、副园长、党组织负责人和保教、卫生保健、财会等方面工作人员的代表以及幼儿家长代表组成。园长任园务委员会主任。

园长定期召开园务委员会会议,遇重大问题可临时召集,对规章制度的建立、修改、废除,全园工作计划,工作总结,人员奖惩,财务预算和决算方案,以及其他涉及全园工作的重要问题进行审议。

第五十七条 幼儿园应当加强党组织建设,充分发挥党组织政治核心作用、战斗堡垒作用。幼儿园应当为工会、共青团等其他组织开展工作创造有利条件,充分发挥其在幼儿园工作中的作用。

第五十八条 幼儿园应当建立教职工大会制度或者教职工代表大会制度,依法加强民主管理和监督。

第五十九条 幼儿园应当建立教研制度,研究解决保教工作中的实际问题。

第六十条 幼儿园应当制订年度工作计划,定期部署、总结和报告工作。每学年年末应当向教育等行政主管部门报告工作,必要时随时报告。

第六十一条 幼儿园应当接受上级教育、卫生、公安、消防等部门的检查、监督和指导,如实报告工作和反映情况。

幼儿园应当依法接受教育督导部门的督导。

第六十二条 幼儿园应当建立业务档案、财务管理、园务会议、人员奖惩、安全管理以及与家庭、小学联系等制度。

幼儿园应当建立信息管理制度,按照规定采集、更新、报送幼儿园管理信息系统的相关信息,每年向主管教育行政部门报送统计信息。

第六十三条 幼儿园教师依法享受寒暑假期的带薪休假。幼儿园应当创造条件,在寒暑假期间,安排工作人员轮流休假。具体办法由举办者制定。

第十一章 附 则

第六十四条 本规程适用于城乡各类幼儿园。

第六十五条 省、自治区、直辖市教育行政部门可根据本规程,制订具体实施办法。

第六十六条 本规程自 2016 年 3 月 1 日起施行。1996 年 3 月 9 日由原国家教育委员会令第 25 号发布的《幼儿园工作规程》同时废止。

(二)《幼儿园工作规程》解读

1.《幼儿园工作规程》颁布的意义

《幼儿园工作规程》的颁布,标志着我国学前教育改革进入一个新的阶段。这是我国幼儿园工作走向规范化、法制化的里程碑。同时,《幼儿园工作规程》向全社会宣传了什么样的学前教育是真正高质量的学前教育。

2.《幼儿园工作规程》的主要内容

《幼儿园工作规程》共十一章六十六条。具体内容如下:

(1)总则

①《幼儿园工作规程》制定的宗旨和依据。《幼儿园工作规程》总则第一条规定:为了加强幼儿园的科学管理,规范办园行为,提高保育和教育质量,促进幼儿身心健康,依据《中华人民共和国教育法》等法律法规制定本规程。

② 幼儿园教育的性质和任务。

第一,《幼儿园工作规程》第二条规定了幼儿园教育的性质:幼儿园是对 3 周岁以上学龄前幼儿实施保育和教育的机构。幼儿园教育是基础教育的重要组成部分,是学校教育制度的基础阶段。

第二,《幼儿园工作规程》第三条规定,幼儿园的任务是:贯彻国家的教育方针,按照保育与教育相结合的原则,遵循幼儿身心发展特点和规律,实施德、智、体、美等方面全面发展的教育,促进幼

笔记栏

儿身心和谐发展。

③ 幼儿园保育和教育目标。《幼儿园工作规程》第五条规定，幼儿园保育和教育的主要目标是：促进幼儿身体正常发育和机能的协调发展，增强体质，促进心理健康，培养良好的生活习惯、卫生习惯和参加体育活动的兴趣。发展幼儿智力，培养正确运用感官和运用语言交往的基本能力，增进对环境的认识，培养有益的兴趣和求知欲望，培养初步的动手探究能力。萌发幼儿爱祖国、爱家乡、爱集体、爱劳动、爱科学的情感，培养诚实、自信、友爱、勇敢、勤学、好问、爱护公物、克服困难、讲礼貌、守纪律等良好的品德行为和习惯，以及活泼开朗的性格。培养幼儿初步感受美和表现美的情趣和能力。

④ 幼儿园的设置形式。幼儿园可分为全日制、半日制、定时制、季节制和寄宿制等。上述形式可分别设置，也可混合设置。

（2）幼儿入园和编班

① 幼儿入园。第一，对特殊幼儿的照顾。《幼儿园工作规程》第八条规定：幼儿园对烈士子女、家中无人照顾的残疾人子女、孤儿、家庭经济困难幼儿、具有接受普通教育能力的残疾儿童等入园，按照国家和地方的有关规定予以照顾。

第二，入园条件。《幼儿园工作规程》第十条规定：幼儿入园前，应当按照卫生部门制定的卫生保健制度进行健康检查，合格者方可入园。幼儿入园除进行健康检查外，严禁任何形式的考试或测查。

② 幼儿园的编班。《幼儿园工作规程》第十一条规定，幼儿园规模应当有利于幼儿身心健康，便于管理，一般不超过 360 人。幼儿园每班幼儿人数一般为：小班（3 周岁至 4 周岁）25 人，中班（4 周岁至 5 周岁）30 人，大班（5 周岁至 6 周岁）35 人，混合班 30 人。寄宿制幼儿园每班幼儿人数酌减。幼儿园可以按年龄分别编班，也可以混合编班。

（3）幼儿园的卫生保健

① 生活作息。《幼儿园工作规程》第十八条规定：幼儿园应当制定合理的幼儿一日生活作息制度。正餐间隔时间为 3.5~4 小时。在正常情况下，幼儿户外活动时间（包括户外体育活动时间）每天不得少于 2 小时，寄宿制幼儿园不得少于 3 小时；高寒、高温地区可酌情增减。

② 健康体检。《幼儿园工作规程》第十九条规定：幼儿园应当建立幼儿健康检查制度和幼儿健康卡或档案。每年体检一次，每半年测身高、视力一次，每季度量体重一次；注意幼儿口腔卫生，保护幼儿视力。幼儿园对幼儿健康发展状况定期进行分析、评价，及时向家长反馈结果。幼儿园应当关注幼儿心理健康，注重满足幼儿的发展需要，保持幼儿积极的情绪状态，让幼儿感受到尊重和接纳。

③ 免疫防病。《幼儿园工作规程》第二十条规定：幼儿园应当建立卫生消毒、晨检、午检制度和病儿隔离制度，配合卫生部门做好计划免疫工作。幼儿园应当建立传染病预防和管理制度，制定突发传染病应急预案，认真做好疾病防控工作。幼儿园应当建立患病幼儿用药的委托交接制度，未经监护人委托或者同意，幼儿园不得给幼儿用药。幼儿园应当妥善管理药品，保证幼儿用药安全。幼儿园内禁止吸烟、饮酒。

④ 饮食供给。《幼儿园工作规程》第二十一条规定：供给膳食的幼儿园应当为幼儿提供安全卫生的食品，编制营养平衡的幼儿食谱，定期计算和分析幼儿的进食量和营养素摄取量，保证幼儿合理膳食。幼儿园应当每周向家长公示幼儿食谱，并按照相关规定进行食品留样。《幼儿园工作规程》第二十二条规定：幼儿园应当配备必要的设备设施，及时为幼儿提供安全卫生的饮用水。幼儿园应当培养幼儿良好的大小便习惯，不得限制幼儿便溺的次数、时间等。

⑤ 体育活动。《幼儿园工作规程》第二十三条规定：幼儿园应当积极开展适合幼儿的体育活动，充分利用日光、空气、水等自然因素以及本地自然环境，有计划地锻炼幼儿肌体，增强身体的适应和抵抗能力。正常情况下，每日户外体育活动不得少于 1 小时。幼儿园在开展体育活动时，应当

对体弱或有残疾的幼儿予以特殊照顾。

⑥ 防寒保暖。《幼儿园工作规程》第二十四条规定：幼儿园夏季要做好防暑降温工作，冬季要做好防寒保暖工作，防止中暑和冻伤。

（4）幼儿园的教育

① 幼儿园教育工作的原则。《幼儿园工作规程》第二十五条规定，幼儿园教育应当贯彻以下原则和要求：德、智、体、美等方面的教育应当互相渗透，有机结合。遵循幼儿身心发展规律，符合幼儿年龄特点，注重个体差异，因人施教，引导幼儿个性健康发展。面向全体幼儿，热爱幼儿，坚持积极鼓励、启发引导的正面教育。综合组织健康、语言、社会、科学、艺术各领域的教育内容，渗透于幼儿一日生活的各项活动中，充分发挥各种教育手段的交互作用。以游戏为基本活动，寓教育于各项活动之中。创设与教育相适应的良好环境，为幼儿提供活动和表现能力的机会与条件。

② 教育活动的组织形式。《幼儿园工作规程》第二十六条规定：幼儿一日活动的组织应动静交替，注重幼儿的直接感知、实际操作和亲身体验，保证幼儿愉快的、有益的自由活动。《幼儿园工作规程》第二十九条规定：幼儿园应当将游戏作为对幼儿进行全面发展教育的重要形式。幼儿园应当因地制宜创设游戏条件，提供丰富、适宜的游戏材料，保证充足的游戏时间，开展多种游戏。幼儿园应当根据幼儿的年龄特点指导游戏，鼓励和支持幼儿根据自身兴趣、需要和经验水平，自主选择游戏内容、游戏材料和伙伴，使幼儿在游戏过程中获得积极的情绪情感，促进幼儿能力和个性的全面发展。

③ 幼儿品德教育。《幼儿园工作规程》第三十一条规定：幼儿园的品德教育应当以情感教育和培养良好行为习惯为主，注重潜移默化的影响，并贯穿于幼儿生活以及各项活动之中。

（5）幼儿园的园舍、设备

① 园舍功能分区。《幼儿园工作规程》第三十四条规定：幼儿园应当按照国家的相关规定设活动室、寝室、卫生间、保健室、综合活动室、厨房和办公用房等，并达到相应的建设标准。有条件的幼儿园应当优先扩大幼儿游戏和活动空间。寄宿制幼儿园应当增设隔离室、浴室和教职工值班室等。

② 室外设施、场地。《幼儿园工作规程》第三十五条规定：幼儿园应当有与其规模相适应的户外活动场地，配备必要的游戏和体育活动设施，并创造条件开辟沙地、水池、种植园地等，并根据幼儿活动的需要绿化、美化园地。

③ 室内设施、设备。《幼儿园工作规程》第三十六条规定：幼儿园应配备适合幼儿特点的桌椅、玩具架、盥洗卫生用具，以及必要的玩教具、图书和乐器等。玩教具应当具有教育意义并符合安全、卫生要求。幼儿园应因地制宜，就地取材，自制玩教具。

（6）幼儿园的教职工

《幼儿园工作规程》第三十九条规定：幼儿园教职工应当贯彻国家教育方针，具有良好品德，热爱教育事业，尊重和爱护幼儿，具有专业知识和技能以及相应的文化和专业素养，为人师表，忠于职责，身心健康。

① 人员编制。《幼儿园工作规程》第三十八条规定：幼儿园按照国家相关规定设园长、副园长、教师、保育员、卫生保健人员、炊事员和其他工作人员等岗位，配足配齐教职工。

② 幼儿园园长的资格和职责。《幼儿园工作规程》第四十条规定：幼儿园园长应当符合本规程第三十九条规定，并应当具有《教师资格条例》规定的教师资格、具备大专以上学历、有三年以上幼儿园工作经历和一定的组织管理能力，并取得幼儿园园长岗位培训合格证书。幼儿园园长由举办者任命或聘任，并报当地主管的教育行政部门备案。

《幼儿园工作规程》规定幼儿园园长负责幼儿园的全面工作，其主要职责如下：

第一，贯彻执行国家的有关法律、法规、方针、政策和地方的相关规定，负责建立并组织执行幼儿园的各项规章制度。

笔记栏

第二，领导保育教育、卫生保健、安全保卫工作。

第三，负责按照有关规定聘任、调配教职工，指导、检查和评估教师以及其他工作人员的工作，并给予奖惩。

第四，负责教职工的思想工作，组织业务学习，并为他们的学习、进修、教育研究创造必要的条件。

第五，关心教职工的身心健康，维护他们的合法权益，改善他们的工作条件。

第六，组织管理园舍、设备和经费。

第七，组织和指导家长工作。

第八，负责与社区的联系和合作。

③ 幼儿园教师的资格和职责。《幼儿园工作规程》第四十一条规定：幼儿园教师必须具有《教师资格条例》规定的幼儿园教师资格，并符合本规程第三十九条规定。幼儿园教师实行聘任制。

《幼儿园工作规程》规定幼儿园教师对本班工作全面负责，其主要职责如下：

第一，观察了解幼儿，依据国家有关规定，结合本班幼儿的发展水平和兴趣需要，制订和执行教育工作计划，合理安排幼儿一日生活。

第二，创设良好的教育环境，合理组织教育内容，提供丰富的玩具和游戏材料，开展适宜的教育活动。

第三，严格执行幼儿园安全、卫生保健制度，指导并配合保育员管理本班幼儿生活，做好卫生保健工作。

第四，与家长保持经常联系，了解幼儿家庭的教育环境，商讨符合幼儿特点的教育措施，相互配合共同完成教育任务。

第五，参加业务学习和保育教育研究活动。

第六，定期总结评估保教工作实效，接受园长的指导和检查。

④ 幼儿园保育员资格和职责。《幼儿园工作规程》第四十二条规定：幼儿园保育员应当符合本规程第三十九条规定，并应当具备高中毕业以上学历，受过幼儿保育职业培训。

《幼儿园工作规程》规定幼儿园保育员的主要职责如下：

第一，负责本班房舍、设备、环境的清洁卫生和消毒工作。

第二，在教师指导下，科学照料和管理幼儿生活，并配合本班教师组织教育活动。

第三，在卫生保健人员和本班教师指导下，严格执行幼儿园安全、卫生保健制度。

第四，妥善保管幼儿衣物和本班的设备、用具。

⑤ 幼儿园卫生保健人员资格和职责。《幼儿园工作规程》第四十三条规定：幼儿园卫生保健人员除符合本规程第三十九条规定外，医师应当取得卫生行政部门颁发的《医师执业证书》；护士应当取得《护士执业证书》；保健员应当具有高中毕业以上学历，并经过当地妇幼保健机构组织的卫生保健专业知识培训。

《幼儿园工作规程》规定幼儿园卫生保健人员对全园幼儿身体健康负责，其主要职责如下：

协助园长组织实施有关卫生保健方面的法规、规章和制度，并监督执行。负责指导调配幼儿膳食，检查食品、饮水和环境卫生。负责晨检、午检和健康观察，做好幼儿营养、生长发育的监测和评价；定期组织幼儿健康体检，做好幼儿健康档案管理。密切与当地卫生保健机构的联系，协助做好疾病防控和计划免疫工作。向幼儿园教职工和家长进行卫生保健宣传和指导。妥善管理医疗器械、消毒用具和药品。

⑥《幼儿园工作规程》第四十五条还规定了不履行职责的处罚办法。

（7）幼儿园的经费

《幼儿园工作规程》第八章明确规定了幼儿园的经费来源：由举办者依法筹措。但是，《幼儿园工作规程》第四十七条规定：幼儿园实行收费公示制度，收费项目和标准向家长公示，接受社会监督，不得以任何名义收取与新生入园相挂钩的赞助费。幼儿园不得以培养幼儿某种专项技能、组织或参与竞赛等为由，另外收取费用；不得以营利为目的组织幼儿表演、竞赛等活动。

（8）幼儿园、家庭和社区

① 幼儿园应主动与幼儿家庭配合，应建立幼儿园与家长联系的制度。

② 幼儿园应密切同社区的联系与合作。

（9）幼儿园的管理

《幼儿园工作规程》第五十六条规定：幼儿园实行园长负责制。

八、《儿童权利公约》及解读

（一）儿童权利公约（节选）

（1989 年 11 月 22 日第 44 届联合国大会通过）

第一部分

第一条 为本公约之目的，儿童系指 18 岁以下的任何人，除非对其适用之法律规定成年年龄低于 18 岁。

第二条 1. 缔约国应遵守本公约所载列的权利，并确保其管辖范围内的每一儿童均享受此种权利，不因儿童或其父母或法定监护人的种族、肤色、性别、语言、宗教、政治或其他见解、民族、族裔或社会出身、财产、伤残、出生或其他身份而有任何差别。

2. 缔约国应采取一切适当措施确保儿童得到保护，不受基于儿童父母、法定监护人或家庭成员的身份、活动、所表达的观点或信仰而加诸的一切形式的歧视或惩罚。

第三条 1. 关于儿童的一切行为，不论是由公私社会福利机构、法院、行政当局或立法机构执行，均应以儿童的最大利益为一种首要考虑。

2. 缔约国承担确保儿童享有其幸福所必需的保护和照料，考虑到其父母、法定监护人、或任何对其负有法律责任的个人的权利和义务，并为此采取一切适当的立法和行政措施。

3. 缔约国应确保负责照料或保护儿童的结构、服务部门及设施符合主管当局规定的标准，尤其是安全、卫生、工作人员数目和资格以及有效监督方面的标准。

【典型真题】 根据联合国《儿童权利公约》，政府各部门和机构在制定相关政策和落实措施时应首先考虑（　　）。

A. 儿童最大利益　　B. 儿童优先

C. 儿童不受任何歧视　　D. 尊重儿童的原则

【解析】《儿童权利公约》第三条第一款规定：关于儿童的一切行动，不论是由公私社会福利机构、法院、行政当局或立法机构执行，均应以儿童的最大利益为一种首要考虑。

【答案】 A

第四条 缔约国应采取一切适当的立法、行政和其他以实现本公约所确认的权利。关于经济、社会及文化权利，缔约国应根据其现有资源所允许的最大限度并视需要在国际合作范围内采取此类措施。

第五条 缔约国应尊重父母或于适用时尊重当地习俗认定的大家庭或社会成员、法定监护人或其他对儿童负有法律责任的人以下的责任、权利义务，以符合儿童不同阶段上、接受能力的方式适当指导和引导儿童行使本公约所确认的权利。

第六条 1. 缔约国确认每个儿童均有固有的生命权。

2. 缔约国应最大限度地确保儿童的存活与发展。

笔记栏

笔记栏

第七条 1. 儿童出生后应立即登记，并有自出生起获得姓名的权利，有获得国籍的权利，以及尽可能知道谁是其父母并受其父母照料的权利。

2. 缔约国应确保这些权利按照本国法律及其根据有关国际文书在这一领域承担的义务予以实施，尤应注意不如此儿童即无国籍之情形。

第八条 1. 缔约国承担尊重儿童维护其身份包括法律所承认的国籍、姓名及家庭关系而不受非法干扰的权利。

2. 如有儿童被非法剥夺其身份方面的部分或全部要素，缔约国应提供适当协助和保护，以便迅速重新确立其身份。

第九条 1. 缔约国应确保不违背儿童父母的意愿使儿童和父母分离，除非主管当局按照适用的法律和程序，经法院的审查，判定这样的分离符合儿童的最大利益而确有必要。在诸如由于父母的虐待或忽视、或父母分居而必须确定儿童居住地点的特殊情况下，这种裁决可能有必要。

2. 凡按本条第 1 款进行诉讼，均应给予所有有关方面以参加诉讼并阐明自己意见的机会。

3. 缔约国应尊重与父母一方或双方分离的儿童同父母经常保持个人关系及直接联系的权利，但违反儿童最大利益者除外。

4. 如果这种分离是因缔约国对父母一方或双方或对儿童所采取的任何行动，诸如拘留、监禁、流放、驱逐或死亡(包括该人在该国拘禁中因任何原因而死亡)所致，该缔约国应按请求将该等家庭成员下落的基本情况告知父母、儿童或适当时告知另一家庭成员，除非提供这类情况会有损儿童的福祉，缔约国还应确保有关人员不致因提出这种请求而承受不利后果。

第十条 1. 按照第九条第一款所规定的缔约国的义务，对于儿童或其父母要求进入或离开一缔约国以便与家人团聚的申请，缔约国应以积极的人道主义态度迅速予以办理。缔约国还应确保申请人及其家庭成员不致因提出这类请求而承受不利后果。

2. 父母居住在不同国家的儿童，除特殊情况以外，应有权同父母双方经常保持个人关系和直接关系。为此目的，并按照第九条第 1 款所规定的缔约国的义务，缔约国应尊重儿童及其父母离开包括其本国在内的任何国家和进入其本国的权利。离开任何国家的权利只应受法律所规定并为保护国家安全、公共秩序、公共卫生或道德、或他人的权利和自由所必需且与本公约所承认的其他权利不相抵触的限制约束。

第十一条 1. 缔约国应采取措施制止非法将儿童转移国外和不使返回本国的行为。

2. 为此目的，缔约国应致力缔结双边或多边协定或加入现有协定。

第十二条 1. 缔约国应确保有主见能力的儿童有权对影响其本人的一切事项自由发表自己的意见，对儿童的意见应按照其年龄和成熟程度给以适当的看待。

2. 为此目的，儿童特别应有机会在影响儿童的任何司法和行政诉讼中，以符合国家法律的诉讼规则的方式，直接或通过代表或适当机构陈述意见。

第十三条 1. 儿童应有自由发表言论的权利；此项权利应包括通过口头、书面或印刷、艺术形式或儿童所选择的任何其他媒介，寻求、接受和传递各种信心和思想的自由，而不论国界。

2. 此项权利的行使可受某些限制约束，但这些限制仅限于法律所规定并为以下目的所必需：

(A) 尊重他人的权利和名誉；

(B) 保护国家安全或公共秩序或公共卫生或道德。

第十四条 1. 缔约国应遵守儿童享有思想、信仰和宗教自由的权利。

2. 缔约国应尊重父母并于适用时尊重法定监护人以下的权利和义务，以符合儿童不同阶段接受能力的方式指导儿童行使其权利。

3. 表明个人宗教或信仰的自由，仅受法律所规定并为保护公共安全、秩序、卫生或道德或他人之基本权利和自由所必需的这类限制约束。

第十五条 1. 缔约国确认儿童享有结社自由及和平集会自由的权利。

2. 对此项权利的行使不得加以限制，除非符合法律所规定并在民主社会中为国家安全、公共秩序、保护公共卫生或道德或保护他人的权利和自由所必需。

【典型真题】下列选项不属于联合国《儿童权利公约》中确认和保护的儿童权利的是（　　）。

A. 信仰自由权　　B. 结社自由权　　C. 言论自由权　　D. 契约自由权

【解析】《儿童权利公约》第十三、十四、十五条分别规定，儿童享有自由发表言论的权利；思想、信仰和宗教自由的权利；结社自由及和平集会自由的权利。而契约自由则是指个人之间的契约关系，应根据契约当事人的自由意思决定，而不得受到国家的干涉。所以契约自由权不属于儿童权利。D项正确。

【答案】D

第十六条 1. 儿童的隐私、家庭、住宅或通信不受任意或非法干涉，其荣誉和名誉不受非法攻击。

2. 儿童有权享受法律保护，以免受这类干涉或攻击。

第十七条 缔约国确认大众传播媒介的重要作用，并应确保儿童能够从多种的国家和国际来源获得信息和资料，尤其是旨在促进其社会、精神和道德福祉和身心健康的信息和资料。为此目的，缔约国应：

（A）鼓励大众传播媒介本着第二十九条的精神散播在社会和文化方面有益于儿童的信息和资料；

（B）鼓励在编制、交流和散播来自不同文化、国家和国际来源的这类信息和资料方面进行国际合作；

（C）鼓励儿童读物的著作和普及；

（D）鼓励大众传播媒介特别注意属于少数群体或土著居民的儿童在语言方面的需要；

（E）鼓励根据第十三条和第十八条的规定制定适当的准则，保护儿童不受可能损害其福祉的信息和资料之害。

第十八条 1. 缔约国应尽其最大努力，确保父母双方对儿童的养育和发展负有共同责任的原则得到确认。父母或视具体情况而定的法定监护人对儿童的养育和发展负有首要责任。儿童的最大利益将是他们主要关心的事。

2. 为保证和促进本公约所列举的权利，缔约国应在父母和法定监护人履行其抚养儿童的责任方面给予适当协助，并应确保发展育儿机构、设施和服务。

3. 缔约国应采取一切适当措施确保就业父母的子女有权享受他们有资格得到的托儿服务和设施。

【典型真题】依据联合国《儿童权利公约》，对儿童的养育和发展负有首要责任的是（　　）。

A. 学校和教师　　B. 父母或其他监护人

C. 社会或企业　　D. 国家和当地人民政府

【解析】《儿童权利公约》第十八条第一款规定：缔约国应尽其最大努力，确保父母双方对儿童的养育和发展负有共同责任的原则得到确认。父母或视具体情况而定的法定监护人对儿童的养育和发展负有首要责任。儿童的最大利益将是他们主要关心的事。

【答案】B

第十九条 1. 缔约国应采取一切适当的立法、行政、社会和教育措施，保护儿童在受父母、法定监护人或其他任何负责照管儿童的人的照料时，不致受到任何形式的身心摧残、伤害或凌辱，忽

笔记栏

视或照料不周,虐待或剥削,包括性侵犯。

2. 这类保护性措施应酌情包括采取有效程序以建立社会方案,向儿童和负责照管儿童的人提供必要的支助,采取其他预防形式,查明、报告、查询、调查、处理和追究前述的虐待儿童事件,以及在适当时进行司法干预。

第二十条 1. 暂时或永久脱离家庭环境的儿童,或为其最大利益不得在这种环境中继续生活的儿童,应有权得到国家的特别保护和协助。

2. 缔约国应按照本国法律确保此类儿童得到其他方式的照顾。

3. 这种照顾除其他外,还包括寄养、伊斯兰法的"卡法拉"(监护)、收养或者必要时安置在适当的育儿机构中。在考虑解决办法时,应适当注意有必要使儿童的培养教育具有连续性和注意儿童的族裔、宗教、文化和语言背景。

第二十一条 凡承认和(或)许可收养制度的国家应确保以儿童的最大利益为首要考虑并应:

(A)确保只有经主管当局按照适用的法律和程序并根据所有有关可靠的资料,判定鉴于儿童有关父母、亲属和法定监护人方面的情况可允许收养,并且判定必要时有关人士已根据可能必要的辅导对收养表示知情的同意,方可批准儿童的收养;

(B)确认如果儿童不能安置于寄养或收养家庭,或不能以任何适当方式在儿童原籍国加以照料,跨国收养可视为照料儿童的一个替代办法;

(C)确保得到跨国收养的儿童享有与本国收养相当的保障和标准;

(D)采取一切适当措施确保跨国收养的安排不致使所涉人士获得不正当的财务收益;

(E)在适当时通过缔结双边或多边安排或协定促成本条的目标,并在这一范围内努力确保由主管当局或机构负责安排儿童在另一国收养的事宜。

第二十二条 1. 缔约国应采取适当措施,确保申请难民身份的儿童或按照适用的国际法或国内法及程序可视为难民的儿童,不论有无父母或其他任何人的陪同,均可得到适当的保护和人道主义援助,以享有本公约和该有关国家为其缔约国的其他国际人权和或人道主义文书所规定的可适用权利。

2. 为此目的,缔约国应对联合国和与联合国合作的其他主管的政府间组织或非政府组织所作的任何努力提供其认为适当的合作,以保护和援助这类儿童,并为只身的难民儿童追寻其父母或其他家庭成员,以获得必要的消息使其家庭团聚。在寻不着父母或其他家庭成员的情况下,也应使该儿童获得与其他任何由于任何原因而永久或暂时脱离家庭环境的儿童按照本公约的规定所得到的同样的保护。

第二十三条 1. 缔约国确认身心有残疾的儿童应能在确保其尊严、促进其自立、有利于其积极参与社会生活的条件下享有充实而适当的生活。

2. 缔约国确认残疾儿童有接受特别照顾的权利,应鼓励并确保在现有资源范围内,依据申请斟酌儿童的情况和儿童的父母或其他照料人的情况,对合格儿童及负责照料该儿童的人提供援助。

3. 鉴于残疾儿童的特殊需要,考虑到儿童的父母或其他照料人的经济情况,在可能时应免费提供按照本条第2款给予的援助,这些援助的目的应是确保残疾儿童能有效地获得和接受教育、培训、保健服务、康复服务,就业准备和娱乐机会,其方式应有助于该儿童尽可能充分地参与社会,实现个人发展,包括其文化和精神方面的发展。

4. 缔约国应本着国际合作精神,在预防保健以及残疾儿童的医疗、心理治疗和功能治疗领域促进交换适当资料,包括散播和获得有关康复教育方法和职业服务方面的资料,以期使缔约国能够在这些领域提高其能力和技术并扩大其经验。在这方面,应特别考虑到发展中国家的需要。

第二十四条 1. 缔约国确认儿童有权享有可达到的最高标准的健康,并享有医疗和康复设施;缔约国应努力确保没有任何儿童被剥夺获得这种保健服务的权利。

2. 缔约国应致力于充分实现这一权利,特别是应采取适当措施,以:(A)降低婴幼儿死亡率;

(B) 确保向所有儿童提供必要的医疗援助和保健,侧重发展初级保健;(C) 消除疾病和营养不良现象,包括在初级保健范围内利用现有可得的技术和提供充足的营养食品和清洁饮水,要考虑到环境污染的危险和风险;(D) 确保母亲得到适当的产前和产后保健;(E) 确保向社会各阶层、特别是向父母和儿童介绍有关儿童保健和营养、母乳育婴优点、个人卫生和环境卫生及防止意外事故的基本知识,使他们得到这方面的教育并帮助他们应用这种基本知识;(F) 开展预防保健、对父母的指导以及计划生育教育和服务。

3. 缔约国应致力于采取一切有效和适当的措施,以期废除对儿童健康有害的传统习俗。

4. 缔约国承担促进和鼓励国际合作,以期逐步充分实现本条所确认的权利。在这方面,应特别考虑发展中国家的需要。

第二十五条 缔约国确认在有关当局为照料、保护或治疗儿童身心健康的目的下受到安置的儿童,有权获得对给予的治疗以及与所受安置有关的所有其他情况进行定期审查。

第二十六条 1. 缔约国应确认每个儿童有权受益于社会保障,包括社会保险,并应根据其国内法律采取必要措施充分实现这一权利。

2. 提供福利时应酌情考虑儿童及负有赡养儿童义务的人的经济情况和环境,以及与儿童提出或代其提出的福利申请有关的其他方面因素。

第二十七条 1. 缔约国确认每个儿童均有权享有足以促进其生理、心理、精神、道德和社会发展的生活水平。

2. 父母或其他负责照顾儿童的人负有在其能力和经济条件许可范围内确保儿童发展所需生活条件的首要责任。

3. 缔约国按照本国条件并在其能力范围内,应采取适当措施帮助父母或其他负责照顾儿童的人实现此项权利,并在需要时提供物质援助和支助方案,特别是在营养、衣着和住房方面。

4. 缔约国应采取一切适当措施,向在本国境内或境外儿童的父母或其他对儿童负有经济责任的人追索儿童的赡养费。尤其是遇对儿童负有经济责任的人住在与儿童不同的国家的情况时,缔约国应促进加入国际协定或缔结此类协定以及做出其他适当安排。

第二十八条 1. 缔约国确认儿童有受教育的权利,为在机会均等的基础上逐步实现此项权利,缔约国尤应:

(A) 实现全面的免费义务小学教育;

(B) 鼓励发展不同形式的中学教育,包括普通和职业教育,使所有儿童均能享有和接受这种教育,并采取适当措施,诸如实行免费教育和对有需要的人提供津贴;

(C) 根据能力以一切适当方式使所有人均有受高等教育的机会;

(D) 使所有儿童均能得到教育和职业方面的资料和指导;

(E) 采取措施鼓励学生按时出勤和降低辍学率。

【典型真题】联合国《儿童权利公约》要求各缔约国采取有效措施保障儿童享有受教育的权利。关于这些措施,下列表述正确的是(　　)。

A. 实施全面免费的九年义务教育

B. 鼓励发展不同形式的课外教育

C. 根据条约适用所有人享有平等的接受高等教育的机会

D. 使所有儿童都能得到教育和职业方面的资料和指导

【解析】《儿童权利公约》第二十八条第一款规定,缔约国确认儿童有受教育的权利,为在机会均等的基础上逐步实现此项权利,缔约国尤应使所有儿童都能得到教育和职业方面的资料和指导。

【答案】D

笔记栏

笔记栏

2. 缔约国应采取一切适当措施，确保学校执行纪律的方式符合儿童的人格尊严及本公约的规定。

3. 缔约国应促进和鼓励有关教育事项方面的国际合作，特别着眼于在全世界消灭愚昧与文盲，并便利获得科技知识和现代教学方法。在这方面，应特别考虑到发展中国家的需要。

第二十九条 1. 缔约国一致认为教育儿童的目的应是：

(A) 最充分地发展儿童的个性、才智和身心能力；

(B) 培养对人权和基本自由以及《联合国宪章》所载各项原则的尊重；

(C) 培养对儿童的父母、儿童自身的文化认同、语言和价值观、儿童所居住国家的民族价值观、其原籍国以及不同于其本国文明的尊重；

(D) 培养儿童本着各国人民、族裔、民族和宗教群体以及原为土著居民的人之间谅解、和平、宽容、男女平等和友好的精神，在自由社会里过有责任感的生活；

(E) 培养对自然环境的尊重。

2. 对本条或第二十八条任何部分的解释均不得干涉个人和团体建立和指导教育机构的自由，但须始终遵守本条第一款载列的原则，并遵守在这类机构中实行的教育应符合国家可能规定的最低限度标准的要求。

第三十条 在那些存在有族裔、宗教或语言方面属于少数人或原为土著居民的人的国家，不得剥夺属于这种少数人或原为土著居民的儿童与其群体的其他成员共同享有自己的文化、信奉自己的宗教并举行宗教仪式、或使用自己的语言的权利。

第三十一条 1. 缔约国确认儿童有权享有休息和闲暇，从事与儿童年龄相宜的游戏和娱乐活动，以及自由参加文化生活和艺术活动。

2. 缔约国应尊重并促进儿童充分参加文化和艺术生活的权利，并应鼓励提供从事文化、艺术、娱乐和休闲活动的适当和均等的机会。

第三十二条 1. 缔约国确认儿童有权受到保护，以免受经济剥削和从事任何可能妨碍或影响儿童教育或有害儿童健康或身体、心理、精神、道德或社会发展的工作。

2. 缔约国应采取立法、行政、社会和教育措施确保本条得到执行。为此目的，并鉴于其他国际文书的有关规定，缔约国尤应：

(A) 规定受雇的最低年龄；

(B) 规定有关工作时间和条件的适当规则；

(C) 规定适当的惩罚或其他制裁措施以确保本条得到有效执行。

第三十三条 缔约国应采取一切适当措施，包括立法、行政、社会和教育措施，保护儿童不至非法使用有关国际条约中界定的麻醉药品和精神药物，并防止利用儿童从事非法生产和贩运此类药物。

第三十四条 缔约国承担保护儿童免遭一切形式的色情剥削和性侵犯之害，为此目的，缔约国尤应采取一切适当的国家、双边和多边措施，以防止：

(A) 引诱或强迫儿童从事任何非法的性生活；

(B) 利用儿童卖淫或从事其他非法的性行为；

(C) 利用儿童进行淫秽表演和充当淫秽题材。

第三十五条 缔约国应采取一切适当的国家、双边和多边措施，以防止为任何目的或以任何形式诱拐、买卖或贩运儿童。

第三十六条 缔约国应保护儿童免遭有损儿童福利的任何方面的一切其他形式的剥削之害。

第三十七条 缔约国应确保：

(A) 任何儿童不受酷刑或其他形式的残忍、不人道或有辱人格的待遇或处罚。对未满 18 岁的

人所犯罪行不得判以死刑或无释放可能的无期徒刑；

（B）不得非法或任意剥夺任何儿童的自由。对儿童的逮捕、拘留或监禁应符合法律规定并仅应作为最后手段，期限应为最短的适当时间；

（C）所有被剥夺自由的儿童应受到人道待遇，其人格固有尊严应受尊重，并应考虑到他们这个年龄的人的需要的方式加以对待。特别是，所有被剥夺自由的儿童应同成人隔开，除非认为反之最有利于儿童，并有权通过信件和探访同家人保持联系，但特殊情况除外；

（D）所有被剥夺自由的儿童均有权迅速获得法律及其他适当援助，并有权向法院或其他独立公正的主管当局就其被剥夺自由一事之合法性提出异议，并有权迅速就任何此类行动得到裁定。

第三十八条 1. 缔约国承担尊重并确保尊重在武装冲突中对其适用的国际人道主义法律中有关儿童的规则。

2. 缔约国应采取一切可行措施确保未满 15 岁的人不直接参加敌对行动。

3. 缔约国应避免招募任何未满 15 岁的人加入武装部队。在招募已满 15 岁但未满 18 岁的人时，缔约国应致力首先考虑年龄最大者。

4. 缔约国按照国际人道主义法律规定它们在武装冲突中保护平民人口的义务，应采取一切可行措施确保保护和照料受武装冲突影响的儿童。

第三十九条 缔约国应采取一切适当措施，促使遭受下述情况之害的儿童身心得以康复并重返社会：任何形式的忽视、剥削或凌辱虐待；酷刑或任何其他形式的残忍、不人道或有辱人格的待遇或处罚；武装冲突。此种康复和重返社会应在一种能促进儿童的健康、自尊和尊严的环境中进行。

第四十条 1. 缔约国确认被指称、指控或认为触犯刑法的儿童有权得到符合以下情况方式的待遇，促进其尊严和价值感并增强其对他人的人权和基本自由的尊重。这种待遇应考虑到其年龄和促进其重返社会并在社会中发挥积极作用的愿望。

2. 为此目的，并鉴于国际文书的有关规定，缔约国尤应确保：

（A）任何儿童不得以行为或不行为之时本国法律或国际法不禁止的行为或不行为之理由被指称、指控或认为触犯刑法；

（B）所有被指称或指控触犯刑法的儿童至少应得到下列保证：

① 在依法判定有罪之前应视为无罪；

② 迅速直接地被告知其被控罪名，适当时应通过其父母或法定监护人告知，并获得准备和提出辩护所需的法律或其他适当协助；

③ 要求独立公正的主管当局或司法机构在其得到法律或其他适当协助的情况下，通过依法公正审理迅速做出判决，并且须有其父母或法定监护人在场，除非认为这样做不符合儿童的最大利益，特别要考虑其年龄状况；

④ 不得被迫作口供或认罪；应可盘问或要求盘问不利的证人，并在平等条件下要求证人为其出庭和接受盘问；

⑤ 若被判定触犯刑法，有权要求高一级独立公正的主管当局或司法机构依法复查此一判决及由此对之采取的任何措施；

⑥ 若儿童不懂或不会说所用语言，有权免费得到口译人员的协助；

⑦ 其隐私在诉讼的所有阶段均得到充分尊重。

3. 缔约国应致力于促进规定或建立专门适用于被指称、指控或确认为触犯刑法的儿童的法律、程序、当局和机构，尤应：

（A）规定最低年龄，在此年铃以下的儿童应视为无触犯刑法之行为能力；

（B）在适当和必要时，制订不对此类儿童诉诸司法程序的措施，但须充分尊重人权和法律保障。

笔记栏

4. 应采用多种处理办法，诸如照管、指导和监督令、辅导、察看、寄养、教育和职业培训方案及不交由机构照管的其他办法，以确保处理儿童的方式符合其福祉并与其情况和违法行为相称。

第四十一条 本公约的任何规定不应影响更有利于实现儿童权利且可能载于下述文件中的任何规定：

（A）缔约国的法律；

（B）对该国有效。

第四十五条 为促进本公约的有效实施和鼓励在本公约所涉领域进行国际合作：

（A）各专门机构、联合国儿童基金会和联合国其他机构应有权派代表列席对本公约中属于它们职责范围内的条款的实施情况的审议。委员会可邀请各专门机构、联合国儿童基金会以及它可能认为合适的其他有关机构就本公约在属于它们各自职责范围内的领域的实施问题提供专家意见。委员会可邀请各专门机构、联合国儿童基金会和联合国其他机构就本公约在属于它们活动范围内的领域的实施情况提交报告；

（B）委员会在其可能认为适当时应向各专门机构、联合国儿童基金会和其他有关机构转交缔约国要求或说明需要技术咨询或援助的任何报告以及委员会就此类要求或说明提出的任何意见和建议；

（C）委员会可建议大会请秘书长代表委员会对有关儿童权利的具体问题进行研究；

（D）委员会可根据依照本公约第四十四条和四十五条收到的资料提出提议和一般性建议。此类提议和一般性建议应转交有关的任何缔约国并连同缔约国做出的任何评论一并报告大会。

（二）《儿童权利公约》解读

1.《儿童权利公约》概述

《儿童权利公约》于1989年11月20日获得联合国大会通过，于1990年9月2日正式生效，并向各国开放供签署、批准和加入。中国于1991年12月29日批准《儿童权利公约》，同时声明，中国将在符合其宪法第二十五条关于计划生育的规定的前提下，并据《中华人民共和国未成年人保护法》第二条的规定，履行公约第六条所规定的义务。《儿童权利公约》于1992年4月1日正式对中国生效。这就意味着中国政府承担并认真履行公约规定的保障儿童基本人权的各项义务。

《儿童权利公约》是一部有关保障儿童权利的、具有法律约束力的国际性约定，是国际社会迄今为止规范儿童保护内容最丰富、最全面、最广泛认可的一项法律文书。

《儿童权利公约》共有54项条款。它将“儿童”界定为“18岁以下的任何人”，除非各国或地区法律有不同的定义。《儿童权利公约》规定了世界各地所有儿童应该享有的数十种权利，其中包括最基本的生存权、全面发展权、受保护权和全面参与家庭、文化和社会生活的权利。《儿童权利公约》还确立了四项基本原则：无歧视、儿童利益最大化、生存和发展权以及尊重儿童的意见。

《儿童权利公约》通过确立卫生保健、教育以及法律、公民和社会服务等多方面的标准来保护儿童的上述权利，明确了国际社会在儿童工作领域的目标和努力方向。

《儿童权利公约》指出，缔约方应确保儿童均享受公约中规定的各项权利，不因儿童或其父母或法定监护人的种族、肤色、性别、语言、宗教、政治见解、国籍或民族、财产或残疾等不同而受到任何歧视。缔约方为确保儿童的福祉，应采取一切适当的立法和行政措施。各相关部门和机构在制定相关政策和落实中以儿童利益最大化作为首要考虑。

2.《儿童权利公约》的主要内容

（1）儿童的权利

根据《儿童权利公约》的相关规定，儿童享有的最基本权利主要有四种：生存权、受保护权、发展权和参与权。

但在《儿童权利公约》中提到的儿童权利则多达数十种，具体包括：

第一，每个儿童有固有的生命权，各国应最大限度地确保儿童的生存与发展。（第 6 条）

第二，每个儿童都有自出生起即获得姓名和国籍的权利。（第 7 条）

第三，尊重儿童维护其身份包括法律所承认的国籍、姓名及家庭关系而不受非法干扰的权利。（第 8 条）

第四，法庭、福利机构或行政当局在处理儿童问题时，应将儿童的最大利益作为首要考虑事项。（第 9 条）

第五，各国应为便利家庭团聚准许入境或出境。（第 10 条）

第六，各国应采取措施制止非法将儿童移转国外和不使返回本国的行为。（第 11 条）

第七，确保有主见能力的儿童有权对影响其本人的一切事项自由发表自己的意见，对儿童的意见应按照其年龄和成熟程度给予适当地看待。（第 12 条）

第八，儿童享有自由发表言论的权利；思想、信仰和宗教自由的权利；结社自由及和平集会自由的权利。（第 13—15 条）

第九，儿童的隐私、家庭、住宅或通信不受任意或非法干涉。（第 16 条）

第十，父母对儿童成长负有首要责任，但各国应向他们提供适当协助和发展育儿所。（第 18 条）

第十一，各国应保护儿童免受身心摧残、伤害或凌辱，忽视、虐待或剥削，包括性侵犯。（第 19 条）

第十二，各国应为失去父母的儿童提供适当的其他照管；确保得到跨国收养的儿童享有与本国收养相当的保障和标准。（第 20—21 条）

第十三，确保申请难民身份的儿童或按照适用的国际法或国内法及程序可视为难民的儿童，不论有无父母或其他任何人陪同，均可得到适当的保护和人道主义援助。（第 22 条）

第十四，残疾儿童应享有得到特殊待遇、教育和照管的权利。（第 23 条）

第十五，儿童有权享有可达到的最高标准的健康；每个儿童均有权享有足以促进其生理、心理、精神、道德和社会发展的生活水平；儿童有受教育的权利；学校执行纪律的方式应符合儿童的人格尊严；教育应本着谅解、和平和宽容的精神培育儿童。（第 24、27—29 条）

第十六，宗教、语言等方面属于少数人或原为土著居民的儿童有享有自己的文化、信奉自己的宗教，或使用自己语言的权利。（第 30 条）

第十七，儿童应有时间休息和游戏，有同等的机会参加文化和艺术活动。（第 31 条）

第十八，各国应保护儿童免受经济剥削和从事任何可能妨碍或影响儿童教育或有害儿童健康或身体、心理、精神、道德或社会发展的工作。（第 32 条）

第十九，各国应保护儿童不致非法使用毒品和涉及毒品生产或贩运。（第 33 条）

第二十，应采取一切适当措施，防止诱拐、买卖或贩运儿童。（第 35 条）

第二十一，对未满 18 岁的人所犯的罪行，不应判处死刑或无期徒刑；被监禁的儿童应与成年犯隔开；不得对儿童施以酷刑或残忍、不人道或有辱人格的待遇或处罚；15 岁以下儿童不得参与任何敌对行动；遭受武装冲突之害的儿童应受到特别保护；受到虐待、忽视或监禁的儿童应得到适当的医疗或康复和复原疗养；处理触犯刑法儿童的方式应在于促进其尊严和价值感，目的是使他们重返社会。（第 37—40 条）

（2）儿童权利保护的原则

《儿童权利公约》提倡四项原则：

第一，儿童最大利益原则。 关于儿童的一切行为，均应以儿童的最大利益为首要考虑，而且把这种考虑宣布为儿童的一项权利。

第二，尊重儿童权利与尊严的原则。 在关于儿童权利的各项条款中，生存权、发展权、参与权、受保护权等所有的权利都体现着对儿童独立人格的尊重，对儿童权利的尊重，对儿童主体的尊重，以及对儿童参与的尊重。

第三，无歧视原则。各国应确保儿童均享受公约中规定的各项权利，不因儿童或其父母或法定监护人的种族、肤色、性别、语言、宗教、政治见解、国籍或民族、财产或残疾等不同而受到任何歧视。

第四，尊重儿童意见的原则。任何涉及儿童的事项，均应听取儿童的意见，确保儿童对会影响其本人的一切事项有权自由发表意见。

九、中华人民共和国宪法

（1982 年 12 月 4 日第五届全国人民代表大会第五次会议通过，1982 年 12 月 4 日全国人民代表大会公告公布施行；根据 1988 年 4 月 12 日第七届全国人民代表大会第一次会议通过的《中华人民共和国宪法修正案》、1993 年 3 月 29 日第八届全国人民代表大会第一次会议通过的《中华人民共和国宪法修正案》、1999 年 3 月 15 日第九届全国人民代表大会第二次会议通过的《中华人民共和国宪法修正案》、2004 年 3 月 14 日第十届全国人民代表大会第二次会议通过的《中华人民共和国宪法修正案》和 2018 年 3 月 11 日第十三届全国人民代表大会第一次会议通过的《中华人民共和国宪法修正案》修正）

序　　言

中国是世界上历史最悠久的国家之一。中国各族人民共同创造了光辉灿烂的文化，具有光荣的革命传统。

一八四〇年以后，封建的中国逐渐变成半殖民地、半封建的国家。中国人民为国家独立、民族解放和民主自由进行了前仆后继的英勇奋斗。

二十世纪，中国发生了翻天覆地的伟大历史变革。

一九一一年孙中山先生领导的辛亥革命，废除了封建帝制，创立了中华民国。但是，中国人民反对帝国主义和封建主义的历史任务还没有完成。

一九四九年，以毛泽东主席为领袖的中国共产党领导中国各族人民，在经历了长期的艰难曲折的武装斗争和其他形式的斗争以后，终于推翻了帝国主义、封建主义和官僚资本主义的统治，取得了新民主主义革命的伟大胜利，建立了中华人民共和国。从此，中国人民掌握了国家的权力，成为国家的主人。

中华人民共和国成立以后，我国社会逐步实现了由新民主主义到社会主义的过渡。生产资料私有制的社会主义改造已经完成，人剥削人的制度已经消灭，社会主义制度已经确立。工人阶级领导的、以工农联盟为基础的人民民主专政，实质上即无产阶级专政，得到巩固和发展。中国人民和中国人民解放军战胜了帝国主义、霸权主义的侵略、破坏和武装挑衅，维护了国家的独立和安全，增强了国防。经济建设取得了重大的成就，独立的、比较完整的社会主义工业体系已经基本形成，农业生产显著提高。教育、科学、文化等事业有了很大的发展，社会主义思想教育取得了明显的成效。广大人民的生活有了较大的改善。

中国新民主主义革命的胜利和社会主义事业的成就，是中国共产党领导中国各族人民，在马克思列宁主义、毛泽东思想的指引下，坚持真理，修正错误，战胜许多艰难险阻而取得的。我国将长期处于社会主义初级阶段。国家的根本任务是，沿着中国特色社会主义道路，集中力量进行社会主义现代化建设。中国各族人民将继续在中国共产党领导下，在马克思列宁主义、毛泽东思想、邓小平理论、“三个代表”重要思想、科学发展观、习近平新时代中国特色社会主义思想指引下，坚持人民民主专政，坚持社会主义道路，坚持改革开放，不断完善社会主义的各项制度，发展社会主义市场经济，发展社会主义民主，健全社会主义法治，贯彻新发展理念，自力更生，艰苦奋斗，逐步实现工业、农业、国防和科学技术的现代化，推动物质文明、政治文明、精神文明、社会文明、生态文明协调发展，把我国建设成为富强民主文明和谐美丽的社会主义现代化强国，实现中华民族伟大复兴。

在我国，剥削阶级作为阶级已经消灭，但是阶级斗争还将在一定范围内长期存在。中国人民对敌视和破坏我国社会主义制度的国内外的敌对势力和敌对分子,必须进行斗争。

台湾是中华人民共和国的神圣领土的一部分。完成统一祖国的大业是包括台湾同胞在内的全中国人民的神圣职责。

社会主义的建设事业必须依靠工人、农民和知识分子,团结一切可以团结的力量。在长期的革命、建设、改革过程中,已经结成由中国共产党领导的,有各民主党派和各人民团体参加的,包括全体社会主义劳动者、社会主义事业的建设者、拥护社会主义的爱国者、拥护祖国统一和致力于中华民族伟大复兴的爱国者的广泛的爱国统一战线,这个统一战线将继续巩固和发展。中国人民政治协商会议是有广泛代表性的统一战线组织,过去发挥了重要的历史作用,今后在国家政治生活、社会生活和对外友好活动中,在进行社会主义现代化建设、维护国家的统一和团结的斗争中,将进一步发挥它的重要作用。中国共产党领导的多党合作和政治协商制度将长期存在和发展。

中华人民共和国是全国各族人民共同缔造的统一的多民族国家。平等团结互助和谐的社会主义民族关系已经确立,并将继续加强。在维护民族团结的斗争中,要反对大民族主义,主要是大汉族主义,也要反对地方民族主义。国家尽一切努力,促进全国各民族的共同繁荣。

中国革命、建设、改革的成就是同世界人民的支持分不开的。中国的前途是同世界的前途紧密地联系在一起的。中国坚持独立自主的对外政策,坚持互相尊重主权和领土完整、互不侵犯、互不干涉内政、平等互利、和平共处的五项原则,坚持和平发展道路,坚持互利共赢开放战略,发展同各国的外交关系和经济、文化交流,推动构建人类命运共同体;坚持反对帝国主义、霸权主义、殖民主义,加强同世界各国人民的团结,支持被压迫民族和发展中国家争取和维护民族独立、发展民族经济的正义斗争,为维护世界和平和促进人类进步事业而努力。

本宪法以法律的形式确认了中国各族人民奋斗的成果,规定了国家的根本制度和根本任务,是国家的根本法,具有最高的法律效力。全国各族人民、一切国家机关和武装力量、各政党和各社会团体、各企业事业组织,都必须以宪法为根本的活动准则,并且负有维护宪法尊严、保证宪法实施的职责。

第一章 总 纲

第一条 中华人民共和国是工人阶级领导的、以工农联盟为基础的人民民主专政的社会主义国家。

社会主义制度是中华人民共和国的根本制度。中国共产党领导是中国特色社会主义最本质的特征。禁止任何组织或者个人破坏社会主义制度。

第二条 中华人民共和国的一切权力属于人民。

人民行使国家权力的机关是全国人民代表大会和地方各级人民代表大会。

人民依照法律规定,通过各种途径和形式,管理国家事务,管理经济和文化事业,管理社会事务。

第三条 中华人民共和国的国家机构实行民主集中制的原则。

全国人民代表大会和地方各级人民代表大会都由民主选举产生,对人民负责,受人民监督。

国家行政机关、监察机关、审判机关、检察机关都由人民代表大会产生,对它负责,受它监督。

中央和地方的国家机构职权的划分,遵循在中央的统一领导下,充分发挥地方的主动性、积极性的原则。

【典型真题】依据《宪法》,中央和地方的国家机构职权划分的原则是,(　　)。

A. 中央统一领导,充分发挥地方的主动性和积极性

B. 中央统一领导,充分发挥地方的自主性和积极性

C. 中央统一领导,充分发挥地方的主体性和主动性

D. 中央统一领导,充分发挥地方的主体性和自主性

【解析】我国《宪法》第三条规定，中央和地方的国家机构职权的划分，遵循在中央的统一领导下，充分发挥地方的主动性、积极性的原则。故选A项。

【答案】A

第四条　中华人民共和国各民族一律平等。国家保障各少数民族的合法的权利和利益，维护和发展各民族的平等团结互助和谐关系。禁止对任何民族的歧视和压迫，禁止破坏民族团结和制造民族分裂的行为。

国家根据各少数民族的特点和需要，帮助各少数民族地区加速经济和文化的发展。

各少数民族聚居的地方实行区域自治，设立自治机关，行使自治权。各民族自治地方都是中华人民共和国不可分离的部分。

各民族都有使用和发展自己的语言文字的自由，都有保持或者改革自己的风俗习惯的自由。

第五条　中华人民共和国实行依法治国，建设社会主义法治国家。

国家维护社会主义法制的统一和尊严。

一切法律、行政法规和地方性法规都不得同宪法相抵触。

一切国家机关和武装力量、各政党和各社会团体、各企业事业组织都必须遵守宪法和法律。一切违反宪法和法律的行为，必须予以追究。

任何组织或者个人都不得有超越宪法和法律的特权。

第六条　中华人民共和国的社会主义经济制度的基础是生产资料的社会主义公有制，即全民所有制和劳动群众集体所有制。社会主义公有制消灭人剥削人的制度，实行各尽所能、按劳分配的原则。

国家在社会主义初级阶段，坚持公有制为主体、多种所有制经济共同发展的基本经济制度，坚持按劳分配为主体、多种分配方式并存的分配制度。

第七条　国有经济，即社会主义全民所有制经济，是国民经济中的主导力量。国家保障国有经济的巩固和发展。

第八条　农村集体经济组织实行家庭承包经营为基础、统分结合的双层经营体制。农村中的生产、供销、信用、消费等各种形式的合作经济，是社会主义劳动群众集体所有制经济。参加农村集体经济组织的劳动者，有权在法律规定的范围内经营自留地、自留山、家庭副业和饲养自留畜。

城镇中的手工业、工业、建筑业、运输业、商业、服务业等行业的各种形式的合作经济，都是社会主义劳动群众集体所有制经济。

国家保护城乡集体经济组织的合法的权利和利益，鼓励、指导和帮助集体经济的发展。

第九条　矿藏、水流、森林、山岭、草原、荒地、滩涂等自然资源，都属于国家所有，即全民所有；由法律规定属于集体所有的森林和山岭、草原、荒地、滩涂除外。

国家保障自然资源的合理利用，保护珍贵的动物和植物。禁止任何组织或者个人用任何手段侵占或者破坏自然资源。

第十条　城市的土地属于国家所有。

农村和城市郊区的土地，除由法律规定属于国家所有的以外，属于集体所有；宅基地和自留地、自留山，也属于集体所有。

国家为了公共利益的需要，可以依照法律规定对土地实行征收或者征用并给予补偿。

任何组织或者个人不得侵占、买卖或者以其他形式非法转让土地。土地的使用权可以依照法律的规定转让。

一切使用土地的组织和个人必须合理地利用土地。

第十一条　在法律规定范围内的个体经济、私营经济等非公有制经济，是社会主义市场经济的重要组成部分。

国家保护个体经济、私营经济等非公有制经济的合法的权利和利益。国家鼓励、支持和引导非公有制经济的发展，并对非公有制经济依法实行监督和管理。

第十二条 社会主义的公共财产神圣不可侵犯。

国家保护社会主义的公共财产。禁止任何组织或者个人用任何手段侵占或者破坏国家的和集体的财产。

第十三条 公民的合法的私有财产不受侵犯。

国家依照法律规定保护公民的私有财产权和继承权。

国家为了公共利益的需要，可以依照法律规定对公民的私有财产实行征收或者征用并给予补偿。

第十四条 国家通过提高劳动者的积极性和技术水平，推广先进的科学技术，完善经济管理体制和企业经营管理制度，实行各种形式的社会主义责任制，改进劳动组织，以不断提高劳动生产率和经济效益，发展社会生产力。

国家厉行节约，反对浪费。

国家合理安排积累和消费，兼顾国家、集体和个人的利益，在发展生产的基础上，逐步改善人民的物质生活和文化生活。

国家建立健全同经济发展水平相适应的社会保障制度。

第十五条 国家实行社会主义市场经济。

国家加强经济立法，完善宏观调控。

国家依法禁止任何组织或者个人扰乱社会经济秩序。

第十六条 国有企业在法律规定的范围内有权自主经营。

国有企业依照法律规定，通过职工代表大会和其他形式，实行民主管理。

第十七条 集体经济组织在遵守有关法律的前提下，有独立进行经济活动的自主权。

集体经济组织实行民主管理，依照法律规定选举和罢免管理人员，决定经营管理的重大问题。

第十八条 中华人民共和国允许外国的企业和其他经济组织或者个人依照中华人民共和国法律的规定在中国投资，同中国的企业或者其他经济组织进行各种形式的经济合作。

在中国境内的外国企业和其他外国经济组织以及中外合资经营的企业，都必须遵守中华人民共和国的法律。它们的合法的权利和利益受中华人民共和国法律的保护。

第十九条 国家发展社会主义的教育事业，提高全国人民的科学文化水平。

国家举办各种学校，普及初等义务教育，发展中等教育、职业教育和高等教育，并且发展学前教育。

国家发展各种教育设施，扫除文盲，对工人、农民、国家工作人员和其他劳动者进行政治、文化、科学、技术、业务的教育，鼓励自学成才。

国家鼓励集体经济组织、国家企业事业组织和其他社会力量依照法律规定举办各种教育事业。

国家推广全国通用的普通话。

【典型真题】依据《宪法》，下列说法中不正确的是（　　）。

A. 国家发展学前教育　　B. 国家发展义务教育

C. 国家发展中等教育　　D. 国家发展高等教育

【解析】《宪法》第十九条规定，国家发展社会主义的教育事业，提高全国人民的科学文化水平。国家举办各种学校，普及初等义务教育，发展中等教育、职业教育和高等教育，并且发展学前教育。因此国家是普及义务教育，不是发展义务教育。

【答案】B

笔记栏

笔记栏

第二十条 国家发展自然科学和社会科学事业，普及科学和技术知识，奖励科学研究成果和技术发明创造。

第二十一条 国家发展医疗卫生事业，发展现代医药和我国传统医药，鼓励和支持农村集体经济组织、国家企业事业组织和街道组织举办各种医疗卫生设施，开展群众性的卫生活动，保护人民健康。

国家发展体育事业，开展群众性的体育活动，增强人民体质。

第二十二条 国家发展为人民服务、为社会主义服务的文学艺术事业、新闻广播电视事业、出版发行事业、图书馆博物馆文化馆和其他文化事业，开展群众性的文化活动。

国家保护名胜古迹、珍贵文物和其他重要历史文化遗产。

第二十三条 国家培养为社会主义服务的各种专业人才，扩大知识分子的队伍，创造条件，充分发挥他们在社会主义现代化建设中的作用。

第二十四条 国家通过普及理想教育、道德教育、文化教育、纪律和法制教育，通过在城乡不同范围的群众中制定和执行各种守则、公约，加强社会主义精神文明的建设。

国家倡导社会主义核心价值观，提倡爱祖国、爱人民、爱劳动、爱科学、爱社会主义的公德，在人民中进行爱国主义、集体主义和国际主义、共产主义的教育，进行辩证唯物主义和历史唯物主义的教育，反对资本主义的、封建主义的和其他的腐朽思想。

第二十五条 国家推行计划生育，使人口的增长同经济和社会发展计划相适应。

第二十六条 国家保护和改善生活环境和生态环境，防治污染和其他公害。

国家组织和鼓励植树造林，保护林木。

第二十七条 一切国家机关实行精简的原则，实行工作责任制，实行工作人员的培训和考核制度，不断提高工作质量和工作效率，反对官僚主义。

一切国家机关和国家工作人员必须依靠人民的支持，经常保持同人民的密切联系，倾听人民的意见和建议，接受人民的监督，努力为人民服务。

国家工作人员就职时应当依照法律规定公开进行宪法宣誓。

第二十八条 国家维护社会秩序，镇压叛国和其他危害国家安全的犯罪活动，制裁危害社会治安、破坏社会主义经济和其他犯罪的活动，惩办和改造犯罪分子。

第二十九条 中华人民共和国的武装力量属于人民。它的任务是巩固国防，抵抗侵略，保卫祖国，保卫人民的和平劳动，参加国家建设事业，努力为人民服务。

国家加强武装力量的革命化、现代化、正规化的建设，增强国防力量。

【典型真题】《宪法》规定，中华人民共和国的武装力量属于（　　）。

A. 中国共产党　　B. 中央人民政府

C. 人民　　D. 社会

【解析】《宪法》第二十九条规定：中华人民共和国的武装力量属于人民。它的任务是巩固国防，抵抗侵略，保卫祖国，保卫人民的和平劳动，参加国家建设事业，努力为人民服务。

【答案】C

第三十条 中华人民共和国的行政区域划分如下：

（一）全国分为省、自治区、直辖市；

（二）省、自治区分为自治州、县、自治县、市；

（三）县、自治县分为乡、民族乡、镇。

直辖市和较大的市分为区、县。自治州分为县、自治县、市。

自治区、自治州、自治县都是民族自治地方。

第三十一条 国家在必要时得设立特别行政区。在特别行政区内实行的制度按照具体情况由全国人民代表大会以法律规定。

第三十二条 中华人民共和国保护在中国境内的外国人的合法权利和利益，在中国境内的外国人必须遵守中华人民共和国的法律。

中华人民共和国对于因为政治原因要求避难的外国人，可以给予受庇护的权利。

第二章 公民的基本权利和义务

第三十三条 凡具有中华人民共和国国籍的人都是中华人民共和国公民。

中华人民共和国公民在法律面前一律平等。

国家尊重和保障人权。

任何公民享有宪法和法律规定的权利，同时必须履行宪法和法律规定的义务。

第三十四条 中华人民共和国年满十八周岁的公民，不分民族、种族、性别、职业、家庭出身、宗教信仰、教育程度、财产状况、居住期限，都有选举权和被选举权；但是依照法律被剥夺政治权利的人除外。

第三十五条 中华人民共和国公民有言论、出版、集会、结社、游行、示威的自由。

第三十六条 中华人民共和国公民有宗教信仰自由。

任何国家机关、社会团体和个人不得强制公民信仰宗教或者不信仰宗教，不得歧视信仰宗教的公民和不信仰宗教的公民。

国家保护正常的宗教活动。任何人不得利用宗教进行破坏社会秩序、损害公民身体健康、妨碍国家教育制度的活动。

宗教团体和宗教事务不受外国势力的支配。

第三十七条 中华人民共和国公民的人身自由不受侵犯。

任何公民，非经人民检察院批准或者决定或者人民法院决定，并由公安机关执行，不受逮捕。

禁止非法拘禁和以其他方法非法剥夺或者限制公民的人身自由，禁止非法搜查公民的身体。

第三十八条 中华人民共和国公民的人格尊严不受侵犯。禁止用任何方法对公民进行侮辱、诽谤和诬告陷害。

第三十九条 中华人民共和国公民的住宅不受侵犯。禁止非法搜查或者非法侵入公民的住宅。

第四十条 中华人民共和国公民的通信自由和通信秘密受法律的保护。除因国家安全或者追查刑事犯罪的需要，由公安机关或者检察机关依照法律规定的程序对通信进行检查外，任何组织或者个人不得以任何理由侵犯公民的通信自由和通信秘密。

第四十一条 中华人民共和国公民对于任何国家机关和国家工作人员，有提出批评和建议的权利；对于任何国家机关和国家工作人员的违法失职行为，有向有关国家机关提出申诉、控告或者检举的权利，但是不得捏造或者歪曲事实进行诬告陷害。

对于公民的申诉、控告或者检举，有关国家机关必须查清事实，负责处理。任何人不得压制和打击报复。

由于国家机关和国家工作人员侵犯公民权利而受到损失的人，有依照法律规定取得赔偿的权利。

第四十二条 中华人民共和国公民有劳动的权利和义务。

国家通过各种途径，创造劳动就业条件，加强劳动保护，改善劳动条件，并在发展生产的基础上，提高劳动报酬和福利待遇。

劳动是一切有劳动能力的公民的光荣职责。国有企业和城乡集体经济组织的劳动者都应当以国家主人翁的态度对待自己的劳动。国家提倡社会主义劳动竞赛，奖励劳动模范和先进工作者。

笔记栏

国家提倡公民从事义务劳动。

国家对就业前的公民进行必要的劳动就业训练。

第四十三条 中华人民共和国劳动者有休息的权利。

国家发展劳动者休息和休养的设施，规定职工的工作时间和休假制度。

第四十四条 国家依照法律规定实行企业事业组织的职工和国家机关工作人员的退休制度。退休人员的生活受到国家和社会的保障。

第四十五条 中华人民共和国公民在年老、疾病或者丧失劳动能力的情况下，有从国家和社会获得物质帮助的权利。国家发展为公民享受这些权利所需要的社会保险、社会救济和医疗卫生事业。

国家和社会保障残废军人的生活，抚恤烈士家属，优待军人家属。

国家和社会帮助安排盲、聋、哑和其他有残疾的公民的劳动、生活和教育。

第四十六条 中华人民共和国公民有受教育的权利和义务。

国家培养青年、少年、儿童在品德、智力、体质等方面全面发展。

第四十七条 中华人民共和国公民有进行科学研究、文学艺术创作和其他文化活动的自由。国家对于从事教育、科学、技术、文学、艺术和其他文化事业的公民的有益于人民的创造性工作，给以鼓励和帮助。

第四十八条 中华人民共和国妇女在政治的、经济的、文化的、社会的和家庭的生活等各方面享有同男子平等的权利。

国家保护妇女的权利和利益，实行男女同工同酬，培养和选拔妇女干部。

第四十九条 婚姻、家庭、母亲和儿童受国家的保护。

夫妻双方有实行计划生育的义务。

父母有抚养教育未成年子女的义务，成年子女有赡养扶助父母的义务。

禁止破坏婚姻自由，禁止虐待老人、妇女和儿童。

第五十条 中华人民共和国保护华侨的正当的权利和利益，保护归侨和侨眷的合法的权利和利益。

第五十一条 中华人民共和国公民在行使自由和权利的时候，不得损害国家的、社会的、集体的利益和其他公民的合法的自由和权利。

第五十二条 中华人民共和国公民有维护国家统一和全国各民族团结的义务。

第五十三条 中华人民共和国公民必须遵守宪法和法律，保守国家秘密，爱护公共财产，遵守劳动纪律，遵守公共秩序，尊重社会公德。

第五十四条 中华人民共和国公民有维护祖国的安全、荣誉和利益的义务，不得有危害祖国的安全、荣誉和利益的行为。

第五十五条 保卫祖国、抵抗侵略是中华人民共和国每一个公民的神圣职责。

依照法律服兵役和参加民兵组织是中华人民共和国公民的光荣义务。

第五十六条 中华人民共和国公民有依照法律纳税的义务。

第三章 国家机构

第一节 全国人民代表大会

第五十七条 中华人民共和国全国人民代表大会是最高国家权力机关。它的常设机关是全国人民代表大会常务委员会。

第五十八条 全国人民代表大会和全国人民代表大会常务委员会行使国家立法权。

第五十九条 全国人民代表大会由省、自治区、直辖市、特别行政区和军队选出的代表组成。各少数民族都应当有适当名额的代表。

全国人民代表大会代表的选举由全国人民代表大会常务委员会主持。

全国人民代表大会代表名额和代表产生办法由法律规定。

第六十条 全国人民代表大会每届任期五年。

全国人民代表大会任期届满的两个月以前，全国人民代表大会常务委员会必须完成下届全国人民代表大会代表的选举。如果遇到不能进行选举的非常情况，由全国人民代表大会常务委员会以全体组成人员的三分之二以上的多数通过，可以推迟选举，延长本届全国人民代表大会的任期。在非常情况结束后一年内，必须完成下届全国人民代表大会代表的选举。

第六十一条 全国人民代表大会会议每年举行一次，由全国人民代表大会常务委员会召集。如果全国人民代表大会常务委员会认为必要，或者有五分之一以上的全国人民代表大会代表提议，可以临时召集全国人民代表大会会议。

全国人民代表大会举行会议的时候，选举主席团主持会议。

第六十二条 全国人民代表大会行使下列职权：

（一）修改宪法；

（二）监督宪法的实施；

（三）制定和修改刑事、民事、国家机构的和其他的基本法律；

（四）选举中华人民共和国主席、副主席；

（五）根据中华人民共和国主席的提名，决定国务院总理的人选；根据国务院总理的提名，决定国务院副总理、国务委员、各部部长、各委员会主任、审计长、秘书长的人选；

（六）选举中央军事委员会主席；根据中央军事委员会主席的提名，决定中央军事委员会其他组成人员的人选；

（七）选举国家监察委员会主任；

（八）选举最高人民法院院长；

（九）选举最高人民检察院检察长；

（十）审查和批准国民经济和社会发展计划和计划执行情况的报告；

（十一）审查和批准国家的预算和预算执行情况的报告；

（十二）改变或者撤销全国人民代表大会常务委员会不适当的决定；

（十三）批准省、自治区和直辖市的建置；

（十四）决定特别行政区的设立及其制度；

（十五）决定战争和和平的问题；

（十六）应当由最高国家权力机关行使的其他职权。

第六十三条 全国人民代表大会有权罢免下列人员：

（一）中华人民共和国主席、副主席；

（二）国务院总理、副总理、国务委员、各部部长、各委员会主任、审计长、秘书长；

（三）中央军事委员会主席和中央军事委员会其他组成人员；

（四）国家监察委员会主任；

（五）最高人民法院院长；

（六）最高人民检察院检察长。

第六十四条 宪法的修改，由全国人民代表大会常务委员会或者五分之一以上的全国人民代表大会代表提议，并由全国人民代表大会以全体代表的三分之二以上的多数通过。

法律和其他议案由全国人民代表大会以全体代表的过半数通过。

第六十五条 全国人民代表大会常务委员会由下列人员组成：

委员长，

笔记栏

副委员长若干人，

秘书长，

委员若干人。

全国人民代表大会常务委员会组成人员中，应当有适当名额的少数民族代表。

全国人民代表大会选举并有权罢免全国人民代表大会常务委员会的组成人员。

全国人民代表大会常务委员会的组成人员不得担任国家行政机关、监察机关、审判机关和检察机关的职务。

第六十六条 全国人民代表大会常务委员会每届任期同全国人民代表大会每届任期相同，它行使职权到下届全国人民代表大会选出新的常务委员会为止。

委员长、副委员长连续任职不得超过两届。

第六十七条 全国人民代表大会常务委员会行使下列职权：

（一）解释宪法，监督宪法的实施；

（二）制定和修改除应当由全国人民代表大会制定的法律以外的其他法律；

（三）在全国人民代表大会闭会期间，对全国人民代表大会制定的法律进行部分补充和修改，但是不得同该法律的基本原则相抵触；

（四）解释法律；

（五）在全国人民代表大会闭会期间，审查和批准国民经济和社会发展计划、国家预算在执行过程中所必须作的部分调整方案；

（六）监督国务院、中央军事委员会、国家监察委员会、最高人民法院和最高人民检察院的工作；

（七）撤销国务院制定的同宪法、法律相抵触的行政法规、决定和命令；

（八）撤销省、自治区、直辖市国家权力机关制定的同宪法、法律和行政法规相抵触的地方性法规和决议；

（九）在全国人民代表大会闭会期间，根据国务院总理的提名，决定部长、委员会主任、审计长、秘书长的人选；

（十）在全国人民代表大会闭会期间，根据中央军事委员会主席的提名，决定中央军事委员会其他组成人员的人选；

（十一）根据国家监察委员会主任的提请，任免国家监察委员会副主任、委员；

（十二）根据最高人民法院院长的提请，任免最高人民法院副院长、审判员、审判委员会委员和军事法院院长；

（十三）根据最高人民检察院检察长的提请，任免最高人民检察院副检察长、检察员、检察委员会委员和军事检察院检察长，并且批准省、自治区、直辖市的人民检察院检察长的任免；

（十四）决定驻外全权代表的任免；

（十五）决定同外国缔结的条约和重要协定的批准和废除；

（十六）规定军人和外交人员的衔级制度和其他专门衔级制度；

（十七）规定和决定授予国家的勋章和荣誉称号；

（十八）决定特赦；

（十九）在全国人民代表大会闭会期间，如果遇到国家遭受武装侵犯或者必须履行国际间共同防止侵略的条约的情况，决定战争状态的宣布；

（二十）决定全国总动员或者局部动员；

（二十一）决定全国或者个别省、自治区、直辖市进入紧急状态；

（二十二）全国人民代表大会授予的其他职权。

笔记栏

【典型真题】根据《宪法》,下列不属于全国人民代表大会常务委员会职权的是(　　)。

A. 解释法律　　B. 监督宪法的实施

C. 决定人民法院诉讼处理　　D. 决定驻外全权代表任免

【解析】根据《宪法》第六十七条第一、四、十四款的规定,全国人民代表大会常务委员会行使监督宪法的实施、解释法律和决定驻外全权代表的任免等职权。《宪法》第一百二十八条规定,人民法院是国家的审判机关。《宪法》第一百三十一条规定,人民法院依照法律规定独立行使审判权,不受行政机关、社会团体和个人的干涉。C选项不属于。

【答案】C

第六十八条　全国人民代表大会常务委员会委员长主持全国人民代表大会常务委员会的工作,召集全国人民代表大会常务委员会会议。副委员长、秘书长协助委员长工作。

委员长、副委员长、秘书长组成委员长会议,处理全国人民代表大会常务委员会的重要日常工作。

第六十九条　全国人民代表大会常务委员会对全国人民代表大会负责并报告工作。

第七十条　全国人民代表大会设立民族委员会、宪法和法律委员会、财政经济委员会、教育科学文化卫生委员会、外事委员会、华侨委员会和其他需要设立的专门委员会。在全国人民代表大会闭会期间,各专门委员会受全国人民代表大会常务委员会的领导。

各专门委员会在全国人民代表大会和全国人民代表大会常务委员会领导下,研究、审议和拟订有关议案。

第七十一条　全国人民代表大会和全国人民代表大会常务委员会认为必要的时候,可以组织关于特定问题的调查委员会,并且根据调查委员会的报告,作出相应的决议。

调查委员会进行调查的时候,一切有关的国家机关、社会团体和公民都有义务向它提供必要的材料。

第七十二条　全国人民代表大会代表和全国人民代表大会常务委员会组成人员,有权依照法律规定的程序分别提出属于全国人民代表大会和全国人民代表大会常务委员会职权范围内的议案。

第七十三条　全国人民代表大会代表在全国人民代表大会开会期间,全国人民代表大会常务委员会组成人员在常务委员会开会期间,有权依照法律规定的程序提出对国务院或者国务院各部、各委员会的质询案。受质询的机关必须负责答复。

第七十四条　全国人民代表大会代表,非经全国人民代表大会会议主席团许可,在全国人民代表大会闭会期间非经全国人民代表大会常务委员会许可,不受逮捕或者刑事审判。

第七十五条　全国人民代表大会代表在全国人民代表大会各种会议上的发言和表决,不受法律追究。

第七十六条　全国人民代表大会代表必须模范地遵守宪法和法律,保守国家秘密,并且在自己参加的生产、工作和社会活动中,协助宪法和法律的实施。

全国人民代表大会代表应当同原选举单位和人民保持密切的联系,听取和反映人民的意见和要求,努力为人民服务。

第七十七条　全国人民代表大会代表受原选举单位的监督。原选举单位有权依照法律规定的程序罢免本单位选出的代表。

第七十八条　全国人民代表大会和全国人民代表大会常务委员会的组织和工作程序由法律规定。

第二节　中华人民共和国主席

第七十九条　中华人民共和国主席、副主席由全国人民代表大会选举。

笔记栏

有选举权和被选举权的年满四十五周岁的中华人民共和国公民可以被选为中华人民共和国主席、副主席。

中华人民共和国主席、副主席每届任期同全国人民代表大会每届任期相同。

第八十条 中华人民共和国主席根据全国人民代表大会的决定和全国人民代表大会常务委员会的决定，公布法律，任免国务院总理、副总理、国务委员、各部部长、各委员会主任、审计长、秘书长，授予国家的勋章和荣誉称号，发布特赦令，宣布进入紧急状态，宣布战争状态，发布动员令。

第八十一条 中华人民共和国主席代表中华人民共和国，进行国事活动，接受外国使节；根据全国人民代表大会常务委员会的决定，派遣和召回驻外全权代表，批准和废除同外国缔结的条约和重要协定。

第八十二条 中华人民共和国副主席协助主席工作。

中华人民共和国副主席受主席的委托，可以代行主席的部分职权。

第八十三条 中华人民共和国主席、副主席行使职权到下届全国人民代表大会选出的主席、副主席就职为止。

第八十四条 中华人民共和国主席缺位的时候，由副主席继任主席的职位。

中华人民共和国副主席缺位的时候，由全国人民代表大会补选。

中华人民共和国主席、副主席都缺位的时候，由全国人民代表大会补选；在补选以前，由全国人民代表大会常务委员会委员长暂时代理主席职位。

第三节　国　务　院

第八十五条 中华人民共和国国务院，即中央人民政府，是最高国家权力机关的执行机关，是最高国家行政机关。

第八十六条 国务院由下列人员组成：

总理，

副总理若干人，

国务委员若干人，

各部部长，

各委员会主任，

审计长，

秘书长。

国务院实行总理负责制。各部、各委员会实行部长、主任负责制。

国务院的组织由法律规定。

第八十七条 国务院每届任期同全国人民代表大会每届任期相同。

总理、副总理、国务委员连续任职不得超过两届。

第八十八条 总理领导国务院的工作。副总理、国务委员协助总理工作。

总理、副总理、国务委员、秘书长组成国务院常务会议。

总理召集和主持国务院常务会议和国务院全体会议。

第八十九条 国务院行使下列职权：

（一）根据宪法和法律，规定行政措施，制定行政法规，发布决定和命令；

（二）向全国人民代表大会或者全国人民代表大会常务委员会提出议案；

（三）规定各部和各委员会的任务和职责，统一领导各部和各委员会的工作，并且领导不属于各部和各委员会的全国性的行政工作；

（四）统一领导全国地方各级国家行政机关的工作，规定中央和省、自治区、直辖市的国家行政机关的职权的具体划分；

(五) 编制和执行国民经济和社会发展计划和国家预算;
(六) 领导和管理经济工作和城乡建设、生态文明建设;
(七) 领导和管理教育、科学、文化、卫生、体育和计划生育工作;
(八) 领导和管理民政、公安、司法行政等工作;
(九) 管理对外事务,同外国缔结条约和协定;
(十) 领导和管理国防建设事业;
(十一) 领导和管理民族事务,保障少数民族的平等权利和民族自治地方的自治权利;
(十二) 保护华侨的正当的权利和利益,保护归侨和侨眷的合法的权利和利益;
(十三) 改变或者撤销各部、各委员会发布的不适当的命令、指示和规章;
(十四) 改变或者撤销地方各级国家行政机关的不适当的决定和命令;
(十五) 批准省、自治区、直辖市的区域划分,批准自治州、县、自治县、市的建置和区域划分;
(十六) 依照法律规定决定省、自治区、直辖市的范围内部分地区进入紧急状态;
(十七) 审定行政机构的编制,依照法律规定任免、培训、考核和奖惩行政人员;
(十八) 全国人民代表大会和全国人民代表大会常务委员会授予的其他职权。

第九十条 国务院各部部长、各委员会主任负责本部门的工作;召集和主持部务会议或者委员会会议、委务会议,讨论决定本部门工作的重大问题。

各部、各委员会根据法律和国务院的行政法规、决定、命令,在本部门的权限内,发布命令、指示和规章。

第九十一条 国务院设立审计机关,对国务院各部门和地方各级政府的财政收支,对国家的财政金融机构和企业事业组织的财务收支,进行审计监督。

审计机关在国务院总理领导下,依照法律规定独立行使审计监督权,不受其他行政机关、社会团体和个人的干涉。

第九十二条 国务院对全国人民代表大会负责并报告工作;在全国人民代表大会闭会期间,对全国人民代表大会常务委员会负责并报告工作。

第四节 中央军事委员会

第九十三条 中华人民共和国中央军事委员会领导全国武装力量。

中央军事委员会由下列人员组成:

主席,

副主席若干人,

委员若干人。

中央军事委员会实行主席负责制。

中央军事委员会每届任期同全国人民代表大会每届任期相同。

第九十四条 中央军事委员会主席对全国人民代表大会和全国人民代表大会常务委员会负责。

第五节 地方各级人民代表大会和地方各级人民政府

第九十五条 省、直辖市、县、市、市辖区、乡、民族乡、镇设立人民代表大会和人民政府。

地方各级人民代表大会和地方各级人民政府的组织由法律规定。

自治区、自治州、自治县设立自治机关。自治机关的组织和工作根据宪法第三章第五节、第六节规定的基本原则由法律规定。

第九十六条 地方各级人民代表大会是地方国家权力机关。

县级以上的地方各级人民代表大会设立常务委员会。

第九十七条 省、直辖市、设区的市的人民代表大会代表由下一级的人民代表大会选举;县、不

笔记栏

设区的市、市辖区、乡、民族乡、镇的人民代表大会代表由选民直接选举。

地方各级人民代表大会代表名额和代表产生办法由法律规定。

第九十八条 地方各级人民代表大会每届任期五年。

第九十九条 地方各级人民代表大会在本行政区域内,保证宪法、法律、行政法规的遵守和执行;依照法律规定的权限,通过和发布决议,审查和决定地方的经济建设、文化建设和公共事业建设的计划。

县级以上的地方各级人民代表大会审查和批准本行政区域内的国民经济和社会发展计划、预算以及它们的执行情况的报告;有权改变或者撤销本级人民代表大会常务委员会不适当的决定。

民族乡的人民代表大会可以依照法律规定的权限采取适合民族特点的具体措施。

第一百条 省、直辖市的人民代表大会和它们的常务委员会,在不同宪法、法律、行政法规相抵触的前提下,可以制定地方性法规,报全国人民代表大会常务委员会备案。

设区的市的人民代表大会和它们的常务委员会,在不同宪法、法律、行政法规和本省、自治区的地方性法规相抵触的前提下,可以依照法律规定制定地方性法规,报本省、自治区人民代表大会常务委员会批准后施行。

第一百零一条 地方各级人民代表大会分别选举并且有权罢免本级人民政府的省长和副省长、市长和副市长、县长和副县长、区长和副区长、乡长和副乡长、镇长和副镇长。

县级以上的地方各级人民代表大会选举并且有权罢免本级监察委员会主任、本级人民法院院长和本级人民检察院检察长。选出或者罢免人民检察院检察长,须报上级人民检察院检察长提请该级人民代表大会常务委员会批准。

第一百零二条 省、直辖市、设区的市的人民代表大会代表受原选举单位的监督;县、不设区的市、市辖区、乡、民族乡、镇的人民代表大会代表受选民的监督。

地方各级人民代表大会代表的选举单位和选民有权依照法律规定的程序罢免由他们选出的代表。

第一百零三条 县级以上的地方各级人民代表大会常务委员会由主任、副主任若干人和委员若干人组成,对本级人民代表大会负责并报告工作。

县级以上的地方各级人民代表大会选举并有权罢免本级人民代表大会常务委员会的组成人员。

县级以上的地方各级人民代表大会常务委员会的组成人员不得担任国家行政机关、监察机关、审判机关和检察机关的职务。

第一百零四条 县级以上的地方各级人民代表大会常务委员会讨论、决定本行政区域内各方面工作的重大事项;监督本级人民政府、监察委员会、人民法院和人民检察院的工作;撤销本级人民政府的不适当的决定和命令;撤销下一级人民代表大会的不适当的决议;依照法律规定的权限决定国家机关工作人员的任免;在本级人民代表大会闭会期间,罢免和补选上一级人民代表大会的个别代表。

第一百零五条 地方各级人民政府是地方各级国家权力机关的执行机关,是地方各级国家行政机关。

地方各级人民政府实行省长、市长、县长、区长、乡长、镇长负责制。

【典型真题】依据《宪法》,下列表述中不正确的是(　　)。

A. 县级以上的地方各级人民政府设立审计机关

B. 地方各级人民政府是地方各级国家权力机关

C. 地方各级人民政府对本级人民代表大会负责并报告工作

D. 地方各级人民政府都是国务院统一领导下的国家行政机关

【解析】《宪法》第一百零五条规定:地方各级人民政府是地方各级国家权力机关的执行机关,是地方各级国家行政机关。

【答案】B

第一百零六条 地方各级人民政府每届任期同本级人民代表大会每届任期相同。

第一百零七条 县级以上地方各级人民政府依照法律规定的权限,管理本行政区域内的经济、教育、科学、文化、卫生、体育事业、城乡建设事业和财政、民政、公安、民族事务、司法行政、计划生育等行政工作,发布决定和命令,任免、培训、考核和奖惩行政工作人员。

乡、民族乡、镇的人民政府执行本级人民代表大会的决议和上级国家行政机关的决定和命令,管理本行政区域内的行政工作。

省、直辖市的人民政府决定乡、民族乡、镇的建置和区域划分。

第一百零八条 县级以上的地方各级人民政府领导所属各工作部门和下级人民政府的工作,有权改变或者撤销所属各工作部门和下级人民政府的不适当的决定。

第一百零九条 县级以上的地方各级人民政府设立审计机关。地方各级审计机关依照法律规定独立行使审计监督权,对本级人民政府和上一级审计机关负责。

第一百一十条 地方各级人民政府对本级人民代表大会负责并报告工作。县级以上的地方各级人民政府在本级人民代表大会闭会期间,对本级人民代表大会常务委员会负责并报告工作。

地方各级人民政府对上一级国家行政机关负责并报告工作。全国地方各级人民政府都是国务院统一领导下的国家行政机关,都服从国务院。

第一百一十一条 城市和农村按居民居住地区设立的居民委员会或者村民委员会是基层群众性自治组织。居民委员会、村民委员会的主任、副主任和委员由居民选举。居民委员会、村民委员会同基层政权的相互关系由法律规定。

居民委员会、村民委员会设人民调解、治安保卫、公共卫生等委员会,办理本居住地区的公共事务和公益事业,调解民间纠纷,协助维护社会治安,并且向人民政府反映群众的意见、要求和提出建议。

第六节　民族自治地方的自治机关

第一百一十二条 民族自治地方的自治机关是自治区、自治州、自治县的人民代表大会和人民政府。

第一百一十三条 自治区、自治州、自治县的人民代表大会中,除实行区域自治的民族的代表外,其他居住在本行政区域内的民族也应当有适当名额的代表。

自治区、自治州、自治县的人民代表大会常务委员会中应当有实行区域自治的民族的公民担任主任或者副主任。

第一百一十四条 自治区主席、自治州州长、自治县县长由实行区域自治的民族的公民担任。

第一百一十五条 自治区、自治州、自治县的自治机关行使宪法第三章第五节规定的地方国家机关的职权,同时依照宪法、民族区域自治法和其他法律规定的权限行使自治权,根据本地方实际情况贯彻执行国家的法律、政策。

第一百一十六条 民族自治地方的人民代表大会有权依照当地民族的政治、经济和文化的特点,制定自治条例和单行条例。自治区的自治条例和单行条例,报全国人民代表大会常务委员会批准后生效。自治州、自治县的自治条例和单行条例,报省或者自治区的人民代表大会常务委员会批准后生效,并报全国人民代表大会常务委员会备案。

第一百一十七条 民族自治地方的自治机关有管理地方财政的自治权。凡是依照国家财政体制属于民族自治地方的财政收入,都应当由民族自治地方的自治机关自主地安排使用。

第一百一十八条 民族自治地方的自治机关在国家计划的指导下,自主地安排和管理地方性的经济建设事业。

国家在民族自治地方开发资源、建设企业的时候,应当照顾民族自治地方的利益。

第一百一十九条 民族自治地方的自治机关自主地管理本地方的教育、科学、文化、卫生、体育事业,保护和整理民族的文化遗产,发展和繁荣民族文化。

第一百二十条 民族自治地方的自治机关依照国家的军事制度和当地的实际需要,经国务院批准,可以组织本地方维护社会治安的公安部队。

第一百二十一条 民族自治地方的自治机关在执行职务的时候,依照本民族自治地方自治条例的规定,使用当地通用的一种或者几种语言文字。

第一百二十二条 国家从财政、物资、技术等方面帮助各少数民族加速发展经济建设和文化建设事业。

国家帮助民族自治地方从当地民族中大量培养各级干部、各种专业人才和技术工人。

第七节 监察委员会

第一百二十三条 中华人民共和国各级监察委员会是国家的监察机关。

第一百二十四条 中华人民共和国设立国家监察委员会和地方各级监察委员会。

监察委员会由下列人员组成:

主任,

副主任若干人,

委员若干人。

监察委员会主任每届任期同本级人民代表大会每届任期相同。国家监察委员会主任连续任职不得超过两届。

监察委员会的组织和职权由法律规定。

第一百二十五条 中华人民共和国国家监察委员会是最高监察机关。

国家监察委员会领导地方各级监察委员会的工作,上级监察委员会领导下级监察委员会的工作。

第一百二十六条 国家监察委员会对全国人民代表大会和全国人民代表大会常务委员会负责。地方各级监察委员会对产生它的国家权力机关和上一级监察委员会负责。

第一百二十七条 监察委员会依照法律规定独立行使监察权,不受行政机关、社会团体和个人的干涉。

监察机关办理职务违法和职务犯罪案件,应当与审判机关、检察机关、执法部门互相配合,互相制约。

第八节 人民法院和人民检察院

第一百二十八条 中华人民共和国人民法院是国家的审判机关。

第一百二十九条 中华人民共和国设立最高人民法院、地方各级人民法院和军事法院等专门人民法院。

最高人民法院院长每届任期同全国人民代表大会每届任期相同,连续任职不得超过两届。

人民法院的组织由法律规定。

第一百三十条 人民法院审理案件,除法律规定的特别情况外,一律公开进行。被告人有权获得辩护。

第一百三十一条 人民法院依照法律规定独立行使审判权,不受行政机关、社会团体和个人的干涉。

第一百三十二条 最高人民法院是最高审判机关。

最高人民法院监督地方各级人民法院和专门人民法院的审判工作，上级人民法院监督下级人民法院的审判工作。

第一百三十三条 最高人民法院对全国人民代表大会和全国人民代表大会常务委员会负责。地方各级人民法院对产生它的国家权力机关负责。

第一百三十四条 中华人民共和国人民检察院是国家的法律监督机关。

【典型真题】《宪法》规定，中华人民共和国人民检察院是(　　)。

A. 国家的法律监督机关　　B. 国家的法律监察机关

C. 国家的法律检察机关　　D. 国家的法律检查机关

【解析】《宪法》第一百三十四条规定：中华人民共和国人民检察院是国家的法律监督机关。

【答案】A

第一百三十五条 中华人民共和国设立最高人民检察院、地方各级人民检察院和军事检察院等专门人民检察院。

最高人民检察院检察长每届任期同全国人民代表大会每届任期相同，连续任职不得超过两届。

人民检察院的组织由法律规定。

第一百三十六条 人民检察院依照法律规定独立行使检察权，不受行政机关、社会团体和个人的干涉。

第一百三十七条 最高人民检察院是最高检察机关。

最高人民检察院领导地方各级人民检察院和专门人民检察院的工作，上级人民检察院领导下级人民检察院的工作。

第一百三十八条 最高人民检察院对全国人民代表大会和全国人民代表大会常务委员会负责。地方各级人民检察院对产生它的国家权力机关和上级人民检察院负责。

第一百三十九条 各民族公民都有用本民族语言文字进行诉讼的权利。人民法院和人民检察院对于不通晓当地通用的语言文字的诉讼参与人，应当为他们翻译。

在少数民族聚居或者多民族共同居住的地区，应当用当地通用的语言进行审理；起诉书、判决书、布告和其他文书应当根据实际需要使用当地通用的一种或者几种文字。

第一百四十条 人民法院、人民检察院和公安机关办理刑事案件，应当分工负责，互相配合，互相制约，以保证准确有效地执行法律。

第四章　国旗、国歌、国徽、首都

第一百四十一条 中华人民共和国国旗是五星红旗。

中华人民共和国国歌是《义勇军进行曲》。

第一百四十二条 中华人民共和国国徽，中间是五星照耀下的天安门，周围是谷穗和齿轮。

第一百四十三条 中华人民共和国首都是北京。

第二章 教师的权利和义务

知识体系及思维脉络图

教师的权利和义务
- 教师的权利和义务概述
  - 教师的权利
  - 教师的义务
- 依法执教
  - 教师在履行职责过程中涉及的法律问题
  - 依法执教与教师违法行为的预防

笔记栏

核心考点及学习提示

【核心考点】

1. 教师的基本权利、基本义务。
2. 依法执教的基本要求。
3. 教师侵权违法行为的具体表现、法律责任,以及预防策略。

【学习提示】

考试重点:教师的法定权利与义务,教师侵权违法行为的具体情形及其法律责任。

考试难点:依据《教师法》的相关规定,分析评价幼儿园保教实践中教师权利的行使与义务的履行。

第一节　教师的权利和义务概述

教师的权利和义务是一种法定的职业权利和义务。它们之间是对立统一、相互依存的关系。"没有无义务的权利,也没有无权利的义务。"作为教师,一方面是权利的享有者,另一方面又是义务的承担者。因此,应辩证理解、正确行使自己的权利,并严格履行自己的义务。

一、教师的权利

(一)教师权利的含义

教师的权利,也称教师的法律权利,是指教师依法享有的权利,表现为教师作为权利享有者能够做出或不做出一定的行为,或要求他人做出一定行为的资格。也就是说,教师享有法律规范所设定并保护的选择自由和合法权益,这些权利要以相应义务人的义务为保障。

教师在法律上的权利分为两部分:

1. 教师作为一般公民所享有的权利

作为一般普通公民,教师享有《宪法》所规定的公民的基本权利,如公民的政治权利、宗教信仰自由、社会经济权利、文化教育权利等。

2. 教师作为专业人员的权利

作为履行教育教学职责的专业人员,教师在从事教育活动中有其特殊的职业权利,这是一种职业特定的法律权利。从教师作为一位从事教育教学活动的专业人员来看,教师的权利是指教师在

笔记栏

教育教学过程中由《教育法》《教师法》等相关法律法规赋予的权利，是国家对教师能够做出或不做出一定行为的许可和保障。本书主要介绍教师作为专业人员的职业权利。

（二）教师的基本权利

1. 教师作为公民的基本权利

教师的公民权利是指教师作为公民依法享有相关法律赋予公民的基本权利。依照我国《宪法》的规定，教师的基本公民权利主要包括：政治权利、宗教信仰权、平等权、人身权、人格尊严权、财产权、文化教育权以及监督权等。其中，人身权和人格尊严权是公民基本权利的两个重要方面，也是教师基本公民权利的主要表现。人身权包括教师的生命权、健康权、人身自由权等；人格尊严权主要包括名誉权、荣誉权、隐私权、肖像权和姓名权等。人身权和人格尊严权是作为公民所享有的神圣不可侵犯的最基本的权利。

2. 教师作为专业人员的基本权利

依据我国《教师法》等相关法律法规的规定，教师作为履行教育教学职责的专业人员，享有教育教学权、科学研究权、管理学生权、获取报酬待遇权、民主管理权、进修培训权等六项职业权利。

（1）进行教育教学活动，开展教育教学改革和实验。简称"教育教学权"。这是教师享有的最基本权利。《教师法》第七条第一款规定，教师有"进行教育教学活动，开展教育教学改革和实验"的权利，任何个人或部门都无权干涉。

"教育教学权"包含三方面含义：

第一，教师教育教学活动不可剥夺，教师是履行教育教学的专业人员，有权按照学校的安排进行教育教学活动，非因法律的规定或教师客观的原因不能剥夺教师的教育教学权。

第二，教师可以根据国家、学校制订的课程计划、教学大纲和教材，根据学校、教师和学生的特点自主组织教育教学活动。这一权限必须在国家、社会、学校许可的范围内，不得违反法律、法规、规章制度和教育的基本规律。

第三，教师有权根据学生的特点，依据教学大纲，为提高教学质量采取不同的教学形式和方法进行教学改革和实验。任何组织和个人不得剥夺教师的教育教学活动和教育教学改革和实验的权利。

（2）从事科学研究、学术交流，参加专业的学术团体，在学术活动中发表意见。简称"科学研究权"。这是教师作为专业技术人员所享有的一项基本权利。

《教师法》第七条第二款规定，教师拥有"从事科学研究、学术交流，参加专业的学术团体，在学术活动中充分发表意见"的权利。

"科学研究权"有三方面的具体含义：

第一，教师在完成本职工作的同时，有权进行任何专业的科学研究、科学技术开发研究，有权将教学中的研究成果和经验撰写成学术论文发表、出版，著书立说。

第二，在不影响教育教学工作的前提下，参加有关学术交流活动，参加有关学术团体并在团体中兼任职务。

第三，有权在科学研究和学术活动中发表个人的观点和意见，有学术争鸣的自由。

不同教育阶段教师的学术研究权的权限和范围有所区别。在义务教育阶段，要求教师按照既定的教育大纲和教育基本要求来完成教育教学工作，教师不得由于任何原因而耽误教育教学工作。同时，教师科学研究权的行使不得违反法律的规定，损害国家、社会和他人的利益，违反教育教学的基本规律。

（3）指导学生的学习和发展，评定学生的品行和学业成绩。

简称"管理学生权"。这是与教师在教育教学过程中的主导地位相适应的一项特定权利。《教师法》第七条第三款规定，教师有"指导学生的学习和发展，评定学生的品行和学业成绩"的权利。

"管理学生权"包括三方面的具体含义：

第一，教师在不违反法律、学生身心发展规律的前提下，有权根据学生的特点和个体差异，因材施教，采取各种教育教学方式指导学生的学习和发展。需要注意的是，教师行使该项权利时不得以指导学生学习和发展为借口，违反法律规定和学生身心发展规律，损害学生的身心健康。

第二，教师有权严格要求学生，对学生的思想品德、学习和生活表现做出客观、公正的评价，教师所作的评价必须是客观的、公正的、实事求是的，不能有其个人偏见与私心。

第三，教师的指导评价是一项专业性很强的工作，任何人都不得非法干涉。

管理学生权是教师教育教学工作中专业性较强的一项权利，任何组织和个人都不得非法干预。教师也应当珍惜并以公正的态度行使这项权利。

（4）按时获取工资报酬，享受国家规定的福利待遇以及寒暑假期的带薪休假。简称"获取报酬待遇权"。这是教师的基本物质保障权利。《教师法》第七条第四款规定，教师有"按时获取工资报酬，享受国家规定的福利待遇以及寒暑假期的带薪休假"的权利。

"获取报酬待遇权"有三方面的含义：

第一，教师的报酬必须按时发放，不得拖欠教师的报酬，不得克扣或变相克扣教师的工资。

第二，教师有权要求足额支付工资报酬，包括基础工资、职务工资、课时津贴、奖金及其他津贴在内的所有工资收入。如果属于学校的原因未足额支付工资报酬，教师可以要求当地教育行政部门解决；如果是当地教育行政部门的原因，教师可以要求当地人民政府解决；如果是当地人民政府的原因，教师可以要求上一级人民政府解决。

第三，教师有权享受国家规定的各种待遇，包括医疗、住房、退休方面的待遇和优惠政策以及寒暑假期的带薪休假。

另外，新《义务教育法》中也对教师的报酬待遇权进行了具体补充，例如，各级人民政府保障义务教育教师工资福利和社会保险待遇，义务教育教师的平均工资水平不得低于当地公务员，义务教育阶段的特殊教育教师享有补助津贴。

（5）对学校教育教学、管理工作和教育行政部门的工作提出意见和建议，通过教职工代表大会或者其他形式，参与学校的民主管理。简称"民主管理权"。这是公民民主权利在教师特定职业下的具体化。《教师法》第七条第五款规定，教师拥有"对学校教育教学、管理工作和教育行政部门的工作提出意见和建议，通过教职工代表大会或者其他形式，参与学校的民主管理"的权利。

"民主管理权"有三方面含义：

第一，我国宪法规定，"公民对任何国家机关和工作人员，有提出批评和建议的权利"。教师的参与管理权是公民此项权利在教师职业岗位上的具体化。

第二，教师应正确行使批评和建议权，不得歪曲事实、进行人身攻击。

第三，教师有权通过教职工代表大会、工会或其他方式参与学校管理，民主讨论决定学校重大事项，维护教师的合法权益。

教师是举办教育事业的主要力量，教师参与教育教学管理和学校民主管理充分体现了教师的主人翁地位，有利于调动教师工作的积极性，提高教师工作效率。同时，教师参与学校管理，也有利于推进学校民主化建设进程。

（6）参加进修或者其他方式的培训。简称"进修培训权"。这是教师享有的继续教育的权利，也是教师职业权利中最具代表性的一项。《教师法》第七条第六款规定，教师享有"参加进修或者其他方式的培训"的权利。

"进修培训权"有三方面的具体含义：

第一，教师有参加进修或者其他方式培训的权利，任何组织和个人不得干涉。

第二，教师进修培训权的行使必须在完成本人教育教学工作的前提下，根据学校或者教育行政

主管部门的安排，有计划、有组织地进行。

第三，学校或者其他教育机构以及教育行政部门应采取各种措施，保证教师进修培训的权利，以提高教师的素质，促进教育事业的发展。

《教师法》规定的上述六项法定权利，体现在幼儿园教师身上，可以表述为：保育教育权、科学研究权、管理幼儿权、报酬待遇权、参与管理权和进修培训权。

二、教师的义务

（一）教师义务的含义

教师的义务，是指教师依照《教育法》《教师法》及其他有关法律法规，从事教育教学工作而必须履行的责任，表现为教师在教育教学活动中必须做出一定行为或不得做出一定行为。

（二）教师的基本义务

如同教师的权利一样，教师的义务也分为两部分：一是作为公民应承担的义务；二是作为履行教育教学职责的专业人员应承担的义务。这两部分义务既有联系，又有区别。一方面教师作为公民应承担的一部分义务体现在教师特定的职业义务之中，另一方面教师作为教育教学专业人员的职业义务中又有一部分是公民义务的具体化、职业化。两者各有一部分是独立的，互不重复。本书主要是针对教师的职业义务而言的。

1. 教师作为公民的基本义务

依照我国《宪法》的规定，教师作为普通公民，应当履行如下义务：

（1）维护国家统一和民族团结的义务。

（2）遵守宪法和法律的义务。

（3）维护国家安全、荣誉和利益的义务。

（4）保卫祖国和依法服兵役的义务。

（5）依法纳税的义务。

（6）其他方面的义务。它包括劳动的义务；受教育的义务；夫妻双方有义务实行计划生育，父母有义务抚养教育未成年子女，成年子女有义务赡养扶助父母。

2. 教师作为专业人员的基本义务

根据教师的职业特点，结合《教育法》和《教师法》的有关规定，教师作为履行教育教学职责的专业人员应承担如下六项基本的法定义务。

（1）遵守宪法、法律和职业道德，为人师表。简称“遵纪守法义务”。《教师法》第八条第一款规定，教师应“遵守宪法、法律和职业道德，为人师表”。

“遵纪守法义务”包括三方面的含义：

第一，宪法和法律是国家、社会组织和公民活动的基本行为准则，任何组织和公民都必须遵守。教师作为中华人民共和国公民，在日常工作、生活中应遵守宪法和法律；教师作为承担教育教学职责的专业人员，更应遵守宪法和法律，在教育教学领域起到模范示范作用；同时，教师在教育教学工作中，要主动培养学生的民主法制意识，使学生能做到遵纪守法。

第二，教师必须遵守教师职业道德规范。每一个行业都有自身的职业道德规范，同样教师也必须严格遵守自身的职业道德规范。我国2008年修订的《中小学教师职业道德规范》明确规定了六个方面的内容。这六个方面，不仅是教师职业道德规范，也是教师的法定义务，必须严格遵守。违反教师职业道德规范的行为，不仅是违反职业道德约束的行为，也是违反《教师法》的违法行为。

第三，教师承担着教书育人，培养社会主义事业建设者和接班人、提高民族素质的使命。教师必须成为学生的楷模。教师要从情操、言行、衣着上严格要求自己，成为学生的师表。教师要以人格魅力和学识魅力教育感染学生，做学生健康成长的指导者和引路人。

（2）贯彻国家的教育方针，遵守规章制度，执行学校的教学计划，履行教师聘约，完成教育教学工作任务。简称“教育教学义务”。教育教学工作是教师的本职工作，也是教师的基本义务。《教师法》第八条第二款规定，教师应当“贯彻国家的教育方针，遵守规章制度，执行学校的教学计划，履行教师聘约，完成教育教学工作任务”。

“教育教学义务”包括三方面含义：

第一，教师在教育教学工作中，必须坚持教育教学为社会主义现代化建设服务，必须与生产劳动相结合，培养德、智、体等方面全面发展的社会主义事业的建设者和接班人。不能有违背社会主义方向和党的政策的任何言论和教育内容。

第二，教师必须遵守学校的规章制度，按照教学计划和课程标准的要求进行教育教学活动，不得任意改变教学计划，不得无故缺勤、旷工，保证学校教育教学工作的有序进行。

第三，教师应严格履行其聘任合同中约定的教育教学职责，完成规定的教育教学任务，保证教育教学质量。

（3）对学生进行宪法所确定的基本原则的教育和爱国主义、民族团结的教育，法制教育以及思想品德、文化、科学技术教育，组织、带领学生开展有益的社会活动。简称“思想教育义务”。这是对教师教育教学工作内容方面的全面规范。《教师法》第八条第三款规定，教师有对学生进行宪法所确定的基本原则的教育和爱国主义、民族团结的教育，法制教育以及思想品德、文化、科学技术教育，组织、带领学生开展有益的社会活动的义务。

“思想教育义务”包括以下几方面含义：

第一，教师应结合自身教育教学业务特点，将政治思想品德教育贯穿于教育教学过程之中。

第二，对学生进行政治思想品德教育是每一位教师的基本义务。

第三，在对学生进行政治思想品德教育的内容上，教师要遵循我国《宪法》确定的四项基本原则，并将其作为对学生进行思想政治教育的首要内容。

第四，教师应当有意识地对学生进行爱国主义教育、民族团结教育、法制教育、文化科学技术教育，弘扬中华民族优良传统，引导学生逐步树立科学的人生观和世界观，教育学生热爱祖国、爱人民、爱劳动、爱科学、爱社会主义，把学生培养成为有理想、有道德、有文化、有纪律的社会主义新人。

第五，在德育教育的形式和方法上，教师应注意根据学生身心发展的特点，采用灵活生动的形式，注重实效，反对形式主义。

（4）关心爱护全体学生，尊重学生人格，促进学生在品德、智力、体质等方面全面发展。简称“尊重学生人格义务”。人格尊严是宪法赋予公民的一项基本权利。《教师法》第八条第四款规定，教师应关心、爱护全体学生，尊重学生人格，促进学生在品德、智力、体质等方面全面发展。

“尊重学生人格义务”有三方面的具体含义：

第一，教师必须关心、爱护全体学生，应公平对待学生，不因民族、性别、残疾、学习成绩等因素歧视学生。

第二，教师必须尊重学生的人格尊严，不能侮辱学生或体罚、变相体罚学生，不能泄露学生隐私。

第三，教师应促进学生德、智、体全面发展，不能只关注学生的学业成绩而忽视其德育和体质的发展。

（5）制止有害于学生的行为或者其他侵犯学生合法权益的行为，批评和抵制有害于学生健康成长的现象。简称“保护学生权益义务”。保护学生的合法权益和身心健康成长，是全社会的共同责任，作为教师更负有此项义务。《教师法》第八条第五款规定，教师有“制止有害于学生的行为或者其他侵犯学生合法权益的行为，批评和抵制有害于学生健康成长的现象”的义务。

“保护学生权益义务”主要包括两方面含义：

第一，教师履行该项义务具有特定的范围，主要是制止在学校工作和与教育教学工作相关的活动中，对侵犯其所负责教育管理的学生合法权益的违法行为。

第二，批评和抵制社会上出现的有害于学生身心健康成长的不良现象。

（6）不断提高思想政治觉悟和教育教学业务水平。简称“提高自身水平义务”。《教师法》第八条第六款规定，教师有“不断提高思想觉悟和教育教学业务水平”的义务。教育教学工作是一项专业性较强的工作，担负着提高民族素质的使命，这就要求教师具有较高的思想觉悟和业务水平。同时这也是社会进步和科学技术发展对教师提出的要求。为此，教师应加强学习，调整知识结构，不断提高思想政治觉悟和教育教学业务水平，以适应现代教育教学的实际需要。

与前述教师的权利一样，《教师法》规定的上述六项法定义务，体现在幼儿园教师身上也可以表述为：遵纪守法义务、保育教育义务、思想教育义务、尊重幼儿人格义务、保护幼儿权益义务和提高自身水平义务。

第二节　依法执教

《教师法》第三条指出：教师是履行教育教学职责的专业人员，承担教书育人，培养社会主义事业建设者和接班人，提高民族素质的使命。《教育法》第三十二条规定：教师享有法律规定的权利，履行法律规定的义务，忠诚于人民的教育事业。我国提倡尊师重教，依法保护教师的合法权益，但前提是教师必须履行相应的法定义务，否则，教师就应受到法律制裁，承担相应的法律责任。

一、教师在履行职责过程中涉及的法律问题

（一）侵犯教师合法权益的行为及其法律责任

1. 侮辱、殴打教师及其法律责任

《教师法》第三十五条规定：侮辱、殴打教师的，根据不同情况，分别给予行政处分或者行政处罚；造成损害的，责令赔偿损失；情节严重，构成犯罪的，依法追究刑事责任。对侮辱、殴打教师的，将根据不同的违法主体和情节（含后果）等，依法追究其法律责任。

（1）对于国家机关工作人员或者企业事业单位、社会团体等社会组织的人员（包括幼儿园内师生员工）侮辱、殴打教师的，应由其所在单位给予相应的行政处分。

（2）对于殴打教师造成轻微伤害的、公然侮辱教师或捏造事实诽谤教师的，尚不够刑事处罚的，依《中华人民共和国治安管理处罚条例》第二十二条的规定给予行政处罚，由公安机关处以15日以下拘留、200元以下罚款或者警告。

（3）侮辱、殴打教师造成损失或者伤害时，依照《中华人民共和国民法典》第一百零九条、第九百九十一条、第一千一百六十五条和第一千一百七十九条的相关规定，违法者应当承担民事赔偿责任。由违法者依法赔偿受害教师的经济、精神损失或者负担医疗费用及其他费用。

（4）侮辱、殴打教师情节严重，触犯刑律，构成犯罪的，应当依法追究刑事责任。

2. 对教师进行打击报复及其法律责任

《教师法》第三十六条第一款规定：对依法提出申诉、控告、检举的教师进行打击报复的，由其所在单位或者上级机关责令改正；情节严重的，可以根据具体情况给予行政处分。“国家工作人员对教师打击报复构成犯罪的”，依照《刑法》的规定追究刑事责任。

3. 拖欠教师工资及其法律责任

《教师法》规定，教师有按时获取工资报酬的权利。《教师法》第三十八条第一款规定：地方人民政府对违反本法规定，拖欠教师工资或者侵犯教师其他合法权益的，应当责令其限期改正。第

三十八条第二款规定：违反国家财政制度、财务制度，挪用国家财政用于教育的经费，严重妨碍教育教学工作，拖欠教师工资，损害教师合法权益的，由上级机关责令限期归还被挪用的经费，并对直接责任人员给予行政处分；情节严重，构成犯罪的，依法追究刑事责任。

（二）教师的违法（侵权）行为及其法律责任

所谓教师的违法（侵权）行为是指教师出于故意或由于过失而侵害他人（在幼儿园主要指幼儿）合法权益的行为。

1. 教师违法（侵权）行为的具体表现

（1）故意不完成教育教学任务，给教育教学工作造成损失的。这里所说的教育教学任务，是依照聘任合同的、约定岗位职责所明确的、教师应当完成的教育教学任务。

（2）体罚学生，经教育不改的。体罚学生，是指教师以暴力的方法或以暴力相威胁，或以其他强制性的手段，侵害学生的身体健康的侵权行为。教师偶尔有轻微体罚学生没有后果且经教育改正的，不视为构成此项违法行为。

（3）品行不良、侮辱学生，影响恶劣的。指教师的人品或行为严重有悖于社会公德和教师的职业道德，严重损害为人师表的职业形象，在社会上和学生中产生恶劣影响的行为。

2. 教师违法（侵权）行为的处理

（1）教师有上述三种违法行为之一的，按现行教师管理权限，由学校或者教育行政部门分别给予行政处分或解聘。

（2）教师有上述三种违法行为中的后两种行为，情节严重，构成犯罪的，依法追究刑事责任。

（3）教师有上述违法行为之一，对学校和学生造成损失或损害的，还应当依照《中华人民共和国民法典》的有关规定赔偿损失，消除影响，恢复名誉。可由学校或教育行政部门处理，也可由人民法院强制执行。

二、依法执教与教师违法行为的预防

依法执教与预防教师违法行为两者之间是一个相辅相成、互为因果的关系。有效预防教师违法行为的前提条件是教师能否落实依法执教，而依法执教的最终目的是为了预防幼儿园保教实践中教师违法行为的发生。

（一）依法执教的含义

所谓依法执教是指教师在从事教育教学活动中，严格按照《宪法》和教育法律、法规以及其他相关的法律、法规，使自己的教育教学活动法制化和规范化。

（二）依法执教的意义

依法执教具有重要的意义。依法执教是依法治国方略在教育工作中的具体体现；是依法治教的重要内容；是人民教师之必需；是维护社会稳定和青少年合法权益的重要措施。

（三）依法执教的要求

教师依法执教，一是要知法、懂法；二是要遵守教育法律法规；三是要依法进行教育教学活动，履行教师职责；四是要杜绝有悖党和国家方针政策的言行，坚决同违法行为做斗争。

（四）教师违法行为的预防策略

1. 加强法制教育，进一步增强教师的法律意识和法制观念

这是防范教师违法（侵权）行为的关键。教师违法（侵权）行为的主要成因是法律意识和法制观念淡薄。因此，学校或者相关部门要加强对教师进行法律知识的教育与培训，使教师了解我国法律基础知识和现行主要法律法规的相关内容，并将教师法律知识的学习考核纳入教师素质考核和职务评审的范畴，切实有效地提升教师的法律意识和法制观念，使广大教师做到学法、知法、懂法、守法和护法。

2. 加强教育立法,完善教育法规体系

这是防范教师违法(侵权)行为的前提。教师违法(侵权)行为的另一个重要成因,与我国教育立法滞后,教育法规体系不完备有一定的关系。为此,一方面要通过教育立法,以弥补我国教育法规体系的空白点;另一方面要修改、完善现有的教育法规,使之与新形势相适应。

3. 加强学校制度建设,强化学校科学管理

这是防范教师违法(侵权)行为的重要保证。建立教师违法违纪投诉制度、涉法事件考评制度,严格教师违纪违法处罚制度,对预防和控制教师违法犯罪具有重大意义。

4. 完善对教师的监督机制

这是防范教师违法(侵权)行为的保障。要进一步完善对教师的各项监督制约机制,充分发挥各方面对教师的监督作用,从而达到预防和控制教师违法(侵权)行为的目的。这就需要做到:① 建立学生及学生家长对教师的监督机制;② 强化社会监督,发挥社会各个方面对教师的监督作用;③ 加强社会舆论,特别是媒体对教师的监督作用。

5. 重视对学生自我保护意识的培养

这是防范教师违法(侵权)行为的重要基石。

总之,作为一名现代新型教师,必须主动更新观念,切实履行《宪法》和教育法律、法规以及其他相关的法律法规的规定。

第三章 幼儿权利保护

知识体系及思维脉络图

幼儿权利保护
- 幼儿的法定权利
  - 幼儿的法律地位
  - 幼儿的基本权利
- 幼儿的权利保护
  - 幼儿权利保护的意义
  - 幼儿权利保护的义务主体及其责任
  - 特殊儿童受教育权利的保护

笔记栏

核心考点及学习提示

【核心考点】

1. 幼儿的基本权利:生存权、受保护权、发展权、参与权。
2. 幼儿权利保护:家庭、学校、社会以及司法保护及其责任。
3. 特殊儿童受教育权利保护:残疾人、女子、家庭贫困学生以及违法犯罪的未成年人等群体的受教育权保护。

【学习提示】

本章知识主要以客观题形式进行考查。

考试重点:幼儿的基本权利;幼儿权利保护的义务主体及其保护责任;特殊儿童受教育权利保护。

考试难点:依据我国现有法律法规体系,评析幼儿园保教工作中幼儿权利保护等实际问题。

第一节 幼儿的法定权利

幼儿虽然是未成年人,但他们是法律关系中的主体,具有公民资格,并具有法律所规定的基本权利和义务。他们同样有着对自由、安全、平等的追求,同样享有人格尊严,有权要求别人尊重他们,有生存的权利,有权利获得个人生活的空间。

一、幼儿的法律地位

幼儿的法律地位是幼儿获得权利,行使权利的基础,是幼儿在法律上所享有的权利能力和行为能力,且以此在具体的法律关系中所取得的主体资格。我国颁布了一系列专门保护儿童权利的法律、法规。此外,在《宪法》及许多其他的法律、法规中,也有不少条款涉及保护幼儿权利的内容。一般而言,幼儿具有三种不同的法律地位,并由此产生不同的权利能力和行为能力。权利能力是指法律关系主体依法享有权利和承担义务的能力或资格;行为能力是指能够以自己的行为依法行使权利和承担义务的能力。具有行为能力的人必须首先具有权利能力,但具有权利能力的人不一定都有行为能力。

(一)作为公民的幼儿

我国《宪法》第三十三条规定:凡具有中华人民共和国国籍的人都是中华人民共和国公民。中华人民共和国公民在法律面前一律平等。任何公民享有宪法和法律规定的权利，同时必须履行宪法和法律规定的义务。第三十七条规定：中华人民共和国公民人身自由不受侵犯。第三十八条规定：中华人民共和国公民的人格尊严不受侵犯。禁止用任何方法对公民进行侮辱、诽谤和诬告陷害。幼儿作为法律意义上的公民，任何组织和个人都不得侵犯幼儿的人身权和人格尊严。

笔记栏

（二）作为未成年人的幼儿

《未成年人保护法》第二条规定：本法所称未成年人是指未满十八周岁的公民。学前教育中的幼儿主要指不满六周岁（或七周岁）的未成年人。

《中华人民共和国民法典》（以下简称《民法典》）第十三条规定：自然人从出生时起到死亡时止，具有民事权利能力，依法享有民事权利，承担民事义务。第十四条规定：自然人的民事权利能力一律平等。因此，无论是成年人还是未成年人，都平等地享有民事权利能力。第十七条规定：十八周岁以上的自然人为成年人。不满十八周岁的自然人为未成年人。第十八条规定：成年人为完全民事行为能力人，可以独立实施民事法律行为。第二十条规定：不满八周岁的未成年人为无民事行为能力人，由其法定代理人代理实施民事法律行为。

（三）作为受教育者的幼儿

《教育法》第九条规定：中华人民共和国公民有受教育的权利和义务。公民不分民族、种族、性别、职业、财产状况、宗教信仰等，依法享有平等的受教育机会。

《义务教育法》第四条规定：凡具有中华人民共和国国籍的适龄儿童、少年，不分性别、民族、种族、家庭财产状况、宗教信仰等，依法享有平等接受义务教育的权利，并履行接受义务教育的义务。第二条规定：国家实行九年义务教育制度。义务教育是国家统一实施的所有适龄儿童、少年必须接受的教育，是国家必须予以保障的公益性事业。实施义务教育，不收学费、杂费。国家建立义务教育经费保障机制，保证义务教育制度实施。学生作为受教育者，其核心权利是受教育权，主要包括教育平等权、义务教育保障权和特殊群体受教育权保护等内容。

二、幼儿的基本权利

联合国《儿童权利公约》规定，世界各地所有儿童时时刻刻应享有生存权、发展权、受保护权和参与权等基本人权。我国《未成年人保护法》第三条规定：未成年人享有生存权、发展权、受保护权、参与权等权利，国家根据未成年人身心发展特点给予特殊、优先保护，保障未成年人的合法权益不受侵犯。未成年人享有受教育权，国家、社会、学校和家庭尊重和保障未成年人的受教育权。未成年人不分性别、民族、种族、家庭财产状况、宗教信仰等，依法平等地享有权利。

（一）生存权

生存权是首要人权，是保护人的生命安全和维护基本生活保障的权利。生存权是享有其他人权的基础，没有生存权，人的其他一切权利都无从谈起。

生存权包括生命权、生活保障权、身体权、健康权和其他人身权利。幼儿从一出生就具有了生命权，享有生命安全不受非法侵害的权利和受特殊保护的权利，以及接受可达到的最高标准的医疗保障服务的权利。生活保障权包括获得足够的食物、一定的住所以及其他生活保障等维护基本生活条件的权利，使人的基本生活需求得到满足。这里，也包括那些无生存能力者获得生活救助，使其能够享受物质与文化生活，维持其生存的权利。身体权是指自然人保持其身体组织完整并支配其肢体、器官和其他身体组织，行动自由受法律保护的权利。《中华人民共和国民法典》第一千零三条规定，自然人享有身体权。自然人的身体完整和行动自由受法律保护。任何组织或者个人不得侵害他人的身体权。健康权指必须创造条件使人人能够尽可能健康，包括确保获得卫生服务、健康和安全的工作条件、居住环境和有营养的食物。为了使每个幼儿的生存权得到保护，我国从法律的角度作了规定：每个幼儿均有固有的生存权。国家应最大限度地确保幼儿的生存与发展。

【典型真题】幼儿圆圆有一头漂亮的长发，经常在上课时玩头发，不按照教师刘某的要求进行活动，多次劝说无效后，刘某恼羞成怒地剪掉了圆圆的头发。刘某的行为（　　）。

A. 侵犯了圆圆的名誉权　　B. 侵犯了圆圆的健康权

C. 侵犯了圆圆的身体权　　D. 侵犯了圆圆的肖像权

【解析】本题考查学生权利保护。身体权是指自然人保持其身体组织完整并支配其肢体、器官和其他身体组织，保护自己的身体不受他人违法侵犯的权利。头发也属于身体的一部分。材料中，教师刘某恼羞成怒地剪掉了圆圆的头发，属于侵犯其身体权。

【答案】C

（二）发展权

发展权指公民可以通过受教育过程充分实现自身的完善发展。幼儿的发展权包括幼儿接受一切形式的教育（正规和非正规的教育）的权利。每个幼儿有权享有足以促进其身体、心理、精神、道德与社会发展的生活水平。幼儿的父母或法定监护人或其他负责照顾儿童的人，负有在其经济条件许可范围内，确保幼儿发展所需生活条件的首要任务。《儿童权利公约》的缔约国按照本国条件及能力范围，采取适当措施，帮助幼儿父母或法定监护人，实现上述权利。

（三）受保护权

受保护权包括保护儿童免受歧视、剥削、酷刑或疏忽照料，以及对失去家庭的儿童和难民儿童的基本保护。

幼儿有权免受歧视。每一位幼儿不因本人或其父母（包括法定监护人）的种族、肤色、性别、语言、宗教、政治或其他观点、财产、伤残或其他身份而受到任何歧视。国家应采取一切适当措施，确保儿童得到保护。

幼儿有权免遭剥削或虐待。国家应采取一切适当的立法、行政、社会和教育措施，确保幼儿在受父母、法定监护人和其他负责照管儿童者的照料时，不致受到任何形式的身心摧残、伤害或凌辱、忽视或照料不周、剥削和虐待。

在战争、灾难、武装冲突等危机和紧急状态下，幼儿有权获得保护。

（四）参与权

幼儿的参与权指的是幼儿获得参与社会生活的权利。幼儿的社会参与不仅是他们的基本权利，也是他们成长与发展的基本需要。

幼儿参与权的实现，经过了非参与到参与的阶段。

非参与阶段是幼儿完全受支配，按照成人的意志行动被动参与。这时幼儿不明白参与的真正含义，一直到象征参与阶段，幼儿也很少有选择的权利。

在参与阶段，根据幼儿参与的程度，依次分为：成人制订计划，幼儿自愿参与；征询幼儿意见，并告知幼儿意见获得重视；成人出主意与幼儿共同决定；幼儿出主意和决定，成人帮助；幼儿出主意订计划，邀请成人决定。

第二节　幼儿的权利保护

一、幼儿权利保护的意义

（一）幼儿权利保护的必要性

我国法律规定，不满八周岁的未成年人是无民事行为能力的人。从幼儿权利保护的角度来看：

1. 幼儿享有人权

幼儿权利应当受到保护

2. 幼儿具有特殊的法律身份

幼儿是无民事行为能力的人，包括无权利能力、无行为能力、无责任能力。所以幼儿权利应该受到法律保护。

3. 保障幼儿权利是幼儿教育的重要职能

在教育中如何看待、保障儿童权利的问题涉及教育最本质、最核心的问题，涉及教育者的教育观、儿童观等深层次观念。幼儿教育工作者应当认识到，保障幼儿权利是幼儿园教育的重要而基本的职能。这种教育与成人本位教育的根本区别在于它的目的是帮助儿童最终成为成熟的、独立的、能正确行使自己权利的合格社会公民，而不是成人的奴隶或附属品。要实现这一职能，就要求我们在幼儿教育实践中贯彻执行有关儿童权利保护的一系列法律、法规，将“立法”这一政府行为变为每个幼儿教育工作者的意识和行为。

（二）保护幼儿权利是其身心健康发展的条件

幼儿处于3岁至6—7岁之间，他们不仅处在人格形成的关键期，而且也处于智力开发的最佳期，大脑发育最快，身体迅速发育，所以其身心发展变化尤其大。幼儿的身心健康发展是他们的重要权利。但是，由于幼儿的身体尚在成长之中，心智也还在成熟的过程之中，他们抵御各种诱惑和防止受到伤害的能力都还不足，所以尤其需要得到家庭、学校、社会及各个方面的保护，才能确保幼儿身心健康发展。幼儿的身心发展，虽然需要社会全方位的保护，但是他们日常大量时间是在幼儿园中度过的，幼儿教师是他们每天接触最多的成年人之一。教师对幼儿实施全方位的保护，对其健康成长具有特别的意义。

（三）保护幼儿权利是实现幼儿园保教目标的要求

幼儿是快速成长中的人，也是幼儿园保育教育活动的对象。《幼儿园工作规程》第三条规定，幼儿园实行“保育与教育相结合的原则”，对幼儿实施“德、智、体、美等方面全面发展的教育，促进幼儿身心和谐发展”。这个要求不仅是幼儿园保教目标中所规定的，也体现了我国教育目的基本精神。这不仅是对幼儿的一种外在要求，也是幼儿自身健康发展的要求。因而，保障幼儿能够按照我国教育目的和幼儿园保教目标的要求发展，就是幼儿的权利所在。幼儿作为未成年人所拥有的受教育权，是儿童的重要权利，但是幼儿并不能自动地实现这一权利。这一权利需要教育者予以保障。这就决定了教育者为幼儿提供权利保护有着重要的教育实践意义。

（四）尊重幼儿是保护幼儿的基础和前提

把幼儿看作积极主动的权利主体，是现代幼儿权利保护的基点。虽然由于幼儿在生理上的发育和心理上的发展极不成熟，需要成人的保护，但这并不意味着可以任意摆布他们，不尊重他们。恰恰相反，保护幼儿必须以尊重幼儿为前提。没有尊重谈不上保护，缺乏尊重的保护可能会变成对幼儿权利的剥夺。保护与尊重是相辅相成的，保护的目的是为了培养幼儿成为独立成熟的权利主体，这既需要保护，更需要尊重。幼儿只有在尊重的环境中体验到尊重，才能学会尊重与自尊。要做到这一切，家庭、学校、社会都要为幼儿成长为独立成熟的权利主体创造条件，提供机会。这就需要在观念上更新，更需要实际行动来保证。

（五）尊重与保障幼儿权利是教育的基本职能之一

教育是幼儿权利保护这一社会系统工程中重要的基本环节，对幼儿权利的保障有着最直接的作用。教育保障幼儿权利的实现，一方面可以通过教育立法来保障与满足每个幼儿学习与发展的机会与权利；另一方面可以通过教师行为的规范保障幼儿权利在教育过程中的实现。

教育是幼儿人生与发展的最重要的环境与条件之一，它不仅可以使幼儿对于社会的潜在价值得以实现（把幼儿培养成为未来的劳动者），而且教育本身也是幼儿实现权利的途径与过程。就是

笔记栏

说，受教育是幼儿发展的基本权利之一，为幼儿提供受教育权利的机会与条件本身就是一种对幼儿权利的保障。

此外，在保教过程中，通过教学内容、教学方法和途径，尤其是幼儿园教师的教育行为以及与幼儿平等的师生关系来保障幼儿的发展权和参与权的实现。我们当前的学前教育不仅要考虑社会利益，更多要考虑保障幼儿学习与发展的权利，这正是现代教育价值所在。

尊重与保护幼儿权利是法律规定的义务，也是教育的基本职能之一，更是每一个教育工作者的基本职责之一。因此，提高广大教师、教育管理人员对幼儿权利的认识水平，增强幼儿权利保护的教育职能意识，是历史赋予每个教育工作者的使命。

（六）尊重与保障幼儿的参与权，充分发挥幼儿的主体性

随着我国教育改革与发展的不断深入，“以幼儿为主体，教师为主导”“发展幼儿的主体性”等观念在教育教学过程中逐步得到推行，逐步为教育工作者所认同。但是在实际教学过程中问题依然存在，具体表现为确定教学内容时，忽视幼儿的经验与兴趣，完全由幼儿教师来决定。在保教过程中，不少幼儿教师处于支配地位，教学方法与形式整齐划一，不能根据不同幼儿的个体差异、水平差异，尤其是发展速度、认知方式的差异，采取因材施教的方法进行教学；很多时候，幼儿没有发表自己意见的机会，只能机械地接受。

保障幼儿参与权的关键在于，要增强幼儿园教师对幼儿权利性质范围的认识，尤其是参与权实质的认识；增强幼儿教师对幼儿权利的尊重及尊重幼儿权利的认识；真正把幼儿作为积极主动活动的权利主体来看待，在教学内容与方法的选择、一日生活的组织、班级管理等活动中，充分尊重幼儿的意见、意愿，提供幼儿发表意见、表现自我的机会与条件；营造积极宽松的心理氛围，使幼儿积极主动地活动，从而得到发展。

二、幼儿权利保护的义务主体及其责任

我国《未成年人保护法》明确规定了全社会对未成年人保护的责任、义务和要求。

（一）家庭保护

家庭保护是指父母或其他监护人依法履行对未成年人的抚养、监护和教育的义务及其职责，是未成年人保护的基础。家庭是未成年人的基本生活环境，是未成年人性格、品德、理想等形成的起点和最基本的条件。因此，家庭承担着未成年人保护的重要职责。《未成年人保护法》在第二章对“家庭保护”作了明确的规定：

1. 监护人的监护职责和抚养义务

《未成年人保护法》第十五条规定：未成年人的父母或者其他监护人应当学习家庭教育知识，接受家庭教育指导，创造良好、和睦、文明的家庭环境。共同生活的其他成年家庭成员应当协助未成年人的父母或者其他监护人抚养、教育和保护未成年人。为此，要求家长：（1）禁止虐待、遗弃未成年人；（2）不得歧视女性未成年人或者有残疾的未成年人；（3）禁止溺婴、弃婴。

2. 尊重未成年人的受教育权

《未成年人保护法》第十六条规定，父母或者其他监护人应当尊重未成年人受教育的权利。因此，要求家长：（1）使适龄未成年人依法入学接受义务教育；（2）不得使在校接受义务教育的未成年人辍学。

3. 通过家庭教育，正确引导和教育未成年人，预防和禁止未成年人的不良行为

《未成年人保护法》第十六条规定，未成年人的父母或者其他监护人应当关注未成年人的生理、心理状况和情感需求。因此，家长应以健康的思想、良好的品行和适当的方法教育和影响未成年人，引导未成年人进行有益身心健康的活动。第十七条规定，未成年人的父母或者其他监护人不得放任、唆使未成年人吸烟、饮酒、赌博、流浪乞讨或者欺凌他人。

笔记栏

（二）学校保护

学校保护是指有关的学校、幼儿园及其他教育机构依照法律法规的规定，在其自身的职责范围内对在校的未成年学生和幼儿园儿童进行教育，并对他们的身心健康和合法权益的保护。《未成年人保护法》在第三章对“学校保护”作了明确的规定：

1. 保护未成年人的受教育权

受教育权是未成年人的一项基本权利。我国《宪法》第四十六条、《义务教育法》第四条都明确规定接受教育是个体应该得到的权利，这也是学校保护的基本内容。《未成年人保护法》第二十八条规定：学校应当保障未成年学生受教育的权利，不得违反国家规定开除、变相开除未成年学生。学校应当对尚未完成义务教育的辍学未成年学生进行登记并劝返复学。

2. 保护未成年学生的人身安全和健康

《未成年人保护法》第三十五条规定：学校、幼儿园不得在危及未成年人人身安全、身心健康的校舍和其他设施、场所中进行教育教学活动。

3. 保护未成年人的人格尊严

《未成年人保护法》第二十七条规定：学校、幼儿园的教职员工应当尊重未成年人人格尊严，不得对未成年人实施体罚、变相体罚或者其他侮辱人格尊严的行为。

4. 专门学校对有严重不良行为的未成年学生的教育

《预防未成年人犯罪法》第六条规定：国家加强专门学校建设，对有严重不良行为的未成年人进行专门教育。第四十七条规定：专门学校应当对接受专门教育的未成年人分级分类进行教育和矫治，有针对性地开展道德教育、法治教育、心理健康教育，并根据实际情况进行职业教育；对没有完成义务教育的未成年人，应当保证其继续接受义务教育。

（三）社会保护

社会保护是指在社会生活环境中对未成年人实行的保护。《未成年人保护法》在第四章对“社会保护”作了明确的规定：

1. 建立和改善适合未成年人的场所和设施

《未成年人保护法》第四十四条规定：爱国主义教育基地、图书馆、青少年宫、儿童活动中心、儿童之家应当对未成年人免费开放；博物馆、纪念馆、科技馆、展览馆、美术馆、文化馆、社区公益性互联网上网服务场所以及影剧院、体育场馆、动物园、植物园、公园等场所，应当按照有关规定对未成年人免费或者优惠开放。国家鼓励爱国主义教育基地、博物馆、科技馆、美术馆等公共场馆开设未成年人专场，为未成年人提供有针对性的服务。国家鼓励国家机关、企业事业单位、部队等开发自身教育资源，设立未成年人开放日，为未成年人主题教育、社会实践、职业体验等提供支持。国家鼓励科研机构和科技类社会组织对未成年人开展科学普及活动。

2. 严禁未成年人进入不利于其健康成长的场所

不宜未成年人进入的场所，是指以成年人为服务对象，供成年人娱乐消遣而不适宜未成年人身心健康发展需要的一些特定的娱乐场所。未成年人的身心特点决定着他们具有较强的环境敏感性，有些场所对未成年人走向违法犯罪道路具有较多的负面影响。《未成年人保护法》第五十八条规定：学校、幼儿园周边不得设置营业性娱乐场所、酒吧、互联网上网服务营业场所等不适宜未成年人活动的场所。营业性歌舞娱乐场所、酒吧、互联网上网服务营业场所等不适宜未成年人活动场所的经营者，不得允许未成年人进入；游艺娱乐场所设置的电子游戏设备，除国家法定节假日外，不得向未成年人提供。经营者应当在显著位置设置未成年人禁入、限入标志；对难以判明是否是未成年人的，应当要求其出示身份证件。第六十一条规定：任何组织或者个人不得组织未成年人进行危害其身心健康的表演等活动。

笔记栏

3. 保护未成年人的隐私权

《未成年人保护法》第六十三条规定：任何组织或者个人不得隐匿、毁弃、非法删除未成年人的信件、日记、电子邮件或者其他网络通讯内容。

【典型真题】下列选项不属于侵犯他人隐私权的是（　　）。

A. 窃取他人的QQ号密码，并偷看他人的聊天记录

B. 某报社报道未成年人案件时，使用了其真实姓名

C. 父母亲未经子女同意，查看了子女的信件和电邮

D. 某出版社出版了某电视节目主持人的写真

【解析】隐私权是指公民享有的私人生活安宁与私人信息秘密依法受到保护，不被他人非法侵扰、知悉、收集、利用和公开的一种人格权。出版社出版主持人的写真属于正常行使出版权，没有侵犯其隐私权。

【答案】D

4. 保护未成年人的身心健康和安全

《未成年人保护法》第五十一条规定：任何组织或者个人出版、发布、传播的图书、报刊、电影、广播电视节目、舞台艺术作品、音像制品、电子出版物或者网络信息，包含可能影响未成年人身心健康内容的，应当以显著方式作出提示。第五十二条规定：禁止制作、复制、发布、传播或者持有有关未成年人的淫秽色情物品和网络信息。第五十四条规定：禁止拐卖、绑架、虐待、非法收养未成年人，禁止对未成年人实施性侵害、性骚扰。禁止胁迫、引诱、教唆未成年人参加黑社会性质组织或者从事违法犯罪活动。禁止胁迫、诱骗、利用未成年人乞讨。第五十六条规定：公共场所发生突发事件时，应当优先救护未成年人。

5. 保护未成年人的发展权

《未成年人保护法》第四十六条规定：国家依法保护未成年人的智力成果和荣誉权不受侵犯。通过保护有特殊天赋和突出成就的未成年人，为他们创造健康发展的有利条件。

（四）司法保护

司法保护是指在司法过程中对违法犯罪的未成年人所实施的一种专门保护活动。《未成年人保护法》在第七章对“司法保护”作了明确的规定：

1. 对违法犯罪的未成年人，实行教育、感化、挽救的方针，坚持教育为主，惩罚为辅的原则

《未成年人保护法》第一百一十三条规定：对违法犯罪的未成年人，实行教育、感化、挽救的方针，坚持教育为主、惩罚为辅的原则。

2. 办理未成年人犯罪案件过程中对未成年人的保护

《未成年人保护法》第一百一十二条规定：公安机关、人民检察院、人民法院办理未成年人遭受性侵害或者暴力伤害案件，在询问未成年被害人、证人时，应当采取同步录音录像等措施，尽量一次完成；未成年被害人、证人是女性的，应当由女性工作人员进行。

3. 对审前羁押及服刑的未成年人与成年人分别关押、看管

4. 办理成年人案件中涉及未成年人合法权益的保护

它包括：给予法律援助或者司法救助；保护继承权和受遗赠权、离婚案件中子女权益的保护等。《未成年人保护法》第一百零七条规定：人民法院审理继承案件，应当依法保护未成年人的继承权和受遗赠权。人民法院审理离婚案件，涉及未成年子女抚养问题的，应当尊重已满八周岁未成年子女的真实意愿，根据双方具体情况，按照最有利于未成年子女的原则依法处理。

5. 对违法犯罪的未成年人在复学、升学、就业等方面不得歧视

三、特殊儿童受教育权利的保护

（一）对残疾人受教育权利的保护

残疾人是指聋、盲、哑及有明显身心残疾的人，是社会特殊而困难的群体。我国制定了一系列法律法规来保障残疾人的受教育权。我国《宪法》规定：国家和社会帮助安抚盲、聋、哑和其他残疾的公民的劳动、生活和教育。《教育法》第三十九条规定：国家、社会、学校及其他教育机构应当根据残疾人身心特性和需要实施教育，并为其提供帮助和便利。《义务教育法》第六条规定：国务院和县级以上地方人民政府应当合理配置教育资源，促进义务教育均衡发展，改善薄弱学校的办学条件，并采取措施，保障农村地区、民族地区实施义务教育，保障家庭经济困难的和残疾的适龄儿童、少年接受义务教育。《义务教育法》第十九条规定：县级以上地方人民政府根据需要设置相应的实施特殊教育的学校（班），对视力残疾、听力语言残疾和智力残疾的适龄儿童、少年实施义务教育。特殊教育学校（班）应当具备适应残疾儿童、少年学习、康复、生活特点的场所和设施。普通学校应当接收具有接受普通教育能力的残疾适龄儿童、少年随班就读，并为其学习、康复提供帮助。《残疾人保障法》第二十一条规定：国家保障残疾人享有平等接受教育的权利。各级人民政府应当将残疾人教育作为国家教育事业的组成部分，统一规划，加强领导，为残疾人接受教育创造条件。政府、社会、学校应当采取有效措施，解决残疾儿童、少年就学存在的实际困难，帮助其完成义务教育。各级人民政府对接受义务教育的残疾学生、贫困残疾人家庭的学生提供免费教科书，并给予寄宿生活费等费用补助；对接受义务教育以外其他教育的残疾学生、贫困残疾人家庭的学生按照国家有关规定给予资助。国务院于 1994 年发布的《残疾人教育条例》，是我国第一部有关残疾人教育的专项法规，它规定：残疾人教育是国家教育事业的组成部分。残疾人受教育权的保障是国家必须担负而不可推卸的责任，也是政府各部门和有关社会组织的共同职责。这为保证残疾人受教育权利的实现提供了进一步的法律保障。

（二）对女子受教育权利的保护

长期以来，由于受社会、历史、宗教、传统观念、性别差异等因素的影响，相较于男子来说，女子权利或权益较容易受到损害，从而成为社会中相对脆弱的群体。尤其是在受教育方面，女子不易得到与男子同等的受教育机会。为此，我国制定了保障妇女权益的专门法律《中华人民共和国妇女权益保障法》，并在《教育法》《义务教育法》中对女子受教育的权利作了法律规定，其中：

《教育法》第九条规定：公民不分民族、种族、性别、职业、财产状况、宗教信仰等，依法享有平等的受教育机会。《教育法》第三十七条第二款规定：学校和有关行政部门应当按照国家有关规定，保障女子在入学、升学、就业、授予学位、派出留学等方面享有同男子平等的权利。《妇女权益保障法》第十七条规定：学校应当根据女性青少年的特点，在教育、管理、设施等方面采取措施，保障女性青少年身心健康发展。第十八条规定：父母或者其他监护人必须履行保障适龄女性儿童少年接受义务教育的义务。《义务教育法》第四条规定：凡具有中华人民共和国国籍的适龄儿童、少年，不分性别、民族、种族、家庭财产状况、宗教信仰等，依法享有平等接受义务教育的权利，并履行接受义务教育的义务。《未成年人保护法》第三条第三款规定：未成年人不分性别、民族、种族、家庭财产状况、宗教信仰等，依法平等地享有权利。

（三）对家庭经济贫困学生受教育权利的保护

家庭经济贫困学生是指由于家庭经济困难、无力承担教育费用，使其不能入学、升学，或入学后不得不中途辍学，造成其在适龄受教育期间难以完成学业的学生。这部分学生也是无法充分享有受教育权的弱势群体，需要特别的保护。为了使贫困学生的受教育权得到保障和实现，我国《教育法》第三十八条规定：国家、社会对符合入学条件、家庭经济困难的儿童、少年、青年，提供各种形式的资助。《义务教育法》第六条规定：国务院和县级以上地方人民政府应当合理配置教育资源，促

笔记栏

进义务教育均衡发展，改善薄弱学校的办学条件，并采取措施，保障农村地区、民族地区实施义务教育，保障家庭经济困难的和残疾的适龄儿童、少年接受义务教育。第四十四条规定：各级人民政府对家庭经济困难的适龄儿童、少年免费提供教科书并补助寄宿生生活费。《未成年人保护法》第三条第三款规定：未成年人不分性别、民族、种族、家庭财产状况、宗教信仰等，依法平等地享有权利。《未成年人保护法》第二十九条规定：学校应当关心、爱护未成年学生，不得因家庭、身体、心理、学习能力等情况歧视学生。对家庭困难、身心有障碍的学生，应当提供关爱；对行为异常、学习有困难的学生，应当耐心帮助。第八十三条规定：各级人民政府应当保障未成年人受教育的权利，并采取措施保障留守未成年人、困境未成年人、残疾未成年人接受义务教育。

（四）对违法犯罪的未成年人受教育权利的保护

《教育法》第四十条规定：国家、社会、家庭、学校及其他教育机构应当为有违法犯罪行为的未成年人接受教育创造条件。《义务教育法》第二十条规定：县级以上地方人民政府根据需要，为具有预防未成年人犯罪法规定的严重不良行为的适龄少年设置专门的学校实施义务教育。第二十一条规定：对未完成义务教育的未成年犯和被采取强制性教育措施的未成年人应当进行义务教育，所需经费由人民政府予以保障。《未成年人保护法》第一百一十三条第二款规定：对违法犯罪的未成年人依法处罚后，在升学、就业等方面不得歧视。

强化过关训练

笔记栏

一、单项选择题

1. 教师因幼儿捣乱，将幼儿关在车内，任其哭闹，侵犯了幼儿的(　　)。

A. 隐私权　　B. 名誉权　　C. 受教育权　　D. 人身自由权

2. 因小丽不好好吃饭，李老师对其加以辱骂，还不让她吃饭。李老师应当(　　)。

A. 停止侵害、消除影响、赔礼道歉　　B. 这是为孩子好，无须道歉

C. 向家长道歉，但是为自己辩解　　D. 以后喂小丽吃饭

3. 对民办学校重大问题拥有决策权的是(　　)。

A. 校长　　B. 教职工代表大会

C. 学校工会　　D. 学校董事会

4. 我国的义务教育实行国务院领导，省、自治区、直辖市人民政府统筹规划实施，(　　)为主管理的体制。

A. 各级地方人民政府　　B. 县级人民政府

C. 乡镇人民政府　　D. 县级教育行政部门

5. 教师方某常给学生起侮辱绰号，造成恶劣影响，对于方某的这种行为，所在学校和教育行政部门应当给予(　　)。

A. 行政处分或解聘　　B. 行政警告或拘留

C. 行政强制或拘留　　D. 行政处罚或解聘

6. 根据《未成年人保护法》的规定，卫生部门应当对儿童实行(　　)制度，积极防治儿童常见病、多发病，加强对传染病防治工作的监督管理和对幼儿园、托儿所卫生保健的业务指导。

A. 预防接种　　B. 专人护理　　C. 疾病预防　　D. 遗传跟踪

7.《幼儿园工作规程》第十三条规定，幼儿户外活动时间每天不得少于(　　)小时。

A. 1　　B. 2　　C. 3　　D. 4

8. 发生学生伤害事故，下列做法不妥的是：学校(　　)。

A. 应当及时采取措施救助受伤害学生

B. 应当及时告知学生家长或其他主要监护人

C. 通知家长来校商定事故责任和救护等事宜

D. 有条件的，应当采取紧急救援等方式救助

9.《教育法》规定，明知校舍或者教育教学设施有危险，而不采取措施，造成人员伤亡或者重大财产损失的，对直接负责的主管人员和其他直接责任人员，依法追究(　　)。

A. 民事责任　　B. 刑事责任　　C. 一般责任　　D. 行政责任

10. 学生最重要的权利是(　　)。

A. 人身自由权　　B. 受教育权　　C. 人格尊严权　　D. 隐私权

二、材料分析题

1. 某幼儿园幼儿李某很有绘画天赋，他的画作多次在儿童画展上获奖。有家出版社计划出

笔记栏

版《儿童优秀美术作品选》，经该幼儿园老师的推荐，李某作品被收录。但图书出版后，李某作品只有“××幼儿园供稿”字样。李某家长知道后，就找到出版社索要样书、稿酬及出版证明。出版社答复说，样书可以给，出版证明可以开，但选登李某的画得到了幼儿园的同意，稿酬已统一支付给了幼儿园。幼儿园则认为李某的画作得到了幼儿园老师的指导，又被推荐出版，对李某来说是一种荣耀，家长不应再索要稿酬。

阅读上述材料，从教育法律法规的角度，分析材料中存在的问题。

2. 某幼儿园把班里每个孩子的体检结果公布在教室门口，上面除了身高、体重等项目外，还包括高度近视、鸡胸等内容。

问题：依据相关法律法规，评析该幼儿园的做法。

3. 在学校的倡议及班主任老师的指导下，某班成立了一个“学雷锋活动小组”，共有成员16人，均是不满10周岁的未成年人。某星期天，该小组组织全体成员去一个“五保户”家做好事，事前未告知班主任及学校。谁知在打扫卫生的过程中，女学生赵小娟在擦洗房间的玻璃时，失足从椅子上摔下来，造成左脚骨折。事后，赵小娟的父母要求学校赔偿部分医药费。但学校认为赵小娟摔伤是她自己不小心所致，与学校无关。

问题：

（1）赵小娟摔伤，学校该不该承担赔偿责任？为什么？

（2）赵小娟的监护人该是谁？监护人在本案中有什么过错？

（3）你认为学校有必要给予赵小娟经济补偿吗？

4. 某日，某小学三年级学生在学校的音乐教室里上音乐课，音乐老师丁某弹钢琴时，坐在下面的王同学一直在说话。丁老师开始“警告”王同学：“在课堂上不要讲话了，如果再讲话，就用胶带纸把嘴巴封起来”。但9岁的王同学没有听老师话，又开始自言自语。这回，丁老师火了，立刻站起来，走到王同学跟前，掏出一段封箱胶带纸贴在了他的嘴上。在场所有的学生一下子哄堂大笑，而此刻的王同学却泪流满面，痛哭不已。丁老师没有理会，继续上课。就这样，王同学被封住嘴巴上完了音乐课，在同学们的笑声中哭到了下课。

问题：请你评价材料中丁老师的教育行为。

5. 某班主任经常拆开学生的信件，目的是检查学生是否有不良行为及掌握学生思想现状。

问题：这个班主任的做法合法吗？

参考答案

一、单项选择题

1. D;2. A;3. D;4. B;5. A;6. A;7. B;8. C;9. D;10. B

二、材料分析题

1.（1）幼儿园和出版社侵犯了幼儿李某的著作权。

（2）著作权是公民享有的一项基本权利。依据我国著作权法的规定，创作作品的公民就是该作品的作者。年龄的大小虽能影响人的行为能力但不能影响人的权利能力。由于李某为无民事行为能力的幼儿，其权利由法定监护人（即家长）代为行使。幼儿园在未征求作者监护人意见的情况下，擅自将作品提供给出版社，出版社又未给作者署名，他们共同侵犯了李某的著作权，理应将稿酬付给李某的家长。

（3）幼儿园和出版社应向作者家长致歉，如果家长追究，他们还应承担赔偿责任。

2.（1）该幼儿园的做法是极其错误的，侵犯了幼儿的人身权。

（2）公民的健康状况是绝对隐私的，隐私权作为公民的一种人身权受到我国法律的保护。我国《未成年人保护法》第三十九条明确规定：任何组织或者个人不得披露未成年人的个人隐私。第二十一条规定，学校、幼儿园的教职员工应当尊重未成年人的人格尊严，不得对未成年人实施体罚、变相体罚或者其他侮辱人格尊严的行为。健康状况是每个人的生理隐私，并且属于绝对隐私，未成年人的隐私权同样应得到尊重和保护。

（3）根据《未成年人保护法》第六十三条的规定，学校、幼儿园侵害未成年人合法权益的，由教育行政部门或者其他有关部门责令改正；情节严重的，对直接负责的主管人员和其他直接责任人员依法给予处分。

3.（1）因为本案发生在校外，且是节假日，事前没有告知学校及班主任，是在学校管理职责外发生的，学校行为并无不当，因此不承担责任。

（2）赵小娟的监护人是其父母，监护人应依法履行监护职责，配合学校对未成年人进行安全教育、管理和保护工作。由于其父母没有履行相应职责，造成赵小娟骨折，故其父母应承担相应责任。

（3）学校无责任的，没必要给予赵小娟经济补偿。但如果有条件的，可以根据实际情况，本着自愿和可能的原则，对受伤害学生给予适当帮助。所以学校可以适当给予经济补偿。

4.（1）丁老师的做法是极其错误的，他不仅违背了“关爱学生”的师德规范，还严重侵犯了学生的人身权和受教育权。

（2）《教育法》第四十三条规定，受教育者享有受教育权（即“参加教育教学计划安排的各种活动，使用教育教学设施、设备、图书资料”的权利）和人身权（即“对学校、教师侵犯其人身权、财产权等合法权益，提出申诉或者依法提起诉讼”的权利）。《中小学教师职业道德规范》要求教师“关心爱护全体学生，尊重学生人格，平等公正对待学生”。“关爱学生”是师德的灵魂。丁老师把学生的嘴巴封住，是对学生的体罚和人格侮辱，侵犯了学生的人身权，同时也限制了学生上音乐课的自由，使学生无法参加正常的教育教学活动，侵犯了学生的受教育权。

（3）丁老师应为自己的违法行为承担相应的行政法律责任。

（4）学校应加强法制教育，切实提高教师的法律意识、法制观念；教师应认真履行教师的义务，依法执教。

5.（1）班主任的做法不合法。《未成年人保护法》第三十九条规定，任何组织或者个人不得披露未成年人的个人隐私。对未成年人的信件、日记、电子邮件，除法律规定的部门外，任何组织或者个人不得开拆、查阅。

（2）作为班主任，在对学生进行教育管理过程中，必须依法执教，严格遵守相关教育法律法规以及其他法律法规的规定，切实维护学生的合法权益。

（3）对于该班主任这种侵犯未成年人隐私的行为，可由学校对其进行批评教育，责令他立即停止侵权，并向受害人道歉。

模块三　教师职业道德规范

逻辑结构图与考试权重

逻辑结构图

- 教师职业道德规范
  - 教师职业道德
    - 教师职业道德概述
    - 幼儿园教师职业道德规范
    - 《中小学班主任工作条例》
    - 保教实践中教师的道德规范问题
  - 教师职业行为
    - 教师职业行为规范
    - 教师职业行为规范在幼儿保教活动中的运用

考试权重

模块	分值比例	分值(分)	题型	重点提示
教师职业道德规范	约 15%	约 22	单项选择题、材料分析题	本模块是考查的重点。其中,材料分析题是必考题型

考纲要求与复习策略

考纲要求

1. 教师职业道德

(1) 了解《中小学教师职业道德规范》(2008 年修订),掌握教师职业道德规范的主要内容。

(2) 理解《中小学班主任工作条例》的精神。

(3) 熟悉《幼儿园教师违反职业道德行为处理办法(2018 年修订)》,分析评价保教实践中教师的道德规范问题。

2. 教师职业行为

(1) 熟悉《新时代幼儿园教师职业行为十项准则》,了解教师职业行为规范的要求。熟悉教师职业行为规范的要求,熟悉幼儿园教师的职业特点。

(2) 理解教师职业行为规范的主要内容,在教育活动中运用行为规范恰当地处理与幼儿、幼儿家长、同事以及教育管理者的关系。

(3) 在保教活动中,依据教师职业行为规范,爱国守法、爱岗敬业、关爱学生、教书育人、为人师表。

笔记栏

复习策略

1. 命题剖析

本模块知识是历年考试的重点，都是以单项选择题和材料分析题的形式呈现。材料分析题是历年必考点，全国统考试卷中的第 31 题即为考查本模块知识的材料分析题。命题重点是要求考生从教师职业道德的角度，评析所给材料中某教师的教育行为。

2. 备考策略

本模块旨在考查考生是否具有良好的职业道德。重点考查考生对知识的理解与运用。因此，要求考生必须系统学习，熟悉并深刻理解我国《中小学教师职业道德规范》的基本内容及其具体行为规范，能够综合分析和评判幼儿园保教活动中的现实问题。

第一章

教师职业道德

知识体系及思维脉络图

- 教师职业道德
  - 教师职业道德概述
    - 教师职业道德的内涵
    - 教师职业道德品质
    - 教师职业道德修养
    - 教师职业道德在幼儿保教活动中的意义
  - 幼儿园教师职业道德规范
    - 修订背景修订原则
    - 《中小学教师职业道德规范》的内容
    - 《中小学教师职业道德规范》的解读
    - 《中小学教师职业道德规范》的特点
  - 《中小学班主任工作条例》
    - 制定背景
    - 《中小学班主任工作条例》的内容
    - 《中小学班主任工作条例》的解读
  - 保教实践中教师的道德规范问题
    - 幼儿教师职业道德存在的问题
    - 问题存在的原因
    - 提升幼儿教师职业道德的策略

笔记栏

核心考点及学习提示

【核心考点】

1. 教师职业道德的概念、教师职业道德品质、教师职业道德修养方法。
2. 《中小学教师职业道德规范》的内容:爱国守法、爱岗敬业、关爱学生、教书育人、为人师表和终身学习。
3. 《中小学班主任工作条例》的内容:班主任的含义与地位、配备与选聘、职责和任务、待遇和权利。
4. 保教实践中幼儿教师的职业道德规范的问题、成因与策略。
5. 《幼儿园教师违反职业道德行为处理办法(2018年修订)》。

【学习提示】

考试重点:《中小学教师职业道德规范》《中小学班主任工作条例》《幼儿园教师违反职业道德行为处理办法(2018年修订)》的基本内容;从师德的角度评析幼儿教师的保教行为。

考试难点:从师德的角度评析幼儿教师的保教行为。

第一节　教师职业道德概述

一、教师职业道德的内涵

(一)教师职业道德的概念

教师职业道德,又称师德,是教师行业特殊的职业道德要求,是教师在教育职业生涯中应该遵

笔记栏

循的行为规范和必备品德的总和。也就是说,教师职业道德是对教师职业活动领域各种关系提出的规范要求,是教育实践中处理教育活动中各种关系的行为准则。具体地说,教师职业道德旨在调整教师与教师、教师与学生、教师与学校领导、教师与学生家长、教师与社会其他方面关系的行为准则。教师职业道德是一般社会道德在教师职业中的特殊体现。

(二) 教师职业道德的本质

1. 教师职业道德是教师从事教育教学活动必须遵守的职业伦理

教师是人类灵魂的工程师,是学生成长的引路人。教师的思想政治素质和职业道德水平直接关系到儿童的健康成长,关系到国家和民族的前途与未来。《中小学教师职业道德规范》指出了教师在教育教学活动中必须遵守的职业伦理。

2. 教师职业道德体现为特定的道德规范体系

教师职业道德主要是要求教师树立正确的教育观,具有热爱教育的事业心和全心全意培养、教育学生的道德责任感以及良好的道德品质。

树立正确的教育观,关键是要对教育和教师职业的地位及作用有一个深刻的认识。百年大计,教育为本,而要办好教育,关键在于教师。教师肩负着为社会培养千百万合格人才的重任,教师的职业是光荣的、高尚的。

3. 教师职业道德是从教育活动的特殊利益关系中引申出来的

教师在教学活动中给学生以实际教益是教师职业道德形成的基础。教师职业道德的特殊本质是同教育劳动的本质紧密联系在一起的。教师职业道德是教育劳动过程中人与人之间关系的反映,是通过教育劳动表现出来的。

教育劳动的社会职能决定了教师必须树立起为社会培养全面发展人才的道德责任感。教育劳动的社会职能主要是通过培养、教育出具有良好思想品德、掌握一定的文化科学知识、体魄健全的人才来为社会发展和人民的利益服务。

(三) 教师职业道德的特点

1. 境界的高层次性

境界的高层次性就是指社会和他人对教师职业道德的要求总是在整个社会道德体系中处于较高水平和较高层次。教师职业道德的高层次是由教育是培养人的本质特点,以及教师要教书育人的根本任务所决定的。

2. 意识的自觉性

意识的自觉性是指教师因职业劳动的特点所决定的在职业道德意识上的更高的自觉性,它是教师职业情感和职业行为的基础。教师劳动的个体性要求教师要有遵守教师道德的自觉性。教书育人的神圣职责要求教师具有高度的责任感和自觉性。

【典型真题】李老师在组织绘画活动前,首先思考这次活动对幼儿的意义,根据本班幼儿的年龄特点和接受能力判断本次活动的目标是否合适,活动过程能否引起幼儿的兴趣,活动后还进行了反思。李老师的行为体现的教师职业道德的作用是(　　)。

A. 评价作用　　B. 引导作用

C. 动力作用　　D. 示范作用

【解析】教师职业道德的动力作用是指教师职业道德能够激发教师工作的积极性、主动性和创造性,从而促使教师不断加强自我修养和自我完善。题干中,李老师在组织幼儿进行绘画活动前,从各个方面积极主动地思考教学的内容是否合适,还在活动后通过反思不断加强自我修养和自我完善,体现了教师职业道德的动力作用。

【答案】C

笔记栏

3. 行为的典范性

行为的典范性是指教师的品德和行为对学生思想品德的形成与行为具有榜样作用。它是由教师劳动的示范性决定的。在教育教学过程中，教师职业道德不仅是对教师自身行为的规范，而且对学生具有“以身立教”的作用。因此，教师要以身作则，为人师表，这也是教师职业道德区别于其他职业道德的显著标志。

4. 影响的深远性

影响的深远性是指教师的道德品质和行为将给学生留下深刻久远的印象，它不会因学生的离校而随之结束，还将延续到毕业以后，走上社会之中，有时甚至会伴随学生的一生。不仅如此，教师还会通过影响学生、影响学生家长，进而影响整个社会。所以，教师职业道德的影响比其他职业道德更具深远性。

二、教师职业道德品质

教师职业道德品质是指教师行业的道德要求在教师个人思想和行动中表现出的稳定的特征和倾向。教师职业道德和职业道德品质的区别就在于：当涉及教师群体职业行为现象时，人们常用教师职业道德加以指称；当评述某一教师个体的职业行为时，人们常用职业道德品质。

教师职业道德品质包含教师职业道德认识、教师职业道德情感、教师职业道德意志和教师职业道德行为等要素。

（一）教师职业道德认识

教师职业道德认识是对教师职业道德规范体系的认识，是教师对职业道德原则和职业道德规范的感知、理解、接受，经由教师个体的逐步内化形成一种比较系统的认知。教师职业道德认识的核心是职业道德价值观。教师职业道德认识的重要范畴是“义务”。践行教师职业道德规范，是教师个体必须履行的义务。

教师职业道德认识包含两方面内容：一是对教师职业在社会生活中的意义和价值的认识，也就是教师职业价值观。教师职业与其他职业有非常明显的区别，教育肩负着传承人类文明，塑造民族未来的重任，教育工作者肩上承担着不同于一般职业人的社会责任。教师工作是一种职业，但教育却是一项事业，职业要求敬业，而事业却需要奉献，教育工作者要有一种强烈的社会责任感和历史使命感，要有为教育奉献的精神追求。没有这种精神追求，就不可能形成真正高尚的教师职业道德品质。二是对教师职业规范的理解和认同。教师职业规范是对教师从业的具体行为要求，只有理解和认同这些要求，才能产生践行的愿望，并逐渐将其内化为个人的职业品德。

（二）教师职业道德情感

教师职业道德情感，是教师对职业道德认识的一种具体表现，是教师在践行教师职业道德认识时的情感体验。当教师将职业道德认识付诸职业实践时，有一种积极的情感付出的要求，并在道德实践时感受到这种情感付出后的满足感。这就是教师职业道德情感。教师职业道德情感的重要内容是“爱”——“教师爱”，即对教育事业的热爱和对学生的关爱。教师对学生的爱不是普通意义的关心和牵挂，而是对学生身心健康成长的热切希望和竭力付出。没有爱，就没有真正的教师职业道德情感。

（三）教师职业道德意志

教师职业道德意志是教师在履行职业道德规范的过程中表现出来的决心和坚持的力度。学生年龄小、心智发展不健全、行为能力弱、是非观念差，需要教师辛勤的付出和耐心细致的呵护。教师负载着社会、家长太多的期望和要求，教师要能淡泊名利，甘为人梯。

（四）教师职业道德行为

教师职业道德行为是教师职业道德规范在教师行为上的体现，是教师在职业道德认识支配下

笔记栏

表现出来的符合教师职业道德规范的行为表现。教师职业道德行为的基本范畴和基石是"责任感",即对党和国家教育事业的责任感,对教育工作的责任感,对学生成长的责任感。只有当教师具有这些责任感时,才能自觉地使自己的职业行为符合教师职业道德规范的要求,才能将强制性的规范要求内化为个人的职业品质。教师的职业行为能否自觉符合教师职业道德规范的要求,是形成教师职业道德品质的标志。

三、教师职业道德修养

教师职业道德修养是指教师为培养良好的职业道德品质所进行的自我锻炼、自我陶冶、自我教育、自我改造的过程和行为。教师职业道德修养的内驱力来源于教师内在的道德需要,是由教师内在道德需要所启动的自主、自觉行为。

(一)教师职业道德修养的意义

1. 加强教师职业道德修养是社会发展的需要

任何道德对社会发生作用,都离不开社会每个成员的道德修养和道德实践。教师职业道德修养是教师职业道德对社会发生作用的中间环节。教师职业道德修养不但是教师职业道德准则转化为教师个体职业道德品质的重要手段和途径,而且还可以使社会道德风尚得到改观。教师个体职业道德能力的增强和道德境界的提高,意味着整个教师群体职业道德素质的提高和整个社会道德的进步。

2. 加强教师职业道德修养是教师自我完善的重要途径

作为一名教师,要增强自我修养的意识,自觉抵制社会不良风气的影响,正确处理精神与物质、奉献与索取、名利与道义的关系,志存高远、爱岗敬业、忠于职守、乐于奉献,自觉履行教书育人的神圣职责,以高尚的情操引导学生全面发展。

3. 加强教师职业道德修养是学生健康成长的需要

教师的工作对象是处于生长期的儿童,他们求知欲强、模仿性强,教师的言行、求知态度、道德水准、兴趣爱好,甚至气质性格都会对学生产生潜移默化的影响,有些甚至影响终身。作为一名教师,要不断学习新知识、新技能,提高自己的专业水平。更重要的是,教师应不断提高职业道德修养,在理论、思想、文化、道德品质等方面不断地进行自我完善、自我磨炼,成为学生的楷模。

(二)教师职业道德修养的方法

教师良好的师德修养不是与生俱来的,而是经过长期的社会实践,不断完善自身的结果。理论与实践相结合是师德修养的根本途径。

1. 加强学习

即要勤学不懈。一是学习马克思主义的基本理论,树立正确的世界观、人生观、价值观,深刻理解教师职业道德的精髓,自觉履行教师职业道德规范;二是学习教师职业道德规范,提高遵守师德规范的自觉性,在实践中培养良好的职业品德;三是学习先进模范人物的优秀品质,不断完善自我、超越自我。

2. 躬身实践

实践是认识的基础,也是道德修养的基础。提升教师的职业道德修养,关键在于实践。教师必须积极参加社会实践,不断学习,不断升华,才能达到一名教师所具有的道德修养要求。离开了教育教学实践,师德修养便失去了客观的评价标准。

3. 自省慎独

自省作为自我检查、自我约束、自我教育、自我提高的重要方法,对于提高教师的职业道德修养、提升师德境界具有重要作用。自省是教师职业道德修养从他律到自律的一个重要方法。

教师职业道德修养的最高层次就是"慎独"。慎独是一种强调自律的自我修养方法,看重个人

品行的操守，表现为自律和坦荡。它具体是指人们在独自活动无人监督的情况下，凭着高度自觉，按照一定的道德规范行动，而不做任何有违道德信念、做人原则之事。慎独是教师修身的重要方法，也是教师完善自我应追求的师德境界。

4. 注重细节

俗话说：细节决定成败。要加强师德修养，就必须从细微处严格要求自己。教师在进行职业道德修养时必须要做到防微杜渐、积善成德、持之以恒，从而养成高尚的品行。

教师只有通过上述方法加强自身师德修养，才能持续地完善自我、提升自我、成就自我。

四、教师职业道德在幼儿保教活动中的意义

教师职业道德是教师职业活动中不可或缺的素养，是教师完成教育任务的保障，也是教育事业成败的重要因素。

良好的教师职业道德在幼儿园保教活动中具有十分重要的意义。“百年大计，教育为本，教育发展，教师是关键；教师素质，师德最重要”。良好的师德是幼儿园教师做好保教工作的基础，是教育事业走向成功的重要保障。

（一）教师职业道德是幼儿教师职业素质的灵魂

教师职业道德素养是教师的专业素质之一。职业道德的存在，是因为职业的功能在于服务社会、服务他人；在服务社会、服务他人的过程中，职业者个人也得到服务的回馈。职业道德不仅是本行业人员在职业活动中的行为规范，也是行业对社会所负的道德责任和义务。它决定了教师职业道德在教师职业素质中的重要地位。教师对保教活动价值的认识，对保教活动内容和方式的选择，都受制于自己的教师职业道德。在幼儿教师的职业素质中，教师职业道德是幼儿教师专业素质的灵魂。

（二）教师职业道德是幼儿园保教目标实现的保障

教师职业道德作为调整教育活动的规范体系，其根本目的是教育活动的目的。教师职业道德通过对教师与教师、教师与学生、教师与学校领导、教师与学生家长、教师与社会其他方面关系的行为规范，使教师行为服务于保教活动目标的实现。同时，教师良好的职业道德品质，可以对幼儿良好思想品质和良好行为习惯的形成，产生直接的促进作用。幼儿教育活动，作为一种社会事业，是许多参与到这一活动中的教师的共同事业。幼儿教师职业道德规范就是把幼儿教师的行动规范到幼儿保教目标要求上。因此，教师职业道德是幼儿园保教目标实现的保障。

（三）教师职业道德是幼儿全面发展的条件

教育的目的在于人的发展。幼儿保教目标在于幼儿的发展。教师职业道德规范把教师的行为规范到促进人的发展上，把幼儿教师的行为规范到促进幼儿的发展上。教师职业道德要求教师的行为要指向儿童的全面发展，为儿童的全面发展提供条件。教师职业道德品质就是儿童直接学习的内容，是直接促进儿童品德发展的资源。幼儿教师以自己的职业道德品质行不言之教。

第二节　幼儿园教师职业道德规范

一、修订背景

从1984年颁布《中小学教师职业道德要求（试行草案）》开始，我国教师职业道德先后于1994年、1997年、2004年和2008年进行了讨论和修订。2008年9月，教育部和中国教科文卫体工会全国委员会联合颁发《中小学教师职业道德规范》（2008年修订版），将教师职业道德规范表述为：爱

笔记栏

国守法、爱岗敬业、关爱学生、教书育人、为人师表、终身学习六个方面。

根据《教师法》“第九章 附则”的规定，中小学教师，是指幼儿园、特殊教育机构、普通中小学、成人初等中等教育机构、职业中学以及其他教育机构的教师。因此，在我国，幼儿园教师纳入中小学教师系列。迄今为止，我国尚无专门的幼儿园教师职业道德规范。现行的《中小学教师职业道德规范》适用于广大幼儿园教师。

二、修订原则

第一，坚持“以人为本”。新修订的《中小学教师职业道德规范》体现了以学生成长为出发点，通过教师促进学生成长的理念，体现了“教育以育人为本，以学生为主体”，“办学以人才为本，以教师为主体”的理念，强调教师责任与权利的统一，注重教师主动性、积极性、创造性的发挥。

第二，坚持继承与创新相结合。新修订的《中小学教师职业道德规范》，既保留了原《中小学教师职业道德要求》的合理成分，又充分考虑了社会经济发展、教育教学改革对教师职业道德提出的新要求，将优秀师德传统和时代新要求有机地结合在一起。

第三，坚持广泛性与先进性相结合。从教师队伍的现状和实际出发，面向全体教师，对教师职业道德提出基本要求，体现了《中小学教师职业道德规范》的广泛性原则。先进性是指在基本要求的基础上所提出的体现时代精神和社会发展需要的倡导性要求。

第四，倡导性要求与禁止性规定相结合。新修订的《中小学教师职业道德规范》中既有针对教师职业道德建设的倡导性内容，同时又针对当前教师职业道德行为中表现出的突出和重点问题，做出若干禁行规定。

第五，他律与自律相结合。新修订的《中小学教师职业道德规范》既对教师职业道德建设的内容做出许多明确的规定，同时又倡导广大教师自觉实践、内化规范要求。

三、《中小学教师职业道德规范》的内容

《中小学教师职业道德规范》共六条，体现了教师职业对师德的本质要求和时代特征，“爱”与“责任”是贯穿其中的核心和灵魂。

（1）爱国守法。热爱祖国，热爱人民，拥护中国共产党领导，拥护社会主义。全面贯彻国家教育方针，自觉遵守教育法律法规，依法履行教师职责权利。不得有违背党和国家方针政策的言行。

（2）爱岗敬业。忠诚于人民教育事业，志存高远，勤恳敬业，甘为人梯，乐于奉献。对工作高度负责，认真备课上课，认真批改作业，认真辅导学生。不得敷衍塞责。

（3）关爱学生。关心爱护全体学生，尊重学生人格，平等公正对待学生。对学生严慈相济，做学生的良师益友。保护学生安全，关心学生健康，维护学生权益。不讽刺、挖苦、歧视学生，不体罚和变相体罚学生。

（4）教书育人。遵循教育规律，实施素质教育。循循善诱，诲人不倦，因材施教。培养学生良好品行，激发学生创新精神，促进学生全面发展。不以分数作为评价学生的唯一标准。

【典型真题 1】午睡起床时，小班的李老师发现小朋友常将两只鞋子穿反，就编了首儿歌：“一双小鞋子，套上小脚丫，背对背，脸背脸，就像刚刚吵过架，咦——怎么了？”小朋友听完儿歌纷纷查看了自己的鞋子，“哦，小鞋子穿反了！”下列选项与该案例所体现的教师职业道德要求相符的是（　　）。

A. 不闻不若闻之，闻之不若见之　　B. 耳濡目染，不能以习

C. 不愤不启，不悱不发　　D. 动人以言者，其感不深；动人以行者，其应必速

【解析】教书育人要求教师遵循教育规律，实施素质教育，循循善诱，诲人不倦，因材施教。

笔记栏

面对小朋友常常将两只鞋子穿反这件事情,小班李老师采取编儿歌的形式启发儿童自己发现错误,并改正错误,这体现了启发式教学。“不愤不启,不悱不发”经常用来说明先让学生积极思考,再进行适时启发。

【答案】C

【典型真题2】活动开始后,冬冬突然躲到柜子后面,张老师让他出来,可他就是不动。张老师生气地说:“赶紧出来! 再不出来就让大灰狼把你带走!”冬冬害怕极了,急忙出来了。这表明张老师(　　)。

A. 没有体现教师的教学权威　　B. 没有尊重幼儿的独特心理

C. 没有损害幼儿的人格尊严　　D. 没有关注幼儿的权利保护

【解析】教书育人的师德规范要求教师遵循教育规律,实施素质教育,循循善诱,诲人不倦,因材施教;培养学生良好品行,激发学生创新精神,促进学生全面发展。题干中的张老师面对冬冬躲到柜子后面的行为,采取恐吓的方法进行教育,没有尊重幼儿的独特心理,没有因材施教。

【答案】B

【典型真题3】小豆5岁了,说话发音还是不太清楚。陈老师平时除了鼓励之外,还专门查找很多相关资料并制订了矫治方案。通过老师在日常生活中的指导,以及儿歌、绕口令的练习,小豆有了较大的进步。下列选项与该案例教师职业道德要求相符合的是(　　)。

A. “学而不思则罔,思而不学则殆”

B. “道而弗牵,强而弗抑,开而弗达”

C. “其身正,不令而行;其身不正,虽令不从”

D. “圣贤施教,各因其材,小以小成,大以大成”

【解析】针对小豆说话发音不清楚的情况,陈老师专门查了很多资料并制订了矫治方案,体现了教书育人的师德规范。教书育人要求教师循循善诱,诲人不倦,因材施教。朱熹提出的“圣贤施教,各因其材,小以小成,大以大成”意指圣人施行教育,依据各人的不同资质和才能有针对性地因材施教,资质和才能小的,就培养成低一级的人才,实现小的成就;而资质和才能大的,就培养成高一级的人才,实现大的成就。不放弃任何人。

【答案】D

【典型真题4】甜甜拿着一辆玩具汽车,丁丁也想玩,可是甜甜不给,丁丁就去抢,两人推打起来。邓老师看见后,就走过去一把夺过玩具说:“居然还打起来了! 谁都不准玩了!”邓老师的做法(　　)。

A. 正确,有利于保护幼儿人身安全　　B. 恰当,有利于教育丁丁尊重他人

C. 不恰当,不利于培养幼儿良好的品行　　D. 不恰当,不利于保护丁丁的求知欲

【解析】邓老师面对幼儿发生的矛盾,没有用恰当的方法处理问题,也没有循循善诱、因势利导对幼儿进行品行上的教育,这种简单粗暴的做法不利于培养幼儿良好的品行。

【答案】C

(5)为人师表。坚守高尚情操,知荣明耻,严于律己,以身作则。衣着得体,语言规范,举止文明。关心集体,团结协作,尊重同事,尊重家长。作风正派,廉洁奉公。自觉抵制有偿家教,不利用职务之便谋取私利。

【典型真题1】李老师打扫完班级卫生后,顺便坐在教室的玩具柜上,这时他看到小杰也从椅子上爬到柜子上坐着,便说:“小杰不能坐到柜子上,这样太危险,老师说过很多次了,你忘了吗?”旁边程程接着说:“老师,你也坐在柜子上面呢。”此时李老师恰当的回应是(　　)。

A. “老师和柜子说过了，它同意哦！”　　B. “谢谢你，以后我们都不要坐了。”

C. “老师打扫卫生太累了，只坐了一小会。”　　D. “谢谢你，老师不会摔，小朋友会危险的。”

【解析】为人师表是教师职业的内在要求，身为教师要严于律己，以身作则。题干中教师教导幼儿不要坐到玩具柜上，身为教师要起到榜样示范作用。

【答案】B

【典型真题 2】第二天一早李老师就要交评选职称的材料了，她发现还缺少 2 份听课材料。但是她已经没有时间听课了，李老师正确的做法是(　　)。

A. 请同事帮忙提供听课材料　　B. 参考同事教案改写听课材料

C. 根据自己教案编写听课材料　　D. 直接放弃本次职称评定机会

【解析】教师职业道德规范要求教师为人师表，严于律己，以身作则。李老师在发现自己缺少评选职称的材料时，正确的做法应该是诚实守信，秉承实事求是的态度，放弃本次职称评定机会，不弄虚作假。

【答案】D

【典型真题 3】果果的妈妈给王老师送去一袋家乡特产，请王老师多关照果果。王老师婉言谢绝，并表明照顾好每一个孩子是自己的责任。下列说法与对王老师做法的评价不符的是(　　)。

A. “大厦之成，非一木之材也；大海之阔，非一流之归也。”

B. “谁云交际之常，廉耻实伤；倘非不义之财，此物何来？”

C. “心不动于微利之诱，目不眩于五色之惑。”

D. “一丝一粒，我之名节。”

【解析】王老师面对家长的礼物婉言谢绝，遵循了为人师表的教师职业道德规范。“大厦之成，非一木之材也；大海之阔，非一流之归也”是指高大的房屋建筑，不是靠一棵树的木材原料就能建成的；大海之所以辽阔，不是靠一条河流的水注入就能形成的。这要求我们应该秉持兼容并蓄的态度，虚心学习他人的优点，只有集思广益才能成就大业，故 A 项符合题意。

【答案】A

(6) 终身学习。崇尚科学精神，树立终身学习理念，拓宽知识视野，更新知识结构。潜心钻研业务，勇于探索创新，不断提高专业素养和教育教学水平。

【典型真题 1】晨间活动时，琳琳跑到我面前，把一本绘本递给我，难过地说：“董老师，你看，谁把我这本书的封面撕掉了！”我接过绘本，对着平时比较淘气的涛涛说：“这肯定是你撕掉的！”涛涛抬起头看着我，摇了摇头，于是我生气地说：“你们把东西放下，都不要玩了，坐好。”孩子们都坐到了自己的椅子上，接着我又说：“到底是谁把书弄坏了，承认了，老师原谅你，如果不承认，被老师发现就惨了！”教室里顿时鸦雀无声，没有人敢承认，看到孩子们露出紧张不安的神情，我意识到自己的言行有些不妥。

这时我突然想到了悄悄话的办法，我问孩子们：“大家想不想把自己想说的悄悄话告诉老师啊？”孩子们都点点头，然后就一个接一个凑到我耳边说起了悄悄话，小军凑到我耳边小声道：“书皮是我弄坏的，刚才我看到这本书被丢在地上，我想捡起来，可是，我一使劲儿书皮就掉下来了。”我也悄悄对他说：“谢谢你告诉老师，你主动把书捡起来，老师要表扬你。但把书皮弄坏了，一会儿你能向琳琳道歉吗？”小军笑着点点头，便过去向琳琳道歉。我对全班幼儿说：“刚才老师错怪了涛涛，对不起！”

问题：请结合材料，从教师职业道德角度，评价董老师的教育行为。

【答案要点】董老师的教育行为遵循了教师职业道德规范,值得肯定。

(1)爱岗敬业。教师要勤思敬业,对工作高度负责。材料中,董老师面对幼儿提出的问题积极解决引导,实际上是敬业的体现,但在一开始时方法不当,经过反思后积极改正了自己的教学行为和方法。

(2)关爱学生。教师要关心爱护全体学生,尊重学生人格,平等公正对待学生,要对学生严慈相济,做学生的良师益友。材料中,董老师一开始二话不说就认为是淘气的涛涛做坏事,没有尊重涛涛的人格尊严,并且还在全班公开发表威胁言论。后来看到孩子们的神情紧张后反思改正,用悄悄话的形式引导小军承认错误,既尊重了学生又解决了问题。

(3)教书育人。教师要遵循教育规律,循循善诱,诲人不倦,因材施教,要注重培养学生的良好品行。材料中,董老师经过反思,引导小军承认错误后向琳琳道歉,旨在培养小军的良好品行。

(4)为人师表。教师要严于律己,以身作则,语言规范,举止文明。材料中,董老师意识到自己所说的"被老师发现就惨了"的言论带有威胁意味,不符合教师职业道德规范后,自觉反思并加以改正,言行举止更为文明、柔和,孩子们也更愿意听从。

【典型真题 2】周老师让学生们续编大灰狼的故事,强强的想象力特别好,他讲的故事绘声绘色,但是他在讲到最后的时候,他讲小动物们都打败了大灰狼,然后把大灰狼的头砍下来了,这让大家都觉得非常害怕,琪琪还害怕得哭了起来。周老师就把琪琪抱在怀里,说:"老师在这儿呢,别害怕。"接着周老师就开展了一个特别愉快的游戏。再后来周老师给大家读绘本《你看起来很好吃》,并让大家积极地分享故事中自己喜欢的角色,并说出原因,其中一个幼儿说:"我喜欢小甲龙,因为他很有爱心,很善良。"周老师赶紧说道:"我们也要做一个善良的,有爱心的人,要爱护和保护小动物,不能伤害他们。"

问题:请根据教师职业道德来评价周老师的教育行为。

【答案要点】材料中周老师的教育行为是正确的,践行了教师职业道德的相关要求。

(1)关爱学生。教师要关心爱护全体学生,尊重学生人格,关心学生健康,做学生的良师益友。材料中,周老师让强强自己发挥讲故事是对学生的尊重,在琪琪害怕时及时安慰她,开展愉快的游戏来消除学生对大灰狼故事的害怕情绪,体现了对学生的关心与爱护。

(2)教书育人。教师要循循善诱,诲人不倦,因材施教,培养学生的良好品行,促进学生全面发展。材料中,周老师发现强强讲的故事引起学生害怕后,因势利导展开有趣的活动,通过读绘本让学生学习做一个有爱心、善良的人,注意培养学生良好的品行,促进学生全面发展。

(3)爱岗敬业。教师要对工作高度认真负责,勤恳敬业,认真辅导学生。材料中,周老师在琪琪害怕的时候把琪琪抱在怀里并安慰她,还带领大家做游戏、读绘本,丰富课堂活动,体现了周老师对工作和学生负责。

【典型真题 3】一天,刘老师组织区域活动时,小朋友们发现建构区新添了不少积木,十多个小朋友都涌进了建构区,兴高采烈地搭起了积木。"喂,你踩到我的积木了。"超超说。"干吗呀?你别挤我。"静静说。这时,有的孩子开始争抢自己喜欢的积木,甚至扭打在一起。见此情景,刘老师立刻给予制止。刘老师问:"你们觉得这么多人挤在一起,好玩吗?"孩子们七嘴八舌地说:"不好玩!""太挤了,都撞疼我了。"……刘老师接着说:"那我们得想个办法呀!"超超说:"得互相谦让,就让我先玩会儿吧。""我也要先玩。"静静着急地说。刘老师说:"互相谦让是别人先让自己,还是自己先让别人呀?"孩子们互相看看不吱声。静静说:"好吧,我先去美工区,下午再来玩。"刘老师马上说:"看,静静先让别人玩了,下午我们让静静先玩。"这时,超超和几个小朋友也陆续去了别的游戏区。现在建构区还剩下九个小朋友,刘老师感觉还是多了,但

没再吱声，她想让小朋友自己感受后再解决问题。果然，没玩多久就有小朋友提出还是太挤了。“那么多少人一起玩合适呢？”刘老师继续引导孩子们，于是大家商定一个一个往外减人，直到感到合适为止。最后，大家一致认为五六个小朋友玩比较合适。

下班以后，别的老师都回家了，刘老师还在办公室回看在建构区拍摄的活动视频，分析幼儿在活动中的游戏行为与表现，并形成了观察报告。

问题：请结合材料，从教师职业道德的角度，评析刘老师的教育行为。

【答案要点】材料中刘老师的教育行为遵循了教师职业道德规范，表现在：

（1）教书育人。教师要遵循教育规律，循循善诱，因材施教，培养学生的良好品行。材料中，刘老师在处理建构区拥挤的问题时没有直接要求儿童退出，而是循循善诱，不仅引导儿童自己想出解决方法，而且从中培养了儿童谦让的品德。

（2）爱岗敬业。教师要乐于奉献，对工作认真负责。材料中，刘老师下班之后还在回看在建构区拍摄的活动视频，分析幼儿表现并形成观察报告。

（3）关爱学生。教师要关爱全体学生，平等公正对待学生，对学生严慈相济，做学生的良师益友。材料中，刘老师看到儿童扭打在一起时，立刻出面加以制止，同时也没有直接批评儿童，而是通过引导让儿童自己解决问题。

（4）为人师表。教师要严于律己，举止文明，尊重学生，尊重家长。材料中，刘老师在解决问题时并没有因为儿童扭打在一起而发火，而是能够控制自己的言行，注意文明用语。

【典型真题4】开学初，中（2）班来了一位叫瑞瑞的插班生，班主任刘老师通过一个月的观察，发现瑞瑞不愿意与小朋友交往，经常咬人打人，还发现瑞瑞在语言交流和表达能力等方面明显低于同龄幼儿的发展水平。刘老师决定与家长进行沟通，并了解到瑞瑞长期与奶奶在一起生活，爸爸妈妈都不在身边。接下来的一段时间，刘老师对瑞瑞的行为进行了仔细的观察和记录，还多次去瑞瑞家进行家访，了解孩子在家的具体情况。针对瑞瑞的情况，刘老师专程到儿童医院向专业人士进行了咨询。回来后，刘老师把咨询的情况与远在外地的瑞瑞妈妈进行了沟通，建议瑞瑞妈妈及早带孩子去专门机构进行科学的发展测评。同时，刘老师在班级的各项活动中，有意识地引导其他小朋友和瑞瑞交朋友，做游戏。通过测评，瑞瑞真的存在发育迟缓的问题。专业人士为瑞瑞拟定了矫治方案。在刘老师和家长的共同配合下，这一方案得以实施。

问题：请结合材料，从教师职业道德的角度，评析刘老师的教育行为。

【答案要点】材料中刘老师的教育行为符合教师职业道德的相关要求，表现在：

（1）关爱学生。关爱学生要求教师关爱全体学生，平等公正地对待学生，对学生严慈相济，做学生的良师益友。材料中，瑞瑞在语言交流和表达能力方面低于其他小朋友，教师关注了这一点并积极与家长进行沟通。

（2）教书育人。教书育人要求教师做到遵循教育规律，因材施教，培养学生的良好品行。材料中，教师针对瑞瑞的特殊情况，专程到儿童医院向专业人士进行咨询，并积极引导其他小朋友与瑞瑞做游戏，做到了因材施教。

（3）爱岗敬业。爱岗敬业要求教师做到乐于奉献，对工作认真负责。材料中，教师对瑞瑞的行为进行了仔细的观察和记录，并多次到瑞瑞家进行家访，与家长进行积极的沟通合作，尽职尽责。

【典型真题5】婉婉一岁多的时候生过一场大病，身体发育比同龄幼儿晚。上幼儿园后，身体还是比较瘦弱，语言表达不太清晰。一次，陈老师教孩子们唱儿歌“两只老虎”。陈老师发现大部分孩子都会唱了，就叫孩子们到教室中间一个一个表演。陈老师给唱得好的孩子奖励

一朵小红花。轮到婉婉了,她刚唱了一句,就不记得歌词,还跑调了。陈老师对婉婉说:“你怎么总是比别人差!”接着在婉婉额头上贴了一朵绿色的小花。小朋友们都不屑地看着婉婉,婉婉羞愧极了。

回到家里,婉婉大哭了一场。第二天,婉婉说什么也不愿意再去幼儿园了。婉婉的妈妈非常生气,找到陈老师理论:“亏你还是老师,怎么这样对待小孩子?”陈老师回应道:“你家婉婉就是比别人差,不信,你去问其他老师。”婉婉的妈妈气得说不出话,只好找园长投诉。园长在弄清楚情况后,严肃地批评了陈老师,要求她当着全班幼儿的面给婉婉道歉。

问题:请结合材料,从教师职业道德的角度,评析陈老师的教育行为。

【答案要点】材料中陈老师的教育行为违反了教师职业道德规范,需要我们引以为戒。表现在:

(1)关爱学生。关爱学生要求教师关爱全体学生,尊重学生人格,平等公正地对待学生,对学生严慈相济,做学生的良师益友。材料中,陈老师没有鼓励婉婉继续唱,而且批评她总是比别人差,没有尊重婉婉的人格,没有做到关爱学生。

(2)为人师表。为人师表要求教师做到以身作则,尊重学生,尊重家长。材料中,陈老师批评婉婉的行为影响了其他孩子,所以大家都不屑地看着婉婉,并且和家长说话时也是居高临下,没有尊重家长,没有做到为人师表。

(3)教书育人。教书育人要求教师做到遵循教育规律,因材施教,培养学生的良好品行。材料中,陈老师没有循循善诱地引导婉婉唱出歌曲,也没有解决她不会唱歌的问题,没有促进她的成长,没有做到教书育人。

(4)爱岗敬业。爱岗敬业要求教师做到乐于奉献,对工作认真负责。材料中,陈老师对待工作不认真,并且不尊重幼儿与家长,没有做到爱岗敬业。

【典型真题6】这段时间,幼儿园李老师一直被一件事情困扰着。

李老师发现,班上新来的小钰和别的小朋友不一样。她见到陌生成人就会惊恐地往后躲,在幼儿园里也不与同伴交往,不爱运动,拒绝参加班里组织的任何活动,总是自己默默地坐在小椅子上不让别的小朋友接近她。谁要跟她说话,她就嗷嗷叫,害怕得瑟瑟发抖。

通过多方了解,李老师得知小钰出生后就被人领养。后来,生父与养父发生纠纷,为了摆脱生父的纠缠,养父就带着她东躲西藏,3岁时又将她转给现在的养父母。现在的养父母开了一家饭店,为了生意基本无暇顾及她,任她自己玩耍。饭店的服务员经常嘲弄她不会说话,使得她害怕成年人,拒绝与人交往,没有交流对象,语言表达能力发展很慢。

面对如此情况,该怎么办呢?

问题:请结合材料,按照教师职业道德的要求为李老师出谋划策。

【答案要点】针对材料中小钰的情况,李老师应该自觉践行教师职业道德规范,切实帮助小钰健康成长。具体要做到以下几方面:

(1)关爱学生。关爱学生要求教师关爱全体学生,尊重学生人格,平等公正地对待学生,对学生严慈相济,做学生的良师益友。小钰家庭情况复杂,导致她害怕成年人。因此,李老师应该关心小钰,让小钰能够在一个充满爱的环境里生活和学习。

(2)为人师表。为人师表要求教师做到以身作则,团结协作,尊重家长。由于小钰的父母平时疏于对小钰的教育,李老师应该协同家长做好家园合作共育,一起促进小钰的健康成长。对于小钰,李老师应该以身作则,经常和小朋友一起玩游戏,给小钰一个良好的示范。

(3)教书育人。教书育人要求教师做到循循善诱,诲人不倦,因材施教。针对小钰的语言能力发展比较慢、交友意识比较差的实际情况,李老师可以通过设计相关的活动,多让小钰回答问

笔记栏

题，表达自己，慢慢地改变小钰，促进她的全面发展。

（4）爱岗敬业。爱岗敬业要求教师做到对工作高度负责，认真辅导学生，不敷衍塞责。小钰的复杂情况反映了教育工作的复杂程度，对于小钰的教育并非一朝一夕就能看到成效，李老师须格外耐心与认真、持之以恒。

四、《中小学教师职业道德规范》的解读

（一）爱国守法：教师职业的基本要求

1. 爱国守法是教师职业的基本要求

爱国是教师做好本职工作的支撑点。守法是宪法所规定的所有社会组织、国家机关和公民的基本义务，是指守法主体以法律为自己的行为准则，依照法律行使权利、履行义务的活动。热爱祖国是每个公民，也是每个教师的神圣职责和义务。建设社会主义法治国家，是我国现代化建设的重要目标。要实现这一目标，需要每个社会成员知法守法，用法律来规范自己的行为，不做法律禁止的事情。

2. 热爱祖国，热爱人民，拥护中国共产党领导，拥护社会主义

教师只有热爱祖国，热爱人民，拥护中国共产党领导，拥护社会主义，才能潜移默化地教育和引导学生形成追求高尚、好学上进的良好风尚，将其培养成全面发展的社会主义事业的建设者和接班人。

3. 自觉遵守教育法律法规，依法履行教师职责权利

法律是国家意志的体现，任何组织与个人都必须遵守法律。教师作为中华人民共和国公民，首先应该做到遵守法律，依照法律规范自己的行为，履行教师义务，依法教育和管理学生。所以教师必须学法、知法、懂法、守法，依法履责，做遵纪守法的楷模。

4. 全面贯彻国家教育方针

教师是国家教育方针的执行者，必须全面贯彻国家的教育方针，全面实施素质教育，培养德、智、体、美全面发展的社会主义事业的建设者和接班人。

5. 不得有违背党和国家方针政策的言行

党和国家的方针政策，代表了最广大人民的根本利益，集中反映了广大人民的愿望和要求。教师的职业性质，决定了教师不能在其职业活动中，特别是在自己的劳动对象——学生面前，散布与国家政策法规不一致的观点。由于学生是未成年人，辨别是非的能力和自我控制的能力都还处在发展阶段。因此，教师传授给学生的知识必须符合国家法律法规规定，符合科学规律。

（二）爱岗敬业：教师职业的本质要求

没有责任就办不好教育，没有感情就做不好教育工作。教师应始终牢记自己的神圣职责，志存高远，把个人的成长进步同社会主义伟大事业、同祖国的繁荣富强紧密联系在一起，并在深刻的社会变革和丰富的教育实践中履行自己的光荣职责。

1. 爱岗敬业是教师的神圣职责

教师的职业不同于其他任何职业。教师的工作对象是人，而且是生动活泼的成长中的儿童；教师职业最重要的是依靠自身的知识和人格魅力来影响学生；教师职业不允许出现“次品”“废品”。教师是知识的传授者、智慧的启迪者、情操的陶冶者、心灵的铸造者。因此，爱岗敬业是教师的神圣职责。

2. 敬业乐业，淡泊名利

教师要做到爱岗敬业，就要志存高远，树立崇高的职业理想、坚定的职业信念，忠诚于人民的教育事业，热爱自己的学校，具有强烈的事业心和责任感，无私奉献，不计较个人名利得失。

3. 尽职尽力，严谨笃学，不断提高教育教学质量

教师要服从组织安排，安心从教；关心学校发展；尽职尽责，出色完成本岗位上的教育教学、管

理工作。要干一行爱一行，做到认真备课、认真上课、认真布置作业、认真批改作业、认真辅导和认真考核。

笔记栏

4. 遵规守纪

教师要遵守校纪校规，无违规违纪行为。要做到不迟到、不早退、不中途擅离工作岗位；不在上课时间使用手机；不随意发牢骚、说怪话；不传播有害学生身心健康的错误思想。随时随地给学生以良好影响。

（三）关爱学生：师德的灵魂

1. 关爱学生是师德的灵魂

爱是教育的根基，爱学生是教师的天职，没有爱，就没有教育。关爱学生是调节教师和学生关系的基本行为准则。

2. 关心爱护全体学生，尊重学生人格，平等公正对待学生

关爱学生首先要求"关心爱护全体学生，尊重学生人格，平等公正对待学生"，这是教师关爱学生的基本态度，其核心是教师对待学生要公正。

教师对学生的爱，其真正意义在于对全体学生之爱，做到对所有学生一视同仁，而不掺杂任何个人的私利和好恶。尊重学生人格就是将学生视为平等的人格主体予以尊重。尊重学生人格归根结底在于教师具有良好的师德。因此，教师要尊重学生，就要从提升自身的素质着手。

3. 对学生严慈相济，做学生的良师益友

严格要求学生，就是指教师在学生面前严格落实为人处世的准则、行为习惯的养成、道德水准的提升。教师对学生的爱必须要宽严适度，切忌简单粗暴，应让学生感觉到教师是在帮助他。

4. 保护学生安全，关心学生健康，维护学生权益

"保护学生安全"要求教师要具有生命意识，重视生命安全、生命价值的教育，引导学生认识生命、珍惜生命、尊重生命、热爱生命，促进学生健康成长。"关心学生健康"包括关心学生的身体健康和心理健康两个方面的内容。"维护学生权益"有两层含义：一是教师的教育教学行为要有利于学生受教育权利的实现，为学生受教育权利的实现提供服务；二是学生作为公民，拥有《宪法》及其他法律法规规定的与成人相同的各项权利，教师的教育教学行为必须维护学生的这些权益，不能以维护学生的权利为由而侵犯学生的其他权益。如"迟到罚款"等。

5. 不讽刺、挖苦、歧视学生，不体罚和变相体罚学生

"不讽刺、挖苦、歧视学生，不体罚和变相体罚学生"是关爱学生的禁止性行为，也是作为一名教师的伦理底线。

（四）教书育人：教师的天职

新规范首次加进了"教书育人"这一条，非常有意义。它要求教师要"培养学生良好品行，激发学生创新精神，促进学生全面发展"。

1. 教书育人是教师最核心的职责与任务

教书育人是教师最核心的职责与任务。教书是育人的主要手段，育人是教书的根本宗旨，二者相辅相成，辩证统一。

2. 遵循教育规律，实施素质教育

遵循教育规律，实施素质教育，是教师开展教书育人工作的理论依据。这就要求：教师开展教育教学活动必须放眼未来，必须遵循社会发展规律，实施素质教育；教师必须了解学生身心发展状况，遵循学生个体发展规律，树立科学的学生观，实施素质教育。

3. 循循善诱，诲人不倦，因材施教

循循善诱，诲人不倦，因材施教，是教师开展教书育人工作的具体方法。素质教育的实施必须尊重学生的个体差异，这就需要教师在具体的教育活动中因材施教；素质教育是一个长期的过程，

笔记栏

这就需要教师在日常工作中能够诲人不倦；素质教育的开展还需要教师具备特定的人际沟通和交往能力，在教育教学中做到循循善诱。

4. 培养学生良好品行，激发学生创新精神，促进学生全面发展

培养学生良好品行，激发学生创新精神，促进学生全面发展是教师开展教书育人工作的目标指向。素质教育应着眼于在尊重学生个性的基础上，促进全体学生的全面发展。

5. 不以分数作为评价学生的唯一标准

不以分数作为评价学生的唯一标准是教师开展教书育人工作结果评价的指导思想。不以分数作为评价学生的唯一标准，首先意味着教师要改变应试教育的一元化评价观，树立与时代相适应的多元化人才评价观。强化学生学会做人、学会做事、学会合作、学会学习。教师要正确对待学生中出现的学业成绩不良、考试失败、作业错误等问题，鼓励他们扬长避短，不断进步，让学生发现自己的“闪光点”。在评价方式上，教师要建立多元评价体系，既要有总结性评价，又要有过程性评价；既有主体评价，又有客体评价；既有定量评价，又有定性评价。

（五）为人师表：教师职业的内在要求

为人师表是区别于其他职业道德的显著标志。教师要坚守高尚情操，知荣明耻，严于律己，以身作则，在各个方面率先垂范，做学生的榜样，以自己的人格魅力和学识魅力教育影响学生。要关心集体，团结协作，尊重同事，尊重家长。作风正派，廉洁奉公。自觉抵制有偿家教，不利用职务之便牟取私利。

1. 为人师表是古往今来对教师的永恒要求

中共中央、国务院《关于深化教育改革，全面推行素质教育的决定》指出：教师要热爱党，热爱社会主义祖国，忠诚于人民的教育事业；要树立正确的教育观、质量观和人才观，增强实施素质教育的自觉性；要不断提高思想政治素质和业务素质，教书育人，为人师表，敬业爱生；要有宽广厚实的业务知识和终身学习的自觉性，掌握必要的现代教育技术手段；要遵循教育规律，积极参与教学科研，在工作中勇于探索创新；要与学生平等相处，尊重学生人格，因材施教，保护学生的合法权益。这是时代对现代教师提出的新的为人师表的规范要求。

2. 教师应该成为学生心中的模范

“学为人师，行为世范”是教师职业最基本的原则。教师是学生知识增长和思想进步的导师，一言一行，一举一动，都会对学生产生潜移默化的影响。因此，教师必须要率先垂范，成为博学的人，成为道德品质高尚的人，才能做到为人师表。

3. 教师形象应该是令人敬慕的

除了自身的人格因素，教师的外在表现也要符合自己的职业身份，做到衣着得体，语言规范，举止文明。因此，教师必须要严于律己、以身作则，规范自己的行为表现，增强教育的责任感和使命感，成为一名遵守社会公德的、有教养的人，才能无愧于人民教师的光荣称号。

4. 教师应该懂得怎样尊重他人

教师的工作需要集体的团结协作，教师个人也需要具备很强的团队意识。在工作中能否做到尊重他人，能否以宽广的胸怀待人处世，也是衡量一个教师道德品质高低的标志。

5. 教师应该廉洁从教，自觉抵制有偿家教

一方面，教师要廉洁奉公，不从学生那里谋取自己的利益；另一方面，教师要自觉抵制有偿家教，不利用职务之便谋取私利。抵制“有偿家教”是《中小学教师职业道德规范》针对市场经济条件下出现的比较严重的违背教师职业行为规范的问题而做出的一项禁止性规定。

（六）终身学习：教师专业发展的不竭动力

终身学习是时代发展的要求，也是教师职业特点所决定的。教师必须树立终身学习理念，拓宽知识视野，更新知识结构，潜心钻研业务，勇于探索创新，不断提高专业素养和教育教学水平。“严

谨治学，与时俱进，活到老，学到老”是新时期教师应有的终身学习观。教师只有具备终身学习意识，才能持续提升内在素质，不断提高教学水平、课堂教学效率和探究创新精神，促使学生树立终身学习的观念。

五、《中小学教师职业道德规范》的特点

第一，突出了重要性。例如，“教书育人”是旧规范第二条内的一句话，在新规范中则升格为第四条的条目，这是十分必要的。因为，教书育人是教师的第一要务，是教师职业区别于其他任何职业的根本所在。

第二，体现了时代性。例如，新规范新增了“志存高远”“素质教育”“知荣明耻”“终身学习”“探索创新”等词，这是新时期对教师的时代要求，也是与时俱进在新规范中的具体体现。

第三，提高了针对性。例如，旧规范中有“热爱学生”这一条，新规范则增加了“保护学生安全”的内容。类似意义上的增加，还有“自觉抵制有偿家教”等。

第四，增强了概括性。例如，把旧规范中分散在第五、六、七、八等条内的主要内容，精简压缩到新规范第五条“为人师表”内，以及将“探索教育教学规律”改为“遵循教育规律”，都更合理、稳妥。

第五，注重了操作性。新规范不仅增加了一条“终身学习”，而且每一条都具体化了。同时，在表述上，还将“热爱学生”改为“关爱学生”，将“无私奉献”改为“乐于奉献”等，也更具操作性。

第三节 《中小学班主任工作条例》

一、制定背景

2009 年 8 月 12 日，教育部印发了《中小学班主任工作条例》，作为全国中小学班主任工作的指导性文件。条例体现了两方面的精神：一是中小学班主任在中小学生思想道德建设和全面健康成长方面，发挥着特殊的作用，是学校中重要的具有专门性的工作岗位；二是中小学班主任在班级中承担着特别的教育职责和组织管理任务，其中包括全面关心教育学生，进行班级日常管理和班集体建设，开展班级活动，进行学生评价，沟通学校、家长和社会等。

二、《中小学班主任工作条例》的内容

第一章　总　　则

第一条　为进一步推进未成年人思想道德建设，加强中小学班主任工作，充分发挥班主任在教育学生中的重要作用，制定本规定。

第二条　班主任是中小学日常思想道德教育和学生管理工作的主要实施者，是中小学生健康成长的引领者，班主任要努力成为中小学生的人生导师。

班主任是中小学的重要岗位，从事班主任工作是中小学教师的重要职责。教师担任班主任期间应将班主任工作作为主业。

第三条　加强班主任队伍建设是坚持育人为本、德育为先的重要体现。政府有关部门和学校应为班主任开展工作创造有利条件，保障其享有的待遇与权利。

第二章　配备与选聘

第四条　中小学每个班级应当配备一名班主任。

第五条　班主任由学校从班级任课教师中选聘。聘期由学校确定，担任一个班级的班主任时

笔记栏

间一般应连续一学年以上。

第六条 教师初次担任班主任应接受岗前培训，符合选聘条件后学校方可聘用。

第七条 选聘班主任应当在教师任职条件的基础上突出考查以下条件：

(一) 作风正派，心理健康，为人师表；

(二) 热爱学生，善于与学生、学生家长及其他任课教师沟通；

(三) 爱岗敬业，具有较强的教育引导和组织管理能力。

第三章 职责与任务

第八条 全面了解班级内每一个学生，深入分析学生思想、心理、学习、生活状况。关心爱护全体学生，平等对待每一个学生，尊重学生人格。采取多种方式与学生沟通，有针对性地进行思想道德教育，促进学生德智体美全面发展。

第九条 认真做好班级的日常管理工作，维护班级良好秩序，培养学生的规则意识、责任意识和集体荣誉感，营造民主和谐、团结互助、健康向上的集体氛围。指导班委会和团队工作。

第十条 组织、指导开展班会、团队会(日)、文体娱乐、社会实践、春(秋)游等形式多样的班级活动，注重调动学生的积极性和主动性，并做好安全防护工作。

第十一条 组织做好学生的综合素质评价工作，指导学生认真记载成长记录，实事求是地评定学生操行，向学校提出奖惩建议。

第十二条 经常与任课教师和其他教职员工沟通，主动与学生家长、学生所在社区联系，努力形成教育合力。

第四章 待遇与权利

第十三条 学校在教育管理工作中应充分发挥班主任的骨干作用，注重听取班主任意见。

第十四条 班主任工作量按当地教师标准课时工作量的一半计入教师基本工作量。各地要合理安排班主任的课时工作量，确保班主任做好班级管理工作。

第十五条 班主任津贴纳入绩效工资管理。在绩效工资分配中要向班主任倾斜。对于班主任承担超课时工作量的，以超课时补贴发放班主任津贴。

第十六条 班主任在日常教育教学管理中，有采取适当方式对学生进行批评教育的权利。

第五章 培养与培训

第十七条 教育行政部门和学校应制订班主任培养培训规划，有组织地开展班主任岗位培训。

第十八条 教师教育机构应承担班主任培训任务，教育硕士专业学位教育中应设立中小学班主任工作培养方向。

第六章 考核与奖惩

第十九条 教育行政部门建立科学的班主任工作评价体系和奖惩制度。对长期从事班主任工作或在班主任岗位上做出突出贡献的教师定期予以表彰奖励。选拔学校管理干部应优先考虑长期从事班主任工作的优秀班主任。

第二十条 学校建立班主任工作档案，定期组织对班主任的考核工作。考核结果作为教师聘任、奖励和职务晋升的重要依据。对不能履行班主任职责的，应调离班主任岗位。

第七章 附 则

第二十一条 各地可根据本规定，结合当地实际情况，制定中小学班主任工作的具体实施办法。

第二十二条 本规定自发布之日起施行。

三、《中小学班主任工作条例》的解读

《中小学班主任工作条例》共 7 章 22 条，分为总则、配备与选聘、职责与任务、待遇与权利、培

养与培训、考核与奖惩、附则。

笔记栏

（一）总则

“总则”有三个重要内容：

一是说明了《中小学班主任工作条例》的制定目的。进一步推进未成年人思想道德建设，加强班主任工作，发挥班主任在教育学生中的重要作用。

二是明确了班主任角色。班主任是中小学日常思想道德教育和学生管理工作的主要实施者，中小学生健康成长的引领者、人生导师。

这里还特别指出，班主任是中小学的重要岗位。教师担任班主任期间应将班主任工作作为主业，不再作为教学之余的点缀或“副业”，以体现“德育为先”。

三是强调了班主任队伍建设的意义。它是坚持育人为本、德育为先的重要体现。

（二）配备与选聘

本章对班主任的配备要求、任职条件、岗前培训等作了明确规定。条例明确了：每个班级配备一名班主任，聘任的对象、聘期和聘任的条件。聘期由学校确定，担任一个班级的班主任时间一般应连续一学年以上。

在任职条件中，强调了班主任对待自身、对待学生及他人、对待班主任工作的规范要求。具体来说，包括以下方面：

第一，对班主任自身：作风正派、心理健康、为人师表；

第二，对待学生及他人：热爱学生、善于与学生、学生家长及其他任课教师沟通；

第三，对班主任工作：爱岗敬业，具有较强的教育引导与组织管理能力。

（三）职责与任务

本章对班主任职责与任务的规定包括学生思想教育、班级日常管理。它具体包括以下五个方面：

第一，全面了解班级内每一个学生，深入分析学生思想、心理、学习、生活状况。关心爱护全体学生，有针对性地进行思想道德教育，促进学生德智体美全面发展；

第二，做好班级的日常管理工作，进行班集体建设；

第三，开展班级活动。组织、指导开展班会、团队会（日）、文体娱乐、社会实践等班级活动；

第四，组织做好学生的综合素质评价工作；

第五，与任课教师、学生家长和社区等沟通，形成教育合力。

（四）待遇与权利

本章对班主任在教育管理中的作用、工作量、绩效工资管理及权利进行了规定。它具体包括以下四个方面：

第一，学校在教育管理工作中应充分发挥班主任的骨干作用，注重听取班主任的意见；

第二，班主任工作量按当地教师标准课时工作量的一半计入教师基本工作量；

第三，班主任津贴纳入绩效工资管理；

第四，班主任在日常教育教学管理中，有采取适当方式对学生进行批评教育的权利。

（五）培养与培训

本章规定了教育行政部门应对班主任进行培养、培训。它具体包括两个方面：

第一，教育行政部门和学校应制订班主任培养培训规划，有组织地开展班主任岗位培训；

第二，教师教育机构应承担班主任培训任务，教育硕士专业学位教育中应设立中小学班主任工作培养方向。

（六）考核与奖惩

本章对班主任的考核、奖惩制度进行了规定。它具体包括两个方面：

第一，教育行政部门建立科学的班主任工作评价体系和奖惩制度；

第二，学校建立班主任工作档案，定期组织对班主任的考核工作。

第四节　保教实践中教师的道德规范问题

近年来一些幼儿教师严重违反师德的现象，引起了广泛的社会关注，损害了幼儿园教师队伍的整体形象。从“西安幼儿园喂药事件”，到“红黄蓝幼儿园虐童事件”，以及各地频发的“针扎幼童”等事件，导致幼儿园教师的师德问题日渐成为舆论焦点，严重影响人民教师的声誉及形象。

一、幼儿教师职业道德存在的问题

（一）职业认同感低，缺乏事业心和敬业精神

学前教育是终身学习的开端，是国民教育体系的重要组成部分，是重要的社会公益事业。改革开放以来，特别是21世纪以来，我国学前教育取得长足发展，普及程度逐步提高。办好学前教育，关系亿万儿童的健康成长，关系千家万户的切身利益，关系国家和民族的未来。随着学前教育日益受到重视，社会各界对幼儿教师职业道德的要求也越来越高。但从当前我国幼儿教师职业道德的现状看，人们对幼儿教师职业道德的要求与幼儿教师对自身职业低认同之间存在冲突。不少幼儿教师对自己所从事的职业前景并不看好，导致主动寻机脱离幼教队伍的现象时有发生。这就不可避免地影响了教师的工作热情、态度、事业心和进取心。因此，目前幼儿教师职业道德方面存在的最大问题是对幼教事业缺乏深刻的职业情感，进取意识薄弱，缺乏为幼教事业献身的精神，典型表现为具有不够敬业、得过且过的心理。

（二）师爱与责任感有待进一步提升

由于幼儿教师的社会地位、经济待遇过低，加之家长对孩子过于溺爱，致使当前我国幼儿教师普遍感到压力过大，职业倦怠的现象比较严重。这就必然会影响幼儿教师正常的工作，使幼儿教师对幼儿缺乏爱心，表现在教育行为上就是：在保教活动中，对幼儿不够关心、细心和耐心，不尊重幼儿的人格，讽刺、挖苦甚至歧视幼儿；依法施教观念淡漠，打骂、恐吓或体罚幼儿的现象严重。这些都会对幼儿身心发展造成非常不利的影响。

（三）团队合作意识差，缺乏团结协作精神

保教目标的实现需要整个幼儿教师群体的共同努力和通力协作，但教育现实中，幼儿教师内部的冲突却时有发生。这具体表现在：有些教师不尊重和信任其他教师；有的教师为了个人在竞争中处于优势地位，诸如评选先进、晋升职称、赢得领导重视等，诋毁其他教师的劳动成绩，不支持和配合其他教师的工作；教师之间不能从大局出发而相互较劲；新教师不尊重老教师，老教师不接纳新教师；主班教师和配班教师之间不合作、相互埋怨等。

此外，教师与家长之间也多有隔阂甚至冲突。在当下的市场经济社会，家长们出于“绝不让自己的孩子输在起跑线上”和“望子成龙”“望女成凤”的迫切心理，对幼儿园和教师寄予了很高的期望。他们往往希望能够与教师保持密切联系，能够随时了解孩子在园内的每个细节和问题。但部分教师很少与家长及时交流与沟通，从而导致他们之间产生无形的隔阂，重者甚至出现了相互指责的现象。有些教师违背职业道德，在幼儿面前或公开场合随意评价某些家长甚至训斥家长，引起了家长的强烈不满。

二、问题存在的原因

（一）社会环境对良好师德养成的负面影响

教师职业道德的形成和发展离不开社会大环境。当前，我国正处于社会转型时期，人们的价

值观发生了深刻的变化。一直以来，教师都将无私奉献作为自己的理想信念和所奉行的职业道德。但在当下，教师面对社会中金钱、物质、荣誉、利益、权利等一些不良的影响，与自己工作对比形成强烈反差，这种主观与客观、理想与现实、个人与社会之间发生摩擦、冲突，引起教师心理的不平衡，使奉献精神在一些教师身上逐渐丧失，再加上工作的压力，待遇低，合法权益得不到保障，导致其职业道德观念的淡化，职业行为失范。

笔记栏

(二) 幼儿园疏于师德教育与管理

教师职业道德的形成和发展需要一个不断教育培养和监督引导的过程。然而，目前不少幼儿园在这方面的工作十分薄弱。近年来，国家和教育行政部门虽然出台了不少有关教师职业道德建设方面的法规，但贯彻落实不够，缺乏具体的制度和措施，没有建立起严格的、行之有效的教师职业道德评价、考核和激励约束机制。同时，幼儿园对教师的管理不到位和政策导向不力，幼儿园对教师的考核偏重于教师的业务和能力方面，而对道德考核缺乏详细的标准。在教师的培训中，幼儿园更注重教师业务素质和学历层次的提高，而忽视了思想素质、职业道德的培训。在岗位津贴的发放、职称评审、晋级、评选先进等方面，往往对职业道德状况采取模糊处理的方式。这些因素直接导致了教师职业道德问题的发生。

(三) 幼儿教师自身在职业道德修养方面存在缺陷

当前教师职业道德方面存在的诸多问题，与教师自身职业道德修养的缺陷是息息相关的。部分教师对加强自身职业道德修养的自觉性不足，不能从自己所担负的特殊历史责任的角度认识到加强职业道德修养的重要性和紧迫性，没有体会到教师职业的神圣感、光荣感和责任感，不能严格要求自己。另外，幼教事业的重要性和幼儿教师的工作投入及其对社会的贡献与他们社会地位不高、物质待遇相对较差的状况带来教师的心理失衡，也在一定程度上影响了教师良好职业道德的形成。

三、提升幼儿教师职业道德的策略

(一) 注重师德教育，增强教师的职业道德意识

1. 创新师德教育，引导教师树立远大职业理想

将师德教育纳入教师教育课程体系。师范生培养必须开设师德教育课程，新任教师岗前培训开设师德教育专题，在职教师培训把师德教育作为重要内容，记入培训学分。

2. 注重法律学习，提高教师的师德认识

组织幼儿教师认真学习《中华人民共和国教育法》《中华人民共和国教师法》《中小学教师职业道德规范》和《中小学教师违反职业道德行为处理办法》等教育法律法规，提高师德认识，明确不可触碰的“师德红线”，培养良好的职业品质。

(二) 强化考评监督，健全教师职业道德的激励机制

1. 要严格师德考核，促进教师自觉加强师德修养

采取教师个人自评、家长和学生参与测评、考核工作小组综合评定等多种方式进行。考核结果公示后存入教师的师德考核档案并报学校主管部门备案。师德考核不合格者年度考核应评定为不合格，并在教师资格定期注册、职务（职称）评审、岗位聘用、评优奖励和特级教师评选等环节实行一票否决。

2. 突出师德激励，促进形成重德养德良好风气

将师德表彰奖励纳入教师和教育工作者奖励范围。在同等条件下，师德表现突出的，优先评选特级教师和晋升教师职务（职称）、选培学科带头人和骨干教师。

3. 强化师德监督，有效防止失德行为

构建学校、教师、家长和社会广泛参与的师德监督体系。教育行政部门和学校要建立行之有效

笔记栏

的多种形式的师德投诉、举报平台，及时获取掌握师德信息动态，及时发现并纠正不良倾向和问题，将违反师德的行为消除在萌芽状态。要将师德建设纳入教育督导评估体系。

（三）优化内外环境，营造教师职业道德建设的良好风气

国家应大力提高幼儿教师的社会地位和经济待遇，努力营造一个尊重知识、尊师重教的良好风气，激发广大幼儿教师献身于教育事业的热情。

幼儿园要创造有利于培养教师职业道德的良好教育环境和条件，并尽可能地给教师创造良好的工作和生活条件，帮助他们解决生活中的实际困难和后顾之忧，使广大教师安心于教育事业。

同时，要加强师德宣传，营造尊师重教社会氛围。针对师德建设中出现的热点、难点问题，要及时应对并加以引导。

（四）规范师德惩处，坚决遏制失德行为蔓延

2018 年 1 月 20 日，中共中央、国务院联合发布了《关于全面深化新时代教师队伍建设改革的意见》（以下简称《意见》），这是中华人民共和国成立以来，党中央出台的第一个专门面向教师队伍建设的里程碑式政策文件。《意见》要求“全面加强师德师风建设”“弘扬高尚师德”，要“引导广大教师以德立身、以德立学、以德施教、以德育德”。为了进一步加强师德师风建设，规范幼儿园教师职业行为，保障教师、幼儿的合法权益，教育部于 2018 年 11 月 18 日颁布了《幼儿园教师违反职业道德行为处理办法》，明确针对幼儿园教师的十类违反职业道德的行为，将分别处以警告、记过、降低岗位等级或撤职、开除等处分，并要求各省级教育行政部门制定相关细则。《幼儿园教师违反职业道德行为处理办法》是我国首个专门惩处幼儿教师师德失范问题的法规，它明确了幼儿园教师不可触犯的师德禁止行为，并提出相应的处理办法。对危害严重、影响恶劣者，要坚决清除出教师队伍。建立问责制度，对幼儿园教师严重违反师德行为监管不力、拒不处分、拖延处分或推诿隐瞒，造成不良影响或严重后果的，要追究学校或教育主管部门主要负责人的责任。对涉及违法犯罪的要及时移交司法部门。

附：

《幼儿园教师违反职业道德行为处理办法》

（教育部 2018 年 11 月 8 日）

第一条 为规范幼儿园教师职业行为，保障教师、幼儿的合法权益，根据《中华人民共和国教育法》《中华人民共和国未成年人保护法》《中华人民共和国教师法》《教师资格条例》和《新时代幼儿园教师职业行为十项准则》等法律法规和制度规范，制定本办法。

第二条 本办法所称幼儿园教师包括公办幼儿园、民办幼儿园的教师。

第三条 本办法所称处理包括处分和其他处理。处分包括警告、记过、降低岗位等级或撤职、开除。警告期限为 6 个月，记过期限为 12 个月，降低岗位等级或撤职期限为 24 个月。是中共党员的，同时给予党纪处分。

其他处理包括给予批评教育、诫勉谈话、责令检查、通报批评，以及取消在评奖评优、职务晋升、职称评定、岗位聘用、工资晋级、申报人才计划等方面的资格。取消相关资格的处理执行期限不得少于 24 个月。

教师涉嫌违法犯罪的，及时移送司法机关依法处理。

第四条 应予处理的教师违反职业道德行为如下：

（一）在保教活动中及其他场合有损害党中央权威和违背党的路线方针政策的言行。

（二）损害国家利益、社会公共利益，或违背社会公序良俗。

（三）通过保教活动、论坛、讲座、信息网络及其他渠道发表、转发错误观点，或编造散布虚假信息、不良信息。

（四）在工作期间玩忽职守、消极怠工，或空岗、未经批准找人替班，利用职务之便兼职兼薪。

(五) 在保教活动中遇突发事件、面临危险时，不顾幼儿安危，擅离职守，自行逃离。

(六) 体罚和变相体罚幼儿，歧视、侮辱幼儿，猥亵、虐待、伤害幼儿。

(七) 采用学校教育方式提前教授小学内容，组织有碍幼儿身心健康的活动。

(八) 在入园招生、绩效考核、岗位聘用、职称评聘、评优评奖等工作中徇私舞弊、弄虚作假。

(九) 索要、收受幼儿家长财物或参加由家长付费的宴请、旅游、娱乐休闲等活动，推销幼儿读物、社会保险或利用家长资源谋取私利。

(十) 组织幼儿参加以营利为目的的表演、竞赛活动，或泄露幼儿与家长的信息。

(十一) 其他违反职业道德的行为。

第五条 幼儿园及幼儿园主管部门发现教师存在第四条列举行为的，应当及时组织调查核实，视情节轻重给予相应处理。作出处理决定前，应当听取教师的陈述和申辩，调查了解幼儿情况，听取其他教师、家长委员会或者家长代表意见，并告知教师有要求举行听证的权利。对于拟给予降低岗位等级以上的处分，教师要求听证的，拟作出处理决定的部门应当组织听证。

第六条 给予教师处理，应当坚持公平公正、教育与惩处相结合的原则；应当与其违反职业道德行为的性质、情节、危害程度相适应；应当事实清楚、证据确凿、定性准确、处理恰当、程序合法、手续完备。

第七条 给予教师处理按照以下权限决定：

(一) 警告和记过处分，公办幼儿园教师由所在幼儿园提出建议，幼儿园主管部门决定。民办幼儿园教师由所在幼儿园提出建议，幼儿园举办者做出决定，并报主管部门备案。

(二) 降低岗位等级或撤职处分，公办幼儿园由教师所在幼儿园提出建议，幼儿园主管部门决定并报同级人事部门备案。民办幼儿园教师由所在幼儿园提出建议，幼儿园举办者做出决定，并报主管部门备案。

(三) 开除处分，公办幼儿园在编教师由所在幼儿园提出建议，幼儿园主管部门决定并报同级人事部门备案。未纳入编制管理的教师由所在幼儿园决定并解除其聘任合同，报主管部门备案。民办幼儿园教师由所在幼儿园提出建议，幼儿园举办者做出决定并解除其聘任合同，报主管部门备案。

(四) 给予批评教育、诫勉谈话、责令检查、通报批评，以及取消在评奖评优、职务晋升、职称评定、岗位聘用、工资晋级、申报人才计划等方面资格的其他处理，按照管理权限，由教师所在幼儿园或主管部门视其情节轻重作出决定。

第八条 处理决定应当书面通知教师本人并载明认定的事实、理由、依据、期限及申诉途径等内容。

第九条 教师不服处理决定的，可以向幼儿园主管部门申请复核。对复核结果不服的，可以向幼儿园主管部门的上一级行政部门提出申诉。

对教师的处理，在期满后根据悔改表现予以延期或解除，处理决定和处理解除决定都应完整存入人事档案及教师管理信息系统。

第十条 教师受到处分的，符合《教师资格条例》第十九条规定的，由县级以上教育行政部门依法撤销其教师资格。

教师受处分期间暂缓教师资格定期注册。依据《中华人民共和国教师法》第十四条规定丧失教师资格的，不能重新取得教师资格。

教师受记过以上处分期间不能参加专业技术职务任职资格评审。

第十一条 教师被依法判处刑罚的，依据《事业单位工作人员处分暂行规定》给予降低岗位等级或者撤职以上处分。其中，被依法判处有期徒刑以上刑罚的，给予开除处分。教师受到剥夺政治权利或者故意犯罪受到有期徒刑以上刑事处罚的，丧失教师资格。

笔记栏

第十二条 公办幼儿园、民办幼儿园举办者及主管部门不履行或不正确履行师德师风建设管理职责，有下列情形的，上一级行政部门应当视情节轻重采取约谈、诫勉谈话、通报批评、纪律处分和组织处理等方式严肃追究主要负责人、分管负责人和直接责任人的责任：

（一）师德师风长效机制建设、日常教育督导不到位；

（二）师德失范问题排查发现不及时；

（三）对已发现的师德失范行为处置不力、方式不当或拒不处分、拖延处分、推诿隐瞒的；

（四）已作出的师德失范行为处理决定落实不到位，师德失范行为整改不彻底；

（五）多次出现师德失范问题或因师德失范行为引起不良社会影响；

（六）其他应当问责的失职失责情形。

第十三条 省级教育行政部门应当结合当地实际情况制定实施细则，并报国务院教育行政部门备案。

第十四条 本办法自发布之日起施行。

第二章

教师职业行为

知识体系及思维脉络图

- 教师职业行为
  - 教师职业行为规范
    - 教师职业行为规范的内涵
    - 《新时代幼儿园教师职业行为十项准则》
  - 教师职业行为规范在幼儿保教活动中的运用
    - 教师职业行为规范在处理人际关系中的要求
    - 教师职业行为规范在保教活动中的践行要求

笔记栏

核心考点及学习提示

【核心考点】

1. 教师职业行为规范:思想行为规范、教学行为规范、人际关系行为规范、仪表行为规范、语言行为规范。
2. 《新时代幼儿园教师职业行为十项准则》。
3. 教师职业行为规范与人际关系处理:教师与幼儿、同事、家长、领导之间的关系。

【学习提示】

考试重点: 五类基本的教师职业行为规范;《新时代幼儿园教师职业行为十项准则》;教师职业行为规范与四种人际关系处理;在保教活动中如何恰当处理教师与学生、家长、同事以及教育管理者的关系。

考试难点: 如何正确把握职业道德规范与职业行为规范的内在联系,并能够在保教活动中恰当地处理与幼儿、幼儿家长、同事以及教育管理者的关系。

第一节　教师职业行为规范

一、教师职业行为规范的内涵

(一)教师职业行为规范的概念

教师职业道德是教师在思想层面的认识,教师在具体的教育教学实践过程中,必须以基本职业道德要求为指导,将规范要求转化为实际的职业行为。从教师的角度讲,教师的职业行为是其专业化的体现,决定着教师专业发展的长远性。从学生的角度讲,教师的行为举止是学生的榜样,对学生的身心发展具有潜移默化的影响,引导着学生的思想建构和品德养成。

(二)教师职业行为规范的内容与要求

教师职业行为规范主要涉及如下五方面内容。

1. 教师思想行为规范

教师的天职是教书育人,因此,教师的思想境界和道德水平直接影响着青少年的健康成长。

笔记栏

第一,教师要做到热爱祖国、热爱人民,拥护社会主义,认真执行党和国家的教育路线、方针和政策,遵纪守法,做社会主义精神文明的建设者和传播者。教师要在思想政治领域与国家保持高度一致,积极参加政治理论学习,不断提高政治修养,自觉践行社会主义核心价值观,不做有损国格、人格的事,不做违背党和国家方针政策的事。

第二,教师要忠诚党的教育事业,树立正确的人生观和价值观,发扬无私的精神,乐于奉献。做好人类灵魂的工程师,塑造好学生的心灵,做学生成长成材的引路人。教师要爱岗敬业,尊重学生,热爱学生。

第三,教师还要加强职业道德修养,依法行教,正直诚实,作风正派,为人师表,不从事有偿家教,不利用职权向学生或者学生家长索要礼物、钱财或让学生家长为自己提供个人服务,不接受学生家长的宴请及其他类似要求,时刻树立教师的良好形象。

2. 教师教学行为规范

教学是传播、延续、发展人类科学文化的桥梁,是向学生进行思想品德教育的重要阵地,是实现教育目标的重要途径。教师要想提高教育教学质量,必须不断地努力学习,丰富自己的知识技能。教师教学行为规范正是促使教师努力勤奋学习,刻苦钻研业务的有效保证。规范教师行为是提高教师的业务素质和教育教学质量的客观要求。

教师教学行为规范主要有以下几点:

(1)要有端正的教学态度,严肃认真地对待教学工作中的每一项内容;

(2)钻研业务,熟悉教材,认真备课;要善于激发学生的求知欲,组织好课堂教学,创造生动活泼的课堂气氛,尽量避免对学生进行灌输性教学;

(3)精心编排练习,认真批改作业,及时纠正错误。定时做好教学质量检查工作,及时补缺补漏;

(4)按时上课下课,不迟到、不缺课、不拖堂;

(5)既要严格要求学生,又要尊重学生,对待学生要一视同仁;热情、耐心地回答学生提问;不能讽刺、挖苦学生;

(6)教学计划应符合教学进度的要求,不能随意删增内容、加堂或缺课,不能占用学生的自习课或复习考试时间,增加学生的学习负担。

3. 教师人际关系行为规范

教师职业特点决定了其工作的特殊性和复杂性,在教师的人际关系中,主要包括学生、同事以及学生家长等。无论面对什么样的对象,教师都要保持应有的基本行为规范。

(1)教师对待学生要永远保持爱心和耐心,尊重学生、关心学生,同时,也要严格要求、耐心辅导,不急不躁、不偏不袒,与学生建立和谐、民主的师生关系,守护学生健康、快乐地成长,不以师生关系谋取私利。

(2)教师与学生家长之间要保持良好的合作关系。教师要尊重和理解家长;重视家长的请求和诉愿,听取家长的建议;要与家长保持长期的联络,互通情况,切勿对家长态度生硬,或者将责任推到家长一方,埋怨家长;要密切配合,学会与家长形成教育合力,实现家校合作共育。

(3)教师与同事之间要保持协同、向上的合作关系。要互相尊重、相互学习,取长补短,切忌嫉妒;平等相待,不卑不亢;乐于助人,关心同事;杜绝为了名誉、职称或者成绩排名而相互对立和损坏学生利益的现象。

(4)教师对于管理者要尊重和理解,服从安排;顾全大局,遵守纪律;积极配合,互相支持;秉公办事,团结一致。

4. 教师仪表行为规范

(1)教师的仪表行为要以学生的欣赏水平为前提。作为一名教师,要慎重地把自己的仪表行

为调整到符合学生的欣赏水平上，对他们施以良好的影响。

（2）衣着整洁，朴实大方，服饰要符合职业特点，体现教师为人师表的良好形象。

（3）举止稳重大方、潇洒自然、彬彬有礼。切忌轻浮粗俗、拘谨呆板。

5. 教师语言行为规范

教师的语言行为是指教师在教育教学过程中，根据学生的具体特点和教学内容的需要，以传授知识、交流感情为目的的一门工作语言。教师的语言行为既是一种用于传授知识、交流感情的客观现实活动，又是一种艺术活动。教师的语言要规范、正确和准确。

教师的语言行为规范包括：

（1）教师语言要文明，要使用普通话。教师的课堂用语、语法要规范，避免方言、土语，指导学生使用正确的词语和语法。

（2）语义要明确、表达要清楚。教师要不断修炼语言能力，在有限的课堂教学中准确简洁地传授知识，解答问题。

（3）语句要完整，连贯、清晰、流畅，有逻辑性。课堂教学切忌教师言语断层、表达混乱、自相矛盾。教师使用规范、正确的语言可以大大提高教学效果，也可以增加教师的个人魅力。

（4）教师还要注意与时俱进、丰富语言，学会用学生熟悉、喜欢的语言表达教学内容。

（5）板书整洁规范，内容简练精确。

二、《新时代幼儿园教师职业行为十项准则》

为深入贯彻习近平新时代中国特色社会主义思想和党的十九大精神，深入贯彻落实全国教育大会精神，扎实推进《中共中央国务院关于全面深化新时代教师队伍建设改革的意见》的实施，进一步加强师德师风建设，2018 年 11 月 8 日，教育部研究制定了《新时代幼儿园教师职业行为十项准则》。

该《准则》是教师职业行为的基本规范。师德师风是评价幼儿园教师队伍素质的第一标准。长期以来，广大教师牢记使命、不忘初心，爱岗敬业、教书育人，改革创新、服务社会，做出了重大贡献，党和国家高度肯定，幼儿、家长和社会普遍尊重。但是，也有个别教师放松自我要求，不能认真履职尽责，甚至出现严重违反师德行为，损害幼儿园教师队伍整体形象。制定幼儿园教师职业行为准则，明确新时代幼儿园教师职业规范，针对主要问题、突出问题划定基本底线，是对广大幼儿园教师的警示提醒和严管厚爱，是深化师德师风建设，造就政治素质过硬、业务能力精湛、育人水平高超的高素质教师队伍的关键之举。

教育部要求，各地幼儿园要按照准则及相应的处理指导意见、处理办法要求，严格举报受理和违规查处。对于发生准则中禁止行为的，要态度坚决，一查到底，依法依规严肃惩处，绝不姑息。对于有虐待、猥亵、性骚扰等严重侵害儿童行为的，一经查实，要撤销其所获荣誉、称号，追回相关奖金，依法依规撤销教师资格、解除教师职务、清除出教师队伍，同时还要录入全国教师管理信息系统，不得再聘任其从事保教及管理等工作。涉嫌违法犯罪的要及时移送司法机关依法处理。

附：

新时代幼儿园教师职业行为十项准则

教师是人类灵魂的工程师，是人类文明的传承者。长期以来，广大教师贯彻党的教育方针，教书育人，呕心沥血，默默奉献，为国家发展和民族振兴做出了重大贡献。新时代对广大教师落实立德树人根本任务提出新的更高要求，为进一步增强教师的责任感、使命感、荣誉感，规范职业行为，明确师德底线，引导广大教师努力成为有理想信念、有道德情操、有扎实学识、有仁爱之心的好老师，着力培养德智体美劳全面发展的社会主义建设者和接班人，特制定以下准则。

一、坚定政治方向。坚持以习近平新时代中国特色社会主义思想为指导，拥护中国共产党的领导，贯彻党的教育方针；不得在保教活动中及其他场合有损害党中央权威和违背党的路线方针政

笔记栏

策的言行。

二、自觉爱国守法。忠于祖国,忠于人民,恪守宪法原则,遵守法律法规,依法履行教师职责;不得损害国家利益、社会公共利益,或违背社会公序良俗。

三、传播优秀文化。带头践行社会主义核心价值观,弘扬真善美,传递正能量;不得通过保教活动、论坛、讲座、信息网络及其他渠道发表、转发错误观点,或编造散布虚假信息、不良信息。

四、潜心培幼育人。落实立德树人根本任务,爱岗敬业,细致耐心;不得在工作期间玩忽职守、消极怠工,或空岗、未经批准找人替班,不得利用职务之便兼职兼薪。

五、加强安全防范。增强安全意识,加强安全教育,保护幼儿安全,防范事故风险;不得在保教活动中遇突发事件、面临危险时,不顾幼儿安危,擅离职守,自行逃离。

六、关心爱护幼儿。呵护幼儿健康,保障快乐成长;不得体罚和变相体罚幼儿,不得歧视、侮辱幼儿,严禁猥亵、虐待、伤害幼儿。

七、遵循幼教规律。循序渐进,寓教于乐;不得采用学校教育方式提前教授小学内容,不得组织有碍幼儿身心健康的活动。

八、秉持公平诚信。坚持原则,处事公道,光明磊落,为人正直;不得在入园招生、绩效考核、岗位聘用、职称评聘、评优评奖等工作中徇私舞弊、弄虚作假。

九、坚守廉洁自律。严于律己,清廉从教;不得索要、收受幼儿家长财物或参加由家长付费的宴请、旅游、娱乐休闲等活动,不得推销幼儿读物、社会保险或利用家长资源谋取私利。

十、规范保教行为。尊重幼儿权益,抵制不良风气;不得组织幼儿参加以营利为目的的表演、竞赛等活动,或泄露幼儿与家长的信息。

第二节　教师职业行为规范在幼儿保教活动中的运用

一、教师职业行为规范在处理人际关系中的要求

教师与幼儿、教师与幼儿家长、教师与同事、教师与教育管理者的关系是幼儿园中最基本的人际关系,正确处理好这些关系,直接关系着幼儿园保教活动开展的质量和效率。

(一)师幼关系

师幼关系是教师各类人际关系中最基本、最重要的关系。在整个保教过程中,师幼之间是平等对话、互教互学的过程,教师不是高高在上的绝对权威,幼儿也不是被动地接受知识,师幼处于共同学习、教学相长的状态。良好的师幼关系就是热爱幼儿、尊重幼儿、了解幼儿、公平公正地对待幼儿、严格要求幼儿。

【典型真题】一次活动后,夏老师看到一个孩子钻到了桌子底下,趴在地上。于是夏老师将他叫起,问他地上这么脏,为什么趴在地上。他听后委屈地掉下了眼泪,小声说:“老师,地上有纸屑,我想把它扫干净。”夏老师点了点头。该案例表明师幼关系具有(　　)。

A. 选择性　　B. 教育性　　C. 互动性　　D. 自觉性

【解析】师幼关系的基本特征主要包括平等性、助长性、民主性、互动性、分享性、对话性。优质的师幼关系应该是一种双向的互动交流活动,具有互动性。教师和幼儿之间能积极互动,形成真正意义上的对话和交流。在互动中进行沟通、交流、理解,彼此都表达自己的情感、体会、态度,并对对方产生一定的影响。夏老师没有直接批评孩子,而是通过询问来让儿童说明情况,这就体现了互动性。

【答案】C

笔记栏

1. 热爱幼儿

热爱幼儿是处理师幼关系的基础和根本出发点，教师在具体的保教实践中把幼儿的成长放在第一位，关爱每一位幼儿，是高尚师德的具体体现。教师对幼儿的爱，不是对少数幼儿的爱，更不是有差别的爱，应当是面向全体幼儿的爱，对所有幼儿付出同样的爱，全面关心幼儿的成长，关心幼儿的精神生活、心理健康、身体素质，把爱的种子撒向每一个幼儿，保持对幼儿稳固而持久的爱。教师应在保教活动中掌握良好有效的沟通与表达技巧，杜绝出现因为个人情绪变化而迁怒于幼儿的现象。

【典型真题】徐老师正在指导幼儿进行分组活动，一起身，衣服上的胸针勾住了晶晶的头发，晶晶疼哭了，徐老师小心翼翼地把晶晶的头发与胸针分开，接下来徐老师应该（　　）。

A. 加倍小心，尽量避免胸针伤到幼儿　　B. 加强防范，不要戴胸针误伤幼儿

C. 安抚孩子情绪，处理好后调整胸针位置　　D. 注意安全，只佩戴不伤到幼儿的胸针

【解析】发生突发情况时，教师应该将幼儿的生命安全放在首位，第一时间妥善处理。题干中，教师胸针钩住了幼儿头发，教师将幼儿头发跟胸针分开后，应第一时间安抚幼儿情绪，并调整胸针的位置。

【答案】C

2. 尊重幼儿

尊重幼儿是教师建立师幼间平等关系的表现。在师幼平等的交往关系中，教师只有付出真爱，幼儿才能够感受到教师的爱，从而接受教师对自己的教育。

（1）尊重幼儿的人格。教师对幼儿有管理、教育的义务和权利。在保教过程中，教师拥有塑造幼儿的权利，但在人格上，教师与幼儿是平等的。因此，教师所有的保教行为都应以尊重幼儿的人格为前提。任意打骂、侮辱、体罚幼儿不仅是违反职业道德规范的，也是触犯法律的。

（2）尊重幼儿的个体差异。在教育教学的细节中做到尊重幼儿的个体差异，正确把握公正的前提是要有利于每一个幼儿的健康成长；在保教工作中，尽量缩小由社会不公正给幼儿带来的差异；要辩证地看待幼儿的优缺点，不绝对化；不同的幼儿犯了同样的错误，在处理时要考虑不同的动机与原因。

（3）要信任幼儿。保教活动中，教师对幼儿的信任使幼儿体验到成功的满足，能激发幼儿的兴趣，调动幼儿积极性，教师的信任能够给他们的进步提供强大动力。

3. 了解幼儿

了解幼儿是教师热爱幼儿的起点，是教师进行保教活动的前提，也是教师公平评价幼儿的需要。

（1）努力使自己成为幼儿的朋友。素质教育观下的新型师幼关系是平等的，教师不是绝对的权威，在人格上师幼平等共同成长，在教学上师幼教学相长。

（2）克服不良心理效应的影响，深入了解每一位幼儿。教师在保教活动中要避免错误的心理惯性，因为在没有深入了解幼儿的情况下就轻下断言，会影响幼儿的成长成才。

（3）了解幼儿是对幼儿负责的体现。了解幼儿是开展保教活动的根基，这就要求教师必须扎实地了解幼儿，做好基础性工作。

4. 公平公正地对待幼儿

教师的爱是面向一切幼儿的，幼儿所需要的爱也是没有差别的，因而公平公正地对待每一个幼儿，就是教师的爱给予每一个幼儿的保证。公正地对待幼儿要求教师要公正、公平、不偏不倚、一视同仁。教师不能因为个人感情的好恶、私人关系、幼儿表现的优劣等偏袒或是轻视幼儿，也不能因为幼儿的性别、美丑、性格特征、身体条件、家庭出身等的不同而偏袒或轻视幼儿。教师公正地对待

笔记栏

幼儿，要真正地尊重和信赖幼儿，幼儿是独立的个体，具有独立人格和被尊重的权利，教师必须保障幼儿的权利，公平公正地对待每一位幼儿，在保教实践中贯彻教育公平的理念。

【典型真题】孙老师正在给小朋友讲"爱妈妈"的故事。乐乐坐不住，偷偷地扯了一下身边丽丽的头发，丽丽大叫。孙老师立即大声呵斥乐乐，并把乐乐一人安排到角落，孙老师在教育过程中违背了（　　）。

A. 幼儿的自主性　　B. 教师的权威性

C. 师幼的合作性　　D. 教育的平等性

【解析】教师在教育活动中要处理好与学生之间的关系，热爱学生、尊重学生、了解学生、公平公正地对待学生。教师和学生应该是平等的、互相尊重的。题干中，乐乐调皮，就被教师安排到角落，违背了教育的平等性，反映出师幼之间不平等的现象。

【答案】D

5. 严格要求幼儿

幼儿的成长，需要在保教活动中实现。在保教活动中，教师与幼儿的行为都要符合保教实践的要求。只有对幼儿严格要求，才是一种负责的爱。这种爱不是宠爱、溺爱和偏爱，而是要爱中有严、严中有爱、严慈相济。为此，教师要做到：

（1）严而有理。教师在要求幼儿时，一方面要符合幼儿身心发展规律，符合教育的规律，不应压抑、抑制，使幼儿片面发展；另一方面，教师在要求幼儿时要摆事实、讲道理，使幼儿欣然接受。

（2）严而有度。教师要根据幼儿实际情况提出适度的要求，从关心、爱护幼儿的角度出发，认真考虑每一项要求可能产生的后果，以便做到恰到好处。

（3）严而有恒。教师对幼儿的要求必须始终一贯，坚持到底。不能朝令夕改、虎头蛇尾。在贯彻中遇到来自幼儿惰性、理解程度等方面的阻挠，教师必须态度坚决、意志坚定。

（4）严而有方。教师对幼儿提出的要求必须从幼儿实际情况出发，在充分考虑教育条件的基础上，选择合适的教育方式，刚柔相济、寓刚于柔。

（二）教师与幼儿家长的关系

教育的成功是多方面"合力"作用的结果，家长作为孩子的第一任教师，对孩子的成长也负有责任，并且是影响孩子成长的重要因素。因此，家庭教育对幼儿在学校中接受教育的效果有着重要的影响。

1. 建立平等的沟通关系

教师和家长都是以教育好幼儿，促进幼儿身心的全面发展为共同目标的，应该建立彼此信任、相互支持的平等关系，只有平等才有沟通的可能；只有平等双方才不会落入误区，形成扯皮、推诿、渎职等状态，齐心合力教育好幼儿。

2. 形成良好的沟通习惯

（1）教师要积极主动地与家长建立联系，通过家访、家长会、联系手册、电话、通信、网络等多种形式，与家长互通情况，共同商讨、协调教育方法、步骤。

（2）教师要树立服务意识，尊重家长，全面、客观地介绍孩子在校学习、生活的情况，热情、耐心地与家长进行沟通，要虚心地听取家长的批评和建议，经常向家长征求意见。

（3）教师要及时通报幼儿的思想、学习、生活的动态，特别是出现异常情况或突发事件时，要第一时间与家长沟通，及时分析原因，商讨对策，共同实施最有效的教育方法。

（4）教师要认真听取家长的意见和建议。教师要放下"教育权威"的架子，经常向家长征求意见，虚心听取他们的批评和建议，找出和确立有效的对幼儿进行教育的方法和途径，以不断改进自己的工作。这样，家长会觉得教师可亲可信，有利于维护教师的威信。

笔记栏

【典型真题 1】奶奶将小鱼的被子送去幼儿园。走到寝室时,老师刚好带孩子们去做操了,奶奶发现小鱼的床位在一个角落里,便将小鱼的床位换到了寝室中间,老师应该(　　)。

A. 认同奶奶调整床位的行为　　B. 让小鱼告诉奶奶不能调

C. 立即把小鱼的床位调回原位　　D. 打电话与奶奶沟通,告诉奶奶不应该这样做

【解析】老师应耐心与幼儿奶奶沟通相关的育儿知识及理念,告诉奶奶不能这样做。

【答案】D

【典型真题 2】离园的时间已经过了半个小时,明明的家长还没有来,也不接电话。于是蒋老师把明明送回了家,发现明明的妈妈正在打麻将,蒋老师与明明妈妈进行了沟通。明明妈妈以后再也没出现过类似情况,这体现的是(　　)。

A. 家长是教师的帮手　　B. 家庭教育是幼儿园教育的延伸

C. 教师是家庭教育的指导者　　D. 幼儿园教育是家庭教育的补充

【解析】教师的职业行为中包含教师与幼儿家长的关系,幼儿的成长除了幼儿园教育需要努力之外,更离不开家庭教育。这就要求教师与幼儿家长建立平等的沟通关系,实现家园共育。蒋老师发现家长有错误,立即积极沟通,解决问题,帮助家长认识错误,和家长一起为幼儿提供良好的成长环境。

【答案】C

3. 尊重家长的人格

教师与家长是一种伙伴合作关系,他们在人格上是完全平等的,不存在尊卑之分。因此,教师必须尊重幼儿家长的人格,特别是尊重社会地位低和所谓“差生”的家长的人格。教师要避免向家长“告状”,不要当众责备其子女,不要说侮辱幼儿家长人格的话和有侮辱幼儿家长人格的行为。否则,会造成教师与家长的对立,不利于教育效能的提高。

4. 教育幼儿尊重家长

教师要教育幼儿尊重自己的父母,特别是那些社会地位和文化水平不高的父母。教师教育幼儿尊重家长,不但可以提高家长的威信,增强家庭教育的力量,而且当家长看到自己的孩子在教师教育下健康成长,对自己又很尊敬时,会由衷地感谢教师,更加信任教师。

(三) 幼儿教师与同事的关系

幼儿教师之间的人际关系是在共同完成幼儿园工作任务的环境中建立的,处理好这类人际关系对于做好保教工作具有重要的意义。

1. 尊重

幼儿教师在教师集体中开展着保教实践,这种保教活动通常需要靠集体的力量去完成,因此,对于同处于保教活动的同事,在地位上应当是平等的,并且要给予必要的尊重。

2. 理解

教师工作从个体上看是存在差异的,因而具体分工有所不同。由于工作任务及性质上的差异,教师集体中也会产生矛盾与冲突,这就需要教师与同事之间能够互相理解。

3. 协作

教师在集体中共同完成保教工作,若想实现一定的保教目的,教师必须与同事进行协作,维护团结,相互理解,相互支持。

【典型真题】小班的保育员徐老师正在照顾两个不肯吃饭的孩子,这时京京端着空碗还想吃饭,徐老师转头对正在使用电脑的陈老师说:“帮京京舀一点饭。”陈老师回应:“这是你的工作,我有我的事情要做。”陈老师的做法违背了教师职业道德要求中的(　　)。

笔记栏

A. 关系性　　B. 长期性　　C. 协作性　　D. 制度性

【解析】教师职业道德要求教师要做到为人师表，关心集体，团结协作、尊重同事，互相配合。题干中陈老师却在徐老师忙不过来时，拒绝徐老师寻求协作的请求，违背了教师间协作性的要求。

【答案】C

（四）幼儿教师与领导的关系

教师与幼儿园管理者是管理与被管理的关系。但是，这种管理与被管理的关系，不意味着地位的差异或不平等的地位，只是具体分工的不同。

1. 尊重

教师在教育管理者的协调下开展工作，目的是为了共同实现幼儿园保教目标。教育管理者的管理目标与教师的职业活动目标是高度一致的。所以，教师应当尊重教育管理者根据自己的管理职责所开展的教育管理活动。

2. 支持

教师的职责和任务在很大程度上是由幼儿园管理者赋予的。每一位教师根据自己对职责的承诺，完成幼儿园管理者分配的任务，是幼儿园实现保教目标的保障。因而，教师应当在自己的职业行为上支持幼儿园管理者对于幼儿园管理工作的开展。

二、教师职业行为规范在保教活动中的践行要求

保教活动是幼儿园工作的生命线，优质的保教活动是幼儿园赖以生存的前提。因此，幼儿教师要在保教活动中规范自身的职业行为，发挥教师在保教活动中的重要作用，提升幼儿园的保教质量。

1. 爱国守法的践行要求

一是树立爱国主义思想；二是树立为祖国教育事业献身的崇高理想，做爱国守法的模范；三是在保教实践中渗透爱国守法教育。

2. 爱岗敬业的践行要求

一是珍惜和热爱自己的岗位；二是具有强烈的使命感和责任感。

3. 关爱幼儿的践行要求

一是关心爱护全体幼儿；二是尊重幼儿的主体性；三是将对幼儿的关爱渗透于幼儿一日活动的方方面面；四是保护幼儿的安全。

4. 教书育人的践行要求

一是对幼儿有爱心；二是以身立教，为人师表；三是刻苦钻研业务知识，不断提高保教能力和水平。

5. 为人师表的践行要求

一是加强语言修养；二是教师要规范自己的行为；三是教师要以高尚的形象树立威信和尊严。

6. 终身学习的践行要求

一是树立终身学习理念；二是潜心钻研业务，不断提高专业素养和教育教学水平。

强化过关训练

一、单项选择题

1. 2018 年 11 月 8 日,教育部颁布《幼儿园教师违反职业道德行为处理办法》。其中第三条规定,对教师违反职业道德的行为视情节轻重分别给予相应处分和其他处理。其中,处分包括(　　)。
① 责令检查　② 通报批评　③ 警告　④ 记过　⑤ 降低岗位等级或撤职　⑥ 开除
A. ①②③④　　B. ③④⑤⑥　　C. ①③④⑥　　D. ②③④⑤

笔记栏

2. 某些教师收受学生或家长礼物,这种行为所违背的师德规范是(　　)。
A. 教书育人　　B. 关爱学生　　C. 爱岗敬业　　D. 为人师表
3. 张丽莉老师在 2012 年 5 月 8 日的一次交通事故中,为救学生而受重伤,致使双腿截肢。张丽莉的行为体现了她(　　)。
A. 终身学习,爱国守法　　B. 关爱学生,行为示范
C. 因材施教,为人师表　　D. 作风正派,关心集体
4. 通过保教活动、论坛、讲座、信息网络及其他渠道发表、转发错误观点,或编造散布虚假信息、不良信息,违背了《新时代幼儿园教师职业行为十项准则》中的(　　)。
A. 关心爱护幼儿　　B. 传播优秀文化
C. 自觉爱国守法　　D. 坚定政治方向
5. 某教师衣着邋遢,不讲个人卫生,他认为教师课教好就行了。该教师的言行违反了哪一条教师职业道德规范?(　　)
A. 教书育人　　B. 为人师表　　C. 严谨治学　　D. 爱岗敬业
6. 中小学教师职业道德规范的灵魂是(　　)。
A. 教书育人　　B. 为人师表　　C. 关爱学生　　D. 爱岗敬业
7. 组织幼儿参加以营利为目的的表演、竞赛等活动,或泄露幼儿与家长的信息,违背了《新时代幼儿园教师职业行为十项准则》中的(　　)。
A. 坚守廉洁自律　　B. 规范保教行为
C. 潜心培幼育人　　D. 自觉爱国守法
8. 以下对班主任的表述正确的是(　　)。
A. 所有任课教师都可以当
B. 所有任课教师都必须当
C. 学校根据聘任条件选聘的任课教师才可以当
D. 学校选聘的专职人员可以当
9. 刘老师家庭负担重,老人要看病,孩子要读书,于是用假名在培训机构上课,挣钱补贴生活。这种行为(　　)。
A. 可以,不影响正常教学即可
B. 可以,刘老师可以在业余时间做任何事
C. 可以,培训机构聘任刘老师做老师,不是利用职务之便谋取私利
D. 不可以,刘老师的这种行为违反了教师职业道德

10. 某老师向学生推销课外辅导资料，要求学生必须购买。该老师的做法（　　）。

A. 反映教学需要　　B. 体现敬业精神

C. 违背教育规律　　D. 违背师德规范

二、材料分析题

1. 一天，妍妍跑到老师跟前说："老师，我的动物橡皮不见了，我看到小晴拿走了。"老师听了妍妍的话便走到教室想去质问小晴，但发现小晴不在。教师就私自打开了小晴的书包，把书包翻了个遍，也没有找到妍妍的橡皮。这时，小晴从外边走进来，发现老师正拿着自己的书包，而且书包明显是被老师翻过了，小晴感觉很委屈，但是由于害怕老师而没有吱声。老师刚要开口向小晴要妍妍的橡皮，站在一旁的诚诚大声喊道："老师，妍妍的橡皮在妍妍手里攥着呢。"

问题：试从教师职业道德要求的角度分析该老师的做法。

2. 我在单位工作很有成就感，因此在日常的生活和工作中，我不怕见父母，不怕见邻居，不怕见同事和领导，但是就怕见我孩子的班主任老师。都怪我的儿子不争气，让我总是挨这位老师的训。我儿子爱说爱动，在课堂上时常有"违反"纪律的现象发生，因这类事我被这位老师在电话里或当面训了多次。"你这个家长是怎么当的，连个孩子都管不好！""孩子的毛病都是你们大人惯的，像你们这样的家长实在太多了！""不怎么样的家长，孩子都是这个样，瞎逞能"等。有一次，儿子因同学给他起外号，把一个学生的鼻子打出了血，我在该老师电话里的严厉催促下来到学校。当着一些老师的面，她的第一句话就是："看你把你儿子教育的，都反了天了！""这么点的孩子都管不好，你也太无能了吧？这还用我教你吗……"她训人的时候，总是一副趾高气扬、盛气凌人的样子，我心里对她已反感至极。要不是我儿子在她班里，我非要和她好好理论一番不可。

问题：试分析上述材料中的教师在职业道德上存在的主要问题及其危害，你认为在教育中教师应怎样处理与学生家长的关系？为什么？

3. 我原来在小学是个很爱提问的人，可每次提问都被老师否定了。记得有一次，一位语文老师在教古诗《春晓》时我觉得有异议，就问老师："老师说诗人春天好睡觉，连天亮都不晓得，那他夜里怎么能听见风雨声呢？"这位老师不以为然地说："这有什么奇怪的！早上起床到外面一看不就知道了？"当时我还要再问，老师挥挥手让我坐下，环视一下全班同学，用嘲笑的口吻说道："大家说说看，是他对还是老师对？"同学们毫不犹豫地答道："老师对。"当时我感到很尴尬，竟然对自己的判断产生了怀疑。从此以后，我很少提问，不再像以前那样"炸刺"了。

问题：从教师职业道德的角度，分析材料中教师行为存在的问题。

4. 徐老师的班上新来了一个男孩。不爱说话，更没有笑容。徐老师问他叫什么名字，他只会摇头。通过和家长交谈，徐老师知道这个名叫晓天的幼儿从小失去母亲，爸爸忙于生计也无暇顾及他，所以晓天性格孤僻，语言表达能力很差，动作发育迟缓。了解到晓天的身世后，徐老师更加关心晓天，在教室里为他专门准备了开发智力的玩具，还亲手为他编织毛衣。徐老师经常亲切地跟晓天说话，教他练习发音，以提高其语言表达能力；利用图片和图书为他讲故事，以提高其理解能力；跟他一起搭积木、折纸，以提高其动手能力。徐老师还指导晓天的爸爸在家里如何对孩子进行早期智力训练。时间一天天过去，渐渐地，晓天的眼睛亮了，能与人进行简单的交谈了，脸上也常挂着微笑。

问题：请从教师职业道德的角度评价徐老师的保教行为。

参考答案

一、单项选择题

1. B;2. D;3. B;4. B;5. B;6. C.;7. B;8. C;9. D;10. D

二、材料分析题

1. 材料中教师的做法是极其错误的,违背了“关爱学生”和“为人师表”的师德规范。

(1) 关爱学生就是要求教师关心爱护全体学生,尊重学生人格,公正对待学生,要关心学生健康,维护学生权益。材料中,该教师根据妍妍的一面之词,就不加任何调查去翻小晴的书包,不仅侵犯了小晴的隐私权,也是对小晴的人格和自尊心的伤害,不利于小晴的身心健康。

(2) 为人师表就是要求教师坚守高尚情操,严于律己,以身作则,关心集体,团结协作。材料中,这位教师不经调查就偏听偏信的做法,不仅与以身作则的要求相背离,也给其他小朋友做了错误的表率,不利于他们的健康成长。

2. (1) 材料中教师存在的主要问题:① 缺乏良好的道德修养,违背了“为人师表”的师德规范;② 不能够公正平等地对待学生家长。

(2) 问题的危害:① 不利于教师和学生家长之间正常关系的发展;② 家长对与教师的联系失去了主动的意愿与兴趣,也切断了家长与教师之间的沟通渠道,使得学生的教育问题不能得到很好的解决。

(3) 在教育过程中,教师与家长的关系是一种平等、互尊、协作的伙伴合作关系。这是社会公民道德的必然要求,也是教育工作能够顺畅开展的重要保障。

3. (1) 该语文老师的行为违反了“关爱学生”“教书育人”等师德规范。

(2) 教师应关爱学生。关心爱护全体学生,尊重学生人格,尊重学生的主体性,平等公正对待学生。对学生严慈相济,做学生的良师益友。不讽刺、嘲笑或挖苦学生。

(3) 教师应教书育人。遵循教育规律,实施素质教育。循循善诱,诲人不倦,因材施教。激发学生创新精神,挖掘学生的潜能,促进学生全面发展。

(4) 材料中语文教师的做法严重束缚和压抑了学生思考和探究问题的主动性,伤害了学生的自尊和人格,难以形成良好的师生关系。这个事例启迪我们:教师要营造民主的课堂气氛,对学生肯动脑筋、爱提问的行为要给予充分的肯定和鼓励,以激励全体学生积极动脑,激活学生思维。

4. 徐老师的行为是恰当的,体现了教师职业道德的基本规范,值得肯定与学习。

(1) 体现了关爱学生的师德规范。关爱学生要求教师关心爱护学生、尊重学生人格,做学生的良师益友。材料中,徐老师面对晓天这样的特殊幼儿,并没有不闻不问,而是深入了解该幼儿的情况,对其倍加关心爱护,保护其自尊心。

(2) 体现了教书育人的师德规范。教书育人要求遵循教育规律,实施素质教育。循循善诱,诲人不倦,因材施教。材料中,徐老师在了解晓天实际情况后,从开发智力,培养语言表达能力,提升理解能力与动手能力等多方面入手,符合因材施教的教育要求,也符合该幼儿的身心发展需要。

(3) 体现了为人师表的师德规范。为人师表要求教师坚守高尚情操,团结协作,尊重同事,尊重家长。材料中,徐老师不仅自己想方设法对晓天进行教育,还积极联系家长,了解幼儿情况,与家长交流教育经验与方法,从而形成教育合力,最终促使幼儿得到健康发展。

模块四 文化素养

逻辑结构图与考试权重

逻辑结构图

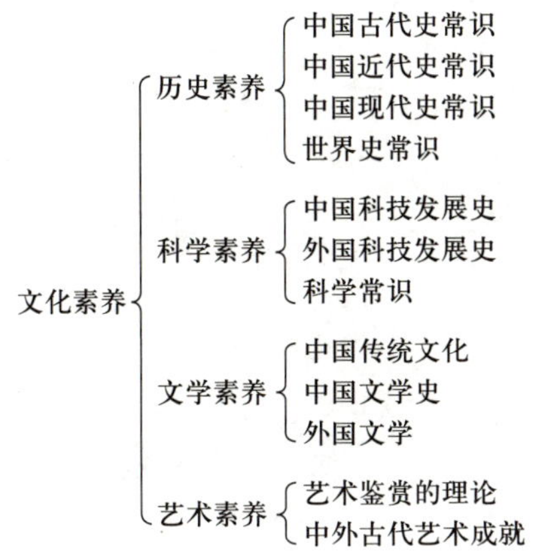

考试权重

模块	分值比例	分值（分）	题型	重点提示
文化素养	约 12%	≥18	单项选择题	本模块主要考查考生对人文、科学常识的识记、判断，涉及考点多、内容广。复习时要加强识记、多积累

考纲要求与复习策略

考纲要求

（1）具有一定的文化常识。

（2）了解中外科技发展史上的代表人物及其主要成就，熟悉常见的幼儿科普读物。

（3）了解中外文学史上重要的作家、作品，尤其是常见的儿童文学作品。

复习策略

1. 命题剖析

从历年考题看，本模块知识都以单项选择题的形式呈现，判断过程中没有太多的解题技巧，难度不大，但范围极广。

2. 备考策略

本模块旨在考查考生在日常生活中涉猎社会百科知识的广泛程度以及是否对社会各种现象进行细心地观察和深刻地思考。考纲对这一模块相关知识的要求定位于“了解”，而“了解”就是对

具体的科学事实、方法、过程、概念、原理、规律的认识和记忆。基于考纲要求、命题特点以及本模块内容多、范围广的特点，考生学习、复习本部分内容时，宜采取广泛涉猎，重点记忆的策略。可以根据本教材分类识记，也可以通过做题、复习识记，日常积累，做有心人。

第一章 历史素养

知识体系及思维脉络图

- 历史素养
  - 中国古代史常识
    - 原始社会
    - 夏商周时期
    - 秦汉时期
    - 三国两晋和南北朝时期
    - 隋唐时期
    - 宋元时期
    - 明清时期
  - 中国近代史常识
    - 以鸦片战争到辛亥革命
    - 从五四运动到中人民共和国成立
  - 中国现代史常识
    - 新民主主义社会（1949年10月—1956年年底）
    - 社会主义社会（1956年年底至今）
  - 世界史常识
    - 世界古代史
    - 世界近代史
    - 世界现化史

笔记栏

核心考点及学习提示

【核心考点】

1. 中国历史上的重大事件。
2. 世界历史上的重大事件。

【学习提示】

历史素养是综合素质必考的内容之一。从 2011 年下半年至今，每年的考题中都有 1~2 道是考查历史知识的。从历年的考题看，本章内容考查的题型都是单项选择题，考试内容以中国古代史为主，也涉及中国近现代史、世界历史。其中，与历史有关的成语、俗语是高频考点，著名战争、历史典故、重大的历史事件所涉及的人物、朝代，也是重要考点。考生在复习备考本章内容时，应厘清历史发展的脉络，加强识记，重点关注中国历史常识，尤其是中国古代发展史中重大的历史事件和重要的历史人物。

第一节 中国古代史常识

一、原始社会

（一）原始人群

1. 元谋猿人

1965 年发现于云南元谋上那蚌村附近的元谋猿人，是目前我国已知最早的远古居民，距今约

170 万年。根据出土的石器、化石，证明他们是能制造工具和使用火的原始人类。

2. 蓝田猿人

1964 年发现于陕西省蓝田县公王岭的蓝田猿人，距今 115 万年到 70 万年。蓝田猿人能用简单而粗糙的方法打制石器，包括大尖状器、砍砸器、刮削器和石球等。

3. 北京猿人

1929 年发现于北京市西南房山区周口店龙骨山的北京猿人，距今约 50 万年。北京猿人处于旧石器时代初期，已经会制造石器工具，能利用和管理天然火。

4. 山顶洞人

山顶洞人因 1930 年发现于北京市周口店龙骨山北京人遗址顶部的山顶洞而得名，距今约 3 万年。山顶洞人已掌握磨光和钻孔技术，会人工取火，还用骨针缝制衣服，懂得爱美。山顶洞人处于母系氏族社会。

【典型真题】自从 1927 年发现“北京猿人”化石后，我国又相继在多处发现原始人类的遗迹，并为这些原始人类命名。北京周口店龙骨山遗址的原始人，考古学上称其是（　　）。

A. 山顶洞人　　B. 元谋猿人　　C. 巫山猿人　　D. 蓝田猿人

【解析】在北京周口店，两个阶段的原始人遗址被发现。一个是距今 70 万年至 20 万年前的北京人，另一个是距今 3.4 万年至 2.7 万年前的山顶洞人。选项 B 元谋猿人发现于我国云南省元谋县。选项 C 巫山猿人发现于重庆巫山县。选项 D 蓝田猿人发现于陕西省蓝田县。

【答案】A

（二）氏族公社

距今五六千年，氏族公社进入繁荣时期，山顶洞人已过渡到氏族公社时期。氏族公社是以血缘为纽带的人类共同体，分母系氏族公社和父系氏族公社两个阶段。

1. 河姆渡文化与半坡文化

河姆渡遗址，1973 年发现于浙江余姚河姆渡。它是新石器时代母系氏族公社时期的氏族村落遗址，反映了约 7 000 年前长江下游流域氏族的情况。

半坡遗址，1952 年发现于陕西西安市半坡村，属黄河中游地区新石器时代的仰韶文化，是北方农耕文化的典型代表，距今 6 000 年左右。这是黄河流域规模最大、保存最完整的原始社会母系氏族村落遗址。

2. 大汶口文化和龙山文化

大汶口文化是新石器时代文化，因山东省泰安市大汶口遗址而得名，距今 6 300~4 500 年。社会已经从母系氏族公社阶段发展到父系氏族公社阶段。

1928 年春，在山东省济南市历城县龙山镇，考古学家发现了以精美的磨光黑陶为显著特征的文化遗存，于是把这种以黑陶为主要特征的文化遗存命名为“龙山文化”（也称“黑陶文化”）。龙山文化距今 4 900~3 900 年，中国氏族社会瓦解，走向邦国时代与五帝时代。

二、夏商周时期

（一）夏

约公元前 2070 年，禹的儿子启废除“禅让制”，实行世袭制，建立了我国最早的奴隶制国家夏朝。

【典型例题】约公元前 2070 年，建立我国最早的奴隶制王朝夏朝的是（　　）。

A. 禹　　B. 启　　C. 桀　　D. 少康

【解析】本题主要考查考生对中国古代历史的了解。约公元前2070年，禹的儿子启废除“禅让制”，实行世袭制，建立了我国最早的奴隶制国家——夏朝。

【答案】B

（二）商

1. 盘庚迁殷

公元前16世纪，商汤推翻了夏桀的统治，建立商朝。公元前14世纪，商王盘庚力排众议，迁都殷（今河南安阳小屯），在那里整顿商朝的政治，使衰落的商朝出现了复兴的局面，以后二百多年，一直没有迁都。所以商朝又称作殷商，或者殷朝。

2. 甲骨文

甲骨文，因镌刻于龟甲与兽骨上而得名，绝大部分发现于中国安阳市殷墟。甲骨文为最早之书迹，内容为记载盘庚迁殷至纣王间二百七十年之卜辞，所以我国有文字可考的历史是从商朝开始的。甲骨文是中国已知最早的成体系的文字形式，它上承原始刻绘符号，下启青铜铭文，是汉字发展的关键形态，被称为“最早的汉字”。

（三）西周

1. 武王伐纣

约公元前1046年，周武王联合各部落在牧野打败纣王，灭了商朝，建立周朝，定都镐京，史称西周。武王伐纣是我国历史上的一件具有划时代意义的大事，是商衰周兴的转折点。

【典型例题】率兵讨伐商纣王的相关历史人物是（　　）。

A. 周武王　　B. 周文王　　C. 周幽王　　D. 周平王

【解析】本题主要考查考生对中国古代发展史中重大历史事件的了解。约公元前1046年，周武王联合各部落在牧野打败纣王，灭了商朝，建立西周。

【答案】A

2. 井田制、分封制与宗法制

（1）井田制是中国西周时期较为普及的土地制度。因土地划分为许多方块，且形似“井”字形，故曰井田制。实则是周天子京畿之土地制度，有公田私田之分。

（2）分封制是周王室把疆域土地划分给诸侯的社会制度。在“分封制”下，国家土地不完全是周王室的，而是分别由获得封地的诸侯所有，他们拥有分封土地的所有资源和收益，只需向周王室缴纳一定的进贡即可。秦始皇统一中国后，取消“分封制”，秦王朝在全国推行单一的“郡县制”。

（3）宗法制核心是嫡长继承制，即正妻所生的长子为法定的王位继承人。中国夏朝时就已确立王位世袭制，但也有“父死子继”和“兄终弟及”的区别。商朝末年才完全确立了嫡长继承制。西周一开始就确立了“立嫡以长不以贤，立子以贵不以长”的嫡长继承制，从而进一步完备了宗法制。

（四）东周

1. 平王东迁

公元前771年，犬戎攻破镐京。周幽王点起烽火求援，众诸侯因以前被“烽火戏诸侯”而不加理会。周幽王最后被杀于骊山，西周灭亡。其后众诸侯拥立太子宜臼为王，是为周平王，即位后第二年将国都迁至洛邑。

平王东迁是历史学家划分时段的重要事件，亦是周朝国势的转折点。平王迁都之后的周朝被称为东周。平王东迁后，周天子王权开始衰落，诸侯势力不断壮大，最终形成春秋时期群雄争霸的局面。

笔记栏

2. 春秋五霸

公元前770年至公元前476年的春秋时期，是我国奴隶社会的瓦解时期。先后起来争霸的诸侯有齐桓公、宋襄公、晋文公、秦穆公、楚庄王，史称“春秋五霸”。

3. 城濮之战

这是中国历史上已知最早有详细记载的战例，也是诱敌深入战术的典范。公元前632年，楚军和晋军在城濮（今山东鄄城西南）交战。晋文公兑现当年流亡楚国许下“退避三舍”的诺言，令晋军后退，避楚军锋芒。子玉不顾楚成王告诫，率军冒进，被晋军歼灭两翼，楚军大败。

【典型例题】 在中国古代史上与“退避三舍”相关的战役是（　　）。

A. 长平之战　　B. 牧野之战　　C. 城濮之战　　D. 垓下之战

【解析】 本题主要考查考生对中国古代发展史中重大历史事件的了解。公元前632年，楚军和晋军在城濮交战。晋文公兑现当年流亡楚国许下“退避三舍”的诺言，令晋军后退，避楚军锋芒，诱敌深入，最后大败楚军。

【答案】 C

4. 战国七雄

公元前475年至公元前221年的战国时期，是我国封建社会形成时期。出现了齐、楚、燕、韩、赵、魏、秦“战国七雄”争霸的局面。

5. 商鞅变法

公元前356年，秦孝公任用商鞅实行以“废井田、开阡陌，实行郡县制，奖励耕织和战斗，实行连坐之法”为主要内容的变法。经过商鞅变法，秦国的旧制度被彻底废除，封建经济得到了发展，秦国逐渐成为战国七雄中实力最强的国家，为后来秦王朝统一天下奠定了坚实的基础。

6. 百家争鸣

春秋战国时代，社会急剧变化，许多问题亟待解决，产生了各种思想流派，如儒、法、道、墨等，他们著书讲学，互相论战，出现了学术上的繁荣景象，后世称为百家争鸣。齐稷下学宫是百家学术争鸣的中心园地。百家争鸣是我国第一次思想解放运动，形成了中国的传统文化体系。

儒家代表人物有孔子、孟子、荀子；道家代表人物有老子、庄子；法家代表人物有韩非子、李斯；墨家代表人物是墨子。

【典型真题】 春秋战国时期，各诸侯国为富国强兵、增强争霸实力，先后实行变法。下列选项中诸侯国与变法对应不正确的是（　　）。

A. 魏国—李悝变法　　B. 楚国—吴起变法　　C. 秦国—商鞅变法　　D. 赵国—管仲变法

【解析】 D项中的管仲变法发生于春秋时期的齐国：齐桓公即位，齐国国势衰微，经济困难；而桓公欲图霸，想有一些作为，拜管仲为相，管仲颁布了一系列制度：① 士农工商分居，职能内分级管控；② 整顿行政区划，全国分五属，设五大夫；③ 五属大夫定期向齐桓公汇报，督察其功过；④ 根据土地的好坏，征收不同的赋税。赵国发生的变法是：公孙仲连变法，赵武灵王的胡服骑射。前一次隔靴搔痒，后一次偏重军事。

【答案】 D

三、秦汉时期

（一）秦

1. 统一六国

公元前230年至公元前221年，秦灭六国，建立起我国历史上第一个统一的中央集权的封建国家。采取巩固统一的措施有：建立专制统治，地方实行郡县制；统一货币、文字（小篆）和度量衡；加强思想控制，“焚书坑儒”；修筑长城；进军和开发岭南。

笔记栏

【典型例题 1】中国历史上，许多朝代都实行过变法，在下列变法人物中，主张“燔诗书而明法令”的是（　　）。

A. 管仲　　B. 商鞅　　C. 王安石　　D. 张居正

【解析】“燔诗书而明法令”就是：焚烧儒家的书籍，明确法令。商鞅变法时，放弃儒家的以仁治国的思想，采用法家思想，以严刑峻法管治国家，有功者重赏，有过者则重罚。

【答案】B

【典型例题 2】秦始皇灭六国后，统一了全国文字，这种汉字称作（　　）。

A. 隶书　　B. 小篆　　C. 楷书　　D. 行书

【解析】本题旨在考查考生对中国古代重要历史事件的了解。秦始皇统一六国后，推行书同文，以秦国大篆籀文为基础简化而成小篆，所以当时的汉字是小篆。

【答案】B

【典型真题 1】下列选项中，属于著名“铜车马”出土地点的一项是（　　）。

A. 开封　　B. 洛阳　　C. 西安　　D. 南京

【解析】本题旨在考查考生对中国古代历史文化的了解。秦始皇陵“铜车马”是秦始皇陵的大型陪葬铜车马模型，1980 年出土于中国陕西临潼（西安）秦始皇陵坟丘西侧。共两乘，一前一后排列。经复原，大小约为真人真马的二分之一。制作年代约在陵墓兴建时期，即公元前 221—前 210 年间。

【答案】C

【典型真题 2】秦始皇派遣主持修筑长城的将领是（　　）。

A. 白起　　B. 蒙恬　　C. 章邯　　D. 王翦

【解析】本题旨在考查考生对中国古代重要历史事件的了解。蒙恬是秦朝著名将领。秦统一六国后，蒙恬率三十万大军北击匈奴。收复河南地（今内蒙古河套南鄂尔多斯市一带），修筑西起陇西的临洮（今甘肃岷县），东至辽东（今辽宁境内）的万里长城，征战北疆十多年，威震匈奴。

【答案】B

2. 大泽乡起义

公元前 209 年秋，陈胜、吴广等 900 余名戍卒被征发前往渔阳戍边，途中在蕲县大泽乡为大雨所阻，不能如期到达目的地，情急之下，陈胜、吴广领导戍卒杀死押解戍卒的军官，发动兵变。起义军推举陈胜为将军，吴广为都尉。连克大泽乡和蕲县，并在陈县（今河南淮阳）建立张楚政权，各地纷纷响应。大泽乡起义揭开了秦末农民起义的序幕，是中国历史上第一次大规模的平民起义。

3. 楚汉争霸

公元前 206 年至公元前 202 年初，西楚霸王项羽、汉王刘邦两大集团为争夺政权而进行的一场

笔记栏

大规模战争。在这场角逐中，刘邦知人善任，因势利导，终于战胜了项羽，登上了西汉皇帝的宝座，建立了汉朝。

楚汉战争及前后时期诞生了许多著名的成语典故以及词语、地名，最著名的有指鹿为马（与赵高有关）、取而代之（与项羽有关）、破釜沉舟（与项羽有关）、约法三章（与刘邦有关）、明修栈道暗度陈仓（与韩信、刘邦有关）、背水一战（与韩信有关）、四面楚歌（与项羽有关）、一决雌雄（与项羽有关）、十面埋伏（与韩信有关）、江东父老（与项羽有关）、霸王别姬（与项羽有关）、多多益善（与韩信有关）、成也萧何败也萧何（与韩信有关）等，影响十分深远，至今仍被广泛使用。

【典型例题】下列成语，不是来源于项羽事迹的是（　　）。

A. 胯下受辱　　B. 无颜见江东父老　　C. 霸王别姬　　D. 破釜沉舟

【解析】本题旨在考查考生对一些与历史人物有关的成语典故出处的了解。胯下受辱的是韩信。这是历史素养考核中的一个高频考点。

【答案】A

（二）汉朝

汉朝（公元前 202—220 年），分为西汉和东汉，是继秦朝之后强盛的大一统帝国。汉朝文化统一，科技发达。西汉所尊崇的儒家文化成为当时和日后的中原王朝以及东亚地区的社会主流文化。华夏族在汉朝以后逐渐被称为“汉族”，华夏文字亦被定名为“汉字”，汉武帝废黜百家，独尊儒术，儒学成为中国几千年的统治思想，并且最早开始在京师长安设太学，开始儒学中的经学。汉明帝时期，佛教东渡首次来到中国，张道陵创立道教。东汉蔡伦改进了造纸术，成为中国四大发明之一，张衡发明了地动仪、浑天仪等。

1. 中央集权制度

汉武帝时期，采取措施全面加强中央集权制度：政治上，建立“中朝”制约“外朝”，设置“刺史”以监控地方，削夺诸侯权力，严刑峻法；经济上，把地方的铸币和盐铁经营权收归中央，统一铸五铢钱；思想上，采取董仲舒的建议，“罢黜百家，独尊儒术”，加强思想控制。

2. 张骞出使西域

汉武帝时期，张骞两次出使西域，汉朝和西域各国经济文化交流由此频繁，开辟了著名的“丝绸之路”。这条交通线横贯东西，从长安经河西走廊、新疆地区，经中亚、西亚，直到地中海国家。西域的核桃、葡萄、石榴、蚕豆、苜蓿等十几种植物，逐渐在中原栽培，龟兹的乐曲和胡琴等乐器，丰富了汉族人民的文化生活。“丝绸之路”把西汉同中亚许多国家联系起来，促进了它们之间的政治、经济和军事、文化交流。因开拓了“丝绸之路”，张骞被誉为“中国走向世界第一人”。

【典型例题】下列选项中，对“丝绸之路”有关知识的表述，不正确的是（　　）。

A. 货物中丝绸品影响最大　　B. 是商贸之路，也是文化交流之路

C. 从中国的长安一直到地中海国家　　D. 时间开始于我国的唐代

【解析】本题旨在考查考生对中国古代历史文化的了解。“丝绸之路”是西汉时，张骞出使西域开辟的。此题意在考查考生对开辟“丝绸之路”朝代、“丝绸之路”的线路及其作用的了解。

【答案】D

3. 昭君出塞

王昭君，名嫱，元帝时改称“明君”或“明妃”。公元前 33 年，匈奴呼韩邪单于向汉元帝请求和亲，王昭君深明大义，主动“请行”。昭君出塞六十年，“边成宴闭，牛马布野，三世无犬吠之警，黎庶无干戈之役。”昭君死后葬在匈奴人控制的大青山，匈奴人民为她修了坟墓，昭君墓即“青冢”。王昭君是古代著名的美女，人们多用“沉鱼落雁”来作为美女的代称，其中的“落雁”一词指的就是

王昭君。

【典型真题】下列人物中，被誉为“飞将军”的我国古代名将是(　　)。

A. 李广　　B. 周亚夫　　C. 霍去病　　D. 蒙恬

【解析】本题旨在考查考生对中国古代历史人物的了解。李广是西汉时期的名将，抗击匈奴战功卓越，使匈奴畏惧，因而被称为“飞将军”。周亚夫是汉文帝、汉景帝时期的著名将军，在七国之乱中，他统帅汉军，平定了叛军；李广、卫青、霍去病都是汉武帝时抗击匈奴的著名将领。

【答案】A

四、三国两晋和南北朝时期

公元220—265年，魏、蜀、吴三国鼎立。公元280年至316年是中国历史上短暂的大一统封建王朝——西晋。4世纪初到5世纪前期，北方进入十六国的长期战乱，南方则是偏安江东的东晋王朝。公元439年，北魏统一黄河流域，以后分裂为东魏和西魏，东魏又为北齐代替，西魏为北周所篡夺。北魏、东魏、西魏、北齐、北周总称为“北朝”。420年，刘宋取代东晋，此后历经宋、齐、梁、陈四个朝代，史称“南朝”。南朝和北朝合称为“南北朝”。

(一) 三国鼎立

公元220年，曹丕在洛阳称帝，国号魏；公元221年，刘备在成都称帝，国号汉，又称蜀汉；公元222年孙权在建邺(今南京)称帝，国号吴。魏、蜀、吴三国鼎立的局面形成。

1. 官渡之战

这是中国历史上著名的以弱胜强的战役之一。公元200年，曹操军与袁绍军相持于官渡(今河南中牟东北)，曹操奇袭袁军在乌巢的粮仓(今河南封丘西)，继而击溃袁军主力。此战奠定了曹操统一中国北方的基础。

2. 赤壁之战

这是中国历史上以少胜多的著名战役之一。公元208年，孙权、刘备联军在长江赤壁一带以火攻大破曹军，迫使曹操退回北方，奠定了三国鼎立的基础。

【典型例题】下列历史故事，与曹操有关的是(　　)。

A. 破釜沉舟　　B. 望梅止渴　　C. 三顾茅庐　　D. 草木皆兵

【解析】该成语源于南朝宋刘义庆《世说新语·假谲》：魏武行役，失汲道，军皆渴，乃令曰：“前有大梅林，饶子，甘酸，可以解渴。”士卒闻之，口皆出水。乘此得及前源。“魏武”即曹操。

【答案】B

【典型真题】下列选项中，与典故“士别三日，当刮目相待”有关的一项是(　　)。

A. 吕布　　B. 张飞　　C. 吕蒙　　D. 司马懿

【解析】此题意在考查考生对“士别三日，当刮目相待”这一成语典故的了解。“士别三日，当刮目相待”出自《三国志·吴志·吕蒙传》。三国时期，东吴能武不能文的武将吕蒙听了孙权的劝告后，发奋读书。一段时间后，都督鲁肃来视察吕蒙的防地。吕蒙就对设防刘备的事情讲得有条有理，还写份建议书给鲁肃，鲁肃很惊讶。吕蒙对鲁肃说道：“士别三日，当刮目相看。”

【答案】C

(二) 两晋

1. 八王之乱

八王之乱是西晋中后期，司马氏同姓王之间为争夺中央政权而爆发的混战，前后历时16年，为中国历史上空前的大内讧。引发了西晋亡国以及近300年的动乱，使之后的中国进入五胡十六国

笔记栏

时期。西晋皇族中参与这场动乱的王不止八个,但八王为主要参与者,故史称“八王之乱”。

2. 淝水之战

公元 383 年,东晋时期北方的统一政权前秦出兵伐晋,于淝水(现今安徽省寿县的东南方)交战,最终东晋仅以八万军力大胜八十余万前秦军。

淝水之战及前后时期也诞生了许多著名的成语典故。当苻坚决定南侵东晋时,遭朝中大臣劝谏,但苻坚却不屑地回应:“我坐拥百万大军,只要我一声令下,所有士兵把他们的鞭投入区区长江,足可使江水断流,长江天险还有什么好怕的?”后人以“投鞭断流”形容军队阵容鼎盛,或实力强大的机构人才辈出等。但是战争开始不久,前秦的先头部队就遭晋军偷袭,溃不成军。当苻坚得知晋军正向寿阳前进,便登上寿阳城头观察晋军动静。他看见对岸的晋兵训练有素,再望向北面的八公山,北风吹过,草木晃动,就像无数士兵在运动,大惊失色。秦军溃败后,一路上听到风吹过的声音及飞鹤的鸣叫,都以为是晋兵仍在后穷追不舍,更是胆战心惊。“草木皆兵”“风声鹤唳”由此得来。此外,还有与东晋名士谢安有关的“东山再起”“折屐齿”等成语和典故。

(三)南北朝

北魏孝文帝改革

为了革除鲜卑旧俗,吸收汉族的先进文化,巩固北魏的统治,孝文帝(公元 467— 499 年)进行了改革。改革的主要内容有:实行俸禄制,严惩贪污;颁布了均田令;迁都洛阳;革除鲜卑旧俗,接受汉族先进文化,如改官制、禁胡服、断北语、改复姓、定族姓等。这些改革,加速了当时北方各少数民族封建化的过程,促进了北方民族的大融合,使北魏政治、经济有了较大的发展。

五、隋唐时期

(一)隋朝

隋朝是中国历史上,上承南北朝、下启唐朝重要的朝代。公元 581 年北周静帝禅让给杨坚,即隋文帝,定国号为“隋”。隋文帝时期经济繁荣发展,史称“开皇之治”。隋炀帝统治残暴,导致农民起义爆发,公元 618 年隋朝灭亡。

1. 三省六部制

三省六部制是西汉以后长期发展形成,至隋朝正式确立,唐朝进一步完善的一种政治制度。三省指中书省、门下省、尚书省,六部指尚书省下属的吏部、户部、礼部、兵部、刑部、工部。三省六部主要掌管中央政令和政策的制定、审核与贯彻执行。

2. 科举制

隋统一后,加强中央集权,废除九品中正,开始采用分科考试的方式选拔官员。隋炀帝时,科举制度正式形成,唐宋进一步完备,明朝进入鼎盛时期,到清光绪三十一年(1905 年)举行最后一科进士考试为止,经历了 1300 年。

【典型例题】某官员出身寒微,通过科举考试走上仕途。下列选项中,该官员生活的朝代可能是(　　)。

A. 西汉　　B. 东汉　　C. 东晋　　D. 唐代

【解析】题干中某官员出身寒微,是通过科举考试走向仕途,而科举制度最早实行于隋唐时期,废除于清朝,因此,本题选择 D。

【答案】D

3. 开凿大运河

公元 605 年,隋炀帝下令开凿大运河。隋唐大运河以洛阳为中心,南起余杭(杭州),北至涿郡(北京),全长 2 700 公里,地跨北京、天津、河北、山东、河南、安徽、江苏、浙江 8 个省、直辖市,通达黄河、淮河、长江、钱塘江、海河五大水系，是中国古代南北交通的大动脉，在中国的历史上产生过巨大的作用，是中国古代劳动人民创造的一项伟大的水利建筑工程，也是世界上开凿最早、规模最大的运河。

2014年6月22日，中国大运河在第38届世界遗产大会上获准列入世界遗产名录。

（二）唐朝

唐朝是中国封建社会继隋朝之后的强盛的朝代，共历274年，20位皇帝。

公元618年李渊建立唐朝，定都长安（今西安）。公元627年，唐太宗李世民登基后开创了“贞观之治”，唐高宗以后，公元690年，武则天以周代唐，公元705年，神龙革命后恢复大唐国号。唐玄宗李隆基即位后，政治清明，经济发达，军事强大，四夷宾服，万邦来朝，开创了全盛的“开元盛世”。安史之乱后，国力日趋衰落。公元907年朱温篡唐，唐朝灭亡，从此中国进入五代十国时期。

1. 玄武门之变

公元626年7月2日，秦王李世民在唐王朝的首都长安城大内皇宫的北宫门——玄武门附近发动兵变。李世民杀死了自己的长兄皇太子李建成和四弟齐王李元吉，得立为新任皇太子，并继承皇帝位，是为唐太宗，年号贞观。

2. 贞观之治

唐太宗李世民即位后，广开言路，虚心纳谏，重用魏征等谏臣，并采取了以农为本、厉行节约、休养生息、文教复兴、完善科举制度等政策，使得社会出现了安定的局面。唐太宗在位（公元627—649年）期间的年号为“贞观”，故史称“贞观之治”。这是唐朝的第一个治世，同时为后来的开元盛世奠定了厚实的基础。

3. 开元盛世

唐玄宗开元年间，政治清明，励精图治，任用贤能，经济迅速发展，使得天下大治，唐朝进入全盛时期，并成为当时世界上最强盛的国家，史称“开元盛世”。

4. 安史之乱

安史之乱爆发于唐玄宗天宝年间，由安禄山与史思明发动，是一场同中央政权争夺统治权的战争。安史之乱从公元755年爆发，至公元763年平息，历时七年零二个月，由三代皇帝平定。安史之乱是唐朝由盛而衰的转折点，此后唐朝进入藩镇割据的局面。

5. 玄奘取经

唐太宗贞观三年（公元629年），青年和尚玄奘带领一个弟子离开京城长安，前往天竺（印度）取经。十几年后，历经磨难的玄奘回到了长安，带回经书600多部，为中国的佛教发展做出了贡献。《大唐西域记》十二卷，记述他西游亲身经历的110个国家及传闻的28个国家的山川、地邑、物产、习俗等。

（三）五代十国

五代十国这一称谓出自《新五代史》，是对五代与十国的合称，也指唐朝灭亡到宋朝建立之间的历史时期。公元907年唐朝灭亡后，位于中原地区的后梁、后唐、后晋、后汉与后周五个朝代依次更替。公元960年，赵匡胤篡后周建立北宋，五代结束。与五代同时，中原地区之外存在过十个割据政权，被《新五代史》及后世史学家合称十国。

六、宋元时期

（一）两宋时期

公元960年，后周政权的都点检赵匡胤在出兵北伐的途中，策划黄袍加身，逼后周末帝柴宗训退位，建立了宋朝，建都于汴梁（今河南开封）史称“北宋”，赵匡胤即“宋太祖”。靖康元年（1126

笔记栏

笔记栏

年）金军攻入国都开封，次年北宋灭亡。

南宋（1127—1279 年）是北宋灭亡后由宋室皇族在江南建立的政权。南宋虽偏安于淮水以南，但是中国历史上经济最发达，古代科技发展、对外贸易、对外开放程度较高的一个王朝。

两宋时期，太湖流域成为重要粮仓。棉纺织业崛起于南宋后期，北宋兴起的景德镇后来成为著名的瓷都。宋朝是造船水平最先进的国家，东京郊外建有最早的码头。随着商业的发展，宋代城市周围和农村的交通要道附近出现了大量的贸易集市。北宋前期四川地区出现了世界上最早的纸币"交子"。

1. 陈桥驿兵变

这是赵匡胤发动的取代后周、建立宋朝的兵变事件，此典故又称"黄袍加身"。公元 959 年，八岁的周恭帝柴宗训即位，殿前都点检、归德军节度使赵匡胤掌握了军权。公元 960 年正月初一，赵匡胤统率诸军北上御敌。周军行至陈桥驿，赵匡胤和赵普等密谋策划，发动兵变，众将以黄袍加在赵匡胤身上，拥立他为皇帝。随后，赵匡胤率军回师开封，胁迫周恭帝禅位。赵匡胤即位后，改国号为"宋"，仍定都开封。

【典型例题】下列成语中，源于赵匡胤陈桥事变故事的是（　　）。

A. 黄袍加身　　B. 祸起萧墙　　C. 破釜沉舟　　D. 闻鸡起舞

【解析】本题旨在考查考生对中国古代历史文化的了解。五代后周赵匡胤在陈桥兵变，诸将给赵匡胤披上黄袍，拥立为帝。"黄袍加身"指登上帝位。"祸起萧墙"出自《论语·季氏》，"破釜沉舟"出自《孙子兵法》，"闻鸡起舞"出自《晋书·祖逖传》。

【答案】A

2. 杯酒释兵权

宋朝初期，宋太祖赵匡胤为了加强中央集权，同时避免别的将领也"黄袍加身"，篡夺自己的政权，所以赵匡胤通过一次酒宴，在酒宴中发表意见，以威胁利诱的方式，要求高阶军官们交出兵权。"杯酒释兵权"成为一个成语，逐步引申为泛指轻而易举地解除将领的兵权。

3. 澶渊之盟

澶渊之盟是北宋与辽经过多次战争后所缔结的一次盟约。

1004 年，辽军大举南下，宋真宗想迁都南逃，因宰相寇准的劝阻，才勉强至澶州督战。宋军坚守辽军背后的城镇，又在澶州城下射杀辽将。辽害怕腹背受敌，提出和议。宋与辽订立和约，规定宋每年送给辽岁币银 10 万两、绢 20 万匹。因澶州在宋朝亦称澶渊郡，故史称"澶渊之盟"。

4. 靖康之变

靖康之变是指中国历史上的一次著名事件，因发生于北宋皇帝宋钦宗靖康（1126—1127 年）年间而得名。靖康二年四月金军攻破东京，烧杀抢掠，掳走了宋徽宗、宋钦宗父子，以及赵氏皇族、后宫妃嫔与贵卿、朝臣等共三千余人。靖康之变又称靖康之乱、靖康之难、靖康之祸、靖康耻，它导致北宋的灭亡，深深刺痛汉人的内心，南宋大将岳飞在《满江红》中提道："靖康耻，犹未雪，臣子恨，何时灭？"

（二）元朝

元朝（1271—1368 年），中国历史上第一个由少数民族建立的统一帝国，定都大都（北京市）。

1206 年，蒙古贵族召开大会，推举铁木真为大汗，尊称成吉思汗，蒙古国建立。1260 年，成吉思汗的孙子忽必烈即位大汗，1271 年忽必烈取《易经》"大哉乾元"之意，定国号为元，忽必烈是元世祖。1276 年攻占临安，南宋覆亡。1279 年消灭南宋残余势力，统一全国，结束了自五代以来的分裂局面。后期因统治腐败，民族矛盾过深，导致大规模的农民起义，1368 年朱元璋领导的农民军攻占南京，改国号为大明，正式称帝，随后明军北伐，占领元大都。

笔记栏

1. 行省制度

元政府为管理疆域，实行有效的统治，在地方设行中书省，简称“行省”或“省”，作为中央中书省的派出机构和地方最高行政机构，行省后来发展成为行政区的名称，初步奠定了明、清乃至今天省区的规模。行省制创立了一种以行省为枢纽，以中央集权为主，辅以部分地方分权的新体制。该体制有三个特点：行省性质具有两重性，既长期代表中央分驭各地，主要为中央收权，又替地方分留部分权力，所握权力大而不专。元行省制引起了13、14世纪中央与地方权力结构的较大变动，对元代社会和后来的明清、近代影响至深。

2. 对外交流

元大都是著名的国际商业大都市，泉州是当时世界第一大港。马可·波罗是元朝时来我国的著名人物。他的《马可·波罗游记》激起了欧洲人对东方的向往。

七、明清时期

（一）明朝

明朝（1368—1644年）是中国历史上最后一个由汉族建立的中原王朝。1368年明太祖朱元璋在南京应天府称帝，国号大明。1421年明成祖北迁，以顺天府（北京地区）为京师，恢复南京之名，作为留都。明朝前期国力强盛，开创了洪武之治、永乐盛世、仁宣之治和弘治中兴等盛世，国力达到全盛，疆域辽阔。中后期由于政治腐败和天灾导致国力下降，爆发农民起义。1644年，李自成攻入北京，崇祯帝朱由检于煤山自缢。

1. 君主专制的加强

明朝君主专制空前强化：中央废丞相，撤销中书省，六部直接对皇帝负责，军政由五军都督府和兵部共辖，司法、监察互相制约，地方废除行省，设三司直属中央各部；设锦衣卫和东西厂，实行严密的特务统治；设置了一套严密的户籍制度，实行连坐，加强对人民的控制；实行严格的八股取士，禁锢人民的思想。

2. 郑和下西洋

从1405年至1433年，明成祖派遣郑和前后七次航海，拜访了亚非30多个国家和地区，最远到达非洲东海岸和红海沿岸，创造了航海史上的壮举。

郑和下西洋是中国古代规模最大、船只最多（240多艘）、海员最多（2.7万多人）、时间最久的海上航行，比欧洲多个国家航海时间早几十年，是明朝强盛的直接体现。郑和的航行之举远远早于葡萄牙、西班牙等国的航海家，如麦哲伦、哥伦布、达·伽马等人，堪称是“大航海时代”的先驱。

3. 戚继光抗倭

明朝中叶，海防松弛，中国沿海地区倭寇长期为患。1555年，戚继光从山东调到浙江抗倭，他招募新军加以训练，组成戚家军。戚家军纪律严明，战斗力旺盛。戚继光注意到倭寇的倭刀、长枪、重矢等武器的特点，创造了新的阵法“鸳鸯阵”，使长短兵器相互配合，大大提高了战斗力，在抗倭战斗中，屡建奇功，使戚家军名闻天下。

4. 郑成功收复台湾

明朝末年，荷兰殖民主义者侵占中国台湾。明末清初，郑成功下决心赶走侵略军。1661年3月，郑成功亲率将士，成功击败荷兰殖民者。1662年，荷兰在投降书上签了字。至此，郑成功从荷兰侵略者手里收复了沦陷38年的中国领土台湾。这场战争开启了明郑政权对台湾的统治。

（二）清朝

清朝是中国历史上第二个由少数民族建立的统一政权，也是中国最后一个封建帝制政权。

1616年，建州女真部首领努尔哈赤建立后金。1636年，皇太极改国号为清。1644年明末农民将领李自成攻占北京，明朝覆亡。清军趁势入关，清世祖顺治帝定都北京。然后历经康、雍、乾三

朝，发展到顶峰。这一时期统一多民族国家得到巩固，基本上奠定了中国版图，同时君主专制发展到顶峰：军国大事全由皇帝裁决，地方军政首脑直接听命于皇帝；实行严酷的文字狱，推行文化专制政策，严重阻碍了中国社会的发展与进步。

第二节 中国近代史常识

中国近代史始自1840年鸦片战争爆发，止于1949年南京国民党政权覆亡，中华人民共和国成立，历经清王朝晚期、中华民国临时政府时期、北洋军阀时期和国民政府时期，是中国半殖民地半封建社会逐渐形成到瓦解的历史。

一、从鸦片战争到辛亥革命

1840年爆发了中英鸦片战争，中国遭列强入侵，主权严重丧失。第二次鸦片战争之后开始了近代化的探索，地主阶级进行了洋务运动。甲午战争之后民族危机进一步加深，以康有为、梁启超为首的维新派开始进行戊戌变法，但是变法失败。1900年夏天，八国联军为了镇压义和团运动，维护在华利益，侵略中国，中国彻底沦为半殖民地半封建社会。1911年，辛亥革命爆发，清朝统治瓦解，1912年2月12日，清帝被迫退位。从此结束了中国两千多年来的封建帝制。

1. 虎门销烟

英国资产阶级以鸦片作为侵略中国的手段。鸦片的泛滥给中国社会造成了严重的危害。道光皇帝派林则徐到广东查禁鸦片。1839年6月3日，林则徐下令在虎门海滩当众销毁鸦片，至6月25日结束，共历时23天，销毁鸦片19 187箱和2 119袋，总重量2 376 254斤。虎门销烟后来成为第一次鸦片战争的导火线。

2. 第一次鸦片战争

林则徐虎门销烟打击了外国侵略者的嚣张气焰，同时影响到了英国的利益。英国政府以保护通商为借口，于1840年发动了第一次鸦片战争，鸦片战争以中国战败而告终。1842年8月，清政府被迫同英国签订丧权辱国的《南京条约》，规定了割让香港、赔款、开放通商口岸、协定关税等条款。这是中国近代史上第一个不平等条约，它使中国领土完整和主权遭到破坏，中国的封建经济日益解体，开始走上半殖民地半封建社会的道路，是中国近代史的开端。

3. 第二次鸦片战争

1856年至1860年间，英法两国在俄美的支持下，联合发动了第二次鸦片战争。清政府先后被迫签订了《天津条约》和《北京条约》。沙俄趁机强迫清政府签订了《瑷珲条约》《北京条约》《中俄勘分西北界约记》，吞并中国领土140多万平方公里。

4. 火烧圆明园

1860年，英法联军攻占北京后，于10月6日占据圆明园。中国守军寡不敌众，英、法军队洗劫两天后，向城内开进。10月11日英军派出1 200余名骑兵和一个步兵团，再次洗劫圆明园，英国全权代表詹姆士·布鲁斯以清政府曾将巴夏礼等囚于圆明园并杀害21名使节为借口，将焚毁圆明园列入议和先决条件。10月18日，3 500名英军冲入圆明园，纵火焚烧圆明园，大火三日不灭，圆明园及附近的清漪园、静明园、静宜园、畅春园及海淀镇均被烧成一片废墟，安佑宫中，近300名太监、宫女、工匠葬身火海。法国作家维克多·雨果曾对此给予强烈谴责，称之为“两个强盗的胜利”。

5. 太平天国运动

1843年，洪秀全创立“拜上帝会”，秘密进行反清活动。1851年1月11日，洪秀全在广西桂平金田村武装起义，建号“太平天国”，起义军称太平军，于1853年3月攻克南京，宣布南京为天京，

正式建立了与清王朝对峙的农民政权。颁布了以土地分配制度为核心的纲领性文件《天朝田亩制度》。后来,太平天国运动由于起义领袖的内部分裂,为中外反动势力所联合绞杀。太平天国运动是我国近代史上一次伟大的反帝反封建的革命运动,揭开了民主革命的序幕。

6. 甲午战争

甲午战争为19世纪末日本侵略中国和朝鲜的战争。它以1894年7月25日丰岛海战的爆发为开端,至1895年4月17日《马关条约》签字结束。按中国干支纪年,战争爆发的1894年为甲午年,故称甲午战争。这场战争以中国战败,北洋水师全军覆没告终。中国清朝政府迫于日本军国主义的军事压力,签订了丧权辱国的不平等条约——《马关条约》。中国半殖民地半封建化程度进一步加深。

7. 义和团运动

义和团运动又称庚子事变、庚子国变、庚子拳乱,是公元1900年前后,中国甲午战败后,在西方列强对华渗透侵略日益加重,对清廷控制日益加深的情况下,在中国北方发生的以华北农民和部分清军为主体,以“扶清灭洋”为口号,针对在华西方人及华人基督徒的保国保种暴力运动。义和团运动阻止了各国帝国主义列强瓜分中国的野心,促进了中国广大人民群众的觉醒。

【典型真题】下列朝代中,“义和团”事件发生在(　　)。

A. 清代　　B. 元代　　C. 宋代　　D. 明代

【解析】本题旨在考查考生对中国近代重大历史事件的了解。义和团运动又称“庚子事变”,是19世纪末中国发生的一场反帝爱国运动。因清廷与外国联军的联合绞杀,义和团最后失败。

【答案】A

8. 洋务运动

清政府中以奕䜣、左宗棠、曾国藩、李鸿章等为代表的洋务派为挽救清王朝的封建统治,发动了以“中学为体,西学为用”为宗旨,以引进西方先进生产技术、军事装备和科学文化为主要内容的自救运动。19世纪60年代为“自强”阶段,重点兴办军事工业。19世纪70—90年代为“求富”阶段,重点兴办民用工业。由于洋务运动带有浓厚的封建性、买办性和垄断性,不能挽救清王朝,但在客观上对中国资本主义的产生发展有一定的刺激作用。

9. 戊戌变法

甲午战争后,由于民族危机的加深和民族资本主义的初步发展,维新思想迅速传播。以康有为、梁启超为代表的资产阶级维新派,在光绪皇帝的支持下,发动了一场旨在挽救民族危亡,发展民族资本主义的变法维新运动。1895年5月2日,康有为联络在北京应试的1 300多名举人上书光绪皇帝,即“公车上书”,揭开了变法维新运动的序幕,成为资产阶级改良主义思潮政治运动的起点。

在维新派推动下,1898年6月11日,光绪皇帝下诏变法,开始实行“新政”,建立地主资产阶级联合专政的君主立宪国家,即“百日维新”。9月21日,慈禧发动戊戌政变,变法维新失败。维新运动是以康有为等为代表的民族资产阶级维新派变法图存、富国求强的社会变革运动,是一次挽救民族危亡,维护独立主权的爱国政治运动,加速了清王朝的灭亡。

10. 八国联军侵华战争

1900年8月14日,英、法、德、美、日、俄、意、奥(指奥匈帝国)等国派遣的联合远征军,为镇压中国北方义和团运动而入侵中国。八国联军的行动,直接造成义和团的消灭,以及京津一带清军的溃败,迫使慈禧太后挟光绪帝逃往陕西西安;最终清廷与包含派兵八国在内的十一国签订《辛丑条约》。从此,帝国主义从政治、军事、经济等方面全面控制了清政府,清政府完全成了帝国主义统治

笔记栏

中国的工具。中国虽然形式上保持着独立,实际上已经成为典型的半殖民地半封建社会。

11. 辛亥革命

孙中山是中国资产阶级民主革命的先行者,1894 年 11 月,他率先组织了第一个资产阶级的革命团体兴中会。1895 年 2 月孙中山在香港成立兴中会总机关,在入会誓词上明确提出了"驱除鞑虏,恢复中华,创立合众政府"的革命主张。1905 年 7 月,孙中山在东京建立中国同盟会,确立同盟会的革命纲领是"驱除鞑虏,恢复中华,创立民国,平均地权",资产阶级领导的民主革命运动从此进入高潮。不久,孙中山又在《民报》发刊词中,把这个纲领归结为民族、民权、民生三大主义。这既是孙中山民主革命思想的集中概括,也是资产阶级革命的基本政治纲领。

【典型例题】一百多年前,孙中山提出的民族、民权、民生三大主义成为革命党人奋斗的纲领。以下论述能够体现民权主义思想的是(　　)。

A."驱逐鞑虏之后,光复我民族的国家"　　B."就算汉人为君主,也不能不革命"

C."改良社会经济组织,核定天下地价"　　D."涤二百六十年之腥膻,复四千年之祖国"

【解析】此题解题关键是要理解孙中山三民主义的各项含义,考查考生对三民主义的认识和掌握。A 项是三民主义中民族主义内容,C 项是民生主义内容,D 项仍然是民族主义,意思是推翻满洲贵族统治,而 B 项阐明必须废除君主,即废除以君主为代表的专制制度。

【答案】B

1911 年 10 月 10 日,武昌起义胜利,清政府瓦解,史称"辛亥革命"。1912 年元旦,孙中山在南京宣誓就任中华民国临时大总统,宣告中华民国成立,这是旧民主主义革命发展的最高峰。

袁世凯篡夺了革命果实,孙中山被迫辞去临时大总统职务,这标志着辛亥革命的失败。

辛亥革命结束了长达两千年的封建君主专制制度,使中国人民的反帝反封建斗争跨出了重大一步,沉重打击了帝国主义在中国的侵略势力,在一定程度上削弱了中外反动势力在中国的统治,为中国民族资产阶级的发展创造了有利条件,是中国历史上比较完全意义上的资产阶级民主革命。

【典型真题】下列选项中,一举推翻清王朝统治的历史事件是(　　)。

A. 金田起义　　B. 戊戌变法　　C. 辛亥革命　　D. 五四运动

【解析】本题旨在考查考生对中国近代重大历史事件的了解。孙中山于 1905 年 8 月在日本东京成立了中国同盟会,孙中山为总理。同盟会制定了"驱除鞑虏、恢复中华、建立民国、平均地权"的政治纲领。在同盟会的推动下,1911 年 10 月 10 日晚,湖北新军工程营的革命党人熊秉坤、金兆龙等打响了武昌起义的第一枪。汉口、汉阳的新军起义响应,革命在武汉三镇取得了胜利。1911 年是旧历辛亥年,历史上称这次革命为"辛亥革命"。1912 年元旦,孙中山在南京宣誓就职"中华民国"临时大总统,"中华民国"正式成立。2 月 12 日,清王室接受了清帝退位优待条件,宣布退位,统治中国 260 余年的清王朝寿终正寝。

【答案】C

12. 向西方学习的思潮

近代中国尖锐的民族矛盾和社会危机给思想领域带来深刻的影响,先进分子掀起了向西方学习的思潮。林则徐组织编译《四洲志》。魏源提出"师夷长技以制夷",是近代史上睁眼看世界的第一人,是洋务思潮和洋务运动的前驱。徐继畬编纂《瀛寰志略》,最先提出西方共和制符合中国"天下为公"的古道,最早提出实现中国近代化的经世主张。洪秀全吸收基督教的平等思想,为太平天国革命做了思想和组织准备。19 世纪 70 年代,早期改良思想家王韬、薛福成、郑观应等提出学习西方,实行政治经济改革,谋求国家独立富强,为维新变法奠定了思想基础。

二、从五四运动到中华人民共和国成立

（一）五四运动

1919 年 5 月 4 日，北京大学等 13 所大专院校的学生 3 000 多人集会并举行游行示威，提出“外争国权，内惩国贼”等口号，一致要求惩办曹汝霖、章宗祥、陆宗舆三个亲日派卖国贼，并拒绝在巴黎和会的“和约”上签字。学生的爱国行动遭到北洋军阀政府的镇压，却迅速得到全国各界的支持。五四运动取得了胜利。五四运动在中国近代史上具有划时代的重要意义，是中国新民主主义革命的开端。

（二）新文化运动

为反对思想文化领域的尊孔复古潮流，陈独秀、李大钊、鲁迅、胡适等一批资产阶级激进民主主义知识分子掀起了一个新文化思想启蒙运动。1915 年 9 月，陈独秀在上海创办《青年杂志》。《青年杂志》自 2 卷 1 号起改名为《新青年》。新文化运动的主要内容是提倡民主和科学，反对专制与迷信。

（三）南京国民政府及其体制

1927 年 4 月，以蒋介石为首的国民政府成立。几经周折，宁汉沪粤四方合流，于 1928 年成立了统一的南京国民政府。同年 10 月，根据《国民政府组织法》的规定，政府由行政、立法、司法、考试、监察五院组成。1949 年，南京国民政府被推翻。

（四）日本帝国主义的入侵

1931 年 9 月 18 日晚，日本挑起“九一八”事变，民族矛盾上升为主要矛盾。1936 年抗日民族统一战线形成。1937 年 7 月，日本帝国主义发动了卢沟桥事变，中国军队奋起抵抗，揭开全面抗战的序幕。1945 年 8 月 14 日，日本宣布无条件投降，9 月 2 日签订投降书。抗日战争胜利。

【典型真题】下列历史事件中，揭开中国全面抗战序幕的是（　　）。

A. “九一八”事变　　B. 卢沟桥事变　　C. 台儿庄战役　　D. 平型关战役

【解析】本题旨在考查考生对中国重大历史事件了解。1937 年 7 月 7 日爆发的“七七事变”，也叫卢沟桥事变，揭开了中国全面抗战的序幕。

【答案】B

（五）人民解放战争

为推翻国民党反动统治，中国共产党于 1945 年 8 月至 1949 年 10 月进行了人民解放战争，粉碎了国民党反动派的全面进攻和重点进攻，到 1948 年 8 月进入战争进攻阶段。解放军连续发动辽沈、淮海、平津三大战役，奠定了解放战争胜利的基础。

（六）中国人民政治协商会议第一届全体会议与《共同纲领》

1949 年 9 月，人民政协一届全会在北京召开，会议代行全国人民代表大会职能，一致通过了《中国人民政治协商会议共同纲领》（以下简称《共同纲领》），为中华人民共和国成立做了准备。《共同纲领》规定了中华人民共和国的性质和施政方针，起到了临时宪法的作用。选举毛泽东为中华人民共和国中央人民政府主席。大会确定五星红旗为新中国的国旗，以《义勇军进行曲》为代国歌，把北平改名为北京，作为中华人民共和国的首都，中华人民共和国采用公元纪年。

第三节　中国现代史常识

中国现代史是指 1949 年 10 月中华人民共和国成立至今的历史，故又称中华人民共和国史，分为新民主主义社会（从 1949 年 10 月新中国建立到 1956 年年底三大改造基本完成）与社会主义社

笔记栏

会(1956年年底至今)两大历史时期。

一、新民主主义社会(1949年10月—1956年年底)

这是由新民主主义社会向社会主义社会过渡或转变时期,包括中华人民共和国成立、巩固新政权、国民经济恢复、社会主义三大改造为中心内容。此时期的社会形态为新民主主义社会。

(一)抗美援朝

1950年10月至1953年夏,美国侵略朝鲜,严重威胁中国安全。为保家卫国,中国人民志愿军(司令员兼政治委员是彭德怀)开赴朝鲜,抗美援朝。1953年7月,在板门店,美国被迫在《朝鲜停战协定》上签字,抗美援朝战争胜利结束。抗美援朝战争粉碎了以美国为首的帝国主义国家的侵略野心,破除了美国不可战胜的神话,保卫了中朝两国的独立和安全,空前提高了我国的国际威望。

(二)土地改革运动

中华人民共和国成立后,按照《中国人民政治协商会议共同纲领》的规定,国家要"有步骤地将封建半封建的土地所有制改变为农民的土地所有制"。1950年颁布了《中华人民共和国土地改革法》,没收地主土地,分给缺地少地的贫雇农,废除地主阶级封建剥削的土地所有制,实行农民的土地所有制。1952年年底,除部分少数民族地区外,全国大陆基本完成土地改革。这是中国几千年来土地制度上一次最重大、最彻底、最大规模的改革,封建土地所有制从此被彻底消灭。

(三)第一部《中华人民共和国宪法》

1954年9月,第一届全国人民代表大会第一次会议制定了《中华人民共和国宪法》。宪法规定我国坚持人民民主专政,坚持社会主义道路,一切权力属于人民。这是中华人民共和国第一部宪法,也是我国有史以来真正反映人民利益的宪法,使我国民主和法制建设有了根本大法的保障。

二、社会主义社会(1956年年底至今)

分为三大时期:

(1)社会主义建设在探索中曲折前进的时期(1956年底—1966年5月),又称为开始全面建设社会主义时期,主题是探索中国式社会主义现代化道路。但由于主客观原因,呈现出曲折发展的阶段性特征。

①三大改造

三大改造,就是中华人民共和国建立后(自1953年起),由中国共产党领导的对农业、手工业和资本主义工商业三个行业的社会主义改造。1956年,三大改造取得决定性胜利,中国实现了把生产资料私有制转变为社会主义公有制的任务,从此进入社会主义初级阶段。

②"大跃进"和人民公社化运动

"大跃进"和人民公社化运动是1958年至1960年间,我国探索建设社会主义道路中的一次严重失误。它忽视了客观的经济发展规律,过分夸大了主观意志和主观努力的作用,使高指标、瞎指挥、浮夸风、"共产"风等错误大肆泛滥,工农业生产遭到极大破坏,国民经济比例严重失调,人民生活发生严重困难。

(2)"文化大革命"十年动乱时期(1966年5月—1976年10月)

"文化大革命",简称"文革",指1966年5月至1976年10月由领导者错误发动,被反革命集团利用,给党、国家和各族人民带来严重灾难的内乱。1965年11月10日,上海《文汇报》发表的姚文元的《评新编历史剧<海瑞罢官>》一文,是引发"文化大革命"的导火线。文章点名批判北京市副市长、明史专家吴晗,实际上涉及中央领导层在许多重大政策问题上的不同意见。"文革"时期现在被广泛认为是中华人民共和国建国至今最动荡不安的阶段,常常被称为"十年动乱"或

"十年浩劫"。

（3）社会主义现代化建设新时期（1978年至今）

新时期的基本内容及特征是建设有中国特色的社会主义。包括伟大的转折、改革开放、继续探索三大内容。十一届三中全会是伟大的转折，从根本上冲破了长期"左倾"错误的严重束缚，实现了全党工作重心的转折，标志中国历史进入社会主义现代化建设新时期。改革开放是新时期最鲜明的特点，继续探索是新时期保持常新的保证。

① 家庭联产承包责任制。20世纪80年代初期，我国农村推行的一项重要的改革——"包产到户（分田到户）"，后来被称为"家庭联产承包责任制"，俗称"大包干"。1978年安徽省凤阳县小岗村18位农民签下"生死状"，将村内土地分开承包，开创了家庭联产承包责任制的先河。这是农村土地制度的重要转折，也是现行中国大陆农村的一项基本经济制度。

② 香港、澳门回归。1997年7月1日，中华人民共和国恢复对香港行使主权；1999年12月20日，恢复对澳门行使主权。

③ 其他重大历史事件。2001年，中国正式加入世界贸易组织。2008年8月8日，第29届奥运会在北京举行；2010年，上海世博会成功举行；2012年11月，党的十八大胜利召开，习近平当选中共中央总书记；2013年3月，全国人大十二届一次会议开幕，习近平当选国家主席，张德江当选全国人大常委会委员长，李克强任国务院总理。

第四节　世界史常识

一、世界古代史

（一）四大文明古国

古埃及、古巴比伦、古印度、中国是世界四大文明古国。这四个古国被称为世界文明的摇篮，因为这四个国家最先由原始社会进入奴隶社会。

1. 古埃及

约从公元前3500年开始，在非洲的尼罗河两岸陆续出现了几十个奴隶制小国。公元前3000年左右，初步统一的古代埃及国家建立起来。古代埃及国王的陵墓金字塔是权力的象征，它们是古代埃及的文明标志之一，是人类文明的杰出成就。国王胡夫的金字塔最大，其中狮身人面像金字塔是国王哈佛拉的陵墓。埃及金字塔是世界七大奇迹之一。（七大奇迹分别是巴比伦空中花园、亚历山大港灯塔、爱琴海太阳神像、奥林匹亚宙斯神像、阿尔忒弥斯月神庙、摩索拉斯陵墓、埃及的金字塔。1978年希拉克访华评价西安秦陵兵马俑为"世界第八大奇迹"。）

此外，古埃及文明还表现在象形文字、十进位制的计算方法、制定世界上最早的太阳历等。

【典型真题】下列选项中，胡夫金字塔所在的国家是（　　）。

A. 伊朗　　B. 法国　　C. 埃及　　D. 德国

【解析】本题旨在考查考生对世界古代历史文化的了解。金字塔是古代埃及国王的陵墓，是古代埃及的文明标志之一。国王胡夫的金字塔最大。埃及金字塔是世界七大奇迹之一。

【答案】C

2. 古巴比伦

公元前18世纪，古巴比伦国王汉谟拉比统一了两河流域（今伊拉克一带），建立起中央集权的奴隶制国家，制定了一部维护奴隶主阶级利益的法典，《汉穆拉比法典》是世界现存古代第一部比

笔记栏

较完备的成文法典。"空中花园"是古巴比伦国的杰作。

巴比伦王国的文明还表现在楔形文字、用肉眼观测月食等。

3. 古印度

约公元前2500年,印度河流域开始出现奴隶制小国。中亚的雅利安人侵入印度后形成严格的等级制度,历史上称"种姓制度",分为四个等级:婆罗门、刹帝利、吠舍、首陀罗。古印度文明主要表现在创作了不朽的史诗《摩诃婆罗多》和《罗摩衍那》,还发明了世界通用的计数法,创造了包括"0"在内的10个数字符号。阿拉伯数字实际上起源于印度,后由阿拉伯人传向欧洲,之后再经欧洲人将其现代化。公元前6世纪,在古代印度还产生了佛教,后来先后传入中国、朝鲜、日本、泰国、缅甸等。

4. 中国

中国的文明集中表现在火药、指南针、印刷术和造纸术四大发明。

【典型真题】在中国古代四大发明向西方传播的过程中,贡献最大的是(　　)。

A. 意大利的传教士　　B. 中国的航海家

C. 日本的遣唐使　　D. 阿拉伯商人

【解析】本题旨在考查考生对中国古代历史文化的了解。由于阿拉伯位于中东地区,连接欧亚,这是其地理优势。同时,阿拉伯人素来以善于经商闻名,来往于中国和西方,把指南针和火药带到了欧洲。

【答案】D

(二)古希腊文明

公元前5、6世纪,特别是希波战争以后,古希腊经济生活高度繁荣,产生了光辉灿烂的希腊文化,对后世有深远的影响。在古希腊许多奴隶制城邦国家中,斯巴达和雅典最强大,也最有名。

1.《荷马史诗》

这是古希腊著名的英雄史诗。相传,它是在民间口头创作的基础上,由盲诗人荷马加工整理而成的,包括《伊利亚特》和《奥德赛》。

2. 斯巴达国家

斯巴达的居民分为三个阶层,国家机构由国王、长老会议、公民大会和监察官会议组成;经济上以农业为主,工商业极不发达;军事上实行严格的军事制度和教育制度,全民皆兵,忽视文化建设。为保卫政权的稳定,斯巴达教育具有浓厚的军事色彩。其教育目的是为了把奴隶主贵族子弟培养、训练成为体格强壮,受过严酷军事体育锻炼的武士。斯巴达把教育看成是国家的事情,教育全部由国家组织、管理和控制。儿童属国家所有,7岁前由父母代替国家抚养。从7岁起被送入国家的教育机构,直到18岁,接受严酷的军事训练和道德灌输,使他们养成健康的体魄、顽强的意志,以及勇敢、顺从、爱国等品质。

3. 雅典国家

雅典的手工业和商业比较发达,实行的是奴隶主民主共和政体。雅典的教育目的不仅是要把奴隶主贵族子弟训练成身强力壮的武士,还希望他们成为有一定文化知识的商人和能言善辩的社会活动家和政治家。因此,雅典的教育除重视体育、军事训练和道德教育之外,还注意到智育、美育和谐发展。雅典和斯巴达的教育各依其不同特点影响了以后西方教育的发展。

4. 古希腊哲学

苏格拉底是一位雅典哲学家。他认为,有思想力的人是万物的尺度;提倡知德合一,认为善是人的内在灵魂,美德即知识,教育与美德同样重要。苏格拉底使古希腊哲学从单纯研究自然转向研究人类本身,使哲学真正成为一门研究"人"的学问。他采用的"诘问式"教育方法("助产术")对

西方的思维方式有极为重要的贡献。

柏拉图，古希腊哲学家，受教于苏格拉底，并教导了亚里士多德。提出了“理想国”的学说。他鼓励人们独立思考，为理性主义的发展奠定了基础。

亚里士多德，与柏拉图一起，被称为对西方思维方式产生重要影响力的两人之一。他强调在整个自然界中，人类是最高级的。他还创建了逻辑学。其名言有“吾爱吾师，吾尤爱真理”。

毕达哥拉斯，古希腊数学家、哲学家，毕达哥拉斯定律即勾股定律。

阿基米德，古希腊哲学家、数学家、物理学家。其名言有“给我一个支点，我将撬动地球”。

5. 古希腊戏剧

诗化的语言，传奇的故事使古希腊戏剧具有无穷的魅力。它强大的生命力和深邃丰富的哲理，至今带给人们启迪。公元前 5 世纪，古希腊戏剧的发展达到了顶峰，诞生了埃斯库罗斯、索福克勒斯和欧里庇德斯三位伟大的悲剧作家，他们的经典之作至今仍经久不衰。

阿里斯托芬，古希腊早期喜剧代表作家，恩格斯曾经称阿里斯托芬为“喜剧之父”和“有强烈倾向的诗人”。

（三）罗马帝国的兴亡

公元前 27 年，罗马帝国建立。罗马帝国和中国的秦朝与西汉一样是强大的帝国。后来罗马帝国分裂为西罗马帝国和东罗马帝国。476 年，西罗马帝国的灭亡标志着西欧奴隶社会的结束；1453 年，东罗马帝国被奥斯曼帝国所灭。

斯巴达克起义（公元前 73—前 71 年），是在斯巴达克领导下，罗马共和国爆发的一次最大的奴隶起义。这次起义是古罗马最大的一次起义，也是古代社会大规模奴隶反抗事件，在世界历史上具有重要意义。

【典型例题】公元 395 年，罗马帝国分裂为东、西两部分，其中东罗马帝国地处亚、非、欧交界处，延续了千年之久。东罗马帝国的首都是(　　)。

A. 罗马　　B. 安条克

C. 大马士革　　D. 君士坦丁堡

【解析】公元 395 年，罗马皇帝狄奥多西临终时，将帝国分成东西两部分，至此，罗马帝国分裂为东西两个帝国。东罗马帝国因其首都旧名为拜占庭，故称拜占庭帝国。东罗马帝国的首都君士坦丁堡就是今天土耳其的伊斯坦布尔，故选 D。

【答案】D

（四）基督教

基督教与伊斯兰教、佛教并称世界三大宗教。1 世纪，基督教产生于巴勒斯坦一带。传道者宣传说耶稣为“救世主”，现在通用的公元纪年，就是以传说中的“耶稣出生”之年算起，这一年就是公元元年。12 月 25 日为“圣诞节”。他们的经典是《圣经》。11 世纪，基督教分为天主教和东正教，分别以罗马和君士坦丁堡为中心。

（五）伊斯兰教

7 世纪，穆罕默德在阿拉伯半岛的麦加创立了伊斯兰教。他们信奉唯一真神“真主安拉”，伊斯兰教的信徒为“穆斯林”，经典是《古兰经》，有开斋节和宰牲节。伊斯兰教三大圣地：麦加、麦地那、耶路撒冷。

（六）玛雅文明

玛雅文明，约形成于公元前 1500 年，是美洲古代印第安文明的杰出代表，分布于现今中美洲的墨西哥东南部、危地马拉、洪都拉斯、萨尔瓦多和伯利兹等国。玛雅文明是拉丁美洲古代印第安人文明，以印第安玛雅人而得名，在天文学、数学、农业、艺术及文字等方面有极高成就。

笔记栏

二、世界近代史

（一）新航路开辟

从15世纪到17世纪，欧洲的船队出现在世界各处的海洋上，寻找着新的贸易路线和贸易伙伴，涌现了许多著名的航海家，有哥伦布、达·伽马、迪亚士、麦哲伦等。1488年，迪亚士发现非洲好望角；1492年，哥伦布抵达美洲，发现新大陆；1498年，达·伽马到达印度卡利卡特，开辟了印度航路。1519—1522年，麦哲伦沿着哥伦布开辟的航路，绕过美洲南端的海峡，横渡太平洋，完成了环球航行。

（二）欧洲文艺复兴

1. 欧洲文艺复兴“三杰”

15世纪至16世纪，著名艺术家达·芬奇、米开朗琪罗、拉斐尔的绘画及雕塑艺术达到了极高成就，被后世誉为意大利文艺复兴时期的“三杰”。他们的辉煌成就，不仅对欧洲而且对全世界后来艺术的发展都产生了深远的影响。“三杰”作品至今为世人推崇乐道。

【典型真题】被誉为意大利文艺复兴“三杰”的是（　　）。

A. 达·芬奇、米开朗琪罗、拉斐尔　　B. 达·芬奇、泰戈尔、拉斐尔

C. 莎士比亚、达·芬奇、但丁　　D. 米开朗琪罗、拉斐尔、托尔斯泰

【解析】本题旨在考查考生对外国近代历史文化的了解。意大利文艺复兴时期，艺术成就最高的“三杰”分别为：达·芬奇、拉斐尔、米开朗琪罗。

【答案】A

2. 文艺复兴时期的作家及代表作品

意大利诗人但丁创作的长诗《神曲》，率先对教会提出批评，体现了文艺复兴运动是人类历史上第一次伟大的思想解放运动。因此被恩格斯誉为“旧时代的最后一位诗人，同时又是新时代的最初一位诗人”；15—16世纪，文艺复兴向西欧扩展时的英国文学巨匠是莎士比亚，代表作有《哈姆雷特》《奥赛罗》《李尔王》《麦克白》《威尼斯商人》《罗密欧与朱丽叶》等；意大利薄伽丘的代表作小说《十日谈》；西班牙塞万提斯的代表作是长篇小说《堂吉诃德》。

（三）英国革命

英王查理一世于1640年冬召开议会，企图通过征收新税以讨伐苏格兰起义，遭到议会反对，议会反而要求限制王权，标志着英国资产阶级革命的开始。1642年，查理一世挑起内战，清教徒克伦威尔率议会军打败王党，成立共和国。1688年，辉格党人联合一部分托利党人发动政变，赶走詹姆士二世，邀请信奉新教的荷兰执政，威廉和玛丽共同入主英国，史称“光荣革命”。1689年，威廉三世和玛丽共同继位，标志着英国资产阶级革命的完成。

（四）美国独立

1773年，以“波士顿倾茶事件”为导火索，1775年春，英军与北美民兵在莱克星顿交火，北美独立战争开始。1776年7月4日，大陆会议通过《独立宣言》，英属北美殖民地正式宣告独立。1777年，美国取得萨拉托加大捷，1781年英军投降，1783年英国承认美国独立。

（五）法国大革命

1789年5月，法王路易十六召开三级会议，第三等级要求制定宪法，限制王权，实行改革。路易十六调集军队准备镇压，激起了巴黎人民武装起义。同年7月14日，革命群众攻占巴士底狱，法国大革命爆发，制宪会议颁布《人权宣言》。1792年，推翻君主制，建立吉伦特派当权的法兰西第一共和国。1793年5月至6月，实行雅各宾派的革命专政。1794年热月政变发生，大革命中断。法国大革命的彻底性为此后革命树立了榜样。

（六）第一次工业革命

第一次工业革命是从机器的发明和使用开始的，它使大机器生产代替了工场手工业。1765年，哈格里夫斯的珍妮纺纱机是最早的机器，因此英国工业革命开始的时间为18世纪60年代。1785年，瓦特改良蒸汽机是这次工业革命的重要标志，它使整个社会生产面貌有了划时代的变化，它把人们带入了“蒸汽时代”。

【典型例题】下列选项中，18世纪英国工业革命的标志是（　　）。

A. 电话机的发明和利用　　B. 蒸汽机的发明和利用

C. 留声机的发明和利用　　D. 计算机的发明和利用

【解析】本题旨在考查考生对世界历史重大事件的了解。18世纪英国工业革命的标志是蒸汽机的发明和利用。

【答案】B

（七）美国南北战争

南北战争是美国历史上唯一一次内战。1861年，主张废除奴隶制的林肯就任美国总统，激发了南部种植园奴隶主的不满，发动了南方叛乱，美国南北战争爆发。战争初期，北方军事上一再失利。1862年，林肯颁布了《宅地法》和《解放黑人奴隶宣言》，满足了人民对土地的要求，调动了黑人奴隶的革命热情，他们踊跃参军，使战争形势有利于北方。1865年北方获得胜利，维护了国家的统一。南北战争是美国历史上的重要节点，它使美国由松散的邦联彻底转变为团结的合众国。它维护了国家统一，废除了奴隶制度，对日后美国民间社会及文化产生了巨大、深刻的影响。

（八）日本明治维新

19世纪中叶，一向奉行“锁国政策”的日本，遭到美、英、法、俄等国的侵略，面临着严重的民族危机。日本人民仇视外国侵略者，更痛恨和侵略者相勾结的幕府。农民和市民纷纷起义，开展“倒幕”运动。倒幕派取得胜利后，建立起以明治天皇为首的日本新政府。明治天皇废藩置县，建立起一个统一的中央集权的国家，为发展资本主义扫除了障碍。自此以后，由明治天皇主政，进行了一系列改革，使日本走上了发展资本主义的道路。这在日本历史上称作“明治维新”。

（九）巴黎公社

1871年春，法国工人阶级推翻梯也尔反动政府，成立了无产阶级政权——巴黎公社。在政权建设方面，规定公职人员由民主选举产生，人民有权监督和罢免。在经济方面，没收逃亡资本家的工厂，交给工人合作社管理等。1871年5月底，巴黎公社失败。巴黎公社是推翻资产阶级统治，建立无产阶级专政的第一次尝试，证明了科学社会主义理论的正确性。

三、世界现代史

（一）第一次世界大战

1914年6月，奥匈帝国皇储在萨拉热窝被刺，成为第一次世界大战的导火索。第一次世界大战以同盟国的投降而告终。战争削弱了帝国主义的力量，导致了俄国十月社会主义革命的胜利。

（二）十月革命

1917年11月7日，以列宁为首的布尔什维克党领导工人阶级和革命士兵，举行武装起义，推翻俄国资产阶级临时政府，成立了世界上第一个工兵代表苏维埃政府。十月革命建立了世界上第一个无产阶级专政的社会主义国家。

（三）罗斯福新政

1933年，为摆脱经济危机，实现经济复兴，罗斯福采用国家干预经济生活的方法，史称“罗斯福新政”。主要内容有：整顿财政金融体系；对工业加强计划指导；调整农业政策；积极推行“以工代

账”。其特点是政府出面对各种矛盾进行调节，尽量避免国有化的形式而保持资本主义的“自由企业制度”，必要时给予工人和小生产者一些让步和照顾，以缓和阶级矛盾。

（四）第二次世界大战

1939年9月，德军突袭波兰，大战全面爆发。1940年秋，德、意、日组成法西斯集团。德国进攻苏联，日本发动太平洋战争，使“二战”达到最大规模。1942年初，中、美、英、苏等26个国家的代表签署《联合国家宣言》，组成世界反法西斯同盟。1943年春，斯大林格勒战役扭转了“二战”的局势。1943年9月，意大利投降，法西斯轴心国开始瓦解。1945年5月8日，德国宣告无条件投降。1945年8月15日，日本宣布无条件投降。至此，第二次世界大战结束。战争进一步削弱了帝国主义，导致欧亚社会主义阵营的形成，产生了一大批民族独立国家。

1. 偷袭珍珠港

1941年12月7日清晨，日本海军突然袭击美国海军太平洋舰队在夏威夷基地珍珠港，太平洋战争由此爆发。这次袭击最终将美国卷入第二次世界大战，它是继19世纪中叶墨西哥战争后第一次另一个国家对美国领土的攻击。这个事件也被称为珍珠港事件或奇袭珍珠港。

2. 斯大林格勒会战

1942年6月28日至1943年2月2日，纳粹德国为争夺苏联南部城市斯大林格勒（现名“伏尔加格勒”）而进行的战役。单从伤亡数字来看，该战役是近代历史上最为血腥的战役。斯大林格勒会战不仅是第二次世界大战东部战线的转折点，而且是世界反法西斯战争大转折的标志性事件。

3. 诺曼底登陆

诺曼底登陆是第二次世界大战中盟军在欧洲西线战场发起的一场大规模攻势，战役发生在1944年6月6日。这场战役在8月19日盟军渡过塞纳－马恩省河后结束。诺曼底战役是目前为止世界上最大的一次海上登陆作战，接近三百万士兵渡过英吉利海峡前往法国诺曼底。诺曼底登陆成功，美英军队重返欧洲大陆，使第二次世界大战的战略态势发生了根本性变化。

4. 雅尔塔会议

1945年2月4日—11日，美、英、苏三国首脑罗斯福、丘吉尔、斯大林在苏联克里米亚半岛雅尔塔举行会议。雅尔塔会议对于缓和反法西斯盟国之间的矛盾、加强反法西斯统一战线、协调对德日法西斯的作战行动，加速世界反法西斯战争胜利进程以及在二战后惩处战争罪犯，消除纳粹主义和军国主义势力影响等起了重要作用，对战后世界格局的形成产生了深远影响。

5. 波茨坦会议

1945年5月德国无条件投降，欧洲反法西斯战争胜利结束，但在远东对日作战还在激烈进行。为了商讨对德国的处置问题和解决战后欧洲问题的安排，以及争取苏联尽早对日作战。1945年7月17日到8月2日，美、英、苏三国首脑杜鲁门、丘吉尔和斯大林在柏林近郊的波茨坦举行代号为“公共交通起讫点”的战时第三次会晤，史称“波茨坦会议”或“柏林会议”。

（五）联合国的建立

联合国是第二次世界大战后成立的国际组织，是一个由主权国家组成的国际组织。1945年10月24日，在美国旧金山签订生效的《联合国宪章》，标志着联合国正式成立。联合国致力于促进各国在国际法、国际安全、经济发展、社会进步、人权及实现世界和平方面的合作。联合国现在共有193个成员国，总部设立在美国纽约。

1. 常任理事国

联合国的五大常任理事国有：中华人民共和国、美利坚合众国、俄罗斯联邦、大不列颠及北爱尔兰联合王国和法兰西第五共和国。

2. 工作语言

联合国共有六种工作语言，分别为阿拉伯语、汉语（普通话、简体中文）、英语、法语、俄语和西班牙语。

3. 会徽

联合国的会徽是一个从北极看去的世界地图，周围由一个橄榄枝圆环围绕着的图案。

【典型例题】联合国大会的会徽是（　　）。

A.　　B.　　C.　　D.

【解析】1946年，第一届联合国大会通过了联合国会徽。徽底为蓝色，图案为白色。它的图案是一幅从北极看去的世界地图，地图上标有陆地和海洋、经线和纬线。地图底部和左右两侧为橄榄枝环。世界地图象征着整个世界，橄榄枝象征着环绕世界的和平，体现着联合国的宗旨。

【答案】A

（六）万隆会议

1955年在印尼万隆召开了第一次亚非会议，周恩来为加强亚非团结，倡导和平共处，提出“求同存异”“一致对敌”的主张，得到与会各国的热烈反响。会议闭幕时，周恩来发表了《亚非会议最后公报》，提出指导国际关系的十项原则，其核心内容是一年前由中国和印度首先倡导的“互相尊重主权和领土完整、互不侵犯、互不干涉内政、平等互利、和平共处”五项原则。

【典型例题】中印等国倡导的“和平共处五项原则”得到了国际社会认可的会议是（　　）。

A. 雅尔塔会议　B. 开罗会议　C. 波茨坦会议　D. 万隆会议

【解析】1955年在印尼万隆召开了第一次亚非会议，周恩来发表了《亚非会议最后公报》，提出指导国际关系的十项原则，其核心内容是一年前由中国和印度首先倡导的“互相尊重主权和领土完整、互不侵犯、互不干涉内政、平等互利、和平共处”五项原则。

【答案】D

（七）不结盟运动

20世纪50年代末和60年代初，赢得民族独立的亚非国家，希望在两极化的国际格局中保持和平中立，采取不结盟的外交政策。1961年召开第一次不结盟国家和政府首脑会议。不结盟运动正式诞生，它的兴起标志着第三世界的崛起和作为一支独立政治力量登上国际政治舞台。

（八）苏联解体和东欧剧变

戈尔巴乔夫当选为苏共中央总书记后，经济改革寸步难行，政治改革激化了苏共党内斗争，造成了社会的不安定。矛盾的尖锐化导致了1991年“八一九”事变，改变了苏联国内政治力量的对比。苏共被排挤出政权，国家政权发生了根本的变化。各加盟共和国分离势力急剧增长，纷纷宣布独立。12月8日，俄罗斯、乌克兰、白俄罗斯三国领导人在明斯克签署协定，宣布成立独立国家联合政体。独联体随后又扩大到苏联绝大部分加盟共和国。

自1989年起，东欧局势发生剧烈的动荡。随着内部矛盾的激化，在西方国家的积极策动和戈尔巴乔夫的纵容下，反共势力急剧膨胀，东欧各国的共产党和工人党在短时间内纷纷丧失政权，社会制度发生了根本性变化。

笔记栏

第二章 科学素养

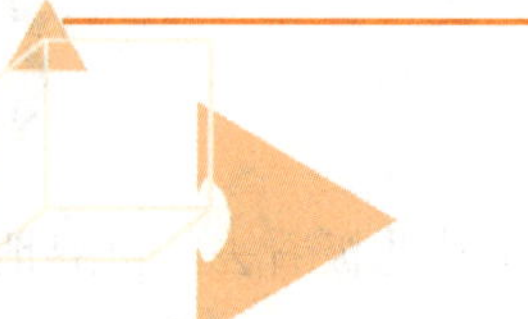

知识体系及思维脉络图

笔记栏

- 科学素养
  - 中国科技发展史
    - 中国古代的科技成就
    - 中国近现代科技发展成就
  - 外国科技发展史
    - 外国古代科技成就
    - 外国近现代科技成就
  - 科学常识
    - 高新科技知识
    - 自然科学知识
    - 生活常识

核心考点及学习提示

【核心考点】

1. 了解中外科技发展史上的代表人物及其主要成就；
2. 了解一定的科学常识，熟悉常见的科普读物。

【学习提示】

科学素养是综合素质必考的内容之一，难度不大，以识记为主。从 2011 年下半年至今，每年的考题中都有 2~3 题是考查未来教师的科学素养，主要涉及中外科技发展史上著名的科学家、重大的科学发现、科学常识以及工业革命。从历年的考试真题看，本章内容考查的题型都是单项选择题，考试内容以中外科技发展史上的代表人物及其主要成就为主，也涉及自然科学、生活常识以及高新技术相关知识。其中，中国科技发展史上的代表人物及其主要成就是高频考点，外国科技发展史上的代表人物及其主要成就也是重要考点。考生在复习备考本章内容时，对中外科技发展史上的代表人物及其主要成就，可以按照历史发展的脉络，分门别类进行识记；对科学常识要关注最新科学技术、当下热点和长效热点，挖掘其反映的科学常识，例如基因、纳米、航天工程等，还要注意了解与日常生活密切相关的科学知识。

第一节 中国科技发展史

一、中国古代的科技成就

（一）四大发明

中国古代对世界具有很大影响的四种发明——指南针、造纸术、火药、活字印刷术。这四种发明对中国古代的政治、经济、文化的发展产生了巨大的推动作用，且这些发明经由各种途径传至西方，对世界文明发展史也产生了很大的影响。“四大发明”的说法最早由英国汉学家李约瑟提出并为后来许多中国的历史学家所继承。

笔记栏

1. 指南针

指南针是用以判别方位的一种简单仪器。主要组成部分是一根装在轴上可以自由转动的磁针(俗称吸铁石)。磁针在地磁场作用下能保持在磁子午线的切线方向上。磁针的北极指向地理的南极。战国时期,人们利用磁石指示南北的特性制成了指南工具——司南,这是最早的指南针。此后又出现了指南车、指南鱼。北宋时发明了使用人工磁体的指南针,并大量应用于航海。13 世纪初传到欧洲。

【典型例题】司南是哪个朝代发明的(　　)。

A. 南朝　　B. 战国　　C. 宋朝　　D. 清朝

【解析】本题旨在考查考生对中国古代重要科技成就的了解。“司”是“指”的意思。传统观点认为,司南是我国战国时代发明的一种最早的指示南北方向的指南器。

【答案】B

2. 造纸术

西汉先后出现絮纸和麻纤维纸。甘肃天水放马滩出土的绘有地图的纸,是目前世界上所知最早的纸。东汉蔡伦用树皮、破渔网、破布、麻头等作为原料,制造成了适合书写的植物纤维纸,改进了造纸术,才使纸成为人们普遍使用的书写材料,被称为“蔡侯纸”,对世界造纸业的发展及人类文化的传播具有深远影响,其基本工艺一直沿用至今。造纸术在 7 世纪经朝鲜传到日本。8 世纪中叶传到阿拉伯联合酋长国。到 12 世纪,欧洲才仿效中国的方法开始设厂造纸。

3. 火药

火药是中国汉族炼丹家发明于隋唐时期,距今已有一千多年了。唐朝末年,火药试用于军事,火箭是最早利用火药的武器。宋朝,人们将火药装填在竹筒里,火药背后扎有细小的“定向棒”,点燃火管上的火硝,引起筒里的火药迅速燃烧,产生向前的推力,使之飞向敌阵爆炸,这就是当时已大规模使用的火药武器——火箭。恩格斯高度评价了中国在火药发明中的首创作用。火药和火药武器在 13 世纪传入阿拉伯,后来又由阿拉伯传入欧洲。

4. 活字印刷术

它开始于隋朝的雕版印刷,经宋仁宗时的毕昇发展、完善,产生活字印刷,并由蒙古人传至欧洲,所以后人称毕昇为印刷术的始祖。沈括曾在《梦溪笔谈》中有一篇文章叫《活板》,其中详细介绍了活板印刷术的全过程,通俗易懂,非常详细。

【典型例题】关于四大发明,下列说法不正确的是(　　)。

A. 四大发明是指中国古代对世界具有很大影响的四种发明,包括造纸术、指南针、火药、活字印刷术

B.“四大发明”这种说法最早见于宋应星的《天工开物》

C. 指南针是用以判别方位的一种简单仪器,前身是司南。磁针的北极指向地理的南极

D. 火药发明于隋唐时期,是从中国经过印度传给阿拉伯人,又由阿拉伯人和火药武器一道经过西班牙传入欧洲

【解析】本题旨在考查考生对中国古代重要科技成就的了解。“四大发明”这种说法最早由英国汉学家李约瑟提出,并为后来许多中国的历史学家所继承。

【答案】B

(二) 天文历法

(1) 夏朝开始有了历法;商朝时,有了世界上最早的日、月食记录。

(2) 公元前 613 年,《春秋》记载“有星孛入于北斗”,即指哈雷彗星。这是世界上公认的首

笔记栏

次哈雷彗星的确切记录，这一记录比欧洲早六百多年。

（3）战国时期，出现了世界上最早的天文学著作《甘石星经》。书中的《石氏星表》测定了120多个恒星的位置，是世界上最早的星表。

（4）汉武帝时，天文学家制订出中国第一部较完整的历书“太初历”，开始以正月为岁首。公元前28年，西汉关于太阳黑子的记录是世界上最早的太阳黑子记录。

（5）东汉时，张衡从日、月、地球所处的不同位置，对月食作了最早的科学解释。张衡发明制作的地动仪，可以遥测千里以外地震发生的方向，比欧洲早1700多年。

【典型真题】历法是推算年、月、日的时间长度和它们之间的关系，制定时间序列的法则。我国最早制定历法的朝代是（　　）。

A. 夏朝　　　　B. 商朝

C. 西周　　　　D. 西汉

【解析】夏朝的历法是我国最早的历法。当时已能依据北斗星旋转斗柄所指的方位来确定月份，夏代末期的帝王有孔甲、胤甲、履癸（桀）等，都用天干为名，说明当时用天干作为序数已较普遍。商朝历法在夏历基础上把我国最早实行的阴阳合历逐步调整，使其趋于完备。

【答案】A

（6）唐朝僧一行制定的《大衍历》比较准确地反映了太阳运行的规律，系统周密，表明中国古代历法体系的成熟。僧一行还是世界上首位用科学方法实测地球子午线长度的人。

（7）元朝郭守敬主持编定《授时历》，一年的周期与现行公历基本相同，但问世比现行公历早300年。

【典型例题】我国历史上，创造改进简仪、仰仪、高表等仪器，编写《授时历》，把一回归年精确到365.242 5天的数学家、天文学家是（　　）。

A. 张衡　　　　B. 祖冲之

C. 郭守敬　　　　D. 徐光启

【解析】本题旨在考查考生对中国古代重要科技成就的了解。《授时历》是元朝天文学家郭守敬修订而成的。

【答案】C

（三）数学成就

（1）《九章算术》约成书于东汉，分九章介绍了许多算术命题及其解法，是当时世界上最先进的应用数学，它的出现标志中国古代数学形成了完整的体系。

（2）南朝祖冲之精确地计算出圆周率是在3.141 592 6~3.141 592 7之间，这一成果比欧洲早近一千年。他的专著《缀术》对数学发展有杰出的贡献。

（3）“算经十书”：在中国古代算书中，《周髀算经》《九章算术》《孙子算经》《五曹算经》《夏侯阳算经》《张丘建算经》《海岛算经》《五经算术》《缀术》《缉古算经》被称为“算经十书”。

（4）《周髀算经》，被人们认为是流传下来的中国最古老的既谈天体又谈数学的天文历算著作，成书于公元前2世纪左右，所记载的周公与商高问答的事是在公元前11世纪左右，其中提到的大禹治水时所应用的数学知识，成为现存文献中提到最早使用勾股定理的例子。（在世界数学史上，一般把勾股定理归功于公元前5世纪左右发现它的古希腊数学家毕达哥拉斯，因为他提出了定理的一般形式的叙述和证明。）

（5）《缉古算经》是中国现存最早解三次方程的著作，唐初著名数学家王孝通撰写，首次提出三次方程式正根的解法，能解决工程建设中上下宽窄不一的计算问题，比欧洲早600多年。

笔记栏

【典型例题】下列表述正确的是(　　)。

A. 东汉末年某儿童将圆周率背诵至第 7 位

B. 唐代女性以细腰为美,瘦身成为当时妇女中流行的时尚

C. 清朝末年中山装开始在国人中流行

D. 19 世纪末我国出现了现代意义上的大学教育

【解析】本题旨在考查考生的科学常识和历史知识。A 项考查了第一位将圆周率计算到小数点后 7 位的科学家——南北朝时期的祖冲之。B 项巧妙地利用现代人们追求以“瘦”为美的观点,来考查唐朝当时的人体美观点。C 项从服饰方面来考查历史文化知识。清朝时人们的服饰以长袍马褂为主,中山装是辛亥革命后流行起来的服装。

【答案】D

【典型真题】“度量衡”是中国历史上对“计重”的称谓,其中“衡”计重的是(　　)。

A. 长度　　B. 重量　　C. 容重　　D. 面积

【解析】本题旨在考查考生的科学常识和历史知识。度量衡是指在日常生活中用于计量物体长短、容积、轻重的物体的统称。度量衡的发展大约始于原始社会末期。计量长短的用的器具称为度,测定计算容积的器皿称为量,测量物体轻重的工具称为衡。

【答案】B

(四) 建筑学成就

1. 鲁班

战国时期的鲁班已经会建造房屋、桥梁、改进生产工具,有许多发明创造,木工师傅们用的手工工具,如钻、刨子、铲子、曲尺及画线用的墨斗,据说都是鲁班发明的,被后世木匠奉为祖师。现代成语“班门弄斧”也是与鲁班有关的一个成语。

2. 万里长城

春秋战国时期,燕、赵等诸侯国为了防御别国入侵,修筑烽火台,并用城墙连接起来,形成了最早的长城。以后历代君王几乎都加固增修长城,今天所指的万里长城多指明代修建的长城。秦长城西起临洮,东到辽东;明长城东起鸭绿江,西到嘉峪关。

3. 都江堰

都江堰是中国古代建设并使用至今的大型水利工程,被誉为“世界水利文化的鼻祖”。都江堰水利工程是由秦国蜀郡太守李冰及其子率众于公元前 256 年左右修建的,是全世界迄今为止,年代最久、唯一留存的以无坝引水为特征的宏大水利工程。

【典型真题】战国时期,主持修筑都江堰的历史人物是(　　)。

A. 李冰　　B. 管仲　　C. 吴起　　D. 商鞅

【解析】本题旨在考查考生对中国古代重要科技成就的了解。都江堰是公元前 250 年蜀郡太守李冰父子组织修建的大型水利工程,使成都平原成为水旱从人、沃野千里的“天府之国”,是全世界迄今为止,年代最久、唯一留存的以无坝引水为特征的宏大水利工程。

【答案】A

4. 赵州桥

隋朝工匠李春设计建造的赵州桥,是世界上最早的敞肩石拱桥,在世界桥梁史上占有重要地位。

5. 隋唐建筑

隋唐是中国古代建筑的成熟期。隋朝著名建筑师宇文恺主持修建了大兴城,他采用图纸和模

型结合的设计方法，是我国建筑技术上的一大突破。唐朝在此基础上扩建为长安城。唐朝长安城规模宏大，布局严整，建筑宏伟，是我国古代城市建筑的杰作。

6. 元明建筑

元大都建筑宏伟，城内有完整的排水系统。明成祖令人在元大都的基础上营建北京城。北京城有三重，宫城又称紫禁城，宫城外有皇城，皇城外有京城。明朝北京城布局严整、建筑华丽，是我国古代城市建筑的杰作。

（五）医学成就

（1）战国时期有了医学分科。扁鹊是战国时最著名的医生，被誉为“脉穴之宗”。提出望闻问切的“四诊法”。

（2）东汉的华佗被誉为“神医”。他发明外科手术麻醉药麻沸散，比西方早 1 600 年。他创编了“五禽戏”，就是模仿五种动物的形态、动作和神态，来舒展筋骨，畅通经脉。五禽，分别为虎、鹿、熊、猿、鸟（一般用鹤为代表），常做五禽戏可以使手足灵活，血脉通畅，还能防病祛病。他的学生吴普桑用这种方法强身，活到了 90 岁还是耳聪目明，齿发坚固。千百年来，人们传说的华佗给关公“刮骨疗毒”的故事，更是脍炙人口。

【典型例题】以下关于中国古代医学，说法不正确的是（　　）。

A. 中医的“四诊法”是扁鹊总结得出的

B. “五禽戏”，是华佗模仿狮、鹿、熊、猿、鹤 5 种动物所创的中国传统健身方法

C. “医圣”是指东汉末年的张仲景

D. 麻沸散是世界上最早的麻醉剂

【解析】“五禽戏”的五禽是指虎、鹿、熊、猿、鹤 5 种动物。

【答案】B

（3）张仲景是东汉末年著名医学家，被后人尊称为“医圣”。他的传世巨著《伤寒杂病论》确立的辨证论治原则，是中医临床的基本原则，是中医的灵魂所在。这是中国第一部从理论到实践、确立辨证论治法则的医学专著，是中国医学史上影响最大的著作之一。

【典型例题】张仲景是东汉名医，被后世尊称为“医圣”，他的著作（　　）确立了辨证论治原则，奠定了中医治疗学的基础。

A.《景岳全书》　　B.《脉经》

C.《伤寒杂病论》　　D.《神农本草经》

【解析】本题旨在考查考生对中国古代重要科技成就的了解。东汉末年张仲景，后人尊为“医圣”，著有《伤寒杂病论》，其中记载有“人工呼吸法”。其确立的辨证论治原则，是中医临床的基本原则，是中医的灵魂所在。

【答案】C

（六）专著和论著

1. 医学专著

（1）传统医学四大经典

传统医学四大经典是指《黄帝内经》《难经》《伤寒杂病论》《神农本草经》。其中战国问世、西汉编定的《黄帝内经》，是我国医学宝库中现存成书最早的一部医学典籍；《神农本草经》是我国第一部完整的药物学著作；张仲景的《伤寒杂病论》是后世中医的重要经典；《难经》原名《黄帝八十一难经》，传说为战国时秦越人（扁鹊）所作。

笔记栏

（2）《千金方》《唐本草》和《本草纲目》

唐朝孙思邈《千金方》，全面总结历代和当时的医学成果；唐高宗时修的《唐本草》是世界上最早由国家发行的药典；明朝李时珍《本草纲目》全面总结了16世纪以前的中国医药学，被誉为“东方医药巨典”。

【典型例题】下列选项中，不属于中医著作的是（　　）。

A.《神农本草经》　　B.《本草纲目》

C.《齐民要术》　　D.《黄帝内经》

【解析】本题旨在考查考生对中国古代重要科技成就的了解。《齐民要术》是北魏时期的杰出农学家贾思勰所著的一部综合性农书，也是世界农学史上最早的专著之一。其他三项都属于中国传统医学经典著作。

【答案】C

2. 农业、手工业专著

（1）《齐民要术》

北朝时期，贾思勰的《齐民要术》系统地总结了6世纪以前黄河中下游地区农牧业生产、食品的加工与贮藏、野生植物的利用等方法和经验，还提出了因地制宜、多种经营和商品生产等宝贵思想。这是中国现存最早最完整的农业科学著作。

（2）《天工开物》

明代宋应星的《天工开物》，是世界上第一部关于农业和手工业生产的综合性著作，总结了明代农业、手工业的生产技术。书中还收录了一些国外传来的技术，这表明不断传入的海外技术已成为人们不可缺少的知识。外国学者称它为“中国17世纪的工艺百科全书”。

（3）《农政全书》

明朝时期，徐光启的《农政全书》综合介绍了我国传统农学成就，建立了一个比较完整的农学体系。书中还引入了《泰西水法》，介绍了欧洲先进的水利技术和工具。徐光启还翻译了欧几里得的《几何原本》，推广甘薯种植。徐光启被誉为“中国近代科学先驱”。

（4）《梦溪笔谈》

北宋科学家沈括的《梦溪笔谈》总结了我国古代主要是北宋时期的许多科技成就，在我国和世界科技史上有重要地位。英国学者李约瑟称沈括是“中国科技史上最卓越的人物”，《梦溪笔谈》是“中国科学史的里程碑”。

【典型真题】外国历史学家要研究我国历史上手工业生产的基本情况，下列选项中，最应该查阅的书是（　　）。

A.《齐民要术》　　B.《梦溪笔谈》

C.《天工开物》　　D.《农政全书》

【解析】《齐民要术》是北魏贾思勰所著的一部综合性农学著作，《农政全书》是明末徐光启所著，这两部都是关于农业生产的书籍；《梦溪笔谈》是北宋沈括所著的一部涉及古代中国自然科学、工艺技术及社会历史现象的综合性著作。《天工开物》是明代宋应星所著的一部有关农业和手工业的著作。

【答案】C

3. 地理学专著

北魏时期郦道元撰写的《水经注》介绍河道流经地区的自然地理和经济地理。明代徐霞客撰写的《徐霞客游记》，是世界上最早介绍喀斯特地貌的著作。

笔记栏

【典型真题】以下哪部是我国古代的地理学巨著（　　）。

A.《太平广记》　　B.《梦溪笔谈》

C.《天工开物》　　D.《水经注》

【解析】《太平广记》是宋代人编的一部大书，是以汉代至宋初的野史传说及释藏、道经等为主要内容的杂著，属于类书。《梦溪笔谈》是北宋的沈括所著的笔记体著作，成书于1086—1093年，收录了沈括一生的所见所闻和见解，被西方学者称为中国古代的百科全书，已有多种外语译本。《天工开物》是世界上第一部关于农业和手工业生产的综合性著作，是中国古代一部综合性的科学技术著作，有人也称它是一部百科全书式的著作，作者是明朝科学家宋应星。《水经注》是公元6世纪北魏时期郦道元所著，是我国古代较完整的一部以记载河道水系为主的综合性地理著作。

【答案】D

二、中国近现代科技发展成就

（一）近代中国科技成就

近代中国科学取得了一些突出成就。龚振麟首创铁模制炮法，其《铸炮铁模图说》堪称世界上最早系统论述铁模铸造法的专著，由于清廷的腐败落后，这一技术没能得到进一步的应用和提高。李善兰的《方圆阐幽》阐述了微积分的初步理论，选译的《重学》一书，第一次把牛顿三定律介绍到中国。华蘅芳的《代数术》，介绍了西方代数学、三角函数、微积分及当时欧洲刚出现的概率论。华蘅芳和徐寿合作试制出我国第一艘木质蒸汽轮船"黄鹄"号，标志着我国近代造船业迈出了第一步。詹天佑主持修建了由中国人自己设计建造的第一条铁路——京张铁路。冯如是中国近代著名的飞机设计师。

（二）新中国的重大科技成就

1. "两弹一星"的研制取得巨大成功

两弹一星，是对核弹、导弹和人造卫星的简称，是中华人民共和国最初几十年科技实力发展的标志性成就。

（1）导弹：1960年，中国仿制的第一枚近程导弹发射成功；1964年，中国自行设计制造的中近程导弹试验成功；1966年，中国第一枚导弹核武器试验成功；1971年，我国研制的第一枚洲际导弹首次飞行成功。

（2）1964年，中国第一颗原子弹爆炸成功；1967年，我国第一颗氢弹爆炸成功。

（3）1960年，中国第一枚火箭发射成功；1970年，我国用"长征一号"运载火箭成功发射第一颗人造地球卫星——"东方红一号"；1975年，首颗返回式卫星发射成功。

（4）"两弹一星元勋"

1999年9月18日，在庆祝中华人民共和国成立50周年之际，党中央、国务院、中央军委决定，对当年为研制"两弹一星"做出突出贡献的科技专家予以表彰，授予钱学森、邓稼先、钱三强等23位科技专家"两弹一星功勋奖章"。由于邓稼先对中国核科学事业做出了伟大贡献，被称为"两弹元勋"；钱学森被誉为"中国航天之父""中国导弹之父""中国自动化控制之父"和"火箭之王"。

【典型真题】被称为"两弹元勋"的科学家是（　　）。

A. 邓稼先　　B. 钱学森　　C. 袁隆平　　D. 吴阶平

【解析】邓稼先，著名核物理学家，中国科学院院士。参加组织和领导我国核武器的研究、设计工作，是我国核武器理论研究工作的奠基者之一。从原子弹、氢弹原理的突破和实验成功

笔记栏

及其武器化，到新的核武器的重大原理突破和研制实验，均做出了重大贡献。作为主要参加者，其成果曾获得国家自然科学一等奖和国家科技进步奖特等奖。他是中国核武器研制与发展的主要组织者、领导者，被称为“两弹元勋”。

【答案】A

2. 载人航天工程取得重大突破

（1）1999年11月20日，中国第一艘无人试验飞船“神舟一号”飞船在酒泉起飞，21小时后在内蒙古中部回收场成功着陆，圆满完成“处女之行”。这次飞行成功为中国载人飞船上天打下非常坚实的基础。

（2）2003年10月15日9时整，我国自行研制的“神舟五号”载人飞船在酒泉卫星发射中心发射升空。9时09分50秒，“神舟五号”准确进入预定轨道。这是中国首次进行载人航天飞行。乘坐“神舟五号”载人飞船执行任务的航天员是杨利伟。他是我国自己培养的第一代航天员。在太空中围绕地球飞行14圈，经过21小时23分、60万公里的安全飞行后，他于16日6时23分在内蒙古主着陆场成功着陆返回。

（3）2005年10月12日，我国进行了第二次载人航天飞行，发射了“神舟六号”载人飞船，第一次将我国两名航天员——费俊龙、聂海胜同时送上太空，进行“多人多天”的飞行任务。

（4）2008年9月25日，我国第三艘载人飞船“神舟七号”成功发射，三名航天员翟志刚、刘伯明、景海鹏顺利升空。27日，翟志刚身着我国研制的“飞天”舱外航天服，在身着俄罗斯“海鹰”舱外航天服的刘伯明的辅助下，进行了19分35秒的出舱活动。中国随之成为世界上第三个掌握空间出舱活动技术的国家。

（5）2011年11月1日5时58分，承载着首次交会对接任务的“神舟八号”飞船在中国酒泉卫星发射中心发射升空，6时07分进入轨道，开始追赶天宫。2011年11月3日凌晨1时36分，“神舟八号”飞船与“天宫一号”目标飞行器成功对接；11月14日20时许“神舟八号”完成与“天宫一号”的二次交会对接。

【典型真题】下列选项中，与“天宫一号”完成我国首次交会对接的是（　　）。

A. 神舟八号　　B. 神舟九号

C. 神舟六号　　D. 神舟七号

【解析】本题旨在考查考生对中国现代重要科技成就的了解。2011年11月1日“神舟八号”飞船在酒泉卫星发射中心发射，与我国首个空间站雏形“天宫一号”携手，共同执行我国首次空间交会对接任务。

【答案】A

（6）2012年6月16日，我国航天员景海鹏、刘旺、刘洋驾乘“神舟九号”载人飞船成功进入太空。这是中国实施的首次载人空间交会对接，天宫与“神九”载人交会对接为中国航天史掀开了极具突破性的一页。

（7）2013年6月11日，我国航天员聂海胜、张晓光、王亚平驾乘“神舟十号”载人飞船成功进入太空。

（8）2016年10月17日，我国航天员景海鹏、陈冬驾乘“神舟十一号“载人飞船成功进入太空。飞船入轨后经过2天独立飞行，完成与天宫二号空间实验室自动对接形成组合体。“神舟十一号”是中国载人航天工程三步走中从第二步到第三步的一个过渡，为中国建造载人空间站做准备。这是中国持续时间最长的一次载人飞行任务，总飞行时间长达33天。2016年11月18日下午，“神舟十一号”载人飞船顺利返回着陆。

笔记栏

【典型例题】下列关于中国的航天航空发展的说法中，错误的是（　　）。

A. “中国航天第一港”是酒泉卫星发射中心

B. “神舟七号”载人飞船于2008年9月25日发射，翟志刚实现了中国历史上的首次太空漫步

C. 我国第一颗人造卫星“东方红”一号于1968年遨游太空

D. 航空火箭学家、空气动力学家钱学森被誉为“中国航天之父”和“火箭之王”

【解析】本题旨在考查考生对中国现代重要科技成就的了解。1970年4月24日21时35分，我国第一颗人造卫星“东方红”一号在甘肃酒泉东风靶场一举发射升空成功。

【答案】C

3. “银河”系列计算机

（1）1983年12月22日，中国第一台每秒钟运算一亿次以上的“银河”巨型计算机，由国防科技大学计算机研究所在长沙研制成功。它填补了国内巨型计算机的空白，标志着中国进入了世界研制巨型计算机的行列。

（2）1992年11月19日，每秒运算10亿次的“银河-Ⅱ”巨型计算机在长沙通过国家鉴定。填补了我国面向大型科学工程计算和大规模数据处理的并行巨型计算机的空白。1997年6月19日，由国防科技大学研制的每秒运算130亿次的“银河-Ⅲ”并行巨型计算机在京通过国家鉴定。该机有多项技术居国内领先，综合技术达到当前国际先进水平。

4. 其他成就

（1）1959年在大庆高台子油田钻成第一口油井，证实了陆相地层能够生油并能形成大油田，从而丰富和发展了石油地质学理论，改变了中国石油工业落后面貌。

（2）1961年12月，江南造船厂成功地建成国内第一台万吨水压机，为中国重型机械工业填补了一项空白。

（3）1965年9月中国科学家人工合成结晶牛胰岛素。这是世界上第一个人工合成的蛋白质，为人类认识生命、揭开生命奥秘迈出了可喜的一大步。这项成果获1982年中国自然科学一等奖。

（4）1966年，陈景润发表《表达偶数为一个素数及一个不超过两个素数的乘积之和》（简称“1+2”），成为哥德巴赫猜想研究上的里程碑。

（5）1973年，袁隆平第一个开发出可以广泛种植的籼型杂交水稻，为中国的水稻种植带来革命性变化，大幅度提高了产量。袁隆平被称为中国的“杂交水稻之父”。

【典型真题】被称为“杂交水稻之父”的是（　　）。

A. 邓稼先　　B. 焦裕禄　　C. 贾思勰　　D. 袁隆平

【解析】杂交水稻被称为“东方魔稻”，其发明者被国际农学界誉为“杂交水稻之父”，这位发明者是袁隆平。袁隆平，1930年9月1日生于北平（今北京），汉族，江西省德安县人，无党派人士。中国杂交水稻育种专家，中国工程院院士。2006年4月当选美国科学院外籍院士，被誉为“杂交水稻之父”。2011年获得马哈蒂尔科学奖。

【答案】D

（6）1983年10月，王永民以五年之功研究并发明被国内外专家评价为“其意义不亚于活字印刷术”的“五笔字型汉字输入法”，计算机汉字输入问题得到根本性解决。

【典型例题】以下关于我国科技史的说法，不正确的是（　　）。

A. 1965年，我国首次人工合成了结晶牛胰岛素

B. 世界上首次作出哈雷彗星的确切记录的是《春秋》

C. 我国古代最初采用的计算工具是算筹

D. “月光生于日之所照，魄生于日之所蔽，当日则光盈，就日则光尽。”是元朝天文学家郭守敬对日食现象作出的科学解释

【解析】本题旨在考查考生对中国重要科技成就的了解。“月光生于日之所照，魄生于日之所蔽，当日则光盈，就日则光尽。”是张衡对月食做出的科学解释。

【答案】D

【典型真题 1】海洋科学考察离不开考察船的建设，我国从 20 世纪 70 年代起到现在，已经拥有了多种类型的科考船。我国建造的第一艘水文气象科考船是(　　)。

A. 大洋一号　　B. 远望一号

C. 东方红一号　　D. 向阳红一号

【解析】向阳红一号船是国家海洋局建造的第一艘水文气象船，也是我国第一艘吨位比较大的气象船。

【答案】D

【典型真题 2】我国第一艘航空母舰的名称是(　　)。

A. 武汉号　　B. 上海号　　C. 辽宁号　　D. 重庆号

【解析】辽宁号航空母舰，简称“辽宁舰”，舷号 16，是中国人民解放军海军第一艘可以搭载固定翼飞机的航空母舰。前身是苏联海军的库兹涅佐夫元帅级航空母舰次舰瓦良格号，改装后中国将其称为 001 型航空母舰。

【答案】C

第二节　外国科技发展史

一、外国古代科技成就

(一) 古印度、古埃及的科技成就

(1) 古印度人发明了太阴历，以月亮的阴晴圆缺作为计时标准，把一年划分为 12 个月，共 354 天，并发明闰月，放置与太阳历相差的 11 天。把一小时分成 60 分，以 7 天为一星期。

(2) 现今国际通用阿拉伯数字，最初由古印度人发明，后由阿拉伯人传向欧洲，之后再经欧洲人将其现代化。古印度人还会分数、加减乘除四则运算和解一元二次方程，发明了 10 进位法和 16 进位法。

(3) 古埃及创造的象形文字对后来腓尼基字母的影响很大，而希腊字母是在腓尼基字母的基础上创建的。此外，金字塔、亚历山大灯塔、阿蒙神庙等建筑体现了古埃及人高超的建筑技术和数学知识；古埃及人很早就采用了 10 进制记数法。

(二) 古希腊的科技成就

(1) 阿基米德，古希腊哲学家、数学家、物理学家。他发现了“杠杆原理”和“力矩”的概念，被称为“力学之父”。

(2) 毕达哥拉斯，古希腊数学家、哲学家，发现毕达哥拉斯定律，即勾股定律。

(3) 欧几里得，著有《几何原本》，奠定了以后欧洲数学的基础。他第一次使数学理论系统化并使几何学逐渐成为一门独立发展的正式学科体系，被称为“几何之父”。

二、外国近现代科技成就

外国近现代自然科学的发展，大体经历了三个阶段：

（一）近代自然科学的兴起

文艺复兴不仅大大解放了人们的思想，同时也推动了近代自然科学的产生。

1. 天文学

近代自然科学的开端就是天文学革命。波兰天文学家哥白尼适应时代要求，他从1506年开始，在弗洛恩堡一所教堂的阁楼上对天象仔细观察了30年，从而创立了一种天文学的新理论——日心说。1543年，哥白尼公开发表《天体运行论》，这是近代自然科学诞生的主要标志。日心说的提出恢复了地球普通行星的本来面貌，猛烈地震撼了科学界和思想界，动摇了封建神学的理论基础，是天文学发展史上一个重要的里程碑。

德意志开普勒提出太阳系行星运动的轨迹是椭圆形的，进一步证实了哥白尼学说的正确。

意大利天文学家和物理学家伽利略用自制天文望远镜观察天体，证明并进一步发展了哥白尼的学说，并且在物理学上取得了重大成就。伽利略被称为“近代科学之父”。

1705年，英国哈雷发表《彗星天文学论说》，他首先测定了彗星轨道，并预言该彗星的轨道运行周期为76年。1759年该预言得到证实，这颗彗星被称为哈雷彗星。

【典型真题】 下列科学家中，第一个计算出彗星运动轨道的是（　　）。

A. 哈雷　　B. 伽利略

C. 牛顿　　D. 布鲁诺

【解析】 本题旨在考查考生对外国重要科技成就的了解。第一个计算出彗星运动轨道的是哈雷。人们为了纪念和表彰哈雷的研究成果，就把这颗大彗星取名为“哈雷彗星”。

【答案】 A

2. 物理学

古典力学的发展比较完善。在天体力学中，开普勒发现了行星运动的三大定律（椭圆定律、面积定律、周期定律）；1632年，伽利略发现了自由落体定律；1687年，牛顿发表《自然哲学的数学原理》，系统论述了牛顿力学三定律（惯性定律、作用力和反作用力定律、力和运动关系的定律）以及万有引力定律。这些定律构成一个统一的体系，把天上的和地上的物体运动概括在一个理论之中。这是人类认识史上对自然规律的第一次理论性的概括和综合。

3. 其他学科

1637年，笛卡尔创立了解析几何，成为数学中的转折点；把实验法引进化学的波义耳成为近代化学的创始人；1628年，英国哈维的血液循环学成为现代生理学的起点。1665年，英国胡克首次用显微镜观察植物细胞，提出了细胞概念。1675—1683年，荷兰列文虎克用显微镜首次发现动物细胞、精子和细菌。

【典型例题】 下列哪一项不属于第一次工业革命时期的科学发现和成就（　　）。

A. 血液循环学说　　B. 电磁感应现象

C. 科学原子论　　D. 细胞学说

【解析】 17世纪时的英国学者哈维创立了血液循环学说，从而推翻了在欧洲医学界长期占有统治地位的盖伦血液运动“潮汐说”，使生理学真正成了一门独立的科学。血液循环学说不属于第一次工业革命时期（18世纪60年代—19世纪40年代）的成就。

【答案】 A

笔记栏

4. 蒸汽机

英国瓦特于1769年开始改良蒸汽机，新型蒸汽机成为改造世界的动力机械。蒸汽机的发明和应用是第一次工业革命开始的标志。人们开始用煤作燃料，驱动火车、轮船和机器，人类开始进入“蒸汽时代”。

（二）19世纪综合化阶段

1. 现代物理学

（1）电磁学

19世纪最重大的科学成就是电磁学理论的建立和发展。19世纪之前，人们基本上认为电与磁是两种不同现象，但人们也发现两者之间可能会存在某种联系，因为水手们不止一次看到，打雷时罗盘上的磁针会发生偏转。1820年7月，丹麦教授奥斯特通过实验证实了电与磁的相互作用，他指出磁针的指向同电流的方向有关。这说明自然界除了沿物体中心线起作用的力以外，还存在着旋转力，而这种旋转力是牛顿力学所无法解释的，这样，一门新学科电磁学诞生了。

奥斯特的发现震动了物理学界，科学家们纷纷做各种实验，力求搞清电与磁的关系。法国的安培提出了电动力学理论。英国化学家、物理学家法拉第1831年总结出电磁感应定律，1845年他还发现了“磁光效应”，播下了电、磁、光统一理论的种子。但法拉第的学说都是用直观的形式表达的，缺少精确的数学语言。后来，英国物理学家麦克斯韦克服了这一缺点，他于1865年根据库仑定律、安培力公式、电磁感应定律等经验规律，运用矢量分析的数学手段，提出了真空中的电磁场方程。以后，麦克斯韦又推导出电磁场的波动方程，还从波动方程中推论出电磁波的传播速度刚好等于光速，并预言光也是一种电磁波。这就把电、磁、光统一起来了，这是继牛顿力学以后又一次对自然规律的理论性概括和综合。

1888年，德国科学家赫兹证实了麦克斯韦电磁波的存在。利用赫兹的发现，意大利物理学家马可尼、俄国的波波夫先后分别实现了无线电的传播和接收，使有线电报逐渐发展成为无线电通信。所有这些电器设备都需要大量的电，这远远不是微弱的电池所能提供的。1866年，第一台自激式发电机问世，使电流强度大大提高。19世纪70年代，欧洲开始进入电力时代。19世纪80年代还建成了中心发电站，并解决了远距离输电问题。电力的广泛应用是继蒸汽机之后近代史上的第二次工业革命。电磁学的发展为这次科技革命提供了重要的理论准备。由于自然科学的新发现被迅速应用于生产，第二次工业革命在欧美国家蓬勃兴起。

【典型例题】下列科学家中，发现运动磁体能够产生感应电流的是（　　）。

A. 奥斯特　　B. 爱因斯坦　　C. 法拉第　　D. 戴维

【解析】法拉第是英国物理学家、化学家。1831年法拉第发现当一块磁铁穿过一个闭合线路时，线路内就会有电流产生，这个效应叫电磁感应，产生的电流叫感应电流。因此，发现运动磁体能够产生感应电流的是法拉第，本题选择C。

【答案】C

（2）19世纪物理学的三大发现

① X射线的发现。19世纪末，德国物理学家伦琴发现了一种能穿透金属板使底片感光的X射线。1901年，伦琴成为首届诺贝尔物理学奖得主。

② 元素放射性的发现。继伦琴发现X射线不久，法国物理学家贝克勒尔发现了放射性现象。居里夫妇受贝克勒尔启发，发现了钋、镭的放射性，并在艰苦的条件下提炼出辐射强度比铀强200万倍的镭元素。

③ 电子的发现。1897年，英国物理学家汤姆逊发现了电子，打破了原子不可分的传统观念。这是科学史上里程碑式的伟大发现。1904年，世界上第一只电子管在英国物理学家弗莱明的手下

笔记栏

诞生，标志着人类从此进入电子时代。

（3）量子论与相对论

电子和元素放射性的发现，为量子论的创立奠定了基础。量子论是反映微观粒子结构及其运动规律的科学。与此同时，相对论在对电磁效应和时空关系的研究中产生了。相对论将力学和电磁学理论以及时间、空间和物质的运动联系了起来。这是继牛顿力学、麦克斯韦电磁学以后的又一次物理学史上的大综合。1905年6月，年仅26岁的爱因斯坦发表了一篇论文，阐述了狭义相对论，带来了物理学的巨大变革。量子论和相对论是现代物理学的两大支柱，是促成20世纪科学技术飞跃发展的理论基础。

【典型真题】20世纪上半叶，发生了以（　　）为核心的物理学革命，加上其后的宇宙大爆炸模型、DNA双螺旋结构、板块构造理论、计算机科学，这六大科学理论的突破，共同确立了现代科学体系的基本结构。

A. 相对论、光学　B. 相对论、电磁学　C. 光学、电磁学　D. 相对论、量子力学

【解析】本题旨在考查考生对外国重要科技成就的了解。光学和电磁学产生于19世纪。

【答案】D

2. 现代化学

（1）俄国化学家门捷列夫发现化学元素周期律，制定了化学元素周期表。周期律的发现，是无机化学的系统化和大综合。

【典型真题】创立元素周期表的科学家是（　　）。

A. 门捷列夫　B. 玻义耳　C. 居里夫人　D. 玻尔

【解析】1869年，俄国门捷列夫发表了元素周期律的图表和《元素属性和原子量的关系》的论文。在文中，门捷列夫预言了11种未知元素的存在，并在以后被一一证实。

【答案】A

（2）法国著名化学家、近代化学的奠基人拉瓦锡提出“燃烧的氧学说”，推翻了燃素说，并成为发现质量守恒定律的第一人。后人称拉瓦锡为“近代化学之父”。

3. 生物学

（1）1838—1839年，德国施旺、施莱登提出细胞学说。这一学说的建立推动了生物学的发展，并为辩证唯物论提供了重要的自然科学依据。恩格斯曾把细胞学说与能量守恒和转换定律、生物进化论学说等并誉为19世纪三大重要的自然科学发现。

（2）1859年，英国达尔文发表《物种起源》一书，创立生物进化论学说。这是对生物学的伟大综合，从根本上推翻了统治生物学的“神创论”思想。

【典型真题】达尔文在《物种起源》中阐释的主要内容是（　　）。

A. 条件反射　B. 基因理论　C. 细胞学说　D. 进化论

【解析】达尔文（1809—1882年），英国生物学家，进化论的奠基人。他写作了《物种起源》这一划时代的著作，提出了生物进化论学说，从而摧毁了各种唯心的神造论和物种不变论。除了生物学外，他的理论对人类学、心理学及哲学的发展都有不容忽视的影响。恩格斯将“进化论”列为19世纪自然科学的三大发现之一。

【答案】D

（3）1865年，奥地利孟德尔通过豌豆实验，发现了遗传规律，揭示出遗传学的两个基本定律——分离定律和自由组合定律。孟德尔被誉为“现代遗传学之父”。

4. 其他学科

1900 年，弗洛伊德《梦的解析》出版，掀起心理学的革命；1915 年，魏格纳写成《海陆的起源》一书，提出了大陆漂移说；1932 年，世界上第一条高速公路在德国出现。

（三）现代自然科学的飞速发展

20 世纪四五十年代，第三次科技革命兴起。这次技术革命以原子能技术、航天技术、电子计算机的应用为典型代表，还包括人工合成材料、分子生物学和遗传工程等高新技术。

1. 天文

（1）1957 年 10 月，苏联发射了世界上第一颗人造地球卫星，人类进入太空时代。

（2）1960 年 4 月，美国发射世界上第一颗试验性气象卫星。

（3）2005 年 1 月，欧洲航天局"惠更斯"号成为人类第一个登陆土卫六的探测器，创造了人类探测器登陆其他天体最远距离的新纪录。

（4）2005 年 7 月，美国天文学家宣布发现了太阳系内第十大行星（2003UB313）。这颗行星位于阿拉伯带，体积比冥王星大 27%。其与太阳的平均距离是冥王星的 3 倍。在 2006 年 8 月第 26 届国际天文学大会上，它同冥王星一样被划入矮行星的行列。2007 年这颗星的中文名称被命名为霓神星。

2. 物理、信息技术

（1）1936 年，年仅 24 岁的图灵发表了奠定计算机和人工智能基础的论文；图灵被称为"计算机科学之父""人工智能之父"。

（2）1942 年，在意大利科学家费米领导下设计和建造的第一座核反应堆在美国成功运行，这标志着原子能时代的开始。

（3）1945 年，世界上第一颗原子弹在美国新墨西哥爆炸。

（4）1946 年 2 月，美国宾夕法尼亚大学的科学家建造了世界上第一台电子计算机，标志着电脑时代的开始。

（5）1947 年，第一个半导体电子增幅器——晶体管问世，成为人类微电子革命的先声。

（6）1952 年，美国在太平洋上的马绍尔群岛成功试爆了世界上第一颗氢弹。

（7）1954 年，美国设计制造的世界上第一艘核动力潜艇"鹦鹉螺"号进行处女航，宣告了核潜艇时代的到来。

（8）1964 年，美国 IBM 公司研制成功世界上第一台采用集成电路的第三代计算机。美国贝尔公司推出电视电话。

（9）1969 年，美国五角大楼首创因特网。

（10）1972 年，CT 扫描仪在英国问世，这是继伦琴发现 X 射线以来，在医学诊断领域的又一次重大突破。

（11）1973 年，世界上第一个光纤通信实验系统在美国贝尔实验室建成，为信息高速公路奠定了基石。

（12）1984 年，美国苹果公司推出世界上第一台多媒体电脑。1991 年，建立在因特网基础上的环球网（万维网）正式露面。从此以后，因特网以惊人的速度在全球范围内发展，人类进入信息时代。

3. 化学、生物技术

（1）1938 年，德国化学家奥托·哈恩和弗里茨·斯特拉斯曼一起发现核裂变现象。在用慢中子轰击铀核时，首次发现了原子核的裂变现象，并放出新的中子。

（2）1943 年，荷兰医生科尔夫制成了第一个人工肾脏，这是首次以机器代替人体的重要器官。

（3）1953 年，生物学家沃森和克里克发现了生命遗传的基因物质——DNA 双螺旋结构模型。

（4）1978 年 7 月，一位名叫路易斯·布朗的婴儿在英国呱呱坠地，成为第一个试管婴儿。

笔记栏

(5) 1993年,在与世隔绝的"生物圈2号"中生活了两年之久的8位科学家,平安地走出这一人造小世界,标志着美国"生物圈2号"计划首次试验结束。

(6) 1996年7月,克隆羊多利在英国问世。

(7) 2003年4月,中、美、日、英、法、德六国科学家联合宣布:人类基因组序列图完成。

【典型例题】在人类社会的发展史上,经历了三次科技革命,其标志为(　　)。

A. 蒸汽机的发明、纺织机的发明、电子计算机的发明

B. 蒸汽机的发明、电力的发明、电子计算机的发明

C. 蒸汽机的发明、电力的发明、电子计算机的发明与原子能的发明和使用

D. 蒸汽机的发明、纺织机的发明、原子能的发明和使用

【解析】① 第一次工业革命的时间:1750年;代表人物:瓦特;标志是蒸汽机的发明与使用。② 第二次工业革命的时间:1870年以后;代表人物:爱迪生;标志是电力的发明与应用。③ 第三次科技革命的时间:20世纪40年代以后;代表人物:比尔·盖茨;标志是以原子能技术、航天技术、电子计算机的应用为代表。

【答案】C

第三节　科学常识

一、高新科技知识

(一) 中国五大科学技术奖

中国五大科学技术奖包括国家最高科学技术奖、国家自然科学奖、国家技术发明奖、国家科学技术进步奖、中华人民共和国国际科学技术合作奖。

(二) 诺贝尔奖

诺贝尔奖是世界上最著名、学术声望最高的国际大奖。诺贝尔奖是以瑞典著名化学家阿尔弗雷德·贝恩哈德·诺贝尔(1833—1896年)的部分遗产作为基金创立的。诺贝尔奖分设物理、化学、生理或医学、文学、和平五个奖项,以基金每年的利息或投资收益授予前一年世界上在这些领域对人类作出重大贡献的人,1901年首次颁发。诺贝尔奖包括金质奖章、证书和奖金。

(三) "863"计划

1986年3月,在四位著名老科学家王大珩、王淦昌、杨嘉墀、陈芳允的积极倡议下,我国制定了《高技术研究发展纲要》,简称"863"计划。

(四) 绿色食品及标志

绿色食品是指经专门机构认定,许可使用绿色食品标志的无污染的安全、优质、营养食品。绿色食品标志是由中国绿色食品发展中心在国家工商行政管理局正式注册的质量证明商标。绿色食品标志由三部分组成,即上方的太阳、下方的叶片和中心的蓓蕾,标志为正圆形,意为保护。

绿色食品标志

笔记栏

（五）通信

电话掀开了人类通信史的新篇章。“沃森先生，请立即过来，我需要帮助！”这是1876年3月10日电话发明人亚历山大·格雷厄姆·贝尔通过电话成功传出的第一句话，电话诞生了，人类通信史从此掀开了一个全新的篇章。

第一台移动电话诞生于1985年。与现在形状接近的手机则诞生于1987年。

【典型例题】下列选项中，由美国发明家亚历山大·格雷厄姆·贝尔发明的是（　　）。

A. 电话　　B. 互联网　　C. 天文望远镜　　D. 电子计算机

【解析】1876年，美国发明家亚历山大·格雷厄姆·贝尔发明了电话。

【答案】A

1964年是人类通信史上另一个重要转折点。这年夏天，全世界成千上万的观众通过电视第一次收看由卫星转播的日本东京奥林匹克运动会实况。这是人类有史以来第一次通过电视屏幕在同一时间观看千里之外发生的事。这要归功于哈罗德·罗森发明的地球同步卫星。

（六）彩色电视

1928年，英国工程师贝德做成彩色电视显像管。1957年5月17日，美国公开播放彩色电视，效果良好。

（七）人造卫星

1957年10月4日，苏联研制并成功发射世界第一颗人造卫星。

【典型例题】1957年10月，（　　）把世界第一颗人造卫星送上太空，标志着航天技术的诞生，揭开了太空技术的序幕。

A. 美国　　B. 苏联　　C. 中国　　D. 欧共体

【解析】1957年10月4日，苏联宣布已经成功地把世界上第一颗绕地球运行的人造卫星——伴侣号送入轨道。

【答案】B

（八）机器人

机器人的历史并不算长，1959年美国英格伯格和德沃尔制造出世界上第一台工业机器人，机器人的历史才真正开始。

（九）信用卡

1950年，35岁的美国曼哈顿信贷专家麦克纳马拉发明了信用卡。

（十）激光

1960年，贝尔实验室的查尔斯·托尼斯和同事们一起，成功地在25英里（约40千米）的距离内发射出具有巨大能量、极其狭窄的光束，它的亮度要比太阳光高出100倍，这就是激光。目前，激光在医学、印刷、唱片等行业有着广泛的应用。

（十一）纳米技术

就像毫米、微米一样，纳米是一个尺度概念，是一米的十亿分之一，并没有物理内涵。当物质到纳米尺度以后，在1~100纳米这个范围空间，物质的性能就会发生突变，出现特殊性能。这种由既不同于原来组成的原子、分子，也不同于宏观的物质的特殊性能构成的材料，即为纳米材料。

纳米技术是一种在纳米尺度空间内的生产方式和工作方式，并在纳米空间认识自然、创造一种新的技能。纳米技术的内涵非常广泛，它包括纳米材料的制造技术，纳米材料向各个领域应用的技术，在纳米空间构筑一个器件实现对原子、分子的翻切、操作以及在纳米微区内对物质传输和能量传输新规律的认识等。

笔记栏

(十二)光年

天文学中常用的计量天体距离的一种单位。1 光年等于光在真空中一年内行经的距离，约等于 94 607 亿千米，或 63 240 天文单位。

(十三)克隆技术

克隆是英文“clone”的音译，也可译为复制或转殖，是利用生物技术由无性生殖产生与原个体有完全相同基因组之后代的过程。科学家把人工遗传操作动物繁殖的过程叫克隆，这门生物技术叫克隆技术，含义是无性繁殖。克隆技术在现代生物学中被称为“生物放大技术”。1996 年，第一只体细胞克隆绵羊“多利”在英国诞生。

二、自然科学知识

(一)生物学常识

1. 细胞

细胞是一切生物机体构造和发育的基本单位，一般由质膜、细胞质和核(或拟核)构成。细胞能够通过分裂而增殖，是生物体个体发育和系统发育的基础。细胞是遗传的基本单位，并具有遗传的全能性。有成形细胞核的是真核细胞，反之，无成形细胞核的是原核细胞。

2. 蛋白质

蛋白质是生命的物质基础，没有蛋白质就没有生命。因此，它是与生命及与各种形式的生命活动紧密联系在一起的物质。机体中的每一个细胞和所有重要组成部分都有蛋白质参与。蛋白质占人体重量的 16%~20%，即一个 60 kg 重的成年人其体内有蛋白质 9.6~12 kg。人体内蛋白质的种类很多，性质、功能各异，但都是由 20 多种氨基酸按不同比例组合而成的，并在体内不断进行代谢与更新。蛋白质就是构成人体组织器官的支架和主要物质。饮食中，蛋白质主要存在于瘦肉、蛋类、豆类及鱼类中。

3. 遗传与变异

生物的亲代能产生与自己相似的后代的现象叫作遗传。遗传物质的基础是脱氧核糖核酸(DNA)，亲代将自己的遗传物质 DNA 传递给子代，而且遗传的性状和物种保持相对的稳定性。生命之所以能够一代一代地延续，主要是由于遗传物质在生物进程之中得以代代相承，从而使后代具有与前代相近的性状。变异是指亲子代之间，同胞兄弟姊妹之间，以及同种个体之间的差异现象。每个孩子都从父亲那里得到遗传基因的一半，从母亲那里得到另一半，每个孩子所得到的遗传基因虽然数量相同，但内容有所不同，因此每个孩子都是一个新的组合体，与父母不一样，兄弟姐妹之间也不一样，而形成彼此间的差异。

4. 新陈代谢

人体通过同化作用和异化作用，就能不断地进行自我更新，这个过程就是新陈代谢。在此过程中，既有物质代谢，又有能量代谢。人在清醒、静卧、空腹和 20℃左右的环境温度等条件下所消耗的能量，主要用来维持体温和神经、循环、呼吸等器官系统的生理活动。这种条件下的代谢叫基础代谢，也叫基础代谢率。

5. DNA

DNA 又称脱氧核糖核酸，是染色体的主要化学成分，同时也是组成基因的材料，有时被称为“遗传微粒”。在繁殖过程中，父代将自己 DNA 进行半保留复制传递到子代中，从而完成性状的传播。因此，DNA 被称为“遗传微粒”。

6. 基因

基因(遗传因子)是遗传的物质基础，是 DNA 或 RNA 分子上具有遗传信息的特定核苷酸序列。基因通过复制把遗传信息传递给下一代，使后代出现与亲代相似的性状。生物体的生、长、病、老、死等一切生命现象都与基因有关。

笔记栏

【典型真题1】基因工程又称基因拼接技术或DNA重组技术,此外还有一种通俗叫法是(　　)。

A. 生命工程　B. 遗传工程　C. 细胞工程　D. 绿色工程

【解析】基因工程是以分子遗传学为理论基础,以分子生物学和微生物学的现代方法为手段,将不同来源的基因按预先设计的蓝图,在体外构建杂种DNA分子,然后导入活细胞,以改变生物原有的遗传特性,获得新品种,生产新产品。所以,其又被称为遗传工程。所以,正确答案是B。

【答案】B

【典型真题2】人的身体里布满了血管。下列关于人体血管的表述中,不正确的是(　　)。

A. 人体内的血管分为动脉、静脉和毛细血管

B. 毛细血管是极细的血管,连接动静脉

C. 动脉是将血液送到心室的血管

D. 静脉是引导血液流回心房的血管

【解析】动脉将从心脏流出的血液运送到身体各部位。故选C。

【答案】C

(二)地理学常识

1. 太阳系

由太阳、行星及其卫星、小行星、彗星、流星体和行星际物质所构成的天体系统及其所占有的空间区域。在太阳系中,太阳是中心天体,其他天体都在太阳的引力作用下,绕太阳公转。太阳系目前已知的八大行星距日由近及远依次为:水星、金星、地球、火星、木星、土星、天王星、海王星。

【典型例题】太阳系中离太阳最近的两大行星(　　)。

A. 水星、金星　B. 地球、火星　C. 火星、金星　D. 地球、水星

【解析】太阳系中目前已知的八大行星距太阳由近及远依次为:水星、金星、地球、火星、木星、土星、天王星、海王星。

【答案】A

2. 银河系

银河系是太阳系所在的恒星系统,是一个拥有两千亿颗恒星,除仙女星系外最大的巨星系。

3. 地球

地球是太阳系从内到外的第三颗行星,也是太阳系中直径、质量和密度最大的类地行星。已有45亿岁,始终处于不断运动变化中。地球内部有核、幔、壳结构,地球外部有大气层和磁场,表面的71%被水覆盖,其余部分是陆地,是一个蓝色星球。有一颗天然卫星月球围绕着地球以27.32天的周期旋转,组成一个天体系统,即地月系统。地球自西向东,以近24小时的周期自转并且以一年的周期绕太阳公转。

4. 恒星

恒星是宇宙中最基本的天体,自身能发光,由炽热气体组成,主要成分是氢和氦。

5. 太阳

太阳是由炽热的气体组成的球状天体,主要成分是氢和氦。太阳的体积约为地球体积的130万倍。太阳的大气结构即为太阳的外部结构,从里向外分为光球层、色球层、日冕层。太阳活动的周期为11年,主要标志是黑子和耀斑。太阳活动对地球的影响:① 扰乱地球大气的电离层;② 产生“磁暴”现象;③ 产生极光。

6. 行星

行星是在椭圆轨道上绕太阳运行的、近似球形的天体，它们不发光，质量比太阳小得多。太阳系目前已知的八大行星：水星、金星、地球、火星、木星、土星、天王星、海王星。

【典型真题】太阳系是太阳和以太阳为中心、受它的引力支配而环绕它运动的天体所构成的系统，其中包含八大行星。下列行星中，距离太阳最远的是（　　）。

A. 天王星　　B. 海王星　　C. 土星　　D. 木星

【解析】太阳系的成员包括太阳和环绕太阳的八大行星，八大行星距离太阳从近到远依次是水星、金星、地球、火星、木星、土星、天王星和海王星。

【答案】B

7. 日食

当太阳、月球、地球运行约成一条直线时，月球阴影掠过地球，会造成日食。依目视太阳被月球遮掩的多少，可分为日偏食、日全食和日环食。

8. 月食

当太阳、地球、月球运行约成一条直线时，月球运行到地球阴影内，则会形成月食。依地球遮蔽阳光照射到月面的多少，可分为月偏食和月全食。

9. 喀斯特地貌

喀斯特地貌是在碳酸盐类岩石地区，地下水和地表水对可溶性岩石溶蚀与沉淀、侵蚀与沉积以及重力崩塌、塌陷、堆积等作用形成的。喀斯特地貌以南斯拉夫喀斯特高原命名，在我国也叫岩溶地貌，广泛分布于桂、黔、滇等地。

【典型真题】钟乳石产生于石灰岩溶洞中，包括石笋、石柱、石钟乳等，其中悬挂在洞顶向下生长的倒锥状碳酸钙沉积物是（　　）。

A. 石笋　　B. 石柱　　C. 石钟乳　　D. 石灰乳

【解析】钟乳石中，自上而下像悬钟那样的长条形或乳状沉淀物是石钟乳。故选 C。

【答案】C

10. 火山

活火山，在人类历史时期还经常作周期性喷发的火山；死火山，在人类历史以前喷发过，迄今为止没有重新喷发过的火山；休眠火山，长期熄灭的火山，有时又突然喷发。火山主要分布在环太平洋、地中海和东非的火山带以及大西洋海底的火山带。

11. 地震

大多数地震发生的类型是构造地震，是由于地球内部应力引起构造变动而产生的。地壳中的岩石在地应力的长期作用下，会发生倾斜和弯曲，当积累起来的地应力超过岩层所能承受的限度时，岩层便会突然发生断裂或错位，使长期积聚起来的能量急剧地释放出来，并以地震波的形式向四周传播，使地面发生震动。

地震要素：岩层发生断裂引起地震的地方，叫震源；和震源相对应的地面上的点，叫震中；地面上任何一点到震中的距离，叫震中距；当地震发生时，地下岩层受到强烈冲击，产生弹性震动，以波的形式向四周传播，这种弹性波，叫地震波。

震级：表示地震本身能量大小的等级。地震释放出来的能量越大，震级越高。一般，3 级以下的地震，人无感觉，称微震；5 级以上的地震，称破坏性地震。

地震的分布：世界地震主要集中在环太平洋和地中海——喜马拉雅山脉板块交界地带。我国处在两大地震活动带之间，是多地震的国家。

笔记栏

12. 堰塞湖

堰塞湖是由火山熔岩流或地震活动等原因引起山崩滑坡体等堵截河谷或河床后贮水而形成的湖泊。中国东北的镜泊湖即是典型的熔岩堰塞湖。

【典型真题】下列选项中，属于大多数地震发生的类型的一项是（　　）。

A. 火山地震　　B. 构造地震

C. 塌陷地震　　D. 诱发地震

【解析】构造地震亦称"断层地震"。地震的一种，由地壳（或岩石圈，少数发生在地壳以下的岩石圈上地幔部位）发生断层而引起。地壳（或岩石圈）在构造运动中发生形变，当变形超出了岩石的承受能力，岩石就发生断裂，在构造运动中长期积累的能量迅速释放，造成岩石振动，从而形成地震。构造地震波及范围大，破坏性很大。世界上百分之九十以上的地震、几乎所有的破坏性地震属于构造地震。目前已记录到的最大构造地震震级为8.9级（智利，1960年5月22日）。

【答案】B

13. 中国地理常识

中国陆地面积约960万平方公里，在世界各国中，仅次于俄罗斯、加拿大，居第三位，差不多同整个欧洲面积相等。中国领土最北端在黑龙江省漠河以北的黑龙江主航道中心线上。中国领土最南端在南海的南沙群岛中的曾母暗沙。中国领土最东端在黑龙江省的黑龙江与乌苏里江主航道中心线的相交处。中国领土最西端在新疆帕米尔高原。

（1）根据《宪法》，我国的行政区域划分如下：全国分为省、自治区、直辖市；省、自治区分为自治州、县、自治县、市；县、自治县分为乡、民族乡、镇。直辖市和较大的市分为区、县。自治州分为县、自治县、市。自治区、自治州、自治县都是民族自治地方。国家在必要时设立特别行政区。中国共有34个省级行政单位，含23个省、5个自治区、4个直辖市和2个特别行政区。

（2）中国是一个统一的多民族国家，共有56个民族。在中国各民族中，汉族人口最多，约占总人口的92%。少数民族人口最多的是壮族，约有1 600万人。汉族与其他的少数民族分布特点是大杂居、小聚居。

【典型例题】下列选项中，表述正确的一项是（　　）。

A. 云南是少数民族种类最多的省份

B. 湖南是满族人口最多的省份

C. 贵州是少数民族种类最多的省份

D. 湖北是满族人口最多的省份

【解析】云南省的少数民族种类最多，而满族人口最多的省份是辽宁省。

【答案】A

（3）中国五大经济特区是广东的深圳、珠海、汕头，福建的厦门以及海南省。

（4）中国有四大高原：青藏高原（"世界屋脊"）、内蒙古高原、黄土高原、云贵高原；四大盆地：塔里木盆地、准噶尔盆地、柴达木盆地、四川盆地；三大平原：东北平原、华北平原、长江中下游平原。

（5）中国所濒临的海洋从北到南依次为渤海、黄海、东海、南海。

【典型真题】盆地的主要特征是四周高（山地或高原）、中部低（平原或丘陵）。下列选项中海拔最高的盆地是（　　）。

A. 塔里木盆地　　B. 柴达木盆地

C. 吐鲁番盆地　　D. 四川盆地

笔记栏

【解析】柴达木盆地海拔3 000米左右，是我国地势最高的内陆高原盆地，位于昆仑山、祁连山之间。塔里木盆地海拔1 000米，位于昆仑山与天山之间。四川盆地海拔500米以下，位于四川和重庆境内，东是巫山，西是横断山，北是大巴山，南是云贵高原，也称“紫色盆地”。吐鲁番盆地是我国最低的洼地，也是世界第二低地。

【答案】B

三、生活常识

（一）生活中的物理知识

（1）电饭煲、电炒锅、电水壶的三脚插头插入三孔插座，可防止电器漏电和触电事故的发生。

（2）菜刀的刀刃薄是为了减小受力面积，增大压强；菜刀柄、锅铲柄、电水壶把手有凸凹花纹，使接触面粗糙，增大摩擦。

（3）往保温瓶里倒开水，可根据声音知道水量高低。这是因为随着水量增多，空气柱的长度减小，振动频率增大，音调会逐渐升高。

（4）使用炉灶烧水或炒菜，要使锅底放在火苗的外焰，不要让锅底压住火头，可使锅的温度升高更快，这是因为火苗的外焰温度高。

（5）滚烫的砂锅放在湿地上易破裂。这是因为砂锅是热的不良导体，烫砂锅放在湿地上时，砂锅外壁迅速放热收缩而内壁温度降低慢，砂锅内外收缩不均匀，故易破裂。

（6）往保温瓶灌开水时，不灌满能更好地保温。因为未灌满时，瓶口有一层空气，空气是热能的不良导体，能更好地防止热量散失。

（7）冬季从保温瓶里倒出一些开水，盖紧瓶塞时，常会看到瓶塞马上跳一下。这是因为随着开水倒出，进入一些冷空气，瓶塞塞紧后，进入的冷空气受热很快膨胀，压强增大，从而推开瓶塞。

（8）冬天或气温很低时，往玻璃杯中倒入沸水，应当先用少量的沸水预热一下杯子，以防止玻璃杯内外温差过大，内壁热膨胀受到外壁阻碍产生力，致使杯破裂。

（9）煮熟后滚烫的鸡蛋放入冷水中浸一会儿，容易剥壳，因为滚烫的鸡蛋壳与蛋白遇冷会收缩，但它们收缩的程度不一样，从而使两者脱离。

（10）用砂锅煮食物，食物煮好后，让砂锅离开火炉，食物将在锅内继续沸腾一会儿。这是因为砂锅离开火炉时，砂锅底的温度高于100℃，而锅内食物为100℃，离开火炉后，锅内食物能从锅底吸收热量，继续沸腾，直到锅底的温度降为100℃为止。

【典型真题1】下列四种发电方式中，最低碳、最环保的一种是（　　）。

A. 水力发电　　B. 火力发电　　C. 核燃料发电　　D. 风力发电

【解析】把风的动能转变成机械能，再把机械能转化为电力动能，这就是风力发电。风力发电的原理是利用风力带动风车叶片旋转，再通过增速机将叶片旋转的速度提升，来促使发电机发电。

【答案】D

【典型真题2】光是人类生存环境的一个要素，光照射在物质上，一般会与物质发生相互作用。下列选项中，不是光与物质相互作用结果的是（　　）。

A. 直射　　B. 折射　　C. 反射　　D. 吸收

【解析】直射是光的性质。光在直射过程中遇到物质时，与物质相互作用而使光的性质发生了某些变化，光作为信息的载体分别反映了物质对光的吸收、折射、散射和反射等能力，而吸收、散射、折射、反射等现象正是光和物质相互作用的结果。所以，正确答案是A项。

【答案】A

(二)生活中的化学知识

(1)加碘食盐的使用。食用加碘食盐是消除碘缺乏症的最简便、经济、有效的方法。加碘食盐中含有氯化钠和碘酸钾,而碘酸钾受热、光照时不稳定易分解,从而影响人体对碘的摄入,所以炒菜时应等快出锅时再加盐,且勿长时间炖炒。

(2)豆腐不可与菠菜一起煮。菠菜、洋葱、竹笋中含有丰富的草酸、草酸钠,豆腐中含有较多的钙盐,如硫酸钙等成分。上述物质混合可以发生复分解反应,生成草酸钙沉淀等物质,草酸钙是人体内不能吸收的沉淀物。从医学的观点看,菠菜、洋葱、竹笋等和豆腐同时混合食用,生成的草酸钙的沉淀是产生结石的诱因;从营养学的观点看,混合食用会破坏其营养成分。

(3)水果可以解酒。因为水果里含有机酸,例如,苹果里含有苹果酸,柑橘里含有柠檬酸等,而酒里的主要成分是乙醇,有机酸能与乙醇相互作用而形成酯类物质,从而达到解酒的目的。同样,食醋能解酒也是因为食醋里含有3%~5%的乙酸,乙酸能跟乙醇发生酯化反应生成乙酸乙酯。

(4)炒菜时不宜把油烧得冒烟。油在高温时,容易生成一种多环化合物。一般植物油含的不饱和脂肪酸多,更容易形成多环化合物。实验证明,多环化合物易诱发动物得膀胱癌。一般将油烧至沸腾就行了。

(5)食盐易潮是因为其中常含有氯化镁,氯化镁在空气中有潮解现象。为了防止食盐的潮解,一般可将食盐放在锅中干炒。氯化镁在高温下水解完全生成氧化镁(MgO),就会失去潮解性。或将食盐进行提纯,纯的氯化钠在空气中没有潮解现象。

(6)医生使用氯乙烷喷剂可迅速为运动员消除疼痛。当运动员受伤倒地,有时还抱着大腿痛得翻滚时,医生会跑过去,拿着一个小喷壶,向受伤部位喷射一种药,再用药棉不断地揉搓、按摩,稍待片刻,受伤的运动员就能站立起来,重新投入比赛。喷壶里装的是氯乙烷(C_2H_5Cl),这是一种没有颜色、极易挥发(沸点13.1℃)的液体。当把它喷到受伤部位时,它能立即挥发,并在挥发时吸收热量,使皮肤表面温度骤然降低,使感觉变得迟钝,从而起到镇痛和局部麻醉的作用。

(7)铅笔的标号:铅笔的笔芯是用石墨和黏土按一定比例混合制成的。“H”即英文“Hard”(硬)的词头,代表黏土,用以表示铅笔芯的硬度。“H”前面的数字越大(如6H),铅笔芯就越硬,即笔芯中与石墨混合的黏土比例越大,写出的字越不明显,常用来复写。“B”是英文“Black”(黑)的词头,代表石墨,用以表示铅笔芯质软的情况和写字的明显程度。以“6B”为最软,字迹最黑,常用以绘画。普通铅笔标号则一般为“HB”。考试时用来涂答题卡的铅笔标号一般为“2B”。

(8)铝锅用久变黑,是因为水里的铁盐置换了铝;没擦干的小刀在火上烘烤会使表面变蓝,因为铁和水在高温下化合生成四氧化三铁。

(9)剃须时,可用牙膏代替肥皂。牙膏不含游离碱,不仅对皮肤无刺激,而且泡沫丰富,气味清香,使人有清凉舒爽之感。

(10)刚煮沸就关火对健康不利,煮沸3~5分钟再熄火,烧出来的开水亚硝酸盐和氯化物等有毒物质含量都处于最低值,最适合饮用。

【典型例题1】下列表述不正确的是(   )。

A. 自然界中的金属常温条件下一般呈固态　　B. 惰性气体不能与其他物质发生化学反应

C. 钢是由铁和碳按一定的比例冶炼而成的　　D. 天然气是一种无色、无味的天然气体

【解析】惰性气体在常温常压下,都是无色无味的单原子气体,很难进行化学反应。题干中惰性气体不能与其他物质发生化学反应的表述过于绝对,惰性气体是很难发生反应,在一定条件下也是会发生相应的化学反应的。注意本题是选非题,因此,本题选择B项。

【答案】B

笔记栏

【典型例题 2】面对突发灾难，逃生方法正确与否与逃生成功率密切相关，应对不当，往往付出生命代价。在高层遇到火灾时，下列做法不正确的是（　　）。

A. 湿毛巾封死门缝等待救援　　B. 快速进入电梯下行通道

C. 弯腰低头顺楼梯奔跑　　D. 用湿毛巾捂住口鼻呼吸

【解析】在遇到火灾时，应该用湿毛巾捂住口鼻进行呼吸，防止烟雾窒息。能够逃离时，应该弯腰低头靠墙通过楼梯向外逃生。如果不能及时逃离，应该用湿毛巾封死门缝以及空调风口等会导致烟雾进入的通道，等待救援。火灾易导致电路故障，所以不能乘坐电梯逃生。注意本题是选非题，因此，本题选择 B 项。

【答案】B

附：

常见的幼儿科普读物

《十万个为什么》

这是中国少年儿童出版社在 20 世纪 60 年代初编辑出版的一套青少年科普读物。几十年来，这套书先后出版了 6 个版本，累计发行量超过 1 亿册，是新中国几代青少年的科学启蒙读物，已经成为中国原创科普图书的第一品牌。它向读者展示了一个生动有趣的科普世界，在传播知识、普及科学方面发挥了积极的作用，影响几代青少年走上了科学的道路。这套书被千千万万的读者推选出来，成为“感动共和国的 50 本书”中的一种。

《大头儿子智慧成长故事》

这是作家郑春华为小朋友们奉献的一套智慧成长故事精品。作者从儿童熟悉的生活出发，结合儿童成长所需，自然、准确、生动地表现了儿童五彩缤纷的世界。通过这套书，儿童能获得成长所需的智慧，勇于挑战未曾触及的难题，相信自己、努力思索，坚定地走好成长中的每一步。家长也能从书中了解儿童的所需所想，进而找到通往儿童心灵深处的最佳途径，获得与儿童沟通的最佳方法。

《第一次发现丛书》

这是法国国宝级儿童科普经典，获得多项国际大奖，受到全世界儿童的喜爱。它采用独特的胶片印刷工艺，分为“透视眼系列”（72 种）“手电筒系列”（18 种）“放大镜系列”（10 种）三个系列。这是一套互动性很强的游戏科普图书。它挑战传统的阅读方式，让孩子亲眼见证、亲手探索、亲身体验发现的乐趣，每一处游戏的设计都极富想象力，每一个细节的发现都独具匠心。它颠覆了传统认知模式，是“科普与艺术，学术与游戏”的完美结合，为孩子自主发现这个神奇的世界提供了一个良好的窗口。

《永田爷爷的动物观察日记》

这是法国瑟伊出版社专为小朋友设计的科普绘本。在这套动物观察日记里，永田爷爷用幽默的图画、清新的笔触、简洁的语言和新鲜的视角，描绘了他所观察到的动物。十册书分别讲述了十种动物：蚂蚁、乌龟、鳄鱼、鼹鼠、狐狸、蜗牛、青蛙、企鹅、猫头鹰、刺猬。这套书用有趣的画面和简单的语句，向孩子们展现了一个神奇有趣、让人遐想联翩的大自然。

《简单的科学（2 岁以上）》

本书作者是英国米克·曼宁。这是一套专为幼儿阶段的小朋友创作的儿童科普读物，它以独特的视角、新奇的创意、别致的图画、有趣的故事，将抽象的科学概念讲解得极其生动形象，可以说是将科学概念与儿童生活和精美图画完美结合的典范。这一套有趣有益的科学图画书不仅得到了小朋友的喜爱，也获得了教育专家的认可，在非文学类图书中脱颖而出，屡获大奖。

《小小探索者百科群书》

本书作者是美国斯特拉德林。本套百科全书以逼真的彩色图片和通俗易懂的文字详细诠释了孩子们感兴趣的问题，如人们喜欢住在地球的什么地方？太阳会为人类带来哪些好处？什么时候会见到彩虹？植物是如何制造新生命的？世界上有完全一样的人吗？……

《昆虫记》

这是法国杰出昆虫学家、文学家法布尔的传世佳作。法布尔把毕生从事昆虫研究的成果和经历用散文的形式记录下来，详细描绘了昆虫的生活和昆虫们为生活以及繁衍种族所进行的斗争，以人性照应虫性，虫性、人性交融，使昆虫世界成为人类获得知识、趣味、美感和思想的文学形态，将区区小虫的话题书写成具有多层次意味、全方位价值的巨制鸿篇。《昆虫记》是优秀的科普著作，也是公认的文学经典。

《胡椒生长在哪里》

这是一本充分调动了孩子对未知事物探究欲望的科学知识类图画书，作者是德国的拉布。胡椒长在哪里呢？为什么蜗牛身上有小房子？为什么海水是咸的呢？……本书文图幽默、精彩，充分利用翻页带来的惊喜，让孩子在愉快阅读的同时，获得丰富的科学知识。

知识体系及思维脉络图

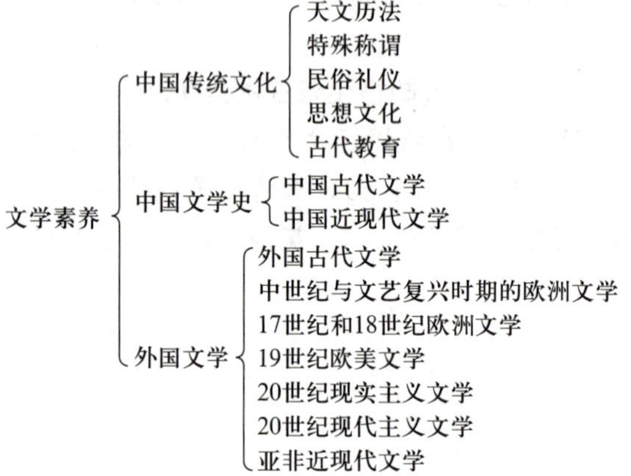

核心考点及学习提示

【核心考点】

1. 了解重要的中国传统文化知识。
2. 了解中外文学史上重要的作家、作品，尤其是常见的儿童文学作品。

【学习提示】

文学素养是综合素质必考的内容之一，以识记为主。从 2011 年下半年至今，每年的考题中都有 4~5 道是考查未来教师的文学素养，主要涉及中国文化的常识、中外文学史上重要的作家及其代表作品、重要的文学现象、文学流派。从历年的考题看，本章内容考查的题型都是单项选择题，考试内容以中外文学史上的重要作家及其代表作品为主，特别要关注常见的儿童文学作品以及中国传统文化中有代表性的文化现象。其中，中外古代文学史以及 19 世纪欧美文学的重要作家及其代表作品、重要的儿童文学作品、中国传统文化中的思想文化、科举制以及民俗礼仪是高频考点。考生在复习备考本章内容时，对中外文学知识要明确“重要”，掌握“代表”；对中国传统文化知识，要加强识记，准确把握，学扎实。

第一节　中国传统文化

一、天文历法

（一）二十四节气

二十四节气是中国古代订立的一种用来指导农事的补充历法，是我国古代历法的重要组成部

笔记栏

分。古人根据太阳一年内的位置变化以及所引起的地面气候的演变次序，把一年三百六十五又四分之一的天数分成二十四段，分列在十二个月中，以反映四季、气温、物候等情况，这就是二十四节气。每月分为两段，月首叫“节气”，月中叫“中气”。二十四节气的名称及顺序为：

正月	立春、雨水	七月	立秋、处暑
二月	惊蛰、春分	八月	白露、秋分
三月	清明、谷雨	九月	寒露、霜降
四月	立夏、小满	十月	立冬、小雪
五月	芒种、夏至	十一月	大雪、冬至
六月	小暑、大暑	十二月	小寒、大寒

为了便于记忆，人们编出了歌谣：“春雨惊春清谷天，夏满芒夏暑相连，秋处露秋寒霜降，冬雪雪冬小大寒。”

【典型例题】二十四节气是地球运行到二十四个规定位置的日期，在中国古代主要用于指导农事活动。不属于二十四节气的是（　　）。

A. 清明、谷雨　　B. 立夏、小满

C. 中秋、重阳　　D. 冬至、小寒

【解析】中秋、重阳不属于二十四节气。

【答案】C

（二）四象

古人把东、北、西、南四方每一方的七宿想象为四种动物形象，叫作四象。东方七宿如同飞舞在春天夏初夜空的巨龙，故而称为东宫苍龙；北方七宿似蛇、龟出现在夏天秋初的夜空，故而称为北宫玄武；西方七宿犹猛虎跃出深秋初冬的夜空，故而称为西宫白虎；南方七宿像一展翅飞翔的朱雀，出现在寒冬早春的夜空，故而称为南宫朱雀。后人也通俗地称四象为左青龙、右白虎、南朱雀、北玄武。

（三）流火

流，下行；火，指大火星，即东宫苍龙七宿中的心宿。《诗经·七月》：“七月流火，九月授衣。”七月相当于公历的八月，流火是说大火星的位置已由中天逐渐西降，表明暑气已退，天气逐渐凉爽起来。

（四）北斗

北斗又称“北斗七星”，指在北方天空排列成斗形（或勺形）的七颗亮星。七颗星的名称是：天枢、天璇、天玑、天权、玉衡、开阳、摇光。根据北斗星便能找到北极星，故又称“指极星”。

（五）五更

我国古代把夜晚分成五个时段，用鼓打更报时，所以叫作五更、五鼓，或称五夜。一更——黄昏、一鼓、甲夜——19—21 点；二更——人定、二鼓、乙夜——21—23 点；三更——夜半、三鼓、丙夜——23—（次日）1 点；四更——鸡鸣、四鼓、丁夜——1—3 点；五更——平旦、五鼓、戊夜——3—5 点。

【典型例题】我国古代把夜晚分为五个时段，用鼓打更报时，所以叫作五更、五鼓或五夜。下列选项中，属于“三更”的时段是（　　）。

A. 19:00—21:00 时　　B. 21:00—23:00 时

C. 23:00—（次日）1:00 时　　D.（次日）1:00—3:00 时

【解析】一更为 19—21 点；二更为 21—23 点；三更为 23—次日凌晨 1 点；四更为 1—3 点；五更为 3—5 点。

【答案】C

(六) 四时

四时指春夏秋冬四季。农历以正月、二、三月为春季,分别称作孟春、仲春、季春;以四月、五月、六月为夏季,分别称作孟夏、仲夏、季夏;秋季、冬季以此类推。

(七) 干支

干支为天干地支的合称。天干:甲、乙、丙、丁、戊、己、庚、辛、壬、癸;地支:子、丑、寅、卯、辰、巳、午、未、申、酉、戌、亥。十干和十二支依次相配。组成六十个基本单位,古人以此作为年、月、日、时的序号,叫“干支纪法”。

(八) 纪年法

我国古代纪年法主要有四种:

(1) 王公即位年次纪年法。以王公在位年数来纪年。如《廉颇蔺相如列传》:“赵惠文王十六年,廉颇为赵将。”

(2) 年号纪年法。汉武帝起开始有年号。此后每个皇帝即位都要改元,并以年号纪年。如《岳阳楼记》“庆历四年春”等。

(3) 干支纪年法。十天干和十二地支进行循环组合:甲子、乙丑、丙寅……一直到癸亥,共得到60个组合,称为六十甲子。用六十甲子依次纪年,六十一个轮回。如《五人墓碑记》:“予犹记周公之被逮,在丁卯三月之望。”“丁卯”指公元1627年。

(4) 年号干支兼用法。纪年时皇帝年号置前,干支列后。如:《核舟记》“天启壬戌秋日”,“天启”是明熹宗朱由校年号,“壬戌”是干支纪年。

【典型例题】我国农历以干支纪年。公元1976年是农历丙辰年,据此推算,公元1977年应该是(　　)。

A. 农历丁巳年　　B. 农历戊午年　　C. 农历丙寅年　　D. 农历辛亥年

【解析】十天干是甲、乙、丙、丁、戊、己、庚、辛、壬、癸;十二地支是子、丑、寅、卯、辰、巳、午、未、申、酉、戌、亥。题干告知1976年是丙辰年,“丙”后为“丁”,“辰”后为“巳”,所以1977年应为农历丁巳年。

【答案】A

(九) 纪月法

我国古代纪月法主要有三种:

(1) 序数纪月法。如一月、二月、三月,至今仍在沿用。

(2) 地支纪月法。古人常以十二地支配称十二个月,每个地支前要加上特定的“建”字。如庾信《哀江南赋》:“以戊辰之年,建亥之月,金陵瓦解”。“建亥”即农历十月。

(3) 时节纪月法。如《古诗十九首》:“孟冬寒气至,北风何惨栗。”“孟冬”代农历十月。

(十) 纪日法

我国古代纪日法主要有四种:

(1) 序数纪日法。如《梅花岭记》:“二十五日,城陷,忠烈拔刀自裁。”《项脊轩志》:“三五之夜,明月半墙。”“三五”指农历十五。

(2) 干支纪日法。如《崤之战》:“夏四月辛巳,败秦军于崤。”“四月辛巳”指农历四月十三日。《石钟山记》:“元丰七年六月丁丑,”即农历六月九日。

(3) 月相纪日法。指用“朔、朏、望、既望、晦”等表示月相的特称来纪日。每月第一天叫朔,每月初三叫朏,月中叫望(小月十五日,大月十六日),望后这一天叫既望,每月最后一天叫晦。如《祭妹文》:“此七月望日事也。”《五人墓碑记》:“在丁卯三月之望”;《赤壁赋》:“壬戌之秋,七月既望。”

笔记栏

(十一) 纪时法

我国古代纪时法主要有两种：

(1) 天色纪时法。古人最初是根据天色的变化将一昼夜划分为十二个时辰,它们的名称是:夜半、鸡鸣、平旦、日出、食时、隅中、日中、日昳、晡时、日入、黄昏、人定。古天色纪时与今序数纪时对应关系：

夜半:又名子夜、中夜,十二时辰的第一个时辰,23—(次日)1点。

鸡鸣:又名荒鸡,十二时辰的第二个时辰,1—3点。

平旦:又称黎明、日旦等,是夜与日的交替之际,3—5点。

日出:又名日始、破晓等,指太阳刚刚露脸,冉冉初升的那段时间,5—7点。

食时:又名早食等,古人"朝食"之时也就是吃早饭时间,7—9点。

隅中:又名日禺等,临近中午的时候称为隅中,9—11点。

日中:又名日正、中午等,11—13点。

日昳:又名日跌、日央等,太阳偏西为日跌,13—15点。

晡时:又名日铺、夕食等,15—17点。

日入:又名日落、日沉、傍晚,意为太阳落山的时候,17—19点。

黄昏:又名日夕、日暮、日晚等,此时太阳已经落山,天将黑未黑。天地昏黄,万物朦胧,故称黄昏,19—21点。

人定:又名定昏等,此时夜色已深,人们也已经停止活动,安歇睡眠了。人定也就是人静,21—23点。

(2) 地支纪时法。以十二地支来表示一昼夜十二时辰的变化。古地支纪时与今序数纪时对应关系：

子时:23—(次日)1点;丑时:1—3点;寅时:3—5点;卯时:5—7点;辰时:7—9点;巳时:9—11点;午时:11—13点;未时:13—15点;申时:15—17点;酉时:17—19点;戌时:19—21点;亥时:21—23点。

二、特殊称谓

(一) 别称

1. 年龄称谓

古人的年龄有时不用数字表示,不直接说出某人多少岁或自己多少岁,而是用一种与年龄有关的称谓来代替。襁褓指未满周岁的婴儿;孩提指二至三岁的儿童;垂髫是三四岁至八九岁的儿童(髫,古代儿童头上下垂的短发)。总角是八九岁至十三四岁的少年(古代儿童将头发分作左右两半,在头顶各扎成一个结,形如两个羊角,故称"总角")。豆蔻是十三四岁至十五六岁(杜牧《赠别》诗:"娉娉袅袅十三余,豆蔻梢头二月初。"故特指女孩子十三四岁)。束发是男子十五岁。弱冠是男子二十岁。而立是男子三十岁。不惑是男子四十岁。知命是男子五十岁。花甲是六十岁。古稀是七十岁。耄耋指八九十岁。期颐指一百岁。

【典型例题】"韦编三绝今知命,黄绢初裁好著书"是一幅贺寿对联,所贺寿主的年龄是(　　)。

A. 30　　B. 40　　C. 50　　D. 60

【解析】题干中的贺寿对联中的"知命"出自《论语·为政》:"五十而知天命",因此,寿主的年龄为50岁,C项正确。

【答案】C

2. 兄弟排行的称谓

伯(孟)仲叔季是我国古代兄弟行辈中长幼排行的次序。伯(孟)是老大,仲是老二,叔是老三,

季是老四。古代贵族男子的字前常加伯(孟)、仲、叔、季表示排行,字的后面加“父”或“甫”字表示男性,构成男子字的全称,如伯禽父、仲尼父、叔兴父等。

3. 职业的称谓

古代对一些以技艺为职业的人,称呼时常在其名前面加一个表示他的职业的字眼,让人一看就知道这人的职业身份。如《庖丁解牛》中的“庖丁”,“丁”是名,“庖”是厨师,表明职业。《师说》中的“师襄”和《群英会蒋干中计》中提到的“师旷”,“师”,意为乐师,表明职业。《柳敬亭传》中的“优孟”,是指名叫“孟”的艺人。“优”,亦称优伶、伶人,古代用于称以乐舞戏谑为职业的艺人,后亦称戏曲演员。

4. 不同的朋友关系之间的称谓

贫贱而地位低下时结交的朋友叫“贫贱之交”;情谊契合、亲如兄弟的朋友叫“金兰之交”;同生死、共患难的朋友叫“刎颈之交”;在遇到磨难时结成的朋友叫“患难之交”;情投意合、友谊深厚的朋友叫“莫逆之交”;从小一块儿长大的异性好朋友叫“竹马之交”;以平民身份相交往的朋友叫“布衣之交”;辈分不同、年龄相差较大的朋友叫“忘年交”;不拘于身份、形迹的朋友叫“忘形交”;不因贵贱的变化而改变深厚友情的朋友叫“车笠交”;在道义上彼此支持的朋友叫“君子交”;心意相投、相知很深的朋友叫“神交”。

5. 月亮的别称

月亮是古诗文提到的自然物中最突出的被描写的对象。它的别称可分为:① 因初月如钩,故称银钩、玉钩。② 因弦月如弓,故称玉弓、弓月。③ 因满月如轮如盘如镜,故称金轮、玉轮、银盘、玉盘、金镜、玉镜。④ 因传说月中有兔和蟾蜍,故称银兔、玉兔、金蟾、银蟾、蟾宫。⑤ 因传说月中有桂树,故称桂月、桂轮、桂宫、桂魄。⑥ 因传说月中有广寒、清虚两座宫殿,故称广寒、清虚。⑦ 因传说为月亮驾车之神名望舒,故称月亮为望舒。⑧ 因传说嫦娥住在月中,故称月亮为嫦娥。⑨ 因人们常把美女比作月亮,故称月亮为婵娟。

6. 官职的任免升降

“三省六部”制出现以后,官员的升迁任免由吏部掌管。官职的任免升降常用以下词语:① 拜。用一定的礼仪授予某种官职或名位。如《〈指南录〉后序》中的“于是辞相印不拜”,就是没有接受丞相的印信,不去就职。② 除。拜官授职,如《〈指南录〉后序》的“予除右丞相兼枢密使”。③ 擢。提升官职,如《战国策·燕策》:“先王过举,擢之乎宾客之中,而立之乎群臣之上。”④ 迁。调动官职,包括升级、降级、平级转调三种情况。为易于区分,人们常在“迁”字的前面或后面加一个字,升级叫迁升、迁授、迁叙,降级叫迁削、迁谪、左迁,平级转调叫转迁、迁官、迁调,离职后调复原职叫迁复。⑤ 谪。降职贬官或调往边远地区。《岳阳楼记》中:“滕子京谪守巴陵郡”的“谪”就是贬官。⑥ 黜。“黜”与“罢、免、夺”都是免去官职。如《国语》:“公将黜太子申生而立奚齐。”⑦ 去。解除职务,其中有辞职、调离和免职三种情况。辞职和调离属于一般情况和调整官职,而免职则是削职为民。⑧ 乞骸骨。年老了请求辞职退休,如《张衡传》:“视事三年,上书乞骸骨,征拜尚书。”

7. 百姓的称谓

常见的有布衣、黔首、黎民、生民、庶民、黎庶、苍生、黎元、氓等。

8. 山川地理

(1)中国的别称。

中国现为中华人民共和国简称。但在古代文献中它是一个多义性的词组。从春秋战国至宋元明清,多用来泛指中原地区。如孟子《齐桓晋文之事》:“莅中国而抚四夷也。”

① 中华,上古时期华夏族居四方之中的黄河流域一带,故称“中华”,后常用来泛指中原地区。如《三国志》:“其地东接中华,西通西域。”今已成为中国的别称。

② 九州,传说中的我国上古时期划分的九个行政区域,州名分别为:冀、兖、青、徐、扬、荆、豫、

梁、雍。后成为中国的别称。陆游诗云:“死去元知万事空,但悲不见九州同。”《过秦论》:“序八州而朝同列”,秦居雍州,加上八州即九州。

③ 赤县,古人把中国称作“赤县神州”。毛泽东词《浣溪沙·和柳亚子先生》:“长夜难明赤县天。”辛弃疾词《南乡子》:“何处望神州,满眼风光北固楼。”

(2)天下的别称。

① 六合,上下和四方,泛指天下。如《过秦论》:“履至尊而制六合”“然后以六合为家,崤函为宫”。李白《古风》诗:“秦王扫六合,虎视何雄哉!”

② 八荒,四面八方遥远的地方,犹称“天下”。《过秦论》:“囊括四海之意,并吞八荒之心。”梁启超《少年中国说》:“纵有千古,横有八荒。”

③ 四海,指天下、全国。如贾谊《过秦论》:“有席卷天下,包举宇内,囊括四海之意。”《阿房宫赋》:“六王毕,四海一。”

(3)江河。

江河在古代许多文章中专指长江、黄河。如《鸿门宴》:“将军战河南,臣战河北。”《过秦论》:“然后践华为城,因河为池。”《殽之战》:“公使阳处父追之,及诸河。”

(4)江左。

江左即江东。古人以东为左,以西为右。《群英会蒋干中计》:“即传令悉召江左英杰与子翼相见。”“淮左”淮水东面。《扬州慢》:“淮左名都,竹西佳处”,扬州在淮水东面。

(5)江表。

江表即长江以南地区。《赤壁之战》:“江表英豪,咸归附之。”

(6)山东。

山东,顾名思义,在山的东面。但需注意的是,因“山东”之“山”,可指崤山、华山、太行山、泰山等数种不同的山,而所指地域不尽相同。下面是以崤山为标准的“山”。如《汉书》曾提到“山东出相,山西出将”。《鸿门宴》:“沛公居山东时,贪于财货。”《过秦论》:“山东豪俊遂并起而亡秦族矣。”

(7)关东、关西、关中。

关东:古代指函谷关或潼关以东地区,近代指山海关以东的东北地区。曹操《蒿里行》:“关东有义士,兴兵讨群凶。”指潼关以东地区。

关西:指函谷关或潼关以西地区。《赤壁之战》:“马超、韩遂尚在关西,为操后患。”

关中:所指范围不一,古人习惯上将函谷关以西地区称为关中。《鸿门宴》:“沛公欲王关中,使子婴为相。”《过秦论》:“始皇之心,自以为关中之固。”

(8)百越。

百越,又作百粤、诸越。古代越族居住在江浙闽粤各地,统称为百越。古文中常泛指南方地区。《过秦论》:“南取百越之地”,《采草药》:“诸越则桃李冬实”。

(9)山水阴阳。

古代以山南、水北为阳,以山北、水南为阴。《愚公移山》:“指通豫南,达于汉阴。”“汉阴”指汉水南面。《登泰山记》:“泰山之阳,汶水西流;其阴,济水东流。”《游褒禅山记》:“所谓华阳洞者,以其乃华山之阳名之也。”

(10)城市的古称。

如南京又称建康、金陵、江宁、白下。《柳敬亭传》:“尝奉命至金陵。”《病梅馆记》:“江宁之龙蟠……皆产梅。”《梅花岭记》:“吴中孙公兆奎以起兵不克,执至白下。”又如扬州称广陵、维扬,李白《送孟浩然之广陵》:“烟花三月下扬州。”姜夔《扬州慢》:“淳熙丙申至日,予过维扬。”再如杭州称临安、武林,苏州称姑苏,福州称三山,成都称锦官城。《柳敬亭传》:“余读《东京梦华录》《武林

笔记栏

旧事》。”《枫桥夜泊》:“姑苏城外寒山寺,夜半钟声到客船。”《春夜喜雨》:“晓看红湿处,花重锦官城。”《〈指南录〉后序》:“自海道至永嘉,来三山,为一卷。”

【典型真题】 西安市历史悠久,其建制在各朝各代中曾有不同名称。下列选项中,不是其历史名称的是(　　)。

A. 镐京　　B. 西京　　C. 临安　　D. 长安

【解析】 临安是杭州的历史名称。

【答案】 C

9. 人际关系的别称

(1) 父母称高堂、椿萱、双亲。

(2) 妻父俗称丈人,雅称岳父、泰山;女婿称东床、东坦、娇客。

(3) 兄弟称昆仲、棠棣、手足。

(4) 老师称先生、夫子、恩师;学生称门生、受业;学堂称寒窗、鸡窗。

(5) 父母死后称呼上加“先”,字,父死后称先父、先严、先考;母死称先母、先慈、先妣。同辈人死后加“亡”字,如亡妻、亡兄、亡妹。夫妻一方亡故叫丧偶,夫死称妻为寡、孀,妻死称夫为鳏。

10. 常见借代词语

桑梓代指家乡;桃李代指学生;社稷、轩辕代指国家;南冠代指囚犯;烽烟代指战争;巾帼代指妇女;须眉代指男子;丝竹代指音乐;婵娟、嫦娥代指月亮;手足代指兄弟;汗青代指史册;伉俪代指夫妻;白丁、布衣代指百姓;伛偻、黄发代指老人;桑麻代指农事;垂髫代指小孩;三尺代指法律;膝下代指父母;华盖代指运气;庙堂代指朝廷;杏林代指中医学界;梨园代指戏班、剧团;函、简、笺、鸿雁、札代指书信;桂冠、鳌头、榜首、问鼎、夺魁代指第一。

【典型例题】 我国传统文化中的“杏林”指的是(　　)。

A. 教育界　　B. 医学界

C. 文学界　　D. 艺术界

【解析】 据《神仙传》卷十记载:“君异居山间,为人治病,不取钱物,使人重病愈者,使栽杏五株,轻者一株,如此十年,计得十万余株,郁然成林……”根据董奉的传说,人们用“杏林”称颂医生。医家每每以“杏林中人”自居。

【答案】 B

(二) 尊(敬)称

(1)“令”用在名词或形容词前表示对别人亲属的尊敬,有“美好”的意思。如令尊、令堂:对别人父母的尊称;令兄、令妹:对别人兄妹的敬称;令郎、令爱:对别人儿女的敬称。

(2)“高”,敬辞,称别人的事物。如高见:指别人的见解;高论:别人见解高明的言论;高足:尊称别人的学生;高寿:用于问老人的年纪;高龄:用于称老人的年龄;高就:指人离开原来的职位就任较高的职位。

(3)“华”,敬辞,称跟对方有关的事物。如华翰:称别人的书信;华诞:别人的生日;华厦:别人的房屋。

(4)“贤”称呼对方,多用于平辈或晚辈。如:贤弟、贤侄等。

(5)“尊”“贵”,敬辞,称别人的事物,如尊府、尊兄、尊驾、尊夫人;贵体、贵姓、贵庚等。

(6)“阁下”是旧时对一般人的尊称。常用于书信之中;在古代称谓上,或同辈相称,都用“足下”,足下意为“您”。

笔记栏

(三)谦称

(1)对别人称自己的长辈和年长的平辈时冠以“家”,如家父(家严)、家母(家慈)、家叔、家兄等。

(2)对别人称比自己小的家人时则冠以“舍”,如舍弟、舍妹、舍侄等。

(3)内人、内子、内助、拙荆、拙内、荆室、山荆,称自己的妻子。

(4)外子,称自己的丈夫。

(5)豚子(犬子、犬儿),称自己的儿子。

(6)小女,称自己的女儿。

(7)寒舍、舍下、草堂,称自己的住宅。

【典型例题】下列对于古代称谓说法错误的是(　　)。

A. 阁下是对长辈的尊称

B. 足下是下级对上级或同辈之间相互尊敬的称呼

C. 内子用于丈夫对别人称自己的妻子

D. “舍”用以谦称自己的家或自己的卑幼亲属

【解析】阁下为对“您”的敬称,与足下意思相近。古代常见于口语,近代至现代则多用于书籍信函中。

【答案】A

(四)讳称

1. 死的讳称

(1)天子、太后、公卿王侯之死称:薨、崩、百岁、千秋、晏驾、山陵崩等。

(2)父母之死称:见背、孤露、弃养等。

(3)佛道徒之死称:涅槃、圆寂、坐化、羽化、仙游、仙逝等。“仙逝”现也用于称被人尊敬的人物的死。

(4)一般人的死称:亡故、长眠、长逝、过世、谢世、寿终、殒命、捐生、就木、溘逝、老、故、逝、终等。

2. 其他

在古代,凡是尊者、亲者、贤者的名字,都要考虑避讳。尊者,主要指帝王(包括帝王的父、祖)及高官的名字;亲者,主要指直系亲属中的长辈,特别是父、祖的名字;贤者,主要指师长的名字。避讳的方式较多,主要的是“改字法”,就是用同音字、同义字、近音字、近义字来代替应避讳之字。例如秦王嬴政统一天下之后,规定全国不得用“政”字及其同音字。正月或改称为“端月”,或改读“正”音为“征”,这种读正月之“正”音为“征”的习俗,一直保持了下来;又如西汉刘邦的妻子吕后名雉,因此不能用“雉”字,而以野鸡代之;唐朝李世民登基后,“民”改为“人”,柳宗元《捕蛇者说》“以俟夫观人风者得焉”,其中的“人风”就是“民风”;为避晋朝司马昭的讳,王昭君就被称作“明君”“明妃”,以“明”代“昭”;《红楼梦》中林黛玉的母亲叫贾敏,为避讳,黛玉把“敏”字念作“密”,书写时少写一笔;还有古人的墓碑上经常撰写“先考某(姓)公讳某某(名)”,用一个“讳”字表示父亲的“名”是避讳的。凡此种种,不一而足。

(五)合称

1. 岁寒三友

岁寒三友指古诗文中经常提到的松、竹、梅。松,是耐寒树木,经冬不凋,常被看作刚正节操的象征。竹,也经冬不凋,且自成美景,它刚直、谦逊,不亢不卑,潇洒处世,常被看作不同流俗的高雅之士的象征。梅,迎寒而开,美丽绝俗,是坚忍不拔的人格的象征。

笔记栏

2. 文房四宝

文房四宝是旧时对笔、墨、纸、砚四种文具的总称。文房，即书房。北宋苏易简著有《文房四谱》一书，叙述了四种文具的品类及故事等。这些文具，制作历史悠久，名手辈出，且品类丰富，风格独特。著名的有：安徽泾县的宣纸、安徽歙县的歙墨、广东端州的端砚、浙江吴兴的湖笔。

3. 四书五经

"四书"：《大学》《中庸》《论语》《孟子》的合称。宋人抽出《礼记》中的《大学》《中庸》两篇，与《论语》《孟子》配合，至南宋淳熙间，朱熹撰《四书章句集注》，"四书"之名由此而定。此后，"四书"始终是我国封建社会正统教育的必读书和科举取士的初级标准书。

"五经"：《诗》《书》《礼》《易》《春秋》五部儒家经典的简称，始称于汉武帝时。其中存有中国古代丰富的历史资料，是封建时代教育的必读教科书，并被统治阶级作为宣传宗法封建思想的理论依据。在"五经"外，另加《乐经》，称"六经"。也有称"六经"为"六艺"的，韩愈《师说》中的"六艺经传皆通习之"中的"六艺"即"六经"。

【典型真题】"四书"是封建社会科举取士的初级标准书。它所指的是(　　)。

A.《史记》《春秋》《汉书》《诗经》　　B.《大学》《中庸》《论语》《孟子》

C.《史记》《论语》《诗经》《汉书》　　D.《论语》《春秋》《诗经》《中庸》

【解析】"四书"是封建社会科举取士的初级标准书。它所指的是《大学》《中庸》《论语》《孟子》。

【答案】B

4. 三山五岳

"三山"指安徽黄山、江西庐山、浙江雁荡山；"五岳"则是泰山、衡山、华山、恒山和嵩山。"三山五岳"一词出于清朝人曹寅(曹雪芹的祖父)所写的《舟中望惠山举酒调培山》："三山五岳渺何许？云烟汗漫空岭嵃。"现在，"三山五岳"已成为成语，一般可泛指在中国的众多名山、群山或各地。

【典型真题】"五岳"是我国的五大名山，下列不属于"五岳"的一项是(　　)。

A. 泰山　　B. 华山　　C. 黄山　　D. 衡山

【解析】"五岳"，是中国五大名山的总称。即东岳泰山(位于山东)、西岳华山(位于陕西)、北岳恒山(位于山西)、中岳嵩山(位于河南)、南岳衡山(位于湖南)，其中泰山居首。它们是封建帝王仰天功之巍巍而封禅祭祀的地方，更是封建帝王受命于天，定鼎中原的象征。

【答案】C

5. 三教九流

"三教"指儒教、道教、佛教。"九流"最早出现在《汉书·艺文志》。"九流"指儒家、道家、阴阳家、法家、名家、墨家、纵横家、杂家、农家。后泛指宗教、学术上的各种流派，也泛指社会上各种行业、各色人物。

6. 四大名窑

河北的磁州窑、浙江的龙泉窑、江西的景德镇窑和福建的德化窑。

7. 四大名楼

湖南岳阳楼、湖北黄鹤楼、江西滕王阁(江南三大名楼)、山东蓬莱阁。

8. 四大名旦

梅兰芳、尚小云、程砚秋、荀慧生。四大名旦代表了京剧旦行艺术的最高成就。

笔记栏

9. 四大民间传说

中国四大民间传说故事，是指在中国民间以口头、文稿等形式流传最为宽广、影响最大的四个神话传说：《牛郎织女》《孟姜女哭长城》《梁山伯与祝英台》《白蛇传》。它们和其他民间传说故事构成了中国民间文化的一个重要组成部分，对广大民众的生活有着深刻的影响。

10. 四大文化遗产

明清档案、殷墟甲骨、居延汉简、敦煌经卷。

11. 五谷

"五谷"，古代有多种不同说法，最主要的有两种：一种指稻、黍、稷、麦、菽；另一种指麻、黍、稷、麦、菽。两者的区别是：前者有稻无麻，后者有麻无稻。古代经济文化中心在黄河流域，稻的主要产地在南方，而北方种稻有限，所以"五谷"中最初无稻。

12. 五礼

五礼指古代的五种礼制，即吉礼、凶礼、军礼、宾礼、嘉礼。五礼形成于西周，春秋时期曾一度遭到破坏，即所谓的"礼崩乐毁"。

【典型真题】中国是四大文明古国之一，也是闻名世界的礼仪之邦，早在先秦就形成了一套完备的礼节仪式和礼仪制度。传统的说法，把礼划分为（　　）五类，称为五礼。

A. 吉、凶、军、宾、嘉　　B. 温、良、恭、俭、让　　C. 恭、宽、信、敏、惠　　D. 天、地、君、亲、师

【解析】关于中国传统五礼，有两种说法：一是指公、侯、伯、子、男五等诸侯朝聘之礼。二是指古代五种礼制，即吉礼、凶礼、军礼、宾礼、嘉礼。

【答案】A

13. 五音

五音即我国古代五声音阶中的宫、商、角、徵、羽五个音级。五音与古代的所谓阴阳五行、五味、五色、五官、五谷等朴素的理论形式一样，是我国早期整体化的美学观，被西方人看作整个东方音乐的基本形态。《战国策·荆轲刺秦王》："高渐离击筑，荆轲和而歌，为变徵之声，士皆垂泪涕泣。"文中的"变徵"是角、徵二音之间接近徵音的声音，声调悲凉。

14. 五行

金、木、水、火、土。

15. 五彩

五彩指黄、青、白、赤、黑。这五种颜色从阴阳五行学说上讲，分别代表土、木、金、火、水。同时，分别象征中、东、西、南、北，蕴涵着五方神力。

16. 六书

古人分析汉字的造字方法而归纳出来的六种条例，即象形、指事、会意、形声、转注、假借。今人一般认为后两种与造字无关。象形即描摹事物形状的造字法，如"日、月、山、羊、马"等，象形字全是独体字。指事是以象征性的符号来表示意义的造字法，如"上、下、本、末、中、甘、刃"等，指事字也全是独体字。会意是由两个或多个字合起来表达一个新的意义的造字法，如"明、旦、采、休"等。形声是意符和声符并用的造字法，形声字占汉字的百分之八十左右。

三、民俗礼仪

（一）春节

春节是我国传统习俗中最隆重的节日。此节乃一岁之首，古人又称元日、元旦、元正、新春、新正等，而今人称春节，是在采用公历纪元后。古代"春节"与"春季"为同义词。春节习俗一方面是庆贺过去的一年，一方面又祈祝新年快乐、五谷丰登、人畜兴旺，多与农事有关。迎龙舞龙为

笔记栏

取悦龙神保佑，风调雨顺；舞狮源于震慑糟蹋庄稼、残害人畜之怪兽的传说。随着社会的发展，接神、敬天等活动已逐渐淘汰，燃鞭炮、贴春联、挂年画、耍龙灯、舞狮子、拜年贺喜等习俗至今仍广为流行。

（二）元宵

元宵节，我国民间传统节日。又称正月半、上元节、灯节。元宵习俗有赏花灯、包饺子、闹年鼓、迎厕神、猜灯谜等。宋代始有吃元宵的习俗。元宵即圆子，用糯米粉做成实心的或带馅的圆子，可带汤吃，也可炒吃、蒸吃。

（三）寒食

寒食节，我国民间传统节日。节日里严禁烟火，只能吃寒食。在冬至后的一百零五天或一百零六天，在清明前一、二日。相传，春秋时晋公子重耳流亡在外，大臣介子推曾割股啖之。重耳做国君后，大封功臣，独未赏介子推。子推便隐居山中。重耳闻之甚愧，为逼他出山受赏，放火烧山。子推抱木不出而被烧死。重耳遂令每年此日不得生火做饭，追念子推，表示对自己过失的谴责。因寒食与清明时间相近，后人便将寒食的风俗视为清明习俗之一。

【典型例题】下列关于我国传统节日的描述，与古代的说法或传说不相符的是（　　）。

A. 元宵节挂灯最早跟佛教仪式有关联

B. 清明节吃寒食最早是为了纪念一位先皇

C. 中秋节吃月饼曾与反抗元朝的统治有关

D. 古代的春节叫元旦，意为一年的第一天

【解析】寒食节相传是源于春秋时代的晋国，是为了纪念介子推而设立的，因此 B 项说法错误。

【答案】B

（四）清明

清明节，我国民间传统节日。按农历算在三月上半月，按阳历算则在每年四月五日或六日。此时天气转暖，风和日丽，“万物至此皆洁齐而清明”，清明节由此得名。其习俗有扫墓、踏青、荡秋千、放风筝、插柳戴花等。历代文人都有以清明为题材入诗的。

（五）端午

端午节，我国民间传统节日，又称端阳、重午、重五。端午原是月初午日的仪式，因“五”与“午”同音，农历五月初五遂成端午节。一般认为，该节与纪念屈原有关。屈原忠而被黜，投水自尽，于是人们以吃粽子、赛龙舟等来悼念他。端午习俗有喝雄黄酒、挂香袋、吃粽子、插花和菖蒲、斗百草、驱“五毒”等。

【典型例题】在下列传统节日中，有吃粽子、赛龙舟习俗的是（　　）。

A. 清明节　　B. 重阳节　　C. 端午节　　D. 元宵节

【解析】吃粽子、赛龙舟是端午节的习俗。

【答案】C

（六）乞巧

乞巧节，我国民间传统节日，又称少女节或七夕。相传，天河东岸的织女嫁给河西的牛郎后，云锦织作稍慢，天帝大怒，将织女逐回，只许两人每年农历七月初七夜晚在鹊鸟搭成的桥上相会。或说：天上的织女嫁给了地上的牛郎，王母娘娘将织女抓回天庭，只许两人一年一度鹊桥相会。每年七月初七晚上，妇女们趁织女与牛郎团圆之际，摆设香案，穿针引线，向她乞求织布绣花的技巧。在葡萄架下，静听牛郎织女的谈话，也是七月初七的一大趣事。

笔记栏

（七）中秋

中秋节，我国民间传统节日，又称团圆节。农历八月在秋季之中，八月十五又在八月之中，故称中秋。秋高气爽，明月当空，故有赏月与祭月之俗。圆月带来的团圆的联想，使中秋节更加深入人心。唐代将嫦娥奔月与中秋赏月联系起来后，更富浪漫色彩。历代诗人以中秋为题材作诗的很多。中秋节的主要习俗有赏月、祭月、观潮、吃月饼等。

（八）重阳

重阳节，我国民间传统节日。《易经》将“九”定为阳数，两九相重，故农历九月初九为“重阳”。重阳时节，秋高气爽，风清月洁，故有登高望远、赏菊赋诗、喝菊花酒、插茱萸等习俗。唐代诗人王维有“遥知兄弟登高处，遍插茱萸少一人”的诗句。

【典型真题】下列节日中，“江边枫荡菊花黄，少长登高一望乡”所描写的是（　　）。

A. 清明节　　B. 端午节　　C. 中秋节　　D. 重阳节

【解析】诗句出自唐朝崔国辅的《九月九日》：江边枫落菊花黄，少长登高一望乡。九日陶家虽载酒，三年楚客已沾裳。重阳之意源于《易经》，因为古老的《易经》中把“六”定为阴数，把“九”定为阳数，九月九日，日月并阳，两九相重，故而叫重阳，也叫重九，古人认为是个值得庆贺的吉利日子，并且从很早就开始过此节日。

【答案】D

（九）腊日

腊日，我国民间传统节日。这是古代岁末祭祀祖先、祭拜众神、庆祝丰收的节日。腊日通常在每年的最后一个月（腊月）举行，南北朝时腊日已固定在农历十二月初八。有吃赤豆粥、祭拜祖先等习俗。佛教的腊八粥后也渗入腊日习俗。

（十）除夕

除夕，我国民间传统节日。农历十二月三十日晚，家家在打扫干净的屋里，摆上丰盛的菜肴，全家团聚吃“年饭”。此夜大家通宵不眠，或喝酒聊天，或猜谜下棋，嬉戏游乐，谓之“守岁”。零点时，众人争相奔出，在庭前拢火燃烧（古称“庭燎”，取其兴旺之意），并在这“岁之元，月之元，时之元”的“三元”之时抢先放出三个“冲天炮”，以求首先发达，大吉大利。

（十一）十二生肖

生肖，又称属相。古代术数家拿十二种动物来配十二地支，子为鼠，丑为牛，寅为虎，卯为兔，辰为龙，巳为蛇，午为马，未为羊，申为猴，酉为鸡，戌为狗，亥为猪。后以某人生在某年就肖某物，如子年生的肖鼠，亥年生的肖猪，称为十二生肖。在古代，十二生肖常被涂上迷信色彩，一遇休戚祸福，往往牵扯起来，特别是在婚配中男女属相很有讲究，有所谓“鸡狗断头婚”“龙虎不相容”等说法。

（十二）孝悌

孝，指对父母要孝顺、服从；悌，指对兄长要敬重、顺从。孔子非常重视孝悌，把孝悌作为实行“仁”的根本。提出”三年无改于父道”“父母在，不远游”“入则孝，出则悌”等一系列孝悌主张。孟子也把孝悌视为基本的道德规范。秦汉时的《孝经》则进一步提出“孝为百行之首”。儒家提倡孝悌的目的，是为了维护宗法等级秩序。

（十三）牺牲

牺牲，古代祭祀用的牲畜，色纯为“牺”，体全为“牲”。《左传·曹刿论战》中有这样的话：“牺牲玉帛，弗敢加也，必以信。”

（十四）太牢、少牢

古代帝王祭祀社稷时，牛、羊、豕（猪）三牲全备为“太牢”。古代祭祀所用牺牲，行祭前需先饲

笔记栏

养于牢，故这类牺牲称为牢；又根据牺牲搭配的种类不同而有太牢、少牢之分。少牢只有羊、豕，没有牛。由于祭祀者和祭祀对象不同，所用牺牲的规格也有所区别：天子祭祀社稷用太牢，诸侯祭祀用少牢。

（十五）朝仪

朝仪，古代帝王临朝的典礼。按规定：天子面向南，三公面向北以东为上，孤面向东以北为上，卿大夫面向西以北为上，王族在路门右侧，面向南以东为上，大仆大右及大仆的属官在路门左侧，面向南以西为上。朝仪之位已定，天子和臣子行揖礼，礼毕退朝。后世也称人臣朝君之礼仪为"朝仪"。

（十六）座次

古时官场座次尊卑有别，十分严格。官高为尊居上位，官低为卑处下位。古人尚右，以右为尊，"左迁"即表示贬官。《廉颇蔺相如列传》："以相如功大，拜为上卿，位在廉颇之右。"古代建筑通常是堂室结构，前堂后室。在堂上举行的礼节活动是南向为尊。皇帝聚会群臣，他的座位一定是坐北向南的。因此，古人常把称王称帝叫作"南面"，把称臣叫作"北面"。室东西长而南北窄，因此室内最尊的座次是坐西面东，其次是坐北向南，再次是坐南面北，最卑是坐东面西。《鸿门宴》中有这样几句："项王、项伯东向坐，亚父南向坐，……沛公北向坐，张良西向侍。"项王座次最尊，张良座次最卑。

（十七）冠礼

冠礼，古代男子成年时（20岁）加冠的礼节。冠礼在宗庙中进行，由父亲主持，并由指定的贵宾给行冠礼的青年加冠三次，先后加缁布冠、皮弁、爵弁，分别表示有治人、为国出力、参加祭祀的权利。加冠后，由贵宾向冠者宣读祝词，并给起一个与俊士德行相当的美"字"，使他成为受人尊敬的贵族成员。因为男子20岁行冠礼。所以后世将20岁称作"弱冠"。

（十八）婚冠礼

古代贵族男子20岁行冠礼后即可成婚，并享受成人待遇，女子15岁行笄礼（笄：束发用的簪子。古时女子满15岁把头发绾起来，戴上簪子）后也可结婚。所以把婚礼、冠礼合称为婚冠礼。

（十九）虚左

古代座次以左为尊，空着左边的位置以待宾客称"虚左"。《信陵君窃符救赵》："公子于是乃置酒大会宾客。坐定，公子从车骑，虚左，自迎夷门侯生。"足见信陵君对侯生之尊敬。今人有"虚左以待"一语。

（二十）再拜

先后拜两次，表示礼节之隆重。旧时书信末尾也常用"再拜"，以表示敬意。

（二十一）膜拜

膜拜，古代的拜礼。行礼时，两手放在额上，长时间下跪叩头。原专指礼拜神佛时的一种敬礼，后泛指表示极端恭敬或畏服的行礼方式。今人多用"顶礼膜拜"形容对某人崇拜得五体投地。

（二十二）秦晋之好

春秋时，秦、晋两国国君几代都互相通婚，后称两姓联姻为"秦晋之好"。

（二十三）举案齐眉

古代妻子为丈夫捧膳食时要举案于眉，表示相敬。

【典型真题1】古人有称名、称字、称官职、称籍贯以及称谥号等习惯。有些诗文中称岳飞为"岳武穆"，"武穆"是岳飞的（　　）。

A. 籍贯　　B. 表字　　C. 谥号　　D. 官职

【解析】岳飞,字鹏举,南宋抗金名将,中国历史上著名军事家、战略家,民族英雄。“武穆”是岳飞的谥号。

【答案】C

【典型真题 2】春秋时代统治阶级内部分为不同阶层,下列选项中,其等级由高到低排序,正确的是(　　)。

A. 公、王、大夫、士　　B. 公、王、士、大夫

C. 王、公、士、大夫　　D. 王、公、大夫、士

【解析】周代封建社会把人分成十等:王、公、大夫、士、皂、舆、隶、僚、仆、台。因此选择 D 项。

【答案】D

笔记栏

四、思想文化

(一) 先秦诸子百家

春秋战国时期,曾经出现了百家争鸣的局面,也是儒学的产生时期。孔子是儒家学说的创始人,经过孟子、荀子等对儒家思想的阐发和改造,儒家成为蔚然大宗。

1. 儒家

(1) 孔子创立儒学

儒学以“仁”为核心;“德政”,即强调统治者以德治民;主张“克己复礼”,使每个人的行为符合礼的要求。孔子的教育思想:创办私学,主张“有教无类”。

(2) 孟子

孟子把孔子的“仁”思想发展为“仁政”,提出了“民贵君轻”的民本思想。在伦理观上,主张“性本善”,通过实行仁政来恢复和扩充人的善性。

(3) 荀子

荀子主张施政用“仁义”和“王道”,“以德服人”;提出“君舟民水”观点;主张“性恶论”,强调用礼乐来规范人的行为,使人向善。

2. 道家

(1) 老子创立道家学派

老子认为世界万物的本原是道,主张无为而治;认为万物、社会是运动的,关系是相对的,体现了朴素的辩证思想。

(2) 庄子对道家学派的发展

庄子认为世界万物是相对的。道家学说构成了中国 2 000 多年传统思想的哲学基础。

3. 法家

法家代表人物:韩非子。主张以法治国,法、权、势相结合。法家把君主的权力提高到极点,有利于建立君主专制的中央集权的国家,迎合了建立大一统专制国家的历史发展趋势。

4. 墨家

墨家代表人物:墨子。主张“兼爱”,消除亲疏、贵贱的分别,同等地去爱所有的人;主张“非攻”,谴责战争给人民造成的灾难;提倡节俭,反对奢侈浪费;治国主张“尚贤”,反对任人唯亲。墨家思想代表平民的愿望,在当时影响很大。

(二) 汉代儒学

西汉时期,董仲舒把道家、法家和阴阳五行家的一些思想糅合到儒家思想中,加以改造,形成了新的儒学体系,汉武帝采取“罢黜百家,独尊儒术”主张,兴办太学,儒家思想成为中国传统文化的主流思想。

笔记栏

(1) 董仲舒适应汉武帝加强中央集权的需要，提出“春秋大一统”和“罢黜百家、独尊儒术”的主张。

(2) 为了加强君权，董仲舒宣扬“君权神授”，提出了“天人合一”和“天人感应”学说。

(3) 董仲舒还提出“君为臣纲”“父为子纲”“夫为妻纲”和仁、义、礼、智、信五种为人处世的道德标准，后人归纳为“三纲五常”。

【典型例题】汉代董仲舒提出了“三纲五常”，所谓“五常”指的是(　　)。

A. 仁、义、礼、智、信　　B. 仁、义、礼、智、勇

C. 忠、孝、仁、爱、信　　D. 知、礼、义、廉、耻

【解析】“五常之道”实际上是“三纲”的具体化。董仲舒认为，仁、义、礼、智、信五常之道则是处理君臣、父子、夫妻、上下尊卑关系的基本法则，治国者应该给予足够的重视。

【答案】A

(三) 魏晋玄学

魏晋玄学，中国魏晋时期出现的一种崇尚老庄的思潮。作为一种新思潮的魏晋玄学吸收了道家精神形态，所讨论的问题是从《周易》《老子》《庄子》三本经典而来，以老庄思想为骨架，探究宇宙人生的哲理，即“本末有无”的问题。习惯上称这一文化现象为“魏晋清谈”。清谈实际上也是以讲究修辞与技巧的谈说论辩方式而进行的一种学术社交活动。魏晋玄学强调调和儒道，使儒道兼容。魏晋玄学的主要代表人物有何晏、王弼、阮籍、嵇康、向秀、郭象等。

(四) 宋明理学

北宋时，儒家学者展开了复兴儒学、抨击佛道的活动；同时，他们又冲破汉唐儒学的束缚，融合了佛道思想来解释儒家义理，形成了以理为核心的新儒学体系——“理学”。

1. 程朱理学

程朱理学由北宋河南人“二程”(程颢、程颐)兄弟创立，其间先后经过弟子杨时、罗从彦、李侗的传承，到南宋朱熹集为大成。

(1)“二程”主张：① 天理是万物的本原，理先物后；② 把天理和伦理道德直接联系起来，认为“人伦者，天理也”；③ 提出“格物致知”的认识论，物皆有理，把知识、道理、天理联系起来。

(2) 朱熹主张：① 天理是道德规范的“三纲五常”，强调“存天理，灭人欲”；② “物”指天理、人伦、“圣言”“世故”。“格物致知”的目的是明道德之善，而不是求科学之真；③ 编著的《四书章句集注》成为后世科举考试的教科书。

2. 陆王心学

陆九渊主张“心”是万物的本原，“心”即“理”，天地万物都在心中，反省内心就得天理。

王阳明宣扬“心外无物”“心外无理”，提出“致良知”“知行合一”的学说。

(五) 明清儒学

明清之际，一批新思想家崛起，在继承宋明理学基础上使儒家思想更趋实事求是，与国计民生靠得更近，促使我国传统文化重新焕发了生机。

(1) 李贽：破除对孔子和儒家经典的迷信，批判道学家“存天理，灭人欲”的思想，强调人正当的私欲，人不能脱离基本的物质去空谈仁义道德。

(2) 黄宗羲：指出君主专制是天下之大害，提出“天下为主，君为客”的民主思想，抨击了封建君主专制制度，为以后的反专制的斗争起了推动作用。

(3) 顾炎武：提出“经世致用”思想，主张到实践中求真知，力求解决国计民生的现实问题；提出“天下兴亡，匹夫有责”的思想。

【典型例题】提出“天下兴亡，匹夫有责”这一思想的古代思想家是（　　）。

A. 庄子　　B. 韩愈　　C. 顾炎武　　D. 顾宪成

【解析】“天下兴亡，匹夫有责”最早是由顾炎武在《日知录·正始》中提出的思想，背景是清军入关。而八字成文的语型则出自梁启超。

【答案】C

（4）王夫之：认为世界是物质的，事物是客观存在的。物质是有变化规律的，事物是可以认识的；静止是相对的，运动是绝对的，具有朴素的辩证法思想，启发了人们的思维方法，具有划时代的意义。

五、古代教育

（一）古代的学校

1. 校、庠、序

校：夏代学校的名称，举行祭祀礼仪和教习射御、传授书数的场所。

庠：殷商时代学校的名称。《孟子·齐桓晋文之事》：“谨庠序之教，申之以孝悌之义。”

序：周代学校的名称。《孟子·滕文公》：“设为庠序学校以教之。”古人常以庠序称地方学校，或泛指学校或教育事业。

2. 国学、乡学

国学：先秦学校分为两大类：国学和乡学。国学为天子或诸侯所设，包括太学和小学两种。太学、小学教学内容都是“六艺”（礼、乐、射、御、书、数）为主，小学尤以书、数为主。

乡学：与国学相对而言，泛指地方所设的学校。

3. 稷下学宫

稷下学宫，战国时期齐国的高等学府，因设于都城临淄稷下而得名。当时的儒、法、墨、道、阴阳等各学派都汇集于此，他们兴学论战、评论时政和传授生徒，孟子和荀子等大师都曾来此讲学，是战国时期“百家争鸣”的重要园地。

4. 太学

太学，中国封建时代的教育行政机构和最高学府。魏晋至明清或设太学，或设国子学（监），或两者同时设立，名称不一，制度也有变化，但都是教授王公贵族子弟的最高学府，就学的生员皆称太学生、国子生。《张衡传》：“因入京师，观太学。”《送东阳马生序》：“东阳马生君则在太学已二年”。

5. 国子监

汉魏设太学，西晋改称国子学，隋又称国子监，从此国子监与太学互称，都是最高学府兼有教育行政机构的职能。如明代设“国子监”，而《送东阳马生序》中则称之为“太学”。

6. 书院

书院，唐宋至明清出现的一种独立的教育机构，是私人或官府所设的聚徒讲授、研究学问的场所，宋代著名的四大书院是：江西庐山的白鹿洞书院、湖南长沙的岳麓书院、湖南衡阳的石鼓书院和河南商丘的应天府书院。明代无锡有“东林书院”，曾培养了杨涟、左光斗这样一批不畏阉党权势、正直廉洁的进步人士，他们被称为“东林党”。

7. 古代主管教育的官员

（1）学官。学官，古代主管学务的官员和官学教师的统称。如祭酒、博士、助教、提学、学政、教授和教习、教谕等。

（2）祭酒。祭酒，古代主管国子监或太学的教育行政长官。战国时荀子曾三任稷下学宫的祭

笔记栏

酒，相当于现在的大学校长。唐代的韩愈、明代的崔铣（《记王忠肃公翱事》的作者）都曾任过国子监祭酒。

（3）博士。博士，古为官名，现为学位名称。秦汉时是掌管书籍文典、通晓史事的官职，后成为学术上专通一经或精通一艺、从事教授生徒的官职。《三国志·吕蒙传》："孤岂欲卿治经为博士邪！"《送东阳马生序》："有司业、博士为之师。"

（4）司业。司业，学官名。为国子监或太学副长官，相当于现在的副校长，协助祭酒主管教务训导之职。

（5）学政。学政，学官名。"提督学政"的简称，是由朝廷委派到各省主持院试，并督察各地学官的官员。学政一般由翰林院或进士出身的京官担任。《促织》："又嘱学使俾入邑庠"。学使即学政的别称。《左忠毅公逸事》："乡先辈左忠毅公视学京畿"，指左光斗任京城地区的学政。

（6）教授。教授，原指传授知识、讲课授业，后成为学官名。汉唐以后各级学校均设教授，主管学校课试具体事务。

（7）助教。助教，学官名。是国子监或太学的学官，协助国子祭酒和国子博士教授生徒，又称国子助教。

8. 监生

监生，国子监的学生。或由学政考取，或地方保送，或皇帝特许，后来成为虚名，捐钱就能取得监生资格。《祝福》中的"四叔"就是"一个讲理学的老监生"，《儒林外史》中的严监生则是一个吝啬鬼的典型。

9. 诸生

诸生，明清时期经考试录取而进入府、州、县各级学校学习的生员。生员有增生、附生、廪生、例生等，统称诸生。《送东阳马生序》："今诸生学于太学"，则是指在国子监学习的各类监生。

（二）科举考试

1. 科举

科举指历代封建王朝通过考试选拔官吏的一种制度。由于采用分科取士的办法，所以叫科举。从隋代至明清，科举制实行了一千三百多年。《诗话二则·推敲》："岛（指贾岛）初赴举京师"，意思是说贾岛当初前去长安参加科举考试。到明朝，科举考试形成了完备的制度，共分四级：院试（即童生试）、乡试、会试和殿试，考试内容基本是儒家经义，以"四书"文句为题，规定文章格式为八股文，解释必须以朱熹《四书集注》为准。

2. 童生试

童生试也叫"童试"；明代由提学官主持、清代由各省学政主持的地方科举考试，包括县试、府试和院试三个阶段，院试合格后取得生员（秀才）资格，方能进入府、州、县学学习，所以又叫入学考试。应试者不分年龄大小都称童生。《左忠毅公逸事》："及试，吏呼名至史公"，这里就是指童生试，在这次考试中左光斗录取史可法为生员（秀才），当时史可法二十岁。《促织》："邑有成名者，操童子业"，"操童子业"是说正在准备参加童生试。通过院试（童试）的可称为生员或秀才。如王安石《伤仲永》："传一乡秀才观之"。东汉时避光武帝刘秀讳，而称秀才为茂才，《阿Q正传》中称赵少爷"茂才公"，表示讽刺。

3. 乡试

明清两代每三年在各省省城（包括京城）举行的一次考试为乡试，因在秋八月举行，故又称秋闱。主考官由皇帝委派。考后发布正、副榜，正榜所取的叫举人，第一名叫解元。

4. 会试

明清两代每三年在京城举行的一次考试为会试，因在春季举行，故又称春闱。考试由礼部主持，皇帝任命正、副总裁，各省的举人及国子监监生皆可应考，录取三百名为贡士，第一名叫会元。

5. 殿试

殿试是科举制最高级别的考试,皇帝在殿廷上,对会试录取的贡士亲自策问,以定甲第。实际上皇帝有时委派大臣主管殿试,并不亲自策问。录取分为三甲:一甲三名,赐"进士及第"的称号,第一名称状元(鼎元)。历史上获状元称号的有一千多人,但真正参加殿试被录取的大约七百五十名左右。唐代著名诗人贺知章、王维,宋代文天祥都是经殿试而被赐状元称号的。第二名称榜眼,第三名称探花;二甲若干名,赐"进士出身"的称号;三甲若干名,赐"同进士出身"的称号。二、三甲第一名皆称传胪,一、二、三甲统称进士。考中进士,一甲即授官职,其余二甲参加翰林院考试,学习三年再授官职。

科举考试以名列第一者为元,凡在乡、会、殿三试中连续获得第一名,被称为"连中三元"。据统计,历史上连中三元的至少有十六人。

6. 八股文

八股文是明清科举考试制度所规定的一种文体,也叫时文、制义、制艺、时艺、四书文、八比文。这种文体有一套固定的格式,规定由破题、承题、起讲、入手、起股、中股、后股、束股八个部分组成,每一部分的句数、句型也都有严格的限定。"破题"规定两句,说破题目意义;"承题"三句或四句,承接"破题"加以说明;"起讲"概括全文,是议论的开始;"入手"引入文章主体;从"起股"到"束股"是八股文的主要部分,尤以"中股"为重心。在正式议论的这四个段落中,每段都有两股相互排比对偶的文字,共为八股,八股文由此得名。八股文的题目,出自"四书""五经",八股文的内容,不许超出"四书""五经"范围,要模拟圣贤的口气,传达圣贤的思想,考生不得自由发挥。无论是内容还是形式,八股文起到了束缚思想、摧残人才的作用。

7. 皇榜、同年

古代科举制度殿试后录取进士,揭晓名次的布告叫皇榜、同年,因用黄纸书写,故而称黄甲、金榜。多由皇帝点定,俗称皇榜。考中进士就称金榜题名。

科举时代同榜录取的人互称同年。《训俭示康》:"同年曰:'君赐不可违也。'"

【典型例题】在乡试、会试、殿试中的第一名分别称(　　)。

A. 解元、会元、状元　　　　B. 会元、解元、状元

C. 状元、会元、解元　　　　D. 解元、状元、会元

【解析】本题考查考生对古代文化常识的了解。科举考试以名列第一者为元,乡试、会试、殿试中的第一名分别称解元、会元、状元。凡在乡、会、殿三试中连续获得第一名,被称为"连中三元"。

【答案】A

第二节　中国文学史

一、中国古代文学

(一) 上古时期

神话是上古时代的人们对其所接触的自然现象、社会现象所幻想出来的有艺术意味的解释和描述的集体口头创作。上古神话的主要内容有:① 解释自然现象。如女娲补天、女娲造人、盘古开天。② 反映人类同自然的斗争。如大禹治水、后羿射日、精卫填海。③ 反映社会斗争。如黄帝战蚩尤的故事。

笔记栏

记载上古神话的主要作品有《淮南子》《山海经》《庄子》等。

(二) 先秦文学

先秦文学的主要成就在于诗歌和散文。先秦文学凸现了中国文学史上数座巍然屹立的高峰,富有现实主义品格的《诗经》,富有浪漫主义精神的屈原的诗,以及作为中国传统思想渊源的诸子说理文,作为古代史家记事文渊源的《左传》等,对古代文学乃至文化发挥了巨大而深远的影响。

1. 历史散文

(1)《国语》。《国语》是中国现存最早的一部国别史著作。记录了周朝王室和鲁、齐、晋、郑、楚、吴、越等 8 个国家的史事。

(2)《尚书》。《尚书》又称《书》《书经》,为一部多体裁文献汇编,是中国现存最早的史书。分《虞夏书》《商书》《周书》三部分,主要记录虞夏商周各代一部分帝王的言行。它最引人注目的思想倾向,是以天命观念解释历史兴亡,为现实提供借鉴。《尚书》的文字诘屈艰深,晦涩难懂。

(3)《春秋》。《春秋》是中国现存的第一部编年体史书,按年记载了春秋时鲁国从隐公元年到哀公十四年或十六年间的历史大事,相传由孔子修订而成。《春秋》在记述历史时,不直接阐述对人物和事件的看法,而是通过细节描写,修辞手法和材料的筛选,委婉微妙地表达作者的主观看法,暗含褒贬,这种做法被称为“微言大义”,或者“春秋笔法”。

由于《春秋》语言极为精练、含蓄,后人不易理解,所以诠释之作相继出现,著名的有“春秋三传”,即《左传》《穀梁传》《公羊传》。

(4)《左传》。《左传》,我国第一部叙事比较详细的编年史,记载了春秋各国的政治、军事、外交等方面的大事,相传是左丘明所作,有影响的篇目有《曹刿论战》《崤之战》。《左传》和《国语》是中国史家的开山鼻祖。《左传》重记事,《国语》重记言。

(5)《战国策》。《战国策》是一部国别体史书,记载战国时代各国谋臣策士的政治主张和言行策略,作者不可考,由汉代刘向整理而成,共 33 篇。有影响篇目有《唐雎不辱使命》《邹忌讽齐王纳谏》《冯谖客孟尝君》《荆轲刺秦王》。

【典型例题】下列选项中,属于编年体历史著作的是(　　)。

A.《左传》　　B.《国语》　　C.《史记》　　D.《战国策》

【解析】《国语》和《战国策》是国别体,《史记》首创纪传体。

【答案】A

2. 诸子散文

(1)《论语》。《论语》是一部语录体散文集,由孔子弟子编纂,主要记载孔子及其弟子的言行,较为集中地反映了孔子的思想。孔子名丘,字仲尼,鲁国人,春秋时代的思想家、教育家、儒家学派的创始人。南宋时,朱熹将《论语》与《孟子》《大学》《中庸》合为“四书”。《侍坐》《季氏将伐颛臾》等为《论语》名篇。

(2)《道德经》。《道德经》,道家学派最具权威性的经典著作,作者老子,李耳,字聃,道家学派创始人。《道德经》主要阐述自然无为的思想,其中包含对立转化的朴素辩证观,对中国哲学发展具有重要影响。语录体散文,语言精练,多排比对偶。如“祸兮,福之所倚;福兮,祸之所伏”。

(3)《庄子》。《庄子》,道家学派著作,是战国早期庄子及其学生所著。庄子,名周,字子休,著名的思想家、哲学家和文学家,道家学派的主要代表人物,老子思想的继承和发展者,主张“天人合一”和“清静无为”。后世将他与老子并称为“老庄”。庄子的文章,想象奇幻,构思巧妙,善用寓言和比喻,文笔汪洋恣肆,具有浪漫主义的艺术风格。有影响的篇目如《庖丁解牛》《逍遥游》。

(4)《孟子》。《孟子》,由孟子的弟子编纂,是孟子的言论汇编。孟子,名轲,字子舆,战国时期伟大的思想家、教育家,儒家学派的代表人物。与孔子并称“孔孟”,后世尊称为“亚圣”。孟子主张

法先王、行仁政,提出"民贵君轻"的民本思想。《孟子》中有影响的篇目有《齐桓晋文之事》《鱼我所欲也》《庄暴见孟子》《寡人之于国也》等。"父母俱存,兄弟无故,一乐也;仰不愧于天,俯不怍于人,二乐也;得天下英才而教育之,三乐也。"这句话出自《孟子》。

【典型例题】"五十步笑百步"这一寓言故事是出自哪部著作(　　)。

A.《世说新语》　　B.《孟子》　　C.《搜神记》　　D.《汉书》

【解析】"五十步笑百步"这一寓言故事出自《孟子·梁惠王上》。

【答案】B

(5)《荀子》。《荀子》,儒家学派著作,作者荀况,时人尊称"荀卿"。西汉时因避汉宣帝刘询讳,故又称孙卿。战国时代的思想家、文学家、教育家,儒家代表人物之一,荀子对儒家思想有所发展,提倡性恶论,其学说常被后人拿来跟孟子的"性善论"比较。荀子是第一个使用赋的名称和用问答体写赋的人,同屈原一起被称为"辞赋之祖"。《劝学》是《荀子》中有影响的篇目。

(6)《韩非子》。《韩非子》,法家的作品,韩非和汉人所作。韩非,尊称韩非子,荀子的学生,战国时法家思想的集大成者。韩非子的文章构思精巧,语言幽默,善用寓言故事说明抽象的道理,许多寓言故事后来成为脍炙人口的成语典故,如"千里之堤,毁于蚁穴""自相矛盾""三人成虎"等。有影响的篇目如《扁鹊见蔡桓公》《智子疑邻》《五蠹》。

(7)《墨子》。《墨子》,墨家的代表作品,是墨子的弟子及其再传弟子对墨子言行的记录。墨子,名翟,战国时期著名的思想家、教育家、科学家、军事家,墨家学派的创始人。他主张"兼爱""非攻",还创立了糅合了几何学、物理学、光学等科学方法和思想的一整套科学理论。

(8)《吕氏春秋》。《吕氏春秋》,秦相吕不韦集合门客编辑而成,杂家的代表作,以儒家、道家思想为主,吸收了墨家、法家等各名家的思想。有影响的篇目有《察今》《察传》等。

3. 先秦诗歌

(1)《诗经》。《诗经》是我国第一部诗歌总集,收录了西周初年至春秋中叶大约五百多年的305篇诗歌。先秦时期称《诗》,又称《诗三百》,西汉时被尊为儒家经典,始称《诗经》。诗经的表现手法是比、兴、赋。比即比喻,以彼物比此物的;兴,先言他物以引起所咏之词;赋,直陈其事。音乐上分风、雅、颂三部分,风是民歌,有十五国风;雅是朝廷乐歌,分大雅和小雅;颂是宗庙乐歌,思想和艺术价值最高的是民歌。《诗经》对后代诗歌发展有深远的影响,成为我国古典文学现实主义传统的源头。著名的篇目有《关雎》《蒹葭》《伐檀》《硕鼠》等。

【典型例题】《诗经》的分类不包括以下哪种类别(　　)。

A. 风　　B. 赋　　C. 雅　　D. 颂

【解析】《诗经》中作品的分类有三类,分别是:风、雅、颂。赋是《诗经》的表现手法之一。

【答案】B

(2)《楚辞》。《楚辞》,西汉刘向收集屈原、宋玉等人的作品汇集而成,共17篇。屈原,名平,字原,战国末期楚国辞赋家,开创了诗歌从集体歌唱转变为个人独立创作的新纪元,是我国浪漫主义诗歌的奠基人,我国第一位伟大的爱国主义诗人。他在楚国民歌的基础上创造了新的诗歌体裁楚辞,代表作是《离骚》《九歌》《九章》。《离骚》和《诗经》中的"国风"并称"风骚",成为文学的代名词。

【典型真题】创造出了名句"路漫漫其修远兮,吾将上下而求索"的历史人物是(　　)。

A. 孔子　　B. 屈原　　C. 顾炎武　　D. 曹操

【解析】该诗句出自屈原的代表作《离骚》。

【答案】B

笔记栏

（三）两汉文学

1. 两汉散文

（1）贾谊。贾谊，世称贾生。又称贾长沙，贾太傅。西汉的政治家、文学家。著《新书》十卷。《过秦论》《论积贮疏》是他的代表作。

（2）《史记》。《史记》是我国第一部纪传体通史，作者司马迁，字子长，西汉杰出的史学家、文学家、思想家，与班固并称“班马”，与司马光并称“史界两司马”。《史记》记载了从黄帝到汉武帝长达3 000年的政治、经济、文化历史。全书分本纪、世家、列传、表、书五部分。“本纪”记述帝王的言行政绩，“表”用表格来简列世系、人物和史事；“书”则记述制度发展，涉及礼乐制度、天文兵律、社会经济等方面内容；“世家”记述子孙世袭的王侯封国史迹和特别重要人物事迹；“列传”是帝王诸侯外其他各方面代表人物的生平事迹和少数民族的传记。著名的篇目有《廉颇蔺相如列传》《鸿门宴》《屈原列传》《信陵君窃符救赵》。鲁迅称《史记》为“史家之绝唱，无韵之离骚”。

（3）《汉书》。《汉书》我国第一部纪传体断代史。东汉史学家班固受诏编写，未完，死于狱中，后由班昭、马续等完成。《汉书》是继《史记》之后我国古代又一部重要史书，与《史记》《后汉书》《三国志》并称为“前四史”。《汉书》全书主要记述了上起西汉的汉高祖元年，下至新朝的王莽地皇四年，共230年的史事。《汉书》尤以史料丰富、闻见博洽著称，“整齐一代之书，文赡事详，要非后世史官所能及”。著名的篇目有《苏武传》。

（4）《淮南子》。《淮南子》，西汉刘安及其门客编辑，为杂家著作，最为著名的篇章有《共工怒触不周山》《塞翁失马》。

2. 两汉诗歌

（1）汉乐府。“乐府”是汉武帝时设立的一个官署，职责是采集民间歌谣或文人的诗来配乐，以备朝廷祭祀或宴会时演奏之用。它搜集整理的诗歌，汉人叫作“歌诗”，魏晋时始称“乐府”或“汉乐府”。后世文人仿此形式所作的诗，亦称“乐府诗”。著名的作品有《陌上桑》《长歌行》《上邪》《孔雀东南飞》等。

《孔雀东南飞》是汉乐府叙事诗发展的高峰，是我国古代最长的叙事诗，大约产生于汉代末，最早见于南朝陈代徐陵编的《玉台新咏》。《孔雀东南飞》与北朝乐府民歌《木兰辞》合称“乐府双璧”。

> **【典型例题】**我国古代文学史上篇幅最长的叙事诗是(　　)。
>
> A.《天问》　　B.《离骚》　　C.《孔雀东南飞》　　D.《九章》
>
> **【解析】**汉乐府《孔雀东南飞》是我国古代诗歌史上最长的叙事诗，屈原的代表作《离骚》是我国古代诗歌史上最长的政治抒情诗。
>
> **【答案】**C

（2）《古诗十九首》。《古诗十九首》，产生于东汉后期的一组汉代无名文人创作的五言抒情诗。代表着汉代诗歌的最高成就。为南朝萧统从传世无名氏《古诗》中选录十九首编入《昭明文选》而成。《古诗十九首》深刻地再现了文人在汉末社会思想大转变时期，追求的幻灭与沉沦，心灵的觉醒与痛苦。艺术上语言朴素自然，描写生动真切，具有浑然天成的艺术风格。刘勰的《文心雕龙》称它为“五言之冠冕”，钟嵘的《诗品》赞颂它“天衣无缝，一字千金”。

3. 汉赋

赋是我国古代韵文和散文的综合体，其特点是散韵结合，专事铺叙，是汉代最流行的文体，盛极一时，后世往往把它看成是汉代文学的代表，称为“汉赋”。汉赋分为骚体赋、大赋、小赋。贾谊的《吊屈原赋》是骚体赋代表作；大赋又叫散体大赋，规模巨大，结构恢宏，气势磅礴，语汇华丽，代表作有枚乘的《七发》，司马相如的《子虚赋》《上林赋》；张衡《归田赋》《二京赋》是抒情小赋的代表。

汉赋四大家：司马相如、扬雄、班固、张衡。

笔记栏

【典型例题】“子虚乌有”一词出自以下哪部作品（　　）。

A. 司马相如《上林赋》　　B. 张衡《东京赋》

C. 左思《三都赋》　　D. 司马相如《子虚赋》

【解析】“子虚乌有”出自司马相如《子虚赋》，原句为：“楚使子虚于齐，王悉发车骑，与使者出畋。畋罢，子虚过姹乌有先生，亡是公存焉。”

【答案】D

（四）魏晋南北朝文学

1. 诗歌

（1）三曹。“三曹”即曹氏父子，曹操与曹丕、曹植。曹操，字孟德，政治家、军事家、诗人，开创“建安风骨”新风，代表作有《短歌行》《观沧海》《龟虽寿》。曹丕即魏文帝，字子桓，其代表作《燕歌行》是今存最早的一首完整的文人七言诗；曹植字子建，生前曾为陈王，去世后谥号“思”，因此又称陈思王，代表作有《七步诗》《名都篇》《白马篇》《洛神赋》等。南朝宋文学家谢灵运有“天下才有一石，曹子建独占八斗”的评价（成语“才高八斗”的出处）。

（2）建安七子。“建安七子”是建安年间七位文学家的合称，包括孔融、陈琳、王粲、徐干、阮瑀、应玚、刘桢。他们与“三曹”一起，构成建安作家的主力军。文学成就最高的是王粲，刘勰《文心雕龙》称王粲为“七子之冠冕”。

（3）竹林七贤。三国时期曹魏正始年间，嵇康、阮籍、山涛、向秀、刘伶、王戎及阮咸七人，常在当时的山阳县竹林之下，喝酒、纵歌，肆意酣畅，人称“竹林七贤”。

（4）陶渊明。陶渊明，名潜，字元亮，世称靖节先生。他是田园诗派创始人，被称为“古今隐逸诗人”之宗。《桃花源记》《归去来兮辞》《归园田居》《饮酒》《五柳先生传》是传世之作。“不为五斗米折腰”是与陶渊明有关的成语典故。

【典型真题】下列选项中，不属于东晋文学家陶渊明的作品是（　　）。

A.《岳阳楼记》　B.《桃花源记》　C.《归去来兮辞》　D.《归园田居》

【解析】《岳阳楼记》是北宋范仲淹的名篇。

【答案】A

【典型例题】我国古代田园诗派的创始者是（　　）。

A. 屈原　　B. 李白　　C. 王维　　D. 陶渊明

【解析】陶渊明是我国古代田园诗派的创始人，王维在唐朝将山水田园派发展到新的高度。

【答案】D

（5）谢灵运。谢灵运，南朝时期杰出的诗人、文学家，开创了中国文学史上的山水诗派。谢灵运的诗意境新奇，辞章绚丽，影响深远。李白、杜甫、王维、孟浩然、韦应物、柳宗元诸大家，都曾取法于谢灵运。《登池上楼》是其代表作。

（6）南北朝乐府民歌。南北朝乐府民歌是继汉乐府民歌之后又一批人民口头创作的诗歌。南朝乐府民歌的代表作是抒情长诗《西洲曲》，叙事长诗《木兰诗》是北朝乐府民歌中最杰出的作品，与汉乐府《孔雀东南飞》合称“乐府双璧”。

2. 散文

诸葛亮《出师表》、范晔《后汉书》、陈寿《三国志》、王羲之《兰亭集序》、郦道元《水经注》、李密的《陈情表》、吴均的《与朱元思书》都名垂史册。

《水经注》，作者郦道元，北魏地理学家、散文家。《水经》是古代一部记载我国河流水道的书，

笔记栏

郦道元为之作注。《三峡》是其中有影响的名篇。

《后汉书》,南朝史学家范晔所著,与《史记》《汉书》《三国志》并称为“前四史”。

3. 小说

(1)志怪小说,一种以记述神仙鬼怪故事为内容的小说,以干宝《搜神记》为代表,其中有《东海孝妇》《干将莫邪》等传说故事。

(2)志人小说,一种专记人物言行和记载历史人物的传闻轶事的小说,以刘义庆的《世说新语》为代表,其中《杨氏之子》《咏雪》《陈太丘与友期》分别选入小学和初中语文课本。

4. 文学理论

曹丕《典论·论文》是中国文学批评史上第一部文学专论,它的产生是中国古代文论开始步入自觉期的一个标志;《文赋》是晋代陆机的文艺理论作品;南朝刘勰的《文心雕龙》是中国文学理论批评史上第一部有严密体系的文学理论专著;钟嵘的《诗品》是我国古代第一部诗论专著。

(五)唐代文学

隋代文学属于由魏晋南北朝文学向高度繁荣的唐代文学的过渡时期,立国时间短,文学成就不高。唐一代,诗歌、散文、小说(传奇)、词等文学都得到全面的发展。

1. 诗歌

唐代诗歌的发展一般可分为初、盛、中、晚四个时期。诗歌代表了唐代文学的最高成就。

(1)初唐诗坛。

①初唐四杰。“初唐四杰”是唐代初期四位文学家王勃、杨炯、卢照邻、骆宾王的合称,简称“王杨卢骆”。四杰官小而才大,位卑而名高。王勃的《送杜少府之任蜀川》《滕王阁序》脍炙人口。杜甫说:“王杨卢骆当时体,轻薄为文哂未休。尔曹身与名俱灭,不废江河万古流。”(《戏为六绝句》)对他们的历史地位做出很高的评价。

【典型例题】古诗《鹅》可供儿童吟咏,其作者是(　　)。

A. 蒲松龄　　B. 李汝珍　　C. 施耐庵　　D. 骆宾王

【解析】《咏鹅》是唐代诗人骆宾王七岁时的作品。

【答案】D

②陈子昂。陈子昂是初唐诗文革新人物之一,反对齐梁文学绮靡文风,提倡“风雅”“兴寄”和“汉魏风骨”。代表作有《感遇》(三十八首)《蓟丘览古》《登幽州台歌》等诗。

(2)盛唐之音。

①诗仙李白

李白,字太白,号青莲居士,伟大的浪漫主义诗人。其诗想象丰富,感情奔放,形象雄奇,语言瑰丽活泼,擅长乐府和绝句,许多诗成为千古绝唱。存诗近千首。有《静夜思》《送友人》《秋登宣城谢朓北楼》《望天门山》《秋浦歌》《行路难》《梦游天姥吟留别》《将进酒》《蜀道难》等流芳百世。

②诗圣杜甫

杜甫,字子美,杰出的现实主义诗人,与李白合称“李杜”,他的诗被称为“诗史”。曾任工部员外郎,后世称为“杜工部”。其诗感情真切,思想深刻,意境深沉,语言准确,存诗1 400多首。名作有“三吏”(《潼关吏》《石壕吏》《新安吏》)、“三别”(《无家别》《垂老别》《新婚别》)及《北征》《兵车行》《茅屋为秋风所破歌》《闻官军收河南河北》《江畔独步寻花》《江南逢李龟年》《春夜喜雨》等。

③山水诗派

盛唐诗歌的主要流派之一,代表人物是王维与孟浩然。

王维,字摩诘,曾官至尚书右丞,故世人称“王右丞”,王维参禅悟理,精通诗、书、画、音乐等,与孟浩然合称“王孟”。其诗有诗、画、音乐合一的特色,苏轼评价其:“味摩诘之诗,诗中有画;观摩诘

之画，画中有诗。”名作有《使至塞上》《山居秋暝》《观猎》《鸟鸣涧》《送元二使安西》等。

孟浩然，襄州襄阳人，世称“孟襄阳”，又因他未曾入仕，被称为“孟山人”，擅长山水田园诗，名篇有《春晓》《过故人庄》。

④ 边塞诗派

盛唐诗歌的主要流派之一，该派诗人以高适、岑参、王昌龄、王之涣最为知名，后人称为“边塞四诗人”，而高、岑成就最高，所以也叫高岑诗派。高适的代表作为《燕歌行》，岑参的代表作是《白雪歌送武判官归京》；王昌龄，擅长七绝，被称为“七绝圣手”“诗家天子”，其《出塞》被推为唐人七绝的压卷之作；王之涣的《凉州词》《登鹳雀楼》都是名篇。

（3）中唐诗坛。

白居易，字乐天，号香山居士，又称白香山，白太傅，白居易与元稹并称“元白”，与刘禹锡并称“刘白”，现实主义诗人。白居易主张“文章合为时而著，歌诗合为事而作”。其诗深刻反映现实，反映民众的疾苦，感情充沛，语言通俗，雅俗共赏，存诗近 3 000 首，代表作有《钱塘湖春行》《忆江南》《卖炭翁》《琵琶行（并序）》《长恨歌》等。

【典型例题】下列作品中，以李隆基和杨玉环爱情故事为题材的是（　　）。

A. 白居易《长恨歌》　　B. 王安石《明妃曲》

C. 陆游《钗头凤》　　D. 吴伟业《圆圆曲》

【解析】《明妃曲》描写的是王昭君与汉元帝；《钗头凤》写的是陆游自己与原配唐氏的爱情悲剧；《圆圆曲》叙述的是吴三桂和陈圆圆的悲欢离合。

【答案】A

中唐时期较为著名的诗人还有韦应物，《观田家》《滁州西涧》为其代表作；有自称为“五言长城”的刘长卿，其代表作是《逢雪宿芙蓉山主人》《听弹琴》等；有韩孟诗派的韩愈、孟郊，有“郊寒岛瘦”中的贾岛，有柳宗元，有“诗鬼”李贺，还有被白居易称为“诗豪”的刘禹锡等。

【典型真题】在我国文学史上，依次被称为“诗仙”“诗圣”“诗鬼”的唐代诗人是（　　）。

A. 杜甫　李白　贾岛　　B. 李白　杜甫　李贺

C. 李白　杜甫　白居易　　D. 杜甫　李白　李商隐

【解析】李白，伟大的浪漫主义诗人，有“诗仙”“诗侠”之称。杜甫，伟大的现实主义诗人，世称“诗圣”。李贺，与李白、李商隐三人并称唐代“三李”，有“诗鬼”之称。

【答案】B

（4）晚唐诗坛。

“小李杜”即晚唐诗人李商隐和杜牧。李商隐，字义山，号玉谿生。其诗构思新奇，风格秾丽，尤其是一些爱情诗和无题诗写得缠绵悱恻，优美动人，广为传诵。杜牧，字牧之，号樊川，代表作有《江南春绝句》《泊秦淮》《阿房宫赋》等。

2. 散文

（1）韩愈。韩愈，字退之，祖籍河北昌黎，世称韩昌黎、韩吏部、韩文公，著名文学家、思想家、教育家，唐代古文运动倡导者。代表作有《马说》《师说》《原毁》等。苏轼赞誉韩愈“文起八代之衰”，充分肯定他发起古文运动，重振文风的历史功绩。后人用“韩潮苏海”形容韩愈和苏轼的文章气势磅礴，如海如潮。

（2）柳宗元。柳宗元，字子厚，河东解州人，世称柳河东，唐宋八大家之一。柳宗元与韩愈并称为“韩柳”，与刘禹锡并称“刘柳”，与王维、孟浩然、韦应物并称“王孟韦柳”。积极提倡古文运动，写出大量优秀散文、游记、诗歌等作品。代表作有《永州八记》《童区寄传》《捕蛇者说》等。

3. 唐传奇

唐传奇指的是唐代的文言短篇小说，内容多传述奇闻轶事，代表作品有李朝威的《柳毅传》、白行简的《李娃传》、蒋防的《霍小玉传》、陈鸿的《长恨歌传》等。

（六）宋元文学

1. 宋词和宋诗

（1）以苏、辛为代表的宋词豪放派。

苏轼，字子瞻，号东坡居士，其诗、文、字画都有极高成就。与其父苏洵、弟苏辙号称“三苏”。著有《苏东坡集》，代表作有《浣溪沙》《念奴娇·赤壁怀古》等。

辛弃疾，字幼安，号稼轩，山东济南人，南宋著名爱国词人，著有《稼轩长短句》。代表作有《西江月》《永遇乐·京口北固亭怀古》等。

（2）以柳永、李清照、姜夔等人为代表的宋词婉约派。

柳永，字耆卿，北宋婉约派词人，代表作有《雨霖铃》《八声甘州》。柳永大力创作慢词，从根本上改变了唐五代以来词坛上小令一统天下的格局，情景交融，语言通俗，有“凡有井水饮处，皆能歌柳词”之说。

李清照，宋代女词人，号易安居士，婉约词派代表人物，有“千古第一才女”之称。在散文和诗词方面均有成就，后人辑有《漱玉集》，代表作为《武陵春》《如梦令》等。

姜夔，字尧章，号白石道人，南宋词人，代表作为《扬州慢》。

（3）伟大的爱国诗人陆游和伟大的民族英雄文天祥。

陆游，字务观，号放翁，越州山阴人，南宋著名爱国诗人，是我国古代诗人当中创作数量最多的一个，存诗 9 300 多首。代表作有《示儿》《十一月四日风雨大作》《诉衷情》《过小孤山大孤山》等。

文天祥，字段瑞、履善，自号文山，庐陵人，北宋政治家、诗人，写了许多爱国主义的诗文。被俘不屈，壮烈殉国。著有《指南录》等，代表作为《正气歌》《过零丁洋》《〈指南录〉后序》等。

2. 散文

（1）“唐宋八大家”。

唐宋八大家是：韩愈、柳宗元、欧阳修、王安石、苏洵、苏轼、苏辙、曾巩。

欧阳修，字永叔，自号醉翁、六一居士，谥号文忠，北宋政治家、文学家，在散文、诗歌、史传编写、诗歌评论方面均有成就。代表作为《醉翁亭记》《伶官传序》等。

苏洵，字明允，号老泉，著作以史论、政论为主，与其子苏轼、苏辙并称“三苏”，著有《嘉祐集》《六国论》。

苏轼，字子瞻，号东坡居士，北宋政治家、文学家，北宋文坛领袖，诗、词、散文有着极高的成就。倡导诗文革新运动。著有《东坡全集》《东坡志林》等。代表作为《石钟山记》《教战守策》等。

王安石，字介甫，晚号半山，北宋政治家、文学家，提倡变法。因封荆国公，世称王荆公；谥号文，人称王文公，倡导诗文革新运动，著有《王临川集》等，代表作为《伤仲永》《游褒禅山记》等。

曾巩，字子固，建昌南丰人，世称“南丰先生”，北宋政治家、散文家。代表作有《墨池记》《战国策目录序》《寄欧阳舍人书》等。

（2）其他散文名家。

范仲淹，字希文，谥号文正公。北宋政治家、文学家。著有《范文正公集》，《岳阳楼记》为千古名篇。

司马光，字君实，北宋政治家、史学家；政治上反对王安石变法，花了 19 年时间主持编写了编年体史书《资治通鉴》，代表作为《训俭示康》《赤壁之战》等。

周敦颐，字茂叔，北宋著名哲学家，代表作为《爱莲说》。

【典型例题】下列古代人物中，不属于唐宋八大家的是（　　）。

A. 柳宗元　　B. 黄庭坚　　C. 韩愈　　D. 苏轼

【解析】"唐宋八大家"分别是：韩愈、柳宗元、欧阳修、苏洵、苏轼、苏辙、曾巩、王安石，不包括黄庭坚。

【答案】B

3. 宋人话本

话本是"说话"艺人的底本。著名话本有《大宋宣和遗事》（内有水浒故事）《三国志平话》（后演进为《三国演义》）。

4. 元曲

元曲是盛行于元代的一种文艺形式，包括杂剧和散曲。元曲代表了元代文学的主要成就，和唐诗宋词明清小说鼎足并举，成为我国文学史上一座重要的里程碑。

（1）元曲四大家。

① 白朴，名作有《墙头马上》。

② 关汉卿，号已斋叟，名作有《窦娥冤》《望江亭》《救风尘》等。

③ 马致远，名作有杂剧《汉宫秋》，小令《秋思》（"秋思之祖"）。

④ 郑光祖，代表作是《倩女离魂》。

（2）王实甫和《西厢记》。

王实甫的《西厢记》是元代杂剧创作中最优秀的作品之一。描写崔莺莺和张生的爱情产生、发展以及他们如何为争取爱情而斗争，最终获得胜利的过程，提出了"愿天下有情的都成了眷属"的理想，剧情曲折，唱词优美。

（七）明清文学

1. 明清小说

（1）明代的章回小说和"四大奇书"。

明朝人称《三国演义》《水浒传》《西游记》《金瓶梅》为四大奇书。

罗贯中的《三国演义》是我国历史演义小说的开山之作，《杨修之死》《群英会蒋干中计》为其精彩篇目。

施耐庵的《水浒传》是描写农民革命斗争的长篇小说，在民间传说、说书的基础上加工而成。《鲁提辖拳打镇关西》《林教头风雪山神庙》为其精彩篇目。

吴承恩在民间传说、杂剧和其他著作的基础上创作的《西游记》，是浪漫主义长篇神话小说，塑造了家喻户晓的美猴王孙悟空的形象。

兰陵笑笑生的《金瓶梅》反映了明代中叶的社会现实。

（2）曹雪芹与《红楼梦》。

曹雪芹，字梦阮，号雪芹。他"披阅十载，增删五次"，完成了《红楼梦》前80回。《红楼梦》以贾宝玉、林黛玉的爱情悲剧为线索，描写了贾、史、王、薛四大家族的兴衰史，反映了封建社会的日趋衰亡。《红楼梦》是我国古典小说现实主义最高峰。

（3）三言二拍。

三言二拍是指明代五本著名传奇短篇小说集及拟话本集的合称。"三言"即《喻世明言》《警世通言》《醒世恒言》（《灌园叟晚逢仙女》为其中名篇）。"二拍"则是中国拟话本小说集《初刻拍案惊奇》和《二刻拍案惊奇》的合称，作者凌濛初。

此外，清人蒲松龄著有文言短篇志怪小说集《聊斋志异》（《促织》为其中之一）。清人吴敬梓的《儒林外史》是我国第一部优秀长篇讽刺小说，《范进中举》为其中名篇。清人刘鹗的《老残游

笔记栏

记》(《明湖居听书》为书中名篇)、吴沃尧的《二十年目睹之怪现状》、李宝嘉的《官场现形记》、曾朴的《孽海花》被列为清末四大谴责小说。

【典型真题】章回小说是中国古典小说的一种,下列不属于明朝章回体小说的是(　　)。

A.《水浒传》　B.《西游记》　C.《金瓶梅》　D.《红楼梦》

【解析】《红楼梦》名列中国四大名著之首,是清代作家曹雪芹创作的章回体长篇小说。本题为选非题,故选 D。

【答案】D

2. 明清诗文

(1)明代:刘基,字伯温,著有《诚意伯集》;宋濂,字景濂,著有《宋学士文集》;徐宏祖号霞客,著有《徐霞客游记》;张溥,字天如,著有《七录斋集》(《五人墓碑记》是其中的名篇)。

【典型例题】《徐霞客游记》是一部以日记体为主的地理著作,记述了明末地理学家徐霞客三十多年的旅行经历。下列表述不正确的是(　　)。

A. 详细考察并科学记载了喀斯特地貌的特征

B. 纠正了文献记载有关水道源流的一些错误

C. 调查了西域地理并重现了汉代丝绸之路

D. 如实记述了所到之处的人文地理情况

【解析】《徐霞客游记》是以日记体为主的中国地理名著,主要按日记述作者 1613—1639 年间旅行观察所得,对地理、水文、地质、植物等现象,均做详细记录,在地理学和文学上卓有成就。其成就主要表现在:(1)喀斯特地区的类型分布和各地区间的差异,尤其是对喀斯特洞穴的特征、类型及成因,有详细的考察和科学的记述。(2)纠正了文献记载的关于中国水道源流的一些错误。(3)观察记述了很多植物的生态品种,明确提出了地形、气温、风速对植物分布和开花早晚的各种影响。(4)调查了云南腾冲打鹰山的火山遗迹,科学地记录与解释了火山喷发出来的红色浮石的质地及成因。(5)此外,在记游的同时,还常常兼及当时各地的居民生活、风俗人情、少数民族的聚落分布、土司之间的战争兼并等情事,多为正史稗官所不载,具有一定历史学、民族学价值。《徐霞客游记》被后人誉为"世间真文字、大文字、奇文字"。在《徐霞客游记》中未涉及西域地理和丝绸之路,因此,本题选择 C。

【答案】C

(2)清代:顾炎武,著有《日知录》,他提出"天下兴亡,匹夫有责"这一思想,意义和影响深远;方苞,桐城派始祖,著《方望溪全集》,代表作有《狱中杂记》《左忠毅公逸事》;姚鼐,桐城派大散文家,著《惜抱轩诗文集》;袁枚,字子才,号随园老人,著《小仓山房诗文集》《随园诗话》;全祖望,文学家、史学家,著有《梅花岭记》等。

3. 明清戏剧

(1)玉茗堂四梦。

玉茗堂四梦又名"临川四梦",明代剧作家汤显祖所著四种传奇剧本的合称,即《邯郸记》《还魂记》(即《牡丹亭》)《南柯记》《紫钗记》,其中以《邯郸记》和《牡丹亭》的成就最高。因作者是江西临川人,所居书斋名玉茗堂,四剧中都有描写梦境的情节而得名。

(2)南洪北孔。

南洪北孔,指的是清初著名历史剧作家洪昇和孔尚任,他们分别以《长生殿》和《桃花扇》名震剧坛。

《长生殿》是洪昇十余年苦心经营而成,演绎了唐明皇与杨贵妃之间生死相恋的爱情故事,把

帝妃恋情同当时"安史之乱"的社会现实相结合起来,寓意深刻。《桃花扇》以明代才子侯方域与秦淮歌妓李香君的爱情故事为主线,"借离合之情,写兴亡之感",形象地刻画出明朝灭亡前统治阶层腐化堕落的状态,是中国传奇剧的典范。

二、中国近现代文学

(一) 中国近代文学

龚自珍,散文家,代表作有《己亥杂诗》《病梅馆记》等。

王国维,中国近、现代相交时期一位享有国际声誉的著名学者,代表作《人间词话》,其中提出:"古今之成大事业、大学问者,必经过三种之境界。'昨夜西风凋碧树,独上高楼,望尽天涯路',此第一境也;'衣带渐宽终不悔,为伊消得人憔悴',此第二境也;'众里寻他千百度,蓦然回首,那人却在灯火阑珊处',此第三境也。"

梁启超,字卓如,号任公,又号饮冰室主人,是改良主义思想家、宣传家,著有《少年中国说》《谭嗣同》等。

(二) 中国现代文学

1. 现代小说

鲁迅,原名周樟寿,字豫才,后改名周树人。著有小说《呐喊》(内有《狂人日记》《药》《阿Q正传》《故乡》等名篇)《彷徨》(内有《祝福》《伤逝》等名篇)和《故事新编》。

【典型真题】鲁迅的第一篇白话文是(　　)。

A.《祝福》　B.《阿Q正传》　C.《故乡》　D.《狂人日记》

【解析】鲁迅,现实主义小说创作的代表作家。"鲁迅"是他1918年发表《狂人日记》时开始使用的笔名。《狂人日记》是中国第一篇现代白话小说。

【答案】D

茅盾,原名沈德鸿,字雁冰。其代表作《子夜》;"农村三部曲":《春蚕》《秋收》《残冬》;"蚀"三部曲:《幻灭》《动摇》《追求》。

巴金,原名李尧棠,字芾甘,主要作品有"激流三部曲"《家》《春》《秋》。

老舍,原名舒庆春,字舍予。主要作品有《骆驼祥子》《四世同堂》《月牙儿》,新中国成立后写了剧本《龙须沟》《茶馆》。

周立波的《暴风骤雨》、丁玲的《太阳照在桑干河上》荣获斯大林文学奖。赵树理的《小二黑结婚》《李有才板话》、叶圣陶的《倪焕之》、钱锺书的《围城》、沈从文的《边城》和郁达夫的《沉沦》,都是名家名篇。

【典型真题】下列分别是鲁迅、巴金、老舍的作品,正确的是(　　)。

A.《孔乙己》《春》《龙须沟》　B.《茶馆》《日出》《屈原》

C.《祥林嫂》《林家铺子》《秋》　D.《龙须沟》《孔乙己》《春》

【解析】《孔乙己》《春》《龙须沟》,分别是鲁迅、巴金、老舍的作品。

【答案】A

2. 现代诗歌散文戏剧

郭沫若,原名郭开贞,其代表诗集《女神》是中国第一部新诗集。后又写了剧本《屈原》《虎符》《高渐离》等。

徐志摩,"新月诗派"的代表诗人,代表作《再别康桥》。与闻一多一起提倡新诗格律,主张诗歌应该具有"三美",即音乐美、绘画美、建筑美。

笔记栏

戴望舒，现代诗派代表诗人，代表作《雨巷》。该诗描绘了“我”在“悠长、悠长”“又寂寥的雨巷”中彷徨、希望、寻找、等待的情景和过程，具有丰富的生活内涵和象征意义，叶圣陶称赞它“替新诗的音节开辟了一个新纪元”，戴望舒因此获得了“雨巷诗人”的称号。

【典型真题】被称为“雨巷诗人”的现代派诗人是（　　）。

A. 徐志摩　　B. 戴望舒　　C. 胡适　　D. 闻一多

【解析】戴望舒是中国现代派代表诗人，代表作有《雨巷》，并因此作被称为“雨巷诗人”。

【答案】B

该时期有名的诗歌还有闻一多的《红烛》《死水》，艾青的《大堰河——我的保姆》，李季的《王贵与李香香》（信天游）等。

在戏剧方面，曹禺的《雷雨》是杰出的现实主义悲剧，他还创作了《北京人》《日出》《王昭君》等名篇。

散文有朱自清的《荷塘月色》《背影》《桨声灯影里的秦淮河》《绿》、冰心的《寄小读者》《小橘灯》、周作人的《故乡的野菜》《乌篷船》、鲁迅的《朝花夕拾》《野草》、夏衍的《包身工》等名家名作。

【典型真题】《荷塘月色》的作者是（　　）。

A. 郁达夫　　B. 朱自清　　C. 鲁迅　　D. 郭沫若

【解析】《荷塘月色》是中国现代文学家朱自清任教清华大学时所写的一篇散文，是现代抒情散文的名篇。

【答案】B

（三）当代文学

1. 当代小说

杨沫的《青春之歌》，孙犁的《白洋淀纪事》《荷花淀》，柳青的《创业史》，古华的《芙蓉镇》都是名家名作。当代崛起的小说家还有刘绍棠、从维熙、王蒙、路遥、柯云路、张抗抗、王安忆、贾平凹等。

莫言，第一个获得诺贝尔文学奖的中国籍作家，主要作品有《红高粱》《檀香刑》《丰乳肥臀》《生死疲劳》《蛙》《酒国》。

2. 当代诗歌、散文、戏剧

柯岩的《周总理，你在哪里？》，贺敬之、丁毅的《白毛女》，吴伯箫的《北极星》，杨朔的《茶花赋》，秦牧的《花城》，刘白羽的《长江三峡》，碧野的《阳光灿烂照天山》，舒婷的《致橡树》都是名家名作。

第三节　外国文学

一、外国古代文学

（一）古希腊文学

1.《伊索寓言》

相传为公元前六世纪，古希腊奴隶伊索所著，对欧洲的寓言文学影响很大。其中《农夫和蛇》《狐狸和葡萄》《狼和小羊》《龟兔赛跑》《乌鸦喝水》《牧童和狼》《蚊子和狮子》《北风与太阳》

等已成为全世界家喻户晓的故事。伊索与克雷洛夫、拉·封丹和莱辛并称世界四大寓言家。

【典型真题】下列选项中,不是出自《伊索寓言》的是(　　)。

A.《蚊子和狮子》　　B.《龟兔赛跑》

C.《农夫和蛇》　　D.《伊利亚特》

【解析】《伊利亚特》相传由古希腊盲诗人荷马创作的一部长篇史诗,是重要的古希腊文学作品,也是整个西方的经典之一。

【答案】D

【典型例题】寓言的三大发源地分别是(　　)。

A. 德国、印度、中国　　B. 古希腊、印度、英国

C. 古希腊、印度、中国　　D. 古希腊、中国、阿拉伯

【解析】世界文学史中,希腊、印度和中国并称三大寓言发源地。古希腊、古印度和古代中国的寓言风格迥异,是世界文学宝库中不可缺少的部分。其中古希腊寓言以伊索为代表,用动物为角色,采用拟人化描写。古印度寓言则多是佛经中的故事。中国古代寓言则大部分是常人体寓言。世界三大寓言虽然各具特点,但是有一点却是共同的:它们都是饱含哲理的智慧之花。

【答案】C

2. 荷马史诗

《荷马史诗》相传是由古希腊盲诗人荷马创作的两部长篇史诗《伊利亚特》和《奥德赛》的统称。荷马史诗是欧洲文学史上最早的优秀文学巨著,对后世欧洲文学和世界文学的发展具有深远的影响。

3. 希腊神话

希腊神话故事是古希腊文学的蓝本,地母该亚、众神之主宙斯、冥王哈得斯、太阳神阿波罗、月神阿尔忒弥斯、战神阿瑞斯、爱神阿佛狄忒、天后赫拉、智慧女神雅典娜、狮身人面的斯芬克斯和被誉为“人类文明缔造者”的普罗米修斯等都是脍炙人口的人物。

4. 希腊戏剧

三大悲剧家:埃斯库罗斯、索福克勒斯和欧里庇得斯。

埃斯库罗斯是希腊悲剧的创始人,被誉为“悲剧之父”。《普罗米修斯》三部曲的第一部《被缚的普罗米修斯》是埃斯库罗斯最杰出的作品。

索福克勒斯被文学史家誉为“戏剧艺术的荷马”,代表作《安提戈涅》《俄狄浦斯王》(亚里士多德称其为“十全十美的悲剧”)

欧里庇得斯被称为“舞台上的哲学家”“心理戏剧鼻祖”,他的悲剧被称为“命运悲剧”,代表作《特洛伊妇女》《美狄亚》。

(二) 古罗马文学

维吉尔,古罗马最伟大的诗人,主要作品有《牧歌集》《农事诗》和代表着罗马帝国文学最高成就的巨著史诗《埃涅阿斯纪》。维吉尔对后世的西方文学界产生了广泛而深远的影响。例如,但丁在其代表作《神曲》中将他刻画成了自己的保护者和老师。

(三) 古代东方文学

(1) 埃及古代文学是世界上最古老的文学之一,最负盛名的是宗教诗《亡灵书》;巴比伦古代文学的历史悠久,史诗《吉尔伽美什》被认为是人类最早编定的史诗;印度古代两大史诗《摩诃婆罗多》和《罗摩衍那》被认为是世界上最长的史诗;《旧约》是上古希伯来文学的代表。

(2)《天方夜谭》又名《一千零一夜》,阿拉伯民间故事集,内容丰富,规模宏大,被高尔基誉为世界民间文学史上“最壮丽的一座纪念碑”。

二、中世纪与文艺复兴时期的欧洲文学

（一）中世纪文学

1. 中世纪欧洲文学包括基督教文学、英雄史诗、骑士文学和市民文学

中世纪基督教文学的内容是宣传、阐释基督教教义；英雄史诗是欧洲各民族记述本民族英雄人物神奇事迹的长篇叙事诗，《贝奥武甫》是中世纪英雄叙事诗中保存最完整的一部，《罗兰之歌》是法国英雄史诗中成就最高、影响最大的一部作品；骑士文学有骑士抒情诗和骑士叙事诗两种；市民文学是市民阶级的意识形态和日常生活的反映，代表作是《列那狐传奇》。

2. 但丁与《神曲》

但丁，意大利的著名诗人，是中古到文艺复兴的过渡时期最具有代表性的作家，恩格斯称他“是中世纪的最后一位诗人，同时又是新世纪的最初一位诗人”。《神曲》是但丁的代表作，分为《地狱》《炼狱》《天堂》三篇。

（二）文艺复兴时期文学

1. 意大利文学

彼特拉克和薄伽丘是意大利人文主义文学的奠基人物。《歌集》是彼特拉克的代表作。《十日谈》是薄伽丘的代表作，也是欧洲文学史上第一部现实主义作品。

2. 法国文学

拉伯雷是法国文艺复兴时期的代表作家，他的《巨人传》是欧洲第一部长篇小说。

3. 西班牙文学

塞万提斯的《堂吉诃德》代表了 16 世纪西班牙文学的最高成就。

4. 英国文学

（1）莎士比亚。莎士比亚是欧洲文艺复兴时期英国最重要的作家，被喻为“人类文学奥林匹斯山上的宙斯”。与古希腊三大悲剧家埃斯库罗斯、索福克里斯及欧里庇得斯合称戏剧史上四大悲剧家。代表作有“四大悲剧”:《哈姆雷特》《奥赛罗》《麦克白》《李尔王》;“四大喜剧”:《威尼斯商人》《第十二夜》《皆大欢喜》《仲夏夜之梦》;历史剧《亨利四世》《亨利五世》《罗密欧与朱丽叶》《一报还一报》等。

（2）乔叟。乔叟是英国中世纪末的伟大诗人，他模仿《十日谈》写出了著名作品《坎特伯雷故事集》。

三、17 世纪和 18 世纪欧洲文学

（一）17 世纪欧洲文学

1. 弥尔顿

弥尔顿，英国诗人，是文艺复兴运动和 18 世纪启蒙思想运动的桥梁，代表作《失乐园》。《失乐园》与《荷马史诗》、但丁的《神曲》并称为西方三大诗歌。

2. 莫里哀

莫里哀，法国古典主义喜剧家。代表作有《伪君子》《唐璜》《悭吝人》。《悭吝人》的主人公阿巴贡，与巴尔扎克《欧也妮·葛朗台》中的葛朗台、果戈理《死魂灵》中的泼留希金、莎士比亚《威尼斯商人》中的夏洛克同为世界上最著名的四大吝啬鬼形象。

【典型例题】下面的文学形象中不属于吝啬鬼典型的是（　　）。

A.《叶甫盖尼·奥涅金》中的叶甫盖尼·奥涅金　　B.《悭吝人》中的阿巴贡

C.《威尼斯商人》中的夏洛克　　D.《死魂灵》中的泼留希金

笔记栏

【解析】英国作家莎士比亚在《威尼斯商人》中塑造的夏洛克，法国作家莫里哀在《悭吝人》中塑造的阿巴贡，俄国作家果戈理在《死魂灵》里塑造的泼留希金，以及法国作家巴尔扎克在《守财奴》中塑造的葛朗台，是西方文学史中最著名的四大吝啬鬼形象。《叶甫盖尼·奥涅金》是俄罗斯普希金撰写的诗体长篇小说。叶甫盖尼·奥涅金是俄国文学史上第一个“多余人”形象。

【答案】A

（二）18世纪欧洲文学

1. 法国

著名启蒙思想家孟德斯鸠的代表作有《法的精神》《波斯人信札》；伏尔泰的代表作有《中国孤儿》《恺撒之死》；狄德罗著有《拉摩的侄儿》，并主编《百科全书》；卢梭的代表作有《爱弥儿》《忏悔录》。

2. 德国

歌德，德国伟大的民族诗人，他的书信体小说《少年维特之烦恼》是第一部为德国赢得世界声誉的作品；诗剧《浮士德》跟《荷马史诗》、但丁的《神曲》和莎士比亚的《哈姆雷特》并列为欧洲文学的四大古典名著。

席勒，德国杰出的诗人和戏剧家，代表作有《阴谋与爱情》《强盗》等。

3. 英国

笛福，英国现实主义小说的奠基人，代表作《鲁滨孙漂流记》；斯威夫特，代表作《格列佛游记》；菲尔丁，英国戏剧家和最杰出的小说家，代表作《汤姆·琼斯》。

四、19世纪欧美文学

（一）19世纪初期文学

1. 法国

雨果，法国浪漫主义文学运动的领袖，代表作有剧作《克伦威尔》，小说《巴黎圣母院》《悲惨世界》《海上劳工》《笑面人》《九三年》。

【典型真题】《巴黎圣母院》是（　　）的作品。

A. 莫泊桑　　B. 巴尔扎克　　C. 雨果　　D. 托尔斯泰

【解析】《巴黎圣母院》是雨果1830年的作品。

【答案】C

2. 英国

（1）奥斯汀。奥斯汀，英国作家，是英国18世纪小说（古典主义）和19世纪批判现实主义小说的桥梁，代表作《傲慢与偏见》《爱玛》。

（2）拜伦。拜伦，英国19世纪初期最伟大的革命浪漫主义诗人，代表作《东方叙事诗》《恰尔德·哈洛尔德游记》《堂璜》等。他的诗歌塑造了一批“拜伦式英雄”。

（3）雪莱。雪莱，英国19世纪初期浪漫主义诗人，代表作《伊斯兰起义》、著名诗剧《解放了的普罗米修斯》和诗歌《西风颂》《致云雀》。“要是冬天来了，西风呵，春日还会远吗？”出自《西风颂》。

3. 俄国

普希金，俄国浪漫主义文学主要代表和俄国现实主义文学的奠基人，高尔基赞誉其为“俄国文学之始祖”，是“伟大的俄国人民诗人”，果戈理把第一个“俄罗斯民族诗人”的荣誉给了普希金。

代表作《驿站长》，开创俄文学描写小人物的先河；诗体小说《叶甫盖尼·奥涅金》的主人公奥涅金是俄国文学中第一个多余人形象。其代表作还有长篇小说《上尉的女儿》、短篇小说《黑桃皇后》、叙事长诗《青铜骑士》。

4. 美国

“废奴文学”是美国批判现实主义文学的萌芽，重要的作品有斯托夫人的《汤姆叔叔的小屋》。这部小说在当时美国社会产生了巨大的影响，以致在南北战争爆发的初期，当林肯接见斯托夫人时曾说道：“你就是那位引发了一场大战的小妇人。”后来，这句话为众多作家竞相引用。

惠特曼，美国伟大诗人，主要作品有诗集《草叶集》。他打破传统诗的格律，首创自由体新诗。

（二）19世纪中后期文学

1. 法国

（1）司汤达和巴尔扎克。

司汤达和巴尔扎克是法国现实主义文学的奠基人。

司汤达的代表作《红与黑》，写的是不满封建制度的平民青年于连，千方百计向上爬，最终被送上断头台的故事。

巴尔扎克，19世纪上半叶法国和欧洲批判现实主义文学的杰出代表。主要作品有《人间喜剧》，包括《高老头》《欧也妮·葛朗台》《贝姨》《邦斯舅舅》等。《人间喜剧》是世界文学中规模最宏伟的创作之一，也是人类思维劳动最辉煌的成果之一。马克思称其“提供了一部法国社会特别是巴黎上流社会的卓越的现实主义历史”。

【典型真题】巴尔扎克是19世纪法国和欧洲批判现实主义文学的杰出代表。他的代表作（　　）向人们展现了法国社会特别是巴黎上流社会的现实主义历史。

A.《双城记》　B.《人间喜剧》　C.《寒灰集》　D.《悲惨世界》

【解析】巴尔扎克是19世纪法国批判现实主义文学的代表作家。他的代表作《人间喜剧》为人们展现了法国社会特别是巴黎上流社会的现实主义历史。

【答案】B

（2）福楼拜和莫泊桑。

福楼拜，19世纪中期法国伟大的批判现实主义小说家，代表作为《包法利夫人》。他对19世纪末至20世纪文学，尤其是现代主义文学的发展有着极其深远的影响，被誉为“自然主义文学的鼻祖”。

莫泊桑，19世纪后半叶法国优秀的批判现实主义作家。人称“短篇小说巨匠”，与契诃夫和欧·亨利并称为“世界三大短篇小说家”，对后世产生极大影响。主要作品有长篇小说《一生》《俊友》，短篇小说《羊脂球》《我的叔叔于勒》《项链》。

【典型真题】下列作家中，以短篇小说创作而著称于世的一位是（　　）。

A. 莫泊桑　B. 巴尔扎克　C. 托尔斯泰　D. 普希金

【解析】莫泊桑是19世纪后半叶法国优秀的批判现实主义作家，以短篇小说著称于世，人称“短篇小说巨匠”。

【答案】A

（3）其他作家。

都德，代表作有长篇小说《小东西》，短篇小说《最后一课》《柏林之围》等。

凡尔纳，19世纪法国著名作家，创作了大量优秀的文学作品，是现代科幻小说的重要开创者之一，被誉为“科幻小说之父”。代表作有《海底两万里》《格兰特船长的儿女》《地心游记》《80天环游地球》等，其中《格兰特船长的儿女》《海底两万里》和《神秘岛》被称为“凡尔纳三部曲”。

【典型例题】 下列选项中被誉为“科幻小说之父”的是(　　)。

A. 歌德　　B. 安徒生　　C. 凡尔纳　　D. 高士奇

【解析】 凡尔纳是19世纪法国著名作家，创作了大量优秀的文学作品，是现代科幻小说的重要开创者之一，被誉为“科幻小说之父”。

【答案】 C

法布尔，法国著名文学家、昆虫科学家，被世人称为“昆虫界的荷马”“昆虫界的维吉尔”。代表作《昆虫记》誉满全球，在法国自然科学史与文学史上都有重要的地位，被誉为“昆虫的史诗”。

2. 英国

(1) 狄更斯。

狄更斯为19世纪英国批判现实主义小说家，马克思把他和萨克雷等称誉为英国的“一批杰出的小说家”。代表作品有长篇小说《匹克威克外传》《雾都孤儿》《双城记》《远大前程》等。《双城记》是英国批判现实主义文学的重要代表。

(2) 萨克雷。

萨克雷为英国小说家，最著名的作品是《名利场》。

3. 俄国

(1) 果戈理。

果戈理，19世纪俄国最优秀的讽刺作家，批判现实主义文学的奠基人。主要作品有讽刺喜剧《钦差大臣》、长篇小说《死魂灵》。

(2) 屠格涅夫。

屠格涅夫，主要作品有长篇小说《罗亭》《父与子》《贵族之家》，散文故事集《猎人笔记》，中篇小说《木木》。《猎人笔记》被誉为“一部点燃火种的书”。

(3) 列夫·托尔斯泰。

列夫·托尔斯泰，杰出的现实主义作家，主要作品有长篇小说《战争与和平》《安娜·卡列尼娜》《复活》等。列宁称列夫·托尔斯泰为“俄国革命的一面镜子”。

(4) 契诃夫。

契诃夫是俄国唯一以短篇小说创作登上世界文坛高峰的作家。主要作品有短篇小说《小公务员之死》《变色龙》《套中人》，中篇小说《第六病室》，剧本《海鸥》《万尼亚舅舅》《三姊妹》。

4. 美国

(1) 马克·吐温。

马克·吐温为美国作家，主要作品有长篇讽刺小说《镀金时代》，儿童文学《汤姆·索亚历险记》，短篇小说《竞选州长》《百万英镑》等。他的作品对资本主义的现实认识不断深化，由轻松的幽默转向了辛辣的讽刺。

(2) 杰克·伦敦。

杰克·伦敦，美国著名的现实主义作家，代表作品有《野性的呼唤》《马丁·伊登》等。

5. 北欧文学

(1) 安徒生。

安徒生的童话创作把现实主义和浪漫主义完美地结合在一起，把丹麦文学提高到了世界文学的水平。1835年，安徒生的第一部童话集《讲给孩子们听的故事》出版，标志着近代儿童文学

笔记栏

的诞生。代表作品有《丑小鸭》《皇帝的新装》《卖火柴的小女孩》《拇指姑娘》《豌豆上的公主》等。

【典型例题1】在丹麦首都哥本哈根的入海口处，塑有一座安徒生童话中的主人公的铜像，这位主人公出自（　　）。

A.《丑小鸭》　B.《海的女儿》

C.《小意达的花儿》　D.《卖火柴的小女孩》

【解析】丹麦雕刻家爱德华·艾瑞克森根据安徒生童话《海的女儿》铸塑了一座美人鱼铜像，铜像坐落在哥本哈根的长堤公园内，已成为丹麦的象征。

【答案】B

【典型例题2】1835年是近代儿童文学诞生的标志时间点，一位世界童话大师的《讲给孩子们听的故事》的发表，开创了文人自觉创作童话的新时代。这位伟大的作家是（　　）。

A. 夏尔·贝洛　B. 格林兄弟　C. 安徒生　D. 刘易斯·卡洛尔

【解析】1835年5月8日，安徒生的第一部童话集《讲给孩子们听的故事》第一册出版了，它开创了文人自觉创作童话的新时代。

【答案】C

（2）易卜生。

易卜生，挪威戏剧家，"问题剧"的代表作家，被誉为"现代戏剧之父"和"伟大的问号"。主要作品有《玩偶之家》《国民公敌》等。

【典型例题】鲁迅的作品《娜拉走后怎样》中，"娜拉"形象出自挪威作家易卜生的一部社会剧，该剧是（　　）。

A.《社会支柱》　B.《玩偶之家》　C.《群鬼》　D.《人民公敌》

【解析】《玩偶之家》是易卜生代表作品之一，又译作《娜拉》或《傀儡家庭》，女主人公为娜拉。本题选择B。

【答案】B

五、20世纪现实主义文学

（一）法国

罗曼·罗兰，作家，诺贝尔文学奖获得者，他的小说特点被人们归纳为"用音乐写小说"。主要作品为长篇小说《约翰·克利斯朵夫》，描写的是一个以个人奋斗来反抗社会的艺术家的悲剧人物（以贝多芬为原型）。

（二）苏联

高尔基，无产阶级伟大作家。主要作品有自传体三部曲《童年》《在人间》《我的大学》，长篇小说《母亲》，散文诗《海燕》等。列宁称之为"无产阶级艺术的最杰出代表"，称《母亲》是一部"非常及时的书"。

【典型例题】高尔基是苏联无产阶级作家，社会主义现实主义文学的奠基人。他的代表作（　　）开辟了无产阶级文学的新时代，不愧为划时代的光辉著作。

A.《母亲》　B.《人间喜剧》　C.《寒灰集》　D.《悲惨世界》

【解析】《母亲》是高尔基的代表作。列宁称《母亲》是一部"非常及时的书"。

【答案】A

肖洛霍夫，苏联时代最杰出的作家之一，他以描写顿河哥萨克人的生活和命运而闻名于世，1965 年因其长篇小说《静静的顿河》获诺贝尔文学奖。他的重要作品还有《被开垦的处女地》。

奥斯特洛夫斯基，主要作品有《钢铁是怎样炼成的》。

欧仁·鲍狄埃，工人诗人。主要作品有《国际歌》（工人作曲家比尔·狄盖特谱曲），列宁说他是“一位最伟大的用歌作为工具的宣传家”。

（三）美国

欧·亨利，20 世纪初美国著名短篇小说家，美国现代短篇小说创始人。他的短篇小说构思精巧，语言幽默、结局出人意料，被称为“欧·亨利式结尾”。

海明威，美国作家，被认为是 20 世纪最著名的小说家之一。1954 年，凭《老人与海》夺得诺贝尔文学奖。代表作还有《乞力马扎罗的雪》《太阳照样升起》《永别了，武器》。

六、20 世纪现代主义文学

现代主义文学又称现代派文学，是 19 世纪 80 年代出现的、20 世纪 20 年代至 70 年代在欧美繁荣的、遍及全球的众多文学流派的总称，包括表现主义、意识流小说、荒诞派戏剧、魔幻现实主义等流派。中学课文《变形记》《墙上的斑点》《等待戈多》《百年孤独》分别是上述流派的代表性作品。

卡夫卡，奥地利著名作家，也是西方现代主义各文学流派的鼻祖和表现主义小说的代表作家。代表作品有《变形记》《审判》《城堡》等。

马尔克斯，哥伦比亚著名作家，拉丁美洲魔幻现实主义文学的代表人物，20 世纪最有影响力的作家之一，1982 年诺贝尔文学奖得主。代表作《百年孤独》被誉为“再现拉丁美洲历史社会图景的鸿篇巨制”。

【典型例题】以下哪个选项中的作品全部出自美国作家之手（　　）。

A.《悲惨世界》《了不起的盖茨比》《百年孤独》

B.《飞鸟集》《草叶集》《静静的顿河》

C.《飘》《红字》《汤姆叔叔的小屋》

D.《瓦尔登湖》《海底两万里》《堂吉诃德》

【解析】《悲惨世界》，法国的雨果；《百年孤独》，哥伦比亚的马尔克斯，A 项错误。《飞鸟集》，印度的泰戈尔；《静静的顿河》，苏联的肖洛霍夫，B 项错误。《海底两万里》，法国的凡尔纳；《堂吉诃德》，西班牙的塞万提斯。D 项错误。

【答案】C

七、亚非近现代文学

（一）印度

泰戈尔，印度诗人、小说家、剧作家，亚洲第一位诺贝尔文学奖获得者。有诗集《飞鸟集》《新月集》，长篇小说《沉船》等。他的《人民的意志》一诗被定为印度国歌。

（二）日本

小林多喜二，日本作家，日本无产阶级文学的奠基者。代表作有中篇小说《蟹工船》。川端康成，日本新感觉派作家，著名小说家，是首位获得诺贝尔文学奖的日本作家。代表作有《伊豆的舞女》《雪国》《千只鹤》等。

笔记栏

附：

中外儿童文学名家名篇

中国儿童文学名家名篇

叶圣陶《稻草人》

这是新中国第一本为儿童而写的童话集，是中国现代儿童文学史上的第一块丰碑。这篇童话与当时流行的“不写王子，便写公主”的西方模式不同，它直面人生，扩大题材，把现实事件引进童话创作的领域。作品通过一个富有同情心而又无能为力的稻草人的所闻所思，真实而深刻地描写了20世纪20年代中国农村风雨飘摇的人间惨状。鲁迅高度赞誉叶圣陶的《稻草人》是“给中国的童话开了一条自己创作的路”。

《小小的船》是叶圣陶先生写的一首优美的儿童诗，作者以优美的语言，形象的比喻，描绘出了一幅奇妙的夜景图——月儿是小小的船，“我”正坐在船上看着蓝蓝的夜空和闪闪的星星。展现了孩子想飞上月亮遨游太空的美好愿望。

【典型例题】中国现代第一部现实主义长篇童话是（　　）。

A.《稻草人》　　B.《古代英雄的石像》

C.《大林和小林》　　D.《秃秃大王》

【解析】中国现代第一部现实主义长篇童话是叶圣陶的《稻草人》，这篇童话通过一个富有同情心而又无能为力的稻草人的所闻所思，真实地描写了20世纪20年代中国农村风雨飘摇的人间百态。

【答案】A

张天翼《宝葫芦的秘密》

这部长篇童话是我国著名儿童文学家张天翼的代表作，也是深深影响了数代中国孩子的优秀儿童文学作品。小学生王葆幻想得到一个宝葫芦，可以不费力气得到一切。一天他的愿望实现了，心里想要什么就有什么，他和同学下棋想吃掉对方棋子，棋子马上就飞到他嘴里……他的宝贝不但没给他带来幸福反而带来痛苦，他毅然把这个宝贝抛弃，“轰”的一声后，原来这却是自己做的梦，他从此改正了缺点，认真学习，做一个好学生。张天翼的儿童文学代表作还有童话《大林与小林》《秃秃大王》，他的童话在儿童文学史上占有重要位置。

冰心《寄小读者》

这是冰心在1923—1926年间写给小读者的通讯，共二十九篇，其中有二十一篇是她赴美留学期间写成的，主要记述了海外的风光和奇闻轶事，同时也抒发了她对祖国、对故乡的热爱和思念之情。《寄小读者》可以说是中国近现代较早的儿童文学作品，冰心也因此成为中国儿童文学的奠基人。20世纪60年代和70年代，冰心又分别发表了通讯集《再寄小读者》和《三寄小读者》。三部通讯集虽然发表的时间不同，但主题都是自然、童真。

严文井《严文井童话》

严文井，现代作家、散文家、著名儿童文学家，他的作品以童话和寓言的影响为大。他的童话、寓言创作故事生动、构思巧妙，具有很浓的哲理与诗意，被誉为“一种献给儿童的特殊的诗体”。1943年写的童话《南南和胡子伯伯》等，显示了他在童话方面的创作才能，此后，创作了《丁丁的一次奇怪旅行》《蚯蚓和蜜蜂的故事》《三只骄傲的小猫》《唐小西在下一次开船港》《四季的风》。

【典型例题】童话《四季的风》通过描写富有同情心的“风”在春夏秋冬四季照顾和安慰一个长期卧病的苦孩子来赞扬人与人之间的友谊和爱，它的作者是(　　)。

A. 金近　　B. 陈伯吹　　C. 严文井　　D. 冰波

【解析】童话《四季的风》的作者是严文井，他的第一部童话集是《南南和胡子伯伯》。

【答案】C

笔记栏

金江《乌鸦兄弟》

金江，中国当代著名寓言文学家，1941 年开始文学创作，曾出版著作《乌鸦兄弟》《寓言百篇》《白头翁的故事》《老虎伤风》《金江寓言选》等 55 种。他的作品形象生动，语言清新活泼，深得儿童喜爱。《乌鸦兄弟》讲述了乌鸦兄弟俩同住在一个窠里。有一天，窠破了一个洞。大乌鸦以为小乌鸦会去修，小乌鸦以为大乌鸦会去修，结果谁也没有去修。后来洞越来越大了，风越刮越凶，雪越下越大，结果，窠被吹到地上，两只乌鸦都冻僵了。

洪汛涛《神笔马良》

《神笔马良》由我国著名儿童文学作家、理论家洪汛涛于 20 世纪 50 年代创作，是享誉世界的经典文学名著，是中国儿童文学的瑰宝。1980 年《神笔马良》获第二届全国少年儿童文艺创作评奖一等奖，被译成各国文字，在世界各地有着极为深远的影响。它是 20 世纪 50 年代的中国影响最大的儿童文学作品，马良已经成为中国儿童智慧、勇敢和正义的化身。

柯岩《帽子的秘密》

《帽子的秘密》是柯岩创作的一首儿童诗。这首诗主要描写的是一群渴望当海军的孩子的课余生活。哥哥得到了妈妈奖励的蓝色帽子，可是帽檐老是掉下来，妈妈把它缝了又缝，但每次哥哥从外面回来，帽子总是坏。妈妈让弟弟侦察帽檐坏的秘密，结果弟弟当了“俘虏”。但是由于他的勇敢，弟弟最终也被推举加入了哥哥和小伙伴们的“海军部队”。这篇文章充分表达了少年儿童热爱中国人民解放军的思想感情和迫切想当一个水兵的强烈愿望。柯岩善于在日常生活里发掘诗意，然后经过认真的艺术构思，调动一切艺术手段进行创造。

金波《推开窗子看见你》

《推开窗子看见你》作者是近现代文学家金波，其多篇作品被收入中小学语文和音乐课本。本书是其抒情小诗集，一共有 389 首儿童诗歌。作者通过对大自然中事物的描绘，勾画出一幅幅儿童纯真的世界，有蓝天、白云、阳光、春雨、大海、小溪、鲜花、绿叶、小鸟、白蝴蝶、红蜻蜓……大自然成了展现儿童内心世界的舞台。

董宏猷《一百个中国孩子的梦》

这是一部梦幻体的长篇小说，这是一百个从四岁到十五岁的中国孩子——曾经做过的、正在做着的以及将要做的梦。这一百个中国孩子，年龄层次不同，民族地域各异，都在这本书里扮演了一个梦游者的角色，作者用他们风味独具的梦，装扮着 20 世纪 80 年代中国儿童的生活。

沈石溪《狼王梦》

沈石溪，中国当代著名的动物小说家，被誉为“中国动物小说大王”，代表作有《第七条猎狗》《再被狐狸骗一次》《狼王梦》《白象家族》《斑羚飞渡》《最后一头战象》等。《狼王梦》是一部以自然主义观点写的动物小说。它以尕玛尔草原和卡日曲雪山为背景，讲述了母狼紫岚如何培育三只小公狼成为狼王的经过，把在大自然挣扎求生存的狼，及因求生存而发展出来的“狼道”，刻画得淋漓尽致。在广袤无垠的尕玛尔草原上，一场飞沙的大暴雨中，失去了伴侣的狼妈妈紫岚在与猎狗的厮杀搏斗中艰难产下了五只小狼崽。紫岚为了把其中的三只公狼崽培育成狼王，付出了惨重的代价，然而紫岚没有成功，最终抱憾离开世界。但媚媚却产下五只狼崽，这也是紫岚和黑桑的下一个希望。

笔记栏

周锐《拿苍蝇拍的红桃王子》

这是一个优美的童话故事，说的是从前有一个红桃王子，他一直很疑惑为什么他的手上要拿一把斧子，直到有一天，一只可恶的苍蝇叮在了他的鼻子上，他一气之下把他手上的斧子变成了苍蝇拍，到处打苍蝇，而且获得了"灭蝇"奇效。一时间，所有的国王、皇后、王子纷纷将手里的宝剑、权杖、鲜花换成了苍蝇拍子。一个投机倒把的商人"张罗"听说了这件神奇的事情，就用五包香烟从这副扑克牌的主人——范老伯手中换走了这副灭蝇扑克，企图靠这副牌的神奇之处来牟取暴利。但是他的阴谋并没有得逞，最后红桃王子又把斧子换了回来，并用它捣乱了商人的一切计划。从此，红桃王子就安分守己地拿着斧子，心中再也没有任何疑惑了。

曹文轩《草房子》

这是我国当代著名作家曹文轩的一部少年长篇小说。作品写了男孩桑桑刻骨铭心、终生难忘的六年小学生活。六年中，不幸少年与厄运抗争的悲怆，残疾少年对尊严的坚守等，都在这所其实并不大的草房子里扑朔迷离地上演，感人心魄，有时甚至催人泪下。该部作品格调高雅，由始至终充满美感。叙述风格谐趣而又庄重，整体结构独特而又新颖，情节设计曲折而又智慧。荡漾于全部作品的悲悯情怀，在人与人之间的关系日趋疏远、情感日趋淡漠的当今世界中，也显得弥足珍贵、格外感人。通篇叙述既明白晓畅，又有一定的深度，是既受孩子喜爱也可供成人阅读的儿童文学作品。

郑渊洁《舒克贝塔全传》

舒克和贝塔是童话大王郑渊洁笔下最著名的童话形象。郑渊洁花费十几年时间写出了长达一百多万字的《舒克和贝塔全传》。悬念迭起，扣人心弦，故事精彩，想象奇特是这部巨著的特色。舒克和贝塔伴随了几代人的成长，后被上海美术电影制片厂拍摄成了动画片。

林焕彰《妹妹的红雨鞋》

《妹妹的红雨鞋》是台湾作家林焕彰创作的儿童诗。这首诗写的是下雨的时候，妹妹总喜欢穿着新买的红雨鞋在雨里嬉戏，而"我"隔着窗，看着妹妹在雨里玩耍，就像看见鱼缸里的一对红金鱼一样。诗人想象力极其丰富，将雨中玩耍的红雨鞋比作鱼缸里的红金鱼，从最平常的意象和语言里"随手"编织童年的诗意，自然亲切，毫不做作。这首诗童趣盎然，不但吸引着广大的儿童，对于一个成人来讲，也能激起人们对童年的无限怀念与眷恋之情。

黄蓓佳《我要做好孩子》

这是一部适合少年儿童和家长、老师共同阅读的长篇小说。主人公金铃是一个成绩中等，但机敏、善良、正直的女孩子，她为了做个让爸爸妈妈和老师满意的"好孩子"做出了种种努力，并为保留心中那份天真、纯洁，向大人们做了许多"抗争"……小说艺术地展示了一个小学毕业生的学校、家庭生活，成功地塑造了金铃、于胖儿、尚海、杨小丽等小学生和妈妈、爸爸、邢老师等大人的形象，情节生动，情感真切，语言流畅，富有鲜明的时代特色和浓郁的生活气息，并能给读者以思考和启迪。

外国儿童文学名家名篇

《伊索寓言》

《伊索寓言》相传为公元前6世纪被释放的古希腊奴隶伊索所著。它是世界上最古老的寓言集，是东西方民间文学的精华、劳动人民的智慧结晶。其中有为人们所熟知的《龟兔赛跑》《狼来了》《狐狸和葡萄》《农夫和蛇》。

《一千零一夜》

又名天方夜谭，是阿拉伯民间故事集。相传古代印度与中国之间有一萨桑国，国王山鲁亚尔生性残暴嫉妒，因王后行为不端，将其杀死，此后每日娶一少女，翌日晨即杀掉，以示报复。宰相的女儿山鲁佐德为拯救无辜的女子，自愿嫁给国王，用讲述故事的方法吸引国王，每夜讲到最精彩处，天刚好亮了，使国王爱不忍杀，允她下一夜继续讲。她的故事一直讲了一千零一夜，国王终于被感动，与她白首偕老。

《安徒生童话》

这是丹麦作家安徒生的童话作品集，也是世界上最有名的童话作品集之一。其中著名的童话故事有《海的女儿》《小锡兵》《冰雪女王》《拇指姑娘》《卖火柴的小女孩》《丑小鸭》和《红鞋》等。尽管创作体裁属于童话，但是其中蕴含了丰富的人生哲理。

《格林童话》

《格林童话》是19世纪初由德国著名语言学家雅可布·格林和威廉·格林兄弟收集、整理、加工完成的德国民间文学，是世界童话的经典之作。其中著名的有《灰姑娘》《白雪公主》《小红帽》《睡美人》《青蛙王子》《渔夫和他的妻子》《大拇指》《勇敢的小裁缝》等。《格林童话》带有浓厚的地域特色、民族特色，富于趣味性和娱乐性，对培养儿童真、善、美的良好品质有积极意义。

林格伦《长袜子皮皮》

这是瑞典文学家阿斯特里德·林格伦的童话代表作。主人公皮皮是个奇怪而有趣的小姑娘。她有一个奇怪的名字：皮皮露达·维多利亚·鲁尔加迪娅·克鲁斯蒙达·埃弗拉伊姆·长袜子。她满头红发、小辫子翘向两边、脸上布满雀斑、大嘴巴、牙齿整齐洁白。她脚上穿的长袜子，一只是棕色的，另一只是黑色的。她的鞋子正好比她的脚大一倍。她力大无比，能轻而易举地把一匹马、一头牛举过头顶，还降服了倔强的公牛和食人的大鲨鱼。她有取之不尽的金币，常用它买糖果和玩具分送给孩子们。她十分善良，对人热情。她好开玩笑，常想出许许多多奇妙的鬼主意，创造一个又一个的奇迹……皮皮是非现实世界中的小姑娘，然而她又是真实的。

科洛迪《木偶奇遇记》

这是意大利作家科洛迪的代表作。当仁慈木匠皮帕诺睡觉的时候，梦见一位蓝色的天使赋予他最心爱的木偶匹诺曹生命，于是小木偶开始了他的冒险。如果他要成为真正的男孩，他必须通过勇气、忠心以及诚实的考验。在历险中，他因贪玩而逃学，因贪心而受骗，还因此变成了驴子。最后，他掉进一只大鲸鱼的腹中，意外与皮帕诺相逢……经过这次历险，匹诺曹终于长大了，他变得诚实、勤劳、善良，成了一个真真正正的男孩。发生于匹诺曹身上的故事告诉我们，一个孩子的自然天性在许多方面都是需要修正的。也就是说，在自然天性里往往会有不少不够尽善尽美的表现，等待着我们逐步克服。

卡罗尔《爱丽丝漫游奇境记》

这是英国作家路易斯·卡罗尔创作的儿童文学作品。故事叙述一个名叫爱丽丝的女孩从兔子洞进入一个神奇国度，遇到许多会讲话的生物以及像人一般活动的纸牌，最后发现原来是一场梦。这部童话虽然充满了荒诞不经的奇异幻想，但作家却在其中深刻地影射着19世纪中期的英国处处拘于礼仪、古板迂腐的社会现实。

金斯利《水孩子》

这是英国19世纪作家查尔斯·金斯利所著的一部儿童文学经典名著。作者以亲切而风趣的笔调，优美而简洁的文笔，生动地讲述了一个扫烟囱的孩子汤姆如何变成水孩子，并在仙女的感化、教育和引导下，闯荡大千世界，经历各种奇遇，克服性格缺陷，最后长大成人的美丽故事。这本书讲述了一个男孩怎样成为一个男子汉的故事。

米尔恩《小熊维尼历险记》

这是英国作家米尔恩流传最广、最脍炙人口的世界童话名著。讲述了小熊维尼、小猪、兔子彼得、跳跳虎、老驴屹耳、袋鼠妈妈和她的孩子小豆在百亩森林里的有趣生活，赞颂了他们的勇敢机智和团结友爱。全书人物个性鲜明，故事生动，笔调幽默，富有浓厚的生活气息。纯真可爱的主人公维尼，看上去有点傻，在关键时刻却很机智，而且能够想出解决问题的好主意。他有点淘气，有点嘴馋，喜欢大口大口地吃蜂蜜，但他心地善良，富有同情心，能热情、诚恳地帮助别人，而且行为勇敢，

笔记栏

善于出奇制胜。更有意思的是，他特别爱编唱歌谣，即兴创作，出口成歌。

蒙格玛丽《红头发安妮》

又名《绿山墙的安妮》，是加拿大女作家蒙格玛丽创作的一套“安妮系列小说”的第一部。这部小说描述了一个个性极其鲜明的少女“红头发安妮”，她纯洁、正直、倔强、感情丰富，还非常喜欢说话，对于大自然的美有着敏锐的感受力。她的想象力极为丰富，她能够把眼前的事物想象得美好而富有诗意。但这些想象有时又会闹出一连串的笑话，使得绿山墙农舍的故事妙趣横生。作者以行云流水般流畅的语言和幽默的笔调，使读者快乐地欣赏着安妮的世界，和她同喜同忧，并与她一起去向往未来的梦。

詹姆斯·巴里《彼得·潘》

这是英国著名作家詹姆斯·巴里的幻想童话剧。巴里在剧中虚构了一个永远不会长大的孩子——彼德·潘，他天真活泼、疾恶如仇、勇敢而富于牺牲精神。他把达林夫妇的三个孩子带到永无岛，在这里有孩子们渴望见到的各种人物：仙女、人鱼公主、印第安人、海盗、野兽和飞鸟。彼得·潘带领孩子们经历了许多冒险。故事创造了一个让孩子们十分憧憬的童话世界——永无岛，而主角彼得·潘那种“永远不想长大”的思想与行为更是淋漓尽致地呼出了孩子们的心声。

艾利克·卡斯特纳《会飞的教室》

这是德国作家艾利克·卡斯特纳创作的一部长篇小说。教室会飞，这并非现实，只是小主人公们的想象罢了。全书由排演展开，通过一系列生动、感人的情节，塑造了一群聪颖、活泼、天真、可爱的少年形象。其中，多愁善感的姚尼、才华横溢的戴马亭、冷静持重的塞巴修、胆小怕事的郞理以及魁梧好斗的马提斯，都以其鲜明、独特的形象给读者留下了难忘的印象。本书是一部高度浓缩的校园风景录，它所表现的同学之情、师生之爱、朋友之谊，无不唤起人们对友情的追忆与珍惜。

亚米契斯《爱的教育》

这是意大利作家亚米契斯的作品，被认为是意大利人必读的十本小说之一，是世界文学史上经久不衰的名著，被各国公认为最富爱心和教育性的读物。全书以一个小男孩安利柯的眼光，从10月份4年级开学第一天开始写起；一直写到第二年7月份，全书共100篇文章，包括发生在安利柯身边各式各样感人的小故事、父母在他日记本上写的劝诫启发性的文章，以及10则老师在课堂上宣读的精彩的“每月故事”。每章每节，都把“爱”表现得精髓深入、淋漓尽致，大至国家、社会、民族的大我之爱，小至父母、师长、朋友间的小我之爱，处处扣人心弦、感人肺腑。

弗兰克·鲍姆《绿野仙踪》

这是由美国童话作家弗兰克·鲍姆开创的一系列以“奥兹仙境”为背景的童话故事。故事讲述了小姑娘多萝茜被一阵龙卷风刮到了奥茨国，她陆续结识了稻草人、铁樵夫和找胆量的狮子，他们为了实现各自的心愿，互相帮助，历尽艰险。最后，凭借自己的智慧和毅力，如愿以偿。《绿野仙踪》在美国人心中的地位，就相当于《西游记》在中国人心中的地位。

绘本《猜猜我有多爱你》

这是一本世界性的经典图画书。这本图画书里有一只像孩子的小兔子和一只像爸爸的大兔子。小兔子像所有的孩子一样爱比较。它们俩在比赛谁的爱更多一些。大兔子用智慧赢得了比赛和小兔子稍微少一点的爱，可小兔子用它的天真和想象赢得了大兔子多出一倍的爱。两只兔子都获胜了。整个作品充溢着爱的气氛和快乐的童趣，小兔子亲切可爱的形象、两只兔子相互较劲的故事构架以及形象、新奇的细节设置都对孩子有着极大的吸引力。作者山姆·麦克布雷尼，爱尔兰人，绘图者安妮塔·婕朗，英国人。

第四章 艺术素养

知识体系及思维脉络图

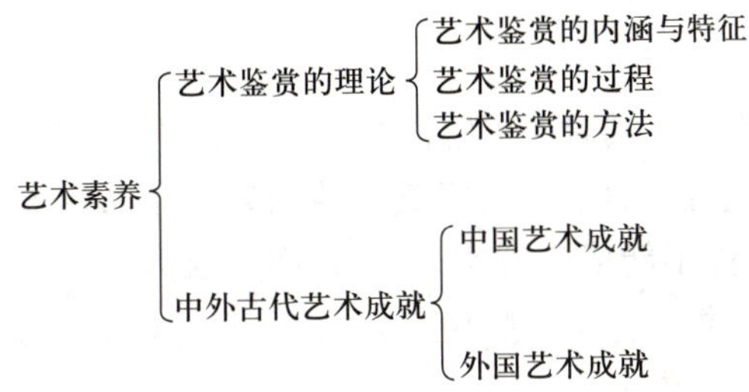

笔记栏

核心考点及学习提示

【核心考点】

1. 了解一定的艺术鉴赏知识。
2. 了解艺术鉴赏的一般规律,并能有效地运用于教育教学活动。

【学习提示】

艺术素养也是综合素质必考的内容之一,以识记为主。从2011年下半年至今,每年有关艺术素养的考题少则1题,多则4题,主要涉及中外著名艺术家的代表作品、中国民族乐器、书法、戏剧、影视、刺绣以及少数民族服饰等相关知识。从历年的考题看,本章内容考查的题型都是单项选择题,考试内容都是与古今中外艺术成就相关的常识,没有出现过与艺术鉴赏理论知识相关的考题。以中国艺术成就为主,中国民族乐器、书法、著名艺术家的代表作品是高频考点。考生在复习备考本章内容时,对艺术鉴赏理论了解即可;对中国传统艺术相关的知识,要加强识记,准确把握,学扎实。

第一节　艺术鉴赏的理论

一、艺术鉴赏的内涵与特征

(一) 艺术鉴赏的内涵

艺术鉴赏,指人们在接触艺术作品过程中产生的审美评价和审美享受活动,也是人们通过艺术形象(意境)去认识客观世界的一种思维活动。人们是在感觉、知觉、思维、情感、联想和想象等多种心理因素的综合作用下,接受、理解并把握艺术作品,并从中得到思想上的启迪和艺术上的享受。艺术鉴赏是人类审美活动的一种高级、特殊的形式。

(二) 艺术鉴赏的特征

1. 感性与理性相统一

艺术鉴赏是一种感觉与理解、感情与认识相统一的精神活动。鉴赏者对作品所揭示的生活的

笔记栏

本质的认识，始终是和鉴赏者对艺术作品所反映的具体生活现象的直接感受和情感反应不可分的。在整个鉴赏过程中，对待反映于作品中的生活，只有那些为鉴赏者的感觉和感情所肯定和接受的东西，才能成为他在理性上所肯定和接受的东西。

2. 教育与娱乐相统一

艺术作品的感染力不同于其他意识形态的地方，就在于它能够寓教育于娱乐之中。艺术的教育作用只有通过鉴赏者对作品发生兴趣，在鉴赏过程中得到一定的审美愉快，才能得到充分的发挥。由于各种艺术作品的性质不同，艺术鉴赏的教育性与娱乐性的关系也不同。有些作品教育性强些，有些作品娱乐性强些。任何艺术作品，只有当它首先适应了受众的审美需要、审美趣味和审美能力，才能赢得受众，发挥教育功能。

3. 制约性与能动性相统一

艺术欣赏活动是作品作用于鉴赏者思想感情的过程，同时也是拥有一定审美能力的欣赏者对于艺术作品进行感受和理解的过程。具有一定审美价值的艺术作品要求鉴赏者具有与之相适应的审美能力，艺术作品的客观价值能不能成为现实，这一方面要取决于艺术作品能否反映并满足鉴赏者的欣赏需要，另一方面，也要取决于鉴赏者能不能欣赏以及在怎样的程度上感受和理解作品的意义。

4. 审美经验与“再创造”相统一

在艺术鉴赏中，鉴赏者不是被动、消极地接受艺术形象的感染，而是能动、积极地调动自己的思想认识、生活经验、艺术修养，通过联想、想象和理解，去补充和丰富艺术形象，从而对艺术形象和艺术作品进行“再创造”，对形象和作品的意义进行“再评价”。可以这么说，如果没有鉴赏中的“再创造”和“再评价”，也就没有真正意义上的艺术鉴赏。

二、艺术鉴赏的过程

艺术鉴赏的过程是由浅入深的，大致上经历了感官的审美直觉、情感的审美体验到理性的审美升华三个层次。

（一）艺术鉴赏的审美直觉

审美直觉是指人们在审美活动或艺术鉴赏活动中，对于审美对象或艺术形象具有一种不假思索而即刻把握与领悟的能力，使人刹那间暂时忘却一切，聚精会神地观赏它，全部身心沉浸在审美愉悦之中。这一阶段的审美更多是被艺术语言的感性形式所吸引，是对作品形式美的注意和对其意义的直观感受，是接受者透过艺术的形式符号在直观层次上初步感受和重建意象，是不完整和粗浅的鉴赏。

（二）艺术鉴赏中的审美体验

这是整个审美过程的中心环节，是指鉴赏主体在审美直觉的基础上，根据各自的审美文化心理结构和经验，凝神观照，调动再创造的想象力和联想力，激起丰富的情感，设身处地地生活到艺术作品之中，细致地体味作品，充实、丰富、发展意象，使意象更具接受者的个性，获得心灵的审美愉悦，把外在作品中的艺术形象转化为鉴赏者自身的生命活动。

（三）艺术鉴赏中的审美升华

这是艺术鉴赏活动的最高境界，是指鉴赏主体在艺术欣赏中通过由表及里，由感性到理性，由外观到内蕴逐渐发展深化，不再执着于符号的形式，而直接与艺术意象合而为一，进而直接领悟其意味。它往往表现为情景交融，物我一体，产生共鸣。艺术作品能否使鉴赏者共鸣，是衡量作品艺术感染力强弱的标志之一。

三、艺术鉴赏的方法

艺术鉴赏的方法，是指鉴赏艺术作品的门路、途径和程序。艺术门类和体裁多种多样，各个门类、体裁、样式的艺术,具有各自的艺术特征、美学特性和艺术语言,所以,鉴赏者要想从中获得审美感受和审美享受,深刻理解艺术作品的思想意蕴,除了必须对一般艺术理论和艺术史有初步了解,还要懂得各种艺术门类鉴赏的正确方法。

笔记栏

(一) 艺术的分类

由于看问题的角度、依据的标准不同,艺术分类也是纷繁复杂的。根据作品使用的物质媒介和表现手段,可以将整个艺术体系划分为五大类型:

1. 语言艺术

就是文学,包括诗歌、小说、散文、剧本等体裁。

2. 实用艺术

广义上包括建筑、工艺美术、装饰美术、书法等体裁。狭义专指运用造型手段和艺术技巧,对生活实用品和陈设品进行艺术加工的装饰艺术。

3. 表情艺术

主要是音乐和舞蹈两类体裁。广义上与表演、表情有关的戏剧、曲艺、杂技,电影、电视等也在表情艺术之列。

4. 造型艺术

广义又称"美术",包括绘画、雕塑、摄影、建筑园林、工艺美术、书法篆刻、工业设计等,是艺术中的大家庭;狭义专指绘画、雕塑、摄影。

5. 综合艺术

综合艺术是综合运用多种艺术体裁的物质材料和表现手段,塑造典型的艺术形象,反映社会生活,表现艺术家的审美感受、审美情感、审美理想的艺术的总称。主要有戏剧、戏曲、电影、电视等门类。

(二) 主要艺术分类鉴赏

1. 音乐鉴赏

音乐是用有组织、有一定节奏和旋律的音响,塑造艺术形象,直接表达情感的艺术。人们称音乐是"人类的万能语言""心灵的喷泉"。

音乐艺术的语言有节奏、旋律、和声、复调、速度、力度、音色、调式、曲式等。

音乐鉴赏,首先感性欣赏,得出"好听"或"不好听"的结论;其次情感欣赏,通过反复聆听进入到作品特定的情感氛围中;最后是理性的判断,了解作者的简介、创作意图、作品产生的背景、作品表现的内容和主题,认识作品的艺术价值和文化价值。

2. 舞蹈鉴赏

舞蹈是通过有节奏、有组织和经过美化的流动性的人体动作来表演的艺术。被称之为"活的雕塑""人的生命之舞",是"看得见的心灵旋律"。

舞蹈艺术的语言有:① 舞蹈动作,由动的姿态、速度、韵律、力度组成,这是舞蹈的生命线;② 步法,是舞蹈者在行进、腾跃、站立的运动过程中脚的动作程式,这是不同舞种的标志性区别所在;③ 手势,是舞蹈者手势运动的动作程式;④ 姿态,是舞蹈中整个躯体运动的程式化的风格趋向及亮相形态;⑤ 节奏,是舞蹈动作、舞蹈段落在运行中规律性的时值控制;⑥ 舞蹈场面,是舞蹈者与环境、舞蹈者群体之间动作及造型构图的组合。我们鉴赏舞蹈作品要综合这些舞蹈艺术语言作考察。

舞蹈是人体的造型艺术,最大特点为动作性,舞蹈还有抒情性的特点,通过奔放、舒展、刚柔结合的舞姿,抒发内心的情感,表现特定情境中的精神气质。节奏性则通过节奏变化表现舞蹈动作的力度、速度、强度,表现不同的情绪和情感。

看舞蹈的动作,要求动得自如、动得优美、动得绝妙、动得规范、动得有情感。要善于欣赏舞者的身姿美、律动美、虚拟美、形式美。

3. 绘画鉴赏

绘画是运用线条、形体、色彩、明暗、笔触等造型语言在二度平面上塑造艺术形象，以反映生活，表达人的思想感情、审美理想的艺术。绘画是艺术中最古老、最主要的一种。被人称为“无声的诗”“自然的女儿”。

绘画艺术最主要的语言是线条、色彩、造型、构图。

鉴赏绘画作品，应该注意结合绘画艺术语言，从绘画审美的造型美、静态美和意蕴美中找到切入点。绘画艺术以静态写动态，关键看是否抓取了最佳瞬间，绘画艺术还以具象写意蕴。中国画“画中有诗”“以形写神”，追求象外之意。西洋画同样追求再现与表现的统一。

4. 雕塑鉴赏

雕塑是用可雕塑的材料刻划、塑造出三度空间直观的造型形象，以反映生活，表达人的思想感情和审美理想的艺术。雕塑艺术被人称为“立体的图画”“静止的舞蹈”“形体化的诗”。它也是一门古老的艺术，从史前的石像、陶人，到公元前的希腊雕像，直到现代雕塑，一直具有较强的艺术生命力。

雕塑艺术主要有圆雕和浮雕两大类。圆雕又称浑雕，形象临空可以四面观赏；浮雕是半立体，有一个平面做背景和依托，又分高浮雕、中浮雕和浅浮雕。

雕塑艺术的语言有：形体、影像、结构、材质等。

鉴赏雕塑艺术作品，要从上述艺术语言中找到切入点和结合点。同时要看到，雕塑艺术长于抒情，短于叙事；表现瞬间，难现过程；一个优秀雕塑家往往着力在短处上下功夫，使艺术形象同样能叙事、能有过程和动感。

5. 文学鉴赏

文学是语言的艺术，其主要体裁有诗歌、散文、小说和剧本。

（1）诗歌。诗歌是用凝练的语言、丰富的想象、充沛的情感，高度集中地表现社会生活和人的精神世界的艺术。诗歌以叙写内容的方式来分，有抒情诗和叙事诗；以表现形式来分，有格律诗、自由诗、散文诗等。

诗歌形式上注重纵向排列、节奏规整，古典诗歌还要押韵。其内在本质是长于抒情，具有特别强烈的自我表现色彩。诗歌魅力的根本所在是人情人性，也就是它的情感美。优秀的诗歌，情感诚挚深沉、丰富细腻并且蓄势待发；诗歌的语言美，表现为语言精练、含蓄、朦胧，语言的非语法化；诗歌还有奇妙的音律美和意象美。

（2）小说。小说是通过完整的故事情节和具体的环境描写，塑造多种多样的人物形象，广泛而多方面地反映社会生活的一种语言艺术。小说以篇幅长短和容量大小分为长篇、中篇和短篇三种样式。

小说的艺术语言主要是人物、情节、语言、结构。鉴赏的路径：一是人物形象，看人物外貌、心理、行为、性格是否鲜活典型；二是故事情节，看是否完整、生动、丰富；三是语言运用，看是否形象化、生活化、性格化和风格化；四是结构形态，中国古典小说多为章回结构，西方小说结构多样，以线索为核心，有封闭式、开放式、单线、复线等多样结构。

（3）散文。散文是指一切无韵而体散的文字型的语言艺术。主要分为记叙散文、论说散文、抒情散文。散文艺术外在结构散漫、简约，不受拘束；语言优美、清新流畅，生活气息浓郁；取材随意，包罗万象，样式和手法丰富多彩。散文艺术的内在美在于情感、哲思、意境的美。往往小中见大，以小取胜。散文长于抒情，能于寻常细微之中阐发深情实感，营造高远意境。

（4）剧本。剧本是指为戏剧、电影、电视所撰写的可供演出、拍摄作蓝本的语言艺术。剧本在文学性、思想性的基本要求上与小说一致。但它有自己的特殊性，一是篇幅的有限性，不可能长篇累牍；二是文字描绘的可视性，一切都具有影视的可拍摄性或戏剧的可表演性；三是结构的专业性，

笔记栏

戏剧剧本按台词、场、幕来安排，影视剧本按镜头、场面和段落来安排。同时在内涵结构上受到戏剧、影视艺术思维的制约，戏剧有戏剧固定时空的思维，影视有蒙太奇思维。鉴赏剧本可以从可读性、可看性、可表演性上找到它的价值所在。

6. 建筑

建筑是以物质材料和技艺手段为基础，根据实用或审美的需要而建造的空间造型艺术。又属于实用艺术、静态艺术的范畴。人们称之为“凝固的章乐”“无声的诗篇”和“石头书写的历史”。

建筑艺术的语言有：① 面，建筑物最具代表性的立面的造型；② 体形，是建筑物的总体立体造型；③ 体量，是建筑本身的空间大小，它对人的视觉和心理冲击力作用巨大；④ 空间，是建筑物内在空间的形状、大小、方向、开闭、明暗的处理变化，可以强烈地感染人的情绪；⑤ 群体，是非单体建筑物有机组合后的整体效果，群体建筑像一部交响曲，形成数个乐章和起承转合关系，具有深刻的文化意义；⑥ 环境，是建筑物内外所具有的自然环境、人文环境的总和，优秀的建筑应该凭借环境成为一个综合性的系统。

建筑艺术是实用性和审美性的统一，所以具有物质的和精神的双重属性。优秀的建筑物应该是两者的有机统一。如赵州桥两边的拱洞、哥特式教堂边侧的飞扶壁，中国古建筑的飞檐、斗拱，都是既实用又美观的典范。鉴赏建筑艺术，要从其功能美、材料美、结构美、工艺美和环境美中找到美与善、美与真的统一。

7. 工艺

工艺指用美术造型设计与色彩装饰的方法和技巧，将物品加工制作成既实用又美观的成品的艺术。这里的工艺即指“工艺美术”。工艺品从社会价值来看，分为民间工艺品，如泥塑、蜡染、剪纸、绳编、竹编、草编等；美化后的生活日用品，如刺绣服装、陶瓷等；特种工艺美术品，如牙雕、珊瑚雕、唐三彩、景泰蓝、绒绣、泥人等。也可以将前两者并称为“实用美术”，后者称为“装饰美术”。工艺从品质来分类，有彩陶、瓷器、青铜器、玉器、漆器、丝织品、玻璃器、竹编工艺器等。

工艺美术品的基本艺术语言，主要有构思、造型、色彩、纹样、技艺等。① 构思指在处理作品实用与美观、表象和含蕴、原材料与成品关系时的创意设计。② 造型指作品形态外观和结构组合。③ 色彩指作品的色相、色泽及色彩的搭配组合。④ 纹样指作品表面的纹线花样，如中国丝织分绸、缎、绫、罗、锦、绒、纺、纱、绢等，素有“花者为绫，素者为绢”“多色为锦，光面为缎”之妙，色彩、纹样成为其最主要因素。⑤ 技艺指作品制作的工艺技巧、质量水准，这是所有工艺美术品的生命线，是工艺师的艺术见解和技艺功力的体现。

8. 书法

书法是以汉字为基础，通过点划运动来表现一定情感、意蕴的艺术。它是中华文化所孕育的一种独特的艺术种类，是实用性与审美性兼备的表现性空间艺术。被称为“心灵的艺术”，“汉字的舞蹈”。

书法的艺术语言主要有：用笔、用墨、结字、章法、气韵。① 用笔指行笔的方式、方法，有刚柔、徐急、轻重、藏露、提按、顺逆等区别。② 用墨指墨的着色程度及变化，有浓淡、枯润、新宿之分。③ 结字指字的点划安排与形式布置。即字的结构，有粗细、宽窄、侧正、伸缩之分。④ 章法指书法作品的整体布局，也叫布白。它以墨迹与空白、字与字、行与行、正文与边款之间的对比、关照、呼应、应接等关系体现作品的整体效果。好的作品往往“计白当黑”“一气呵成”。⑤ 气韵指书法作品中的美学精神、品质、气度和风格。如“颠张醉素”说的是张旭、怀素的气韵，“颜筋柳骨”说的是颜真卿、柳公权的风格。

四、艺术鉴赏能力的培养与提高

（一）艺术鉴赏能力的培养与提高，离不开大量鉴赏优秀作品的实践

“操千曲而后晓声，观千剑而后识器”。做任何事情，没有一定的经验积累，就不会有很高的造

诣。艺术鉴赏的实践经验非常重要，要多观察实物，不能纸上谈兵。多看些绘画作品自然会培养色彩与线条的感觉，多听不同风格的音乐就能培育节奏与旋律感，文学作品读得多了，读得熟了，也就有了比较、有了鉴别与欣赏。

（二）熟悉和掌握艺术的基本知识和规律

要提高艺术鉴赏能力，不仅要初步掌握一般艺术理论和艺术史的知识，还要了解各个艺术门类和体裁的艺术特征、美学特性和艺术语言。因为各个门类、体裁、样式的艺术，具有各自的审美特征和表现技法，必须掌握了解基本的知识，才能真正把握和理解作品，真正领略作品的艺术魅力。

（三）不断积累社会、历史、哲学等方面的文化科学知识

艺术鉴赏，是一种审美力的展示，更是一种文化力的考验。如果不了解中国哲学史上有一个重要的流派——魏晋玄学，就无法对这个时期的诗歌（以陶渊明为代表）、书法（以王羲之、王献之为代表）等作品中深层的意蕴加以领略和鉴赏。如果不了解欧洲文艺复兴时期积极人文主义思想和强烈的战斗精神，就不能对米开朗琪罗、拉斐尔、达·芬奇等三杰的作品有深刻的认识和理解。从一定意义上讲，文化修养高的人，他的艺术鉴赏力也会有相当的水平。

（四）在生活经验与生活阅历中积累审美体验

艺术创作离不开社会生活，艺术鉴赏也同样离不开社会生活。鉴赏主体总是在自己生活经验的基础上去感受、体验和理解艺术作品的。鉴赏者的生活经验越丰富、越深刻，越有助于对艺术作品的审美欣赏。反之，鉴赏者在生活经历中从未直接或间接经历过的内容，在欣赏艺术作品时就往往难以接受。

第二节　中外古代艺术成就

一、中国艺术成就

（一）书画

1. 文字和书法

（1）汉字的演变。

甲骨文，主要指中国商朝后期王室用于占卜记事而刻在龟甲或兽骨上的文字。它是中国已知的最早的成体系的文字形式，它上承原始刻绘符号，下启青铜铭文，是汉字发展的关键形态，被称为“最早的汉字”。

西周金文是铸刻在青铜器上的文字。西周晚期的毛公鼎，腹内铸有铭文 499 字，是目前已发现的铭文最多的青铜器。

秦朝标准字体是小篆，民间流行更简化的隶书。

隶书是汉朝主要字体。东汉末年书法成为一种艺术，张芝是东汉著名的草书大家，被后人称为“草书之祖”。

行书是介于草书和楷书之间的一种字体，不像楷书那么工整，也不像草书那么奔放。行书大概在魏晋时期就开始在民间流行了，被称为“书圣”的东晋大书法家王羲之，创作了大量的行书作品。

曹魏钟繇开始把隶书转化为楷书。

（2）书法名家。

①王羲之。东晋时期著名书法家，有“书圣”之称，代表作《兰亭集序》《黄庭经》。《兰亭集序》被誉为“天下第一行书”。在书法史上，他与其子王献之合称为“二王”。

【典型例题】下列选项中，被誉为“天下第一行书”的书法作品是（　　）。

A.《九成宫醴泉铭》　　B.《赤壁赋》　　C.《兰亭集序》　　D.《洛神赋》

【解析】王羲之的《兰亭集序》被誉为“天下第一行书”。

【答案】C

② 初唐三大家。欧阳询、虞世南和褚遂良是唐朝初年的三位书画名家。

③ 颜柳。颜真卿，创立了“颜体”楷书，代表作《多宝塔碑》《颜氏家庙碑》《祭侄文稿》。《祭侄文稿》被誉为“天下第二行书”。

柳公权，楷书四大家之一，与颜真卿齐名，人称颜柳。创立了“柳体”，以骨力劲健见长，后世有“颜筋柳骨”的美誉。代表作《神策军碑》。

④ 宋四家。宋四家是宋人苏轼、黄庭坚、米芾、蔡襄的合称，被后世认为是最能代表宋代书法成就的书法家。苏轼的《寒食帖》在书法史上影响很大，被称为“天下第三行书”。

宋徽宗赵佶也是位杰出的书法家，以“瘦金体”著称。

⑤ 楷书四大家。元代赵孟頫与唐朝欧阳询、颜真卿、柳公权并称为“楷书四大家”。

2009年，中国书法、篆刻艺术双双被联合国教科文组织列入“人类非物质文化遗产代表作名录”。

【典型真题】下列关于古代书法的表述中，正确的是（　　）。

A. 王献之的《兰亭集序》是行书代表作

B. 北宋时期宋徽宗赵佶创立了“瘦金体”

C. “柳骨颜筋”指柳永书法遒健，颜真卿书法端庄

D. 唐朝的张旭和怀素的书法都是以隶书闻名于世

【解析】北宋时期宋徽宗赵佶创立了“瘦金体”。《兰亭集序》是王羲之的代表作。“柳骨颜筋”指的是柳公权和颜真卿的书法。唐朝的张旭和怀素以草书见长。

【答案】B

2. 古代绘画

（1）中国十大传世名画。东晋顾恺之《洛神赋图》、唐代阎立本《步辇图》、唐代张萱与周昉《唐宫仕女图》、唐代韩滉《五牛图》、五代顾闳中《韩熙载夜宴图》、北宋王希孟《千里江山图》、北宋张择端《清明上河图》、元代黄公望《富春山居图》、明代仇英《汉宫春晓图》、清代郎世宁《百骏图》。

（2）顾恺之。顾恺之，东晋画家，字长康，晋陵无锡人。擅画人像、佛像、禽兽、山水等，有“才绝、画绝、痴绝”之称，与陆探微、张僧繇并称“画界三杰”。其绘画的传世摹本有《女史箴图》卷、《洛神赋图》卷、《列女仁智图》卷等几种，以《洛神赋图》数量最多。此外，他所提出的“迁想妙得”“以形写神”等艺术观点对后世影响极大。

（3）张僧繇。张僧繇，南朝吴人。长于写真，并擅画佛像、龙、鹰，多作卷轴画和壁画。成语“画龙点睛”的故事即出自有关他的传说。

（4）阎立本。阎立本，唐代画家，有《步辇图》《历代帝王图》传世；

（5）吴道子。吴道子，唐朝著名画家，阳翟（今河南禹州）人。他是中国山水画的祖师，被后人尊称为“画圣”，他的人物绘画更是“冠绝于世”，素有“吴带当风”的美誉。有《八十七神仙卷》《天王送子图》传世。

（6）张择端。张择端，北宋画家，字正道，琅琊东武人，擅画楼观、屋宇、林木、人物。故宫博物院所藏《清明上河图》是其传世名作。这幅画描绘的是北宋都城汴梁（今河南开封）清明时节的繁荣景象，是汴京当年繁荣的见证。

笔记栏

（7）元四家。元四家是元代山水画的四位代表画家的合称。主要有二说：一是指赵孟頫、吴镇、黄公望、王蒙四人，二是指黄公望、王蒙、倪瓒、吴镇四人。第二说流行较广。

元代画家黄公望的《富春山居图》是中国十大传世名画之一。这幅画于清代顺治年间曾遭火焚，断为两段，前半段重新定名为《剩山图》，现藏于浙江省博物馆；后半卷《富春山居图》世称《无用师卷》，现藏于台北故宫博物院。

赵孟頫的代表作有《秋郊饮马图》等。

（8）明四家。明四家是指中国画史上沈周、文徵明、唐寅、仇英四位明代画家。他们都在江苏苏州从事绘画活动。因苏州古为吴地，故又称沈、文、唐、仇为“吴门四家”。

沈周，字启南，号石田，又号白石翁。他是明代最大画派“吴门画派”的开启者，擅长画山水，在中国美术史上占有崇高的地位。其细笔作品以《庐山高图》为代表，粗笔作品以《京江送别图》等为代表。

唐寅，字子畏，号伯虎，又号六如居士、桃花庵主、逃禅仙吏等。唐寅工诗文，尤精书画。自称“江南第一风流才子”，并刻治为印，与文徵明、祝允明、徐贞卿并称“吴中四才子”。绘画长于山水、人物、花鸟，代表作有《事茗图卷》《孟蜀宫伎图》《骑驴归思图》等。

仇英，字实父，号十洲。仇英绘画风格在“明四家”中最富特色，也最多样化。他的创作以人物画成就最高，山水次之。其《汉宫春晓图》是中国十大传世名画之一。

（9）扬州八怪。扬州八怪是中国清代中期活动于扬州地区一批风格相近的书画家总称，或称扬州画派。在中国画史上说法不一，较为公认的是指：金农、郑燮、黄慎、李鱓、李方膺、汪士慎、罗聘、高翔、边寿民等人。因其艺术活动多在扬州，故有“扬州八怪”之称。

郑燮，字克柔，号板桥，江苏兴化人。乾隆元年进士。为官清正，性格旷达。有“狂”“怪”之誉，为“扬州八怪”之一。书画皆善，画中以兰竹之作最负盛名。其作品有《兰竹荆石图》轴等。

【典型真题】下列选项中，有关中国山水画的表述，不正确的一项是（　　）。

A. 山水画是以自然风景为主要表现对象的中国传统画类

B. 山水画不仅表现了自然美，也体现了中国人的审美观

C. 山水画的特点是创造形神一致，情景交融的意境

D. 山水画只是呈现自然景观，而不呈现人物形象

【解析】中国山水画简称“山水”。是以山川自然景观为主要描写对象的中国画。形成于魏晋南北朝时期，但尚未从人物画中完全分离。隋唐时始独立，五代、北宋时趋于成熟，成为中国画的重要画科。传统上按画法风格分为青绿山水、金碧山水、水墨山水、浅绛山水、小青绿山水、没骨山水等。

【答案】D

3. 中国近现代绘画

（1）齐白石。齐白石，湖南湘潭人，擅绘画、篆刻和书法，也工诗词。绘画以花鸟见长。20 世纪中国画艺术大师，20 世纪十大书法家、画家之一，世界文化名人。代表作品有《虾》《蟹》《牡丹》《牵牛花》《蛙声十里出山泉》等。

（2）张大千。张大千，四川内江人。从小即在母亲指导下学习花鸟画与书法。在技法上以泼彩、泼墨相结合的手段，为中国画的用色、用墨开辟了新途径。他是 20 世纪中国画坛最为传奇的国画大师。代表作有《振衣千仞冈》《来人吴中三隐》《石涛山水》《梅清山水》《巨然茂林叠嶂图》等。

（3）黄宾虹。黄宾虹，原籍安徽省黄山市歙县，生于浙江金华，成长于老家歙县潭渡村，字朴存，号宾虹。擅画山水，为山水画一代宗师。早年受“新安画派”影响，以干笔淡墨、疏淡清逸为特色，为“白宾虹”；八十岁后以黑密厚重、黑里透亮为特色，为“黑宾虹”。代表作品有《山居烟雨》

《溪山垂钓》《雁宕纪游》《新安江舟中作》等。

(4)徐悲鸿。徐悲鸿,1895年出生,江苏宜兴人,现代画家、美术教育家。代表作品有《八骏图》《愚公移山》等。

笔记栏

【典型真题】下列画家中,以画马著称的是(　　)。

A. 黄宾虹　　B. 徐悲鸿

C. 齐白石　　D. 吴冠中

【解析】徐悲鸿,现代画家,擅长人物、走兽、花鸟。所作国画彩墨浑成,尤以奔马享名于世。

【答案】B

(5)傅抱石。傅抱石,江西新余人,原名傅瑞麟,因喜爱清初石涛的画,自号"抱石斋主人",后遂改名为傅抱石。其作品有《潇潇暮雨》等。

(6)李可染。李可染,江苏徐州人,善山水、花鸟、人物,尤善画牛。其山水画参用西画法,被誉为"满、黑、厚、实"的"李家山水"。其作品有《漓江胜景图》《万山红遍》《井冈山》等。

(二)音乐

1. 中国古典十大名曲

是指十大古典汉族名曲,即《高山流水》《梅花三弄》《春江花月夜》(还有《夕阳箫鼓》一说)《汉宫秋月》《阳春白雪》《渔樵问答》《胡笳十八拍》《广陵散》《平沙落雁》《十面埋伏》。

【典型真题】下列哪一项不是我国的十大名曲(　　)。

A.《高山流水》　　B.《梅花三弄》

C.《十面埋伏》　　D.《公孙龙子》

【解析】我国的十大名曲是《高山流水》《广陵散》《平沙落雁》《梅花三弄》《十面埋伏》《夕阳箫鼓》《胡笳十八拍》《汉宫秋月》《阳春白雪》《渔樵问答》。

【答案】D

2. 中国历代著名音乐家

(1)伯牙与师旷。伯牙,古代传说人物,生于春秋战国时代,相传琴曲《水仙操》《高山流水》是他的作品。师旷,春秋时代晋国音乐家,相传《阳春》《白雪》《玄默》是他的作品。

(2)嵇康。嵇康,三国魏著名文学家、哲学家、音乐家,以所弹《广陵散》知名。

(3)李龟年。李龟年,唐代宫廷乐师,作《渭州曲》。

(4)董庭兰。董庭兰,唐代古琴家,以善弹《胡笳十八拍》的两种传谱著称。

(5)华彦钧。华彦钧,现代民间音乐家,人称"瞎子阿炳"。所作《听松》《二泉映月》《寒春风曲》等二胡曲最为曼妙。

(6)刘天华。刘天华,现代作曲家、民族乐器演奏家,所作《良宵》《光明行》《空山鸟语》等二胡曲发展了二胡的表现手法。

(7)聂耳。聂耳,我国无产阶级革命音乐奠基者,1933年加入中国共产党。作品有《义勇军进行曲》《开路先锋》《大路歌》《前进歌》《铁蹄下的歌女》等三十余首歌曲及歌剧《扬子江暴风雨》。

(8)冼星海。冼星海,现代作曲家、人民音乐家。作品有大合唱《黄河》《生产》等,歌曲有《到敌人后方去》《在太行山上》等,交响曲《民族解放》《神圣之战》,交响组曲《满江红》等。

【典型真题】下列选项中,由冼星海作曲的歌曲是(　　)。

A.《义勇军进行曲》　　B.《我的祖国》

C.《黄河大合唱》　　D.《天路》

笔记栏

【解析】《黄河大合唱》由光未然作词,冼星海作曲。作品气势宏伟磅礴、音调清新、朴实优美,具有鲜明的民族风格,强烈反映了时代精神。《我的祖国》原名《一条大河》,是为电影《上甘岭》配的插曲。这首歌诞生于1956年夏天,《我的祖国》是诗人乔羽和作曲家刘炽合作完成的,由郭兰英演唱。《义勇军进行曲》由田汉作词、聂耳作曲,诞生于抗击日本帝国主义侵略的战争年代,1949年成为中华人民共和国国歌,象征着在任何时候任何地点,为捍卫国家和民族的尊严,中华民族的坚强斗志和不屈精神永远不会被磨灭。《义勇军进行曲》原是聂耳于1935年为"上海电通公司"拍摄的故事影片《风云儿女》所作的主题歌。2004年3月14日第十届全国人民代表大会第二次会议正式将《义勇军进行曲》作为国歌写入《中华人民共和国宪法》。《天路》始创于青藏铁路开工之际,作词屈塬,作曲印青。

【答案】C

(9)其他。现代作曲家麦新的《大刀进行曲》、贺绿汀的《游击队歌》在群众中广泛流传。

【典型真题1】"八音"是中国古代对乐器的分类,指金、石、丝、竹、匏、土、革和木八类,中国古代乐器中,属于丝类的是(　　)。

A. 琴　　B. 竽　　C. 鼓　　D. 管

【解析】"丝"指用丝弦制成的乐器,如琴、瑟等,故选A项。

【答案】A

【典型真题2】下列音乐术语中,表示"两个或两个以上不同的音按一定法则同时发声构成的音响组合"的是(　　)。

A. 和声　　B. 合奏　　C. 合唱　　D. 齐奏

【解析】两个或两个以上不同的音按一定法则同时发声构成的音响组合是和声。

【答案】A

3. 戏曲剧种

(1)中国五大戏曲剧种。中国五大戏曲剧种一般表述依次为:京剧(有"国剧"之称)、豫剧(中国第一大地方剧种)、越剧(有"中国第二大剧种""第二国剧"之称)、评剧、黄梅戏。

(2)京剧。京剧,又称平剧,中国五大戏曲剧种之一,被视为中国国粹。

① 四大徽班进京。清代乾隆五十五年(1790年)起,原在南方演出的三庆、四喜、春台、和春四大徽班陆续进入北京,他们与来自湖北的汉调艺人合作,同时接受了昆曲、秦腔的部分剧目、曲调和表演方法,又吸收了一些地方民间曲调,通过不断的交流、融合,最终形成京剧。"四大徽班"进京被视为京剧诞生的前奏,在京剧发展史上具有重要意义。

② 京剧行当。京剧行当分为生、旦、净、丑四大类型。

生,除了花脸以及丑角以外的男性正面角色的统称,又分为老生(须生)、小生、武生、娃娃生。

旦,女性正面角色的统称,又分为正旦(青衣)、花旦、闺门旦、武旦、老旦、彩旦(摇旦)、刀马旦。

净,俗称花脸,大多是扮演性格、品质或相貌上有些特异的男性人物,化妆用脸谱,音色洪亮,风格粗犷。"净"又分为以唱功为主的大花脸,如包拯;以做功为主的二花脸,如曹操。

丑,扮演喜剧角色,因在鼻梁上抹一小块白粉,俗称小花脸。分为文丑与武丑。

③ 京剧脸谱。红脸含有褒义,代表忠勇;黑脸为中性,代表猛智;蓝脸和绿脸也为中性,代表草莽英雄;黄脸和白脸含贬义,代表凶诈凶恶;金脸和银脸是神秘,代表神妖。

④ 京剧"四大名旦"。1927年北京《顺天时报》举办中国首届旦角名伶评选,梅兰芳因功底深厚、嗓音圆润、扮相秀美,与程砚秋、尚小云、荀慧生一同被举为京剧四大名旦。

笔记栏

【典型例题】下列戏剧中，节选自折子戏“苏三起解”的是（　　）。

A. 玉堂春　　B. 牡丹亭　　C. 望江亭　　D. 窦娥冤

【解析】《苏三起解》又名《女起解》《洪洞县》。明朝时，名妓苏三和吏部尚书之子王景隆结识，改名玉堂春。

【答案】A

（3）昆曲。昆曲，又称昆剧、昆腔、昆山腔，是中国最古老的剧种，也是中国传统文化艺术中的珍品。昆曲发源于元朝末期苏州昆山一带，后经魏良辅等人的改良而走向全国，自明代中叶独领中国剧坛近300年。昆曲糅合了唱念做打、舞蹈及武术等，以曲词典雅、行腔宛转、表演细腻著称，被誉为“百戏之祖”。昆曲在2001年被联合国教科文组织列为“人类口述和非物质遗产代表作”。

【典型例题】在下列中国戏曲种类中，最早被列入联合国非物质文化遗产名录的是（　　）。

A. 京剧　　B. 粤剧　　C. 昆曲　　D. 黄梅戏

【解析】昆曲在2001年被联合国教科文组织列为“人类口述和非物质遗产代表作”，为我国戏曲类别中最早被联合国列入非物质文化遗产名录的古老剧种。

【答案】C

（4）越剧。越剧发源于浙江嵊州，发祥于上海，繁荣于全国，流传于世界，为列入首批国家级非物质文化遗产名录的剧种。越剧多以“才子佳人”为题材，长于抒情，以唱为主，唯美典雅，极具江南灵秀之气。

（5）豫剧。豫剧旧称“河南梆子”，新中国成立后因河南简称“豫”，故称豫剧，以唱腔铿锵大气、抑扬有度、行腔酣畅、吐字清晰、韵味醇美、善于表达人物内心情感著称。2006年，豫剧被国务院列入第一批国家级非物质文化遗产名录。

（6）黄梅戏。黄梅戏，旧称黄梅调或采茶戏，唱腔淳朴流畅，以明快抒情见长，具有丰富的表现力；黄梅戏的表演质朴细致，以真实活泼著称。2006年经国务院批准列入第一批国家级非物质文化遗产名录。

（7）评剧。评剧，是流传于中国北方的一个戏曲剧种。中华人民共和国成立后，《小女婿》《刘巧儿》《花为媒》《杨三姐告状》《秦香莲》等剧目在全国产生很大影响，出现新凤霞、小白玉霜、魏荣元等著名演员。

4. 影视

（1）电影常识。

中国最早放映的电影是1896年8月11日法国商人在上海徐园“又一村”茶楼内放映的“西洋影戏”。

中国摄制的第一部影片是1905年秋由北京丰泰照相馆与京剧名角谭鑫培合作拍摄的京剧片段《定军山》，为戏曲纪录片。它标志着中国电影的正式诞生。

中国第一部短故事片是1913年由郑正秋、张石川导演的故事片《难夫难妻》，又名《洞房花烛》。此片首开家庭伦理剧之先河。

中国第一部长故事片是1921年中国影戏研究社在上海拍摄的第一部长故事片《阎瑞生》。

中国第一部有声电影是1931年3月15日，由明星公司摄制的《歌女红牡丹》。该片采用的是蜡盘配音的技术。

中国第一部有声动画片是1941年由新华影片公司摄制的《铁扇公主》。

1935年2月蔡楚生导演的《渔光曲》在莫斯科国际电影节上获得荣誉奖，成为中国第一部在国际上获奖的影片。

新中国成立后摄制的第一部故事片是1949年王滨导演的《桥》，该片第一次在银幕上正面塑造中国工人阶级的崇高形象。

1956年木偶片《神笔》获第八届国际儿童影片节儿童娱乐片一等奖，这是中国美术片第一次在国际上获奖。

1957年由谢晋导演的《女篮五号》，不但是谢晋的成名之作，也是中国第一部彩色体育故事片。该影片荣获1957年第六届世界青年联欢节银质奖章，1960年又获墨西哥国际电影节银帽奖。

中国第一部彩色宽银幕立体电影是1962年上海天马电影制片厂摄制完成的《魔术师的奇遇》。

【典型真题】世界各国动画片常常以动物为主角。下列影片中猫的形象，属于中国创作的是（　　）。

A.《猫和老鼠》　　B.《机器猫》　　C.《黑猫警长》　　D.《加菲猫》

【解析】《黑猫警长》是1984年开播的系列中国动画片。在该动画片中，机智、勇敢、帅气的黑猫警长率领警士侦破了一个又一个危害森林安全的案件，令森林中的各种动物得以过上安枕无忧的日子。

【答案】C

（2）电视。

我国第一座电视台——北京电视台（现为中央电视台），建于1958年5月1日。同年6月15日，该台播出了我国第一部直播电视剧《一口菜饼子》，这是中国电视剧的发端。

1981年，中央电视台播出了第一部电视连续剧《敌营十八年》，王扶林导演，这部连续剧共有9集，只有约2 000个镜头，100多个场景。

1990年，50集电视连续剧《渴望》是我国第一部采用基地化作业拍摄的室内剧，对“室内剧”这种样式和创作方式产生了重要的影响。

第一部电视系列喜剧《编辑部的故事》是北京电视艺术中心于1991年拍摄的25集电视系列剧。独特的幽默喜剧风格填补了新中国长篇电视系列剧品种的空白。

（3）电影节及相关奖项。

① 中国电影金鸡奖。中国电影金鸡奖创办于1981年，当年是中国农历鸡年，故名“中国电影金鸡奖”，简称“金鸡奖”，由中国电影家协会主办，邀请中国国内最具权威的电影艺术家、电影评论家和电影事业家组成评奖委员会，选出最佳故事片、科教片、美术片、纪录片，以及最佳编剧、导演、演员等二十余个奖项。金鸡奖原为每年举办一届，从2005年起改为每两年举办一届，逢单年举办，以昂首啼晓之金鸡雕像作为自己的奖杯。

② 大众电影百花奖。大众电影百花奖创办于1962年，简称“百花奖”。百花奖由中国电影家协会和中国城市影院发展协会合作主办，它以票房成绩和观众反映为主要依据推举候选名单，在《大众电影》杂志上刊发选票，组织读者、观众投票的评奖活动，设最佳故事片、最佳男女演员、最佳导演等多个奖项。大众电影百花奖是中国大陆参与人数最多的群众性电影评奖活动。百花奖原为每年举办一届，从2005年起改为每两年举办一届，逢双年举办，以百花女神雕像作为自己的奖杯。

③ 中国金鸡百花电影节。经中共中央宣传部批准，从1992年起将中国电影金鸡奖和大众电影百花奖双奖颁奖活动改办为“中国金鸡百花电影节”。单年举办中国电影金鸡奖，双年举办大众电影百花奖。

④ 中国长春电影节。长春电影节创办于1992年，是经中华人民共和国广播电影电视部批准举办的具有国际性的国家级电影节。每两年举办一次，与中国电影华表奖隔年举办。对获奖者，电影节组委会分别颁发金鹿杯、银鹿杯、证书和奖金。

⑤ 上海国际电影节。上海国际电影节是经国务院批准、国际制片人协会同意的中国唯一的国际电影节。从第5届（2001年）起改为每年举办一届，每年6月在中国上海举行。“金爵奖”为最

高奖项。

⑥ 中国电视剧飞天奖。中国电视剧飞天奖是中国电视剧最高政府奖，由中国广播电影电视部主办，是对上年度电视剧思想艺术成就的一次检阅和评判。创办于 1980 年，每年举办一届。原名“全国优秀电视剧奖”，1992 年改为现名。

【典型真题 1】电影拍摄和放映速度不同，商业电影通常的放映速度是每秒(　　)。

A. 20 个画格　　B. 24 个画格　　C. 28 个画格　　D. 30 个画格

【解析】商业电影通常的放映速度是每秒 24 个画格。

【答案】B

【典型真题 2】电影可分为纪录片、科教片、故事片、美术片四大类，下列选项中，主要运用绘画或其他造型艺术来表现生活的是(　　)。

A. 纪录片　　B. 科教片　　C. 故事片　　D. 美术片

【解析】纪录片是以真实生活为创作素材，以真人真事为表现对象，并对其进行艺术的加工与展现的，以展现真实为本质，并用真实引发人们思考的电影或电视艺术形式。科教片是传输科学文化知识、推广先进技术经验、传授工艺方法，为广大群众的社会生活、工作学习等服务的电影类别。故事片是运用影像和声音为手段进行叙事的电影作品。凡是由演员扮演角色，具有一定故事情节，表达一定主题思想的影片都可称为故事片。美术片是以各种美术创作手段反映生活、表达思想的影片，主要运用绘画或其他造型艺术的形象(人动物或其他物体)来表现艺术家的创作意图。

【答案】D

(三) 雕塑与建筑

1. 雕塑

商周古蜀国的青铜雕塑，包括太阳神树、青铜大立人像、凸目人面像等，体现了古蜀先民高超的创造力和工艺水平。

秦朝秦始皇陵兵马俑，是迄今为止出土的世界上最大的艺术宝库，被誉为世界上“第八大奇迹”。

两汉瑰宝：汉阳陵(汉景帝墓)出土上万件举世无双的陶俑，以仕女俑最为著名。甘肃武威出土的东汉铜奔马，又名马踏飞燕，是国之重宝。

魏晋南北朝石窟艺术：山西大同云冈石窟、河南洛阳龙门石窟、甘肃天水麦积山石窟。龙门石窟在唐代武则天时期十分兴盛。

隋唐甘肃敦煌莫高窟是我国石窟艺术的精华。

北宋重庆大足石刻在佛教造像中加入大量表现民间生活的内容。

【典型真题】下图所示的是国宝级文物茂陵石雕，其创作的时代是(　　)。

A. 西周　　B. 战国　　C. 西汉　　D. 唐朝

笔记栏

【解析】茂陵石雕，西汉霍去病墓之大型石刻群，共有16件。这些石刻题材多样，雕刻手法十分简练，造型雄健遒劲，古拙粗犷，是中国迄今为止发现的时代最早、保存最为完整的大型圆雕工艺品，也是汉代石雕艺术的杰出代表，在中国美术史上占有重要地位。

【答案】C

2. 建筑

中国古建筑特点是：木结构建筑为主；在造型上，人字屋顶和飞檐斗拱体现了最典型的东方风格。

皇家建筑：故宫、天坛、颐和园、承德避暑山庄、沈阳故宫。

帝王陵寝：秦始皇陵和兵马俑；乾陵（武则天与唐高宗合葬墓）；明清皇陵（清东陵、清西陵、明十三陵、南京明孝陵）。

宗教建筑：嵩山古建筑群、武当山古建筑群、五台山古建筑群、布达拉宫。

防御工事：长城、藏羌碉楼。

民居建筑：水墨徽州皖南民居，如西递、宏村、棠樾、胡氏宗祠；小桥流水江南民居，如周庄、同里、西塘、乌镇、南浔；山陕民居，如陕西党家村，山西王家大院、乔家大院；独特的圆形民居（福建土楼）；乡村中的中西合璧华侨文化代表，如开平碉楼。

【典型真题】北京传统民居代表是（　　）。

A. 吊脚楼　　B. 窑洞　　C. 四合院　　D. 土楼

【解析】北京四合院作为传统民居的代表，辽代时已初成规模，经金、元，至明、清，逐渐完善，最终成为北京最有特点的居住形式。所谓四合，“四”指东、西、南、北四面，“合”即四面房屋围在一起，形成一个“口”字形。经过数百年的营建，北京四合院从平面布局到内部结构乃至细部装修都形成了特有的京师风格。

【答案】C

最为古老的木建筑：唐朝仅存的木结构建筑——五台山古刹佛光寺和南禅寺；千年木塔——山西应县木塔（辽代）。

古老的砖石建筑：河北赵州桥、西安大雁塔、大理崇圣寺三塔、开封铁塔。

（四）手工艺

中国古代手工艺技术的成就主要体现在青铜器、瓷器、玉器、纺织品等方面。

1. 青铜器

青铜器制造工艺在商周时期达到了登峰造极的高度。汉代以后逐渐没落，工艺失传。在河南安阳殷墟、陕西周原、江西、湖南、四川等地出土了大量青铜器国宝。

代表中原文化的青铜国宝有：殷墟出土的商代司母戊大方鼎；陕西出土的西周大盂鼎、大克鼎、毛公鼎、何尊（何尊铭文中首次出现“中国”二字）；河南新郑郑公大墓出土的莲鹤方壶。

代表楚文化的青铜国宝有：湖南宁乡出土的人面纹方鼎（商）和四羊方尊（商）；湖北随州战国曾侯乙墓出土的曾侯乙编钟、曾侯乙青铜尊盘以及铜冰鉴等；湖北荆州的望山楚墓群出土的青铜剑——越王勾践剑，2 000 多年后出土仍锋利如新，能划破 20 余层纸，技艺精湛。

2. 陶瓷器

中国古代陶器有悠久的历史渊源。有旧石器时代晚期距今 1 万多年的灰陶、8 000 多年前的磁山文化时期的红陶、7 000 多年前的仰韶文化时期的彩陶、6 000 多年前的大汶口文化时期的“蛋壳黑陶”、4 000 多年前的商代白陶、3 000 多年前的西周硬陶，还有秦代的兵马俑、汉代的釉陶、唐代的唐三彩等。到了唐宋时期，瓷器的生产迅猛发展，逐渐取代了陶器的历史地位。

唐代“南青北白唐三彩”：“南青”指越窑的青瓷，“北白”指邢窑的白瓷，“唐三彩”指洛阳出土的彩陶俑。

宋代“五大名窑”:汝窑、官窑、哥窑、钧窑、定窑。

景德镇瓷器发达于元代,在明代成为全国制瓷中心。景德镇有四大传统名瓷:青花瓷、粉彩瓷、颜色釉瓷和玲珑瓷。

笔记栏

3. 玉器

玉文化是古代中国独特的传统文化,中国人使用玉的历史有上万年之久。距今8000年的红山文化辽宁查海遗址出土了大量玉佩、玉饰。内蒙古红山文化遗址出土的大型C型玉龙,被称为“中华第一龙”。

距今5 500年至4 300年的浙江良渚遗址发掘出土大量玉器,包括玉琮、玉钺等。经科学家勘别,良渚玉器所用玉为新疆和田玉。在四川三星堆古蜀国遗址中,也发掘出土了良渚的玉器,说明在四五千年前中国东西部已经有了经贸交流。

商代玉器与青铜器一样是重要的礼器。河南安阳殷墟商代妇好墓出土了大量精美玉器。春秋战国时期,玉文化形成,玉与礼、德挂钩。《韩非子》记载了春秋时期和氏璧的故事。

汉代诸侯王殡葬身着金缕玉衣。河北的西汉中山靖王墓出土了2套完整的金缕玉衣。金缕玉衣是将多达两千多玉片用金丝编缀而成。

宋、辽、金时期玉器中实用装饰玉占重要地位。宋徽宗赵佶嗜玉成瘾,金石学兴起。

4. 纺织品

中国先古传说:嫘祖养蚕治丝。现存最早的家蚕丝织品出土于具有5 000多年历史的良渚遗址。

马王堆汉墓出土仅49克薄如蝉翼的西汉素纱禅衣。

中国四大名绣:蜀绣、苏绣、湘绣、粤绣。南京云锦、中国蚕桑丝织技艺于2009年成为联合国教科文组织评选的人类非物质文化遗产。

【典型例题】下列选项中,未列入我国刺绣工艺中“四大名绣”的是(　　)。

A. 苏绣　　B. 京绣　　C. 湘绣　　D. 蜀绣

【解析】中国的传统刺绣工艺品当中,常常将产于中国中部湖南省的“湘绣”、产于中国西部四川省的“蜀绣”、产于中国南部广东省的“粤绣”和产于中国东部江苏省的“苏绣”合称为中国“四大名绣”。

【答案】B

二、外国艺术成就

(一) 美术

1. 达·芬奇

达·芬奇,意大利文艺复兴三杰之一,也是整个欧洲文艺复兴时期最完美的代表。他的艺术实践和科学探索精神对后世产生了重大而深远的影响,他是人类智慧的象征。壁画《最后的晚餐》、祭坛画《岩间圣母》和肖像画《蒙娜丽莎》是达·芬奇一生的三大杰作,是世界艺术宝库中的珍品。

【典型真题】下列作品不是达·芬奇创作的是(　　)。

A. 向日葵　　B. 最后的晚餐　　C. 岩间圣母　　D. 蒙娜丽莎

【解析】向日葵是凡·高的作品。

【答案】A

2. 米开朗琪罗

米开朗琪罗,意大利文艺复兴三杰之一,意大利文艺复兴时期的画家、雕塑家、建筑师和诗人,

笔记栏

是文艺复兴时期雕塑艺术最高峰的代表。代表作品有《大卫》《摩西》《奴隶》《创世纪》等。

3. 拉斐尔

拉斐尔，意大利文艺复兴三杰之一，杰出的画家。拉斐尔一生创作了大量的圣母像，所以人们习惯上把拉斐尔与娇美柔顺的圣母形象联系在一起。代表作有《西斯廷圣母》《椅中圣母》《花园中的圣母》《雅典学派》等。

4. 罗丹

罗丹，法国雕塑家，是欧洲两千多年来传统雕塑艺术的集大成者和20世纪新雕塑艺术的创造者。罗丹和他的两个学生马约尔和布德尔被誉为欧洲雕刻艺术的“三大支柱”。代表作品有《思想者》《加莱义民》《青铜时代》《巴尔扎克》等。

5. 凡·高

凡·高，荷兰后印象派画家，世界上最著名画家之一，是后印象主义的先驱，代表作品有《星夜》《有乌鸦的麦田》《吃土豆的人》《向日葵》系列、自画像系列等。

6. 列宾

列宾，俄罗斯画家，19世纪后期欧洲美术史上引人注目的重量级人物，其影响力延伸到整个20世纪。代表作品有《伏尔加河上的纤夫》《意外归来》《托尔斯泰》等。

7. 雷诺阿

雷诺阿，法国著名的印象派画家。他的绘画在追求光的感觉中，用鲜丽透明的色彩将古典传统和印象派绘画做了最完美的结合。代表作品有《包厢》《红磨坊街的露天舞会》《游艇上的午餐》等。

8. 米勒

米勒，法国近代绘画史上最受人民爱戴的画家。米勒曾说过：“无论如何农民这个题材对于我是最合适的。”他的童年和青年时代都在农村度过，对农村生活和在那里劳动的人们，有深刻的了解和深厚的感情，这使得米勒成了伟大的田园画家。代表作品有《播种者》《牧羊少女》《拾穗者》《晚钟》《扶锄的男子》《喂食》《春》等。

9. 高更

高更，法国后印象派画家、雕塑家、陶艺家及版画家，与塞尚、凡·高合称后印象派三杰。代表作品有《我们从哪里来？我们是谁？我们到哪里去？》《布列塔尼的猪倌》等。

10. 毕加索

毕加索，西班牙画家、雕塑家，是立体画派的创始人，西方现代派绘画的主要代表。他于1907年创作的《亚威农少女》是一幅具有里程碑意义的著名杰作，引发了立体主义运动的诞生。代表作品有《斗牛士》《格尔尼卡》《和平鸽》《梦》等。

【典型真题】欧洲绘画流派众多，出现过很多伟大的画家和作品。下列画家中，把科学知识和艺术想象有机地结合起来，使当时的绘画表现水平发展到一个新阶段的是（　　）。

A. 拉斐尔　　B. 凡·高　　C. 达·芬奇　　D. 毕加索

【解析】达·芬奇是欧洲文艺复兴时期的天才科学家、发明家、画家、生物学家。他把科学知识和想象结合起来，把解剖、透视、明暗和构图等零碎的知识整理成为系统的理论，对后来欧洲绘画发展影响很大，使当时绘画水平发展到新阶段。故选C。

【答案】C

（二）音乐

1. 巴赫

巴赫是巴洛克时期的德国作曲家，杰出的管风琴、小提琴、大键琴演奏家。巴赫被普遍认为是音乐史上最重要的作曲家之一，并被尊称为西方“现代音乐之父”。代表作有《勃兰登堡协奏曲》

《b 小调弥撒曲》《马太受难曲》等。

笔记栏

2. 海顿

海顿，著名的奥地利作曲家，维也纳古典乐派的奠基人，交响乐之父，现德国国歌的作者。他在乐曲的发展中常用“主题活用的原则”，这直接启示着贝多芬“动机发展”的灵感。代表作有《惊愕交响曲》《午别交响曲》《小夜曲》《吉卜赛回旋曲》等。

3. 莫扎特

莫扎特，奥地利作曲家，不仅是古典主义音乐的杰出大师，更是人类历史上极为罕见的音乐天才，有“音乐神童”的美誉。代表作有歌剧《费加罗的婚礼》《魔笛》《唐璜》等，并首创独奏协奏曲形式。

4. 贝多芬

贝多芬，德国最伟大的作曲家。维也纳古典乐派代表人物之一。代表作有《英雄交响曲》《命运交响曲》《田园交响曲》《欢乐颂》。他的作品对世界音乐的发展有着非常深远的影响，因此被尊称为“乐圣”，在世界交响音乐界，有着极其崇高的地位。他在双耳失聪、健康情况恶化，精神上受到折磨的情况下，扼住命运的喉咙，以巨人般的毅力创作了《第九(合唱)交响曲》，总结了他光辉的、史诗般的一生并展现了人类的美好愿望。

【典型真题】下列人物中，两耳失聪后仍坚持音乐创作的一位是(　　)。

A. 舒伯特　　B. 莫扎特　　C. 贝多芬　　D. 门德尔松

【解析】贝多芬是一位伟大的音乐家，在他五十岁时却失聪了，但他顽强地站了起来，继续谱曲。每谱好一支曲子，便去大街上演奏，如果人们的反应好，他知道这支曲子便好；如果人们的反应不好，他又反复地修改。贝多芬向命运挑战成功了，他在失聪后创作了著名的第九交响曲《欢乐颂》。

【答案】C

5. 舒伯特

舒伯特，奥地利作曲家，早期浪漫主义音乐的代表人物，也被认为是古典主义音乐的最后一位巨匠。舒伯特在短短 31 年的生命中，创作了 600 多首歌曲，18 部歌剧、歌唱剧和配剧音乐，10 部交响曲，19 首弦乐四重奏，22 首钢琴奏鸣曲，4 首小提琴奏鸣曲以及许多其他作品，被称为“歌曲之王”。代表作有《魔王》《野玫瑰》等。

6. 施特劳斯

施特劳斯，奥地利作曲家。一生创作了一百五十多首圆舞曲，几十首波尔卡和进行曲。他的最大成就是他和作曲家约瑟夫·兰纳一起，共同奠定了维也纳圆舞曲的基础。他享有“圆舞曲之王”的美称，名作有《蓝色多瑙河》和《维也纳森林的故事》。

7. 柴可夫斯基

柴可夫斯基俄国最伟大的作曲家，代表作有交响曲《悲怆》、幻想序曲《罗密欧与朱丽叶》、歌剧《叶甫盖尼·奥涅金》、舞剧《天鹅湖》《睡美人》《胡桃夹子》等。

8. 李斯特

李斯特，匈牙利作曲家、钢琴家、指挥家和音乐活动家，浪漫主义音乐的主要代表人物之一，被人们誉为“钢琴之王”。李斯特的作品充分挖掘了钢琴的音响功能，对键盘音乐的发展作出重大贡献，并且创造了交响诗这一音乐形式，在他的后期作品中最早使用了 20 世纪才普遍采用的和声语言。主要作品有《但丁神曲》《浮士德》《匈牙利狂想曲》等。

9. 肖邦

肖邦，波兰作曲家、钢琴家。年少成名，后半生正值波兰亡国，在国外度过，创作了很多具有爱国主义思想的钢琴作品，主要作品有《革命练习曲》等。

笔记栏

10. 皮埃尔·狄盖特

皮埃尔·狄盖特，国际无产阶级革命歌曲《国际歌》的作者。此外代表作还包括《前进！工人阶级》《巴黎公社》《起义者》，以及自己作词的《共产党之歌》《儿童支部》《红色圣女》等歌曲。

（三）电影

电影发明于19世纪末。1895年12月28日法国路易·卢米埃尔兄弟在巴黎首次对观众放映电影，故将这一天定为世界电影诞生日。

1. 欧洲三大电影节

（1）威尼斯国际电影节

威尼斯国际电影节设在意大利水城威尼斯，是世界上最早的国际电影节，始于1932年，被誉为"国际电影节之父"。威尼斯电影节设立的奖项很多，有"圣马克金狮奖""圣马克银狮奖""圣马克铜狮奖"等。中国电影自20世纪80年代以来频频在威尼斯得奖。

（2）戛纳电影节

戛纳电影节成立于1939年夏天。奖项主要有"金棕榈奖""评委会特别奖"。第一个奖属于大奖，评选最佳影片，象征了导演的最高荣誉；第二个奖常选1到3部优秀作品。另外还有不少个人奖，如最佳导演奖、最佳演技奖等。

1993年，陈凯歌作品《霸王别姬》获"金棕榈"大奖。这是第一部获"金棕榈"大奖的华语影片，也是至今唯一的一部。

1994年，张艺谋作品《活着》获得评审团大奖，葛优获最佳男主角，成为首位华人戛纳影帝。

1997年，王家卫作品《春光乍泄》入围主竞赛单元，夺得最佳导演奖，成为首位获得戛纳最佳导演奖的华人导演。

（3）柏林国际电影节

柏林国际电影节原名西柏林国际电影节，五十年代初由阿尔弗莱德·鲍尔发起筹划，得到了当时的联邦德国政府和电影界的支持和帮助。1951年在西柏林举行第一届。主要奖项有"金熊奖"和"银熊奖"。"金熊奖"授予最佳故事片、纪录片、科教片、美术片；"银熊奖"授予最佳导演、男女演员、编剧、音乐、摄影、美工、青年作品或有特别成就的故事片等。

1988年，张艺谋导演的《红高粱》获第38届最佳影片金熊奖。这是首部"金熊奖"华语电影，也是首部华语片获得欧洲三大国际电影节最高奖。

1992年，张曼玉凭借《阮玲玉》获第42届最佳女演员银熊奖，成为首位华人柏林影后，也是首位欧洲三大国际电影节华人最佳演员。

【典型例题】 中国大陆第一部荣获柏林国际电影节"金熊奖"的电影是（　　）。

A.《本命年》　B.《一个都不能少》　C.《霸王别姬》　D.《红高粱》

【解析】《红高粱》于1988年获第三十八届西柏林国际电影节最佳故事片金熊奖。

【答案】 D

2. 美国奥斯卡电影金像奖

当前世界上影响最大、历史最悠久的电影奖，与欧洲三大国际电影节被视为世界影坛最重要的四大电影奖。奥斯卡金像奖于1929年首次在位于加利福尼亚州洛杉矶的好莱坞罗斯福酒店颁发，并从此每年颁发一次。主要奖项有最佳影片奖、最佳女演员和男演员奖、最佳导演奖等。

（四）建筑

1. 埃及金字塔

埃及金字塔，始建于4 500年前，是古埃及法老（即国王）和王后的陵墓。陵墓是用巨大石块修

砌成的方锥形建筑，因形似汉字“金”字，故译作“金字塔”。在埃及已发现的金字塔中，最大最有名的是位于开罗西南面的吉萨高地上的胡夫金字塔、海夫拉金字塔和门卡乌拉金字塔。

2. 古罗马竞技场

古罗马竞技场位于意大利罗马的威尼斯广场南面，它是迄今遗存的古罗马建筑工程中最卓越的代表，也是古罗马帝国国威的象征。它建于古罗马的佛拉维奥皇朝时代，所以其正式名称是“佛拉维奥竞技场”。竞技场的外观像是一座庞大的碉堡，占地面积 20 000 平方米，围墙周长 527 米，直径 188 米，墙高 57 米，相当于一座 19 层的现代楼房的高度，场内可容 10.7 万名观众。

3. 泰姬陵

泰姬陵，被泰戈尔形容为“永恒面颊上的一滴眼泪”，坐落在印度阿格拉附近的亚穆纳河畔，是莫卧儿王朝第 5 代皇帝沙贾汗为了纪念他已故皇后阿姬曼·芭奴而建立的陵墓。泰姬陵是一座伟大的爱情纪念碑，是一代君王爱情的见证。

4. 吴哥窟

吴哥窟又称吴哥寺，位于柬埔寨，以建筑宏伟与浮雕细致闻名于世，是世界上最大的庙宇。吴哥窟的造型，已经成为柬埔寨国家的标志，展现在柬埔寨的国旗上。

【典型例题】吴哥窟位于(　　)。

A. 柬埔寨　B. 泰国　C. 越南　D. 新加坡

【解析】吴哥窟，又称吴哥寺，位于柬埔寨西北方。吴哥窟的造型，已经成为柬埔寨国家的标志，展现在其国旗上。

【答案】A

5. 比萨斜塔

比萨斜塔是世界著名建筑奇观，意大利的标志之一，建造于 1173 年，从它造好的初期到 1990 年意大利政府将其关闭整修之前，塔顶已南倾（即塔顶偏离垂直线）3.5 米。

传说 1590 年，伽利略曾在比萨斜塔上做自由落体实验，将两个重量不同的球体从相同的高度同时扔下，结果两个铅球同时落地，由此发现了自由落体定律，推翻了此前亚里士多德认为的重的物体会先到达地面，落体的速度同它的质量成正比的观点。

6. 埃菲尔铁塔

埃菲尔铁塔，是位于法国巴黎战神广场的铁制镂空塔，是世界著名建筑，也是法国的文化象征之一，如同巴黎圣母院、卢浮宫、凯旋门、香榭丽舍大街一样，是巴黎的地标性建筑，也是世界建筑史上的杰作。

7. 法国凡尔赛宫

凡尔赛宫，世界十大美丽园林之一，总面积达 111 万平方米，园内小路纵横交错，通往一个个美丽的花坛，安静的角落矗立着古典雕塑并点缀着众多装饰性湖泊，湖面不时泛起涟漪，令游客流连忘返。

强化过关训练

笔记栏

单项选择题

1. 记载了杠杆原理和浮力理论、声学和光学等物理学知识的古代著作是(　　)。
   A.《墨子·墨经》　B.《梦溪笔谈》　C.《营造法式》　D.《天工开物》
2. 下列成语,不是源于淝水之战的是(　　)。
   A. 投鞭断流　B. 风声鹤唳　C. 破釜沉舟　D. 草木皆兵
3. 下列关于人文常识的表述,不正确的是(　　)。
   A. 开创三省六部制和科举制的朝代是隋朝
   B. “民为贵,社稷次之,君为轻”是孟子民本思想的体现
   C. 提出“中庸”这一中国传统文化最高价值原则的人是孔子
   D. 严复翻译出版的《天演论》所宣传的主要思想是“师夷长技以制夷”
4. 第二次世界大战后期,盟国召开代号为“公共交通起讫点”的会议,杜鲁门认为它“只是一次炒冷饭,是一次把已有的协定付诸实施的会议”。杜鲁门指的是(　　)。
   A. 开罗会议　B. 德黑兰会议　C. 雅尔塔会议　D. 波茨坦会议
5. 下列有关天文知识的表述,正确的是(　　)。
   A. 开普勒制成人类历史上第一台天文望远镜,并证实了哥白尼学说
   B. 四象青龙、白虎、朱雀、玄武分别代表东、西、南、北四个方向
   C. 世界最早的哈雷彗星记录是《诗经》中的“鲁庄公七年星陨如雨”
   D. 月食发生时地球、月球、太阳在一条直线上,且月球居中
6. 下列关于我国近代前期科技的叙述,不正确的是(　　)。
   A. 洋务运动引进的是第一次工业革命的成果
   B.《海国图志》中有西方近代科技的介绍
   C. 1909 年中国人自行设计和施工的第一条铁路全线通车
   D. 李善兰和徐寿合作试制出我国第一艘木质蒸汽轮船,标志着我国近代造船业迈出了第一步
7. 全球气候变暖是世界各国所关注的问题,大气中能产生温室效应的气体已经发现近 30 种。造成温室效应最重要的气体是(　　)。
   A. 二氧化碳　B. 氟利昂　C. 一氧化二氮　D. 臭氧
8. 关于我国的节气,以下说法不正确的是(　　)。
   A. 公元前 104 年,由邓平等制定的《太初历》,正式把二十四节气订于历法中,明确了二十四节气的天文位置
   B. “杨花落尽子规啼”反映的是四川盆地谷雨时节的景象
   C. 节气反映了月球围绕地球运动的过程
   D. 二十四节气的命名反映了季节、物候现象、气候变化三种,其中,反映物候现象的有惊蛰、清明
9. 京剧作为我国著名剧种,和中医、国画并称为中国三大国粹,下列关于京剧的表述正确的是(　　)。

笔记栏

A. 人们习惯上称戏班、剧团为“杏园”

B. 京剧行当中的“净”是指女性角色

C. “梅派”唱腔创始人是京剧艺术大师梅兰芳先生

D.《梁山伯与祝英台》是京剧经典曲目之一

10. 俄国文学史上第一个“多余人”的形象出自哪部作品（　　）。

A. 普希金《叶甫盖尼·奥涅金》　B. 莱蒙托夫《当代英雄》

C. 莫里哀《悭吝人》　D. 雨果《巴黎圣母院》

11. 认为人都有恻隐之心、羞恶之心、恭敬之心、是非之心，这是（　　）。

A. 孟子的观点　B. 朱熹的观点　C. 王阳明的观点　D. 程颐的观点

12. 下列属于佛教经典著作的是（　　）。

A.《古兰经》　B.《三玄》　C.《华严经》　D.《伪经》

13. 被恩格斯称为“中世纪的最后一位诗人，同时又是新世纪的最初一位诗人”的是（　　）。

A. 莎士比亚　B. 拉伯雷　C. 但丁　D. 彼特拉克

14. 关于国画，以下说法不正确的是（　　）。

A. 中国画自古分为人物、山水、花鸟三大科

B. 长沙楚墓出土的《人物龙凤图》《御龙图》是现存最古老的帛画

C. 元四家是指黄公望、王蒙、倪瓒和文征明

D. 郑板桥的代表作有《兰石图》《竹石图》

15. 19 世纪 60 年代、70 年代，随着光学研究的发展，一个以表现“光”和“色”和谐统一的画派出现了。下列画家中是这一画派代表人物的是（　　）。

A. 德拉克洛瓦　B. 凡·高　C. 罗丹　D. 毕加索

参考答案

单项选择题

1. A;2. C;3. D;4. D;5. B;6. D;7. A;8. C;9. C;10. A;11. A;12. C;13. C;14. C;15. B

笔记栏

模块五　基本能力

逻辑结构图与考试权重

逻辑结构图

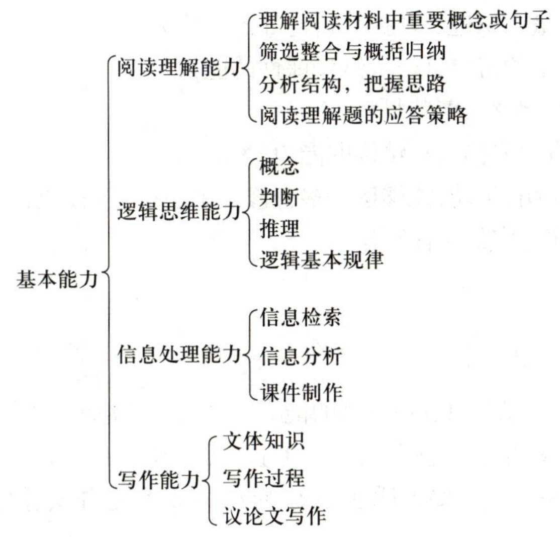

考试权重

模块	分值比例	分值(分)	题型	重点提示
基本能力	约 48%	≥72	单项选择题、材料分析题、写作题	本模块权重大，是考查重点，也是决定该科目考试成败的关键。复习时要熟练掌握各项基本能力相关的知识，并能综合运用这些基本知识分析问题、解决问题

考纲要求与复习策略

考纲要求

1. 了解

了解一定的逻辑知识，熟悉分析、综合、概括的一般方法。

2. 理解与掌握

（1）理解阅读材料中重要概念的含义。

（2）理解阅读材料中重要句子的含义。

（3）筛选并整合图表、文字、视频等阅读材料中的主要信息及重要细节。

（4）分析文章结构，把握文章思路。

（5）归纳内容要点，概括中心意思。

笔记栏

（6）分析概括作者在文中的观点态度。

（7）根据上下文合理推断阅读材料中的隐含信息。

（8）掌握比较、演绎、归纳的基本方法，准确判断、分析各种事物之间的关系。

（9）准确而有条理地进行推理、论证。

（10）掌握文体知识。

3. 运用

（1）具有运用工具书检索信息、资料的能力。

（2）具有运用网络检索、交流信息的能力。

（3）具有对信息进行筛选、分类、存储和应用的能力。

（4）具有运用教育测量知识进行数据分析与处理的能力。

（5）具有根据教育教学的需要，设计、制作课件的能力。

（6）能够根据文章中心组织、剪裁材料。

（7）具有布局谋篇，有效安排文章结构的能力。

（8）语言表达准确、鲜明、生动，能够运用多种修辞手法增强表达效果。

（9）能根据需要，按照选定的文体写作。

复习策略

1. 命题剖析

本模块旨在考查考生运用知识解决问题的能力。从历年考题看，本模块逻辑知识、逻辑推理能力以及信息处理能力一般以单项选择题的形式考查；阅读理解的考查已由单项选择题转变为“阅读材料，回答问题”的题型；写作主要有话题作文、材料作文、命题作文等多种考查形式。

2. 备考策略

考纲对这一模块的要求定位于“了解”“理解与掌握”和“运用”三个层次。“了解”是对具体的科学事实、方法、过程、概念、原理、规律的认识和记忆；“理解与掌握”是指能理解学习材料的内涵和意义，能应用所学知识进行合理的转换或推断；“运用”是指运用知识解决问题。与“文化素养”模块不同，本模块的重点不在于相关考点知识的记忆，关键在于理解的基础上能够综合运用各知识点分析各种现实问题，能够根据提供的材料合理分析、综合、概括和判断；能够按照选定的文体写作，在材料组织、谋篇布局、语言表达方面达到较高的要求。因此，考生复习时不仅要正确理解和熟练掌握与基本能力相关的知识，更要注重运用这些知识分析问题，解决问题，在实践中融会贯通，形成能力。

第一章
阅读理解能力

知识体系及思维脉络图

阅读理解能力
- 理解阅读材料中重要概念或句子
- 筛选整合与概括归纳
- 分析结构，把握思路
- 阅读理解题的应答策略

笔记栏

核心考点及学习提示

【核心考点】

1. 理解重要的概念和句子。
2. 归纳要点和观念探究。

【学习提示】

阅读理解能力是综合素质考查的重要内容，一共涵盖了 6 个考点、2 个能力层级。“理解阅读材料中重要概念的含义”和“理解阅读材料中重要句子的含义”这两个能力层级属于“理解的范畴”。“筛选整合信息”“概括归纳材料”“分析结构，把握思路”“分析概括作者在文中的观点态度”这些考点的能力属于“分析综合”的范畴。该考试主要考查“理解文章内容，把握文章信息，掌握作者观点的能力”，一般要求不分析文章的结构和表达技巧。从历年的考题看，本章内容考查的题型有单项选择题和材料分析题。2011 年下半年和 2012 年上半年举行的考试中，有 5 道单项选择题出自本章，主要涉及理解重要的词语、概念和归纳内容要点。自 2012 年始，阅读理解都以一道材料分析题的形式出现，每则材料后有两个问题，共 14 分。阅读材料以论述类文章为主，涉及政治、经济、教育、语言、文艺、历史、法律、美学等学科或领域。考生复习时重点关注“理解与掌握”层级的知识点。

第一节　理解阅读材料中重要概念或句子

词和词组（短语）构成句子，句子构成文章。正确理解文中词语、句子的含义，尤其是重要概念、重要句子的含义，是把握文章旨意的前提。

一、理解阅读材料中重要概念的含义

（一）重要概念的类型

所谓“重要概念”是指文章中与整体文意密切相关或是文章重点论述的，能反映客观事物的一般的、本质的特征，对人们认识过程中感知的事物的本质特点加以概括归纳的词语。理解重要概念是理解整个文段内容的基础。.

“阅读材料”为阅读文本本身提供了一个特定语境。“重要概念的含义”是指概念在文中被赋

笔记栏

予的临时意义，离开了具体语境，这一概念的临时意义也就不复存在了。

阅读材料中的重要概念包括：

① 能反映文章主要内容的概念；

② 体现作者观点、态度的概念；

③ 表现文章主旨的概念；

④ 在文中被临时赋予特殊含义或深层意义的概念等。

这类试题的考查点主要在于：理解指代性词语在文中所指的具体内容；非指代性的词语在文中表达的特定意义。

（二）理解阅读材料中重要概念的方法

1. 紧扣语境，把握内涵

一个词语在文章中不是孤立存在的，上下文中总是或多或少、或隐或显地包含这个词语的意思，或制约这个词语的含义。要准确理解词语在文中的意思，就要紧密联系语境，注意上下文的修饰、指代等暗示信息，从而把握其内涵。论述类文章阅读考查的词语在文中往往都具有极为重要的作用，这些词语要么是关键信息点（如指代性词语、表达特定意义的词语），要么是省略了前后的相关内容。这些词语往往已不是其本来的意义，与具体语境结合而有了新的意义。

从语境角度去理解重要概念的含义，可采用如下方法。

（1）筛选定位法

一般情况下，在材料中会有一定的篇幅对要理解的概念进行说明或者阐释，有的概念在文中比较集中，有的则分散在文章的各个段落里。这种情况下，解题的关键就是锁定概念所属的范围，寻找相关信息，弄清楚概念的内涵。如对指代词含义的理解。“这”“这个”“这些”是近指，一般从相邻的上文中寻找；“那”“那个”“那些”是远指，不一定局限于上文。

【典型例题 1】低碳城市是一个新生事物，没有现成可借鉴的模式。专家指出，对低碳经济的认识问题上，首先需要澄清“低碳等于贫困”“低碳等于高成本”等误区。低碳经济是在较高的文明发展水平前提下，出现的一种碳生产力水平较高、但人均碳排放水平较低的经济状态。在这个过程中，能源结构的清洁化和资源禀赋起着决定性作用，单位产出所需要的能源消耗不断下降。“这个过程”指的是（   ）。

A. 建设低碳城市的过程　　　　B. 提高社会文明程度的过程

C. 降低人均碳排放水平的过程　　D. 转变对低碳经济认识的过程

【解析】根据就近原则，“这个过程”前紧挨的是“但人均碳排放水平较低的经济状态”。再由后文对“这个过程”的解释，我们不难得出，文中所讲的“这个过程”指的正是“降低人均碳排放水平的过程”。

【答案】C

【典型例题 2】我们当下有些报刊，连那时的文化品格也不如了。其一是过于看重时尚，娱乐要摩登，明星要刺激，迎合大众的猎奇心来寻找话题。二是炒作公众人物，将平凡的公众形象神秘化和庸俗化。细看近几年一些媒体（包括文学批评界）的热门话题，有许多走时尚的路子，唯独与民众的生活远了。我在《媒体炒作下的文艺批评》一文中，谈到了这一点。有时想想，作为“报人”，我们多少有些责任的。

文中的“这一点”指的是什么？

【答案要点】“这”“这个”“这些”是近指，根据就近原则，筛选定位于“细看近几年一些媒体（包括文学批评界）的热门话题，有许多走时尚的路子，唯独与民众的生活远了”，再用简洁的语言概括就是：媒体热点重时尚，远离民众生活。

对于一些被临时赋予意义的词语，它的含义也可以从原文中找到，但其寻找范围并不只限于上文。只有在上下文里找到与之对应的阐释句，才能找到答案。

【典型真题】 科学家发现大洋底部的裂陷扩展从来没有停止过。这个发现可能会解答一个曾引起人们关注的问题。地球每天的时间都比前一天延长1/700秒，即每过一年，一天要延长0.5秒，据此预测，再过2亿年，一年将只有250天了。

对"一个曾引起人们关注的问题"的"解答"，最准确的是（　　）。

A. 大洋底部裂陷扩展，地球运行时间延长

B. 大洋底部裂陷扩展，地球运行时间缩短

C. 大洋底部裂陷扩展，地球自转速度减慢

D. 大洋底部裂陷扩展，地球自转速度加快

【解析】"地球每天的时间都比前一天延长1/700秒"是对"一个曾引起人们关注的问题"的说明，只要理解了这一句话，便可得出正确答案。地球一天即自转一周的时间，每天的时间都比前一天延长，而时间与速度成反比，时间延长，说明地球转动的速度减慢了，所以这个"人们关注的问题"就是地球自转速度减慢；因此正确答案为C项。D项与C项意思相对，显然错误。材料中并未涉及"地球运行时间"的问题，故A、B两项不符合。

【答案】 C

【典型例题】 表现生活的横断面，曾经被视为短篇小说区别于中长篇小说的一个基本特征。可是文艺实践早已证明，描写人生的纵切面，同样可以运用短篇小说的艺术形式。茅盾是比较主张短篇小说表现横断面的。但是，他正视事实，公正地指出：把主人公在相当长时期内的一段生活概括地写出来，也是短篇小说的"一种表现方法"。

文中"正视事实"中的"事实"指什么？"纵切面"指的是什么？

【答案要点】 结合上下文，可以推知"事实"指的是：可以用短篇小说的形式描写人生的纵切面；"纵切面"指的是：主人公在相当长的时期内的一段生活。

（2）把握标点提示

在词句理解的题目中，有些标点本身具有一定的提示作用。冒号、破折号在句中一般起注释作用，其后的内容是起解释说明的作用。因此，若在所考查的词句后面出现了冒号、破折号等标点符号，要加以重视。

【典型例题】 我们不能简单地认为词典的编纂者不对，他们对词汇的用法做出改动不会是随意的，想必经过了认真的研究推敲。不过，词典编纂者不能忽视一个基本事实以及由此衍生的基本要求：语言文字是广大人民群众共同使用的，具有极为广泛的社会性，因此语言文字的规范工作不能在象牙塔里进行，而一定要走群众路线。

这段话中的"基本要求"指的是（　　）。

A. 词典编纂者不能对词汇的用法随意改动

B. 词典编纂者应该熟悉词典编纂的具体过程

C. 语言文字的规范工作要为广大人民群众服务

D. 语言文字的规范工作应由广大人民群众来决定

【解析】 冒号具有注释作用。文段中冒号后面的句子就是解释说明"基本要求"的内涵。A、B项与这句话无关，D项根据常识判断也是错误的。

【答案】 C

笔记栏

2. 比照辨析，识别易混淆项

仔细辨析文中词语的感情色彩，注意同义词、近义词在语言运用中的差异，注意一词多义现象。

【典型真题 1】下列句中彩色词语含贬义色彩的一项是（　　）。

A. 若使后之学者都墨守前人的旧说，那就没有新问题，没有新发明

B. 海燕像黑色的闪电，在高傲地飞翔

C. 我喜欢海，溺爱着海，尤其是潮来的时候

D. 徐悲鸿的画室里有一副自书的对联"独持偏见，一意孤行"，以表示他坚决的反抗

【解析】结合具体语境，"高傲""溺爱""一意孤行"都属于贬词褒用，"墨守"则含贬义色彩。

【答案】A

【典型真题 2】据说泰山是古代名匠鲁班的弟子，他天资聪颖，心灵手巧，干活总是（　　），但往往耽误了鲁班的事，于是惹恼了鲁班，被撵出了"班门"。

填入括号部分最恰当的一项是（　　）。

A. 巧夺天工　　B. 别出心裁　　C. 尽善尽美　　D. 任劳任怨

【解析】泰山既然因"耽误了鲁班的事"而被逐出师门，那么他干活就不可能是"巧夺天工""任劳任怨"，排除 A、D 两项。"尽善尽美"有追求完美之意，泰山有可能因凡事追求完美而误事，但不能与"天资聪颖，心灵手巧"相照应，而"别出心裁"能很好地体现这一含义。

【答案】B

在解答阅读理解的单项选择题时，可以将选项的话题、说法及遣词用语与原文相比，看其在语言文字上有无变化，如何变化，变化后的内涵外延等是否相同，然后确定选项。

【典型例题】转基因作物同普通植物的区别只是多了能使它产生额外特性的基因。早在 1983 年，生物学家就已经知道怎样通过生物工程技术将外来基因移植到某种植物的脱氧核糖核酸中去，以便使它产生靠杂交方式根本无法获得的某种新的特性：抗除莠剂的特性、抗植物病毒的特性、抗某种害虫的特性等。用以移植的基因可来自任何生命体：细菌、病毒、昆虫等。根据文意，对"转基因作物"理解正确的一项是（　　）。

A. 因环境影响脱氧核糖核酸的变化而产生额外特性的作物

B. 能够产生抗除莠剂、抗植物病毒等额外基因的作物

C. 一种利用移植其他生命体基因而形成的新的杂交作物

D. 移植了其他的生命体基因从而产生额外特性的作物

【解析】和题干比较，每个错误项都可以从中找出依据排除：根据原文第一句可知构成"转基因"的基本信息是"产生额外特性"和"移植"。A 项把"将外来基因移植到某种植物的脱氧核糖核酸中去"改成了"因环境影响"，显然不当；B 项只是援引了原文的例子，没有归纳和概括；C 项虽指出了"移植"，却把产生"额外特性的作物"变成了"杂交作物"。

【答案】D

3. 参考语境，筛选判断

根据语境揣摩词语的语境义、比喻义、借代义等，分析词语派生或隐含的内容。

【典型真题】相对中原地区，黄河上游人们的生活与风俗我并不熟悉，无法一下子（　　）到心灵层面的东西。但我还是带着（　　）去拍摄，去体验普通人的生活在令人敬畏的大自然和（　　）的历史面前是什么情形。

依次填入括号部分最恰当的一项是（　　）。

A. 碰触、好奇、变迁　　　　　　　B. 感受、疑问、悠久

C. 捕捉、敬意、沧桑　　　　　　　D. 深入、憧憬、沉寂

【解析】由“拍摄”可知，句中“我”的身份是摄影师。摄影师的工作特质就是以照片的形式把生活中有意义的瞬间定格，“捕捉镜头”是摄影过程中常用的词语。另外，第二个空中，由后句的“令人敬畏的大自然和（　　）的历史”可知，面对如此宏大的背景，摄影者的态度应该是充满“敬意”的。故选C项。

【答案】C

笔记栏

在词句理解型题目中，有些词语或句子会运用修辞手法。这时在理解词句含义时要结合修辞手法的特点来分析，必须透过词语的表面义体味其深刻的内涵：对词语比喻义的理解要从分析喻体与本体的相似性入手，寻找比喻的本体是正确解题的关键。理解词句的象征义，就要寻找词语的象征对象。理解词语的双关义要注意它是谐音双关还是语意双关。理解词语的反语义，就要将褒贬互换。运用了对比辞格的，可从两个方面考虑，一个是对比的结果，看对比双方前后有无发生变化；一个是根据一方的特征推断另一方的特征。

【典型真题】有人说，凡是知识都是科学的，凡是科学都是无颜色的，并且在追求知识时，应当保持没有颜色的态度。假使这种说法不随意扩大，我也认同。但我们要知道，只要是一个活生生的人，便必然有颜色。对无颜色的知识的追求，必定潜伏着一种有颜色的力量，在后面或底层加以推动。这一推动力量不仅决定一个人追求知识的方向与成果，也决定一个人对知识是否真诚。这段文字中“有颜色的力量”指的是（　　）。

A. 研究态度　　B. 价值取向　　C. 道德水准　　D. 兴趣爱好

【解析】从文段中可以看出，“保持没有颜色的态度”是客观的态度，与之对应的“有颜色”即表示主观。“道德水准”和“研究态度”只是主观的表象，排除选项A、C；“兴趣爱好”与“价值取向”相比，后者对人的发展起着更大的决定作用。由原文“这一推动力量不仅决定……也决定……”可知，“有颜色的力量”指的是“价值取向”。

【答案】B

4. 抽取主干法

理解重要词语含义还可以从句子结构入手。对于较为复杂的单句，只要先抽取主干，搞清句意范围，再抓关键的修饰、限制或补充成分，就可以较准确地把握词语含义。

【典型例题】最初的人类，为了寻找足够的食物，经常过着一种漂泊不定的生活，漂泊到一个地方，就随便找个临时夜宿处。这种时常迁徙但又随遇而安的居住方式，应当视作人类从巢居形式进入穴居形式之前所经历的一个过渡阶段。

对文中“过渡阶段”的概括最正确的一项是（　　）。

A. 人类为了寻找食物，经常过着一种漂泊不定的生活

B. 人类寻找食物找到什么地方，就在什么地方住下来

C. 漂泊到什么地方，就随便找个临时夜宿处

D. 时常迁徙但又随遇而安的居住形式

【解析】“过渡阶段”所在原句为“这种时常迁徙但又随遇而安的居住方式，应当视作人类从巢居形式进入穴居形式之前所经历的一个过渡阶段”，删掉用作修饰的词语，剩下的主干为“居住方式视作过渡阶段”，由此可快速锁定答案。

【答案】D

5. 复位验证法

在理解文中的重要概念时，如果对自己的选择没有十分的把握，可把选出的答案“复位”到原文中“验证”一下，如果语意连贯、意思准确则该项即为正确答案。

【典型真题】《拾穗者》本来描写的是农村夏收劳动的一个极其(　　)的场面，可是它在当时产生的艺术效果却远不是画家所能(　　)的。

A. 热闹、设想　　B. 平凡、意料　　C. 火热、控制　　D. 忙碌、想象

【解析】由句中的关联词“本来……可是……”可知，前后分句之间为转折关系。句意为：《拾穗者》这幅画在当时产生的艺术效果非常突出，但其描写的题材却又是农村夏收劳动再平常不过的场面。“热闹”“火热”“忙碌”均无法与这幅画的非凡艺术效果构成强烈反差，故第一空只能填“平凡”。如果把这几组选项代入原文中，B 项语意最连贯、准确。

【答案】B

总之，理解重要概念的含义，应围绕主旨，结合语境，整体感知是前提，局部揣摩是重点，“前后联系”是要点。寻找代词的指代义，必须紧扣上下文，因为有时指代内容没有现成词语可供使用，就需对文章进行分析、归纳。理解与确认词语的比喻义要从分析喻体与本体的相似性入手，寻找比喻的本体是正确解题的关键。

二、理解阅读材料中重要句子的含义

文章是由句子组成的，要理解文意，首先要理解句意，特别是句子的深刻含义。理解句意是把握文意的基础。

(一) 重要句子的类型

所谓“重要句子”，指的是那些对文意表达起重要作用的关键性语句。

阅读材料中的重要句子包括：

① 能点明主旨，体现作者观点和态度的中心句；

② 揭示文章脉络层次的句子，如总起句、总结句以及过渡句；

③ 具有丰富内涵或运用了一定修辞手法的语句；

④ 结构比较复杂，对理解文章有一定影响的语句；

⑤ 意义比较含蓄，隐含某些丰富内容，需结合特定语境理解的句子等。

(二) 重要句子的含义

句子的含义包括句子的字面意义、句子的语境意义(临时意义)和句子的言外之意(言在此而意在彼而产生的意义)。理解句子含义，既要说出句子的字面意思，又要说出句子的深层意思。

理解阅读材料中重要句子的含义的实质就是将抽象含蓄的概念或句子转化为具体化的阐释，或者是将使用修辞手法形象化了的语句转化为概括性的直白语言。

【典型例题】材料：

自己的花是让别人看的

爱美大概也算是人的天性吧。宇宙间美的东西很多，花在其中占重要的地位。爱花的民族也很多，德国在其中占重要的地位。

四五十年以前我在德国留学的时候，曾多次对德国人爱花之真切感到吃惊。家家户户都在养花。他们的花不像在中国那样，养在屋子里，他们是把花都栽种在临街窗户的外面。花朵都朝外开，在屋子里只能看到花的脊梁。我曾问过我的女房东：你这样养花是给别人看的吧！她莞尔一笑，说：“正是这样！”

正是这样,也确实不错。走过任何一条街,抬头向上看,家家户户的窗子前都是花团锦簇、姹紫嫣红。许多窗子连接在一起,汇成了一个花的海洋,让我们看的人如入山阴道上,应接不暇。每一家都是这样,在屋子里的时候,自己的花是让别人看的;走在街上的时候,自己又看别人的花。人人为我,我为人人。我觉得这一种境界是颇耐人寻味的。

今天我又到了德国,刚一下火车,迎接我们的主人问我:"你离开德国这样久,有什么变化没有?"我说:"变化是有的,但是美丽并没有改变。"我说"美丽"指的东西很多,其中也包含着美丽的花。我走在街上,抬头一看,又是家家户户的窗口上都开满了鲜花。多么奇丽的景色!多么奇特的民族!我仿佛又回到了四五十年前,我做了一个花的梦,做了一个思乡的梦。

题目:结合材料并联系实际,解释"人人为我,我为人人"这句话的内涵。

【答案要点】"人人为我,我为人人"的意义不难理解,要解释这句话的内涵,必须结合语境。文中讲德国家家户户都养花。每一家养花,都是把花放在临街的窗口,花朵朝外,在屋子里的时候,自己只能看到花的枝干,自己的花是让别人看的;而走在大街上,自己又看别人的花。延伸到生活中,我们在帮助别人的同时,自己也能得到快乐,"赠人玫瑰,手有余香"。

(三)理解阅读材料中重要句子的方法

理解文章中具体句子含义,必须立足原文,寻找关键信息。首先,要通览全文,整体把握文章中心。然后,确定题干中的语句在原文中哪个段落,从而划定选择答案的有效区域。最后,明确方向。认真审读题目,弄清所问,找准答题方向,再"瞻前顾后",结合上下文进行分析。

【典型真题】有人也许认为,"写文章只要不妨害所表达的义理,材料细节有点出入是无所谓的"。义理是文章的灵魂,大凡写文章,不会不关注这一点。这种关注就应包含对支撑义理的材料的审慎核查与选用。对画横线的文字理解最准确的一项是( )。

A. 批评了只重视表达义理,但是不重视材料真实性的错误认识

B. 肯定了既重视义理的表达,也重视材料细节必须真实的主张

C. 批评了借口不妨害表达义理,而忽视材料真实性的错误认识

D. 肯定了材料对表达义理的作用,不主张苛求材料细节的真实

【解析】"有人也许认为"说明作者对这个观点是持反对意见的,由此可排除表示肯定的B项、D项。由后文的"这种关注就应包含对支撑义理的材料的审慎核查与选用"可知,作者强调对材料真实性的审核,而画横线处的观点则是以"不妨害义理"为理由模糊材料细节,故对此理解最准确的应为C项。画线句子并未强调要重视表达义理,而只是以此为借口,故A项不选。

【答案】C

可以采用以下方法,帮助理解句意。

1. 抓住关键词语理解句意

关键词,是在句子中起关键、核心作用的词语。对于一些含蓄而复杂的语句,把关键词作为突破口,就能正确把握句意。所以,理解句子可通过抓关键词、理解关键词语的含义来揣摩句子在文中的表达效果和目的。

弄懂关键词语的含义,不仅要能够解释词语,而且要领会其在表达上的特定作用,如修饰、限制、强调等。

【典型例题1】那个一辈子只算出一道题,而其他题都算得一塌糊涂的人去了。那是一个以数学为粮食,以演算为空气的人。他生来只属于这一道题,他把整个世界简化成了这一道题。

请解释"他把整个世界简化成了这一道题"这句话在文中的含义。

【答案要点】理解这句话的含义可以从把握关键词入手。“整个世界”指“他”(陈景润)毕生的时间和精力;“简化”应为从事研究工作;“这一道题”就是指“哥德巴赫猜想”这道数学难题。那么,句子的含义就是:他把毕生的精力集中在对“哥德巴赫猜想”这道世界数学难题的证明上。

【典型例题 2】近年来,不少公司竞相开发“训练大脑”的游戏软件,市面上已有几十种益智游戏软件。尽管这类软件说明书写得五花八门,但涉及其功能时不外乎强调两点:“增强诸如注意力、记忆力和信息处理速度等大脑功能;”“减缓大脑随年龄增长而不可避免的功能下降的速度。”几乎所有的这类公司,都声称其游戏软件程序是根据最新科研成果而设计的。这段文字意在强调(　　)。

A. 益智游戏软件的开发即将成为一个新兴的行业

B. 益智游戏软件的开发是以最新科学研究为理论依据的

C. 益智游戏软件的开发将大大提高人的智商,应加快推广

D. 益智游戏软件的开发,作为一个新生事物,其科学性值得研讨

【解析】“五花八门”比喻花样多端、种类繁多,常用作贬义。“声称”指公开宣称,常含有说话者对“声称”内容的怀疑、不赞同或讥讽。结合词义,可知作者对益智游戏软件开发的科学性持怀疑态度,只有D项能体现作者这一态度。

【答案】D

2. 借助句法理解句意

在理解组成该句的词语意思的基础上,进行语法分析,最后达到理解句子含意的目的。

对于较为复杂的单句,划分句子层次只要抓主干,搞清句意范围,再抓关键的修饰、限制或补充成分,就可以较准确地把握句意。例如《纪念刘和珍君》中的长句:“至于这一回在弹雨中互相救助,虽殒身不恤的事实,则更足为中国女子虽遭阴谋诡计,压抑至数千年,而没有消亡的明证了。”因为附加成分较多,会造成此句理解困难。可以先提炼主干——事实为明证;再扩展——互相救助,虽殒身不恤的事实,中国女子的勇毅没有消亡的明证;最后领悟句意——热烈赞颂刘和珍等三位女子在枪林弹雨中从容不迫、互相救助的革命精神,进一步说明革命青年死难的意义。

【典型例题】肠脑位于食管、胃脏、小肠与结肠内层组织的鞘中,含有神经细胞、神经传递质、蛋白质和复杂的环行线路。结肠炎、过敏性肠综合征等都与肠脑内产生的问题有关。肠脑中几乎能找到颅脑赖以运转和控制的所有物质,如血清素、多巴胺、谷氨酸、去甲肾上腺素、一氧化氮等。此外,肠脑中还存在多种被称为神经肽的脑蛋白、脑啡肽以及对神经起显著作用的化学物质。

根据文意,对“肠脑中几乎能够找到颅脑赖以运转和控制的所有物质”一句,理解正确的一项是(　　)。

A. 颅脑赖以运转和控制的绝大部分物质存在于肠脑之中

B. 颅脑依赖肠脑中的绝大部分物质进行运转和控制活动

C. 肠脑中具有与颅脑赖以运转和控制所需相同的绝大部分物质

D. 肠脑中所有的物质与颅脑赖以运转和控制的物质几乎相同

【解析】原句是单句,主干是“肠脑中能够找到物质”;“物质”前有两个定语,即“颅脑赖以运转和控制”“所有”,“能够找到”前面有一个状语“几乎”。A项中主语与原句不一致,谓语动词“存在”与原句中“找到”不符合;B项中主语与原句不一致;D项中“所有的物质”做主语与原句意思不符合。只有C项“具有”相对于原句中的“找到”,“绝大部分”相对于“几乎”,理解正确。

【答案】C

对于复句，关键在于把握复句的类型。复句大致可分两类：转折、因果、条件、假设复句等属偏正类，正句一般是句意主旨所在，抓住正句，兼顾偏句就能较准确地理解句意；并列、承接、选择、递进复句属联合类，这类复句前后分句可以并重，也可有主次，并重的全面考虑，有主次的抓住主句，这样也能较准确地理解句意。理解特殊句子，就要抓住因句子成分的次序变动而突出强调的部分进行分析。

【典型例题】一件可能使人感到吃惊的事实是，目前不但世界粮食产量的增长速度超过了人口的增长速度，而且同世界上人均收入的增长速度相比，粮食增长速度也是较快的，甚至其他商品价格的增长速度也比不上粮食的增长速度。尽管如此，今天在全世界仍有很多人口得不到充足的粮食。据估计，由于缺粮而面临饥饿的人口有3.4亿到7.3亿之多，他们集中在南亚和非洲撒哈拉以南的地区。

这段文字想要说明的问题是（　　）。

A. 世界粮食产量的增长速度超过了人口的增长速度

B. 尽管世界粮食生产充足，但仍有很多人口得不到充足的粮食

C. 其他产品价格的增长速度比不上粮食的增长速度

D. 因缺粮而面临饥饿的人口有3.4亿到7.3亿之多

【解析】文段首先说明世界粮食产量的增长速度超过了人口的增长速度，接着用“尽管如此”做转折指出全世界仍有很多人得不到充足的粮食，并列举出面临饥饿的人口数据，由此可知，文段意说明的问题是转折词之后的内容。

【答案】B

3. 借助修辞理解句意

有的句子运用了修辞方法，就可以根据所运用的修辞方法的表达作用进行分析理解。先弄清用了何种修辞，后根据这种修辞的特征、功能，并结合具体语境琢磨句子表达的含义和思想感情。比喻的关键在于寻找本体，明确含义；比拟要找准比拟双方的共同点；双关应探寻双关义；夸张要回归现实性表达。

《哲学家的最后一课》中有这样一句话：“要想根除旷野里的杂草，方法只有一种，那就是在上面种上庄稼。同样，要想铲除灵魂里的杂草，唯一的方法就是用美德去占据它。”要理解“要想铲除灵魂里的杂草，唯一的方法就是用美德去占据它”这个句子，关键在于理解“灵魂里的杂草”的本体。联系下文的“美德”，可以推断“杂草”比喻的是“不良的思想”“坏思想”“不健康的想法”“邪念”等。找到了本体，整个句子的含义就显而易见了。

4. 借助背景理解句意

语句含义的理解不但要看小语境，即上下句、上下文，做到句不离段，段不离篇，还要看大语境，即文章写作的社会环境、历史因由以及作者的社会阅历、思想倾向、审美情趣等人格因素，这样才能真正理解句子的含义。因此，结合作者写作时的特定背景来理解句子，是理解句子含义的有效办法。

【典型真题】鲁迅先生在民国十四年曾经说过：“我觉得革命以前，我是做奴隶。革命以后不多久，就受了奴隶的骗，变成他们的奴隶了……我觉得仿佛就没有所谓中华民国。”对此理解正确的一项是（　　）。

A. 中华民国不只是一个空招牌

B. 国民革命之后社会并没有多少真实的进步

C. 国民革命之后君主专制制度依然存在

D. 老百姓被奴役的命运是无法改变的

【解析】由题干可知,鲁迅先生所说的是辛亥革命(即选项中的“国民革命”)之后的事情。分析背景知识,辛亥革命推翻了统治中国二百六十多年的清王朝,结束了中国两千多年的封建君主专制制度,因此C项说法是不正确的。根据常识判断,A、D两项说法也不正确。

【答案】B

【典型例题】阅读下面的材料,在横线上补写出端木蕻良诗歌的言外之意。

1942年,一批作家到了桂林,其中有端木蕻良。当地的文学青年奔走相告,经常登门拜访,干扰了作家的创作。端木蕻良就在自家的门上贴了一首诗:“女儿心上想情郎,日写花笺十万行。月上枝头方得息,梦魂却又到西厢。”表面上看,这似乎是一首情诗,但这其实是:________________。

【答案要点】准确答出这首诗的言外之意的最好办法,就是凭借历史背景来解读。因为材料已经明确告诉我们:该诗是端木蕻良在很多青年登门拜访,干扰了他的创作的背景下完成的。这首诗其实是一首谢客诗,言外之意是自己为创作忙碌辛苦,无暇接待来访者。

5. 借助句子在文中的位置理解句意

如果要求理解的句子是总起句,就要结合其领起的范围作答;如果是总结句,就要结合其总结的范围做分析;如果是重要的过渡句,就要联系其承上启下的文字做分析。

【典型例题】材料:

门

开门和关门是人生中含义最深的动作。一扇扇门内,隐藏着何等样的奥秘!

没有人知道,当他打开一扇门时,有什么在等待着他,即使那是最熟悉的屋子。时钟滴答响着,天已傍晚,炉火正旺,也可能隐藏着令人惊讶的事情。也许是修管子的工人就在你外出之时已经来过,把漏水的龙头修好了。也许是女厨的忧郁症突然发作,向你要求得到保障。聪明的人总是怀着谦虚和容忍的精神来打开他的前门。

门有各种各样。有旅馆、商店和公共建筑的转门,它们是喧闹的现代生活方式的象征。还有古怪的吱吱作响的小门,它们依然在变相的酒吧间外面晃动,只有从肩膀到膝盖那样高低。更有活板门、滑门、双层门、后台门、监狱门、玻璃门……然而一扇门的象征和奥秘在于它那隐秘的性质。玻璃门根本不是门,而是一扇窗户。门的意义就是把隐藏在它内部的事物加以掩盖,给心儿造成悬念。

开门的方式也是多种多样的。当侍者用托盘端给你晚餐时,他欢快地用肘推开厨房的门。当你面对上门推销的书商或小贩时,你把门打开了,但又带着猜疑和犹豫退回了门内。彬彬有礼、小心翼翼的仆役向后退着,敞开了属于大人物的壁垒般的橡木门。牙医那位富于同情心然而深深沉默的女助手,打开通往手术室的门,不说一句话,只是暗示你医生已为你做好了准备。一大清早,一扇门猛然打开,护士走了进来:“是个男孩!”

门是隐秘、回避的象征,是心灵躲进极乐的静谧或悲伤的秘密搏斗的象征。没有门的屋子不是屋子,而是走廊。无论一个人在哪儿,只要他在一扇关着的门的后面,他就能使自己不受拘束。在关着的门内,头脑的工作最为有效。人不是在一起牧放的马群。

开门是一个神秘的动作,它包容着某种未知的情趣,某种进入新的时刻的感知和人类烦琐仪式的一种新的形式。它包含着人间至乐的最高闪现:重聚,和解,久别的恋人们的极大喜悦。即使在悲伤之际,一扇门的开启也许会带来安慰:它改变并重新分配人类的力量。然而,门的关闭要可怕得多,它是最终判决的表白。每一扇门的关闭就意味着一个结束。在门的关闭中有着不同程度的悲伤。一扇门猛然关上是一种软弱的自白。一扇门轻轻关上常常是生活中最具悲剧性的动作。每一个人都知道把门关上之后接踵而来的揪心之痛,尤其是当所爱的人音容犹在,而人已远去之时。

笔记栏

开门和关门是生命之严峻流动的一部分。生命不会静止不动并听任我们孤寂无为。我们总是不断地怀着希望开门，又绝望地把门关上。

一扇门的关闭是无可挽回的。至于另一扇门是不存在的。门一关上就永远关上了，通往消逝了的时间脉搏的另一个入口是不存在的。

请分别说明以下三句话在文中的意思：

（1）人不是在一起牧放的马群。

（2）开门和关门是生命之严峻流动的一部分。

（3）一扇门的关闭是无可挽回的。

【解析】命题者所选的三个句子，分别是文章第五段的结尾句及第七段、第八段的起始句，都是文中重要的句子，通过考查考生对这三个句子的理解和解释，可以看出考生对这三段文意的理解程度。要想正确地解释这三个句子在文中的意思，必须联系相关段落的内容。“人不是在一起牧放的马群”，这句话所在的段落，谈了“门是隐秘、回避的象征”，人在关闭的门后“能使自己不受拘束”“在关着的门内，头脑的工作最为有效。”这一切无非是说明人与动物是有区别的，人有思想感情，有隐秘需求，需要有自己独立的天地，而成群牧放的马既无隐秘可言，也无独立的天地，所以“人不是在一起牧放的马群”。“开门和关门是生命之严峻流动的一部分”，联系上下文看，前面是孤立地谈“开门”和“关门”的含意，这段却是阐释人生正是由一次次开门和关门构成的，也就是说人的生命是由一个个重要阶段的开始和结束构成的。“一扇门的关闭是无可挽回的”，对这句话的理解，也要联系上下文。前边谈到人生是由一个个重要阶段的开始和结束构成的，但就每一个重要阶段的结束——一扇门的关闭而言，要想让它在时间的长河中重现是不可能的，联系本段最后一句话“门一关上，就永远关上了，通往消逝了的时间脉搏的另一个入口是不存在的”，也能帮助我们理解段开头句子。

【答案】（1）“人是有思想有感情的，人需要有自己独立的天地”或“人是有隐秘需求的”。（2）人生包含着一个个重要阶段的开始和结束。（3）当一个过程终结之后，再想让它重现是不可能的。

第二节　筛选整合与概括归纳

一、筛选整合信息

信息，是指通过阅读而得到的知识、消息、情报或代表某种信息的词语、符号、数据或图形。“阅读材料中的重要信息”就是阅读材料中重要的文句及其所表达的内容，包括文章中的基本概念和最新知识、重要概念和知识的解释与阐述、表达文章中心和作者观点态度的语句、文中的概括句和过渡句、文章的标题以及文后的注释等。

筛选信息，就是根据一定的目的要求，经过辨别把相关的信息提取出来；整合信息，就是根据一定的目的要求，将分散的信息集中起来，把零碎的信息加以条理化、系统化，以获得更有价值的东西。“整合信息”和“归纳内容要点”“概括作者的观点态度”等要求之间是交叉关系，而不是并列关系。

“筛选整合信息”是指按照命题者所给出的语言文字、图表数据或视频等材料，在理解的基础上，对材料中相关的多方面的信息或对象进行辨别并加以选择，然后对筛选出的信息或对象进行重组、概括并将它们融为一体，成为符合命题者要求的语言。考生要具备从文字、图表、视频材料中获取准确、有效信息的能力。

这类试题的考查点主要有：

① 能准确概括材料中的主要信息；

② 能立足整体，准确提炼材料中所有的信息，并能用简洁的语言表述；

③ 能根据所给出的材料要求，设计出解决问题的方案；

④ 能透过材料的字面意思，准确地表述隐含的言外之意。

【典型真题】材料：

朋友与信

梁漱溟

朋友相信到什么程度，关系的深浅便到什么程度。不做朋友则已，做了朋友，就得彼此负责。交情到什么程度，就负责到什么程度。朋友不忠，是很大的憾事；如同父子之间、兄弟之间、夫妇之间处不好是一样的缺憾。交朋友时，要从彼此心性认识，做到深刻透达的地方才成。若相信的程度不到，不要关系过于密切了。

朋友之道，在中国从来是一听到朋友便说"信"字。但普通之所谓信，多半是"言而有信"的意思，就是要有信用。这样讲法固不错，但照我的经验，我觉得与朋友往还，另有很重要的一点，这一点也是信，但讲法却不同，不是信实的意思，而是说朋友与朋友之间要信得及，信得过。所谓知己的朋友，就是彼此信得及的朋友。要了解他的为人，了解他的智慧与情感，了解他的心性与脾气。清楚了这人之后，心里便有把握朋友之间，要紧的是相知；相知者彼此都有了解之谓也。片面的关系也不是朋友，必须是两面的关系，才能发生好的感情，因为没有好的感情便不能相知。彼此有感情，有了解，才是朋友。既成朋友，则无论在空间上隔多么远，在时间上隔多么久，可是我准知道他不致背离；此方可谓之为信。

问题：朋友之道中的"信"，作者的看法和普通的看法有什么不同？

【答案要点】要回答这一问题，必须深入分析文段，准确提炼文段中所有的信息，并能用简洁的语言表述：作者认为的朋友之道的"信"，是朋友之间要相互了解，相互信任，相互负责；普通的看法中"信"是要言而有信，要讲信用。

（一）文字材料信息的筛选与整合

1. 从文章的基本概念中获取信息

社会科学类和自然科学类的文章总是要运用概念的。文中的基本概念的含意就是文章的重要信息所在。因此，在阅读中要十分重视对文章基本概念的理解。

2. 从重要的句子中获取信息

筛选整合是一个化繁为简的过程。筛选信息时要关注重要句子，尤其要关注文中集中表述作者观点态度、介绍某种情况，或集中反映文章主旨的句子；也包括那些结构复杂、信息量大的句子。文中段首的总起句、段中的过渡句和段末的总结句，这些句子往往是文章的关键所在。

【典型例题】地处美丽富饶的江汉平原腹地的荆州古城，有着 2 600 多年的历史，是历朝封王置府的重镇。这里东衔九省通衢的武汉三镇，西临举世瞩目的长江三峡，南傍浩瀚无垠的洞庭湖，北垂雄奇险秀的武当山，区位优势十分明显。

这段文字主要介绍荆州的（　　）。

A. 地理位置　　B. 悠久历史　　C. 灿烂文化　　D. 富饶物产

【解析】根据"这里东衔……西临……南傍……北垂……区位优势十分明显。"这一关键句可知，这段主要介绍的是荆州所处的地理位置。

【答案】A

【典型真题】材料：

主动是金

朱华贤

有人说，沉默是金。有人说，慷慨是金。有人说智慧是金……也许都不错。但我认为，主动才是真正的金，才是自己的金，才是别人无法抢夺的金。

人生不能被动，生活需要主动。只有主动，才能不断地获得上进的机遇；只有主动，才能超越别人；只有主动，才能牢牢地把握胜券。

主动，就是从时间上超前一步。要求八点钟赶到，你不妨七点五十分赶到，这样你就不用担心搭不上急驶而来的时代列车。

主动，就是从范围上扩大一些。要了解衬衫，你不妨了解一下西装、领带以及鞋子和帽子，这样你的视野就会更加开阔，你的回旋余地就有可能更大。

主动，就是从程度上更加深一层。当你在计算机上输入文字的时候，你不妨深入琢磨一下：为什么在键盘上这么简单地敲几下，文字就输入了？别的输入法是不是还要简单？

主动，就是从动作和态度上力求积极一点，敏锐一点。当别人尚未意识到的时候，你已经强烈地意识到了；当别人刚刚起步时，你已经在途中；当别人正想找你时，你已经敲门进去了……

主动是金！

问题：文章从哪些方面阐述了"主动"，请简要概括。

【解析】解答此题，只要抓住几个重要的段首起始句："主动，就是从时间上超前一步""主动，就要从范围上扩大一些""主动，就是从程度上再加深一层""主动，从动作和态度上力求积极一点，敏锐一点"，答案就呼之欲出了。

【答案】文章分别从时间、范围、程度以及动作和态度等方面阐述了"主动"。

3. 从运用的材料中获取信息

写文章总是要运用材料的。材料总是明示着或隐含着一定的信息。把它提取出来，是阅读应该完成的任务之一，自然也是获取信息的有效途径。

【典型真题】古希腊古罗马是西方文明的摇篮，西方哲学、美学及各种艺术形式始于此，西方的音乐文化也由此开始。这个时期出现过最早基于口头传唱的希腊长诗，如《伊利亚特》和《奥德赛》；数学家毕达哥拉斯揭示了音乐与数学之间的关系；著名的三大悲剧家埃斯库罗斯、欧里庇得斯、索福克勒斯既是戏剧家也是音乐家，在他们的戏剧中，音乐发挥了奇妙的作用。从这段文字可以看出，古希腊古罗马时期音乐文化的特点是(　　)。

A. 含义比现在更为狭窄　　B. 内容主要涉及数学和戏剧

C. 与其他艺术及科学联系密切　　D. 与艺术和哲学有严格的区分

【解析】由文中"基于口头传唱的希腊长诗，如《伊利亚特》和《奥德赛》""数学家毕达哥拉斯揭示了音乐与数学之间的关系""埃斯库罗斯、欧里庇得斯、索福克勒斯既是戏剧家也是音乐家"可推知，古希腊古罗马时期的音乐文化与其他艺术(如长诗、戏剧)及科学(如数学)之间联系紧密。

【答案】C

(二) 图表材料信息的筛选与整合

有时，阅读理解型题目会采用图表和文字相结合的形式，要求考生准确提取图表中的有效信息，加以归纳、分析、整理，得出结论，并用简洁准确的语言进行表述。图表材料通过数字表格、曲线示意图、条柱统计图、饼状统计图及扇状统计图等方式，具体形象地揭示客观事物的特点、数量及其

笔记栏

发展变化，侧重于考查考生从图表中提取有效信息的能力以及运用相关知识解决问题的能力。

这一类试题最大特征就是通过横向比较或纵向比较来说明事物的发展变化，揭示事物之间的差距，然后去探讨发展变化的原因，寻找解决问题的办法，通常由材料和设问两部分组成。材料一般由表头语、图表、表注三部分组成，设问通常有两个到三个问题。第一问要求总结出图表反映了什么现象。第二问要求谈谈对图表所反应的现象的认识。第三问则要求提出解决问题的办法。

1. 认真审题，明确要求

审题时，要注意表头标题和表下注释的文字，弄清楚图表说明的对象和比较的角度，还要注意题干中句式表达的要求和字数的限制等。

2. 仔细认读图表，全面准确捕捉信息

抓信息要全面准确，不能顾此失彼、遗漏信息。要认真观察图表，找出图表中所含的信息，包括图表标题、表下注释、说明对象、比较角度及各项目、数据的变化特点等。其中，图表标题和数据的变化是关注的重点。图表标题往往是对整个图表具体内容的概括，划定了材料分析的方向；通过纵向横向比较数据，可以发现数据间的变化、异同，从而把握事物发展变化的趋势或揭示的问题。具体而言，对于表，要兼顾表中各个要素，坐标曲线图要抓住曲线变化的规律；柱状饼式图要抓住各要素的比例分配及变化情况；生产流程图要抓住各流程的时空、先后逻辑顺序等。

3. 依据题干要求，规范作答

对观察中获得的信息要进行整合，分析所列内容的相互联系，从中找出规律性的东西，再归纳概括为一个结论。得出的结论要注意定量与定性的统一、现象与本质的统一。

（1）注意题目中的关键词

如题干中往往有这样一些标志性词语："上图显示""用文字表述出来""确切表述图表的内容"等。在表述时要有具体的数据比较、分析，要直接客观地反映图表包含的信息。有时题目中有特殊限制，如句式的限制、字数的限制等，表达时要符合要求。

（2）用词准确，表达规范

表达中不能出现语病，特别是在反映事物变化或规律时，选用词语要准确。如表明增长的可用的词语有："增长了""增加到""增长了……倍""与同期相比，增长……"等；表明下降的可用的词语有："减少了""减少到""减少了(百分数、分数，注意其后不能用倍数)"。又如表示程度范围的可用："近一半(50% 左右)""大部分(比例在 55%~70%)""绝大多数(比例占 70% 以上)""所有""约几成"等。总之，要根据图表数据变化规律来选用准确的词语表达。

（3）针对题目要求和图表内容复核答案

看有无遗漏、多余、误推或表述不详等错误。

（三）视频材料信息的筛选与整合

在信息时代，多媒体技术能制作内容丰富、画面感强、生动有趣的音频、视频等，且它们愈来愈多地被应用到教学活动中。教师应重视视频材料在教学活动中的作用，学会对视频材料进行选择、采集、加工以及制作。

视频材料与图表及其他平面静止的图像都不同，它需要在观看动态图像或倾听解说的过程中读取信息。解答视频阅读材料题，首先要明确题目要求，做到观看、倾听时有目标、有重点。其次，要认真观看、倾听，抓住关键，包括视频材料的主体、具体措施、主要内容、结果等。最后，形成相关信息，并根据试题要求用语言将相关信息表述出来。

（四）筛选整合信息应注意的问题

1. 整体把握，准确提取信息

要总揽全局，整体把握，理清文章的思路，概括各层的内容要点，分清主要信息和次要信息，尤其要注意文段中隐含的信息。严格对照要求提取信息，防止因答案要点不全而丢分。

2. 整合归并，分列要点

将提取的关键语句、中心词进行“同类合并”“异质分列”，可结合分值确定答案的要点数目。

3. 语言加工，规范作答

要求整合信息的题目一般不宜机械地摘录原文，应该紧扣题干要求，将提取的关键语句、中心词进行改造、组合、变换，使之成为全面、凝练、流畅、符合要求的答案。

【典型例题】材料：

①民间剪纸是劳动人民为了满足自身精神生活的需要而创造，并广为流传的一种艺术样式。它生存于劳动者深厚的生活土壤中，体现了人类艺术最基本的审美观念和精神品质，具有鲜明的艺术特色和生活情趣。

②从技法上讲，剪纸就是在纸上镂空剪刻，使其呈现出所要表现的形象。劳动群众凭借自己的聪明才智，在长期的艺术实践和生活实践中，将这一艺术形式锤炼得日趋完善，形成了以剪刻、镂空为主的多种技法，如撕纸、烧烫、拼色、衬色、染色、勾描等，使剪纸的表现力具备无限的深度和广度。其线条细如春蚕吐丝，粗如大笔挥抹。不同的花式可粘贴摆衬，亦可悬空吊挂。由于剪纸的工具简便，材料普及，技法易于掌握，有着其他艺术门类不可替代的特性，因而这一艺术形式从古到今，几乎遍及我国的城镇乡村，深得人民群众的喜爱。

③中国的剪纸起源于汉，至南北朝时期已相当精熟。然而真正繁盛起来，却是在清代中期以后，这是由于近代中国城市的崛起。古老的剪纸多在乡间，以剪子铰出为主，趣味质朴，都是出自农家妇女之手。剪纸进入城市后，不仅市民情趣和生活理想要渗入其中，而且千家万户聚居在一起，相效成习，所需颇巨。剪纸艺人为了省工，弃剪用刀，一刀多张，雕镂更加细致，风格转向精巧，艺人也就不止于妇女了。这些民间艺术家创作的目的在于建立自己的理想世界，在于为生活创造美好的形象。他们各自有着不同的经历和人生的艰辛，但对世界都寄予了满腔的热情。民间剪纸中，很少出现伤痕和眼泪，体现着民间艺术家对生活充满了信心和对理想的追求。由单幅剪纸组成的窗花图案，常见的题材有“吉祥喜庆”“五谷丰登”“贵花祥鸟”等，也有的表现戏曲故事或传统故事，还有一些表现动物、神仙、花卉等与节庆有关的内容。它们虚实相生、简练鲜明，具有强烈的装饰性。

④新兴的剪纸艺术，切合现代人的社会心理与审美要求，尤其时下人们切盼富有，剪纸艺术投其所好，契合其心态，注重盼富、图利、求吉和祈安的内涵。画面饱满，不避烦琐，反受欢迎，这也是目前人们的生活要求在审美心理上的反映。此外，新剪纸增加了生肖内容的画面，龙蛇马羊，年年更换，甚至将传统的“马上进宝”图案也改为相应的生肖属相。比如今年是鸡年，便是“金鸡进财”；明年是狗年，便改成小狗拉着装满财宝的车子跑来，成了“爱犬送宝”了。这种生肖剪纸，让人感到既亲切又应时。

⑤新剪纸的另一特征，是借用一些其他艺术形式来丰富自己，使其面貌一新。比如这几年兴起的国画样式的剪纸，从形式（中堂、条幅、扇面等）到内容（花鸟、人物、山水等），类似国画又不失剪纸趣味，使人感觉熟悉又新颖。特别是在贴年画的传统风俗日渐衰落之际，剪纸艺人便将百姓喜闻乐见的一些年画图样刻成剪纸，如缸鱼、门神、婴戏娃娃等，这些工艺精美的剪纸就容易被接受，甚至招人喜爱。

⑥新剪纸还有一个显著特点，就是朝着精细化、高档化、豪华化发展。新剪纸不仅雕刻要求精工，有的细若发丝，曲若流水，千变万化，而且以大红和金色的纸张为主要材料，配以彩纸衬托，艳丽多彩，益显华贵。在设计上融入现代工艺设计趣味，具有时代性，与现代家庭的室内装潢能够协调起来。那些高档和豪华类型的剪纸，不仅平添节庆气氛，更增加了室内的富丽感，受到现代家庭尤其是年轻人的欢迎。特别是年年都有一大批新图样出现，加上彩色剪纸和“梅兰竹菊”等类似文人画的幽雅题材的画面，这对人们就更有吸引力了。

笔记栏

问题：通观全文，剪纸艺术经久不衰的主要原因是什么？

【解析】答案共三点。第一、二两点在①②自然段中很容易找到，第三点需要概括文章的后半部分，这一部分主要谈剪纸艺术的发展变革，即适应时代的变化。考生答题时容易漏落或概括不准。

【答案】（1）能满足不同时代群众精神生活的需要。（2）工具简便，材料普及，技法易于掌握。（3）从形式到内容不断革新。

二、概括归纳材料

（一）归纳内容要点和中心思想

分析归纳内容要点和中心意思，需要阐释能力和综合能力，即要求考生能真正读懂文章，能把文章的内容转化成自己的认知，在完成这些思维活动之后，考生还必须具备语言的转化能力，也就是能把文中的内容变成自己的话。

"内容要点"就是文章的主要内容，或者说是文章的精要之处，它可以是全文的，也可以是某一部分的。"中心意思"说的是文章的最主要、最本质的信息。

【典型真题】由于缺铁，40%到60%的婴儿面临着大脑发育迟缓的威胁，每年大约10万名婴儿在围产期面临死亡的威胁。根据发达国家的经验，适应中国人的饮食习惯，专家们提出了铁强化酱油的办法。只要食用"铁酱油"，就能基本改善缺铁现状。政府接纳了专家的意见，启动了铁强化酱油的全国性营养改善项目，并采取措施保证"铁酱油"的价格与普通酱油相当。可惜，公益性的营养改善计划无人知晓，铁酱油至今大都在货架上睡觉。

这段话的主旨是（　　）。

A. 由于缺铁，我国初生婴儿的健康状况不容乐观

B. 铁强化酱油的全国性营养改善项目无法迅速有效地传递给大众，并为大众接受

C. 政府启动"铁酱油"项目前缺乏充分的市场调查，其做法值得商榷

D. 食用铁强化酱油不能解决婴儿缺铁的问题

【解析】文段由我国大量婴儿由于缺铁而面临发育、死亡威胁的状况，引出政府启动的铁强化酱油全国性营养改善项目。然而，由"铁酱油至今大都在货架上睡觉"可知，这个公益项目却并不被公众所普遍接受。究其原因，"无人知晓"背后反映的是宣传力度不够致使项目无法迅速有效传递给大众的问题。B项恰当地概括了文段主旨，当选。

【答案】B

【典型例题】与硬实力相比，软实力偏重的是一种影响力、一种精神性。一个城市的软实力是外界对这座城市吸引力、感染力的直觉反应和头脑印记，是市民对这座城市的认同与依恋，是城市管理者智慧与情怀的折射。软实力与硬实力结合，构成了一个城市的整体实力，而两者的相加并非一个常数，软实力直接影响着硬实力效能的发挥。软实力像一条软绳子，硬实力像一堆硬干柴，绳子虽软，却可以把硬干柴紧紧捆绑在一起，形成铸造一座美好城市的巨大能量。

这段文字意在说明（　　）。

A. 城市整体实力的概念及其构成　　B. 城市软实力的内涵及其重要性

C. 城市软实力和硬实力各有侧重　　D. 城市软实力和硬实力相得益彰

【解析】本题中出现了两个谈论对象："硬实力"与"软实力"。其中"硬实力"是用来与"软实力"进行对比，更好地说明"软实力"而出现的，故本题的主体应只有一个，即"软实力"。选项中符合这一特征的只有B项。

【答案】B

笔记栏

1. 归纳内容要点的途径

（1）找出相关的概括性语句

在具体的材料中，概括性的语句与具体的叙述描写或阐述是相互依存、相互作用的。因此寻找概括性语句来概括内容要点，是最重要的途径。

（2）逐点梳理，压缩归纳

这个方法主要针对材料内容丰富、答题“点”比较清晰的试题。对“点”较丰富的材料，答题注意将每个“点”依次梳理进答案，但要对每一个“点”加以适当压缩提炼。

（3）提取精要，独立归纳

有的文章，虽然有概括力强的语句，但与试题要求归纳的角度并不一致；也有一些文章并没有相应的概括语句。遇到这样的情况，就要根据要求，认定范围，提取精要，用自己的语言概括。

2. 归纳内容要点应注意的问题

（1）整体把握，全面理解

归纳内容要点的前提是要深入研读，读懂作者的意图，把握文章的中心，对文章的写作思路有清晰的认识。

（2）剖析形象，加工提炼

对形象生动的文章进行归纳概括，必须解开这形象的“外衣”，还原作者的本意，然后再加工提炼。这里说的“形象”，可能是运用了某种艺术手法（多为修辞），也可能是行文的风格幽默诙谐。

（3）大处切入，分解层次

一些文章从多角度、多层面展开叙述、议论或描写，归纳概括的时候不能只从单一层次或角度简单提炼要点，而是要从作者的中心意图出发，大处切入，在主题的统摄下分解材料里面的层次。

（二）概括作者观点态度

作者在文中的观点态度，是文章思想内容的核心，也就是文章的意旨。“分析概括作者在文中的观点态度”这一能力点，是在归纳文章内容要点的基础上提出来的进一步要求。

所谓观点，就是作者对事物或事件所持的看法；所谓态度，就是指作者在文中所表现的思想倾向和感情倾向，包括肯定与否定、爱与恨、褒与贬，以及中立态度等。

作者的观点态度，在不同类型的文章中有不同的表现形态。一般说来，议论文是明朗的、直白的；散文、小说等则比较含蓄。议论文中的论点就是作者在文中的主要观点。

1. 分析概括作者观点态度的途径

（1）从重点句中分析概括

有的文章的观点是直接表述的，抓住了表达观点的句子，就抓住了作者的观点态度。这类句子在议论文中常在开头，开门见山提出论点，散文中常在文末，卒章显志，或在段落的起始句、终结句。

（2）从运用的材料入手

观点统率材料，不同材料证明不同观点。因此，从分析材料入手，是分析概括作者观点态度的重要途径。议论文要特别注意其论证材料，特别是正反观点的材料，其中往往蕴含了作者的好恶感情。

（3）从作者的论述入手

有时候，作者把自己的观点态度隐含在具体的论述之中而不直接说出。这就要求考生从分析具体的词句入手，提出精要，做出概括。特别注意文中的议论性和抒情性的语句，把握住这些，就能很好地理解作者的情感态度和价值观。

（4）从文章的标题入手

有的标题本身就是观点，有的标题明确议论的范围。可以从标题入手，概括观点。

笔记栏

2. 分析概括观点态度应注意的问题

（1）要整体把握全文立意的倾向

分析概括全文的观点态度要总览全局，整体把握，切忌断章取义，只见树木，不见森林，即便是分析概括文章局部表现的观点态度，也应如此。这是解答这类试题的前提。

（2）要准确理解语句

作者在文中的观点态度总是要通过一定的语句来表现的，对语句理解不准确，分析概括就会出错。

【典型真题】现代自然科学，不是单单研究一个个事物、一个个现象，而是研究事物、现象的变化发展过程，研究事物相互之间的关系，这就使自然科学发展成为严密的综合起来的体系。这是现代自然科学的重要特点。

这段文字的主旨是（　　）。

A. 现代自然科学，研究一个个事物、一个个现象

B. 严密的综合起来的体系是现代自然科学的重要特点

C. 自然科学发展成为严密的综合起来的体系

D. 现代自然科学的重要特点是研究事物、现象的变化与关系

【解析】文段最后一句"这是现代自然科学的重要特点"是对前文的总结，分析此句中的"这"所指代的内容即可抓住文段主旨。根据就近原则，此句中"这"指代的是前一个句子，即"这就使自然科学发展成为严密的综合起来的体系"。结合文段最后的总结句，本文的主旨就是"严密的综合起来的体系是现代自然科学的重要特点"，故选B。

【答案】B

【典型例题】人类社会的发展历史证明，中间阶层是社会的稳定器，他们有稳定的工作和收入，经济上乐于消费，政治上渴望稳定。中国目前的问题是中间阶层的规模还不够大，也不稳定，而且随着经济形势的变化也会面临失业的威胁。如果政府袖手旁观，置之不理，将不利于社会的稳定。这段文字意在说明（　　）。

A. 稳定是社会发展的前提和保障

B. 中间阶层的壮大有利于扩大内需

C. 为什么中间阶层是社会的稳定器

D. 要培育和帮助中间阶层发展壮大

【解析】文段首先介绍了中间阶层为什么是社会的稳定器，之后提出了中间阶层面临的困境，即"中间阶层的规模还不够大，还不够稳定"，最后指出"如果政府袖手旁观，置之不理，将不利于社会的稳定"，所以本文意在说明应当帮助中间阶层发展壮大。

【答案】D

第三节　分析结构，把握思路

思路是在写作过程中，作者思维活动的轨迹，是作者对客观事物认识的反映。通常有一个从发散到集合，从模糊到清晰，从杂乱到有序的过程，最后落实到文章里，读者能看到、感受到的，常常体现为一种线索和写作顺序。

结构，就是文章的组织构造、布局安排，是作者思路的外化体现。人们常说的段落、层次、开头、结尾、统领、收束、伏笔、过渡、照应等，就是文章结构的内容。

文章的思路与结构紧密相关，思路决定结构，结构体现思路；思路是文章的内在脉络，结构是思路的外在呈现。

历年真题没有直接考查文章结构和思路的先例，但是把握作者思路，便于快速地从整体上把握文章；分析文章结构，便于透彻地理解文章。“分析结构，把握思路”是考生必须具备的重要的阅读技能。

一、文章的结构和思路类型

（一）文章结构的类型

1. 纵向结构

即按照时间顺序或事物发展过程（纵向进程）进行文章结构布局。这种结构又有几种主要形式：文章完全按事件的过程来展开记叙，形成顺序承接的形式；也可以采用“现实—回忆—现实”的倒装承接的形式；还可以采取连环承接式，这类文章描写的不是一个完整的事件，因此文章各部分之间没有时间和过程的先后顺序，但各部分之间却是环环紧扣逐层展开的。

2. 横向结构

即按照事物的空间关系或事物的不同角度来安排材料，进行文章结构布局。

3. 纵横结合式的结构

它在总体上采用纵向式（或横向式）结构，而局部又运用横向式（或纵向式）结构。

（二）文章思路的类型

文章思路有如下三种类型：时间型、空间型、逻辑型。时间型的主要反映时间顺序，如先后、早晚等；空间型的主要反映空间顺序，如上下、内外等；逻辑型的主要反映逻辑顺序，如正反、主次、类比、归纳、证明、阐释、叙议等。

分析文章思路与结构是有规律可循的。例如，时间型的思路常对应承接关系的结构；正反、主次、类比型的思路常对应并列关系、递进关系和转折关系的结构；归纳型的思路常对应因果关系的结构。

二、分析文章结构和思路的技巧

（一）分析文章结构的技巧

1. 看文体特征

新闻的五要素、记叙文的记叙顺序、说明文的说明顺序、议论文的论证结构、散文的线索、小说以及戏剧的情节结构等，都可以帮助我们快速找到分析结构的依据，进而弄清作者行文的思路。

2. 看关键句子

一是看中心句。段落的中心句是该段的总纲，文章的中心句是文章的主旨。二是看体现文章思路或结构的重要语句。这种句子又分两种：一种是总领或总结性的，分别位于段落或篇章的首尾，作用是或引领下文，或总结上文。另一种是起承接过渡作用的，或紧承上文，开启下文；或与上下文的某一句或某一段遥相呼应。对于下文来说是伏笔，是铺垫；对于上文来说是照应，是呼应。

3. 看重点词语

一是标志性词语。这些词语能表明文章中句与句、层与层之间的基本关系，比如“于”“从而”表承接关系，“但是”“然而”“不过”“其实”“与此相反”表转折关系，“首先……其次……”“一方面……另一方面……”“同样”表并列等。二是解说性词语。科技说明文中，解说新信息、介绍新情况时，往往采用解说、举例的形式，分析层次时就要注意提示解说内容的词语，如“意思是说”“比如”“例如”“即是”“也就是说”等。

4. 看构成关系

弄清句与句、段与段、层与层、部分与部分、句与段、段与层、层与部分、点与线、线与面等之间的关系，可以从外部结构标志入手，特别要注意划分准第一层次，不要将大小层次弄混淆了。

(二) 把握文章思路的技巧

1. 抓题目

题目或是写作对象,或揭示了文章线索,或隐含了写作顺序。是写作对象的,看哪些地方是直接写该对象的,哪些地方是从侧面写的,这样能大致理清思路;是文章线索和写作顺序的,则直接以此探寻文章的思路。

2. 抓中心句

中心句往往在段首(起始句)、段中(过渡句)或段尾(总结句),抓住中心句就抓住了段落核心和文章主旨,理解文章整体思路就很容易了。

3. 抓中心话题

如果中心句不明显,则直接去抓中心话题,哪些段落讲述的是同一话题就将这些段落划分为一个层次,这样也能很快理清思路。

第四节　阅读理解题的应答策略

一、解题思路和步骤

(一) 通读原文,整体把握

先通读原文,把握文章的主要内容,重要信息用铅笔标记。在阅读中,了解文章主旨和作者的价值趋向;理清议论文的论点或分论点,把握各层次之间的内在关联。

(二) 审读题干,筛选定位

先看题目涉及文中哪些段落,确定对应的语句,再仔细分析这一段里每一句话的意思,理清段落之间的关系,了解行文思路。阅读题解题的核心是“提取信息”,亦即筛选,因此,答案要从选文里找,只要认真揣摩上下文意,准确抓住关键语句,大多数题目的答案在原文中是能够“抠”出来的。

(三) 要点完整,答题规范

要站在命题人所问的角度回答问题,问什么答什么,所答要充分、到位、准确、有条理且文通句顺。具体注意以下几点:

① 弄清题干语言的构成形式,确定答题的语言形式。

② 弄清题干中作者的话和命题者的话。题目中出现作者的语句,一般是考生要理解和分析的对象,而命题者的话一般起到引导考生明确解答重点或者提供限制条件的作用。

③ 弃含蓄为直接,做到指代性词语明确化;概括性词语具体化;抽象性词语直白化;修辞性词语本义化。

④ 从原文中筛选、提炼、整合语句作答。

二、易犯错误

(1) 急功近利,没处理好阅读与做题的关系。表现为:阅读时间投入少,做题时间投入多,还没从整体上把握全文的要旨,就急于动手做题。在做题中遇到了困难,又到原文中反复搜寻查找。

(2) 缺乏阅读的敏感性,不能快速找准找全包含答题信息的语句,不能从众多信息中筛选出符合题目要求的必要信息。

(3) 过早地阅读选择题的所有选项,极容易给自己造成干扰。

(4) 由于情绪紧张,或由于急于求成,往往粗心大意,出现了不该出现的错误而失分。例如没有注意“主要”,而答了“次要”;或对概念的理解有所偏颇等。

笔记栏

(5) 解答归纳概括性的题目，必须进行条理分明、要点完整、切合题意的表述。但是有些考生却不善于抓住中心论题，抓住主旨，抓住事情的本质或人物的思想性格特质，抓住线索脉络或总体纲要，并且在此基础上抓住关键句，把握不同方面，因此，导致的结果不是答非所问，就是残缺不全，或者主次颠倒。有些题目，虽然从某段中提出，却要综合全文或前后段才能答全；有的过渡性的问题，需要看上下文才能把握；有的解说象征意义类问题，要在比照联想中才能理解。

(6) 任何文章都是一个有机的整体，任何试题的答案也必须依附在这个整体之上，有的考生不从整体着眼，只盯着局部去找答案，就难免把答案搞错。信息的完整与正确筛选，需要细心。如果粗心大意，不能紧扣题干的要求，将文中有关信息全部筛选出来，在答题时就容易出现错误。这就需要做好“文题对应”的工作，但如果审题或者阅读不严谨，必然缺少文章整体感，就将犯“文不对题”的错误。

【典型真题】比如园里那一棵古松，无论是你、是我或是任何人看到它，都说他是古松。但是你从正面看，我从侧面看，你以幼年人的心境去看，我以中年人的心境去看，这些情境和性格的差异都能影响到所看到的古松的面目。古松虽只是一件事物，你所看到和我所看到的古松却是两件事。假如你和我各把所得的古松印象画成一幅画或是写成一首诗，我们俩艺术手腕尽管不分上下，你的诗和画与我的诗和画比较，却有许多重要的异点。这是什么缘故呢？这由于知觉不完全是客观的，各人所见到的物的形象都带有几分主观的色彩。

假如你是一位木商，我是一位植物学家，另外一位朋友是画家，三人同时来看这一棵古松，我们三人可以同时都“知觉”到这一棵树，可是三人所“知觉”到的却是三种不同的东西，你心里算盘它是宜于架屋或是制器，思量怎样去买它，砍它，运它。我把它归到某类某科里去，注意它和其他松树的异点，思量它何以活得这样老。我们的朋友却不这样东想西想，他只在聚精会神地观赏它的苍翠颜色，它的盘屈如龙蛇的线纹以及它的那股昂然高举、不受屈挠的气概。

从此可知道这棵古松并不是一件固定的东西，它的形象随观者的性格和情趣而变化，各人所见到的古松的形象都是各人自己性格和情趣的返照。古松的形象一半是天生的，一半也是人为的。极平常的知觉都是带有几分创造性，极客观的东西之中都有几分主观的成分。（摘编自朱光潜《谈美》）

问题：

(1) 作者为什么说“这棵古松并不是一件固定的东西”？

(2) 请另举一例，谈谈你对画线句“极客观的东西之中都有几分主观的成分”的理解。

【答案要点】(1) 解答此问，需在整体把握的基础上，抓住“这由于知觉不完全是客观的，各人所见到的物的形象都带有几分主观的色彩”和“从此可知道这棵古松并不是一件固定的东西，它的形象随观者的性格和情趣而变化，各人所见到的古松的形象都是各人自己性格和情趣的返照”这两处关键句，联系上下文，归纳整合，可以得出作者这样说的理由：因为古松的形象一半是天生的、客观存在的，另一半将随着观者的性格情趣和观点态度而展示出不同的面目。

(2) 此问属于观点探究。解答这类题目对于极客观的东西，它们的形象随着观者的情趣和性格的差异呈现出迥异的面目，其主观成分的缘由是观者的主观色彩知觉，对于文中的客观事物古松，木商、植物学家、画家三种人群分别代表着三种不同的主观色彩认知——实用态度、科学态度、美感态度。比如，对于生活中极客观的茶壶，实用主义者研究它的生活实用价值，可以用来泡茶、解决口渴问题；商人会考虑到做茶壶买卖是否会带来利益；养生家会考虑茶壶的有机组成部分甚至是其化学成分，用此类茶壶泡茶是否有益身体健康；艺术家则会全副精神倾注于茶壶本身，不计实用、不推求关系、条理和因果，只是知觉地感知它的形式、花样、颜色的优美。观者从多种不同的角度，用三种不同的感知——实用态度、科学态度、美感态度，使得客观东西的形象带有主观色彩。

第二章 逻辑思维能力

知识体系及思维脉络图

逻辑思维能力
- 概念
- 判断
- 推理
- 逻辑基本规律

笔记栏

核心考点及学习提示

【核心考点】

1. 掌握比较、演绎、归纳的基本方法。
2. 准确而有条理地进行推理、论证。

【学习提示】

教师必须具备逻辑基础知识，掌握逻辑思维方法，具有一定的逻辑思维能力。

逻辑基础知识一直是核心考点，考生尤其需要把握概念间的关系、概念的概括和限制、判断的真假、推理的分类以及论证中的证明和反驳等考点，其中直言判断与对当关系、复合判断与复合判断推理是高频考点。从历年考题来看，直接考查逻辑基础知识、基本原理、推理能力的题型都是单项选择题，题量 2~3 道。材料分析题以及写作都离不开考生的逻辑思维能力。

第一节 概念

概念是反映对象的本质属性的思维形式。人类在认识过程中，从感性认识上升到理性认识，把所感知的事物的共同本质特点抽象出来，加以概括，就成为概念。概念是思维形式最基本的组成单位，是构成命题、推理的要素。概念有两个基本的逻辑特征：内涵和外延。

概念的内涵是指概念的本质，即概念所反映的事物的本质属性；概念的外延是指具有该概念所反映的本质属性的一切对象，即该概念适用的范围。例如“商品”这个概念的内涵就是“用于交换的劳动产品”，外延就是市场上用于交换的房子、汽车、家具、电视机、电冰箱……

概念的内涵与外延之间呈反比关系。一个概念的内涵越多，那么这个概念的外延就越小；一个概念的内涵越少，那么这个概念的外延就越大。例如“教师”“女教师”“年轻女教师”。

一、概念的种类

（一）普遍概念、单独概念

判断是单独概念还是普遍概念取决于其外延中分子对象数量的多少。仅仅包含一个分子对象就是单独概念，如“鲁迅”“世界最大的湖泊”等。包含两个或两个以上分子对象就是普遍概念，如“学生”“运动员”等。

（二）集合概念和非集合概念

集合概念是把对象作为集合体来反映的概念。如“森林”“中国共产党”等。非集合概念是反映由具有相同属性对象组成的类的概念，即不反映集合体的概念。如“文学作品”“思维形态”等。判断是集合概念还是非集合概念取决于语句中所规定的对象的属性是整体具有还是其中的分子对象也具有。

（三）正概念和负概念

正概念也叫肯定概念，是反映对象具有某种属性的概念。如“党员”“正式”等。

负概念也叫否定概念，是反映对象不具有某种属性的概念。如“非党员”“非正式”等。

二、概念间的关系

概念之间的关系实质上是概念之间在外延上的关系。概念间的关系按其性质来说，可以分为相容关系和不相容关系两大类。

（一）概念间的相容关系

概念间的相容关系是指概念在外延上至少有一部分是重合的。

1. 同一关系

同一关系指外延完全重合的两个概念之间的关系。比如“鲁迅”与“周树人”、“马铃薯”与“土豆”等，都是同一关系。

2. 包含关系或从属关系

这是指一个概念的外延包含着另一个概念的全部外延，这样两个概念之间的关系为包含关系或从属关系。

包含关系可以分属种关系和组成关系。前者一般指抽象概念，即概念 A 可以分为多少种类；后者一般指实体概念，即概念 A 可分为哪些部分。例如“树”与“杨树、槐树、枣树、柳树……”是属种关系，“树”与“树叶、树枝、树干、树根……”则是组成关系。

在属种关系中，外延大的叫“属概念”，外延小的叫“种概念”。属种关系，又叫真包含关系，如“宪法”与“中国宪法”。种属关系，又叫真包含于关系，如“大学生”与“学生”。

3. 交叉关系

交叉关系是指外延有且只有一部分重合的两个概念之间的关系。比如“食物”与“植物”、“党员”与“教师”等，都是交叉关系。

（二）概念间的不相容关系

不相容关系又叫全异关系，概念之间在外延上没有一个重合，如“鹿”与“马”。

1. 矛盾关系

矛盾关系是指这样两个概念之间的关系，即两个概念的外延是互相排斥的，而且这两个概念的外延之和穷尽了它们属概念的全部外延。如“男教师”和“女教师”。

2. 反对关系

这是指这样两个概念之间的关系，即两个概念的外延是互相排斥的，而且这两个概念的外延之和没有穷尽它们属概念的全部外延。如“老教师”和“青年教师”。

【典型真题】下列选项中，与“电磁炉”和“家用电器”的逻辑关系相同的是（　　）。

A.“钢笔”与“文具”　　B.“电脑”与“微机”

C.“电视”与“冰箱”　　D.“教具”与“黑板”

【解析】“电磁炉”和“家用电器”及“钢笔”与“文具”都是前者属于后者的关系。

【答案】A

笔记栏

笔记栏

【典型例题】所有甲都属于乙,有些甲属于丙,所有乙都属于丁,没有戊属于丁,有些戊属于丙。

以下哪一项不能从上述论述中推出(　　)。

A. 有些丙属于丁　　B. 没有戊属于乙

C. 有些甲属于戊　　D. 所有甲都属于丁

【解析】本题考查概念间的关系。可以利用文氏图表示概念间的关系来解题。由题干画图可知,A、B、D 三项都正确,甲和戊是全异关系,所以 C 项不能推出。

所谓文氏图就是用一条封闭曲线直观地表示集合及其关系的图形,它能直观地表现出集合之间的关系。其中圆表示一个类,两个圆相交,其相交部分就是两个类的共同部分。两个圆不相交,则说明这两个类没有共同元素。概念之间的相互关系共有五种:全同(同一)、全异、真包含、真包含于和交叉。用文氏图可分别表示如下:

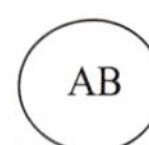

全同

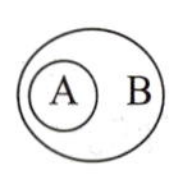

真包含于

真包含

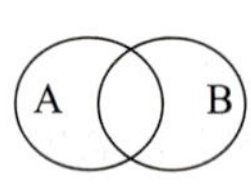

交叉

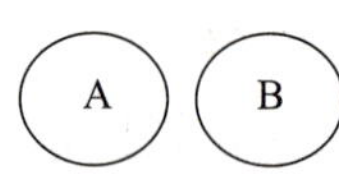

全异

文氏图法是利用文氏图来求解结论的方法,在逻辑推理部分,文氏图法主要运用于必然性推理中有关直言命题推理部分,当题目考查的是概念之间的关系或涉及直言命题推理特别是三段论推理时,可以考虑用文氏图法帮助解题,可大大提高解题速度。

【答案】C

三、明确概念内涵的逻辑方法

定义是明确概念内涵的逻辑方法,即揭示概念所反映的事物的本质属性或特有属性的逻辑方法。明确概念内涵的过程叫下定义。

(一)定义的结构

一个定义包括:

被定义项(概念),用 Ds 表示;

定义项(概念),用 Dp 表示;

定义联项,也叫联结概念,用“是”表示;也有“叫”“就是”“是指”等表达形式。

定义可表达为:Ds 是 Dp。

(二)定义方法

最常用的逻辑方法是“属加种差定义”法。公式表示为:被定义概念 = 属概念 + 种差。其中“属概念”是指被定义概念的属概念,而且是最邻近的属概念;“种差”是指被定义概念所反映的对象区别于包含在同一属中其他种事物的特有属性。

具体步骤:

第一步,找出被定义项的邻近的属概念。

第二步,找出种差,也就是找出它的特有属性。

第三步,按照“Ds 是 Dp”这一形式把定义表述出来。

比如给“刑法”下定义时,首先要找到与这一概念最近的“属概念”——法律,同时还必须找出“刑法”这一“种概念”和“法律”这一“属概念”的其他“种概念”(宪法、民法、婚姻法等)之间的“差异”(种差)来。“刑法”和“宪法、民法、婚姻法”之间的“种差”是什么呢?是“规定犯罪和刑罚”,从而可以得出“刑法是规定犯罪和刑罚的法律”这一完整定义。

正确的陈述未必是正确的定义，如“人是动物”这是正确的陈述，但不是一个正确的定义，因为它没有揭示出人区别于“动物”这一“属概念”的其他“种概念”（鸡、鸭、牛、羊等）之间的“差异”（种差）。人的正确定义：人是一种能制造生产工具的动物。

笔记栏

（三）定义的规则

1. 被定义项与定义项在外延上必须是全同关系

被定义项的外延与定义项的外延必须完全重合，定义项的外延不可大于或小于被定义项的外延，否则就会犯定义过宽或定义过窄的逻辑错误。比如，不能说“人是一种能制造生产工具的生物”，这就犯了“定义过宽”的错误。

2. 定义项中不能直接或间接地包含被定义项

定义的目的在于揭示被定义项的内涵。如果定义项直接或间接包含了被定义项，则是用未被说明的概念去解释自身，或者说是被定义项自我定义，这就不能达到明确被定义项内涵的目的。违反规则就会犯“同语反复”或“循环定义”的逻辑错误。如“罪犯是犯了罪的人”“太阳就是白昼发光的天体”（“白昼”需用“太阳”来说明）。

3. 定义项一般不能用否定句形式或负概念

如果给正概念下定义用了否定形式，往往会犯“用负概念给正概念下定义”的逻辑错误，违反规则就不能揭示出对象的特有属性。如合法行为就是不违反法律的行为。

需要说明的是，给负概念下定义可以用否定形式。因为，负概念是反映对象不具有某种属性的概念。给负概念下定义，就是要揭示出它所反映的对象不具有什么属性。如“无理数是不循环的无限小数”“非集合概念是不反映事物集合体的概念”。

4. 定义项必须用清楚确切的科学术语，不能是含混的语词或用比喻的方式

定义判断是教师资格考试的题型之一，旨在考查考生的概念思维能力。做好定义判断题的关键在于紧扣题目中给出的定义，尤其是定义中那些含有重要内涵的关键信息。考生在看到一个定义时首先就应该标出这些关键信息，然后再阅读下面给出的事例选项，对应看该事例是否符合定义中的规定。“两步对位法”是解题套路与思维模式，排除法是解题工具，背景知识是解题的“助推器”。

（1）两步对位法。在解定义判断题时，分两步走：第一步，对定义进行快速扫读，在瞬时记忆的基础上，达到对定义的初步了解，并同时确定出潜在解题点，这一过程必须在尽量短的时间内完成；第二步，对定义进行二次阅读，把选项与定义中潜在解题点相对照，确定核心解题点，进行求解。潜在解题点即固定出现的在定义描述中能够相对于其他定义成分有相对明显排他性或区分度的词或短语；核心解题点即能够对选项的符合性进行否定的词或短语。核心解题点一般都应包括在潜在解题点之中。

（2）充分运用排除法。相对于直接用定义去验证选项，排除法具有更强的操作性，能够最快、更准确地求解。

【典型例题】学习障碍是指从发育的早期阶段起，儿童获得学习技能的正常方式方法受损。这种损害不是单纯缺乏学习机会的结果，不是智力的发展迟缓的结果，也不是后天的脑外伤或疾病的结果，这种障碍来源于认知处理过程的异常，表现在阅读、拼写、计算等方面有特殊的障碍。

根据上述定义，下列属于学习障碍的是（　　）。

A. 九岁的小强刚从国外回来，不能识别简体字，在阅读学习材料时面临不少困难

B. 小华原来学习优秀，随父母移居国外后由于听课困难，学习成绩大幅下降

C. 小明的成绩不好，三年级时接受了专业的智力测验，结果发现他的智力只相当于一年级儿童的水平

笔记栏

D. 小红聪明可爱，但上学之后读书时常出现跳行跳字的现象，虽然老师多次纠正但她仍难以改正

【解析】"不是智力的发展迟缓的结果，也不是后天的脑外伤或疾病的结果，这种障碍来源于认知处理过程的异常，表现在阅读、拼写、计算等方面有特殊的障碍"，符合此关键信息的，只有D项。根据核心解题点"这种损害不是单纯缺乏学习机会的结果"可以否定A项和B项；根据核心解题点"不是智力的发展迟缓的结果"，可以否定C项。

【答案】D

四、限制和概括

凡具有属种关系的两个概念在内涵与外延之间都具有反变关系，即种概念的内涵比属概念的内涵多，而外延小；属概念的内涵比种概念的内涵少，而外延大。反变关系是概念进行限制和概括的逻辑依据。

（一）限制

限制亦称概念外延缩小法，是通过增加概念内涵以缩小概念外延，从属概念得到其种概念的逻辑方法。

增加附加语或限制词，如在名词前加定语，动词、形容词前加状语，在逻辑上就是"增加内涵"。如桥—拱桥—石拱桥—中国石拱桥；战争—革命战争—中国革命战争。

限制是从属概念向种概念过渡，所以必须在具有种属关系的概念之间进行。单独概念是限制的极限。限制能帮助人们准确地使用概念，纠正"定义过宽"的错误，深入地揭示事物的本质。

（二）概括

概括亦称概念外延的扩大法，就是通过减少概念内涵以扩大概念外延，从种概念过渡到属概念的一种逻辑方法。

减去附加语或限制词，在逻辑上就是"减少内涵"。如中国石拱桥—石拱桥—拱桥—桥。

概括是由种概念过渡到属概念，也必须在具有种属关系的概念间进行。哲学范畴是概括的极限。使用概括可以纠正"定义过窄"的错误，更可以通过概括，形成科学原理。

概括是通过减少内涵，扩大外延，从种概念得到其属概念的逻辑方法。最大类概念没有属概念，因而不能概括。如"事物"是最大类概念，不能概括。

【典型真题】下列选项中，对概念所做的概括，正确的一项是（　　）。

A. 将启明星概括为太白星　　B. 将火焰山概括为吐鲁番

C. 将中国文学概括为艺术哲学　　D. 将长篇小说概括为文学作品

【解析】本题考查概念的概括。A项启明星和太白星是同一概念；B项火焰山位于吐鲁番，它们之间不是种属关系；C项艺术哲学属于哲学范畴，它与中国文学之间不是种属关系。D项长篇小说和文学作品是种属关系，而且长篇小说属于文学作品中的一种，符合概括的定义。

【答案】D

第二节　判断

判断是对思维对象是否存在、是否具有某种属性以及事物之间是否具有某种关系的肯定或否定。表达判断的语句，又称命题。

一、判断的逻辑特征

(一) 有所断定性

所谓有所断定是指对思维对象的性质、关系等的肯定或否定,如“这些汽车是国产的”“日本不是社会主义国家”。在思维中如果对一定的对象,既不肯定什么,也不否定什么,就不是判断。

(二) 有真和假的区分

如果一个判断符合客观实际,那么这个命题就是真的;如果一个判断不符合客观实际,那么这个命题就是假的。如“雪是白的”符合客观实际,为真;而“地球是静止的”不符合客观实际,则为假。

二、判断的种类

根据不同的划分标准,可以对判断进行不同的分类:

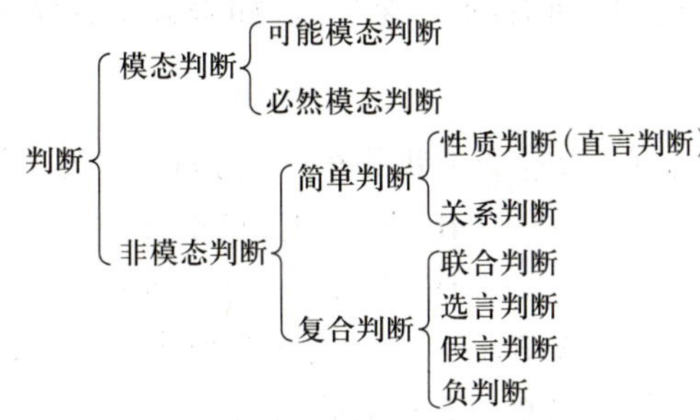

根据判断中是否包含有“必然”“可能”等模态词,将判断划分为模态判断和非模态判断。

模态判断是断定事物可能性和必然性的判断。断定事物可能存在或可能不存在某种情况的判断就叫可能模态判断。常用的模态词是“可能”“或许”等。如“长期大量吸烟可能致癌”。断定事物必然存在或必然不存在某种情况的判断就叫必然模态判断。常用的模态词是“必然”“一定”等。如,“今天一定会下雨”。

非模态判断是指不含有模态词的判断。根据是否包含有其他判断,将其划分为简单判断和复合判断。

简单判断是本身不再包含其他判断的判断。根据结构的不同,简单判断又可以分为性质判断和关系判断。

复合判断是由两个或两个以上的简单判断通过一定的逻辑联结词结合而成的判断。复合判断根据其逻辑联结词的不同性质可以分为联言判断、选言判断、假言判断和负判断四种。

【典型例题】下列选项中,与“刘伯承和徐向前是元帅”的判断类型不同的一项是(　　)。

A. 李白和杜甫是诗人　　B. 腾格尔和王菲都是歌手

C. 王红和李玲是同事　　D. 邓亚萍和王楠是冠军

【解析】题干是复合判断,表示两事物共同存在的判断,可以拆分为两个判断:“刘伯承是元帅”和“徐向前是元帅”。A、B、D与题干的判断类型相同。C表示两事物之间关系的判断,是一个简单判断,不能拆分为两个判断。

【答案】C

【典型真题】下列选项中,和“曹操和曹丕是父子”判断类型相同的一项是(　　)。

A. 崔健和那英是歌手　　B. 王力和徐建是医生

C. 李白和杜甫是诗人　　D. 徐超和徐南是战友

笔记栏

【解析】题干提供的判断不能拆分为两个判断，是一个简单判断，属于表示两事物之间关系的判断。A、B、C 都是复合判断，是表示两事物共同存在的判断，可以拆分为两个判断，如 A 判断可以拆分为："崔健是歌手"和"那英是歌手"。D 跟题干判断类型相同，属于简单判断。

【答案】D

（一）简单判断

1. 关系判断

关系判断是断定对象之间关系的简单判断。关系判断由三部分构成：

（1）关系者项

表示一定关系的承担者的概念，也就是关系判断的主项。

（2）关系项

表示关系者之间存在的关系的概念，也就是关系判断的谓项。

（3）量项

表示关系者项数量的概念，如"所有的""某些"。如果关系者项是单独概念，就不使用量项。如：小张和小李是同学。

【典型例题】下列选项中，与"王静和李跃是军人"的判断类型不同的是（　　）。

A. 舒婷和海子是诗人　　B. 张三和王储是冠军

C. 王山和李强是战友　　D. 李明和小红是歌手

【解析】题干是一个复合判断，A、B、D 项都和题干判断类型相同，而 C 项判断王山和李强是战友，表达的是一种人物关系，属于简单判断中的关系判断。

【答案】C

2. 性质判断

断定某种事物具有或不具有某种性质的简单判断，也称直言判断。由主项、谓项、联项和量项组成。通常用 S 和 P 分别表示主谓项；量项分为全称量项（所有、一切……）和特称量项（有些、有的……）；联项分为肯定联项"是"和否定联项"不是"。如：所有金属都导电（所有的 S 都是 P）。

性质判断的四种基本类型：

全称肯定判断：所有的 S 都是 P，简写为 SAP，简称 A 判断。

全称否定判断：所有的 S 都不是 P，简写为 SEP，简称 E 判断。

特称肯定判断：有的 S 是 P，简写为 SIP，简称 I 判断。

特称否定判断：有的 S 不是 P，简写为 SOP，简称 O 判断。

【典型例题】下列选项中，与"李宁和刘翔是运动员"的判断类型相同的一项是（　　）。

A. 魏来和石青是夫妻　　B. 李非和王芳是主持人

C. 刘晓和郑婕是同事　　D. 孟春和李雪是同学

【解析】题干属于复合判断，与此判断类型相同的是 B 项。而其他选项都属简单判断中的关系判断。

【答案】B

3. 性质判断的对当关系

主项、谓项相同的 A、E、I、O 四种判断之间存在着一定的真假制约关系。在逻辑学上，这种真假制约关系称为对当关系。A、E、I、O 四种判断有以下的对当关系。

判断类型	命题间的真假关系				
A 命题	真	真	假	假	假
E 命题	假	假	假	假	真
I 命题	真	真	真	真	假
O 命题	假	假	真	真	真

（1）矛盾关系

A 判断与 O 判断，E 判断与 I 判断之间存在矛盾关系。矛盾关系的特征是：一个判断真，另一个判断必假；一个判断假，另一个判断必真，即：二者不能同假，也不能同真。可以简单记为：一真另一必假，一假另一必真。例如：

A：所有事物都是运动的。（真）

O：有些事物不是运动的。（假）

O：有些工商干部不是大学毕业生。（真）

A：所有的工商干部都是大学毕业生。（假）

I：有些物体是固体。（真）

E：所有物体都不是固体。（假）

E：语言都不是上层建筑。（真）

I：有些语言是上层建筑。（假）

【典型真题】某单位要评出一名优秀员工，群众评议推出候选人赵、钱、孙、李。赵说：小李业绩不错，当之无愧。钱说：我个人意见，老孙是不二人选。孙说：选小钱和老赵我都赞成。李说：各位做得更好，不能选我。如果赵、钱、孙、李只有一个人的话与结果相符，则优秀员工是（　　）。

A. 赵　　B. 钱　　C. 孙　　D. 李

【解析】本题属于逻辑思维模块的真假推理题。题干中赵和李的两个判断是矛盾关系，二者不能同假，也不能同真，也就是说，二人中必有一真一假。四人中只有一人的话为真，若赵的话为真（即李为优秀员工），则钱、孙、李的话均为假，符合题意。由此可以推知答案是 D。

【答案】D

【典型例题】糖果游戏中，桌子上放着黄、绿、蓝、红四只盒子（　　）。

黄盒子上写着：糖果不在蓝盒子。

绿盒子上写着：糖果在红盒或者黄盒里。

蓝盒子上写着：糖果在此盒里。

红盒子上写着：糖果在绿盒子里。

如果只有一个盒子里放了糖果，并且只有一个盒子上写的是真话，则装了糖果的盒子是（　　）。

A. 黄　　B. 绿　　C. 蓝　　D. 红

【解析】本题属于逻辑思维模块的真假推理题。“只有一个盒子里放了糖果，并且只有一个盒子上是真话”，意思是只有一个盒子上的话为真，其他为假。从四句话中可以看出黄盒子与蓝盒子上的话是矛盾的，所以它们中有一个说的为真，绿盒子和红盒子上的话必为假，即糖果一定不在红、黄、绿盒子里，只能是蓝盒子。

【答案】C

（2）反对关系

A 判断与 E 判断之间存在反对关系。

反对关系的特征是：一个判断真，另一个判断必假；一个判断假，另一个判断不能确定真假，即：

笔记栏

笔记栏

二者可以同假，但不能同真。

在A、E两个判断中，如果知道其中一个是真的，就可推知另一个是假的。例如：

已知A：所有事物都是运动的。（真）

则E：所有事物都不是运动的。（假）

已知E：所有的科学家都不是思想懒汉。（真）

则A：所有的科学家都是思想懒汉。（假）

如果知道其中一个是假的，那么另一个真假不定。例如：

已知A：所有动物都能行走。（假）

则E：所有动物都不能行走。（真假不定）

可以简单记为：一真另一必假，一假另一真假不定。

（3）下反对关系

I判断与O判断存在下反对关系。

下反对关系的特征是：一个判断真，另一个判断不能确定真假；一个判断假，另一个判断必真，即：二者可以同真，但不能同假。

在I、O两个判断中，如果知道其中一个是假的，那就可以断定另一个是真的。例如：

已知I：有些民主人士是共产党员。（假）

则O：有些民主人士不是共产党员。（真）

已知O：有些事物不是运动的。（假）

则I：有些事物是运动的。（真）

如果知道其中一个是真的，那么另一个真假不定。例如：

已知I：我班有些同学学过德语。（真）

则O：我班有些同学没学过德语。（真假不定）

可以简单记为：一假另一必真，一真另一真假不定。

【典型例题】某公司财务部共有包括主任在内的8名职员。有关这8名职员，以下三个断定中只有一个是真的：（1）有人是上海人；（2）有人不是上海人；（3）主任不是上海人。

以下哪项为真（　　）。

A. 8名职员都是上海人　　B. 8名职员都不是上海人

C. 只有一个是上海人　　D. 无法确定该部门上海人的人数

【解析】本题属于逻辑思维模块的真假推理题。（1）和（2）是下反对关系，二者不能同假，必有一真。由于三个断定只有一个为真，真一定在（1）和（2）之中，所以（3）为假。由（3）为假，则可推出主任是上海人，进而可推出（1）为真，（2）为假。由（2）为假可推出，所有人都是上海人。

【答案】A

（4）差等关系

A判断与I判断，E判断与O判断之间存在差等关系。差等关系的特征是：全称判断真，特称判断必真；特称判断真，全称判断真假不定；全称判断假，特称判断不能确定真假；特称判断假，全称判断必假。以A判断与I判断之间的差等关系为例：

已知A：所有事物都是运动的。（真）

则I：有些事物是运动的。（真）

已知I：有的单位参加了义务献血。（假）

则A：所有的单位都参加了义务献血。（假）

已知A：我班同学都学过日语。（假）

笔记栏

则 I:我班有些同学学过日语。(真假不定)

已知 I:我班有些同学学过日语。(真)

则 A:我班同学都学过日语。(真假不定)

类似地也可以推出 E 判断与 O 判断之间的差等关系。

可以简单记为:上真下真,下假上假;反之则真假不定。

【典型真题 1】张三、李四、王五、陈六在一起讨论南京市的晚报,张三说:“南京没有一家晚报办得好。”李四说:“南京的晚报办得都不错。”王五说:“南京市还是有晚报办得不错的。”陈六说:“南京市的晚报都办得糟”。他们争论时,来了一位老先生,他点评说:“依我看,李四和陈六都说错了”。如果老先生说得对的话,那么(　　)。

A. 张三和王五都说错了　　B. 张三和王五都说对了

C. 张三说错了,王五说对了　　D. 张三说对了,王五说错了

【解析】根据差等关系全称判断假,特称判断不能确定真假的特征,由李四的话为错可知,南京的晚报并非都办得不错,即南京市有的晚报办得不好;由陈六的话为错可知,南京市的晚报并非都办得糟,即南京市有的晚报办得不错,王五的话对。而张三的话与陈六的话等值,所以张三的话也是错误的。

【答案】C

【典型真题 2】“数学家希尔伯特、华罗庚都是教育家”,由此可以推出的结论是(　　)。

A. 数学家都是教育家　　B. 有的数学家是教育家

C. 教育家都是数学家　　D. 教育家都不是数学家

【解析】根据差等关系特称判断真,全称判断真假不定的特征,A、C、D 都不能由题干推出。

【答案】B

(二) 复合判断

复合判断指其自身包含了其他判断的判断,它通常由两个或两个以上的判断并借助于逻辑联结词构成。有联言判断、选言判断、假言判断、负判断。

1. 联言判断

断定几种事物情况同时存在的判断叫作联言判断。它反映的是同一种事物的多种属性共存,或者是多种事物的同一种属性共存,或者是多种事物的多种情况并存。

如:曹操是文学家和政治家。这个联言判断断定了两种情况同时并存:曹操是文学家;曹操是政治家。

(1) 联言判断的结构

联言判断由两个以上的联言肢和联结项构成。

组成联言判断的肢判断叫联言肢。联结项就是各个联言肢联结起来,并表示它们之间是并存关系的概念。表达联言命题逻辑联结词的通常有:“……和……”“既……又……”“不但……而且……”“一方面……另一方面……”“虽然……但是……”等。

如果取“并且”作为联言命题的典型联结词,用“p”“q”等来表示联言肢,那么联言命题的形式可表示为:p 而且 q。

(2) 联言判断的逻辑性质

当一个联言命题的所有联言肢都为真时,这个联言判断为真;只要有一个联言肢是假的,它就是假的。

2. 选言判断

选言判断是断定在几种情况中至少有一种情况存在的复合判断。选言判断也是由两个以上的

笔记栏

肢判断所组成的。包含在选言判断里的肢判断称为选言肢。根据各个肢判断之间能否相容并存,将选言判断分为相容选言判断和不相容选言判断。

(1)相容选言判断

断定事物若干种可能情况中至少有一种情况存在的判断就是相容选言判断。表达相容选言判断的逻辑联结词通常有“或……或……”“可能……也可能……”等。通常用如下形式来表示相容选言命题:p或者q。

相容选言判断的逻辑性质:一个相容选言判断要为真,至少有一肢判断为真只有在所有的肢判断都为假时,这个相容选言判断才为假。

(2)不相容选言判断

断定事物若干可能情况中有且只有一种情况存在的判断就是不相容选言判断。表达不相容选言命题的联结词有“或……或……”“要么……要么……”“不是……就是……”等。通常用如下形式来表示不相容选言命题:要么p,要么q。

不相容选言判断的逻辑性质:一个不相容选言判断要为真,必须有且只能有一个肢判断为真;有几个为真或者全真、全假的情况下,这个不相容选言判断都是假的。

3. 假言判断

断定事物情况之间的条件关系的复合判断就是假言判断。假言判断中,表示条件的肢判断称为假言判断的前件,表示依赖该条件而成立的判断称为假言判断的后件。假言判断因其所包含的联结词的不同而具有不同的逻辑性质。

(1)充分条件假言判断

充分条件假言判断是指前件是后件的充分条件的假言判断。充分条件假言判断的逻辑联结词通常是:“如果……那么……”“只要……就……”等。充分条件假言命题的逻辑公式是:如果P,那么q。

充分条件假言判断的逻辑性质:只有在“前件真且后件假”的情况下该命题为假,其他情况下都为真。

(2)必要条件假言判断

必要条件假言判断是指前件是后件的必要条件的假言判断。所谓前件是后件的必要条件是指:如果不存在前件所断定的情况,就不会有后件所断定的情况,即前件所断定的情况的存在,对于后件所断定的情况的存在来说是必不可少的。表达必要条件假言判断的逻辑联结词有“只有……才……”“不……(就)不……”等。一般把必要条件假言命题表述成如下形式:只有p,才q。

必要条件假言判断的逻辑性质:只有在“前件假且后件真”的情况下该判断为假,其他情况下都为真。

【典型例题】如果“只有你去比赛,我才去观战”为真判断,则下列为假的一项是(　　)。

A. 你去比赛,我去观战　　B. 你不去比赛,我也不去观战

C. 你去比赛,我不一定去观战　　D. 你不去比赛,我去观战

【解析】“只有你去比赛,我才去观战”是复合判断中的必要条件假言判断,根据必要条件假言判断的逻辑性质:只有在“前件假且后件真”的情况下该命题为假。

【答案】D

(3)充要条件假言判断

充要条件假言判断是指前件是后件的必要且充分条件的假言判断。表达充分必要条件假言命题的联结词有:“只要而且只有……才……”“当且仅当……则……”等。一般将之表示为如下形式:当且仅当p,则q。

充要条件假言判断的逻辑性质：一个充要条件假言判断是真的，当且仅当前后件具有相同的真假。

4. 负判断

通过对原判断断定情况的否定而做出的判断，就叫作负判断。如果用P表示原判断，那么，负判断即为“并非P”。

负判断是一种特殊形式的复合判断，它不等同于性质判断中的否定判断。否定判断是对事物具有某种性质的否定，而负判断则是对某个判断的否定。例如：

水稻都不是旱地作物。(性质判断中的否定判断)

并非水稻都不是旱地作物。(负判断)

任何一个判断都可对其进行否定而得到一个相应的负判断。

负判断的逻辑性质：负判断与其原判断是矛盾关系，即当原判断为真时其负判断为假，当原判断为假时其负判断为真。

(1) 简单判断的负判断及其等值判断

简单判断的负判断实质上即为对当关系中的相应矛盾判断。

① 单称判断的负判断及其等值判断

“并非这个S是P”等值于“这个S不是P”。

因为单称肯定判断与它的负判断是矛盾关系，而单称肯定判断与单称否定判断也是矛盾关系，所以，单称肯定判断的负判断和单称否定判断是等值的。同样，单称否定判断的负判断和单称肯定判断是等值的。

② 全称判断的负判断及其等值判断

SAP与SOP是矛盾关系，故其负判断“并非SAP”等值于SOP。

SEP与SIP是矛盾关系，故其负判断“并非SEP”等值于SIP。

③ 特称判断的负判断及其等值判断

SIP与SEP是矛盾关系，故其负判断“并非SIP”等值于SEP。

SOP与SAP是矛盾关系，故其负判断“并非SOP”等值于SAP。

(2) 复合判断的负判断及其等值判断

① 联言判断的负判断及其等值判断

在联言判断中，只要有一个联言肢为假，那么这个判断就是假的。因此，与联言判断的负判断相等值的判断，应该是一个相应的选言判断。可以记为：“并非p且q”=“非p或者非q”。例如，负判断“并非张三和李四都要受到法律制裁”，等值于“或者张三不受到法律制裁，或者李四不受到法律制裁”。

② 选言判断的负判断及其等值判断

相容选言判断只有当所有的选言肢为假时，这个判断才是假的，因此，与相容选言判断的负判断相等值的判断是一个相应的联言判断。可以记为：“并非p或q”=“非p并且非q”。例如，负判断“并非他或者是个盗窃犯，或者是个杀人犯”，等值于“他既不是盗窃犯，也不是杀人犯”。

不相容选言判断有且只有一个选言肢为真时，这个判断才是真的，其他情况之下都是假的。因此，与不相容选言判断的负判断相等值的判断是一个相应的选言判断。可以记为：“并非要么p，要么q”=“非p且非q”或者“p且q”。例如，负判断“并非逆水行舟，要么是前进，要么是后退”，等值于“逆水行舟，或者既前进又后退，或者既不前进又不后退”。

③ 假言判断的负判断及其等值判断

充分条件假言判断只有当前件真，后件假时，它才是假的，其他情况下都是真的。因此，与充分条件假言判断的负判断相等值的判断是一个相应的联言判断“p并且非q”。可以记为：“并非如果

笔记栏

p,那么 q"="p 且非 q"。例如,负判断"并非如果有了风,树就动",等值于"有了风,但是树没有动"。

必要条件假言判断只有当前件假,后件真时,它才是假的。因此,与必要条件假言判断的负判断相等值的判断是一个相应的联言判断"非 p 并且 q"。可以记为:"并非只有 p,才 q"="非 p 且 q"。例如,"并非只有造成被害人死亡的后果,才能构成故意杀人罪",等值于"虽然没有造成被害人死亡的后果,也能构成故意杀人罪"。

④ 充分必要条件假言判断在前、后件同真或同假时,它才是真的。充分必要条件假言判断只有在前、后件一真一假的情况下,它才是假的。因此,充分必要条件假言判断的负判断等值于一个相应的选言判断。可以记为:"并非当且仅当 p,则 q"="虽然 p,但非 q 或者虽然非 p,但 q"。例如,"并非当且仅当被告人犯罪的证据充分、确实,才可以认定被告人有罪",等值于"虽然被告人犯罪的证据充分、确实,但没有认定被告人有罪,或者虽然被告人犯罪的证据不充分、确实,但却认定被告人有罪。"

【典型例题 1】下列选项中,对"小李并非既懂英语又懂俄语"理解正确的一项是(　　)。

A. 小李懂俄语,但不懂英语　　B. 小李不懂英语,也不懂俄语

C. 小李不懂英语,或不懂俄语　　D. 小李懂英语,但不懂俄语

【解析】此题考查联言判断的等值判断。题干是一个联言判断的负判断:"并非 p 且 q","并非 p 且 q"等值于"非 p 或者非 q"。并非小李既懂英语,又懂俄语"等值于"小李不懂俄语,或不懂英语"。

【答案】C

【典型例题 2】下列选项中,对"这种商品并非物美又价廉"的理解,正确的一项是(　　)。

A. 这种商品物美,而且这种商品价廉

B. 这种商品不美,而且这种商品价不廉

C. 这种商品不美或这种商品价不廉

D. 这种商品物美或这种商品价廉

【解析】此题考查联言判断的等值判断。题干是一个联言判断的负判断:"并非 p 且 q","并非 p 且 q"等值于"非 p 或者非 q"。所以"并非物美且价廉"等值于"非物美或者非价廉"。

【答案】C

第三节　推理

推理是由一个或几个已知的判断,推导出一个未知结论的思维过程。推理的作用在于使主体从已有的认识到新的认识。

任何推理都由前提和结论两个基本部分组成。例如:有些广东人不爱吃辣椒。所有的广东人都是南方人,因此,有些南方人不爱吃辣椒。其中"有些广东人不爱吃辣椒""所有的广东人都是南方人"是两个已知的判断,从这两个判断推出"有些南方人不爱吃辣椒"这个新的判断。作为推理的已知判断叫前提,根据前提推出的新判断叫结论。前提与结论是理由与推断、原因与结果的关系。

根据不同的划分标准,推理可以进行不同的分类。根据前提与结论之间是否具有蕴含关系,推理可分为必然性推理和或然性推理两类。根据推理前提的数量可分为直接推理和间接推理。直接推理是由一个前提推出一个结论的推理,间接推理则是由两个或两个以上前提推出一个结论的推理。间接推理又根据推理思维进程的方向不同,分为演绎推理、归纳推理、类比推理三类。

由于划分根据不同，所以推理是互相交叉的。同一个推理可以分属不同的种类。比如三段论推理属于演绎推理，也属于必然性推理，还属于间接推理。

一、演绎推理

演绎推理是从对象的一般性认识推出个别特殊性认识的推理，即从一般到特殊。例如：所有植物都需要阳光，所以树木需要阳光。

演绎推理是推理形式中分类最为复杂的一种推理。演绎推理首先可以分为模态演绎推理和非模态演绎推理两大类。非模态演绎推理依据前提的构成特征，可分为：简单判断推理和复合判断推理。简单判断推理依据前提的构成特征，可分为关系判断推理和性质判断推理。复合判断推理分为：联言推理、选言推理、假言推理和综合判断推理等。

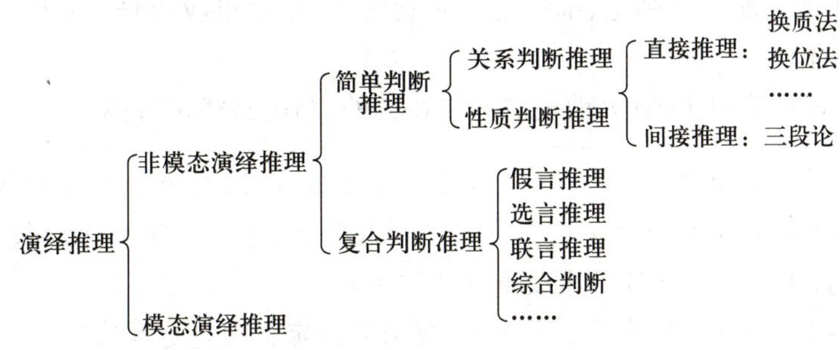

（一）三段论

三段论是由两个含有一个共同项的性质判断做前提得出一个新的性质判断为结论的演绎推理。其中，结论中的主项叫作小项；结论中的谓项叫作大项；两个前提中共有的项叫作中项。含有大项的前提叫大前提；含有小项的前提叫小前提。

在三段论中，大项通常用字母 P 表示，小项用字母 S 表示，中项用字母 M 表示。这样，上述推理的一般公式可以表示为：所有 M 都是 P；所有 S 都是 M；所有 S 都是 P。例如：

凡鱼都不是胎生的动物；凡鲸都是胎生的动物；所以，凡鲸都不是鱼。

这就是一个三段论。它的两个前提中包含着一个共同的词项"胎生的动物"，并且以此项作为媒介，把两个命题"凡鱼都不是胎生的动物"和"凡鲸都是胎生的动物"联结起来，推出"凡鲸都不是鱼"这一结论。在这个三段论中，"鱼"为大项（P），"胎生的动物"是中项（M），"鲸"是小项（S）。

三段论的一般规则：

① 在一个三段论中，必须有而且只能有三个不同的概念。

由于三段论的结论是从前提中通过中项的媒介作用而推导出来的，因此，前提中出现过两次的中项必须是同一个概念，否则就起不到媒介作用，这样，大项和小项之间的关系便无法确定下来，自然也就不能必然推导出结论。违反这条规则叫"四概念错误"。例如：

中国人是不怕死的；阿 Q 是中国人；所以，阿 Q 是不怕死的。

这个推理前提中作为中项的"中国人"一词，先后表达了两个不同的项，在大前提中"中国人"一词是集合概念；而在小前提中"中国人"一词指的是非集合概念。由于两个前提中所使用的"中国人"是两个不同的概念，所以不能必然推导出结论。

② 中项在前提中至少必须周延一次。

如果前提中，中项都不周延，也就是两个前提都没有断定中项的全部外延，那意味着大前提只是断定了中项的部分外延与大项的外延发生关系，而小前提也只是断定了中项的部分外延与小项的外延发生关系。如果大项与小项各与中项的一部分外延发生关系，那么就不能通过中项的媒介以确定大小项之间的关系，因而推不出结论来。违反这条规则叫作"中项不周延"的逻辑错误。

例如：

凡金属都是导电的；这些元素是导电的；所以，这些元素是金属。

③ 大项或小项如果在前提中不周延，那么在结论中也不得周延。

如果一个项在前提中不周延，也就是只对这个项外延的部分对象做了断定。如果这个项在结论中变为周延的，那意味着在结论中对这个项外延的所有对象都做了断定。但是，从一类的部分对象具有某种属性得出一类对象都具有这种属性，结论是不具有必然性的。违反这条规则会出现两种逻辑错误："小项不当周延"和"大项不当周延"。例如：

凡薯类都是高产作物；凡薯类都是杂粮；所以，凡杂粮都是高产作物。

所有盗窃犯都是罪犯；张三不是盗窃犯；所以，张三不是罪犯。

应当注意：在前提中周延的项，在结论中可以是周延的，也可以是不周延的。

④ 两个否定前提不能推出结论；前提之一是否定的，结论也应当是否定的；结论是否定的，前提之一必须是否定的。

⑤ 两个特称前提不能得出结论；前提之一是特称的，结论必然是特称的。

【典型例题】所有湖南来北京打工人员，都办理了暂住证；所有办理了暂住证的人员，都获得了就业许可证；有些湖南来北京的打工人员当上了门卫；有些业余武术学校的学员也当上了门卫；所有的业余武术学校的学员都未获得就业许可证。

如果上述断定都是真的，则除了以下哪项，其余的断定也必定是真的（　　）。

A. 所有湖南来北京的打工人员都获得了就业许可证

B. 没有一个业余武术学校的学员办理了暂住证

C. 有些湖南来北京的打工人员是业余武术学校的学员

D. 有些门卫没有就业许可证

【解析】本题考查三段论推理。由题干中前面两句话，使用三段论可以推出选项A，即"所有湖南来北京打工人员都获得了就业许可证"。由A和题干最后一句话可推出"所有的业余武术学校的学员都不是湖南来北京的打工人员"，因此，不可能有湖南来北京的打工人员是业余武术学校的学员。即C项必定是假的。选项B、D也可从题干给定的条件中逐步推出。

【答案】C

（二）联言推理

联言推理是根据联言命题的逻辑性质（即各联言肢为真，联言命题为真）而进行的推理。它有两种形式：合成式和分解式联言推理。

1. 分解式

这是根据一个联言命题为真而推出其各联言肢为真。它可以表示为：p并且q，所以p；或者p并且q，所以q。

例如：工人、农民、知识分子都是社会主义建设的依靠力量，所以工人是社会主义建设的依靠力量。

2. 组合式

这是根据一个联言命题的各个联言肢为真而推出该联言命题为真。它可以表示为：p，q。所以p并且q。

例如：科技工作者要学习现代科学；政治工作者要学习现代科学；所以，无论是科技工作者还是政治工作者都要学习现代科学。

（三）选言推理

选言推理就是以选言判断为大前提，并且根据选言判断各选言肢之间的关系推导出结论的一

笔记栏

种演绎推理。选言命题有相容与不相容之分，相应地，选言推理分为相容选言推理和不相容选言推理两种。

1. 相容选言推理

相容选言推理是前提中有一个相容的选言判断的选言推理。这种选言推理由于选言肢之间是相容的，因而不能通过肯定其中一个选言肢或几个选言肢之后，就在结论中否定其他的选言肢。所以，它只有一个正确式，即否定肯定式。可以表示为：p或者q，非p，所以q。或者表示为：p或者q，非q，所以，p。例如：

“人们过河或是游泳或是渡船，没有渡船，所以，只能游泳。”

相容选言推理的规则有两条：

一是否定一部分选言肢，就要肯定另一部分选言肢；二是肯定一部分选言肢，不能否定另一部分选言肢。

2. 不相容选言推理

不相容选言推理是前提中有一个不相容选言判断的选言推理。它有两种正确式：

① 否定肯定式。即前提中否定了选言判断中除了要肯定的那个选言肢以外的其余选言肢，结论则肯定了没有被否定的那个选言肢。它可以表示为：要么p，要么q，非p，所以，q。或者表示为：要么p，要么q，非q，所以，p。

例如：这首诗要么是李白的作品，要么是杜甫的作品；这首诗不是杜甫的作品；所以，这首诗是李白的作品。

② 肯定否定式。即前提中肯定选言判断的一个选言肢，结论否定其他的选言肢。它可以表示为：要么p，要么q，p，所以，非q。或者表示为：要么p，要么q，q，所以，非p。

例如：小张现在不是在北京，就是在广州；小张现在在北京；所以，小张现在不在广州。

根据不相容选言命题的逻辑性质（选言肢不能同真），不相容选言推理有两条规则：

一是肯定一个选言肢，就要否定其余的选言肢；二是否定一个选言肢以外的选言肢，就要肯定未被否定的那个选言肢。

【典型例题】 第一，《神鞭》的首次翻译出版用的或者是英语或者是日语，二者必居其一。第二，《神鞭》的首次翻译出版或者在旧金山或者在东京，二者必居其一。第三，《神鞭》的译者或者是林浩如或者是胡乃初，二者必居其一。如果上述断定都是真的，则以下哪项也一定是真的（ ）。

Ⅰ.《神鞭》不是林浩如用英语在旧金山首先翻译出版的，因此，《神鞭》是胡乃初用日语在东京首先翻译出版的

Ⅱ.《神鞭》是林浩如用英语在东京首先翻译出版的，因此，《神鞭》不是胡乃初用日语在东京首先翻译出版的

Ⅲ.《神鞭》的首次翻译出版是在东京，但不是林浩如用英语翻译出版的，因此一定是胡乃初用日语翻译出版的

A. 仅Ⅰ　　B. 仅Ⅱ　　C. 仅Ⅲ　　D. 仅Ⅱ和Ⅲ

【解析】 此题考查不相容选言推理。题干显示：不是英语，必是日语；不是林浩如，必是胡乃初；不是在旧金山，必是在东京。Ⅰ中“林浩如用英语在旧金山首先翻译出版”不成立，那就意味着“林浩如”“英语”“旧金山”三个中间至少有一个不成立，但这并不能推出“胡乃初用日语在东京首先翻译出版”。所以，Ⅰ选项不一定为真。Ⅱ中“林浩如用英语在东京首先翻译出版”成立，则“林浩如”“英语”“东京”三个必须都成立，也就是说，与这三个不完全相同的任何一种组合都不成立，“胡乃初用日语在东京首先翻译出版”肯定不成立，Ⅱ选项一定为真。Ⅲ中

"林浩如"和"英语"不同时成立,但并不能推出"胡乃初"和"日语"的同时成立,Ⅲ项不一定为真。

【答案】B

(四) 假言推理

假言推理是前提中有一个假言判断,并且根据假言判断前后件之间的关系而推出结论的推理。根据假言判断所断定的条件制约关系,可以构成假言推理的三种形式,即充分条件假言推理、必要条件假言推理、充分必要条件假言推理。

1. 充分条件假言推理

充分条件假言推理就是根据充分条件假言命题的逻辑性质进行的推理。它有两种正确式:

① 肯定前件式。如果 p,那么 q,p,所以,q。

例如:如果谁骄傲自满,谁就会落后,王强骄傲自满,所以,他一定会落后。

② 否定后件式。如果 p,那么 q,非 q,所以,非 p。

例如:如果天下雨,那么运动会延期,运动会没有延期,所以,天没有下雨。

充分条件假言推理有两条规则:

一是肯定前件,就要肯定后件;否定前件,不能否定后件。

二是否定后件,就要否定前件;肯定后件,不能肯定前件。

根据规则,充分条件假言推理的否定前件式和肯定后件式都是无效的。

【典型真题 1】下列选项所表达的内容,包含"只有想不到,没有做不到"的是(　　)。

A. 如果想不到,一定做不到　　B. 只要想得到,就能做得到

C. 既然做到了,肯定想到了　　D. 既有想不到,也有做不到

【解析】根据必要条件假言推理的规则:否定前件可以否定后件,"只有想不到,没有做不到"等同于"只要想得到,就能做得到"。故选 B。

【答案】B

【典型真题 2】"我要是说了我朋友的隐私,他准会大发脾气,我朋友没有大发脾气",由此可推出的结论是(　　)。

A. 我朋友是个温和的人　　B. 我没谈我朋友的隐私

C. 我朋友为人倒是挺不错的　　D. 我谈了我朋友的隐私

【解析】考查充分条件假言推理。题干告知:"我朋友没有大发脾气",根据充分条件假言推理的规则"否定后件,就要否定前件"可以推出"我没谈我朋友的隐私",A、C、D 均不能推出。

【答案】B

2. 必要条件假言推理

必要条件假言推理是根据必要条件假言命题的逻辑性质进行的推理。它有两种正确式:

① 否定前件式:只有 p,才 q,非 p,所以,非 q。

例如:只有年满十八岁,才有选举权;小李不到十八岁,所以,小李没有选举权。

② 肯定后件式:只有 p,才 q,q,所以,p。

例如:只有勤学苦练,才能成为技术能手。他想成为技术能手,所以,他必须勤学苦练。

必要条件假言推理有两条规则:

一是否定前件,就要否定后件;肯定前件,不能肯定后件。

二是肯定后件,就要肯定前件;否定后件,不能否定前件。

根据规则,必要条件假言推理的肯定前件式和否定后件式都是无效的。

笔记栏

【典型例题】在由发展中国家向经济发达国家前进的过程中，大量资本支持是必不可少的条件，而高储蓄率是获得大量资本的必要条件。就目前来说，中国正处于经济起飞时期，因此，储蓄率高是当前经济发展中的一种正常而合理的现象。

由此可以推出（　　）。

A. 有了大量的资本支持，就可以实现由发展中国家向发达国家的跨越

B. 有了高储蓄率，就可以获得大量的资本支持

C. 如果没有获得大量的资本支持，说明储蓄率不高

D. 如果没有高储蓄率，就不能实现向发达国家的转变

【解析】考查必要条件假言推理。题干的逻辑关系如下：高储蓄率—大量资本支持—发展中国家向经济发达国家前进。根据必要条件假言命题的有效推理规则，否定前件就要否定后件，所以，没有高储蓄率—没有大量资本支持—不能向经济发达国家前进。只有D项符合这一逻辑关系。肯定前件不能肯定后件，因此A项和B项错误；否定后件不能否定前件，C项错误。

【答案】D

【典型真题】下列选项中，对"只有内正其心外修其行，才能表里如一"的理解，不正确的一项是（　　）。

A. 若能内正其心外修其行，则必能表里如一

B. 不能内正其心外修其行，则不能表里如一

C. 若能表里如一，则必能内正其心外修其行

D. 要想表里如一，就必须内正其心外修其行

【解析】题干是一个必要条件假言判断，可以用必要条件假言推理规则解题。根据必要条件假言命题的有效推理规则，由否定前件就要否定后件，可以推出B；由肯定后件，就要肯定前件，可以推出C、D。肯定前件不能肯定后件，所以不能推出A。

【答案】A

3. 充分必要条件假言推理

充分必要条件假言推理是根据充分必要条件假言命题的逻辑性质进行的推理。充分必要条件假言推理有四个正确的形式：

① 肯定前件式。p当且仅当q，p，所以，q。

例如：一个数是偶数当且仅当它能被2整除；这个数是偶数，所以，这个数能被2整除。

② 肯定后件式。p当且仅当q，q，所以，p。

例如：一个数是偶数当且仅当它能被2整除；这个数能被2整除，所以，这个数是偶数。

③ 否定前件式。p当且仅当q，非p，所以，非q。

例如：一个数是偶数当且仅当它能被2整除；这个数不是偶数，所以，这个数不能被2整除。

④ 否定后件式。p当且仅当q，非q，所以，非p。

例如：一个数是偶数当且仅当它能被2整除；这个数不能被2整除，所以，这个数不是偶数。

充分必要条件假言推理有两条规则：

一是肯定前件，就要肯定后件；肯定后件，就要肯定前件。

二是否定前件，就要否定后件；否定后件，就要否定前件。

二、归纳推理

根据一类事物的部分对象具有某种性质，推出这类事物的所有对象都具有这种性质的推理，叫作归纳推理。归纳推理是从特殊事实推出一般性结论的推理，即从特殊到一般。例如：

笔记栏

在一个平面内，直角三角形内角和是 180°；锐角三角形内角和是 180°；钝角三角形内角和是 180°；直角三角形、锐角三角形和钝角三角形是全部的三角形。所以，平面内的一切三角形内角和都是 180°。

这个例子从直角三角形、锐角三角形和钝角三角形内角和分别都是 180° 这些个别性知识中，推出了"一切三角形内角和都是 180°"这样的一般性结论，就属于归纳推理。

根据归纳过程中的特点，我们把归纳推理分为完全归纳推理和不完全归纳推理。

（一）完全归纳推理

完全归纳推理是根据某类事物中每一个对象都具有某种属性，而推出该类事物都具有某种属性的推理。例如：

太平洋已经被污染；大西洋已经被污染；印度洋已经被污染；北冰洋已经被污染；太平洋、大西洋、印度洋、北冰洋是地球上的全部大洋，所以，地球上的所有大洋都已被污染。

上述推理对地球上的所有大洋都逐一进行考察，发现它们都被污染了，由此推出地球上所有大洋都具有"已被污染"这一属性。

应用归纳推理必须做到以下三点：

① 前提中所考察的个别对象之和为某类事物的全部对象。

② 前提中对所考察的每个对象的断定都是真的。

③ 前提中每一判断的主项与结论的主项之间必须都是种属关系。

完全归纳推理的前提无一遗漏地考察了一类事物的全部对象，断定了该类中每一对象都具有（或不具有）某种属性，结论断定的是整个这类事物具有（或不具有）该属性。因此，前提与结论之间的联系是必然性的，只要前提真实，形式有效，结论必然真实。完全归纳推理是一种前提蕴含结论的必然性推理。

由于其结论必须在考察一类事物的全部对象后才能做出，因而完全归纳推理的适用范围受到局限。

（二）不完全归纳推理

不完全归纳推理是以关于某类事物中部分对象的判断为前提，推出关于某类事物全体对象的判断做结论的推理。不完全归纳推理的结论所断定的范围超出了前提断定的范围，所以，前提和结论不具有蕴含关系，是或然性推理。不完全归纳推理分为简单枚举法和科学归纳法。

1. 简单枚举法

简单枚举法是根据某种属性在某类对象中不断重复出现而未遇到相反情况，从而得出一般性结论的推理。例如：

百灵鸟的血液是红色的；狼的血液是红色的；带鱼的血液是红色的；百灵鸟、狼、带鱼是动物的一部分；所以，动物的血液是红色的。

简单枚举法只考察了部分对象，考察范围小于结论断定的范围，所以其推理的结论是或然的。要提高结论的可靠性，应注意：① 考察的对象尽可能多；② 考察对象的范围分布尽可能广；③ 充分估计出现反面事例的情况。

运用简单枚举法要避免"以偏概全"的逻辑错误。

2. 科学归纳法

科学归纳推理是根据对某类事物部分对象的研究，发现这些对象和某种属性有必然联系，从而推断出某类事物的全部都具有这一属性的推理。例如：

铜受热后体积膨胀，铁受热后体积膨胀，铝受热后体积膨胀，铜、铁、铝是金属的一部分，它们受热后分子运动速度加快，分子间的距离增大，从而导致体积膨胀。所以，所有金属受热后体积膨胀。

科学归纳法推理与简单枚举法归纳推理的不同点：

笔记栏

（1）推理根据不同。科学归纳推理是以认识事物的必然联系为根据的；简单枚举归纳推理是以某种属性的“不断重复，无一相反”为根据的。前者以科学分析为主要依据，后者以感性经验为主要依据。

（2）结论的性质不同。简单枚举法推理的结论是或然性的；科学归纳法推理的结论是带有必然性的。

（3）考察对象的数量对结论的影响不同。简单枚举法归纳推理结论的可靠性同考察对象数量的多少有关；科学归纳法推理的结论的可靠性同考察对象多少没有直接关系。

科学归纳法推理的结论虽然比简单枚举法推理的结论具有更大的可靠性，但仍不能视为科学定理。

三、类比推理

类比推理是根据两个或两类对象在某些属性上相同或相似，从而推出它们在其他属性上也相同或相似的推理。它是一个从一般到一般，或从特殊到特殊的过程。例如：

声和光有不少属性相同——直线传播，有反射、折射和干扰等现象，声有波动性质，因而光也有波动性质。

这个推理就运用了类比推理。

类比推理的结论不是必然的，如果前提所提供的类比对象的相同（或相似）属性越多，那么，结论的可靠程度就越高；如果前提所提供的相同属性与推移属性之间的联系越密切，则结论的可靠程度就越高。

如果前提中确认的共同属性很少，而且共同属性和推出来的属性没有什么关系，这样的类比推理就极不可靠，称为机械类比。

教师资格考试中的类比推理是要求运用逻辑学中的这种方法，根据给出的一组相关的词，通过对词语概念的理解、比较、组合和分析，在备选答案中“找出一组与之在逻辑关系上最为贴近、相似或匹配的词”。就是考生要先在多组词之间“找关系”，然后在选项中找到符合这种关系的词组就可以了。

类比推理题目的题干看似简单，其词项间的逻辑关系却呈现出复杂多样的特点，且往往并不明显，需要考生通过多次比较和深入分析来选择正确答案。

类比推理题的解题技巧：

（1）尽可能多地了解两个词语间的常见逻辑关系。逻辑关系大多为因果、递进、转折、层进、条件、假设、并列、相反、类属、代表等。只有知道了这些逻辑关系，才能在短时间内准确地对类比对象进行分析，找出符合要求的逻辑关系，得到正确结论。

（2）答题时要将四个选项看完之后，逐一分析，找到与题干词有最多共性，以及在本质属性上最为相似的备选项。特别要注意词性间的类比。

（3）将类比推理题中的词语用合适的词语连接，形成完整的句子，有助于加快解题速度。

例如：在备选答案中找出一组与“导游：旅行社：行程”在逻辑关系上最为贴近、相似或匹配的词。

A. 职员：公司：总结　　　　B. 演员：剧院：表演

C. 教师：学校：大纲　　　　D. 司机：车队：驾照

导游和旅行社是从属关系，四个选项前两个词都是从属。行程和导游的联系是导游按既定行程导游；教师和大纲的关系是，教师按既定大纲讲课。所以，答案应为 C。

【典型例题 1】茶壶：紫砂：雕刻。请你在备选答案中找出一组在逻辑关系上最为贴近、相似或匹配的词（　　）。

笔记栏

A. 房门∶木材∶油漆　　B. 夹克∶布料∶制作　　C. 电线∶金属∶生产　　D. 马路∶柏油∶铺设

【解析】本题是类比推理题。茶壶、紫砂、雕刻对应房门、木材、油漆。

茶壶有很多种，由紫砂烧制而成的茶壶是其中一种，名为紫砂壶。通过雕刻工艺可以增加茶壶的美观感。特别要注意的是，由紫砂原料到茶壶成品是通过高温烧制而成的，并不是通过雕刻而成。选项A可以对应相似的逻辑关系。其中油漆可以做动词。木材制作的房门是房门的一种，通过油漆工艺可以增加门的美观感。而B、C、D三个选项中的“制作”“生产”“铺设”都是原料到成品制件的加工过程。

【答案】A

【典型例题2】光线∶折射∶水。请你在备选答案中找出一组在逻辑关系上最为贴近、相似或匹配的词(　　)。

A. 绿叶∶光合作用∶叶绿素　　B. 水蒸气∶凝结∶玻璃

C. 电脑∶计算∶数据　　D. 海洋∶洋流∶台风

【解析】本题是类比推理题。光线、折射、水对应水蒸气、凝结、玻璃。光线在水里发生折射，水蒸气在玻璃上会凝结。绿色植物利用叶绿素在光的照射下产生光合作用；电脑运用数据进行计算；洋流、台风在海洋里形成。A、C、D与题干不匹配。

【答案】B

第四节　逻辑基本规律

一、同一律

同一律是形式逻辑的基本规律之一，就是在同一思维过程中，必须在同一意义上使用概念和判断，不能混淆不相同的概念和判断。同一律的公式是：“A是A”。公式中的A可以表示任何思想，即可以表示任何一个概念或任何一个命题。就是说，在同一思维过程中，所使用的每一概念或判断都有其确定的内容，而不能任意变换。

(一) 同一律的逻辑要求

1. 思维对象的同一

在同一个思维过程中，思维的对象必须保持同一；在讨论问题、回答问题或反驳别人的时候，各方的思维对象也要保持同一。

2. 概念的同一

在同一个思维过程中，使用的概念必须保持同一；在讨论问题、回答问题或反驳别人的时候，各方使用的概念也要保持同一。

3. 判断的同一

同一个主体在同一时间，从同一方面对同一事物做出的判断必须保持同一。同一律要求思维的确定性，但是并不否认思维的发展变化。它完全是对思维过程说的，并不要求客观事物保持同一，绝对不变。

(二) 违反同一律要求的逻辑错误

1. 混淆概念或偷换概念

把两个不同的概念混淆起来，并用一个概念代替已经使用的另一个概念。表现为：①随表达需要而随意变更概念的内涵和外延；②将同一词语在不同语境中表达的不同概念混为一谈。

笔记栏

2. 转移论题或偷换论题

在同一思维过程中，改变原来的断定内容，或者用另一断定代替之。表现为：① 在思维过程中，用一个与原来相似但不同的命题代替原来的待断定命题；② 思考或谈论问题时，没有中心论题或者远离中心论题。

同一律在思维或论证过程中的主要作用在于保证思维的确定性。而只有具有确定性的思维才可能是正确的思维，才能正确地反映客观世界，人们也才能进行思想交流。否则，如果自觉或不自觉地违反同一律的逻辑要求，混淆概念或偷换概念、混淆论题或偷换论题，那就必然会使思维含混不清，不合逻辑，既不能正确地组织思想，也不能正确地表达思想。因此，遵守同一律的逻辑要求乃是正确思维的必要条件。

二、矛盾律

矛盾律是形式逻辑的基本规律之一，又称不矛盾律。矛盾律的基本内容是：在同一思维过程中，两个互相矛盾或反对的思想不能同时是真的。或者说，一个思想及其否定不能同时是真的。矛盾律的公式是：并非（A 而且非 A）。公式中的“A”表示任一命题，“非 A”表示与 A 具有矛盾关系或反对关系的命题。因此，“并非（A 而且非 A）”是说：A 和非 A 这两个命题不能同真，亦即其中必有一个命题是假的。

（一）矛盾律的逻辑要求

同一思维过程中，不能对不能同真的命题（矛盾关系、反对关系）同时加以肯定。任一事物不能同时既具有某属性又不具有某属性。矛盾律要求思想前后一贯，不能自相矛盾。

（二）违反矛盾律要求的逻辑错误

（1）自相矛盾。同时肯定了互相矛盾的命题。

（2）悖论。一种特殊的逻辑矛盾，即通过一个命题的真，可以推假，而通过它的假，又可以推真。

矛盾律的主要作用在于保证思维的无矛盾性即首尾一贯性。而保持思想的前后一贯性，乃是正确思维的一个必要条件。从语言方面来看，在遣词造句时，如果把互为反义词的词同时赋予同一主语，那就会发生文字上的矛盾。这种文字上的矛盾也必然会导致思想上的逻辑矛盾。

【典型例题】某珠宝店失窃，甲、乙、丙、丁四人涉嫌被拘审。四人的口供如下：

甲：案犯是丙。

乙：丁是罪犯。

丙：如果我作案，那么丁是主犯。

丁：作案的不是我。

四人口供中只有一人的是假的。如果以上断定为真，则以下哪项是真的（　　）。

A. 说假话的是甲，作案的是乙

B. 说假话的是丁，作案的是丙和丁

C. 说假话的是乙，作案的是丙

D. 说假话的是丙，作案的是丙

E. 说假话的是甲，作案的是甲

【解析】乙和丁的口供矛盾，根据矛盾律，其中必有一假。四人口供中只有一假，所以，甲和丙口供是真的。甲口供真，作案者为丙，加上丙的口供，根据充分条件假言推理肯定前件式，丁也是作案者，由此也断定乙和丁中，丁讲假话。

【答案】B

三、排中律

排中律是形式逻辑基本规律之一。排中律的基本内容是:在同一思维过程中,两个互相矛盾的思想不能同假,必有一真。意为任一事物在同一时间里具有某属性或不具有某属性,而没有其他可能。排中律的公式是:“A 或者非 A”。

(一) 排中律的逻辑要求

同一思维过程中,不能对不能同假的命题(矛盾关系、下反对关系)同时加以否定,必须明确地肯定其中之一是真的。

排中律陈述不可同假,矛盾律陈述不可同真。

(二) 违反排中律要求的逻辑错误

对于两个互相矛盾的命题,如果既不承认前者是真的,又不承认后者是真的,或者说,如果既认为前者是假的,又认为后者也是假的,那就是一种常见的违反排中律要求的逻辑错误——模棱两可。所谓模棱两可,就是在两个互相矛盾的命题之间,回避做出明确的选择,不做明确肯定的回答,既不肯定,也不否定,含糊其词。

排中律的主要作用在于保证思想的明确性。而思维的明确性也是正确思维的一个必要条件。

【典型例题】红星中学的四位老师在高考前对某理科毕业班学生的前景进行推测,他们特别关注班里的两个尖子生。

张老师说:“如果余涌能考上清华,那么方宁也能考上清华。”

李老师说:“依我看这个班没有人能考上清华。”

王老师说:“不管方宁能否考上清华,余涌考不上清华。”

赵老师说:“我看方宁考不上清华,但余涌能考上清华。”

高考的结果证明,四位老师中只有一人的推测成立。

如果上述断定是真的,则以下哪项也一定是真的(　　)。

A. 李老师的推测成立　　B. 王老师的推测成立

C. 赵老师的推测成立　　D. 如果方宁考不上清华大学,则张老师的推测成立。

E. 如果方宁考上了清华大学,则张老师的推测成立。

【解析】题干中张老师和赵老师的推测形式分别是“如果 P 则 Q”和“P 并且非 Q”,互相矛盾,根据矛盾律和排中律,其中必有一个推测成立且只有一个成立,另一个不成立。又由条件,四人中只有一人的推测成立,因此,李老师和王老师的推测均不成立,即事实上余涌考上了清华。因此,如果方宁考上了清华,则张老师的推测成立,即 E 项为真。

【答案】E

第三章 信息处理能力

知识体系及思维脉络图

- 信息处理能力
  - 信息检索
    - 信息检索概述
    - 工具书的检索
    - 网络信息检索
  - 信息分析
    - 信息分析的过程
    - 信息分析的方法
  - 课件制作
    - 课件设计与制作的原则
    - 课件设计与制作的步骤
    - 多媒体课件制作工具

核心考点及学习提示

【核心考点】

1. 掌握运用信息检索工具获取并处理信息的方法。
2. 根据教育教学的需要，设计、制作课件的能力。

【学习提示】

在信息化时代，教师必须具备较强的搜集、处理信息的能力，所以，信息处理是必考内容。从历年真题来看，这一章涉及的考试题型是单项选择题，每次考试都会有 2 道题，分值 4 分。从内容上看，先后考查了网页、博客的基本应用、常用软件的图标、Word 常用按钮的功能、PowerPoint 和 Excel 的基本操作等，其中 Word、PowerPoint 和 Excel 是高频考点。这部分内容试题的难度不大，需要识记的知识不多，考生主要要熟悉计算机常用软件的操作，如利用 Excel 进行数据处理；制作 PowerPoint 课件的常用技能以及 Word 文档的处理等。

第一节 信息检索

一、信息检索概述

信息检索有广义和狭义之分。广义的信息检索是指将信息按一定的方式组织和存储起来，并根据信息用户的需要查找出特定信息的技术和过程。狭义的信息检索通常称为“信息查找”或“信息搜索”，是指从信息集合中找出用户所需要的有关信息的过程。这里的信息检索是狭义层面的，主要是指信息的获取。

信息检索最主要的方式就是文献检索。

（一）文献的分类

1. 零次文献

零次文献是指未经过任何加工的原始文献，如实验记录、手稿、原始录音、原始录像、谈话记录

笔记栏

等。一般是通过口头交谈、参观展览、参加报告会等途径获取,不仅在内容上有一定的价值,而且能弥补一般公开文献从信息的客观形成到公开传播之间费时甚多的弊病。

2. 一次文献

初次正式发表的文献,不管创作时是否参考或引用了他人的著作,也不管该文献以何种物质形式出现,均属一次文献。例如著作、期刊论文、会议论文、学位论文、研究报告等。

3. 二次文献

二次文献是在一次文献基础上,根据文献检索的需要加工而成的工具性文献。检索工具书和网上检索引擎是典型的二次文献。

4. 三次文献

三次文献是指对有关的一次文献和二次文献进行广泛深入的分析研究、综合概括而成的产物。如大百科全书、辞典、年鉴等。

(二) 文献检索的步骤与方法

文献检索是一项实践性很强的活动,它要求我们善于思考,并通过经常性的实践,逐步掌握文献检索的规律,从而迅速、准确地获得所需文献。

1. 文献检索的步骤

明确查找目的与要求→选择检索工具→确定检索途径和方法→根据文献线索,查阅原始文献。

2. 文献检索的方法

(1) 直接法。直接法又称常用法,是指直接利用检索系统(工具)检索文献信息的方法。它又分为顺查法、倒查法和抽查法。

① 顺查法是指按照时间的顺序,由远及近地利用检索系统进行文献信息检索的方法。这种方法能搜集到某一课题的系统文献,适用于较大课题的文献检索。

② 倒查法是由近及远,从新到旧,逆着时间的顺序利用检索工具进行文献检索的方法。此法的重点是放在近期文献上。使用这种方法可以最快地获得最新资料。

③ 抽查法是指针对项目的特点,选择有关该项目的文献信息最可能出现或最多出现的时间段,利用检索工具进行重点检索的方法。

(2) 追溯法。追溯法是指不利用一般的检索系统,而是利用文献后面所列的参考文献,逐一追查原文(被引用文献),然后再从这些原文后所列的参考文献目录逐一扩大文献信息范围,一环扣一环地追查下去的方法。它可以像滚雪球一样,依据文献间的引用关系,获得更好的检索结果。

(3) 循环法。循环法又称分段法或综合法。它是分期分段地交替使用直接法和追溯法,以期取长补短,相互配合,获得更好的检索结果。

教师撰写教学方案,制作课件,进行课题研究,都离不开信息的搜集和处理。现代教师最常用的信息检索手段就是工具书检索和网络检索。

二、工具书的检索

工具书是专供查找知识信息的文献。它系统汇集某方面的资料,按特定方法加以编排。

(一) 工具书的特点

1. 内容的查考性

从编辑目的而言,它主要供查考、检索,而非通读。

2. 编排的易检性

工具书总是按某种特定体例编排,以体现其工具书的易检性。

3. 知识的准确性

广泛吸收已有研究成果,所提供的知识、信息比较成熟可靠。

笔记栏

4. 叙述的概括性

从大量原材料中提炼加工，叙述简明扼要，概括性强。

（二）工具书的种类

根据工具书的基本性质和使用功能，可以划分为检索性工具书和参考性工具书。

1. 检索性工具书

检索工具书，就是向读者提供经过加工整理，并按照一定的方式排列的文献资料线索的工具书。这类工具书本身并不直接向读者提供所需资料，而是提供资料的线索，使读者依据这些线索，较方便地查找所需的信息。

检索工具书可分为三大类：书目、索引、文摘。

（1）书目。书目是指图书的目录。是一批图书的目录式排列，也称文献目录、图书目录，如《全国新书目》《社科新书目》等。书目传递目录信息，报道较全面的研究成果，介绍图书内容，反映出版和收藏情况等。

（2）索引。索引是揭示文献内容出处，提供文献查考线索的工具书，主要功能是为人们准确、迅速地获得文献资料提供线索性指引。常见的索引主要有报刊论文资料索引、文集篇目索引、语词索引、文句索引、关键词索引、专名索引、主题索引等。

（3）文摘。文摘是简明、确切地记述原文献重要内容的语义连贯的短文。如《新华文摘》《中国科学文摘》《中国教育文摘》等。它能帮助读者迅速准确地鉴别一篇文献的内容，决定其取舍，在一定程度上代替了原文，节省查阅文献的时间和精力。

2. 参考性工具书

参考性工具书是根据特定的社会需要，广泛汇集一定范围内比较成熟的知识，专供查找特定资料而编写的书籍，按一定规则编排组织的工具书。常见的参考性工具书包括字典、词典、百科全书、年鉴、手册等。

（1）字典、词典。字典、词典是汇集各种语言中的字词及短语，分别给予拼写、发音和词义解释等多项信息，并按字顺组织起来，方便读者随时查检特定词语信息的语言工具书。这类工具书有语言词典、传记词典、地名词典及各个学科的知识词典。常用的字典、词典有：《新华字典》《现代汉语词典》《辞海》《中文大字典》《同义词反义词对照词典》《世界科技人名辞典》《英汉科技词典》《中华人民共和国地名词典》《中华百科辞典》以及众多的专科词典等。

（2）百科全书。百科全书是一种重要的知识密集型工具书，它总结和组织了世界上累积的知识，是百科知识的汇总。要查概念、定义、背景性材料、人物传记资料、地名、组织机构、规范材料、图像材料、事件、活动、奇特事务等一般事实性问题，就会利用百科全书。常用的百科全书有：《中国大百科全书》《中国文学百科全书》《数学百科全书》《化工百科全书》等。

（3）年鉴。年鉴是逐年出版，提供相应年份内各行业现行资料的工具书。它既是各类动态性资料和实事、数据的综合性查考工具，也是编制百科全书类工具书的基本信息源。常用的热门年鉴有：《世界大事年鉴》《中国统计年鉴》《中国人口年鉴》《中国经济年鉴》《中国教育统计年鉴》《中国电影年鉴》《中国年鉴》《世界知识年鉴》等。

（4）手册。手册是以简明、缩写方式提供专门领域内基本的既定知识和实用资料的工具书，便于查检专门知识与具体实用资料，常以叙述、列表、图解等方式来表述内容，并搜集相关的事实、数据、公式、符号、术语以及操作规程等为某一专业学科或专门部门提供专门化的具体资料。常用手册有：《物理化学手册》《联合国手册》《国外科技核心期刊手册》等。

（三）工具书的排检方法

中文工具书的排检方法可分为两大体系：字顺法和类序法。外文工具书的排检方法使用最广的是字母法。

笔记栏

1. 字顺法

字顺法是按汉字的单字或复词的顺序进行排检的方法，是工具书最主要的排检方法，一般字典、词典、百科全书等都采用这种方法。主要有三类：形序法、音序法和号码法。

（1）形序法。形序法是根据汉字的形体结构进行排检的方法，常见的有部首法、笔画笔形法。

① 部首法是根据汉字的形体结构，按照部首排检汉字的方法。在同一部首内，汉字按笔画多少排列。如《说文解字》《康熙字典》《辞海》等都采用了这种方法。

② 笔画笔形法是以笔画数目多少为序排检汉字的一种方法。笔画数少的在前，笔画数多的在后。《中国历史大辞典》《中国人名大辞典》等都采用了这种方法。

（2）音序法。音序法是按照字音符号的顺序进行排检的方法。如《新华字典》《现代汉语词典》都能用音序法进行检索。

（3）号码法。号码法是把汉字的各种笔形变成数字，然后把所取的笔形连接成为一个号码，按号码进行排检的方法。如四角号码法。

2. 类序法

类序法是根据一定的学科体系、事物性质、主题范围、时空观念来排检有关知识内容的方法。书目、索引、文摘、年鉴、手册、名录、类书、政书、表谱、图录及丛集汇要等多采用这种方法。类序法主要有：分类法、主题法、时序法、地序法。

（1）分类法。分类法是按学科体系或事物性质分类编排的方法。现代的类书、政书多采用这种方法编排；现代的一些年鉴、手册、指南也有采用这种方法的。使用此法检索时，要熟悉科学分类体系，如《中国图书馆图书分类法》。

（2）主题法。主题法是一种以规范化的自然语言，作为文献主题标识符号的编排方法。目前，国外的检索工具书大都附有主题索引或直接采用主题排检法。在国内，主要用于科技文献的检索。主题法包括单元词法、叙词法、标题法、关键词法等。

（3）时序法。时序法是按事物发生发展的时间顺序或人物生卒年月日、生平经历的先后次序编排查检文献的方法。一般查找年代和历日的年表、历表、记载个人生平的年谱、大事记都采用这种方法编排，如《中国历史纪年表》。

（4）地序法。地序法是按行政区划的次序排检文献的方法。多用在研究查考自然资源及经济开发的工具书中，用这种方法编排的工具书主要是地图和地方文献。如《中国名胜词典》《最新中国期刊全览》等。

三、网络信息检索

随着网络技术和信息技术的迅猛发展，网络成为世界范围内查寻信息最现代化、应用最广泛的手段和途径。由于网络信息的数量庞大，人们无法对所有的信息进行搜集并对它们逐一进行评价。因此，可以运用有效的途径和工具在无序的海量网络信息中搜集所需的信息。

（一）网络信息检索的途径和工具

1. 搜索引擎

搜索引擎是一个对互联网信息资源进行搜索整理和分类，并储存在网络数据库中供用户查询的系统。搜索引擎是用于网上信息资源选择的主要工具，包括全文搜索引擎、目录索引类搜索引擎、垂直搜索引擎等。

网上搜索引擎的使用方法是在该网页中按其语法要求输入所想要查找的文本的关键信息，引擎就能根据输入的检索要求输出与之匹配的 Web 地址表。代表性的搜索引擎有“百度”“搜狗”“360 搜索”等。

笔记栏

2. 网络百科全书

这是目前存在于互联网上的一种人人可编辑的在线百科全书，任何一个可以使用互联网的人都可以在遵循一定规范的情况下在网络百科全书中创建和编辑词条。网络百科全书中的一个词条往往由多个用户共同编辑、修改而成，因此该词条的综合信息从一定程度上反映的是多个用户对词条的理解。

代表性的网络百科全书有“互动百科”“百度百科”“中文维基百科”“中国百科网”等。

【典型例题】下列关于网络百科全书的说法中，不正确的一项是（　　）。

A. 网络百科全书的词条主要是由网络用户创建的，对创建者的身份没有限制

B. 网络百科全书的词条是由网络编辑创建的，只有网络编辑才有权创建和编辑

C. 网络百科全书是动态开放的，网络用户可以随时对其中的词条进行编辑修改

D. 网络百科全书不追求知识的权威性，所以对词条的解释不一定准确和完整

【解析】网络百科全书是互联网上的一种人人可编辑的在线百科全书。任何一个可以使用互联网的人都可以在遵循一定规范的情况下在网络百科全书中创建和编辑词条。

【答案】B

3. 网络数据库

网络数据库是以后台数据库为基础，加上一定的前台程序，通过浏览器完成数据存储、查询等操作的系统。简单地说，网络数据库的工作程序就是用户利用浏览器作为输入接口，输入所需要的数据，浏览器将这些数据传送给网站，而网站再对这些数据进行处理。例如，将数据存入数据库，或者对数据库进行查询操作等，最后网站将操作结果传回给浏览器，通过浏览器将结果告知用户。网络数据库具有信息量大、更新快，品种齐全、内容丰富，数据标引深度高、检索功能完善等特点，是经济研究最重要的信息源，也是获取信息的一个有效方式。

能为教师的教育教学研究提供重要的信息资源的网络数据库有：

① 中国期刊网：收录国内中、英文期刊，涉及理工、农业、医药卫生、经济、政治与法律、文史哲、教育与社科等领域。

② 万方数据资源系统：以科技信息为主，集经济、金融、社会、人文信息为一体的网络化信息服务。

③ 全国报刊索引数据库：收录的报刊基本覆盖了全国哲学和社会科学的期刊和报纸。

④ 复印报刊资料数据库：涉及马列、社科、哲学、政治、法律、经济、教育、语言、文学、艺术、历史、地理等学科，且有文摘和索引。

⑤ 中国科学引文数据库、中文社会科学引文索引数据库：收录了中国出版的数学、物理、化学、天文学、地学、生物学、农林科学、医药卫生、环境科学和管理科学等领域的中英文期刊，是一个集多功能为一体的综合性文献数据库。

网络信息检索方法可以归纳为目录检索、关键词检索、基于关键词模糊检索三种。

（二）网络信息交流能力

1. 网络信息交流的特点

（1）自由便捷。正式交流场合的规范在网络上难以发挥作用，在网络环境下交流自由，且可以更方便地获得更多信息。

（2）交互作用强。网络打破主动与被动的界限，克服了单向与多向交流障碍，使信息交流更积极，也可以获得更多的交流信息。

（3）超越时空界限。网络交流不存在时空的界限，交流者可以自由地选择交流的时间和地点。

笔记栏

2. 网络信息交流方式

（1）电子邮件。和传统邮政和电话通信的作用一样，电子邮件通过网络传递信息，具有即时性，不需要邮递人员传递，不需要漫长的邮递时间。

（2）即时通信软件。QQ 等为即时通信软件，它们可以即时发送和接受信息，进行语音视频面对面聊天，打破了人们之间进行即时信息交流的空间限制。

（3）BBS。电子公告系统，是一种许多人参与的网络论坛系统，论坛里的信息保持是相对比较长久的，没有时间的限制。

（4）Blog。Blog 可以记录下个人的经历、感受、认识等，可以让人们分享相关的信息。

（5）微博。微博是信息分享、传播和获取的平台，它以简短的文字更新信息，实现信息分享，速度更快、更便捷。

（6）贴吧。贴吧是一种以关键词为主题进行交流的网络社区，它与搜索紧密结合，准确把握用户需求，通过用户输入的关键词，自动生成讨论区，使用户能立即参与交流，发布自己感兴趣话题的信息和想法。

（7）微信。微信是一个为智能终端提供即时通信服务的应用程序，支持通过网络快速发送免费的语音短信、视频、图片和文字。

第二节　信息分析

信息分析就是运用科学的理论、方法和手段，对信息检索所获得的大量的、凌乱的、无序的信息进行加工、整理与价值评价，透过由各种关系交织而成的错综复杂的表面现象，把握其内容本质，从而获取对客观事物运动的规律的认识。在教学中需要根据所要解决的教育教学问题或教育教学研究的问题对信息进行分析处理，获得解决问题的方法。

一、信息分析的过程

（一）信息的筛选

信息筛选有两个环节：一是鉴别真伪。看信息内容与已掌握的可靠数据资料是否有明显冲突，同一条信息内容是否自相矛盾，信息来源、信息传输的方式是否可靠。二是价值鉴定。确定信息是否有价值并评估价值的大小。去掉虚假信息，保留真实信息，去除价值小的信息，保留价值大的信息，从而完成信息筛选过程。

筛选信息的方法通常有查重法、时序法、类比法等。

1. 查重法

查重法是筛选信息资料最简便的方法，目的是剔除重复资料，选出有用的信息资料。

2. 时序法

时序法即逐一分析按时间顺序排列的信息资料，在同一时期内，较新的取，较旧的舍弃，这样可能使信息资料在时效上更有价值。

3. 类比法

类比法是将信息资料按空间、地区、产品层次分类对比，接近实质的保留，否则舍弃。这种方法需要信息资料搜集人员有比较扎实的专业知识，即对自己所熟悉的业务范围，仅凭市场信息资料的题录就可以决定取舍。

（二）信息的分类

所谓信息分类，就是将具有某种共同特性或特征的信息归并在一起，把不具有共性的信息区分

开来的过程。信息分类的主要方法有：

① 地区分类法：根据地区划分信息的方法。

② 时间分类法：根据时序划分信息的方法。

③ 内容分类法：根据内容划分信息的方法。

④ 主题分类法：根据主题划分信息的方法。

⑤ 综合分类法：以地区、时间、内容、主题为依据划分信息的一种综合方法，它还可以进一步细分为时间地区分类法、内容地区分类法等。

（三）信息综合

信息综合是对一定时间内获得的内容相同或相近的信息资料，按照一定的要求进行归纳、整理、加工和提炼，或者从中找出更重要的线索进行追踪，从而形成内容更为全面充实，理由更为充分，价值更高的，有系统、有深度的信息资料的过程。信息综合的具体方法有：

① 阶段性综合。即在一段时间内，对某方面的情况进行综合归纳，进而分析出发展趋势、动态和工作特点。

② 专题性综合。即针对某一重要问题，对来自四面八方的同类信息资料进行综合，使分散的、没有直接联系的信息资料有机结合，形成专题信息资料。

③ 地域性综合。即按地域划分，对所属地区的情况进行综合。

二、信息分析的方法

信息分析应根据获取的信息特点，采用不同的方法。若获取的信息是定性的，则可采用逻辑分析的方法（定性分析），运用归纳和演绎、分析与综合以及抽象与概括等方法，对获得的各种材料进行思维加工，从而去粗取精、去伪存真、由此及彼、由表及里，达到认识事物本质、揭示内在规律；如果所获取的信息是客观数据，就要运用定量分析，即根据现象的数量特征、数量关系与数量变化进行分析。从科学认识的过程看，任何研究或分析一般都是从研究事物的质的差别开始，然后再去研究它们的量的规定，在量的分析的基础上，再做最后的定性分析，得出更加可靠的分析。

（一）定性分析

1. 运用概念的逻辑方法，理清信息的概念

通过概念的内涵和外延、种类和关系等概念逻辑对信息进行梳理，理清相关概念。

2. 运用判断的逻辑方法，形成基本观点

在信息处理中运用判断的逻辑方法得出一定的结论或相应的观点。

3. 运用推理的逻辑方法，得到合乎逻辑的结论

通过对信息分析得到解决问题的合乎逻辑的回答。

4. 运用比较的逻辑方法，得到对事物的新认识

将不同事物的信息放在一起比较，寻求对事物的新认识。

5. 运用综合的逻辑方法，获得对问题的整体认识

运用综合方法把信息检索获得的信息做一个整合，从而完整地认识问题，解决问题。

（二）定量分析

学校教育活动中，需要根据教育目标要求，按照一定的规则对教育活动的效果加以数量化测定，然后对获得的数据进行定量分析，在量的分析基础上，再做定性分析。对测量数据进行分析和处理的工具主要有 Excel 和 SPSS。

1. Excel

Excel 为一种电子表格处理软件，集处理表格、数据管理和统计图绘制于一体。在教育活动中，教师可以使用它制作统计表和统计图，也可以进行统计量的计算或统计推断。

在教师资格考试中，Excel的应用是高频考点，考生不仅要掌握Excel的基本操作，而且要能灵活运用常见函数。建议考生备考时要在Excel中进行操作学习。

【典型真题1】下表为Excel学生成绩统计表，最右边的一列数据为总成绩排名，G2单元格输入的公式为“=RANK(F2,$F$2:$F$10)”，则G3单元格与之对应的公式为(　　)。

A. =RANK(F2:$F$3:$F$10)　　B. =RANK(F3,$F$1:$F$10)

C. =RANK(F3,$F$2:$F$10)　　D. =RANK(F3,$F$3:$F$10)

	A	B	C	D	E	F	G
1	学号	姓名	语文成绩	数学成绩	外语成绩	总成绩	排名
2	08200030501	王晓林	75	73	68	216	8
3	08200030502	郭志斌	82	89	83	254	3
4	08200030503	王莹	70	73	79	222	7
5	08200030504	杜飞宇	85	82	79	246	4
6	08200030505	徐志敏	92	87	91	270	1
7	08200030506	李文强	78	81	84	243	5
8	08200030507	高思嘉	80	76	82	238	6
9	08200030508	吴新国	85	89	86	260	2
10	08200030509	林萌萌	73	71	68	212	9

【解析】本题考查Excel软件中函数RANK的用法。函数RANK有三个参数，第一个参数是number，为某个学生的成绩所在的单元格；第二个参数ref为整个班级成绩所在的区域；第三个参数order表示统计方式，可以不写。G2单元格“=RANK(F2,$F$2:$F$10)”显示的是F2在F2—F10中的名次，则G3单元格对应的公式为“=RANK(F3,$F$2:$F$10)”。

【答案】C

【典型真题2】Excel中，利用条件“数学>70分”与“总分>350分”对考生成绩顺序表进行筛选后，显示的结果是(　　)。

A. 所有数学>70分的记录

B. 所有数学>70分或者总分>350分的记录

C. 所有数学>70分并且总分>350分的记录

D. 所有总分>350分的记录

【解析】本题考查Excel的基本操作技能。

【答案】C

【典型真题3】在Excel中，对数据源进行分类汇总之前，应先完成的操作是(　　)。

A. 筛选　　B. 建立数据库　　C. 排序　　D. 有效地计算

【解析】本题考查Excel的基本操作技能。

【答案】C

【典型真题4】在Excel中，当数据源发生变化时，所对应图表的变化情况是(　　)。

A. 手动跟随变化　　B. 自动跟随变化　　C. 不会跟随变化　　D. 部分图表丢失

【解析】Excel是一个基于Windows环境下的电子表格处理软件，其核心功能是电子表格的处理，同时包括统计计算、图表处理、数据分析等功能。在Excel中，若数据源发生变化，数据源所对应的图表也会根据数据源的变化而自动变化更新。故正确答案为 B 项。

【答案】B

2. SPSS

SPSS 为统计分析软件，基本功能包括数据管理、统计分析、图表分析等。

中小学教师的数据分析处理中，可以用它对测量所获得的数据进行分析与处理。

第三节　课件制作

课件是多媒体教学技术的产物，在学校教育教学中，图文并茂、形声俱佳的课件已成为一种常见的教学媒体，能促进学生更好地学习，强化教学效果，提高教学质量。课件的设计与制作能力是现代教育技术能力的核心。

一、课件设计与制作的原则

（一）教学性原则

设计制作辅助教学的多媒体课件，必须围绕教学目标与要求，突出教学重点，突破难点，发挥计算机多媒体图文并茂、形声并举的优势来表达教学内容，优化课堂教学结构，交互性地实施教学，提高课堂教学效果。首先，要明确教学目标，即教学中要借助课件解决什么问题，希望达到什么目标。教学目标是教学活动的结果，课件设计应以达到预期的目标为最终目的。其次，要突出重点难点。必须围绕教学中的重点、难点或关键性问题来设题立意，教学内容应有助于解决教学上的重点、难点以及其他媒体教材难以表现的问题。要充分发挥计算机多媒体的优势，采用恰当的表现方法，将抽象的知识形象化、具体化，复杂问题简单化。课件是为特定的教学对象而设计制作的，因此，设计制作课件时教师还要注意教学课件的针对性，其内容的选择和操作的难易程度要充分考虑学生的年龄特点、知识层次水平和智力的实际情况，切忌追求视听感观上的新鲜和形式上的花样翻新。

（二）科学性原则

课件中各种媒体信息都是为了实现教学目标，表现相应的知识点的内容而设计、选择的，不允许任何违背科学准则的现象出现。课件应科学正确地表达知识内容，概念、观点、结论符合教学要求。教学内容及其表达方法应符合学科教学的基本原理，无科学性错误。课件的科学性要求对概念的阐述、观点的论证、事实的说明、材料的组织都符合科学逻辑，运用正确的、可靠的、和教材一致的学科术语，保证所反映的内容都正确、准确和明确；要求各种演示、示范以及绘制的图表和书写的公式、字幕都规范化、标准化；选择的资料、史料和文献等要真实、具体；还要求各种技能技巧的演示要力求真实、自然；画面色彩要真实反映客观事实；丰富、充实、生动的视觉和造型必须有利于正确地表达科学知识；按内容需要所设计的动画、模拟实验和虚构的情节都应以客观现实为依据，符合科学现象和规律。

另外，课件设计的科学性原则还要求课件中出现的美妙动听的听觉形象必须符合教育科学规律；解说词精练、准确无误；音响效果逼真、音乐合理。

（三）交互性原则

交互性是多媒体三大特性之一，也最能体现多媒体的优越性。交互设计是课件设计的重要组成部分，也是课件制作技术的重点和难点，它关系到课件设计的成败和辅助教学能否顺利进行。从开始总体设计时就要高度重视交互设计，并加强测试和评价。交互设计评估标准包括：教师对各种媒体播放的可控性如何、教师的选择是否方便、热点链接是否正确、提示信息是否明确、容错性如

笔记栏

何、对误操作或错误输入的处理是否得当等。

为了提高教学效率，保证师生双向交流和教学互动，辅助教师课堂教学的小课件，不宜设置过多的交互，但也应在媒体播放点、教学重点、难点或转折点设置良好的交互，以提高教学灵活性。

(四) 艺术性原则

课件设计符合艺术性原则是指课件的总体艺术效果（包括色彩、界面、动画、声音及音乐）应该是相互配合、和谐统一的，应具有较强的表现力和感染力。课件的艺术性表现在以声音和画面以及人机交互的传递信息上，要求呈现的信息刺激能被学习者接受并被吸引和做出反应。设计制作课件时，教师要善于挖掘教学内容内在的亮点，通过美工设计，巧妙地运用动画和字幕将教学内容表现出来。课件界面要美观、鲜明，造型优美，影音和谐，富有表现力和感染力；解说词和背景音乐悦耳协调，声音要和画面造型相辅相成，视听同步。

课件需要借助一定的艺术形式，但不能单纯地为艺术而艺术，仅仅停留于做表面文章。有的教师为了哗众取宠，达到烘托课堂气氛的效果，往往文字、图像、声音并用，甚至插入一些与表现内容风马牛不相及的图片，使学生只顾看新奇，无视所要表现的实质问题，分散注意力，不但达不到应有的效果，反而由于内容安排过多过杂，还会引起学生视觉上的不适应，产生烦躁心理。凡是经别具匠心的艺术处理，用一定的艺术形式表现出来的教学内容，必须符合教育性和科学性原则，必须能引起学生的学习兴趣并主动参与。

(五) 技术性原则

课件通常要使用大量的图片，图片的大小、格式与分辨率有直接关系。课件技术性原则要求图片清晰、逼真，但是图片文件不能太大；程序的结构要尽可能简洁，控制要可靠，视听要同步，不能影响课件的存储、传输和运行。

另外，课件的运行环境也不能忽视。课件制作完成之后，应该能在一般的计算机上运行，并且要求课件脱离制作平台，做到可移植性或可兼容性，做到课件的开发环境与运行环境无关。

二、课件设计与制作的步骤

(一) 研究教学内容，撰写课件脚本

课件的脚本是课件的设计蓝图。预先设计课件脚本，可以使课件制作得到整体规划。应仔细分析和研究教学内容，理解重难点问题，确定课件的内容结构、表现形式和教学顺序。脚本设计的内容包括：封面的设计、界面的设计、结构的安排、素材的组织、技术的运用。

(二) 搜集媒体素材，制作合成课件

素材准备是课件制作的重要一环。在课件制作过程中，需要大量地搜集、加工和制作媒体素材。媒体素材包括图形、动画、图像、文本和声音等。多媒体课件制作工作的核心环节是运用课件制作工具，在课件脚本和各种素材的基础上，将课件材料合成为思路清楚、使用方便、运作流畅的教学课件。加工、制作素材需要用到很多软件，如图片处理软件、声音处理软件、动画制作软件以及视频处理软件等。有时还需要使用数码照相机、扫描仪、摄像机等设备采集素材，如用数码照相机和扫描仪采集图片素材，用摄像机采集视频素材。

【典型真题 1】 编辑 Word 文档时，工具栏上用以绘制表格的按钮是（　　）。

A.

B.

C.

D.

【解析】 B 选项是打印预览，C 选项是复印，D 选项是插入 Excel，A 选项是插入表格。

【答案】 A

笔记栏

【典型真题 2】使用 PowerPoint 时，对幻灯片中某对象建立超链接时要添加的是(　　)。

A. 文本框和超链接点　　B. 文本和图片

C. 文本框和动作按钮　　D. 超链和动作按钮

【解析】使用 PowerPoint 时，要对幻灯片中某对象建立超链接时要添加超链接和动作按钮。故选 D 项。

【答案】D

(三) 试用课件，修改完善

课件制作完成后，要经过试用，发现问题后修改、完善，才能趋于成熟。可以使用如下方法进行课件调试。

1. 测试性调试

将课件的不同部分集成在一起进行调试，尽量尝试多种操作的可能性，看是否能够保证课件的正常运用。

2. 模拟性调试

模拟实际教学过程中教师的“教”和学生的“学”，看课件是否能够满足或适应实际教学的需要。

3. 环境性调试

可以尝试在不同配置的计算机上、不同操作系统、不同的应用软件环境下进行调试，以获得课件运行的最佳效果。要特别注意，由于种种原因，有些课件调换计算机环境后不能正常运行。

三、多媒体课件制作工具

(一) Microsoft Office PowerPoint(PPT)

PowerPoint 是教学活动中最常使用的制作演示文稿和课件的工具，借助它可以轻松地制作出集文字、图形、图像、动画、声音以及视频剪辑等多媒体对象于一体的演示文稿。既能制作文字、图片、影音、表格等静态课件，也可以动态展示教学内容，具有动画效果，还能制作交互课件。

在教师资格考试中，PowerPoint 的应用是高频考点，考生要掌握 PowerPoint 的基本操作。建议考生备考时要在 PowerPoint 中进行操作学习。

1. PowerPoint 的基本操作

(1) 创建新演示文稿。点击常用工具栏上的“新建”按钮；也可选择“文件→新建”菜单命令，然后在右边出现的“新建演示文稿”窗格中点选一种新建方式。

(2) 演示文稿和保存。第一次保存演示文稿需要确定文件存放的文件夹和文件名；保存修改后的已保存过的演示文稿则只需单击“保存”按钮或单击“文件”中的“保存”选项。

(3) 演示文稿的编辑。

① 文字的输入与设置。

与 Word 不同的是，在 PowerPoint 课件中输入文字，需要采取插入文本的方式，在文本框中输入文字。方法是：选择“插入→文本框→水平(垂直)”菜单命令，然后在编辑区拖动成框，在框中输入文字。文字输入后可进行编辑和设置格式，如设置字体、字号、颜色等。

可以通过工具栏或“格式”菜单中的“字体”选项，改变字的大小、字体、字形、颜色和添加修饰；可以通过工具栏或“格式”菜单中的“字体对齐方式”设置对齐方式。

② 图片文件的插入和编辑。

剪贴画：选择“插入→图片”菜单命令，再根据提示操作。插入的图片可以来自文件，也可以是剪贴画等。

笔记栏

艺术字:选择“插入→图片→艺术字”菜单命令,再根据提示操作。

自选图形:在绘图工具栏中,单击“自选图形”按钮,再选择一种自选图形,然后在要插入自选图形的位置处拖动。可供插入的有“基本形状”“箭头总汇”“星与旗帜”“标注”等自选图形。

表格:选择“插入→表格”菜单命令,再输入行列数。

(4)演示文稿应用模板的设置。选择“格式”菜单中的“幻灯片设计”菜单命令,再根据需要,在右边窗格中选择一种幻灯片模板。可以根据需要,设置多种不同风格的演示文稿。

(5)演示文稿的播放。可以单击“视图方式”中的“幻灯片放映”,也可点击“幻灯片放映”菜单中的“观看放映”,还可以按 F5 键来播放当前打开的演示文稿;在放映视图中单击左下角的“控制按钮”或右键单击可打开控制菜单,对播放过程进行控制。按 ESC 键亦可结束放映。

(6)演示文稿的完善。

① 设置幻灯片版式。通过“格式”菜单中的“幻灯片版式”选项,可以设置多种不同的幻灯片版式。

② 插入新幻灯片。可以选择“插入→新幻灯片”菜单命令,添加幻灯片。

③ 幻灯片中页脚、页码的设置。

④ 幻灯片中声音和视频的插入。选择“插入→影片和声音”菜单命令,再根据提示操作。视频和声音可以来自剪辑库,也可以来自文件。选择“影片和声音”下的“录制声音”子菜单,还可以即时录制声音,录制的声音可以超过 60 秒。

⑤ 添加按钮。演示文稿在演示过程中,一般是按照幻灯片排列顺序先后播放的,如果要实现幻灯片的跳转,可以在演示文稿中添加按钮。添加按钮的方法是:选择“幻灯片放映→动作按钮”菜单命令,在其下一级菜单中点击要设置的按钮类型,然后在需要放置按钮的位置拖动鼠标,再设置按钮的链接等动作,最后点“确定”。

⑥ 设置幻灯片背景。选择“格式→背景”菜单命令,再根据提示选取一种背景颜色或填充效果。

(7)设置动画效果。

① 幻灯片中对象动画设置。可以通过“幻灯片放映”菜单中的“自定义动画”,对幻灯片中的对象设置动画效果。具体方法为:选定幻灯片中的某个对象,然后选择“幻灯片放映→自定义动画”菜单命令,再在右边窗格中点击“添加效果”,可以分别对其进行“进入、强调、退出、路径”等设置,直到效果满意为止。可供添加的动画效果有很多,如:百叶窗、擦除、闪烁、中心旋转等;还可添加路径动画,使幻灯片中的对象沿设置的路径运动。

② 幻灯片切换。选择“幻灯片放映→幻灯片切换”菜单命令,再在右边出现的幻灯片切换窗格中选取一种切换效果,在“换片方式”中选取一种切换方式。切换方式有两种:“单击鼠标时”切换和“每隔”一定时间切换。

③ 幻灯片放映方式。选择“幻灯片放映→设置放映方式”菜单命令,再根据提示操作。作为教学课件的演示文稿,一般不需要设置放映方式。但是如果有特殊要求,例如要设置幻灯片的自动循环播放,可以在“放映选项”中,勾选“循环放映,按 ESC 键终止”,并在“切换方式”中为每张幻灯片设置好切换时间。

(8)插入超级链接。超级链接也能实现幻灯片的跳转。通过对文字、图片、艺术字、自选图形、按钮等对象插入超级链接,可以链接到文件、不同的幻灯片、电子邮件地址等。

① 通过对象实现超级链接。选中要插入超级链接的对象,如文字、图形等,然后选择“插入→超链接”菜单命令,再根据提示操作。

② 通过动作按钮实现超级链接。选择“幻灯片放映”菜单中的“动作按钮”选项后单击相应的按钮,在工作区中画一大小合适的按钮后在弹出的对话框中设置相应的链接即可。

如果希望链接到演示文稿内的某张幻灯片，在“插入超链接”对话框中注意点击“本文档中的位置”；如果希望链接到某一个文件，在“插入超链接”对话框中注意点击“原有文件或网页”。

【典型真题】关于 PowerPoint 设计模板，下列说法正确的是（　　）。

A. 只限定了模板类型，版式不受限定

B. 既限定了模板类型，也限定了版式

C. 既不限定模板类型，也不限定版式

D. 不限定模板类型，但限定了其版式

【解析】既不限定模板类型也不限定版式。

【答案】C

2. 在 PowerPoint 课件中插入 Flash 的方法

（1）方法一。

① 运行 PowerPoint 程序，打开要插入动画的幻灯片。

② 在“视图→工具栏”打开“控件工具箱”，在控件工具箱中单击“其他控件”按钮。

③ 在打开的控件选项界面中，选择“Shockwave FlashObject”选项，出现“十”字光标，再将该光标移动到 PowerPoint 的编辑区域中，画出适合大小的矩形区域，也就是播放动画的区域。

④ 右击上面画的方框，打开“属性”选项，在“movi”栏后输入所需插入的 Flash 动画文件的完整地址后回车即可。

（2）方法二。

① 运行 PowerPoint 程序，打开要插入动画的幻灯片。

② 在菜单中选择“插入”选项，从打开的下拉菜单中选择“对象”。在弹出的“插入对象”对话框中，选择“由文件创建”，单击“浏览”，选中需要插入的 Flash 动画文件，最后单击“确定”返回幻灯片。

③ 这时，在幻灯片上就出现了一个 Flash 文件的图标，我们可以更改图标的大小或者移动它的位置，然后在这个图标上右击鼠标，选中“动作设置”命令。

④ 在弹出的窗口中选择“单击鼠标”或“鼠标移动”，再点击“对象动作”，在下拉菜单中选择“激活内容”，最后单击“确定”。

（3）方法三。

① 运行 PowerPoint 程序，打开要插入动画的幻灯片。

② 插入任意一个文字或图片对象作为超级链接，如“观看动画”等。

③ 选择这个对象，点击“插入”菜单，在打开的下拉菜单中单击“超级链接”。

④ 在弹出的窗口中，“编辑超链接”中选择“原有文件或网页”，选择想要插入的动画文件，点击“确定”即可。播放动画时只要单击设置的超链接对象即可。

3. PowerPoint 课件制作要注意的问题

教师切忌用它替代传统板书，要深入掌握该工具的各种功能，根据自己的教学需要，以清晰的教学思路，来搜集制作课件的材料，精心地利用其各种功能，将文字、图片、音频和视频等材料根据教学内容的需要编辑起来，使得教师能够在课件的帮助下有效地达成教学目标。

【典型真题】赵老师希望按照特定顺序呈现演示文稿当前幻灯片的标题、图片、文字等，下列选项中能实现这一操作的是（　　）。

A. 自定义放映　B. 幻灯片设计　C. 幻灯片切换　D. 自定义动画

【解析】能实现按照特定顺序呈现演示文稿当前幻灯片的标题、图片、文字等操作的是自定义动画。

【答案】D

【典型例题】在 PowerPoint 中,新建演示文稿已选定某特定的应用设计模板,在该文稿中插入一个新的幻灯片时,新幻灯片的模板将(　　)。

A. 采用默认型设计模板　　B. 随机选择任意设计模板

C. 采用已选定设计模板　　D. 需要指定其他设计模板

【解析】在 PowerPoint 中,新建演示文稿已选定某特定的应用设计模板,在该文稿中插入一个新的幻灯片时,新幻灯片的模板将采用已选定设计模板。

【答案】C

(二) Flash

Flash 是动画制作软件。用 Flash 制作课件有如下优点:

① 在 PowerPoint 课件中插入动画,能模拟特定的现象或场景,增强教学效果。

② 作为独立课件制作工具,Flash 能充分发挥动画功能,能集成音频、视频及文字、图片等。

(三) Authorware

Authorware 也是多媒体制作软件,使用起来比较方便。

第四章 写作能力

知识体系及思维脉络图

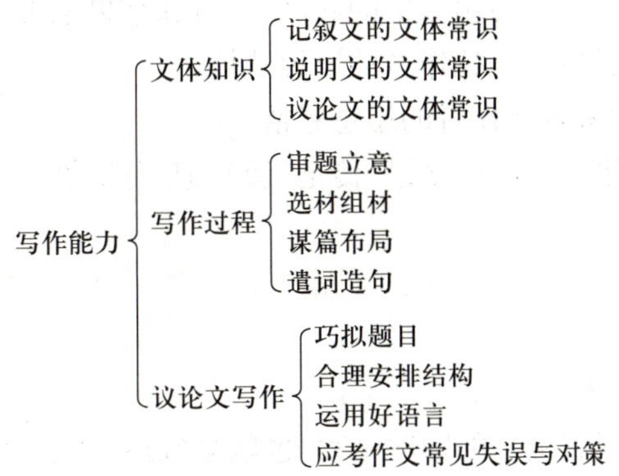

核心考点及学习提示

【核心考点】

1. 掌握文体知识,能根据需要,按照选定的文体写作。
2. 能够根据文章中心组织、剪裁材料,具有布局谋篇、有效安排文章结构的能力,语言表达准确、鲜明、生动。

【学习提示】

从历年考试真题看,本章在综合素质科目中所占分值比较高,满分 150 分中占 50 分,涉及的考试题型是作文题,要求考生能按照选定的文体进行写作,主要考查考生审题立意、围绕中心选择、组织材料,谋篇布局和遣词造句的能力。写作的题型主要有命题作文、材料作文和话题作文三类。教师资格考试的写作文体以教育类论述文为主,建议考生在备考过程中要不断丰富教育理论知识,搜集典型教育教学案例,积累写作素材,积极进行写作训练,能运用教育理论知识理解作文材料,解读作文材料,以达到教师职业所需的写作水平。

第一节 文体知识

文体,是指独立成篇的文本体裁(或样式、体制),是文本构成的规格和模式。文体一般可以分为文章体裁和文学体裁。其中文章体裁有记叙文、说明文、议论文、应用文;文学体裁一般指诗歌、小说、戏剧、散文。

“符合文体要求”是教师资格考试写作题重要的评价标准之一。试题一般不规定文体,所谓“符合文体要求”是指要符合考生自己选定的文体。考生应根据材料、题目和自己的特长选择“文体”,并使作文突显所选文体的特点。

一、记叙文的文体常识

记叙文是一种以叙述和描写为主要表达方式，以写人、记事、状物、绘景为主要内容的文体。

（一）记叙文的分类

根据描述的内容，记叙文可以写人，可以叙事，可以写景，也可以状物。它们都具有记叙文的共性，但在构思、立意、布局谋篇、遣词造句上往往又有各自的特点。

写人类记叙文：通过描述人的外貌、行动、语言、心理，通过特定的环境描写刻画人物性格，塑造人物形象，反映生活，表现文章主题。

叙事类记叙文：通过叙述事件，写出事情的起因、经过和结果来表现主题。

写景类记叙文：通过描绘景物，寄托作者的思想感情。

状物类记叙文：通过写物来表达作者的思想感情。

记叙文的常见样式有通讯、特写、回忆录、传记、访问记、游记等。

（二）记叙文的六要素

记叙文的六要素包括时间、地点、人物、事件的起因、经过和结果，但并非缺一不可。

（三）记叙的顺序

常见的记叙顺序有顺叙、倒叙和插叙。

顺叙：按照事件发生、发展和结局的顺序来写，也就是叙述的顺序与事件发生、发展的顺序是一致的。

倒叙：先写结局，然后再叙述事情的发生、发展；或者先写后来的情况，再叙述产生这种情况的经过。

插叙：在记叙的过程中，有时要插入在时间地点上不一致的情节，然后再按照原来的事情接叙，插入记叙的这个部分叫插叙。

（四）记叙文的线索

记叙文的线索是指自始至终贯穿全文的一条主线，由于题材的多样性和作者思路上的差异，致使文章线索呈现出多种形式。

有的以时空转移为线索；有的以人物活动、时间、发展、景物变化为线索；有的以一人、一事、一物的线索把全篇各部分内容紧紧联结起来。有的记叙文存在着两条或两条以上的线索。

（五）记叙的人称

记叙文的人称有三种：第一人称（我，我们），以当事人的口吻和身份叙述，写起来亲切自然。而有的文章中运用了第二人称代词（你，你们），一般多是出现在用第一人称或第三人称的叙述里，实际上仍然是站在第一人称或第三人称的角度写的。在言语活动中，指称说话人与听话人以外第三方的，为第三人称。如他、她、它、他们等，在叙事性文学作品中运用第三人称是最常见的叙述方式。

（六）记叙文的表达方式

记叙：交代事件，把人物和事件介绍给读者，写出人物的活动、事件的发展情况。

描写：在叙述的过程中，用生动形象的语言，用修辞方法对人物和事件加以具体形象地描绘，避免了单纯记叙的平淡和枯燥。

说明：补充交代记叙文中需要交代的事物。

议论：记叙文中的议论是作者直接发表评论，点明记叙的意图，揭示所叙事物的本质，起到画龙点睛的作用。

抒情：作者在记叙的基础上，采用直抒胸臆的办法，抒发作者强烈的感情。抒情方法：有的直接抒情，有的在记叙描写中抒情。

笔记栏

（七）记叙文中的景物描写与人物描写

记叙文中的景物描写包括社会环境描写和自然环境描写。作用是交代背景，渲染气氛，表现人物性格，烘托人物心情，推动情节的发展等，总的来说，都是为表现主题服务的。

记叙文中的人物描写包括外貌（肖像、神态）描写、语言（对话）描写、行动（动作）描写和心理描写。

二、说明文的文体常识

说明文，就是以说明为主要表达方式来说明事物、阐明事理而给人以知识的文章，它通过对实体事物的解说，或对抽象事理的阐释，使人们对事物的形态、构造、性质、种类、成因、功能、关系或对事理的概念、特点、来源、演变、异同等有所认识，从而获得有关的知识。

（一）说明文的分类

依据说明对象与说明目的的不同，说明文可分为事物说明文和事理说明文两大类。事物说明文的说明对象一般为具体事物，目的在于给人以知识。例如《中国石拱桥》，它以赵州桥和卢沟桥为例说明中国石拱桥“不但形式优美，而且结构坚固”的特征。事理说明文的说明对象一般为抽象事物。这种说明文主要是说明事物的本质、事物内部或事物之间内在联系等一类问题。例如《大自然的语言》一文着重介绍了物候、物候学以及研究物候学的意义，科学地说明了物候学知识。说明事物特点和阐明事理是说明文的两种类型。

根据说明语言的特色以及表达方式的使用情况的不同，说明文可分为平实的说明文和生动的说明文两种。生动的说明文又叫文艺性说明文。文艺性说明文是通过文艺的形式介绍科学知识的说明文，如小学语文课文《跑进家来的松鼠》。

（二）说明方法

为了把事物特征说清楚，或者把事理阐述明白，必须有相适应的说明方法。常见的说明方法有：举例子、分类别、做比较、列图表（列数字）、下定义、做诠释、引资料、打比方、摹状貌、做引用、做假设等。写说明文要根据说明对象和写作目的，选用最佳说明方法。采用什么说明方法，一方面服从内容的需要，另一方面作者有选择的自由。是采用某一种说明方法，还是采用多种说明方法，是采用这种说明方法，还是采用那种说明方法，可以灵活选择，不是一成不变的。

（三）说明的顺序

说明要有顺序，这是使说明内容条理化的必要条件。常见的说明顺序有：时间顺序、空间顺序、逻辑顺序。说明的时间顺序和记叙的时间顺序相似。空间顺序，要特别注意弄清空间的位置，注意事物的表里、大小、上下、前后、左右、东南西北等。逻辑顺序，常以推理过程来表现。采用什么顺序，主要取决于作者所说明对象的特点。说明事物的发展变化，时间顺序容易表示清楚；写建筑物的结构，离开空间顺序难让读者看明白；说明事理用逻辑顺序，便于体现事理的内部联系。

1. 逻辑顺序

逻辑顺序是常见的说明顺序之一。说明的逻辑顺序，是指依据事物之间或事物内部各部分之间的关系来确定说明内容先后的。事物之间的关系虽然错综复杂，但总是有主有次，有因有果，有一般的、有个别的，有普遍的、有特殊的，作者依据这些来安排说明内容的先后顺序，就容易把事物之间的关系说清楚，将繁复的内容介绍得有条不紊。逻辑顺序主要分成 12 种——从原因到结果，从主要到次要，从整体到部分，从概括到具体，从现象到本质，从具体到一般，从结果到原因，从次要到主要，从部分到整体，从具体到概括，从本质到现象，从一般到具体。不管是实体的事物，如山川、江河、花草、树木、器物等，还是抽象的事理，如思想、观点、概念、原理、技术等，都适用于以逻辑顺序来说明。凡是阐述事物、事理间的各种因果关系或其他逻辑关系，按逻辑顺序写作最为适宜。

2. 时间顺序

时间顺序是文章常见的记叙、说明顺序之一，即按照事理发展过程的先后来介绍某一事物的说明顺序。说明生产技术、产品制作、工作方法、历史发展、文字演变、人物成长、动植物生长等，一般都以时间为序。

3. 空间顺序

空间顺序，即按事物空间结构的顺序来说明的一种说明方法，它或从外到内，或从上到下，或从整体到局部来对事物加以介绍，这种说明顺序有利于全面说明事物各方面的特征。一般说明某一静态实体（如建筑物等），常用这种顺序。《核舟记》就是按照船体—船头—船尾—船背的空间顺序来写的；《故宫博物院》按照先总后分的顺序，先概括说明故宫建筑物的总体特征，然后再具体介绍太和门、太和殿、中和殿、保和殿、乾清宫……御花园，而在介绍每一座建筑物的时候，则又按照先外后内、先上后下的顺序。这样安排合乎人们观察事物的习惯，是所有顺序中最合理的顺序。

说明文的语言要准确、严谨、讲究分寸。

三、议论文的文体常识

议论文是以议论为主要表达方式，通过摆事实、讲道理，直接表达自己的观点和主张的常用文体。

议论文三要素是论点、论据、论证。论点就是作者所持的见解（需要证明什么）；论据则是用于证明论点的材料（用什么证明）；论证是运用论据证明论点的过程（怎样证明）。

（一）议论文的三要素

1. 论点

论点就是作者所持的见解和主张，是文章的灵魂。一篇议论文，一般只有一个中心论点。有的议论文还围绕中心论点提出几个分论点，分论点是用来补充和证明中心论点的。

论点的位置一般有四个：文题、开篇、中间和结尾。当开篇与结尾出现类似的语句时，开篇的为论点，结尾处的是呼应论点。

2. 论据

论据为用来证明论点的事实和道理。论据分事实论据和理论论据。

事实论据包括有代表性、确凿的事例、史实和统计数据等。理论论据包括科学原理、名言警句、民间谚语和公认事理等。论据必须真实且充分。

观点统率材料，材料为观点服务。论点与论据的关系是被证明与证明的关系。

3. 论证

论证是运用论据证明论点的过程与方法。

（1）论证方式。立论和驳论是论证的两大类型。立论是以充足的论据正面证明作者自己论点正确的论证方式；驳论是以有力的论据反驳别人错误论点的论证方式。立论和驳论都是一种证明，无非一个是从正面证明其正确，而另一个是从反面证明其错误。它们可以使用相同的论证方法。

（2）论证方法。论证方法多种多样，常见的有举例论证（例证法）、引用论证（引证法）、对比论证（对比法）和比喻论证（喻证法）。

举例论证：列举确凿、充分、有代表性的事例证明论点。“事实胜于雄辩”正是如此，这是比较常用的一种论证方法。

引用论证：用经典著作中精辟见解、古今中外名言警句以及人们公认的定理、公式等来证明论点。

对比论证：拿正反两方面的论点或论据做对比，在对比中证明论点；

比喻论证：借助显浅的或用人们熟知的事物打比方，来证明论点。

（二）议论文的基本结构

一般由提出问题（引论）—分析问题（本论）—解决问题（结论）三部分组成，它又可分为两大类：

一类是“横式”。以“横式”结构为主的有：“总论—分论—总论”“总论—分论”“分论—总论”三种。

一类是以“纵式”结构为主，层层深入式。

议论文的语言：准确、严密、精练、逻辑性强。

教师资格考试的写作题一般有命题作文、材料作文和话题作文三种形式。

（1）命题作文。出题者给出一个既定的题目，要求应试者根据给定的题目进行写作。命题作文分全命题作文和半命题作文。全命题作文就是给出的既定题目是一个完整的命题，如：请以“我为什么要当教师”为题，写一篇论述文；半命题作文则是一个不够完整的题目，如：“我的梦想是________”。

（2）材料作文。出题者只给出一些文字或图画材料，要求应试者根据所给的文字或图画材料的内容，自主选择角度立意，自拟题目，进行写作。这是教师资格考试常用的写作题型。

（3）话题作文。考生在给定的话题范围内，自主立意、拟题，写出自己的真知灼见。如：请以“责任”为话题，自拟题目，写一篇文章。要求观点明确，论述具体，条理清楚，语言流畅。

这三类题型比较适合以议论为主的文体。

第二节　写作过程

写作，首先必须审题立意，为写作活动定向，确定文章所要表明的观点和态度——中心思想。然后再围绕中心思想选择有关的感性表象和材料。在此基础上，再考虑文章的结构，明确所要叙述的事物之间的正确逻辑关系，以确定先后次序、段落层次，最后选择适当的词语表达这些内容。

一、审题立意

审清题目、准确立意的过程就是主题的提炼过程，审题立意的优劣，往往是决定文章成败的关键，这就要在解读命题或材料的基础上，反复思考，认真分析，抓住事物的本质。只有抓住事物的本质特征，获得了对题目的深刻的理解，并产生了自己的看法，其审题才会准确，立意才会深远。

（一）审题

1. 命题作文的审题

做命题作文之前要对题目中的每一个字、每一个词的含义及其相互之间的关系都要认真地推敲、揣摩、辨析，然后综合起来，从总体上把握文章的题目。对题意的理解不能仅限于表层含义，还应认真体会其深层含义，懂得比喻义、引申义或语境义。要善于抓题眼，即题目中的关键词，如《语文，想说爱你不容易》，要扣住“爱”和“不容易”，重点是“不容易”，就是要写学习语文的苦恼、教训、困惑，对当前语文教学的批评和意见，写学语文非下苦功不可等。有些题目用了比喻，就要善于挖掘喻义。《语文，心中的一泓清泉》，这一题目用了一个比喻：“清泉”，要读懂其喻义，就要紧扣“心中（的）清泉”这一关键词，如写学习语文的乐趣，语文学习对心灵的净化、对情操的陶冶，对语言文字美感与魅力的感受等。同样，如果是话题作文，也要抓住话题中关键词语的含义，挖掘话题内涵。

2. 材料作文的审题

材料作文的审题，首先要分清材料类型。从数量上看，有单则材料和多则材料之分。单则材

笔记栏

料需分清内部结构，常见的有故事型、对照型、数据型、图表型等。如，故事型的就要分清有哪些人、事，主要角色、次要角色；对照型的则要对两方面全面分析与把握。当几则材料放在一起时，就不能仅仅停留在对材料表面的泛泛而谈，而应发现字里行间的实质，深入挖掘其含义。例如：

结合材料、结合学科知识写出不少于800字的作文。题目自拟。① 柳传志说过一句话："卖一台联想电脑，就相当于是帮别人卖掉一个视窗，帮英特尔卖了一个芯片。" ② 崔永元说，我们给别人打工，由于无知识产权，没有自己的核心技术，只能打工。

两段材料说了两层意思：① 为第一层，主要从具体例子上说明中国产业发展中的困境：缺乏高含金量的自主创造，中国产品附加值低，只是为别人做嫁衣裳。② 为第二层，重点是说知识产权和核心技术的重要性。因为这道题是对教师认识和能力的考查，不难想到此题立意与基础教育如何实施创新教育，培养具有想象力和创造力的高素质人才的问题有关。

其次要提炼材料中心。所给材料并非纯客观的，藏于文字之中的情感倾向是可以体察到的，点面结合是读懂材料作文题意的关键。材料以"面"为内容，分析材料要看"面"，但又不能仅仅只看"面"。从理性追问层面而言，"面"也是一种符号，一种触发思考的符号。在整体感知的基础上，找中心句或关键词来整体把握材料主旨。对于没有中心句或关键词的材料，可以通过分析关系法、因果分析法等方法，记忆概括，抓住材料的主要倾向立意。

教师资格考试考查的写作是以教师为考察对象，是一种与教育密切相关的写作，因此，应从教育的角度、教师的角度出发考虑问题。

【典型真题】 阅读下面材料，根据要求写作。

成长是美丽的，它一路走着，一路抛洒着缤纷的花朵；成长是神奇的，它引领着我们，去创造一个又一个生命的奇迹；成长又是忧伤的，它意味着一次次告别的仪式，和亲人、和自己……

以成长为话题，写一篇不少于800字的文章。

要求：用规范的现代汉语写作，自定立意，自拟题目，自选文体（诗歌、剧本除外）；条理清楚，语言流畅。

【解析】 阅读材料后，考生不难把握材料传达的情感倾向：成长是美丽的、神奇的，成长中又会有失败、忧伤。结合教师资格考试的特点，可以从两个角度入手：一是幼儿的成长，二是教师的专业成长。

（二）立意——对题目和材料的含义进行认真研究

立意就是一篇作品所确立的文意。它包括全文的思想内容、作者的构思设想和写作意图及动机等。立意产生在写作之前。一般来说，写人的文章，要着力分析人物思想，找出支配人物一切言行举止的思想本质。写事的文章要在事件所显示的多方面意义中找出能够代表事件最主要的，最动人的那一点，或者最有现实意义的一点；论理的文章，要着力剖析事物的矛盾，把握那个处于支配地位的矛盾的主要方面，从而进行立论与反驳。

有的作文题目揭示了中心，一目了然，如"学会赏识"；有的作文题，中心不明显，考生要认真思考出题的意图，选取有意义的内容，确定较明确的记叙或议论的重点。

立意的思路：

① 细读。整体感知，画出关键词句。

② 压缩。提炼内容，概括材料大意。

③ 联想。提炼中心论点。

④ 选择。确定立意角度。

可以从以下几个角度选择立意：一是新颖的，有别众生俗论，能吸引读者的；二是正确的，立论稳妥而不会走火入魔的；三是可写的，能够从道理上深入阐述的；四是熟悉的，平时有积累、手头有

材料的；五是喜欢的，有写作灵感和创作欲望的。

笔记栏

【典型真题 1】阅读下面的材料，根据要求写一篇文章。

"学高为师，身正为范"是著名教育家陶行知对教师的期望，也是他师范教育实践的指导思想。有人说："教师要教给学生知识，培养学生能力，所以'学高'太重要了。"也有人说："教师以育人为天职，是人类灵魂的工程师，所以'身正'最重要。"……那么，你的看法呢？

请联系实际，写一篇议论文。要求：观点明确，分析具体，条理清楚，语言流畅，题目自拟，立意自定。字数为 800~1 200 字。

【解析】材料似乎让考生选择"学高"重要还是"身正"重要，其实，著名教育家陶行知的"学高为师，身正为范"的思想，才是立意的着眼点。教书育人是教师的神圣职责，"学高"与"身正"同样重要，缺一不可！

【典型真题 2】读下面材料，根据要求作文。

博览群书总还是要的，读书人喜欢说"腹有诗书气自华"，仔细想想，在人身上真正起作用的，一定是真正读懂、读通、读化了的那几部书。

要求：用规范的现代汉语写作，自定立意，自拟题目，自选文体，不少于 800 字。

【解析】材料中有两个要点：一是"博览群书总还是要的"，二是"在人身上真正起作用的，一定是真正读懂、读通、读化的那几本书"。但从中间的转折词可以看出，后者才是材料倾向的重点。作文时可以立意为注重读书的质量，或者批判盲目追求"博览"等。

二、选材组材

写好文章的重要前提之一是剪裁加工材料。如果说文章主旨好比灵魂，那么材料则是血肉。中心思想鲜明，血肉丰满，文章才会情真意切，生气充盈。

（一）选材

选材的目的是为了表达中心思想。文章的中心思想确定后，就要根据表达中心思想的需要来选择材料和组织材料，在材料的运用上要讲究详略，分清主次，选取那些最足以表达中心思想的材料作为重点来写。有的材料适合正面使用，有的材料适合侧面使用，凡是跟中心思想无关的材料，一概不用。只有这样，才能把文章的中心思想表达得鲜明、突出，人们读后才会留下深刻的印象。材料的基本要求：切题、典型、新颖。选择材料要注意和观点相结合，要选择真实而具体的材料，只有真实的人、物、事、景、理才会让读者觉得真切并受到影响。要选择典型的材料，即最能揭示事物本质的具有代表性的和强大说服力的材料。

（二）组材

在应试作文中，在处理中心和材料的关系上，考生常犯这样的错误：

一是缺乏具体材料，话语空洞，材料不能反映所要议论的或说明的情况。

二是没有明确的中心思想，仅是材料堆砌或记流水账。

三是有了材料，也确定了中心思想，却不善于围绕中心思想进行选材和组材。或是材料和观点不相适应，或是材料使用详略不当。

考生可从以下渠道搜集教育写作材料：① 教育学、心理学、教育心理学等课程的理论知识以及教育名家名言。② 教育一线的典型事例、教育热点问题如课程改革，等等。可以是耳闻目睹的感人事迹，也可以是来自书本、报纸杂志、电视新闻的感人素材，还可以是富有历史底蕴的或富有时代气息的动人故事……

记叙文最好要有细节描写，以情动人。议论文切忌大话、套话、废话，要避免空发议论，无情却"抒情"，无病呻吟，滥提口号，乱发号召，空表决心等。

三、谋篇布局

如果说主旨是文章的“灵魂”，材料是文章的“血肉”，那么结构就是文章的“骨骼”，它是解决成“形”备“体”，言之有序的问题的。因此，只有精心地谋篇布局，才能把各自游离、互不联系的内容统一起来，组成一篇和谐完整的文章。因此，布局谋篇的技巧是鉴别文章优劣的标准之一。

布局谋篇是解决文章思路和结构问题的。思路是在写作过程中，作者思维活动的轨迹。落实到文章里，读者能看到、感受到的，常常体现为一种线索和写作顺序。结构是客观事物的内在联系及其发展顺序，通过构思在文章中得到的反映，是思路的归宿，表现为文章的骨架。人们常说的段落、层次、开头、结尾、总领、总结、伏笔、过渡、照应等，就是文章结构的内容。结构是外显的思路，思路是内化的结构。思路是谋篇，结构是布局。

构思是一种技巧，但关键在于思路。思路是否具有条理性，是作者对客观事物的认识和理解的反映。如果作者对客观事物认识深刻，那么，他就能有条不紊地、清清楚楚地反映出来，他的思路必然是清晰的。可见，文章的结构安排是否严谨，能反映出考生的思路是否连贯，是否有条理。

如果对所写的事物没有一个鲜明的印象和看法，并且没理出一个清楚的头绪，就不可能很好地谋篇布局，把文章的结构安排好，如：有的作文简单罗列材料，有的作文思路狭窄，就事论事，有的作文结构混乱，首尾脱离等。

（一）理清思路，合理布局

1. 叙事类文章的线索

叙事类文章要安排好线索。线索贯穿在整篇文章中，是情节发展和思想感情发展的路线。有了线索，材料才能安排得体，贯穿有序。由于叙事类文章的人物有多有少，事件有繁有简，抒情有浓有淡，反映生活的面有大有小，因而布设线索的数量也应有多有少。一般地说，线索有单线（情节比较简单，只有一条线索）和复线（情节比较复杂，有两条或两条线以上的线索，其中分为主副线索、平行线索、交叉线索、明暗线索）之分。

线索的安排方式：① 以主题为线索。如朱自清的散文《春》，主题是赞美春天，并以此为线索贯穿全文。文章围绕这个主题先写“盼春”，次写“绘春”，再写“颂春”，由情而景，由景而意，突出主题。② 以人物为线索。如鲁迅小说《孔乙己》中的“小伙计”是线索人物，以“小伙计”的眼光来叙述孔乙己惨淡的一生。③ 以物为线索。如莫泊桑的《项链》，是以物为线索组织情节。④ 以中心事件为线索，如《为了六十一个阶级兄弟》，全文以“寻找和运送特效药”这一中心事件为线索来逐步展开。⑤ 以感情为线索。通过感情发展变化为线索来构制篇章，如杨朔的《荔枝蜜》。

2. 议论类文章的脉络

议论类文章要厘清其脉络，做到以下几点：① 条理性，指思想脉络要有顺序、有层次。② 贯通性。指思想脉络的表达，不仅要有顺序，而且各个次序的内容之间要有严密的关系，如衔接关系、并列关系、总分关系、转折关系、因果关系等，不论哪种关系，都要合乎逻辑。③ 严谨性，指思想脉络清晰，没有漏洞。对提出的论点，加以严密论证，论证过程要严谨，分析问题要合乎辩证法，防止片面性。这样，文章的内容在逻辑上才能周严缜密，无懈可击。

（二）围绕主题，精心谋篇

文章结构就是文章内容的组织和排列形式，是作者根据主题的需要将材料按轻重主次排列而成的逻辑顺序。它能使文章条理清楚，层次分明，前后一贯，构成和谐的整体。

常见的议论文一般来说应为“三部分四（或五）段落五层级”。“三部分”，即说理的三个阶段：提出问题、分析问题、解决问题。这是就篇而言的。“四（或五）段落”，即整篇论述可分为四（或五）个自然段。因为阐述问题至少要有两个分论点。“五层次”，是就一个分论点阐述过程而言的，因为阐述分论点一般应有五个环节，即提出分论点—阐释分论点—列举事例—分析事例—进行小结。

记叙文体安排层次的方式有以下几种：① 以时间的推移为顺序安排层次。这是纵式结构。② 以空间的变换为顺序安排层次。这是横式结构，先看到的先写，后看到的后写。③ 以作者的主观感受、认识发展、感情变化为契机安排层次。④ 以意识流动为顺序安排层次。这是心理结构，通常用内心独白、自由联想、象征暗示等手法来显示意识流动。

开头和结尾在文章中所处的位置相当特殊，在文章中有着举足轻重的功用。首先要写好开头（凤头）。入题要快，要展示自己的文采，给阅卷老师先入为主的好印象。切忌抄袭原材料。其次，主体段落要有层次。议论文体安排层次的方式有：① 总分式。即各个层次之间是总分关系，先"总"后"分"或先"分"后"总"。② 并列式。即各个层次之间是并列关系，从各个侧面论述，从而突出文章的主题。③ 递进式。即各个层次之间是递进关系，全文围绕中心论点，逐层深入地展开论述。④ 对比式。即将一对相反的材料，对照起来安排，形成反差，从而有力地突出主题。再次，要写好每一段的首句。每一段的首句犹如人的眉目，把首句写好，"眉清目秀"，整个段落都显得精神。最后，结尾要干脆（豹尾）。结尾要展示自己的文采，有韵味，让阅卷老师眼前一亮。

过渡和照应则是使文章内容前后连贯的一种重要结构手段。过渡的安排有两种：一是内容转换或事件转换的交换、时间转换或事件转换的交接转折处要安排过渡，论述问题转换时，要安排过渡。二是表达方式和表现方法变动时安排过渡。

四、遣词造句

遣词造句是写作能力的基础。文章是由语句连缀而成的，准确鲜明、生动地使用语言，是写好文章的必要条件。

（一）准确

这是对语言运用最基本也是最重要的要求。它要求所用之词能完全表达概念的内涵，切合语境与对象，这涉及选择词语、句式、语气等方面的要求。掌握比较丰富的词语，特别是大量的同义词，是准确用词的前提和基础。区别词的词性、词的感情色彩也是准确表达的前提。要注意词语运用要贴切，避免不合词义，不合事理，不合习惯，生造滥用等语病。句子使用上要避免句子成分残缺不全、冗杂不清、次序颠倒、虚词不当、复句不当、滥用修饰等现象。

（二）鲜明

这是指遣词造句语意明确，条理清楚，能够把事物的性质、状态以及事物之间的复杂关系清晰地告诉读者。表达时要选用恰当的词语、句式，使自己的观点更加鲜明而强烈。注意整句与散句的使用。整句形式整齐，声音和谐，气势贯通，意义鲜明，适合于表达丰富的感情，能给人以深刻而鲜明的印象。

（三）生动

语言生动要求用语具体形象，活泼多变，有声有色。一方面要善于使用描绘性的词语和掌握具体形象的写法。绘声绘色、富有动感的描绘性词语使文章显得生动活泼；具体形象的表达能给人一种身临其境的感觉，使抽象的东西鲜活起来。另一方面，要善用修辞，用绘声绘色绘形的表达来增强语言的形象性和生动性。

第三节　议论文写作

一、巧拟题目

从历年真题看，教师资格考试的写作题的考查形式以话题作文、材料作文居多，而写作这类作文时，首先就要拟题。文如其人，题目则如人的双眸。一个精彩、富有个性的题目，就像一双明慧的

笔记栏

笔记栏

眼睛，使文章顾盼生姿，起到眉眼传神的作用，既为作者行文提供一个明确的中心点，又能令阅卷老师眼前一亮，迅速激起阅卷老师的好奇心，对其作文一见心动，甚至“一见钟情”，所以，人们常说“花香蝶自来，题好一半文”。标题平淡无奇，空洞乏味，则不能引起读者继续阅读的兴趣。

（一）拟题的原则

确切、精练、生动、新颖，这是作文拟题的基本要求。

确切，指的是题目与文章内容相符，含义清楚，宽窄有度。题目不要太大太泛，要合理出新。如果标题太大，可以采用副标题的方式加以限制。同时，遣词造句要符合规范。

精练，指的是标题言简意赅，高度概括，字数恰当。题目不宜过长，一般不要超过 8 个字，标题过长则显得松散。

生动，指的是题目具有可读性，饶有情趣。

新颖，指的是题目有新视角、新思路、新感悟，给人新鲜感。

（二）拟题方法

1. 套用话题法

如以“责任”为话题，就直接套用话题，可拟题为《关于责任》；如以“师爱”为话题，就拟题为《师爱的故事》，这种拟题方式无新意但可避免跑题。

2. 表明观点法

如以“位置”为话题，就可拟题为《有为才有位》，以“合作”为话题，就可拟题为《合作是人类共同的选择》《责任是教师的使命》等，直接表明作者的态度、见解对文章起提纲挈领的作用。

3. 增补法

在所给话题前面或后面加上适当的词语进行增补，对写作范围加以限制，能使话题由大变小，由虚变实，由抽象变具体，这是最简捷方便的拟题方法。如以“树”为话题，可拟《树下》《记一次植树活动》《松树赞》《我爱那片小树林》《植树，生存的希望》《小议“前人栽树，后人乘凉”》等，这些题目从各个角度缩小了写作范围，使主题更明确集中，既利于我们的写作从小处着眼而顺利展开，避免出现“下笔千言，离题万里”的现象，又便于把握文章的重点。

4. 文采法

在观点法拟题的基础上，运用必要的修辞手段，可使题目不同凡响，使人一见难忘。

运用比喻——《我发现女孩也可以做“太阳”》《激励，学生成长的助推器》《乘着音乐的翅膀》《梦想，从这里起航》《诚信——人生的通行证》。

运用借代——《雨中，那把小红伞》《“范跑跑”跑掉了良心》《绿色，我的梦》。

运用比拟——《天空的诉说》《酿造生活》《别让幸福擦肩而过》《“诚信”流浪记》。

运用对偶——《严中有爱 爱中要严》《读智慧之书 做有用之才》《躺着读书 站着做人》《你的岁月，我的记忆》。

运用反问——《牢骚太多真的不好吗？》《成才全靠父母吗？》《近朱者必赤？》。

运用顶真——《读书乐 乐读书》《活读书 书读活》。

运用引用——《腹有诗书气自华》《己所不欲，勿施于人》《淡泊以明志，宁静以致远》《为有源头活水来》《不经风雨怎能见彩虹》。

运用通感——《我闻到了阳光》《“成长”有谁听？》《温暖的黑板》

5. 术语法

拟题时巧用人们熟悉的行业术语，往往会给人耳目一新的感觉，而且术语本身就有一定的含义，能使阅卷老师更容易掌握你的用意所在，如《拍卖“诚信”》（金融）、《点击“选择”》（科学）、《心灵的审判》（司法）、《心灵比色卡》（化学）、《心灵实验报告》（实验）、《纯天然诚信口服液》（广告）、《催化人生》（化学）、《生活中的欧姆定律》（物理）、《真空下的加速度》（物理），等等。

笔记栏

6. 借名拟题法

拟题时应巧用名人、名言、名物、名事，并巧妙加以翻新，既给人亲切之感，又能增强感染力。如《栽下梧桐树，引得凤凰来》《不畏浮云遮望眼》《痛并快乐着》《一花一世界》《科技与人文齐飞》《淡妆浓抹总相宜》，等等。

7. 反向思维法

运用求异思维，把一些公认的常理做反向思考，从而构成文题，往往能收到奇效。如：《弄斧到班门》《有志者未必事竟成》《常在河边走，也能不湿脚》《三个臭皮匠，怎敌诸葛亮》《前不见古人，后岂无来者？》《眼见一定为实吗？》《享受挫折》《要敢于走麦城》《痛苦也是一笔精神财富》《感谢你的敌人》《珍惜你的痛苦》。

8. 悬念法

悬念就是疑团，俗称为"卖关子"，其效果就是产生一种勾魂摄魄、欲罢不能的感染力和悬念美。拟题时可以充分利用、挖掘生活语言，利用相似词语的颠倒、谐音、形近等特点产生的独特魅力使标题靓丽起来。如：《打假与假打》《秋天里的春天》《减负：让我欢喜让我忧》《给心灵松绑》《保鲜诚信》《没有异想，哪来天开？》《我和幸福有个约定》等。

二、合理安排结构

（一）开头——先声夺人

文章的开头要像"凤头"，这种传统说法形象地说出好的开头应具备的两个特点——短小、漂亮。短小，便于让读者了解论点或论题，从而把握全文主旨；漂亮，才能吸引读者。"起句当如爆竹，骤响易彻"，不可拖泥带水，拖沓冗长。短小漂亮的开头才能先声夺人，吸引阅卷者，给阅卷者留下好的印象。议论文开头要精彩，可用比喻、类比、排比等修辞引入论点，还可引述名言，通过讲述寓言故事导入话题。

1. 开门见山

开门见山指文章开头直截了当地摆出观点，直接点题。白居易说："首句标其目"。这个"目"就是文章的中心论点，运用这种方法开头，就为全文指明了"航标"。

【示例】小事不可小视

也许是大事引人注目的原因吧，一般地说，人们都十分重视大事而往往忽略了小事。小事是不是就可以轻视呢？我以为小事切不可小视。

这种开头的好处是既简洁平实，便于掌握，又开宗明义，一语破的。

2. 叙事引旨

记叙故事、寓言或者生活中的事实，运用最简洁的语言叙述集中蕴涵主旨的故事内容，然后自然引出题旨。这种开头方法的好处是生动活泼，吸引读者。

【示例1】发现自己

歌德年轻时候立下的志向是成为一个画家。为此他努力提高自己的画技，付出了艰辛，却始终收效甚微。直到40岁的时候，他游历了意大利，亲眼见到那些大师们的杰出作品之后，终于清醒了：即使自己穷尽毕生的精力也难以在画界有所建树。在痛苦和彷徨中，他毅然决定放弃绘画，改攻文学，最终成为伟大的诗人。的确，发现自己并不容易。

【示例2】善于思考

英国哲学家罗素来中国讲学的时候，给听讲的莘莘学子出了一道题：2+2=？一时间，全场寂静，满座哑然。其实，这本是一道连小学生也能回答的问题，但听众们万万没想到答案会如此简单，所以竟无一人作答。人们迷信权威，往往丧失自我主张，肩膀上要长着自己的脑袋，放开眼光，开动脑筋，自己来想。

笔记栏

材料作文题也可采用先概述原材料，再引出论点的方式，但必须根据试题要求和提示，选取原材料中有代表性的话，简洁转述，迅速从叙述转入议题或论点，千万不要太多地引述原材料。

【典型例题】墙壁上一只蚂蚁艰难地往上爬，爬到一半，又滑落下来，这是它第六次失败。过了一会儿，它又沿着墙根，一步一步地往上爬了……请根据以上材料，联系现实生活，自拟题目，写一篇议论文。

方式一：简述材料，再转入论点

墙壁上一只蚂蚁经历了六次失败，不思变更，又沿着墙根一步一步往上爬。面对此情此景，我不禁要说：多可悲的蚂蚁，你不该再这样了！赶快想想失败的原因，放弃现在的做法，另辟蹊径，走向成功。

方式二：先提炼论点再转述材料

人生路途上，面对挫折和失败，要善于思考，学会适当地放弃。那只经历了六次失败，仍在爬墙的蚂蚁，它的做法实在是太不明智了。

3. 设喻法

开头采用生动形象的比喻，可化抽象为具体，增强说理的形象性，使深奥的道理变得通俗明朗。

【示例】尝试是什么？尝试是乌云蔽日时能直上云霄的那种最勇敢的鸟；尝试是大浪迭起的海面上勇往直前的一叶扁舟。对于勇敢者，尝试是一条崭新的生活之路；对于弱者，那迫不得已的尝试是一座高筑的墙。

作者巧妙设喻，理趣盎然，读者可凭借自己的知识、经验去理解文中的深刻内涵，同时华美的文采，令人回味无穷。

4. 设疑法

用设疑开头，预做铺垫，借以蓄势，引出后文，启人深思。或通过自问自答，引出观点或引入议论。

【示例】人的正确思想是从哪里来的？

人的正确思想是从哪里来的？是从天上掉下来的吗？不是。是自己头脑里固有的吗？也不是。

如此步步设疑，层层追问，问中含奇，话外有意，既点明了文章主题，又有助于全文的展开，可谓一箭双雕。

5. 类比法

【示例】尽显双赢智慧

天空有无尽的湛蓝，但仍为白云留出了些许空间，于是，蓝天满足了白云，白云点缀了蓝天；海洋有怒吼的波涛，但仍为游鱼留下了些许空间，于是，海水养育了游鱼，游鱼丰富了海洋。谁说，竞争激烈的现代社会，充斥的都是钩心斗角、尔虞我诈？我想，彰显自己并且衬托别人才是立足社会的双赢大智慧。

这种形式的开头往往充满诗意，能引起阅读者的兴趣。

6. 引用法

引用名言警句、诗词对联或是谚语俗语、歌曲开头，这种开头，含蓄蕴藉，雄奇有力，富有哲理，能吸引读者，增强说服力。

【示例 1】问题意识——转变学习方式的根本

在哈佛大学师生中流传着一句名言：教育的真正目的就是让人不断提出问题、思考问题。问题是科学研究的出发点，是开启任何一门科学的钥匙。传统的学习方式过分突出和强调接受和掌

握知识，冷落和忽视问题意识的培养，使学生学习书本知识变成仅仅是接受书本知识，学生的学习成了纯粹被动地接受和记忆的过程。因此，要使学习方式发生根本性的转变，必须培养学生的问题意识。

【示例 2】切莫做金钱的奴隶

泰戈尔有一句名言："任何鸟翼，坠上黄金，都不能再高飞。"这就是说，鸟类翅膀本是用来追求翱翔蓝天的自由与快乐的，如果让它们与金钱联系起来，那就会失去这种快乐和自由。

鸟如此，人亦然。人的生命本是用来追求知识与真理、正义与自由的，倘若是仅仅将生命与金钱联系在一起，那么人类也将失去生命本来的价值与尊严。因此，我们千万不要做金钱的奴隶。

这种开头方法的好处是加强论述的权威性，先声夺人。

考生最常犯的错误：① 排比铺势，千篇一律；② 议论过多，文字烦冗。

（二）主体——条理井然

议论文的结构以形式分类，一般是"总论—分论—总论"式，先提出论点，而后从几个方面阐述，最后总结归纳。以内容分类，一般是以提出问题（是什么）—分析问题（为什么）—解决问题（怎么样）三个阶段组成。逻辑关系上，常用的有并列式、递进式、对照式。

1. 并列式

文章的层次、段落之间的关系是平行的，就是并列结构，分论点之间可以并列，论据之间也可以并列。

下图为论据并列模式：

论据并列式
- 引论：提出论点
- 本论
  - 论据①+分析论证
  - 论据②+分析论证
  - 论据③+分析论证
- 结论：照应全文

【示例】高尚不需要理由

中心论点：高尚不需要理由。

分论据 1：千载胡曲，琵琶声声传驿道。

分论据 2：百年足迹，演绎出生命的华彩。

分论据 3：范美忠，危难面前只顾自己不高尚。

【点评】上述示例以小标题的方式并列了三个论据，没有分论点，而是通过对王昭君、林则徐以及范忠美三个故事的对比分析，来达到扣题点题的目的。有充足的论据，而难以分解论点时，不妨借鉴此方法。

下图为论点并列模式：

论点并列式
- 引论：提出论点
- 本论
  - 分论点①+分析论证
  - 分论点②+分析论证
  - 分论点③+分析论证
- 结论：照应全文

采用这种结构模式，中心论点一般放在第一段的末尾，如果句子比较长，还可以单独放一段（第二段）；分论点一般放在每一段的开头。一篇议论文至少要有两个分论点，最好有三到四个，可以从"是什么""为什么""怎么办"等多个角度拟写分论点。分论点的语言要精练，一般控制在15字以内，分论点句子的结构尽量一致。

【示例 1】从"是什么"设分论点

中心论点：这山望着那山高新解。

分论点 1：这山望着那山高，是一种永不满足的精神。

笔记栏

分论点 2:这山望着那山高,是一种精益求精的精神。

分论点 3:这山望着那山高,是一种进取开拓的精神。

【示例 2】从“为什么”设分论点。

中心论点:要养成多思的习惯。

分论点 1:多思才能把知识学活。

分论点 2:多思才能有所发明创造。

分论点 3:多思脑子才越用越灵。

【示例 3】从“怎么办”设分论点

中心论点:要学会赏识。

分论点 1:赏识,需要一双能发现不凡的慧眼。

分论点 2:赏识,需要一种宽容博大的胸襟。

分论点 3:赏识,需要一颗真挚诚恳的心。

并列是面(横向)的展开,用的是横向思维,其分论点与分论点之间没有严格的层次顺序,可以灵活安排。一般总把最重要的放在前面,或把并列的几个方面按高低、大小、前后的顺序排列起来。

【例文·论点并列】

读书与人生

读书有如煮茗,火候恰当,自然清新怡人;读书有如下棋,胸怀丘壑,自然决胜千里;读书有如品酒,岁月积淀,自然浓香醇厚。

读书使人充实。“书是人类进步的阶梯。”放眼世界,哪一位文坛泰斗不是博览群书,学富五车?读书让人明白“人生自古谁无死,留取丹心照汗青”的忠贞,读书让人明白“仰天长啸出门去,我辈岂是蓬蒿人”的自信。读书,丰富人的精神世界,增强人的精神力量;读书送来满世界的芳香,开启人的心灵天堂。

读书让人修身。培根说:“读书使人明智,读诗使人灵秀,数学使人周密,科学使人深刻,伦理学使人庄重,逻辑修辞学使人善辩。”常听人形容读书多的人有一股“书卷气”,那是一种知性美、灵性美。读书为人清理了野蛮的混沌,荡起纯净的心灵之波,读书为人扫除了愚昧的灰尘,绽放出美丽的思想之花。读书人正如同圆润的珍珠,越是随着时间的积淀,越是能发出璀璨耀眼的光华。

读书让人成功。纵观中外,凡是成大学问的,无不经过刻苦读书。孔子韦编三绝,苏秦刺股发奋,匡衡凿壁偷光。读书让人增智,让人博采,让人长才。马克思读尽前人所有经济学著作发现了剩余价值规律,在图书馆的地上竟磨出了一双深深的脚印。如果没有长时间的埋首读书,可能凭一人之力,可能一下子在地上磨出一双脚印吗?其用功程度可想而知。

现如今,社会上的一些“速食文化”令人担忧。今天,“水煮三国”;明天,“大话红楼”;后天,“戏说水浒”。其恶俗程度可见一斑,却居然大受吹捧。这边于丹,那边易中天,一些所谓学者专家打着“学术通俗化”的旗号大放厥词,赚足人气。这些不是我们要读的书,更不是我们应该读的书,真正的经典历史带不走它的光华,时间冲不去它的记忆,岁月磨不掉它的美丽,反而似梅花般,越是寒彻骨,越是扑鼻香。而真正的读书人,读的就是这种经典书;而不是大话,更不是戏说。

泡一壶清茶,浅浅呷一口,倚着古槐,望着天空,捧着书卷,感受那“天空没有留下翅膀的痕迹,但鸟已飞过”的深邃幽远;感受那“执手相望泪眼,竟无语凝噎”的凄婉哀绵;感受那“人生如梦,一樽还酹江月”的洒脱。这时,你会发现世界竟是如此美妙,到处都是春光明媚,鸟语花香。

人生因读书而精彩,因读书而美丽,因读书而丰富。

2. 递进式

文章各层次之间是层层深入、步步推进的关系;各层的前后顺序有严格的要求,不能随意变动。在具体操作时有两种方法:

笔记栏

方法一：由此及彼，环环相扣。提出问题—分析问题—解决问题，即"是什么—为什么—怎样做"的构架，在教育类作文中经常体现为"摆现象—析本质—指危害—找原因—谈举措"。在临场发挥时，有些人过于紧张，一下子"卡了壳儿"，如何应急？有一种应急措施，就是面对论据或论点，分别回答：这是什么？为什么这样？怎样才能这样？这是标准的递进式。在实际操作时，当然要灵活运用，随"题"应变，可以重点回答其中一两个问题，不要平均使用笔墨，否则弄巧成拙，费力不讨好。

【示例 1】我们应该珍惜时间

① 珍惜时间是珍惜生命的表现——是什么。

② 珍惜时间是学有所成的保证——为什么。

③ 珍惜时间应落实到行动中去——怎么办。

【示例 2】"慎独"

① 何谓"慎独"？

② 为什么要慎独？

慎独是道德修养的最高境界；慎独是成就个人事业的加速仪；慎独是正确处理个人与他人关系的一种必要条件。

③ 怎样做到"慎独"。

读书养气是达到"慎独"境界的必由之路；不盲从他人是"慎独"的标志；慎独是个人自律与他律相结合的基础，也是培养创新品质的捷径。

方法二：由浅入深，层层深入。由此及彼，由近及远，由易到难，由特殊到一般（或由一般到特殊）。选择这种结构形式时，必须对论述的层次内容有明显的认识，了解它们之间的关系是不是由浅入深，是不是由小到大或由表及里。

【示例】勿以善小而不为

中心论点：乐为"小善"。

① 乐为"小善"，体现心灵美（个人）。

② 乐为"小善"，能使集体团结、友爱、和睦、互助（集体）。

③ 乐为"小善"，有利于整个社会风气的好转（社会）。

三个分论点都是从"乐为小善"的好处，即从"为什么"的角度分析，分论点从个人到集体到社会，层层递进，纵向深入。

总之，递进式是点（纵向）的深入，用的是纵向思维，其层与层之间有较为严格的顺序。

3. 对照式

对照式就是在论证中，把两种事物或意见加以对比；或是用一种事物或意见来烘托另一种事物或意见，并加以对比；或者用一种事物或意见来烘托另一种事物或意见。

对照式的基本结构：在引论部分提出中心论点，本论部分从正反两方面提出分论点或摆出正反两方面的论据，加以论证，最后得出结论。它的特点是两种看法或论据之间为一正一反的关系，或通过正反对比明辨是非，或通过正反对比突出其中一方的正确性。这种结构方式能起到对比鲜明、突出深化观点的作用。有两种对比方法：

① 正反对比。可以是正反观点对比，也可以是正反例证对比。如《先天下之忧而忧，后天下之乐而乐》一文，作者在本论部分安排的第一层次写"先天下之忧而忧，后天下之乐而乐"者是民族的"精灵"，第二层次写只顾自己享乐不顾国家命运的人是人间的"硕鼠"。正反对比，泾渭分明。

② 相关比较。可以是主次、轻重的比较，也可以是利弊、得失的比较。如《近墨者未必黑》一文，作者在本论部分先指出近墨者黑的情况确实存在，但这不是主流，接着就列举近墨者不黑的事

笔记栏

实并分析其原因。对这道试题，还有不少考生先论证近墨者不黑，并指出这是时代的主流，然后以少量篇幅说明近墨者黑的人是存在的，但不是现实生活中的主要方面。这样的结构布局，既做到了观点鲜明，又避免了片面性。一般地说，本论部分需要辩证分析时，常采用相关比较的布局形式。

对照模式见下图：

对照模式
- 引论：提出论点
- 本论
  - 论点→论据(事实、理论)→小结
  - 论点→论据(事实、理论)→小结
  - （两者）对照
- 结论：评析照应

【例文】

幸福之花，开在感恩枝头

落红不是无情物，化作春泥更护花，这是花儿的感恩；乌鸟私情，愿乞终养，这是鸟儿的感恩；士为知己者死，女为悦己者容，这是人类的感恩。因为懂得感恩，他们拥有了一颗金子般的心，因为懂得感恩，他们创下了人世间温馨的传奇。

因为懂得感恩，这世界才会如此美丽。幸福如花，在感恩的枝头美丽绽放。“忠则《出师表》，孝则《陈情表》”，这两表道尽了人间感恩的真谛，演绎了人世间感恩的传奇。为报刘备三顾之恩，诸葛亮七出祁山，巧计破敌军，为刘备打天下立下了汗马功劳。“出师未捷身先死，长使英雄泪满襟。”是后人为他写下的诗篇。为报当年的知遇之恩，他用毕身的精力向后人诠释了感恩的真谛。自幼失去父母是李密的不幸，但祖母却用自己的温暖让这个可怜的孩子长大成人，且名扬四方。为官做宰是多少读书人毕生的梦想，十年寒窗不正为一朝为官？然而当这个机会真正来临，李密却不曾忘记自己的祖母。他放弃了这个机会。因为他知道“祖母无臣无以终年”。 在为官和报恩之间他选择了后者，向世人彰显了一首伟大的诗篇——感恩。

数十年为战友守墓，矢志不渝，是陈健对战友的感恩；荆轲赌命，是对报太子知遇之恩的感恩；袁隆平数十年专注研究杂交水稻，是对祖国的感恩。怀抱一颗感恩的心，让我们将爱传递。将别人无私的帮助，深深铭记，并将之传递，这世界因感恩而美丽。

他们的感恩温暖了自己，感动了后人。那一刻，幸福之花，在他们的感恩的枝头灼灼其华。

感恩之心，是我们维系这个世界的根本，拥有感恩的心，才能称之为有灵性的人，然而一旦失去后果不堪设想。云南大学曾震惊一时的血案是多少人挥之不去的阴影。马加爵一时的冲动让四个年轻的生命就此终结，我不想说他的残忍。我只想说，他真的不懂感恩。云南大学用知识培养他，而他却使之蒙羞；他的父母用心血把他养大，他却让他们体会白发人送黑发人的苦楚；他与同学的同窗情，他不懂得珍惜。如果他有一颗感恩的心，也许这一切就不会发生。当感恩的心不在，那一刻，他的幸福之花开在哪里？

人世间没有不绝的风暴，感恩却有其不老的风情。幸福之花，开在感恩枝头，灼灼其华。

采取什么方式组织材料、安排文章结构，要根据具体情况而定。有时根据需要，并列式可与对照式、递进式结合运用。

【示例】习惯

中心论点：我们应该养成良好的习惯。

分论点1：良好的习惯让你终身受益。

分论点2：恶习将对你贻害无穷。

分论点3：良好的习惯应从小培养。

分论点4：克服恶习要有坚强的意志。

分论点1与分论点2正反对照，阐述为什么要养成良好的习惯；分论点3与分论点4构成并列关系，阐述怎样才能养成好习惯，克服恶习，解决了“怎么办”的问题，与分论点1、2间是递进关系。

（三）论证——鞭辟入里

笔记栏

论证就是建立论据与论点的关系，是议论文不可或缺的一部分。一篇议论文的论证说理不能少于三种分析方法。

1. 反向假设说理法

反向假设说理法就是列举事实论据后，提出形成条件并不存在的假设，并据此推导出一个与事实完全相反的结果，在不同的条件与结果的比较中，其形成条件的必然性就得到了有力的论证。反向假设说理法的句式通常为："如果……那么……""假如（倘若）……怎能……""假使……那就……"。对语段进行假设分析时，如果举的例子是正面的，那么就应从反面来假设分析；如果举的例子是反面的，那么就应从正面来假设分析。

【示例1】

论点：要以榜样激励孩子。

论据：美国总统奥巴马是一个在"联合国家庭"中长大的黑人孩子，他曾经是一个"问题少年"，在他两岁时，父母离异。但是奥巴马的母亲、外公、外婆却一直在奥巴马的面前维护他父亲的形象和尊严，并以父亲的光辉轶事激励奥巴马。于是奥巴马的一生始终以父亲的梦想与奋斗作为动力，牢牢记住黑人也有可能逆转命运，并为之不懈努力，最终成为美国历史上第一位黑人总统，也是第一位具有非洲血裔的总统。

试想如果奥巴马的母亲、外公、外婆一直在奥巴马的面前诋毁他父亲，如果奥巴马从小缺失这种以父亲为榜样的百折不挠的奋斗精神和动力，那么也许我们就看不到美国总统选举史上的这一奇迹了，奥巴马的家庭教育给我们做了很好的示范。

【示例2】

论点：学习借鉴要有度。

论据：燕国寿陵的少年觉得赵人走路好看，便远行到赵国的邯郸来学步。但他盲目模仿，落得最后忘记了自己的步伐只得爬回燕国的下场。东施羡慕西施的美丽，觉得她一肌一容尽态极妍，便学习她的姿态，照搬她的举止动作；可她终究不是西施，在别人看来她不但不美丽，反而成为做作的典型。真是偷鸡不成反蚀米，她的一腔苦水只能硬生生吞进肚里。

倘使燕国的寿陵少年能在学步之时，融进自己的步伐特点，在借鉴的同时取长补短，走出自己的一步，形成独特的步伐，可能他就不至于爬回燕国了，说不定还会走出被他人推崇的步伐；假若东施能充分认识自身的特点，发挥自身优势而不是盲目模仿，那么或许会成为一种新形式的"美"的代表。

【示例3】

论点：学会赏识。

论据：著名剧作家席勒曾是一个学习外科医学的学生，却悄悄创作了第一部剧本——《抢劫者》。他十分厌烦学校监狱一般的生活，他渴望自由自在的生活。于是他破釜沉舟，开始冒着衣食无着的危险，在文学世界里畅游。幸运的是，他得到了老师的帮助，创作了两部伟大的戏剧。

倘使席勒独自一人闯荡清冷的文字世界时，没有老师独具慧眼的赏识，那么，他可能早就饥寒交迫，穷困潦倒了，怎么可能创作出伟大的作品呢？正因为他遇到了善于发现，善于赏识的老师，他才会有如此杰出的成就。

2. 因果分析说理法

因果分析说理法就是抓住论据所述的事实，并据此推求形成结果的原因的一种分析方法。由事物发展变化的结果，推导出产生这种结果的原因，从而揭示出一定的生活规律，使事例有力地证明观点。因果分析说理法的句式通常为："为什么……因为……""正因为如此……所以……""之所以……是因为……"。

【示例1】

论点：敢于正视自己。

论据：记得《猪八戒照镜子》的故事吗？猪八戒抡起铁耙，将映出自己那张丑脸的镜子打得粉碎，结果每片镜子中仍有自己丑陋的脸。猪八戒这种闻过则怒的做法实在是不可取的，人应该正视自己。

猪八戒之所以要打碎镜子，无非是因为镜子如实地照出了自己的丑陋，而这恰恰是他不愿意看到的，于是，猪八戒愤怒地抡起了铁耙。这种不敢正视自己的缺点、闻过则怒的做法实在不可取，我们需要的是闻过则喜的精神。既然容貌丑陋是客观存在的，为什么不接受镜子直观真实的反映呢？并且，猪八戒完全可以在镜子的指引下正确认识自己，甚至施粉黛，正衣冠，从其他方面弥补自己相貌上的不足。

【示例2】

论点：靠奋斗冲破"埋没"的压力。

论据：古今中外，许多取得了重大成就的人，很多都遭受过"埋没"的命运。爱因斯坦就曾被埋没在一个专利局中，充当小职员的平凡角色。但他没有灰心，抓紧一切机会进行研究，终于开创了物理学的新天地。华罗庚曾"埋没"在小店铺里，但他没有消沉，每天在做好营业工作后，抓紧一分一秒的时间，昼夜不停，寒暑不辍，刻苦自学，潜心钻研数学，终成著名的数学家。

为什么他们没有因"埋没"而"窒息"，并且能有建树？因为他们不甘心忍受被"埋没"的命运；不管在怎样不利的情况下，他们始终没有丧失向上的勇气和力量；他们坚信：不失千里之志的千里马，终有奋蹄腾飞的日子。因此，他们在"埋没"的情况下，不是怨天尤人，而是努力拼搏奋斗，终于冲破"埋没"，脱颖而出。

【示例3】

论点：自信，但不能盲目。

论据：三国时的马谡乃蜀军一员大将。镇守街亭时，他把二十万大军驻扎在高山上，久经沙场的老将王平力劝他撤离此山，理由让在场的将士信服，但唯有马谡仍然坚持自己的意见，结果被司马氏围山断水，放火烧山，蜀军不战而乱，几乎全军覆没。马谡也依军法被处斩，身首异处。

街亭失守，是因为马谡不懂兵法吗？不，他自幼熟读兵法，曾献计于诸葛亮，使其七擒孟获，平定南方边境；又离间曹睿与司马懿，使司马懿被罢官归田。马谡的失败，是因为他狂妄自大，固执己见，不能听取别人的正确意见。"前事不忘，后事之师"，我们在决策、办事时不能盲目自信，要择善而从，虚心听取他人的意见，这样才能获得成功。

3. 正反对比说理法

正反对比说理法是先列举一个正面、一个反面的例子，再从正反两个方面加以对照性分析以证明论点的说理方法。它重在分析，而不是列举。正反对比说理法的句式通常为："同样……却……可见……""同样……而……因此……"。

【示例1】

论点：人要从容面对得失。

论据：2000年奥运会上，面对枪靶，44岁"高龄"的王义夫一枪失准，但在最后关头的二次举枪显示出过人的老练，终于用金牌弥补了亚特兰大奥运会留下的遗憾。而在2008年的北京奥运会上，美国步枪选手埃蒙斯在倒数第二轮领先将近4环，金牌几乎唾手可得的情况下，却重演了雅典的严重失误，最后一轮仅打出了4.4环，又一次与金牌擦肩而过。

同样是一流高手，结果却大相径庭，究其原因，是个人的心理素质起了关键的作用。王义夫能沉着冷静，从容面对失利，所以在一枪失准的情况下，能快速调整心态，重整旗鼓，打出最好的成绩，最终赢得金牌。而埃蒙斯却没能让自己的从容状态保持到最后，心理上再次崩溃，留下了终身的遗憾。因此，不管在什么时候，我们都要从容地面对一切。

笔记栏

【示例 2】

论点：勤能补拙。

论据：明代的张溥小时候很“笨”，别人读一会儿就能背下来的东西，他往往要读几十遍才能背下来。但是，他并没有灰心，每拿到一篇文章，先认真抄一遍，再大声朗读一遍，然后烧掉，接着再抄。这样，一篇文章往往要抄六七遍。后来，他逐渐变得文思敏捷，出口成章，26 岁写下了名扬天下的《五人墓碑记》。方仲永 5 岁就能赋诗，可谓天赋出众。凭着聪明，他父亲带他四处作诗炫耀。但方仲永再也不思进取，长大以后，他变得庸庸碌碌，“泯然众人矣”！

不难看出，张溥虽然很“笨”，但他肯勤学苦练，正是勤学苦练才使他的文思逐渐变得敏捷起来，26 岁就写下了名扬天下的《五人墓碑记》；而方仲永虽然天赋出众，但他后来不思进取，不能做到勤学苦练，因此，长大以后他变得庸庸碌碌，“泯然众人矣”！由此可见，尽管先天智力因素的差异不可否认，但后天的勤奋则能弥补先天智力上的不足。

【示例 3】

论点：好集体不会埋没人才。

论据：孙膑与庞涓同出于鬼谷子门下。他们二人精于谋略，都是不可多得的人才。但是当孙膑来到庞涓任职的魏国时，庞涓嫉妒他的才能，表面恭敬，内心狠毒，多次向魏王进谗言，以致孙膑被挖去膝盖骨，不能施展其才能。而齐王听说孙膑之才，不惜费尽心力，将孙膑请到齐国，委以重任，齐军才有了马陵道之胜。同是孙膑，为何落得两种境遇呢？就是因为他效劳于优劣不同的两个统治集团。在魏国，庞涓只为私利，妒贤嫉能，魏王昏庸，偏听偏信，而且缺乏识别千里马的伯乐眼光。孙膑在这样一个集体中，如何施展大志呢？而齐王任贤用能，身边的臣子也不像庞涓那样谋私，因而上下齐心，孙膑在此，才得以充分发挥作用。可见，好集体不会埋没人才。

4. 意义分析法

意义分析法也叫例后分析评价法，就是叙述事实论据后用精练的语言揭示、评价事物或事件的效果、价值、影响，从而证明论点的一种方法。其作用在于由小见大，高度评价，深入本质，揭示危害等。意义分析法的句式通常为“从……中，发现……感受到……”。

【示例】大处着眼，小处着手

现在有不少年轻人不愿做诸如打扫卫生、扶老携幼和乘车让座之类的小事，认为这样做算不了什么。我看这类小事并不小。因为不打扫卫生，将会到处垃圾成堆，蚊蝇成群，人们生活和工作在这样的环境里，就不会有健康的身体和愉快的心情；不扶老携幼，乘车不让座，老幼病残者出门就感受不到社会的温暖。

在叙述完事例后，如何进行意义分析呢？

① 朝大处揭示意义：这些看起来不起眼的小事却关系着千百万人的利益和整个国家的精神风貌。

② 朝深处揭示实质：积极做这类小事，是每个公民的义务，也是热爱祖国和人民的一种具体表现。

③ 朝远处揭示影响：思想支配行动，一个人真心实意地做好这类小事，必须首先想到集体和他人。这样坚持下去，就会逐步培养出热爱集体、关心他人、为人民服务的优良品质。

④ 朝反面揭示后果：反之，一个人如果“拔一毛利天下而不为”，事事处处怕吃一点亏，他的心地就只会越来越窄，为人越来越自私。

反向假设法、因果分析法、正反对比法、意义分析法这四种说理的方法，在具体运用时可视具体的材料进行选择，同一论据，可以采用多种分析法，有时也可以综合运用几种方法。但无论运用哪种方法，都必须记住，分析的目的是使论据更好地证明论点，使论点更加突出，更具说服力，因此，分析必须紧紧地围绕论点来进行。

笔记栏

（四）结尾——余音绕梁

古代文论把“豹尾”和“凤头”并提，既说明了结尾的特殊作用，又包含着结尾要有力度的主张。在各级各类考试中，文章的结尾有时比开头还重要。由于阅卷者看完结尾后立即开始打分，因此，它的好坏还直接影响到阅卷者的评分心理。李渔曾说：“篇际之终当以媚语摄魂，使之执卷流连，若难遽别。”结尾如有此种效果，整篇文章将增色不少。

议论文结尾的写作，要收束全文，突出中心论点；要体现全文结构的紧凑、完整，不能草率收兵，也不能画蛇添足；语言要干脆有力、清音留响，富有启发性和鼓舞性。

1. 总结法

总结全文，再现中心论点。这是一般议论文常用的结尾方式，优势是能够有效捏合全文，将发散的内容集中起来，让人对文章观点、作者态度一目了然，对文旨有强调作用。结尾常见字眼有“总之”“总而言之”“因此”等表示结束性的词语。

【示例】成功与毅力

总之，面对压力，我们要勇敢地抗争；面对挫折，我们要不屈地奋斗；面对辛劳，我们要坚韧地拼搏。只有顽强的毅力，才能换来成功的硕果。

2. 建议法

用形象或哲理性的语言阐述自己的见解，发表评议，警戒世人。这样的结尾，能有效剖白作者的写作意图，唤起读者共鸣，给人以激励和鼓舞，彰显文章的现实意义，不仅使文采斐然，而且给人以启迪，引人深思。

【示例】学会赏识

赏识是阳光，是雨露，是冬天里的一把火；赏识是玉液，是琼浆，是夏日里的一片浓荫。让我们怀着一颗宽容的心，带着一双善于发现的眼睛，去赏识身边的孩子吧！

3. 回应法

考虑到文章结构的完整严密，构思结尾时可有意识地照应开篇，首尾圆合，给人一种前后连贯、浑然一体的感觉，既能体现视觉上的和谐对称，又能体现思维上的起承转合、严密周全。结尾的文字绝不可机械地重复开头，而应是情感上的深化，主旨的升华。

【示例】重拾遗落的厚重

（开头）中国的圣贤先哲大都强调一种格物致知的精神，认为做学问就要把它弄明白，搞透彻，不能浅尝辄止，似是而非，因而孔子韦编三绝而精通周易。今日当商业化的文化如快餐般呈现在我们面前时，我们往往手足无措，我们确实失去了什么，也许就是文化的厚重感。

（结尾）文化快餐只能作为一种尝试，一种体验，它不能替代主食。重拾遗落的厚重，沉潜宁静，到知识的海洋中开拓一片全新的天地。重拾遗落的厚重，才会让民族有强大的精神支撑，我们才会看到真正的崛起与复兴。

文章开头提及“文化厚重感”的遗失，结尾呼吁“重拾遗落的厚重”，起笔有铺垫，落笔有照应，浑然一体，深化主题。

4. 引用法

借用名言、诗句、歌词结尾既可使文章简洁，又可以增添文采，凸显主旨。可以直接引用，也可以巧妙仿用。

【示例 1】尽显双赢智慧

“闲看庭前花开花落，漫随天外云卷云舒。”带一份平和，一份智慧，去接纳云，挽留雨。彰显我们的长处，承托别人的短处，在茫茫竞争人海中，尽显自己双赢的人生大智慧。

【示例 2】不要轻易说“不”

我的朋友，如果你的生命和事业的盆栽也出现了枯萎凋零的景象，请你不要轻易说“不”！请

你仔细找到出现枯萎的原因,发现凋零中的一线生机,也许需要养分,更需要时间,你的爱心和呵护不能缺,小心地呵护这一线生机吧。正如一首歌里所唱到的:请不要轻易说不/因为这个字太残酷/它能把美好变成虚无/请不要轻易说不/因为这个字太冷酷/它能把快乐变成痛苦/我们还有什么不能挺住/为了一起吃过的辛苦/为了一起拥有的幸福/我们还有什么不能付出……

结尾巧妙引用歌曲做结,以恰切的语句佐证自己的观点,收束如歌,旋律悠长。

三、运用好语言

议论文以议论为主要表达方式,目的是阐明观点,重在说理,要以理服人。议论文的语言特色为准确鲜明、简洁严密、生动形象。

(一) 准确鲜明

准确鲜明地表达作者的观点主张,这是议论文的基本要求,也是议论文和其他文体最明显的区别。

语言准确要求文章中词语表意要准,概念使用准确,状语、定语等修饰成分恰当。鲜明具体指的是遣词造句语意明确,条理清楚,论点的表述要鲜明,不能含糊不清,模棱两可。赞成什么,反对什么,爱憎分明,褒贬判然。要达到语言准确鲜明,必须注意以下几方面。

1. 恰当选用词语

选择词语要注意情境的制约,要根据特定语境选择恰当的词语,准确地表达意思。在通常情况下,尽量不要使用表意模糊的词语来表情达意。尽可能少用“可能”“大概”“也许”“左右”等不确定的词语来表明态度与观点。多使用“坚决反对”“完全错误”“绝不能这样”等词语来表明自己所持的鲜明态度。选用富有感情色彩的词语时,要关注整个语境,根据表达时所持有的态度和感情,选择词义的褒贬。

2. 恰当选用句式

可用肯定的语气来表明观点,还可以选用双重否定或反问句式来加强语气。注意整句与散句的使用。整句形式整齐,声音和谐,气势贯通,意义鲜明,适合于表达丰富的感情,能给人以深刻而鲜明的印象。

(二) 简洁严密

高度的思想性和概括性决定了议论文语言的简洁性。议论文的语言必须简明扼要,干练流畅,事实叙述不需细致,不需渲染铺陈,因为议论文的目的是以理服人,不宜细致地描述细节,否则喧宾夺主。

语言严密是指判断和推理严密,语言表达周密,富于逻辑性,客观辩证。

(三) 生动形象

为了清楚地阐明作者的观点,使论点更有说服力和感染力,引起读者的共识,议论文有时采用修辞方法或运用口语及文言,有时还变换句式,使论述语言变得更具文采,更生动形象。

四、应考作文常见失误与对策

(一) 失误之一:全文中没有明确的中心论点

说话、写文章是为了表达思想,传达感情。议论文中必须有正确、鲜明的论点,要旗帜鲜明地表达自己赞成什么反对什么,不能含含糊糊,模棱两可。

对策:学习议论文的三要素。议论文论点、论据和论证方法中论点最重要。

(二) 失误之二:文体不对

材料作文,一般都明确提了文体要求,文体的区别,不仅表现在文章的立意和结构上,更重要的是在语言表达上。教师资格考试作文一般要求写议论文,议论文要以议论为主要表达方式,也可以

笔记栏

有记叙、描写、说明等表达方式，但记叙、描写、说明的内容都是作为材料来论证论点的。如果一篇文章不是以议论表达方式为主，一般而言就不是一篇议论文。没有把握好文体属于重大失误。

对策：一要仔细审题，确定文体，按自己选定的体裁要求作文。二要掌握不同文体的写法，最重要的是掌握不同文体的语言表达方式。记叙文以记叙、描写为主要表达方式，说明文以说明为主要表达方式，而议论文则以议论为主要表达方式。

（三）失误之三：脱离命题中所给的材料，全篇不见材料踪迹

考试时要按命题的指令作文，即在一定条件下、一定范围内作文，不能随心所欲，想写什么就这写什么。材料作文中，材料是作文的根据，文中谈论的观点（话题）必须是从材料中提炼的。脱离材料而作文属于大的失误，不可能取得好分。

对策：首先必须审好题，按要求作文。其次要加强练习，掌握材料作文的写法。考前参考范文是可以的，但范文不可硬靠，更不可照抄。

（四）失误之四：照搬命题中所给的材料

这种失误产生的原因：第一，考生知道考题中所给的材料是作文的根据，但不懂得要从所提供的材料中提炼出或引出作文中要谈的观点，以为照搬材料就行了。第二，有的考生不会分析材料，更不会从材料中提炼出写作的观点，也就只好把材料抄上了。

对策：首先读懂材料，知道材料在说什么事，议什么理，寓什么意，肯定什么，否定什么，歌颂提倡什么，批评反对什么，这是正确提炼观点的前提。然后应由表及里，由此及彼地对材料进行分析，从材料中提炼出自己要谈的观点。要注意的是在材料作文的开头部分，必不可少地要对原文做些引用。引用要精练扼要，有针对性，即服从于下文议论的需要，为下文展开思路服务，切不可不分轻重主次照搬照抄。

（五）失误之五：文中只有观点+例子

这种失误产生的原因首先是这类考生缺乏议论文的基本知识，议论文要包含论点、论据、论证三要素，议论文要有说服力，不仅要摆事实、讲道理，还需要恰当的论证方法。其次这类考生不懂得作文结构的安排要完整，作文的内容和形式要有机地结合，观点 + 例子的堆砌不叫文章。

对策：考生首先要学习写议论文的基本知识，知道议论文应该怎样写，才能达到有说服力的作用。写议论文要摆事实、举例子是必要的，但仅仅这样是远远不够的，还要讲道理，要用理论材料分析论理，在论理的基础上再摆事实。

（六）失误之六：空泛议论

所谓空泛议论，在应考作文中有两种情况，一是一篇作文提出观点后，考生就围绕观点进行议论，全篇不见实例论证。另一种是作文中虽有事实论证，但议论部分太多，而且完全用自己的话泛泛而谈，显得苍白无力，不懂得说理议论要引用些理论材料，如名言、格言、古诗文等。

这种失误产生的原因，一方面在于考生不会进行事物间的联想，这是由于考生的生活经历不丰富，平时对周围事物关心不多。另一方面源于知识贫乏，读的书少。脑子里储存的知识少，作文时也只能是自己无根据地、想当然地议论了。所以作文除了要有写作知识，还要有丰富的生活、丰富的知识。

对策：一要认识议论空泛，尤其是用自己话想当然地议论是没有说服力的，达不到议论说理的目的。二要丰富自己的知识，多积累写作的材料。三要关心周围发生的人和事，从不同的新闻媒体获得信息。这样作文时就不会出现“无米下炊”的现象了。

（七）失误之七：不联系实际

这种失误产生的原因：首先不懂得材料作文应“针对实际，有感而发”，而不是无病呻吟。“感”，是所读材料的意义和社会生活的碰撞而闪出的思想火花，不与实际联系，就不会有“感”。其次不懂得联系实际所起的作用。联系实际可以说明提炼的观点带有普遍意义的道理，联系实际可以便于展开论证。

对策：根据提炼的观点展开联想。既可以联系个人实际，也可以联系教育教学、社会生活实际。“实际”可涵盖包括古今中外，以“今”为主，以“中”为主，并要尽力触及教育教学改革中的热点问题、长效问题。“联系实际”要自然妥帖，绝不能牵强附会，可多“联系自己”，让阅卷人清晰地看到你的观点和对社会、对国家的责任感。

(八) 失误之八：自拟题太大

考生不会利用自拟题的机会为写作创造好的条件，虽然“大题”可以“小做”，但要用 800 多字把大题做好很不易。

对策：最好选用论点型的题目，记住题好一半文。

【例文 1】

做人的规则

有人说“人生如棋”，那么做人就应该遵守下棋的规则，否则就将满盘皆输；有人说“人生如戏”，那么做人就应该遵守唱戏的规则，否则就将无人欣赏；有人说“人生如茶”，那么做人要懂得品茶的规则，否则再好的香茗也与枯叶无异。

不同的人生有不同的规则，遵守做人的规则，才能走出精彩纷呈的人生之路。把勤奋作为规则，做人就会更充实。“天道酬勤”这句古训，已经成为无数成功人士做人的规则。鲁迅从小就在三味书屋演绎着勤奋的故事，正是他的勤奋，让他在人生的道路上游刃有余，即使面临的是人生中的大转折——弃医从文，他也没有遇到转行带来的难处，这正是他以勤奋为人生规则的收获，他由此积累了知识的力量，精神的毅力，更让他在中国现代文学史上留下了光辉的篇章。所以，把勤奋作为人生行动的规则，在勤奋中充实自我，即使遇到突然的转变也不会惊慌失措，反而会让你在与人生对弈时得心应手，使自己的人生更加丰富，成为你这盘棋的胜者。

把责任作为规则，做人就会更踏实。每个人都有自己的角色，完成角色所赋予的任务是每个人的责任，为人君就应以仁为责，为人臣就应以忠为责，为人子就应以孝为责。汉高祖以仁为责，实行休养生息政策，让百姓摆脱了饥饿和战乱之苦；诸葛亮以忠为责，一生追随刘备建立蜀汉事业，鞠躬尽瘁，死而后已，为后世所传颂；李密以孝为责，弃官不做，侍奉在祖母身边，成为孝之楷模。由此看来，把责任作为自己的做人规则，踏踏实实走好人生的路，必然会无愧于人，无愧于心，无愧于世。相信这样的人生才更加精彩。

把美德作为规则，做人就会更加真实。美德是一种境界，像一杯香茗，不懂品茗的人认为是苦的，而真正懂得美德的人才能体会到其中的香甜。范仲淹以“先天下之忧而忧，后天下之乐而乐”的牺牲精神作为做人的规则，让后人景仰；雷锋以“助人为乐”的奉献精神作为做人的规则，让人感到无比的温暖；朱自清以民族自尊心作为自己的做人规则，让人佩服不已。这些把美德作为人生遵循的规则的人，人生的路走得真实而美好，正像一杯纯正的香茗，清香四溢。

在如棋的人生中，遵守做人的规则，驰骋你的人生；在如戏的人生中，遵守做人的规则，精彩你的人生；在如茶的人生中，遵守做人的规则，品味你的人生。遵守做人的规则，走出完美的人生！

【点评】本文运用“三例三析”论证自己的观点。分析时严格遵守“五环节”，段落整齐，行文严谨。多处使用比喻和排比的修辞手法，行文严整有势，说理形象而有声韵。

【例文 2】

遗人玫瑰，手有余香

外国一位著名的企业家曾说过：当别人遇到困难时，我不会坐视不管，我会尽力帮助他，这样做不但不会让我损失什么，反而会给我带来荣誉，让我的事业更加顺利。这便是一种双赢的智慧。当我们在帮助别人的时候，无形之中体现出自己的价值，让自己赢得竞争中的优势。

因此，我们应善于利用双赢的智慧，用自己的长处来弥补别人的短处，从而使自己的长处得到彰显。

笔记栏

当我们积极帮助别人时，自身的价值便会得到体现，会使自己获得极高的信誉。二战结束后，各国经济极度萧条，企业由于受到战争的破坏，资金匮乏。而此时各国银行大多停止接济困难企业。然而，此时的花旗银行却积极办理各项贷款业务，尽力挽救各国企业。企业由于受到援助，迅速发展，促进了经济的复苏，按时归还了花旗银行的贷款。花旗银行的这一友好做法，不仅没有使自己蒙受经济损失，反而给自己带来了极高的信誉。在此后的发展中，花旗银行凭借良好的信誉，使自己成为世界知名银行之一。这一双赢的举措不但救活了企业，而且让花旗银行赢得了许多商家的信赖和支持。

相反，如果缺乏双赢的意识，疏于施助于人，那么我们自身的发展也会受到限制进而缓慢下来，因为我们无法体现自己的价值，不会获得别人的信任。外国一位传教士曾经说过："当他们去攻击革命党的时候，因为这与我无关，所以我保持沉默；当他们去攻击农民军的时候，因为这与我无关，所以我保持沉默；而现在他们来攻击我了，我该怎么办呢？"这名传教士由于以前没有帮助过别人，"现在"便处于四面楚歌的境地。现在的一些企业，当同行陷入困境时，不是伸出援助之手，而是落井下石，在企业处于平稳发展时，有时还采取诋毁别人等不正当竞争手段来达到自己的目的，这样做其实是极不明智的，他们既会失去买家的信任，又会败坏自己的声誉。

由此可见，通过帮助别人既可以给别人机会，又能彰显自己的长处，促进我们自身的发展。可以说遗人玫瑰，手有余香。

"双赢的智慧"让你我在玫瑰馥郁的香气中共同享利，和谐发展。

【点评】本文开篇引用一位企业家的话，点明题旨。本论部分先引用正面事例花旗银行的双赢举措为例证，证明了利用双赢的举措可以达到"赠人玫瑰，手有余香"。然后采用反面的事例，与上文构成正反对比论证，一正一反，对比鲜明，大大增强了文章说服力。

【例文3】

有用者，即是"材"

同样的一根怪状树根，木匠认为它一无是处，弃之一旁；雕塑家却视为至宝并加以雕刻，成为艺术品。大相径庭的结果给了我们一个启示：什么才是真正的"材"？衡量"材"与"非材"的标准又是什么？我认为：有用者，即是"材"，"有用"是衡量"材"的标准。

对于人，同样如此。每个人都不可能成为一个彻头彻尾的有才之人，但每个人都在一个特定的领域中能够发挥他的作用。何谓人才？有用的人就是人才。喜剧演员潘长江有一句话讲得好："个子小怎么了？浓缩的都是精华，小有小用，大有大用呗！"不错，实际正是如此，在舞台上需要潘长江这类搞笑丑角而不需要姚明那样的七尺男儿。可以这样讲，舞台上的潘长江要比姚明有用，而球场上的姚明却要比潘长江有用，这也正是"笑星"与"球星"的区别。

商业巨子宗庆后说得好："有用的人为我所用，有用的人各施其用，那企业就活了。"也正是这句话成为"娃哈哈集团"的用人标准。宗庆后的"娃哈哈集团"是第一个在全国推行"只看本事，不看学历"的用人标准的公司。的确，作为一个明智的决策者，作为一个精干的领导者应该做到"唯才是用"。

古往今来，善于用人的例子不胜枚举。曹操曾不顾关羽为敌邦之将而施以厚恩。对于谋士们的反对，曹操坦言："虎勇之将，仁义之将，关云长有大用矣。"华容道解围证明了这一点。信陵君曾不顾侯公身份低微而屈身与其交游并以礼相待，他的理由很简单——"侯公，有用。"果然，献计，然后"面北自刎向我主"，印证了信陵君的判断。

有用，即是"材"；有用者，即是"人才"。随着时代的进步，随着社会分工的日益清晰化，判断"材与非材"的标准应该走向专业化。与其"样样通"不如"一样精"。一个人在自己特定的发展空间中充分发挥自己的作用，创造出了社会价值，那么他一定是有用的，那么他一定是位专业人才。

朋友，请相信“天生我材必有用”，请相信自己就是晴空中美丽彩虹上的一条色柱，纵然你只会现出一种色彩，但你是有用的，彩虹因你而美丽。

有用者，即是“材”。愿我们都成为一个有用之人，服务社会，造福社会！

【点评】本文为典型的“引—议—联—结”的结构形式。首先引材料，简明扼要；明观点，要言不烦；然后用了两段发议论，证明论点，情理相生；接着联系引申，有的放矢。因议论部分用了今人事例，此处用古人事例，进一步证明观点。最后下结论，回答了“怎么样”，并做抒情式号召，首尾照应。本文观点鲜明，结构严谨，语言准确。

笔记栏

【典型真题】阅读下面材料，根据要求写作文。

戴维是英国皇家学院的爵士，在科学上曾有过重大发现。有人要戴维填表列举自己对科学的贡献，戴维写的是：“最大的贡献——发现法拉第。”法拉第原是一名书籍装订工，没上过大学。戴维发现他的才能，让他做了自己的助手。法拉第后来成为著名的物理学家、化学家。

根据上述材料给你的启示，联系实际，写一篇议论文。

要求：用规范的现代汉语写作，不要脱离材料内容或含义。题目自拟，立意自定，观点明确，分析具体，条理清晰，语言流畅，不少于 1 000 字。

人才需要“发现”

得人才者得天下，这是如今喊得震耳欲聋的一个口号。但人才的问世，也不是那么容易的，通常需要两方面的合力：一是人才自己拼命往外拱，争取脱颖而出；二是伯乐们的热情发现与提携。这个“发现”，除了狭义的发现外，还包括挖掘、扶持、使用、指导，缺一不可。

鲁迅无疑是现代文学史上的“超级人才”，可在被发现前，他其实也一直很郁闷，虽然学问很大，但始终没有展现的机会，整天靠抄古碑打发日子。1918 年春天，机会来了。正在编译《新青年》杂志的钱玄同，与鲁迅交谈时，发现他谈吐不凡，思想激进，很有批判意识，就主动约他写一篇批判旧礼制的文章。一开始，鲁迅并不太积极，写写停停，在钱玄同一再催促下，文章才得以完成。钱玄同接到稿子后，连声叫好，即编即发，5 月 15 日就以最快速度发表在《新青年》杂志四卷五号上，中国现代文学史上第一篇真正的现代白话小说，第一篇彻底反封建的新文学作品就这样问世了。最重要的是，伟大的思想家、文学家鲁迅，从此正式登上文坛，一发而不可收。

1923 年，作家郁达夫在北平编杂志，收到一个陌生文学青年的来稿，文章很有灵气，他一看就爱不释手，马上前去探访。只见那青年躺在一间破屋里，裹紧被褥仍旧寒战不已，被疾病和饥饿折磨得奄奄一息，房东还要将其扫地出门。他立刻请青年吃了一顿热气腾腾的饭菜，并且倾囊相助，帮他治病、缴房租，还拿着青年的习作四处举荐，为他说项。那个青年就是后来誉满文坛的沈从文。没有郁达夫的发现，沈从文不要说当作家了，连命都难保得住，很可能会客死他乡。

英国科学家法拉第的大放异彩，则得益于戴维的发现。法拉第出身贫寒，没上过大学，可是酷爱科学研究，很有灵性，还有一股韧劲，不达目的誓不罢休。老科学家戴维慧眼识珠，看出他是个可造就之才，就破例收他当助手，一步步带他进入科学殿堂，精心指导，既传又帮，后来他的成就远远超过了老师。晚年时，有人要戴维填表列举自己对科学的贡献，他绝口不提自己发现的钠、钾、氟等元素，而只写了一句话：“最大的贡献——发现法拉第。”

如何评价一个学生的优点与缺点？如何根据一个学生的个性进行合适的培养？对教育工作者而言，更需要这种“发现”精神。应该善于以发展的眼光、客观的眼光看待学生。对偏科的学生毛泽东，不同的老师就有不同的看法，有的说他最用功最聪明，有的说他很认真但也很一般，有的说他不认真也不聪明。我们今天的教育不也是面面俱到，有贪大求全之弊吗？在纪督学的眼里，像毛泽东这种只关心“出租汽车”，而不关心自己学业分数的学生是“不务正业”。

笔记栏

但是我们想过没有，正是有多少这样“不务正业”的人推动了我们社会的发展。改变了历史的进程。

教师不仅要观察学生，更要扶持和指导。所谓“有教无类，因材施教”，教师看待学生，既要全面、准确，更要客观，尽量照顾到每个学生的个性和理想。根据个性和理想，继续挖掘他们的潜能，激励他们的学习欲望，指导他们做人做事，为他们显示才能创造条件，就像郁达夫对沈从文那样。教师更应无私扶持人才、有容许人才超过自己的宽阔胸怀，就像戴维提携法拉第那样。

当我们都以“发现”人才、培养人才为荣时，人才才会真正源源不断而来，呈现人才荟萃的大好局面。

【点评】这是一篇材料作文，体现的中心思想：人才需要“发现”。文章开头提出观点：人才需要发现，更需要培养和扶持。第二、三、四段，采用事实论据，运用例证法论证发现人才是人才成长、培养人才的重要前提。第五、六段，紧扣命题意图与考试要求，提出教学工作一是要全面了解学生，发现优点，二是要用宽容、爱心扶持、指导学生。第七段，结尾处重申中心论点，总结文章内容。观点明确，条理清晰，论证充分。

强化过关训练

笔记栏

一、单项选择题

1. 书法界常有字因人贵的说法，不无道理。而在颜真卿这里，却是字因人重，忠贞正直的人格为其瑰丽书法添辉，骨力遒劲的书法为其雄壮人生添彩，做人与写字________，在颜真卿身上得到了圆满的统一。颜真卿书法的成就一直为后代________，其人格同样颇具感召力。
   填入画横线部分最恰当的一项是（　　）。
   A. 交相辉映、尊重　　B. 和光同尘、尊敬
   C. 相得益彰、推崇　　D. 相辅相成、推重
2. 定律具有普适性，不受文化、宗教、地域等因素的限制。壶如果没有底或者开口比其他部位开敞，我们就不认为这是传统意义上的壶。物理学定律决定了实用型工艺品的一般形式，“它们”具有一些基本的样式，其功能也只能在一定限度内有所变化。这里的“它们”是指（　　）。
   A. 实用型工艺品　　B. 物理学定律
   C. 壶　　D. 壶的底与开口
3. 举行祭孔大典纪念孔子，就是要进一步发掘和丰富孔子儒家文化博大精深的思想内涵，使之不断创新发展，以“和而不同”“兼收并蓄”的怀抱走向世界。文中“和而不同”指的是（　　）。
   A. 中华文化能和其他民族的文化和睦相处
   B. 中华文化和别的民族文化互不相连
   C. 中华文化要吸收其他民族文化的精髓
   D. 中华文化要和其他民族文化由不同逐渐走向融合
4. 罗素是数学家，罗素是哲学家，可见（　　）。
   A. 罗素要么是数学家，要么是哲学家　B. 有些数学家是哲学家
   C. 数学家都是哲学家　　D. 哲学家都是数学家
5. 在备选答案中找出一组与“火炬：蜡烛”在逻辑关系上最为贴近、相似或匹配的词（　　）。
   A. 中药：草药　　B. 矿石：煤炭　　C. 棉布：丝　　D. 扇子：蚊香
6. 文化自觉是指生活在一定文化中的人，对自己的文化有“自知之明”，即明白它的来历、形成过程、特色和发展趋向，从而增强自身文化转型的能力，并获得在新的时代条件下进行文化选择的能力和地位。此外，文化自觉还表现为应具有世界眼光，能够理解别的民族的文化，增强与不同文化之间接触、对话、相处的能力。
   根据上述定义，下列选项属于文化自觉的是（　　）。
   A. 经谈判，中方同意增加美国电影进入中国市场的配额
   B. 为保护贵州梭嘎苗族文化习俗建立了梭嘎生态博物馆
   C. 赵武灵王的“胡服骑射”与北魏拓跋式的“禁断胡语”
   D. 湖北省襄阳市与河南省南阳市都自称是“诸葛亮故里”
7. “医院里的医生和护士，包括我在内，总共是16名。下面讲到的人员情况，无论是否把我计算在内，都不会有任何变化。在这些医护人员中：（1）护士多于医生；（2）男医生多于男护士；（3）男护士多于女护士；（4）至少有一位女医生。”这位说话者是什么性别和职务（　　）。

笔记栏

A. 男医生　B. 女护士　C. 男护士　D. 女医生

8. 期刊文献属于(　　)。

A. 零次文献　B. 一次文献　C. 二次文献　D. 三次文献

9. 在工作表的E6单元格中计算总成绩(E2至E5单元格)的平均分,应在E6单元格中输入如下计算公式(　　)。

A. =SUM(E2:E5)　B. =AVERAGE(E2:E5)

C. =COUNT(E2:E6)　D. =SUM(E2,E6)

10. 下列不是PowerPoint视图方式的是(　　)。

A. 大纲视图　B. 页面视图　C. 普通视图　D. 幻灯片视图

二、材料分析题

1. 材料:

"国学"谈

"国学"一词,从清末吵到如今,诸家定义不一。以《四库全书》所分,国学有经、史、子、集四部;按章太炎所分,则有小学、经学、史学、诸子和文学。不过国学相对于新学,应指旧学;相对于西学,当指中学。大体言之,也就是老外说的"汉学"。

那么是否有分属各国的特殊学问呢?舒芜先生在《"国学"质疑》中说:"从来没有听说英国、美国、法国、德国、意大利、希腊、西班牙、土耳其等这些国家,自称过他们的'国学'"啊。"其实土耳其"国学"还是有的,所谓"突厥学"是也。与之类似的,至少还有埃及学、亚述学、印度学等,在欧美大学历史系,特别是东方历史系,一般都设有相应的专门课程。

可以看出,这都是一些东方的文明古国,文化背景与传承古希腊罗马的西方文明非出一系。其固有的文字文化无以名之,只好强以国名冠之。那么,能否把它们全部取消,像舒先生希望的,归并到文学、哲学、史学、法学等中去?恐怕很难。科学哲学家库恩说,任何理论或学说都是建立在基于某种假设的范式基础上。特别对于社会科学和人文科学,这种立论基础往往与对世界根本属性的看法有关。举个例子,假如现在要把中医学归并到西医学去,除一些中草药可以用化学方法鉴定分离出有效成分制成西药外,像手太阳心经、足少阴肾经等十二经络在解剖学上能找到依据吗?阴阳五行,表里寒热又如何用病理学来解释?再如中国历史研究可以借鉴现代科学方法,但习用的训诂学、校勘学、目录学、年号学、史讳学要完全归并到西方史学中去,就很难找到合适位置。

身为中国人,我想多了解自己本国的传统学术还是有必要的。在传统学术与现代学术断层的今天,国学本应支持。但像时下某些人那样,把国学局限成儒学,甚至歪曲成理学;又或者大肆炒作,接连搞出"发现老子""论语新解"等"重大突破"的闹剧,那就只能称之为"伪学",只能反对。传统文化虽说是以儒家学说为主流,但岂能要求我们今天的价值观倒退,改向封建士大夫们看齐?何况春秋战国时有儒家还有诸子,汉朝就有反对把儒家经典变成迷信教条的王充,宋朝除了程朱理学还有陈亮主张实用的"事功之学",清朝还有反对礼教的俞正燮、戴震等人,更不要说除了典籍文章之外,中华民族创造的其他杰出成就了。

鲁迅先生早就感慨过真假学人的差别:"中国有一部《流沙坠简》,印了将有十年了。要谈国学,那才可以算一种研究国学的书。开首有一篇长序,是王国维先生做的。要谈国学,他才可以算一个研究国学的人物。"

可见,国学还是值得批判发扬的,但绝不是光靠背四书五经、唐诗宋词就完事。而倒退,就更不会有什么出路了。

问题:(1)综观全文,作者主要是针对两大问题来谈"国学"的。请概括出这两大问题的具体内容。

（2）请写出本文作者关于“国学”的观点及其依据。

2. 材料：

诗与直觉

朱光潜

无论是欣赏或是创造，都必须见到一种诗的境界。这里“见”字最紧要。凡所见皆成境界，但不必全是诗的境界。一种境界是否能成为诗的境界，全靠“见”的作用如何。

诗的“见”必为“直觉”。有“见”即有“觉”，觉可为“直觉”，亦可为“知觉”。直觉必须是对于个别事物的知，“知觉”必须是对于诸事物中关系的知，亦称“名理的知”。例如，看见一株梅花，你觉得“这是梅花”，“它是冬天开花的木本植物”，“它的花是香的，可以摘来插瓶或送人”，等等，你所觉到的是梅花与其他事物的关系，这就是它的意义。意义都从关系见出，了解意义的知都是“名理的知”，都可用“A为B”公式表示出来。认识A为B，便是知觉A，便是把所觉对象A归纳到一个概念B里去。就名理的知而言，A自身无意义，必须与B、C等发生关系才有意义。我们的注意不能在A本身停住，必须把A当作一块踏脚石，跳到与A有关系的事物B、C等上去。但是所觉对象除开它的意义之外，尚有它本身形象。在凝神注视梅花时，你可以将全副精神专注于它本身的形象，就像注视一幅梅花画似的，无暇思索它的意义或是它与其他事物的关系。这时你仍有所觉，这就是梅花本身形象在你心中所现的“意象”。这种“觉”就是克罗齐所说的“直觉”。

诗的境界是用“直觉”见出来的，它是“直觉的知”的内容而不是“名理的知”的内容。比如说崔颢的《长干曲》，你必须在一顷刻中把它所写的情境看成一幅新鲜的图画，或是一幕生动的戏剧，让它笼罩住你的全部意识，使你聚精会神地观赏它，玩味它，以至于把它以外的一切事物都暂时忘去。在这一顷刻中你不能同时起“它是一首唐人五绝”“它用平声韵”“横塘是某处地名”“我自己曾经被一位不相识的人认为同乡”之类的联想。这些联想一发生，你立刻就从诗的境界迁移到名理世界和实际世界了。

这番话并非否认思考和联想对于诗的重要。作诗和读诗，都必用思考，都必起联想，至于思考愈周密，诗的境界愈深刻；联想愈丰富，诗的境界愈完美。但是在用思考起联想时，你的心思在旁驰博骛，决不能同时直觉到完整的诗的境界。思想与联想只是一种酝酿工作。直觉的知常进为名理的知，名理的知亦可酿成直觉的知，但决不能同时进行，因为心本无二用，而直觉的特色尤在凝神注视。读一首诗和作一首诗都常须经过艰苦思索，思索之后，一旦豁然贯通，全诗的境界于是像灵光一现似的突现在眼前，使人心旷神怡，忘怀一切。这种现象通常被人称为“灵感”。诗的境界的突现都起于灵感。灵感亦并无神秘之处，它就是直觉，就是“想象”，也就是禅家所谓的“悟”。

一个境界如果不能在直觉中成为一个独立自足的意象，那就还没有完整的形象，就还不成为诗的境界。一首诗如果不能令人当做一个独立自足的意象看，那还有芜杂凑塞或空虚的毛病，不能算是好诗。古典派学者向来主张艺术须有“整一”，实在有一个深理在里面，就是要使在读者心中能成为一种完整的独立自足的境界。

问题：（1）在“诗的境界”形成的过程中，只能有“直觉的知”而不能有“名理的知”。这种说法正确吗？为什么？

（2）“见”升华为“诗的境界”涉及哪些方面的内容？

3. 材料：

淡之美

李国文

淡是一种至关的境界。

淡比之浓，或许由于接近天然，似春雨，润地无声，容易被人接受。

苏东坡写西湖，曾经有一句“淡妆浓抹总相宜”，但他这首诗所赞美的“水光潋滟晴方好，山色

笔记栏

空蒙雨亦奇”，也是大自然的西湖。虽然苏东坡时代的西湖，并不是现在这个样子的，但真正欣赏西湖的游客，对那些大红大绿的，人工雕琢的，市廛云集的，车水马龙的景色未必多么感兴趣。识得西湖的人，都知道只有在那早春时节，在那细雨、碧水、微风、柳枝、桨声、船影、淡雾、山峦之中的西湖，像一幅淡淡的水墨画，才是最美的西湖。

水墨画，就是深得淡之美的一种艺术。

在中国画中，浓得化不开的工笔重彩，毫无疑义是美。但在一张玉版宣纸上，寥寥数笔便经营出一个意境，当然也是美。前者，统统呈现在你眼前，一览无余。后者，是一种省略的艺术，墨色有时淡得接近于无。可表面的无，并不等于观众眼中的无，作者心中的无，那大片大片的白，其实是给你留下的想象空间。“空山不见人，但闻人语响。”没画出来的，要比画出来的更耐思索。西方的油画，多浓重，每一种色彩，都唯恐不突出表现自己，而中国的水墨画，则以淡见长，能省一笔，决不赘语，所谓“惜墨如金”者也。

一般说，浓到好处，不易；不过，淡而韵味犹存，似乎更难。咖啡是浓的，从色泽到给中枢神经的兴奋作用，以强烈为主调。有一种土耳其款式的咖啡，煮在杯里，酽黑如漆，饮在口中，苦香无比，杯小如豆，只一口，能使饮者彻夜不眠，不觉东方之既白，茶则是淡的了，尤其新摘的龙井，就更淡了。一杯在手，嫩蕊舒展，上下浮沉，水色微碧，近乎透明，那种感官的怡悦，心胸的熨帖，腋下似有风生的惬意，也非笔墨所能形容。所以，咖啡和茶，是无法加以比较的。

但是，若我而言，宁可倾向于淡。强劲持久的兴奋，总是会产生负面效应。

人生，其实也是这个道理。浓是一种生存方式，淡，也是一种生存方式。两者，因人而异，是不能简单地以是或非来判断的。我呢，觉得淡一点，于身心似乎更有裨益。

因此，持浓烈人生哲学者，自然是积极主义了；但执恬淡生活观者，也不能说是消极主义。奋斗者可敬，进取者可钦，所向披靡者可佩，热烈拥抱生活者可亲；但是，从容而不急趋，自如而不窘迫，审慎而不狷躁，恬淡而不凡庸，也未始不是又一种的积极。

一个人活在这个世界上，不管你是举足轻重的大人物，还是微不足道的小人物，只要有人存在于你的周围，你就会成为坐标中的一个点，而这个点必然有着纵向和横向的联系。于是，这就构成了家庭、邻里、单位、社会中各式各样繁复的感情关系。你把你在这个坐标系上的点，看得浓一点，你的感情负担自然也就重；看得淡一点，你也许可以洒脱些，轻松些。

物质的欲望，固然是人的本能，占有和谋取，追求和获得，大概是与生俱来的。清教徒当然也无必要，但欲望膨胀到无限大，或争名于朝，争利于市；或欲壑难填，无有穷期；或不甘寂寞，生怕冷落，或欺世盗名，招摇过市。得则大欣喜，大快活；不得则大懊丧，大失落。神经像淬火一般地经受极热与极冷的考验，难免要濒临崩溃边缘，疲于奔命的劳累争斗，保不准最后落一个身心俱弛的结果，活得也实在是不轻松啊！其实，看得淡一点，可为而为之，不可为而不强为之的话，那么，得和失，成和败，就能淡然处之，而免掉许多不必要的烦恼。

人生在世，求淡之美，得禅趣，不亦乐乎？

（有删改）

问题：(1) 第三段说“虽然苏东坡时代的西湖，并不是现在这个样子的”。这句话在文章结构上有什么作用？它有什么深刻含义？

(2) 本文是怎样从正反两个方面分别论述“淡是一种至美的境界”的？

(3) 有人评价本文，认为作者充分展示了“淡美”的精髓，而又不失之偏颇，请你从文中举出一个“不失之偏颇”的例子，并简要分析。

三、写作题

1. 以“教育从心开始”为题，写一篇议论文，800 字以上。

2. 兔子是短跑冠军，但是不会游泳。松鼠是爬树冠军，但是也不会游泳。鸭子教练却逼着兔子和松鼠游泳，费了九牛二虎之力，但成效都不大。鸭子教练还不明原因地嚷嚷：“成功来自 90% 的汗水。加油！加油！”

根据上述材料给你的启示，联系实际，写一篇议论文。

要求：用规范的现代汉语写作，不要脱离材料的内容和含义，题目自拟，立意自定，观点明确，分析具体，条理清晰，语言流畅，不少于 1 000 字。

笔记栏

参考答案

一、单项选择题

1. C;2. A;3. A;4. B;5. C;6. C;7. B;8. B;9. B;10. B

二、材料分析题

笔记栏

1.(1)【答案要点】① 取消国学将其归并到文学、哲学、史学、法学中去;② 把国学局限于儒学,甚至歪曲成理学,或大肆炒作,搞“伪国学”。

【解析】本考题考查考生阅读一般论述类文章时筛选整合信息和分析概括作者在文中的观点态度的能力。

(2)【答案要点】① 观点:国学不应该取消。依据:东方文明古国都有“国学”。② 观点:国学不能归并到文学、哲学、史学、法学中去。依据:中国国学的立论基础与西方不同。③ 观点:“国学”不应局限于儒学,而应批判发扬。依据:把“国学”局限于儒学,无疑是价值观的倒退;多了解本国的传统文化有必要。

【解析】本考题考查考生筛选并整合文中的信息、归纳内容要点和概括中心意思、分析概括作者在文中的观点态度的能力。

2.(1)【答案要点】这种说法不正确。因为在“诗的境界”形成过程中,思考与联想必不可少;通过思考与联想,“直觉的知”可进为“名理的知”,“名理的知”也可酿成“直觉的知”。

【解析】本考题考查考生阅读一般论述类文章时理解文中重要概念、句子的含义和分析概括作者在文中的观点态度的能力。主要信息来自第四、五两段。

(2)【答案要点】① 由“见”到“直觉”,并依靠“直觉”发现“诗的境界”;② 处理好“直觉的知”与“名理的知”的关系,二者不能同时进行;③ 重视“灵感”在“诗的境界”形成过程中的作用;④ 强调“独立自足的意象”在“诗的境界”形成过程中的作用。

【解析】本考题考查考生筛选并整合文中的信息、归纳内容要点和概括中心意思、分析概括作者在文中的观点态度的能力。

3.(1)【答案要点】在文章结构上的作用是:照应前面提到的诗句,过渡到后面的分析。深刻含义有:“苏东坡时代的西湖”,并非仅指“北宋”或“宋代”,而应该代指整个的“古代”或“过去的岁月”;无论过去或现在,在作者和“真正欣赏西湖的游客”心目中,最美好的西湖,只能是“大自然的西湖”,是“容易被人接受”、体现着“淡之美”的西湖。

【解析】本考题考查考生阅读一般论述类文章时理解文中重要概念、句子的含义和分析行文思路的能力。联系上下文,抓住西湖、过去、现在、淡之美等关键词,便可准确理解句意。

(2)【答案要点】正面论述:①“淡之美”接近天然,容易被人接受。②“淡之美”给人“留下的想象空间”,更加耐人“思索”。反面论述:“浓”,会造成“强劲持久的兴奋”,而这“总是会产生负面效应”的。

【解析】本考题考查考生筛选并整合文中的信息、归纳内容要点和概括中心意思、分析概括作者在文中的观点态度的能力。

(3)略。

三、写作题

1.【参考例文】

教育从心开始

"教育从心开始"早就被人们提出来了，但一般的人都会认为这是指对学生的关爱，而我认为它更深、更广的含义应该指教育的机智。被人们誉为太阳底下最光辉的职业——教师，是塑造人类灵魂的职业，那么，教育不就是一门艺术吗？因为艺术需要体现美和创造性，而教育正好体现了这个特点，一个搞艺术的人，难道不需要用心吗？

教育从心开始，就是要给学生师爱。教育如果没有爱无异于茫茫沙漠没有水源。但这"爱"，是需要讲究方式方法的。方式恰当的爱能让学生感受到雪中送炭的温暖与幸福，这种爱如同涓涓的细流能让学生干涸的心田得到滋养；反之会让学生感受到火上浇油的烦躁与愤恨。要做一名深受学生喜爱的优秀教师一定要了解学生，真正做到因材施"爱"。

教育从心开始，就是要在教学中讲究技巧。中学时期，我的音乐老师李巧红的成功教学案例就深深印在我的脑海里。我班新选的那个音乐委员因为胆量小放不开，高音部分总是唱不上去，李老师就对她说："你的声音很好听，这首歌更好听，我想跟着你学，请把我也当你的同学，放开了唱，一定能唱好的。"在老师的鼓励下，她圆满地完成了教学任务。那以后，自信点燃了她学习的激情，笑容随时在她脸上绽放。就是这句微不足道的鼓励却让这个学生得到了学习的快乐。所以我想起人们常说的：老师的一句话可以成就学生辉煌的人生，也可以摧毁学生理想的城堡。

教育从心开始，就是要注意处理偶发事件的策略。遭遇偶发事件一定要冷静，要处理得灵活。有的年轻教师发现学生在课堂上看课外书，硬逼学生交出看的书籍，可有的学生就是不愿交，于是老师和学生争抢、厮打，最终不了了之。老师用一个眼神、一句话去提示他，让他自己把书收到课桌下，下课后再找他谈。难道这不是良策吗？课堂上还有更多的偶发事件，比如教室突然飞进不速之客，并且已经吸引了学生的注意力，不妨就此开一个"如何保护动物"的主题班会；再比如罕见的白雪让学生目不转睛的时候，何不让他们一次看个够？

当今这个社会只要你能取得教师资格证，能被学校聘用，你就可以成为一名教师，就这一点来说，当老师很容易，但要成为学生的良师益友，真的很难，学生是活生生的发展的个体，教学中有很多问题是我们无法预料的，所以，需要我们在实践中不断地去探索、改进，完善我们的教育方法。既然选择了做人梯，那么我们就应该捧着一颗爱心，带着一双慧眼，用机智去经营教育。

2.【参考例文】

鸭子入池塘　松鼠上树忙

——个性发展　因材施教

美国心理学家布鲁姆指出："许多学生在学习中未能取得优异成绩，主要问题不是学生智慧能力欠缺，而是未得到适当教学条件和合理的帮助造成的。"这启示我们，应最大限度地为不同层次的学生提供这种"合理的帮助"，就如同"学游泳"的故事，要根据学生的不同特点，发掘潜质，因材施教。

"尺有所短，寸有所长。"鸭子天生会游泳，一下水便驾轻就熟。兔子擅长短跑，松鼠擅长爬树，这是它们的特性所定。然而硬让它们去做自己不擅长的事情，即使费尽心思，收效也不会很大。这就像让农夫去造机器，让教师去打针一样，即使努力，也必定会出乱子，无法完成任务。

学校教育的对象是学生，每个学生都有自己的性格和特点，他们对于学习也有着不同的态度和选择。这就要求教育必须注重个性发展，促使和引导学生个性化，培养学生的个性意识、自主精神和创新精神。再者，社会的繁荣发展需要各行各业、各个层次的人才，这也需要个性发展的教育，在学生先天禀赋的基础上，培养出各有特长的人，从而满足社会发展的需要。素质教育是十分重视张

扬个性的教育，其目的就是要学生能够得到充分发挥，特长得到最充分的施展。

有一次，孔子讲完课，回到自己的书房，学生公西华给他端上一杯水。这时，子路匆匆走进来，大声向老师讨教：“先生，如果我听到一种正确的主张，可以立刻去做吗？”孔子看了一眼子路，慢条斯理地说：“总要问一下父亲和兄长吧，怎么能听到就去做呢？”子路刚出去，另一个学生冉有悄悄走到孔子面前，恭敬地问：“先生，我要是听到正确的主张应该立刻去做吗？”孔子马上回答：“对，应该立刻实行。”冉有走后，公西华奇怪地问：“先生，一样的问题你的回答怎么相反呢？”孔子笑了笑说：“冉有性格谦逊，办事犹豫不决，所以我鼓励他临事果断。但子路逞强好胜，办事不周全，所以我就劝他遇事多听取别人的意见，三思而后行。”

在不同的学习场合，不同类型、不同能力水平的学生，其学习表现也是不尽相同的，需要教师凭借着自己的经验和智慧灵活地设计出因材施教的方法。教师要留意观察，分析学生学习的特点。教师要根据学生的学习风格，在教学中有针对性地选择教学方式，而且要引导学生认识自己的学习风格特点，促使学生把学习风格转变为学习策略。

因材施教是教学中一项重要的教学原则。在教学中，教师要根据学生的认知水平，学习能力以及自身素质差异，选择适合学生个性发展的教学方法，进行有针对性的教学，发挥学生的长处，弥补学生的不足，激发学生的兴趣，树立学生的信心，从而促进学生的全面发展。

郑重声明

读者意见反馈

为收集对教材的意见建议，进一步完善教材编写并做好服务工作，读者可将对本教材的意见建议通过如下渠道反馈至我社。

咨询电话 400-810-0598

反馈邮箱 gjdzfwb@pub.hep.cn

通信地址 北京市朝阳区惠新东街4号富盛大厦1座
高等教育出版社总编辑办公室

邮政编码 100029

防伪查询说明

用户购书后刮开封底防伪涂层，使用手机微信等软件扫描二维码，会跳转至防伪查询网页，获得所购图书详细信息。

防伪客服电话 （010）58582300